Grundwissen Politik
Band 52

Begründet von
Ulrich von Alemann

Herausgegeben von
Prof. Dr. Helmut Breitmeier, Hagen, Deutschland
Prof. Dr. Lars Holtkamp, Hagen, Deutschland
Prof. Dr. Michael Stoiber, Hagen, Deutschland
Prof. Dr. Annette Elisabeth Töller, Hagen, Deutschland

Herausgegeben von

Prof. Dr. Helmut Breitmeier
Fernuniversität Hagen
Deutschland

Prof. Dr. Michael Stoiber
Fernuniversität Hagen
Deutschland

Prof. Dr. Lars Holtkamp
Fernuniversität Hagen
Deutschland

Prof. Dr. Annette Elisabeth Töller
Fernuniversität Hagen
Deutschland

Tanja Brühl • Elvira Rosert

Die UNO und Global Governance

Springer VS

Tanja Brühl
Elvira Rosert

Frankfurt a. M., Deutschland

ISBN 978-3-658-00142-1   ISBN 978-3-658-00143-8 (eBook)
DOI 10.1007/978-3-658-00143-8

Die Deutsche Nationalbibliothek verzeichnet diese Publikation in der Deutschen Nationalbibliografie; detaillierte bibliografische Daten sind im Internet über http://dnb.d-nb.de abrufbar.

Springer VS
© Springer Fachmedien Wiesbaden 2014

Lektorat: Verena Metzger, Monika Mülhausen

Gedruckt auf säurefreiem und chlorfrei gebleichtem Papier

Springer VS ist eine Marke von Springer DE. Springer DE ist Teil der Fachverlagsgruppe Springer Science+Business Media.
www.springer-vs.de

Inhalt

Vorwort des Herausgebers

Dieses Buch wurde als politikwissenschaftlicher Studienbrief für die FernUniversität in Hagen geschrieben. Planung und Konzeption des ursprünglichen Kurses „UNO und Global Governance", der nun als Buchpublikation vorliegt, gehen noch auf meinen Vorgänger im Lehrgebiet „Internationale Politik" an der FernUniversität in Hagen, Herrn Prof. em. Dr. Georg Simonis zurück, dem ich für seine geleistete ‚Geburtshilfe' danken möchte. Ebenso danken möchte ich Christiane Lammers, die im Rahmen des friedenswissenschaftlichen Weiterbildungsstudiums an der FernUniversität in Hagen an der Konzeption der Kursfassung mitgewirkt hat. Sehr großen Dank schließlich schulde ich den Autorinnen, die in so klarer Weise einen äußerst fundierten und breiten Überblick über die Tätigkeit der Vereinten Nationen vorgelegt haben, mit besonderer Akzentsetzung auf die Beteiligung nichtstaatlicher Akteure an der ‚Global Governance'. Mit dem UNO-System wird in diesem Buch eine zentrale Strukturkomponente des globalen Regierens zu Beginn des 21. Jahrhunderts behandelt. Mit der zusätzlichen Konzentration auf die Beteiligung von nichtstaatlichen Akteuren erfolgt in diesem Buch eine bemerkenswerte Erweiterung des Kreises der Akteure globaler Politik. Last but not least möchte ich mich im Lehrgebiet bei Dr. Martin List für die redaktionelle Betreuung und bei Sophia Hose für die handwerkliche Arbeit am Manuskript bedanken. Das zur Veröffentlichung auf den aktuellen Stand gebrachte Buch behandelt ein spannendes politikwissenschaftliches Thema, das inhaltlich anspruchsvoll und auf dem Stand der neuesten Forschung präsentiert wird und didaktisch ansprechend aufbereitet wurde. Es bleibt zu hoffen, dass Studierende dies auch so empfinden werden. Für die akademische Lehre über das so wichtige Thema der UNO im Kontext des globalen Regierens stellt dieses Buch eine große Bereicherung dar.

Gießen, im Juli 2013   Prof. Dr. Helmut Breitmeier

Vorstellung der Autorinnen

Tanja Brühl ist Professorin für Politikwissenschaft mit dem Schwerpunkt Internationale Institutionen und Friedensprozesse an der Goethe-Universität Frankfurt am Main. Zuvor war sie dort Juniorprofessorin für Friedens- und Konfliktforschung. An den Universitäten Duisburg, Tübingen und Frankfurt arbeitete sie als wissenschaftliche Mitarbeiterin und in Dresden als Lehrbeauftragte. Ihre Arbeitsschwerpunkte sind internationales Regieren (Global Governance), Friedens- und Konfliktforschung sowie internationale Umweltpolitik.

Ausgewählte Veröffentlichungen:
*   Brühl, Tanja/Hofferberth, Matthias 2013: Global Companies as Social Actors. Constructing Private Business in Global Governance, in: Mikler, John (Hg.): The Handbook of Global Companies, Chichester: John Wiley & Sons, 351-370.
*   Brühl, Tanja 2011: Internationale Organisationen, Regime und Verrechtlichung, in: Schlotter, Peter/Wisotzki, Simone (Hg.): Friedens- und Konfliktforschung – ein Studienbuch, Baden-Baden: Nomos, 225-251.
*   Brühl, Tanja 2003: Nichtregierungsorganisationen als Akteure internationaler Umweltverhandlungen. Ein Erklärungsmodell auf der Basis der situationsspezifischen Ressourcennachfrage, Frankfurt/New York: Campus (Studien der Hessischen Stiftung Friedens- und Konfliktforschung Band 42).

Elvira Rosert ist wissenschaftliche Mitarbeiterin an der Professur für Internationale Institutionen und Friedensprozesse an der Goethe-Universität Frankfurt am Main sowie im Programm Sicherheits- und Weltordnungspolitik von Staaten an der Hessischen Stiftung Friedens- und Konfliktforschung. Ihre Lehr- und Arbeitsschwerpunkte sind neben den Vereinten Nationen auch das humanitäre Völkerrecht und internationale Normen.

Ausgewählte Veröffentlichungen:
*   Rosert, Elvira 2012: Fest etabliert und weiterhin lebendig: Normenforschung in den Internationalen Beziehungen, in: Zeitschrift für Politikwissenschaft 22 (4), 599-623.
*   Rosert, Elvira 2011: Rüstung, Rüstungskontrolle und Abrüstung, in: Schlotter, Peter/Wisotzki, Simone (Hg.): Friedens- und Konfliktforschung. Baden-Baden: Nomos, 252-281.
*   Rosert, Elvira/Schirmbeck, Sonja 2007: Zur Erosion internationaler Normen. Folterverbot und nukleares Tabu in der Diskussion, in: Zeitschrift für Internationale Beziehungen, 14: 2, 253-287.

Vorwort der Autorinnen

Diesem Studienbrief vorausgegangen ist unser beider jahrelange und intensive Auseinandersetzung mit den Vereinten Nationen: Tanja Brühl hat an den Universitäten Tübingen und Frankfurt zahlreiche Lehrveranstaltungen zu der Organisation angeboten, viele studentische Delegationen auf die Teilnahme an UN-Simulationen vorbereitet sowie mehrere Teams bei der Durchführung eigener UN-Planspiele unterstützt. Die Teilnahme an letzteren bewog Elvira Rosert, ihren Studienschwerpunkt auf die Vereinten Nationen zu legen und ihr Interesse an der Arbeit der UN durch Exkursionen und Praktika bei der Organisation weiter zu verfolgen. Als von der FernUniversität Hagen der Vorschlag kam, diesen Studienbrief zu verfassen, freuten wir uns sehr darüber – schließlich erhielten wir dadurch die Gelegenheit, eine weitere Lehrveranstaltung zu den Vereinten Nationen, dieses Mal in schriftlicher Form, zu konzipieren. Unsere Idee, einen Überblick über die Arbeitsweise und die Funktionen der UN zu geben und die Organisation zugleich im Kontext einer sich verändernden Welt zu beleuchten, verbindet andere unserer Forschungs- und Arbeitsschwerpunkte mit den Vereinten Nationen: So liegt ein Fokus des Studienbriefes auf der Einbindung nichtstaatlicher Akteure in die Arbeit der UN sowie der Kooperation der UN mit anderen internationalen Organisationen, wodurch wir die bisher vorherrschende intergouvernementale Perspektive ergänzen wollen. Ferner ergab sich auch durch unser Forschungsinteresse für Prozesse der Setzung, Umsetzung und Durchsetzung internationaler Normen eine zentrale analytische Linse, durch die wir die Rolle der UN im System der Global Governance betrachten.

Wir haben das Konzept und das analytische Instrumentarium für dieses Buch gemeinsam entwickelt, die Kapitel allerdings arbeitsteilig verfasst: Autorin der Kapitel eins bis drei und sieben ist Tanja Brühl, die Kapitel vier bis sechs und acht schrieb Elvira Rosert. Für ihre unschätzbare Hilfe bei der Recherche danken wir Carolin Anthes, die, zusammen mit Andrea Stork, Anne Peltner, Marika Gereke und Sofia Ganter auch große Teile des Studienbriefes redigierte und kommentierte. An der Erstellung der Buchfassung hat Cora Ditzel großen Anteil – sie hat unermüdlich recherchiert, korrigiert, kommentiert und die Mühsal der Formatierung auf sich genommen. Herzlichen Dank!

Ferner danken wir Dr. Klaus Roscher, der sich bereit erklärte, diesen Studienbrief in verschiedenen Entwurfsstadien in seinen Lehrveranstaltungen an den Universitäten Frankfurt und Leipzig einzusetzen. Ohne die Rückmeldungen seiner Studierenden sowie die Rezensionen und die konstruktive Kritik, die von unseren Studierenden zu den verschiedenen Teilen geäußert wurden, hätte uns so manch wichtiger Hinweis für notwendige inhaltliche Ergänzungen und Klarstellungen gefehlt. Auch Christiane Lammers und Dr. Martin List, die den Entstehungsprozess von Seiten der FernUniversität Hagen begleiteten und uns zahlreiche wichtige Anregungen zukommen ließen, gebührt unser Dank.

Empfohlene Literatur

Allgemeine Hinweise:

Mingst, Karen A./Karns, Margaret P. 2007: The United Nations in 21st Century, 3. Aufl., Boulder: Westview Press.
Dieses amerikanische Lehrbuch beschreibt für Einsteiger die Organisationsstruktur und Entwicklung der Weltorganisation in einer leicht zugänglichen, auch didaktisch aufbereiteten Form.

Weiss, Thomas G./Daws, Sam (Hg.) 2007: The Oxford Handbook on the United Nations, Oxford: Oxford University Press.
Dieser recht aktuelle Sammelband, zu dem viele sehr renommierte ForscherInnen beigetragen haben, gibt einen sehr guten Überblick über die verschiedenen Akteure im UN-System (Generalversammlung, Sicherheitsrat usw.), wie auch über die Arbeit der Weltorganisation in den verschiedenen Politikfeldern.

Global Policy Forum (www.globalpolicy.org)
Die in New York ansässige Nichtregierungsorganisation stellt auf ihrer sehr umfangreichen Homepage einerseits relevante Daten (insbesondere im Friedensbereich) zusammen, andererseits ist sie eine Fundgrube für „graue Literatur" über die Vereinten Nationen).

Vereinte Nationen (www.un.org)
Über die offizielle Homepage der Vereinten Nationen sind (fast) alle Resolutionen und Erklärungen der Vereinten Nationen zugänglich.

Kapitel 1: Die Vereinten Nationen als Friedensorganisation

Benz, Arthur (Hg.) 2004: Governance – Regieren in komplexen Regelsystemen. Eine Einführung, Wiesbaden: VS Verlag für Sozialwissenschaften.
Zu der gelungenen Einführung in die Governance-Debatte tragen namhafte AutorInnen bei, welche die Governance-Strukturen auf verschiedenen Ebenen (von lokal bis global) beleuchten.

Galtung, Johan 1971: Gewalt, Frieden und Friedensforschung, in: Senghaas, Dieter (Hg.): Kritische Friedensforschung, Frankfurt: Suhrkamp, 55-104.
Die von Galtung u.a. in diesem Beitrag eingeführte Unterteilung von positivem und negativen Frieden ist ein Referenzpunkt für die Auseinandersetzung mit dem Friedensbegriff und damit auch der Frage, was die Vereinten Nationen leisten können.

Schieder, Siegfried/Spindler, Manuela (Hg.) 2006: Theorien der Internationalen Beziehungen, 2. Aufl., Opladen & Farmington Hills: Barbara Budrich.
Ein sehr gelungenes Lehrbuch, in dem nicht nur die in diesem Kapitel genannten Theorien Internationaler Beziehungen einzeln anhand von ausgewählten VertreterInnen detailliert dargestellt werden.

Kapitel 2: Die Vereinten Nationen im 20. Jahrhundert

Claude, Inis L. 1964: Swords into Plowshares. The Problems and Progress of International Organizations, 3. Aufl., New York: Random House.
Ein „Klassiker" der Forschung, der neben einem forschungsorientierten Zugang zu internationalen Organisationen auch die Entstehung und Arbeit der Vereinten Nationen in den Blick nimmt.

Northedge, F.S. 1986: The League of Nations. Its Life and Time 1920-1946, Leicaster: Leicaster University Press.
Eine umfassende Darstellung von Entstehung und Arbeit des Völkerbundes.

Wolf, Klaus Dieter 2005: Die UNO. Geschichte – Aufgaben – Perspektiven, München: C.H. Beck Wissen.
In komprimierter und leicht lesbarer Form bietet das Buch einen sehr guten Überblick über Entstehung und Entwicklung der UN.

Kapitel 3: Friedenssicherung

Debiel, Tobias/Goede, Nils/Niemann, Holger/Schütte, Robert 2009: Vom „neuen Interventionismus" zur R2P. Die Entwicklung der Menschenrechtsschutznorm im Rahmen des Sicherheitsrates der Vereinten Nationen, in: Die Friedens-Warte, 84: 1, 53-88.
Der Zeitschriftenartikel fasst die aktuelle normative Verschiebung sehr gut und pointiert zusammen.

Krasno, Jean E. 2004: The United Nations. Confronting the Challenges of a Global Society, Boulder: Lynne Rienner.
Die Autorin zeichnet ein empirisch reiches Bild insb. der Entwicklung der Friedenmissionen.

MacQueen, Norrie 2006: Peacekeeping and the International System, London: Routledge.
Das Buch stellt die Entstehung und Entwicklung der Friedensmissionen dar und erläutert exemplarisch und detailliert einzelne Missionen in einer beschreibenden Art und Weise.

Kapitel 4: Rüstungskontrolle und Abrüstung

Meier, Oliver/Daase, Christopher (Hg.) 2012: Arms Control in the 21st Century. Between Coercion and Cooperation, London: Routledge.
Ein aktueller Sammelband zu rüstungskontrollpolitischen Entwicklungen, der sich der Frage widmet, wie sich gewaltsame Formen der Rüstungskontrolle auf deren Effektivität auswirken und zudem regionale Perspektiven auf Rüstungskontrollinstrumente beinhaltet.

Müller, Harald/Schörnig, Niklas 2006: Rüstungsdynamik und Rüstungskontrolle. Eine exemplarische Einführung in die internationalen Beziehungen, Baden-Baden: Nomos.
Das Buch bietet eine umfassende Einführung in die Problematik des Wettrüstens und die Rüstungskontrollbemühungen während und nach dem Ost-West-Konflikt. Beide Bereiche werden theoretisch beleuchtet und enthalten historisch-empirische Überblicke; es werden alle wichtigen bi- und multilateralen Rüstungskontrollverträge und deren aktuelle Probleme vorgestellt. Außerdem sind zu allen Kapiteln Kontrollfragen und Lösungsvorschläge enthalten.

Becker, Una/Müller, Harald (Hg.) 2008: Rüstungskontrolle im 21. Jahrhundert, Die Friedens-Warte, 83: 2-3, Berlin: Berliner Wissenschafts-Verlag.
In der Themenausgabe der Zeitschrift „Friedenswarte" mit dem Schwerpunkt Rüstungskontrolle werden aktuelle rüstungskontrollpolitische Herausforderungen und Konzepte diskutiert. Behandelt werden diverse Rüstungskontrollregime – von Massenvernichtungswaffen über die Kontrolle der Weltraumwaffen bis hin zur humanitären Rüstungskontrolle.

Larsen, Jeffrey A. (Hg.) 2002: Arms control: cooperative security in a changing environment, Boulder, Co.: Lynne Rienner.
Der Sammelband enthält neben einem einführenden Teil über Funktionen und Geschichte der Rüstungskontrolle auch Überblicke über Nicht-Verbreitungsbemühungen in den einzelnen Feldern sowie, und dies zeichnet diesen Band aus, auch Artikel zu regionalen Rüstungskontrollmaßnahmen.

Kapitel 5: Menschenrechte

Alston, Philip/Megret, Frederic 2013: The United Nations and Human Rights. A Critical Appraisal, Oxford: Oxford University Press.
In der bald erscheinenden Neuauflage dieses Bandes wird das Menschenrechtssystem der Vereinten Nationen beschrieben, indem einzelne Organe im Hinblick auf ihre Funktionen, Arbeitsprozeduren, Zusammenarbeit und den Reformbedarf untersucht werden.

Mertus, Julie A. 2005: The United Nations and human rights: a guide for a new era. London: Routledge.
Die Autorin legt den Schwerpunkt auf die mit Menschenrechten befassten UN-Organe und bietet entlang ihrer Tätigkeiten eine Einführung in die Prinzipien und Mechanismen des internationalen Menschenrechtsregimes.

Normand, Roger/Zaidi, Sarah 2008: Human Rights at the UN: The Political History of Universal Justice, Bloomington: Indiana University Press.
In diesem sehr umfassenden und detailreichen Werk wird die Entstehung, Institutionalisierung und Fortentwicklung des Menschenrechtsregimes unter Einbeziehung des jeweiligen politischen Kontextes und der Machtrivalitäten dargestellt.

Fritzsche, K. Peter 2009: Menschenrechte: eine Einführung mit Dokumenten, 2. Aufl., Paderborn u.a.: Schöningh.
Der Autor führt in den Begriff der Menschenrechte ein und umreißt die Entwicklung des internationalen Menschenrechtsschutzes. Detaillierter werden die drei Menschenrechtsgenerationen sowie die Schutzrechte besonderer Gruppen vorgestellt. Eine Besonderheit bildet das Kapitel zur Menschenrechtsbildung.

Kapitel 6: Entwicklungspolitik

Nuscheler, Franz 2006: Entwicklungspolitik, 5. Aufl., Bonn: Bundeszentrale für politische Bildung.
Das als Lern- und Arbeitsbuch konzipierte Werk bietet eine umfangreiche Einführung in die grundlegenden Begriffe, Probleme, Strategien und Akteure der Entwicklungspolitik. Diskutiert werden sowohl die aktuellen Bedingungen der Entwicklungsproblematik und -politik als auch ihre geschichtliche Entwicklung und Veränderung. Der Autor befasst sich neben der Ausdifferenzierung der Dritten Welt auch ausführlich mit zentralen Entwicklungsproblemen wie Armut, Verschuldung und Umweltkrisen.

Öhlschläger, Rainer/Sangmeister, Hartmut (Hg.) 2012: Neue Formen und Instrumente der Entwicklungszusammenarbeit, Baden-Baden: Nomos.
In dem Sammelband werden aktuelle Probleme der internationalen Entwicklungszusammenarbeit in ausgewählten Sektoren sowie die Aktivitäten verschiedener entwicklungspolitischer Akteure analysiert.

Thérien, Jean-Philippe 1999: Beyond the North-South divide: the two tales of world poverty, in: Third World Quarterly, 20: 4, 723-742.
In diesem Zeitschriftenartikel rekonstruiert der Autor ideengeschichtlich die Entstehung der Entwicklungsleitbilder der Vereinten Nationen und der Bretton-Woods-Institutionen, kontrastiert die beiden Paradigmen miteinander und zeigt ihre praktischen Auswirkungen auf die Armutsbekämpfungsstrategien auf.

Kapitel 7: Umweltpolitik

Chasek, Pamela S. 2001: Earth Negotiations. Analyzing Thirty Years of Environmental Diplomacy, Tokyo: United Nations University Press.
Die Autorin gibt einen guten Einblick in die frühen Umweltverhandlungen. Nach einem einführenden Kapitel, in dem sie die Charakteristika multilateraler Verhandlungen skizziert, illustriert sie diese an elf Beispielen zwischen 1972 und 1992.

Chasek, Pamela S./Downie, David L./Welsh Brown, Janet 2010: Global Environmental Politics, Boulder: Westview, 5. Aufl.
Das Lehrbuch ermöglicht dank leicht verständlicher Texte und graphischen Darstellungen einen schnellen Einstieg in das Politikfeld der internationalen Umweltpolitik. Neben verschiedenen Themenfeldern werden auch die unterschiedlichen Akteure beleuchtet.

Falkner, Robert (Hg.) 2013: The Handbook of Global Climate and Environment Policy, Chichester: John Wiley & Sons.
In diesem Handbuch werden sowohl verschiedene Herausforderungen in der Umweltpolitik, wie auch Governance-Ansätze dargestellt. Die einzelnen Beiträge geben einen guten Überblick und ermöglichen dank ausführlicher Literaturhinweise ein rasches Weiterlesen.

Abkürzungsverzeichnis

AEMR	Allgemeine Erklärung der Menschenrechte
AI	Amnesty International
AIA	Advanced Informed Agreement
AOSIS	Alliance of Small Islands States
APLC	Anti-Personal Landmines Convention
APP	Asia-Pacific Partnership on Clean Development and Climate Change
AR	Assessment Reports
ASEAN	Association of Southeast Asian Nations
ATT	Arms Trade Treaty
AU	African Union
BCH	Biosafety Clearing House
BCSE	Business Council for Sustainable Development
BSP	Bruttosozialprodukt
BWC	Biological Weapons Convention
BWI	Bretton-Woods-Institutionen
CAN	Climate Action Network
CASA	Coordinated Action on Small Arms
CAT	Convention Against Torture
CBD	Convention on Biological Diversity
CCA	Common Country Assessments
CCM	Convention on Cluster Munitions
CCP	Cities of Climate Protection
CCW	Convention on Certain Conventional Weapons
CD	Conference on Disarmament
CED	Convention against Enforced Disappearances
CEDAW	Convention on the Elimination of All Forms of Discrimination against Women
CERD	Convention on the Elimination of Racial Discrimination
CGG	Commission on Global Governance
CHR	Commission on Human Rights
CITES	Convention on International Trade in Endangered Species of Wild Fauna and Flora
CMP	Parties to the Kyoto Protocol
CMW	Convention on Migrant Workers
CONGO	Conference of NGOs in Consultative Relationship with the United Nations
COP	Conference of the Parties
CRC	Convention on the Rights of the Child
CRPD	Convention on the Rights of Persons with Disabilities
CSD	Commission on Sustainable Development
CSE	Center for Science and Environment

CSLF	Carbon Sequestration Leadership Forum
CTBT	Comprehensive Test Ban Treaty
CTBTO	Comprehensive Test Ban Treaty Organization
CTC	Centre on Transnational Corporations
CWC	Convention on Chemical Weapons
DDA	Department for Disarmament Affairs
DF	Demokratischer Frieden
DOMREP	Mission of the Representative of the Secretary-General in the Dominican Republic
DPKO	Department of Peacekeeping Operations
ECLAC	Economic Commission for Latin America and the Caribbean
ECOMOG	Economic Community of West African States Monitoring Group
ECOSOC	Economic and Social Council
ECOWAS	Economic Community of West African States
EL	Entwicklungsländer
ELR	Elvira Rosert
EPTA	Expanded Programme of Technical Assistance for Economic Development of Underdeveloped Countries
EU	Europäische Union
EZ	Entwicklungszusammenarbeit
FAO	Food and Agriculture Organization of the United Nations
FDI	Foreign Direct Investment
FMCT	Fissile Material Cut-Of Treaty
FN	Fußnote
FSC	Forest Stewardship Council
GA	General Assembly
GATT	General Agreement on Tariffs and Trade
GAVI	Global Alliance for Vaccines and Immunisation
GC/GMEF	Global Council/Global Ministerial Environmental Forum
GEF	Global Environment Facility
GEO	Global Environmental Outlook
GG	Global Governance
HDI	Human Development Index
HDR	Human Development Report
HLP	High Level Panel on Threats, Challenges and Change
HRC	Human Rights Council
IAEA	International Atomic Energy Agency
IANSA	International Action Network on Small Arms
IB	Internationale Beziehungen
ICAO	International Civil Aviation Organization
ICBL	International Campaign to Ban Landmines
ICC	International Criminal Court
ICISS	International Commission on Intervention and State Sovereignty
ICLEI	International Council for Local Environmental Initiatives
ICRC	Internatinonal Committee of the Red Cross

ICTR	International Criminal Tribunal for Rwanda
ICTY	International Criminal Tribunal for Yugoslavia
IEG	International Environmental Governance
IFOR	Implementation Force
IGH	Internationaler Gerichtshof
IL	Industrieländer
ILO	International Labour Organization
IMF	International Monetary Fund
IMS	International Monitoring System
INC	Intergovernmental Negotiation Committee
INSTRAW	International Research and Training Institute for the Advancement of Women
INTERFRET	International Force for East Timor
IO	Internationale Organisation
IPS	Intergrated Peacebuilding Strategies
ISAF	International Security Assistance Force
ISU	Implementation Support Unit
ITC	International Trade Centre
IWF	Internationaler Währungsfonds
MEA	Multilateral Environmental Agreements
MDG	Millennium Development Goals
MONUC	United Nations Mission in Democratic Republic of Congo
MRK	Menschenrechtskommission
NAM	Non-Aligned Movement
NATO	North Atlantic Treaty Organization
NEPAD	New Partnership for Africa's Development
NGI	Non-Governmental Individuals
NGO	Non-Governmental Organization
NHRI	National Human Rights Institutions
NIEO	New International Economic Order
NPT	Non-Proliferation Treaty
NWIKO	Neue Weltinformations- und Kommunikationsordnung
OAS	Organization of American States
OAU	Organization of African Unity
ODA	Offical Development Aid
OECD	Organization for Economic Cooperation and Development
OHCHR	Office of the Commissioner on Human Rights
ONUC	United Nations Operation in the Congo
ONUSAL	United Nations Observer Mission in El Salvador
OPCW	Organization for the Prohibition of Chemical Weapons
OPEC	Organization of Petrol Exporting Countries
OSZE	Organisation für Sicherheit und Zusammenarbeit in Europa
OWK	Ost-West-Konflikt
P5	Permanente 5 Sicherheitsratsmitglieder
PAROS	Prevention of an Arms Race in Outer Space

PBC   Peacebuilding Commission
PBSO   Peacebuilding Support Office
PDD 25   Presidential Decision Directive 255
PKO   Peacekeeping Operation
PoA   Program of Action to Prevent, Combat and Eradicate the Illicit
                   Trade in Small Arms and Light Weapons in All Its Aspects
PPP   Public-Private Partnership
PrepComs   Perparatory Committees
R2P   Responsibility to Protect
Res.   Resolution
RPF   Rwandan Patriontic Front
S5   Small Five
SALW   Small and Light Weapons
SAP   Strukturanpassungsprogramme
SC   Security Council
SDGs   Sustainable Development Goals
SFOR   Stabilization Force
SG   Secretary-General
SPLM   Sudan Peoples' Liberation Movement
SR   Sicherheitsrat
SUNFED   Special United Nations Fund for Economic Development
SWAPO   South West African People's Organization
TB   Tanja Brühl
TDR   Trade and Development Report
TNCs   Transnational corporations
TZ   Technische Zusammenarbeit
UN   United Nations
UNAMIR   United Nations Assistance Mission for Rwanda
UNAMSIL   United Nations Mission in Sierra Leone
UNCDF   United Nations Capital Development Fund
UNCED   United Nations Conference for Environment and Development
UNCI/UNGOC   United Nations Commission for Indonesia
                   (bis 1949 United Nations Good Offices Commission)
UNCTAD   United Nations Conference on Trade and Development
UNDOF   United Nations Disengagement Observer Force
UNDP   United Nations Development Programme
UNEF I   First United Nations Emergency Force
UNEF II   Second United Nations Emergency Force
UNEP   United Nations Environment Programme
UNESCO   United Nations Educational, Scientific and
                   Cultural Organization
UNFCCC   United Nations Framework Convention on Climate Change
UNFICYP   United Nations Peacekeeping Force in Cyprus
UNFPA   United Nations Population Fund

UNGOMAP	United Nations Good Offices Mission in Afghanistan and Pakistan
UNHCR	United Nations High Commissioner for Refugees
UNICEF	United Nations Children's Fund
UNIDIR	United Nations Institute for Disarmament Research
UNIDO	United Nations Industrial Development Organization
UNIFEM	United Nations Development Fund for Women
UNIFIL	United Nations Interim Force in Lebanon
UNIIMOG	United Nations Iran-Iraq Military Observer Group
UNIPOM	United Nations India-Pakistan Observation Mission
UNITA	União Nacional para a Independência Total de Angola
UNITAF	United Task Force
UNITAR	United Nations Institute for Training and Research
UNLIREC	United Nations Regional Centre for Peace, Disarmament and Development in Latin America and the Caribbean
UNMAS	United Nations Mine Action Service
UNMOGIP	United Nations Military Observer Group in India and Pakistan
UNMOVIC	United Nations Monitoring, Verification and Inspection Commission
UNOCI	United Nations Operation in Côte d'Ivoire
UNODA	United Nations Office for Disarmament Affairs
UNOG	United Nations Office in Geneva
UNOGIL	United Nations Observation Group in Lebanon
UNOMIL	United Nations Observer Mission in Liberia
UNOMUR	United Nations Observer Mission Uganda-Rwanda
UNPROFOR	United Nations Protection Force
UNRCPD	United Nations Regional Centre for Peace and Disarmament in Asia and the Pacific
UNREC	United Nations Regional Centre for Peace and Disarmament in Africa
UNRISD	United Nations Research Institute for Social Development
UNROCA	United Nations Register on Conventional Arms
UNSCOB	United Nations Special Committee on the Balkans
UNSCOM	United Nations Special Commission
UNSF	United Nations Security Force in West New Guinea
UNSF	United Nations Special Fund
UNTAG	United Nations Transition Assistance Group
UNTSO	United Nations Truce Supervision Organization
UNYOM	United Nations Yemen Observation Mission
UPR	Universal Periodic Review
UPU	Universal Postal Union
US$	US-Dollar
USG	Under-Secretary-General
WCD	World Commission on Dams
WEO	World Environment Organization

WFP	World Food Programme
WHO	World Health Organization
WIPO	World Intellectual Property Rights Organization
WMD	Weapons of Mass Destruction
WMO	World Meteorological Organization
WSIS	World Summit on Information Society
WSSD	World Summit on Sustainable Development
WTO	World Trade Organization
VEREX	Ad Hoc Group of Governmental Experts to Identify and Examine Potential Verification Measures from a Scientific and Technical Standpoint

Abbildungsverzeichnis

1 Einleitung: Die Vereinten Nationen als Friedensorganisation

Noch während des Zweiten Weltkriegs legten die Siegermächte den Grundstein für die damals wie heute zentrale internationale Organisation: die Vereinten Nationen. Durch sie sollen „künftige Geschlechter vor der Geißel des Krieges" bewahrt werden – die Vereinten Nationen sind also in erster Linie eine Friedensorganisation. Ihr Auftrag geht jedoch über die Kriegsverhinderung weit hinaus. Die vielfältigen Ziel- und Arbeitsbereiche der Vereinten Nationen sind Gegenstand dieses Studienbriefes. Im ersten Abschnitt dieses Kapitels zeigen wir, dass die Organisation einen Beitrag zu friedlicheren und gerechteren Weltstrukturen leisten will und ordnen diesen Anspruch in die Begrifflichkeiten der Friedensforschung ein (vgl. Kap. 1.1). Doch ist dieser Anspruch überhaupt einzulösen? Die Theorien der Internationalen Beziehungen kommen, wie wir in den Unterkapiteln ausführen, zu unterschiedlichen Aussagen über die Friedenswirkung von internationalen Organisationen. Die unterschiedlichen Ansätze eint hierbei, dass sie tendenziell staatszentriert sind und internationale Organisationen in der Regel als intergouvernementale Institutionen konzeptionalisieren, die einen Beitrag zur Lösung von zwischenstaatlichen Problemen leisten sollen. Es besteht inzwischen weitgehend Konsens darüber, dass dieser Ansatz überholt ist, weshalb sich eine Global-Governance-Perspektive anbietet. So skizzieren wir abschließend unterschiedliche Verständnisse von Global Governance und leiten daraus die zentralen Kriterien ab, die unsere weitere Analyse anleiten (vgl. Kap. 1.2).

1.1 Das Ziel der Vereinten Nationen: Einen Beitrag zum positiven Frieden leisten

Die Gründung der Vereinten Nationen (United Nations, UN) 1945 stellt einen Meilenstein in der internationalen Normentwicklung dar. Erstmals ist die Androhung oder Anwendung militärischer Gewalt als Mittel der Politik universell verboten (Art. 2(4) UN-Charta). Internationale Konflikte sollen nur noch friedlich beigelegt werden. Das lange Zeit gültige Recht zum Krieg (*ius ad bellum*) ist somit endgültig abgeschafft. Im Falle der Missachtung der Norm des allgemeinen Gewaltverbots drohen dem Normbrecher kollektive Zwangsmaßnahmen der Völkergemeinschaft. Der UN-Sicherheitsrat kann in einem solchen Fall Sanktionen verhängen (wie die teilweise Unterbrechung von Wirtschafts- und Verkehrsbeziehungen) oder auch militärische Maßnahmen ergreifen, um den Weltfrieden und die internationale Sicherheit zu wahren bzw. wiederherzustellen. Darüber hinaus streben die UN die „Herstellung von Gerechtigkeit und die Verbesserung der wirtschaftlichen und sozialen Lebensbedingungen der Völker" (Wolf 2005: 16) an. Die UN-Mitgliedsstaaten verpflichten sich zur internationalen Zusammenarbeit, mittels derer wirtschaftliche, soziale, kulturelle und humanitäre Probleme gelöst

Ziele der UN:
Gewaltverbot
• Entwicklung
• Menschenrechte

und die Menschenrechte und Grundfreiheiten ohne Unterschied der Rasse, des Geschlechts, der Sprache oder der Religion gefördert werden können (Art. 1(3) UN-Charta). Die in der Charta formulierte Zielsetzung der Weltorganisation ist somit sehr ambitiös: Die UN wollen den Frieden wahren bzw. wiederherstellen, Menschenrechte schützen und Entwicklung befördern.

Erweiterte Zielsetzung: Umweltschutz/
• Nachhaltigkeit
• Millennium-Entwicklungsziele
• Schutzverantwortung

In den vergangenen sechzig Jahren hat sich das Aufgabenspektrum der UN noch erweitert. Anfang der 1970er Jahre haben die UN den Schutz der Umwelt als wichtiges Aufgabengebiet erkannt und zwei Dekaden später ihr Verständnis von Entwicklung entsprechend verändert. Das Leitbild der Nachhaltigen Entwicklung (*sustainable development*) postuliert, dass die bis dato im Vordergrund stehende wirtschaftliche Entwicklung nur einen Pfeiler darstellt, der zusammen mit der sozialen und ökologischen Dimension von Entwicklung gedacht werden muss. Mit den Millenniums-Entwicklungszielen haben die Vereinten Nationen im Jahr 2000 acht Ziele im Bereich der Armutsbekämpfung formuliert, die sie bis 2015 erreichen wollen. Diese Ziele, von denen eine starke symbolische Wirkung ausgeht, sollen das Handeln der Weltorganisation in allen ihren Handlungsbereichen anleiten. Weiterhin haben die UN mit dem Konzept der *human security* auch ihr Verständnis von Sicherheit erweitert und dabei den einzelnen Menschen und deren Schutz zunehmend Beachtung geschenkt. Sechzig Jahre nach ihrer Gründung haben die Mitgliedsstaaten der UN die Schutzverantwortung (*Responsibility to Protect*) als Norm anerkannt. Demnach verpflichtet sich die internationale Gemeinschaft, die Bevölkerungen vor Völkermord, Kriegsverbrechen, ethnischer Säuberung und anderen Verbrechen gegen die Menschlichkeit zu schützen. Sollte ein Staat der ihm obliegenden Verpflichtung nicht nachkommen, können die UN somit kollektive Maßnahmen ergreifen und ggf. auch militärisch intervenieren. Mit der Etablierung der neuen Norm der Schutzverantwortung ist zugleich die damit konkurrierende Souveränitätsnorm, der zufolge keine Eingriffe in die inneren Angelegenheiten eines Staates statthaft sind (vgl. Art. 2(7) UN Charta), geschwächt bzw. neu interpretiert worden.

Die Vereinten Nationen haben heute also eine weitreichende Zielsetzung in den Bereichen der Sicherheits-, Menschenrechts-, Entwicklungs- und Umweltpolitik. Die Weltorganisation strebt somit mehr an, als „nur" den Krieg zu verhindern. Der Schutz und die Förderung von Menschenrechten, die nachhaltige Nutzung der Erde und die Bekämpfung der Armut sind gleichwertige Ziele, die der Herstellung von internationaler Sicherheit dienen sollen. Eine von der realistischen Schule der Theorien Internationaler Beziehungen propagierte Hierarchisierung zwischen dem wichtigen „hard issue-Bereich" der Sicherheit und den irrelevanten „soft issue-Bereichen" Wirtschaft, Herrschaft oder Umwelt findet sich in der Politik der UN nicht in dieser Reinform. Vielmehr streben die UN Verbesserungen in allen politischen Bereichen an, die zudem durch das weite Sicherheitsverständnis eng miteinander verzahnt sind.

Aus der Perspektive der Friedensforschung betrachtet, wollen die UN also zum positiven Frieden beitragen.[1] Diese Begrifflichkeit hat der norwegische Friedensforscher Johan Galtung (*1930) Anfang der 1970er Jahre entwickelt. An den Anfang seiner Überlegungen stellte er die Prämisse, dass Frieden die Abwesenheit von Gewalt bedeutet und dieser Zustand nicht unerreichbar ist (Galtung 1971: 56). Gewalt definierte er folgendermaßen:

Johan Galtung: Friedens- und Gewaltbegriff

> *„Gewalt liegt dann vor, wenn Menschen so beeinflusst werden, dass ihre aktuelle somatische und geistige Verwirklichung geringer ist als ihre potentielle Verwirklichung."* (Galtung 1971: 57)

Galtung führt aus, dass Gewalt der Unterschied zwischen dem Potenziellen und dem Aktuellen ist, wobei Gewalt nur dann vorliegt, wenn das Aktuelle *vermeidbar* ist. Während eine sehr geringe Lebenserwartung in der Steinzeit aufgrund der widrigen Lebensumstände normal war, ist sie heute bedeutend höher, was u.a. durch ausgewogene Ernährung und eine angemessene Gesundheitspolitik erreicht werden kann. Die Diskrepanz zwischen dem Aktuellen (der geringen Lebenserwartung in Regionen der Welt, bspw. Subsahara-Afrika) und dem Potenziellen (der potenziell erreichbaren, aber nicht realisierten Lebenserwartung, evtl. angelehnt an die der Industrieländer) ist demnach ein Ergebnis von Gewalt. Gewalt kann also nach Galtung nicht nur von Personen bzw. handelnden Subjekten ausgehen (personale, direkte Gewalt), sondern auch von Strukturen (strukturelle, indirekte Gewalt) (Galtung 1971: 62).[2] Diese vom Subjekt her kommende Unterscheidung ist nach Galtung die wichtigste von insgesamt sechs Dimensionen, entlang derer er verschiedene Formen der Gewalt unterscheidet. Liegt keine personale Gewalt vor, so spricht Galtung vom negativen Frieden. Fehlen strukturelle Gewaltverhältnisse, so liegt der positive Frieden vor.

Positiver Frieden = Abwesenheit struktureller Gewalt

Die Vereinten Nationen streben als Organisation an, einen Beitrag zum positiven Frieden zu leisten, indem sie zum Abbau struktureller Gewalt beitragen. Denn schließlich ist ihr Ziel nicht nur, den Krieg zu verhindern (negativer Frieden), sondern darüber hinaus Strukturen zu etablieren, die bessere Lebensbedingungen für die Menschheit ermöglichen. Sowohl in der Charta als auch in unzähli-

UN: Einen Beitrag zum positiven Frieden leisten

---

1 Diese Klassifikation von Galtung ist häufig und mit guten Argumenten kritisiert worden. So stellt Lothar Brock (2002) fest, dass der positive Friede etwas Utopisches sei, da strukturelle Gewalt in Gänze nicht überwunden werden könne. Zudem sei der Begriff zu umfassend: er unterscheide dann nichts mehr und beschreibe alles. Schließlich argumentiert Brock, dass mit einem weiten Friedensbegriff der Einsatz von Gewalt leicht gerechtfertigt werden kann – nämlich zur Überwindung von gewalttätigen Strukturen. Harald Müller (2003: 219f) teilt die Kritik am positiven Friedensbegriff und plädiert daher dafür, dass der enge Friedensbegriff (also Frieden als Abwesenheit personaler Gewalt) um die Dimension der Gewaltfreiheit von Diskursen erweitert wird. Die feministische Friedensforschung tritt dagegen eher für einen positiven Friedensbegriff ein, betont aber, dass bislang das Geschlechterverhältnis als konfliktives Element systematisch in der Forschung ausgeblendet wurde (Wisotzki 2005: 114ff). Wir haben uns trotz der teils berechtigten Kritik für die Terminologie des positiven Friedens entschieden, um den Mehrwert der Vereinten Nationen gegenüber anderen internationalen Organisationen herausarbeiten zu können.
2 Harald Müller stellt fest, dass bei Galtung der positive Frieden mit Gerechtigkeit zusammenfällt. Da die beiden Begriffe in Müllers Perspektive aber unterschiedliche, wenn auch zusammenhängende Zustände von sozialen und politischen Gegebenheiten beschreiben, ist diese Definition problematisch (Müller 2010b: 2).

gen Resolutionen haben die UN immer wieder deutlich gemacht, dass sie jegliche Form von Diskriminierung beseitigen, Ungleichheiten überwinden und zu einer gerechteren Welt beitragen wollen (Knapp 1994: 268).

Geringerer Anspruch der Vorgänger-Organisationen

Damit gehen die Vereinten Nationen über den Anspruch früherer internationaler Organisationen weit hinaus. Diese lassen sich in zwei Gruppen einteilen. Erstens gab es internationale Institutionen, die den negativen Frieden sichern wollten. Als Vorläufer von formalen Organisationen zur Friedenssicherung ist der Wiener Kongress 1814/1815 zu nennen. Das europäische Konzert der Großmächte einigte sich unter anderem auf ein Konsultationssystem, das eine gewaltfreie Bearbeitung von Konflikten sicherstellen sollte. Der Wiener Kongress hat anfangs einen Beitrag zum negativen Frieden geleistet, da er den kriegerischen Konfliktaustrag zumindest bis in die 1870er Jahre hinein eindämmen konnte. Danach verlor das Konsultationssystem zunehmend an Relevanz. Zweitens wurden im 19. Jahrhundert vermehrt internationale Organisationen gegründet, um die sich verdichtenden Wirtschaftsbeziehungen besser gestalten zu können (Rittberger/ Zangl 2003: 84). Diese Bemühungen können im weitesten Sinne als Beitrag zum positiven Frieden verstanden werden, da die Harmonisierung von Transportwesen, Nachrichtenübermittlung, Urheberschutz oder Eichwesen in einem marktliberalen Verständnis zu intensiveren Wirtschaftsbeziehungen und damit zu mehr Wohlstand beitragen können.[3] Einen bedeutenderen Beitrag zum Frieden leistete der Vorläufer der Vereinten Nationen – der Völkerbund. Er war die erste internationale Institution mit dem Anspruch, „Sicherheit global durch eine im eigentlichen Wortsinne internationale Organisation herzustellen" (Rittberger/Zangl 2003: 52). Allerdings waren nicht alle Staaten im Völkerbund vertreten: Die USA traten nie bei, einige andere Staaten, darunter Deutschland, Japan und Italien, traten in den 1930er Jahren wieder aus. Die Zielsetzung des Völkerbundes war anspruchsvoller als die des Wiener Kongresses, da in der Völkerbundsatzung zumindest ein beschränktes Kriegsverbot sowie Beistandsgarantien vorgesehen waren.[4] Der Völkerbund verwirklichte das Konzept zur Friedenssicherung jedoch nie in Reinform, sondern verankerte eine Mischung aus strategischen Regeln des europäischen Mächtekonzerts mit denen einer inklusiven internationalen Organisation (Czempiel 2006: 27). Zwar sind in der Satzung des Völkerbundes auch Ziele erwähnt, die sich der Förderung des positiven Friedens zuordnen lassen, wie der Anspruch, angemessene Arbeitsbedingungen zu schaffen, Maßnahmen gegen Frauen- und Kinderhandel sowie Rauschgift- und Waffenhandel zu ergreifen, für freien Handel und ebensolche Kommunikation zu sorgen und die Kooperation im Gesundheitsbereich zu verbessern (Art. 23 Satzung des Völkerbundes). Diese Ziele sind jedoch dem zentralen Anliegen, den negativen Frieden durch ein System kollekti-

---

3   Dieser hier stark vereinfacht dargestellte, klassische Gedanke der liberalen Wirtschaftstheorien lässt außer Acht, dass die Verteilung des Wohlstands durch die strukturelle Gewalt höchst ungleich verläuft und somit ein höheres Produktionsniveau nicht automatisch auch zu friedlicheren Strukturen führt.
4   Das Kriegsverbot war nur partiell, da die Mitglieder des Völkerbundes zwar verpflichtet waren, sich einem satzungsgemäßen Streitschlichtungsmechanismus zu unterwerfen. Blieb dieser aber erfolglos, so durfte jeder Staat nach Ablauf einer Frist von drei Monaten Krieg führen (Unser 2004: 10, vgl. auch Northedge 1986, Kap. 2).

ver Sicherheit zu wahren, klar untergeordnet. Somit haben die Vereinten Nationen einen viel größeren Anspruch als ihre Vorgänger: Durch das System kollektiver Sicherheit soll sowohl personale Gewalt verhindert als auch darüber hinaus zum positiven Frieden beigetragen werden.

Doch zwischen Anspruch und Wirklichkeit der Weltorganisation klafft eine Lücke. In vielen Bereichen wird der Organisation eine eher bescheidene Bilanz bescheinigt. Einige attestieren, dass die UN ein Papiertiger sei, der zwar viele Normen vereinbare, dem aber die Kapazität zur Normdurchsetzung fehle: Sie greife zu spät, zu zögerlich und zudem nur selektiv in gewaltförmige Konflikte ein. Andere stellen fest, dass die UN gar kein eigenständiger Akteur, sondern nur ein Instrument in den Händen der mächtigen Staaten zur Durchsetzung deren Interessen sei. Als grundsätzlichen Erfolg der UN wird ins Feld geführt, dass es sie überhaupt gibt (Hüfner/Martens 2000: 1). Für die massive und in Teilen auch berechtigte Kritik an der Arbeit der Organisation gibt es drei Gründe. Erstens sind die UN eine intergouvernementale Organisation, in der Staaten politische Entscheidungen treffen. Die UN-Mitglieder lassen sich in ihrer Entscheidungsfindung in den UN häufig von nationalstaatlichen Interessen und nicht durch eine globale Gemeinwohlorientierung leiten. Je nach Zusammensetzung der Gremien dominieren unterschiedliche Interessen. Grob vereinfacht lässt sich festhalten: Während sich in der Generalversammlung, in der jeder Staat eine Stimme hat, aufgrund der Mehrheitsverhältnisse eher die Interessen des Südens durchsetzen (sofern es gemeinsame Positionen in dieser heterogenen Gruppe gibt), haben im Sicherheitsrat die Industrieländer das Sagen. Dadurch, dass in den UN politische Entscheidungen von Nationalstaaten getroffen werden, kann es zu einer Selektivität in der Problembearbeitung kommen. Zweitens fehlen den UN schlichtweg die finanziellen Mittel zur Durchsetzung ihrer Ziele. Das Budget der Vereinten Nationen ist seit jeher knapp bemessen. Derzeit umfasst es insgesamt rund 32 Milliarden US$, was in etwa Aufwendungen von 5 US$ pro Person im Jahr gleichkommt.[5] Zum Vergleich: Das Budget New York Citys beläuft sich im Fiskaljahr 2012 auf fast 66 Milliarden US$ – die Weltorganisation verfügt also nur über weniger als die Hälfte der Finanzmittel der Stadt New York. Es erstaunt angesichts dieser Daten nicht, dass die Vereinten Nationen sich seit den 1960er Jahren in einer „permanenten Finanzkrise" (Unser 2004: 182) befinden, die zwei Höhepunkte hatte: Die erste Finanzkrise trug sich Ende der 1950er bis Mitte der 1960er Jahre zu und entstand durch die nicht geplanten Mehrausgaben, die die ersten Friedensoperationen im Nahen Osten und im Kongo verursachten. Die Staaten konnten sich damals zunächst nicht darauf einigen, wer diese zusätzlichen Kosten übernehmen solle. Die zweite Finanzkrise lösten die USA Anfang der 1980er Jahre mit ihrem Beschluss aus, den Anteil am regulären Haushalt einseitig zu reduzieren und aus der UNESCO, der UN-Sonderorganisation für Bildung, Wissenschaft und Kultur,

UN: Diskrepanz zwischen Anspruch und Wirklichkeit

---

5 Hierbei sind der reguläre Haushalt, die Aufwendungen für Friedensmissionen und freiwillige Zahlungen zusammengerechnet. Der Anteil des regulären Haushalts beträgt lediglich rund 2,412 Mrd. US$ (Stand 2012).

auszutreten (Hüfner/Martens 2000: 112ff.).[6] Zur Finanzkrise tragen aber auch viele andere Staaten bei, indem sie ihre Beiträge regelmäßig verspätet oder nur in Teilen bezahlen. Im Jahr 2006 zahlten nur 40 von 191 Staaten ihre Beiträge pünktlich und vollständig (Lehmann/McClellan 2006: 2), im Jahr 2012 waren es sogar nur 26 Staaten.[7] Die fehlende Unterstützung der UN zeigt sich darüber hinaus an der äußerst zögerlichen Bereitstellung des Personals für Friedensmissionen – ein Problem, das, nachdem in den letzten Jahren Zahl und Umfang von Friedensmissionen zugenommen hat, zunehmend dringlicher wird. Drittens gilt die Bürokratie der UN als wenig effizient. Posten werden immer wieder politisch bzw. nach Länderschlüsseln besetzt. Wie der sogenannte Volcker-Report im Jahr 2005 gezeigt hat, ist auch Korruption ein Problem der UN-Bürokratie.[8] Hinzu kommen Kompetenzüberschneidungen zwischen verschiedenen Institutionen innerhalb der „UN-Familie", die einen zusätzlichen Verwaltungsaufwand mit sich bringen. Diese „Dysfunktionalität" des fragmentierten Systems der UN (Gareis/Varwick 2006: 266) ist Folge der weitgehenden Autonomie der Sonderorganisationen sowie der zunehmenden Eigenständigkeit von subsidiären UN-Einrichtungen, die ihrerseits auch die Interessen der Mitgliedsstaaten widerspiegelt (ebd. 269).

UN als universale und umfassende Organisation

Diese Kritikpunkte dürfen jedoch nicht darüber hinwegtäuschen, dass es zu den Vereinten Nationen keine Alternative gibt. Die UN ist die einzig inklusive (im Sinne von globale), zwischenstaatliche Organisation, die sich umfassend zentraler Probleme der Menschheit annimmt. Andere universale internationale Organisationen wie die Bretton-Woods-Organisationen Weltbank und Internationaler Währungsfond bearbeiten nur einzelne Themenbereiche in den genannten Beispielen Entwicklung und Weltwirtschaft. Wiederum sind Organisationen, die sich umfassend mit verschiedenen Themen beschäftigen, nur auf regionaler Ebene tätig (wie etwa die Europäische Union, EU).

Theoretische Perspektiven: internationale Organisationen und Frieden

Wie unter 1.1 erläutert, werden die Vereinten Nationen häufig kritisiert. Dabei fällt auf, dass an die UN auch ein hoher Anspruch gerichtet ist. Wenn von dieser internationalen Organisation erwartet wird, dass gewalttätiger Konfliktaustrag der Vergangenheit zugeschrieben werden kann, ist die Bilanz tatsächlich ernüchternd. Können aber internationale Organisationen generell dazu beitragen, Gewalt zu überwinden und Frieden zu schaffen?

Verschiedene Theorien – unterschiedliche Antworten

Erwartungsgemäß geben die Theorien der Friedens- und Konfliktforschung, insbesondere die der politikwissenschaftlichen Teildisziplin der Internationalen Beziehungen (IB), auf diese Frage unterschiedliche Antworten. Sie reichen von der Annahme, dass internationale Organisationen sowieso nur die Interessen des Hegemons reflektieren und daher keinen eigenständigen Beitrag zum Frieden leisten, wie es der Neorealismus behauptet, bis hin zu der dem Sozialkonstruk-

---

6   Die USA hatten auch schon Anfang der 1970er Jahre einmal einseitig ihren Beitrag zum ordentlichen Haushalt gekürzt, jedoch konnte das dadurch entstehende finanzielle Loch durch den Beitritt und die Zahlungen der beiden deutschen Staaten ausgefüllt werden (Hüfner/Martens 2000: 69ff).
7   So die Zahlen, die das Global Policy Forum zur Verfügung stellt: http://www.globalpolicy.org/images/pdfs/Members_Paying_UN_Regular_Budget_Assessments_Promptly_and_in_Full.pdf, 15.05.2013.
8   Siehe http://www.iic-offp.org/documents/InterimReportFeb2005.pdf, 05.05.2013.

tivismus zuzuordnenden Aussage, dass internationale Organisationen als Sozialisationsagenten fungieren und Staaten zu einem friedlicheren Außenverhalten „erziehen" können. Diese verschiedenen Ansätze gilt es unter dem Blickwinkel der Institutionenforschung genauer darzustellen.[9] Hierbei wird unter internationalen Institutionen ein Set von Regeln verstanden, die internationales Verhalten regulieren. Institutionen können verschiedene Formen annehmen, die bekanntesten darunter sind formelle internationale Organisationen und internationale Regime (Simmons/Martin 2006: 193f).

1.1.1 Der Neorealismus

Der Neorealismus als eine systemische Theorie der IB geht davon aus, dass die Struktur des internationalen Systems das Verhalten der Akteure, und dies sind in diesem Verständnis ausschließlich Staaten, bestimmt (Waltz 1979, Grieco 1988, Mearsheimer 2001). Das internationale System wird als anarchisch charakterisiert, was bedeutet, dass ein zentrales, übergeordnetes Gewaltmonopol fehlt, so dass die Staaten sich untereinander in einem „ungebremsten Wettstreit" befinden (Zangl/Zürn 2003: 43). Jeder Staat muss sein eigenes Überleben sichern (Selbsthilfesystem), weshalb er danach strebt, Macht im Sinne von Autonomie oder Einfluss zu erhalten bzw. auszubauen. Damit geht ein Sicherheitsdilemma einher, da das Streben eines Staates nach Sicherheit in einem anarchischen Umfeld bei anderen Staaten zu Bedrohungsvorstellungen und somit zu neuen Machtanstrengungen ihrerseits führt (Herz 1974: 39).

Kooperation nur bei relativen Gewinnen

Internationale Organisationen sind aus neorealistischer Perspektive nicht relevant. Es erscheint unwahrscheinlich, dass es überhaupt zur Gründung von Institutionen kommt. Die Staaten werden als rationale, Kosten und Nutzen kalkulierende Akteure konzeptionalisiert und lassen sich demnach nur dann auf Kooperation ein, wenn aus dieser für sie relative Gewinne resultieren, wenn sie also stärker von der Kooperation profitieren als andere und damit ihre Stellung im internationalen System verbessern können (Grieco 1988, 1993, Mearsheimer 1994/1995). Absolute Gewinne allein, d.h. die Verbesserung der eigenen Situation, reichen als Kooperationsanreiz nicht aus, sofern die Verteilung der Gewinne von den Staaten als benachteiligend empfunden wird.

Nur eine spezielle Spielart des Neorealismus, die Theorie der hegemonialen Stabilität (Gilpin 1981, Ikenberry/Kupchan 1990, Kindleberger 1976), kann erklären, warum es dennoch relativ viele internationale Organisationen gibt. Demnach kann ein Staat mit einer hegemonialen Machtposition seine Macht benutzen, um internationale Zusammenarbeit zu stiften. Ist der Hegemon fähig und willens, eine internationale Organisation zu gründen und die dabei anfallenden Kosten zu tra-

Theorie der hegemonialen Stabilität

---

9 Die IB-Theorien können hier nur skizziert werden. Zur Einführung bietet sich das Lehrbuch von Gert Krell (2004), Baylis/Smith (2005) oder auch Jackson/Sørensen (2003) an. Zur Vertiefung sind neben den „Klassikern" selbst auch die Beiträge in Schieder/Spindler (2006) hilfreich. Eine Auseinandersetzung mit IB-Theorien und deren Perspektiven auf internationale Organisationen findet sich in Rittberger/Zangl (2004, Kap. 2), siehe auch Archer (1992) und Simmons/Martin (2006).

gen, kommt es zur Etablierung dieser Kooperation. Der Hegemon kann es sich sodann auch leisten, die durch die Institution auftretenden relativen Gewinne anderer Staaten zu tolerieren. Verliert der Hegemon jedoch sein Interesse an der internationalen Organisation oder schwindet seine Machtposition, so nimmt deren Einfluss ab. Mit anderen Worten: internationale Organisationen reflektieren aus dieser Perspektive nur die Interessen der Führungsmacht (Dembinski 2006: 4f.).

Internationale Organisationen als Instrumente

Diese Überlegungen bedeuten, dass die Wirkung von internationalen Organisationen nur gering sein kann, schließlich sind internationale Organisationen auch aus der Perspektive der Theorie der hegemonialen Stabilität keine dauerhaften Institutionen, sondern Übergangsphänomene. Hierzu trägt auch bei, dass die vom Neorealismus attestierten grundlegenden Probleme von Kooperation – Angst vor Abhängigkeiten und Betrug des Kooperationspartners – nicht dauerhaft von Institutionen gelöst werden können (Schörnig 2006: 77). Bei einer Analyse der Vereinten Nationen aus neorealistischer Perspektive wäre daher zu erwarten, dass es sich entweder um eine Organisation handelt, die die Interessen des Hegemons widerspiegelt, also ein Instrument in dessen Händen darstellt.[10] Die USA würden demnach heute die Prioritäten und Positionen der UN in ihrem Sinne setzen. Oder aber die UN können als eine relativ unbedeutende Institution wahrgenommen werden, die keinen Einfluss auf die Weltpolitik hat und demnach auch nicht zu friedlicheren Strukturen der Weltpolitik beitragen kann. Beide Sichtweisen eint, dass eine internationale Organisation als unabhängiger Akteur nicht dazu beitragen wird, die Welt friedlicher zu gestalten. Kriege bleiben „allgegenwärtige Phänomene" (Dembinski 2006: 4), andere Formen der Gewalt werden nicht betrachtet. Die einzige Möglichkeit Kriege kurzfristig zu verhindern, stellt eine kluge Bündnispolitik dar, mittels derer Mächtegleichgewichte aufrechterhalten werden können (Zangl/Zürn 2003: 45).

1.1.2 Utilitaristischer Institutionalismus

Rationalistischer Institutionalismus: internationale Organisationen als Akteure

Eine andere Wahrnehmung von internationalen Organisationen offeriert die institutionalistische Theorieschule der IB (Keohane 1984, Keohane 1989, Hasenclever/Mayer/Rittberger 1997). Der rationalistische oder utilitaristische Institutionalismus (auch Neoinstitutionalismus oder Regimetheorie genannt) ist ebenfalls eine systemische Theorie, die wie der Neorealismus von der Anarchie des internationalen Systems und von Staaten als rationalen Akteuren ausgeht. Allerdings ist die Anarchie in der institutionalistischen Perspektive durch die wachsenden Interdependenzen der Akteure (Keohane/Nye 1972, 1977), also deren wechselseitige Verwundbarkeit und Empfindlichkeit, eingehegt (Zangl/Zürn 2003: 86). Aufgrund dieser Interdependenzbeziehungen mit anderen Akteuren kann unilaterales Handeln zu suboptimalen Ergebnissen führen und Kooperation daher durchaus

---

10   Die Rolle des Instruments ist eines von drei Bildern, mittels derer die Erwartungen an das Verhalten von internationalen Organisationen beschrieben werden können. Die beiden anderen Bilder sind das der Arena (auch Verhandlungssystem genannt) und das des Akteurs, siehe Archer 1992, Rittberger/Mogler/Zangl 1997, Rittberger/Zangl 2003.

eine angemessene Verhaltensstrategie sein. Sie ist jedoch kein Selbstläufer, da die
Akteure aufgrund der internationalen Anarchie befürchten müssen, dass andere
Akteure aus einer einmal beschlossenen Kooperation ausscheren. Neben dieser
Erwartungsunsicherheit bezüglich der Verpflichtungskonsequenz der anderen Akteure stehen zwei weitere Probleme der Kooperation entgegen: Die sich aus der
Kooperation ergebende Kosten- und Nutzenverteilung und die Attraktivität des
nutznießenden Abtrünnigen, also des Trittbrettfahrers, der von der Kooperation
profitiert, aber keinen Beitrag dazu leisten will (Krell 2004: 247). An dieser Stelle
kommen internationale Institutionen ins Spiel, die die kooperationsverhindernden
Faktoren abschwächen. Es können vier Formen von Institutionen unterschieden
werden (Zangl/Zürn 2003: 88):

- Internationale Regime: Diese politikfeldspezifischen Institutionen zeich-   Vier Formen von
  nen sich durch gemeinsame Prinzipien, Normen, Regeln und Verfahren aus,   internationalen
  die das Verhalten der Akteure anleiten (Krasner 1983). Sie besitzen keine   Institutionen
  Akteursqualität, sind also nicht zum eigenmächtigen Handeln befähigt. Ein
  Beispiel ist das internationale Klimaregime, bei dem sich die Staaten auf
  eine Verminderung der Emissionen der sechs wichtigsten Treibhausgase geeinigt haben.
- Internationale Organisationen: Diese Institutionen können sowohl auf ein
  einzelnes Politikfeld begrenzt sein, wie die Welthandelsorganisation, oder
  auch problemfeldübergreifend ausgerichtet sein, wie die Vereinten Nationen. Die internationalen Organisationen sind zum eigenständigen Handeln
  befähigt, besitzen also Akteursqualität.
- Internationale Netzwerke: Sie beruhen wie die internationalen Regime auf
  Normen und Regeln, die jedoch nur prozeduraler Natur sind. Inhaltliche
  (substanzielle) Regeln sind dagegen kein Bestandteil dieser Netzwerke.
  Ein Beispiel sind die G8-Treffen. Die wichtigsten acht Industrieländer haben sich zwar verpflichtet, bei den jährlich stattfindenden G8-Treffen über
  Fragen der Weltwirtschaftspolitik zu diskutieren, sich jedoch nicht auf eine
  bestimmte Weltwirtschaftspolitik festgelegt (Zangl/Zürn 2003: 89).
- Internationale Ordnungsprinzipien: Dabei handelt es sich um die grundlegenden, konstitutiven Normen der internationalen Beziehungen. Ein Beispiel ist die Souveränität der Staaten, die als Institution wirkt. Auch diese
  Institutionen verfügen über keine Akteursqualität.

Die internationalen Institutionen, insbesondere die internationalen Regime, wirken als „Kooperationskatalysatoren" (Zangl 2006: 129), d.h. sie tragen dazu bei,
dass Staaten ihr Interesse an Kooperation auch realisieren können. Sie bieten nämlich erstens einen Rahmen, innerhalb dessen Verhandlungen über die Kooperation überhaupt stattfinden können, sie erhöhen somit die Wahrscheinlichkeit von
Kooperationsvereinbarungen. Zweitens tragen Institutionen durch die von ihnen
zur Verfügung gestellten Überwachungsmechanismen dazu bei, dass die Erwar-
tungsverlässlichkeit der Akteure zu- und umgekehrt die Furcht vor dem Ausscha-
ren eines Akteurs aus der Kooperation abnimmt. Institutionen können auch positive oder negative Sanktionsmechanismen zur Verfügung stellen, die potenzielle
Normbrecher zu konformem Verhalten veranlassen können. Institutionen können

den Mechanismus des „Belohnens", also einer positiven Unterstützung eines sonst
normbrechenden Akteurs, einsetzen, wenn Staaten zwar willens, aber nicht fähig
sind, eine Norm einzuhalten. Oder aber sie setzen den Sanktionsmechanismus des
„Bestrafens" ein, drohen also dem Normbrecher mit zusätzlichen Kosten. Durch
das genaue Festlegen des Kooperationsgegenstandes sorgen Institutionen dafür,
dass Regeln brechendes Verhalten nicht mit einer Unsicherheit über den Regel-
gegenstand begründet werden kann. Schließlich verknüpfen Institutionen auch
verschiedene Kooperationsvereinbarungen miteinander, so dass Kooperationsan-
reize geschaffen werden können. Zusammenfassend kann festgehalten werden,
dass internationale Institutionen dazu beitragen, sowohl den „Anreiz zur eigenen
Selbsthilfe als auch die Sorge um Selbsthilfe anderer zu verringern" (Rittberger/
Zangl 2003: 41).

Die Gründung von internationalen Organisationen erklärt die institutionalistische Schule vor allem über eine funktionale Logik. Demnach gibt es einen
Bedarf an Institutionen, der aus den Präferenzen der verschiedenen Akteure abgeleitet werden kann, wie im situationsstrukturellen Ansatz herausgearbeitet wurde
(Zürn 1992). Demnach bringen unterschiedliche spieltheoretischen Situationen
verschiedene Anreize für kooperatives oder nicht-kooperatives Verhalten in sta-
tischen oder dynamischen Zusammenhängen mit sich (Sprintz 2003: 253). Die
Wahrscheinlichkeit der Institutionenbildung hängt aber auch von dem Konflikttyp
ab, was als problemstruktureller Ansatz bezeichnet wird (Efinger/Zürn 1990, Ritt-
berger/Zürn 1990).

Friedensförderung
durch Normbildung
und Normdurchset-
zung

Internationale Institutionen können aus der Perspektive des utilitaristischen
Institutionalismus über fünf Mechanismen zum Frieden beitragen (Zangl/Zürn
2003: 92ff.). Erstens können sie einen positiven Einfluss auf das soziale Umfeld
ausüben, so dass Kooperation generell wahrscheinlicher wird. Zweitens verfügen
viele der Institutionen über Überwachungssysteme, mittels derer Normbrüche
aufgedeckt werden können. Drittens können internationale Institutionen entweder selbst Sanktionen verhängen oder zumindest andere Akteure dazu aufrufen,
Sanktionsmaßnahmen zu ergreifen. Sie können so sowohl die Erwartungssicher-
heit der anderen beteiligten Akteure und wie auch die potenziellen Kosten eines
Normbruchs erhöhen. Die Institutionen können viertens auch auf die substaatliche
Ebene einen Einfluss ausüben, indem sie die innenpolitischen Gruppen stärken,
die ein originäres Interesse an Norm- und Regelbeachtung haben. Schließlich
können sie die kognitiven, administrativen und materiellen Kapazitäten zur Verfügung stellen, die die Normbeachtung erhöhen. Kurz: Internationale Institutionen können zur Normgenese beitragen, also handlungsanleitende Normen und
Regeln formulieren, die die Entstehung von Konflikten verhindern. Sie können
die Wahrscheinlichkeit eines friedlichen Konfliktaustrags erhöhen, da sie hierfür
spezifische Mechanismen zur Verfügung stellen. Der Umfang des Beitrags der
internationalen Organisationen zum Frieden hängt dabei vom Grad der Institutionalisierung, der Breite des Aufgabenbereichs und der sicherheitspolitischen
Zuständigkeit ab (Dembinski 2006: 6, Haftendorn 1997). Institutionen können
zudem einen Beitrag zu der internationalen Verrechtlichung (Abbott et al. 2000,
Zangl/Zürn 2004) und damit zum zivilen Konfliktaustrag leisten. Eine Analyse

der UN aus institutionalistischer Perspektive würde die Organisation daher als eigenständigen Akteur konzeptionalisieren, der Einfluss auf die internationalen Normsetzungs- und Normdurchsetzungsmechanismen nimmt.

1.1.3 Liberalismus

Neorealismus und Neoinstitutionalismus weisen internationalen Organisationen also sehr unterschiedliche Rollen zu. Dennoch eint die beiden Theorien etwas Entscheidendes - nämlich die Herangehensweise. Es handelt sich um zwei systemische Theorien, die vom internationalen System auf die staatliche Ebene schließen, die Staaten selbst jedoch als „black boxes", also als einheitliche Akteure behandeln. Im Unterschied hierzu geht die liberale Theorie der Internationalen Beziehungen davon aus, dass die gesellschaftlichen Gruppen in den Blick genommen werden müssen, um internationale Politik erklären zu können (Czempiel 1981, Moravcsik 1992, 1997). Diese gesellschaftlichen Akteure treten jedoch nicht unvermittelt auf dem internationalen Parkett auf, vielmehr werden ihre als rational konzeptionalisierten Interessen über die jeweiligen Regierungen nach außen getragen. Die Regierungen stellen somit einen Transmissionsriemen zwischen gesellschaftlichen Akteuren und internationalen Beziehungen dar. Den Staaten werden dagegen keine eigenen Interessen unterstellt. Da die gesellschaftlichen Akteure in ihrer Durchsetzungsfähigkeit variieren und zudem die institutionellen Strukturen der Staaten einen Einfluss darauf haben, welche Gruppe besonders durchsetzungsstark ist, ist nicht von einer realitätsnahen Abbildung der gesellschaftlichen Interessen auf dem internationalen Parkett auszugehen.

Relevanz gesellschaftlicher Akteure

Die liberale Theorie hat in den vergangenen Jahren u.a. wegen des hieraus abgeleiteten Theorems des Demokratischen Friedens (DF) viel Aufmerksamkeit auf sich gezogen (Doyle 1983, 1997, Geis 2001, Geis/Wagner 2006, Russett/Oneal 2001). Sehr knapp zusammengefasst besagt dieses, dass demokratisch verfasste Staaten ein friedlicheres Außenverhalten an den Tag legen bzw. in seiner modifizierten und inzwischen weitgehend akzeptierten Form, dass sie nie oder zumindest sehr selten Kriege gegen andere Demokratien führen.[11] Der Grund hierfür ist, dass die Gewaltbereitschaft eines Staates durch dessen politisches System oder politische Kultur bestimmt wird (Hasenclever 2006: 216ff.), wobei vier verschiedene Ausdifferenzierungen zu unterscheiden sind (Zangl/Zürn 2003: 64-70):

Demokratischer Frieden

- Der *republikanische Liberalismus* betont die Organisationsmerkmale der nationalen politischen Systeme. Demnach führen demokratische Staaten keine Kriege gegeneinander und sind auch signifikant seltener in Gewaltkonflikte verwickelt, da die gesamte Gesellschaft, die in demokratisch organisierten

---

11 Diese dyadische Variante des Demokratischen Friedens trifft Aussagen über das Verhalten von Staatenpaaren. Die monadische Variante schließt dagegen direkt von der Herrschaftsstruktur eines Staates auf dessen Außenverhalten und postuliert eine generell höhere Friedfertigkeit von Demokratien. Das Theorem des Demokratischen Friedens ist aus verschiedener Perspektive kritisiert und überprüft worden. So wurde sowohl auf paradigmen-immanente Widersprüche hingewiesen (Müller 2002), als auch die empirische Datenlage genauer untersucht (Geis et al. 2007).

politischen Systemen ihre Position nach außen tragen kann, kein Interesse an Krieg hat.

- Der *soziologische Liberalismus* betont dagegen die Dichte der transnationalen Beziehungen und argumentiert, dass dichte Transaktions- und Interdependenzbeziehungen zwischen den Gesellschaften den Frieden stabilisieren (Czempiel 1986: 146-154). So könne z.B. der Frieden in der OECD-Welt erklärt werden.

- Der *integrationstheoretische Liberalismus* ergänzt diese Erklärung um die Bedeutung von internationalen Organisationen. Demnach bedingen sich grenzüberschreitende Transaktionen und eine Stärkung internationaler Organisationen wechselseitig, so dass es zu Integrationsprozessen kommt.

- Der *zivilisatorische Liberalismus* argumentiert, dass der innerstaatliche Friede von den jeweiligen nationalen Strukturen abhängt. Neben den demokratischen Systemen an sich sind auch die weiteren Elemente des zivilisatorischen Hexagons (Senghaas 1994) wichtig.[12]

Internationale Organisationen als Teil des „Engelskreises" Wenngleich die zentrale Erklärung des Liberalismus von den Individuen bzw. gesellschaftlichen Gruppen ausgeht, so wird internationalen Organisationen auch in dieser Theorie ein hoher Stellenwert beigemessen. Ernst-Otto Czempiel (1986: 116) argumentiert in Anlehnung an Kant, dass das Zusammenschließen von ehemals feindlichen Staaten in einem Staatenbund per se einen Friedensakt darstellt, da so die vormals hobbesianische Struktur, in der von einem Kampf aller gegen alle ausgegangen wird, aufgehoben wird, die Notwendigkeit des Kampfes also entfällt. Konflikte werden nachfolgend zwischen Demokratien friedlich ausgetragen. Dieser Zusammenhang zwischen demokratischen Staaten und internationalen Organisationen ist um die Komponente der Interdependenz ergänzt und zum „Engelskreis" erklärt worden (Russett/Oneal 2001). Es konnte auch statistisch gezeigt werden, dass die Kriegswahrscheinlichkeit zwischen Demokratien sinkt, wenn diese in vielen internationalen Organisationen Mitglied sind. Als Erklärungspfade werden hierfür sowohl rationalistische Argumente als auch soziologische Einsichten angeboten. Demnach tragen internationale Organisationen einerseits durch eine gemeinsame Verteidigungspolitik und effektive Frühwarnung dazu bei, dass die Staaten sich nicht in ihrer Sicherheit bedroht sehen. Sie erhöhen also die Kosten für den Rückgriff auf unilaterale Selbsthilfestrategien und binden gesellschaftliche Akteure in die Problembearbeitung mit ein, so dass Einzelfragen verhandelt werden, anstatt die Beziehungen zu polarisieren (Hasenclever 2006, siehe auch Hasenclever 2002). Andererseits leisten internationale Organisationen einen Beitrag zur Herausbildung einer gemeinsamen Identität. Die Selbstwahrnehmung als Teil einer Gruppe führt letztlich zur moralischen Verpflichtung, eine einmal eingegangene Kooperation aufrechtzuerhalten und dieser somit zu einer größeren

---

12 Mündige Gesellschaften sind laut Dieter Senghaas (1994: 18) „per definitionem konflikt- und gewaltträchtige Gesellschaften", weshalb „Formen und Formeln der Koexistenz" zu etablieren sind. Er benennt sechs Bausteine, die für den Prozess der Zivilisierung wichtig sind: Entprivatisierung der Gewalt (Gewaltmonopol), Kontrolle des Gewaltmonopols und Herausbildung von Rechtsstaatlichkeit (Verfassungsstaat), Interdependenzen und Affektkontrolle, demokratische Beteiligung, soziale Gerechtigkeit und konstruktive politische Konfliktkultur.

Robustheit zu verhelfen. Ein gewalttätiger Konfliktaustrag wird zunehmend unwahrscheinlich.

Zur Entstehung der letztlich wirkungsvollen internationalen Organisationen kommt es, wenn gesellschaftliche Gruppen in verschiedenen Staaten ähnliche Präferenzen haben und Kooperation aufgrund des breiten gesellschaftlichen Konsens daher eine angemessene Strategie darstellt. Oder aber einzelne gesellschaftliche Gruppen, die sich aus zunehmenden Transaktionen einen Vorteil versprechen, drängen ihre Regierungen dazu, vermehrt in internationalen Organisationen zusammenzuarbeiten, um so die Transaktionsströme zu erhöhen (Hasenclever 2002).

Zusammenfassend ist festzuhalten, dass die subsystemische Theorie des Liberalismus internationalen Institutionen eine große Rolle zuweist, da diese als besonders geeignet angesehen werden, friedensfördernde Leistungen zu erbringen und Eskalationspfade zu blockieren. Eine Analyse der UN aus liberaler Perspektive würde der Weltorganisation eine wichtige Rolle zuschreiben, entweder als eigenständiger Akteur oder vor allem auch als Verhandlungsforum der Staaten.

1.1.4 Sozialkonstruktivismus

Einige liberale Ansätze argumentieren mit der Wahrnehmung von Situationen bzw. Institutionen. Demnach bestimmt nicht nur die materielle Welt als solche, sondern auch die sozial vermittelte Wahrnehmung derselben das Verhalten der Akteure. Diese Überlegung ist in der sozialkonstruktivistischen Perspektive der Internationalen Beziehungen weiter ausgeführt worden (vgl. Wendt 1992, 1999, Risse 1995, 1996).[13] So führt die anarchische Struktur des internationalen Systems nicht, wie von neorealistischer Schule behauptet, zwangsläufig zu einem Selbsthilfesystem. Vielmehr sind ausgehend von den geteilten Rollenverständnissen der Akteure verschiedene Kulturen der Anarchie denkbar, die unter anderem zu unterschiedlichem Kooperationsverhalten führen können (Wendt 1999: 250ff.) – Anarchie ist daher das, was Staaten aus ihr machen (Wendt 1992). Damit geht einher, dass Akteure die Struktur des internationalen Systems mitbestimmen können, wobei als Akteure neben den Staaten auch nichtstaatliche Akteure wie Nichtregierungsorganisationen (Non-Governmental Organizations, NGOs), Unternehmen und internationale Organisationen konzeptionalisiert werden. Zugleich determiniert die Struktur des Systems aber auch das Handeln der Akteure, weshalb von der wechselseitigen Konstituierung von Akteur und Struktur gesprochen wird (Wendt 1987).

Die Akteure handeln aus Perspektive des Sozialkonstruktivismus nicht aufgrund rationaler Kosten-Nutzen-Kalkulationen, sondern wollen ein der Situation angemessenes Verhalten an den Tag legen. Das bedeutet, dass Normen, verstanden als geteilte Erwartungen über ein in einer Situation angemessenes Verhalten, das Handeln der Akteure bestimmen (Finnemore 1996: 22). Eine Norm entsteht intersubjektiv in einem Akteurskollektiv und ist zugleich Teil der internationalen

Marginalien: Struktur-Akteur Beziehung

Marginalie: Konstitutive Normen

---

13 Wir beschränken uns hier auf diejenigen sozialkonstruktivistischen Ansätze, die auf metatheoretischer Ebene dem Positivismus verhaftet bleiben und auch als *via media* bezeichnet werden. Für einen Überblick über die Debatte siehe bspw. Zehfuss 2002.

Struktur, die wiederum das Verhalten der Akteure bestimmt. Normen, aber auch Ideen und Identitäten prägen das Verhalten der Akteure, die endogen ihre Interessen herausbilden.

Die Normentstehung: Normunternehmer und Normkaskaden

Im Sozialkonstruktivismus gibt es verschiedene Erklärungen für die Herausbildung von Kooperation bzw. die Akzeptanz gemeinsamer Normen. So argumentieren Finnemore/Sikkink (1998) beispielsweise, dass sich eine neue Norm dann durchsetzt, wenn eine kritische Masse von relevanten Akteuren sie akzeptiert hat, weil dies eine Normkaskade in Gang setzt. Vermittelt über Mechanismen wie Lernen, Imitation und Sozialisation nehmen auch die anderen Akteure die Normen an. Diese drei Mechanismen sind auch für Normunternehmer, also Akteure, die ein Interesse an der Verbreitung der Norm haben, relevant. Zu den Normunternehmern zählen beispielsweise NGOs, die zu einer ähnlichen Problemwahrnehmung der Akteure beitragen und damit die Präferenzen der Akteure beeinflussen können (Haas 1992). Normunternehmern wird auch zugeschrieben, zu Situationsdeutungen beizutragen, so dass verständigungsorientiertes Handeln möglich ist (Deitelhoff 2006). Diese Annahmen beziehen sich allgemein auf normative Prozesse, nicht speziell auf die Herausbildung von internationalen Institutionen.

Identitätsbildung durch internationale Organisationen

Sozialkonstruktivistische Ansätze weisen internationalen Organisationen eine wichtige Rolle in den internationalen Beziehungen zu. Wie Normen wirken auch Organisationen nicht nur auf das Verhalten von Akteuren ein (regulative Wirkung), sondern ermöglichen Handeln erst, indem sie einen Einfluss auf die Identität der Akteure ausüben (konstitutive Wirkung). In und durch internationale Organisationen werden internationale Normen im internationalen System verankert. In diesem Sinne kann ihnen eine „initiierende Funktion bei der Bildung von Kooperationsinseln" (Dembinski 2006: 7) zugeschrieben werden. Die internationalen Organisationen tragen dazu bei, dass angemessenes Verhalten klar definiert wird und somit einerseits handlungsleitend werden kann. Andererseits wird durch Festlegung von Standards ein Maßstab zur Einschätzung des Verhaltens bereitgestellt – Organisationen können Normbrecher als solche identifizieren und daraufhin „Prozesse des Beschämens" (*shaming*) mit dem Ziel der Normdurchsetzung in Gang setzen. Da die kollektiven Akteure Teil einer Gruppe bleiben wollen und daher das Bestreben haben, sich angemessen zu verhalten, werden sie sich langfristig wieder normkonform verhalten – sei es aus taktischen Überlegungen heraus oder weil sie von der Richtigkeit der Norm überzeugt worden sind (Forschungsgruppe Menschenrechte 1998, Liese 2006).

Somit weist der Sozialkonstruktivismus ähnlich wie der Institutionalismus oder der Liberalismus internationalen Organisationen eine wichtige Funktion in der Friedenserhaltung zu. Internationale Organisationen sind durch die Prozesse des „blaming and shaming" in der Lage, „der Norm des Friedens Geltung [zu] verschaffen" (Zangl/Zürn 2003: 125). Die Vereinten Nationen tragen aus sozialkonstruktivistischer Perspektive zur Bildung und Durchsetzung internationaler Normen bei, setzen also fest, was angemessenes Verhalten in einer bestimmten Situation ist und haben einen Einfluss auf die Identität der Akteure.

1.1.5 Feministische Theorien der Internationalen Beziehungen

Ähnlich heterogen wie die sozialkonstruktivistischen sind auch die feministi-schen Theorieansätze in den Internationalen Beziehungen, die sich seit Ende der 1980er Jahre herausgebildet haben (Steans 2003: 436). Die feministischen The-orien eint die Kritik an der herkömmlichen androzentrischen Sichtweise der IB, die Frauen als Akteurinnen fast völlig ausgeblendet hat (Ruppert 1998: 28). Das systematische Ausblenden ist die Folge der konstruierten Dichotomie zwischen einem öffentlichen, vermeintlich rationalen Regeln folgenden politischen Raum einerseits und einem unpolitischen, privaten und emotionalen Raum andererseits. Bislang wurde nur der öffentliche Bereich von den IB analysiert und dementspre-chend internationale Politik als Politik der Staatsmänner und Diplomaten konzep-tionalisiert, statt auch die weibliche Zuarbeit (z.B. als billige Arbeitskräfte) als Fundament der Strukturen wahrzunehmen (Enloe 1990). Weiterhin kritisiert die feministische IB-Perspektive die männlich dominierten Denkweisen und Analyse-kategorien. So konnte bspw. J. Ann Tickner (1988, 1992) überzeugend aufzeigen, dass die IB auf geschlechterstereotypen Konstruktionen basieren. Die zentralen Annahmen des klassischen Realismus von Hans Morgenthau bauen ihr zufolge auf einer einseitigen Machtdefinition, nämlich im Sinne von Behauptung auch ge-gen den Widerstand anderer, auf, statt Macht zum Beispiel auch als wechselseitige Befähigung zu verstehen.

Kritik am
Androzentrismus
der IB

Ziele der feministischen IB-Theorien sind daher, Frauen überhaupt sicht-bar zu machen (liberaler Feminismus), bzw. auf Unterschiede zwischen den Ge-schlechtern hinzuweisen und zugleich die Aufwertung der weiblichen Rolle zu fordern (radikaler Feminismus) oder auch die Geschlechter durch die Kategorie *gender* (das soziale Geschlecht im Gegensatz zum biologischen, als *sex* bezeich-neten Geschlecht) zu dekonstruieren, um den Blick auf die Unterschiede zwischen den Frauen (etwa des Nordens und des Südens) zu lenken (postmoderner Femi-nismus). Die Kategorie *gender* ist in dieser Sichtweise gleichzeitig zu benutzen, wie auch abzulehnen, da sie wiederum ein Konstrukt ist (Sylvester 1994: 12). Fe-ministische Ansätze bleiben aber nicht beim Beschreiben und Analysieren stehen, sondern wollen auch einen Beitrag zur Überwindung der dualistischen Strukturen leisten. Dieser normative Anspruch unterscheidet die feministischen IB-Theorien von den bislang genannten klassischen Ansätzen. Weiterhin eint die Ansätze die Kritik an den von den „mainstream-IB-Theorien" etablierten Analyseebenen. So-wohl eine systemische Erklärungsvariante, wie sie vom Neorealismus oder dem Neoinstitutionalismus vorgenommen wird, wie auch ein subsystemischer Ansatz, dessen sich der Liberalismus bedient, gelten als zu kurz greifend, da sie jeweils eindeutige Ableitungen von einer auf die andere Ebene vornehmen, statt auch die wechselseitigen Interaktionen zwischen den Ebenen in den Blick zu nehmen. Das zeigt sich insbesondere an der Konstruktion von *gender* als der zentralen Kategorie der feministischen Ansätze. *Gender*, also das soziale Geschlecht, wird gleichzeitig auf der individuellen Ebene (wie definiere ich mich als Frau bzw. Mann), auf der kollektiven Ebene (wie wird Weiblichkeit/Männlichkeit in der Gesellschaft kon-struiert und welche Rollenbilder werden damit verknüpft?) und auf der ideellen

Normativität
feministischer (IB-)
Theorien

Ebene konstruiert (wie wird gesellschaftliches Handeln in der Öffentlichkeit und der Privatsphäre organisiert und institutionalisiert) (Marchand 2000). Auf allen Ebenen wirken geschlechtsspezifische Ungleichheitsverhältnisse, deren Identifizierung und Überwindung konstitutiv für die feministische Forschung ist (Wölte 2007: 18). Auch wenn feministische ForscherInnen eine besonders starke AkteurInnen-Fokussierung haben, so spielt die Struktur doch gleichzeitig eine wichtige Rolle, „bottom-up"-Ansätze werden mit „top-down"-Konzepten verknüpft.

Internationale Organisationen als Referenzrahmen

Diese Verbindung von „bottom-up"- mit „top-down"- Ansätzen wird bei der neueren feministischen IB-Forschung, die die Entstehung und Wirkung internationaler Normen in den Mittelpunkt stellt, besonders deutlich (Brabandt et al. 2002: 12). Das Normbündel der FrauenMenschenrechte wurde beispielsweise „von unten", also von der internationalen Frauenbewegung, erfolgreich auf die internationale Agenda gesetzt, woraufhin diese Rechte in den 1990er Jahren auf UN-Weltkonferenzen festgeschrieben wurden. Seitdem gilt es, diese Normen in einem „von oben" gesteuerten Prozess auch auf der lokalen Ebene zu verankern. Internationale Organisationen dienen der Frauenbewegung als Bezugs- bzw. Referenzrahmen bei der nationalen bzw. lokalen Umsetzung der Normen (Wölte 2007: 36ff.).

Internationalen Organisationen wird aus feministischer Perspektive somit eine ähnliche Rolle wie im Sozialkonstruktivismus zugeschrieben, denn auch hier ist die Identitätsbildung das zentrale Wirkungsinstrument der internationalen Organisationen. Ein Ziel ist hierbei, die „richtigen", d.h. die Ungerechtigkeit in den Geschlechterverhältnissen abbauenden Normen in den internationalen Organisationen zu verankern, auf die sich dann alle Akteurinnen beziehen können. Die UN können insofern durch die Minderung der strukturellen Gewalt zwischen den Geschlechtern zum positiven Frieden beitragen.

1.1.6 Marxistische Ansätze in den Internationalen Beziehungen

Kapitalistisches System und Klassenverhältnisse

Die marxistische Theorietradition hat recht spät, nämlich erst seit den 1960er Jahren, Einzug in die Internationalen Beziehungen erhalten. Während damals vor allem die Weltsystemtheorie Wallersteins (1974, 2000) diskutiert wurde, sind heute neo-gramscianische Ansätze von Bedeutung. Diese beiden Ausrichtungen, wie auch allgemein (neo-)marxistische Ansätze, eint, dass es normative Theorien sind, die auf die Überwindung des *status quo* abzielen. Sie stellen zudem andere Strukturen und Akteure in den Mittelpunkt ihres Theoriegebäudes als die klassischen IB-Ansätze. Zwar wird hier ebenfalls argumentiert, dass internationale Strukturen das Handeln der Akteure determinieren, das zentrale Strukturmerkmal ist jedoch nicht die internationale Anarchie (wie vom Neorealismus und Institutionalismus behauptet), sondern der Kapitalismus, der sich ständig reproduziert. Das kapitalistische System gibt vor, dass alle Akteure nach Gewinnmaximierung streben müssen, um überleben zu können. Zugleich ist die Struktur jedoch auch durch das Handeln der Akteure bestimmt, die durch ihr Handeln den Kapitalismus und die damit einhergehende Staatlichkeit reproduzieren. In diesem Sinne kann von „agency in structure" gesprochen werden, also der Relevanz von Akteuren in der Herausbildung von internationalen Strukturmerkmalen (Bieler/Morton 2001). Hier gibt es eine gewisse Parallelität zu sozialkonstruktivistischen Ansätzen, die ihrerseits von einer wechselseitigen Bedingung von Akteur und Struktur ausgehen. Zentrale Akteure sind im Unterschied hierzu jedoch nicht Staaten, sondern Klassen bzw. insbesondere Unternehmen. Diese sind zunehmend transnational organisiert (Van der Pjil 1984), bilden also eine transnationale kapitalistische Elite (Gill 1990).

Da die Produktionsbeziehungen im Fokus der Analyse stehen, wird internationalen Organisationen in den meisten (neo-)marxistischen Ansätzen keine bedeutende Rolle zugewiesen. Eine Ausnahme stellen neo-gramscianische Ansätze dar. Diese bauen auf den Überlegungen des italienischen Marxisten Antonio Gramsci auf und werden seit den 1980er Jahren vermehrt in den IB diskutiert. Ziel dieser Theorien ist es zu erklären, wie hegemoniale Strukturen entstehen und sich reproduzieren und wie diese Prozesse überwunden werden können. Nach neogramscianischer Lesart müssen hierzu die gesellschaftlichen und internationalen Zusammenhänge von Produktion, Macht und Herrschaft offengelegt werden (Cox 1981, 1983, 1987, Germain/Kenny 1998; Gill 1993). Hegemonie ist dabei nicht ausschließlich als Zwang, sondern als eine auf dem Konsens der Regierten beruhende Struktur zu verstehen. Sie basiert auf materiellen Kapazitäten (den sozialen Produktionsbeziehungen), Vorstellungen über politische Ordnung (Staatsformen) und Institutionen, die diese sicherstellen können (Bieler/Morton 2006). Zunehmend wird transnational organisierten sozialen Kräften zugeschrieben, maßgeblichen Einfluss auf die Herausbildung der Hegemonie zu nehmen (Van Apeldoorn 1998, 2002). An die Stelle des internationalen tritt der transnationale historische Block, also eine transnational angelegte hegemoniale Machtstruktur (Gill 2003: 59). Da die Hegemonie eines Nationalstaats eng mit der Hegemonie einer Kapitalfraktion verbunden ist, kann auch von der doppelten Hegemonie von Staat und Klasse gesprochen werden (Scherrer 2001).

Eine einmal etablierte hegemoniale Struktur kann auf vielerlei Arten sichergestellt werden, unter anderem auch durch die Gründung und Nutzung von internationalen Organisationen, die als Instrumente zur Ausübung von Macht benutzt werden können (Cox 1983). Sie sind schließlich Ausdruck des historischen Blocks, der identitätsbildend wirken kann, wodurch nochmals die Bedeutung von „agency in structure" deutlich wird (Bieler/Morton 2001): Die internationalen Organisationen sind Teil einer Struktur, die u.a. durch den Hegemon geschaffen wird und zur Reproduktion der hegemonialen Strukturen selbst beiträgt. Da die internationalen Organisationen in erster Linie herrschaftsstabilisierend arbeiten, leisten sie keinen nennenswerten Beitrag zur Etablierung des positiven Friedens. Fragen nach Krieg und Frieden sind aus der neo-gramscianischen Perspektive jedoch sowieso von untergeordneter Relevanz, da die Produktionsbeziehungen, wie oben erläutert, im Mittelpunkt stehen.

Neogramscianische
Ansätze: Hegemonie
als Konsens der
Regierten

Internationale
Organisationen als
Instrument

1.1.7 Grenzen der klassischen Theorien: Staatszentriertheit

Staatszentriertheit
der herkömmlichen
IB-Theorien

Die Theorien Internationaler Beziehungen schreiben internationalen Organisationen also sehr unterschiedliche Rollen zu. Mal werden sie als Instrument in den Händen der Mächtigen verstanden (Neorealismus, neo-gramscianische Ansätze), mal als Akteur (Institutionalismus, Sozialkonstruktivismus, in Teilen feministische Theorien) oder auch als Verhandlungsforum (liberale Theorien) konzeptionalisiert. Zu den unterschiedlichen Einschätzungen gelangen die Theorien aufgrund der jeweiligen Prämissen über die zentralen Akteure und deren Handlungsmotivationen. Das Gros der Theorien eint, dass sie eine staatszentrierte Sichtweise einnehmen. So treten beim Neorealismus, Institutionalismus, Liberalismus und in Teilen auch beim Sozialkonstruktivismus (Weller 2005: 45ff.) Staaten als einzige relevante Akteure auf internationalem Parkett auf. Staaten entscheiden mittels unterschiedlicher Mechanismen wie Macht oder Überzeugung, ob es zur Gründung einer internationalen Organisation kommt, welche neuen Normen in dieser ausgearbeitet und verankert werden und ob bzw. wie diese Normen durchgesetzt werden.

Relevanz
nichtstaatlicher
Akteure

Eine solche staatszentrierte Sichtweise ist heute jedoch nicht mehr angemessen. Sie spiegelt die Vielzahl der gesellschaftlichen und privatwirtschaftlichen Akteure, die Einfluss auf die internationalen Normbildungsprozesse nehmen (wollen), nicht angemessen wider. Sie blendet darüber hinaus auch den wichtigen Beitrag von nichtstaatlichen Akteuren bei der Entstehung von internationalen Normen, deren Umsetzung in einzelnen Staaten, beispielsweise in der Entwicklungspolitik, und bei der Durchsetzung von umkämpften Normen auch gegen den Willen von Staaten, wie z.B. in der internationalen Menschenrechtspolitik, aus. Auch treffen Konzeptionalisierungen von internationalen Organisationen als rein intergouvernementale Institutionen in dieser Reinform nicht mehr zu, da ein Trend zur Zusammenarbeit mit privaten Akteuren auch in der Entscheidungsfindung besteht (Brühl 2003). Schließlich sind mit den herkömmlichen Theorien nur in Ansätzen die aktuellen Herausforderungen abzubilden, vor denen internationale Organisationen, und hier vor allem auch die Vereinten Nationen, stehen. Bei vielen der neuen globalen Bedrohungen, wie dem internationalen Terrorismus, Bürgerkriegen oder dem Klimawandel sind Nationalstaaten nicht mehr die zentralen Akteure, deren Handeln zu verregeln ist. Vielmehr sind es nichtstaatliche Gruppen, die bestehende Normen unterlaufen bzw. von diesen nicht erfasst werden und für die deshalb zum Zwecke der Friedenssicherung neue Normen etabliert werden müssen. Eine angemessene Analyse von internationalen Organisationen muss aus unserer Perspektive also neben den staatlichen auch nichtstaatliche Akteure einbeziehen. Damit zusammenhängend sind verschiedene politische Ebenen bei einer Analyse der Arbeit einer internationalen Organisation in den Blick zu nehmen. Bei der Untersuchung der Arbeitsweise von internationalen Organisationen sind sowohl die lokale Ebene, die, wie feministische Theoretikerinnen aufgezeigt haben, einen Einfluss auf die Normgenese haben kann, als auch die internationale Ebene, auf der die Normen dann verankert werden, zu analysieren.

Eine solch umfassende Sichtweise wird von den sogenannten Global-Governance-Ansätzen angestrebt. Diese lenken den Blick auf die neuen, auf allen politischen Ebenen agierenden Akteure und heben damit die Fokussierung auf die zwischenstaatliche Ebene auf. Darüber hinaus rücken andere Steuerungsmechanismen und Autoritätssphären in den Mittelpunkt (Dingwerth/Pattberg 2006: 196).

Global Governance als umfassende Sichtweise

1.2　Global Governance

Global Governance ist ein häufig verwendeter Begriff in den Internationalen Beziehungen. Fast jeder wissenschaftliche Aufsatz, der die Rolle von (vermeintlich) neuen Akteuren in der internationalen Arena thematisiert, nimmt auf ihn Bezug. Dies hat sich auch in der Politikberatung niedergeschlagen, wo Global Governance, verstanden als eine bessere Form des Regierens (Good (Global) Governance), ebenfalls häufig erwähnt wird. Schließlich hat der Begriff auch Eingang in die politische Debatte gefunden, in Deutschland unter anderem über den Bericht der Enquete-Kommission des Deutschen Bundestages „Globalisierung der Weltwirtschaft" (2002), der dem Thema Global Governance ein eigenes Kapitel widmet. So unterschiedlich wie die Diskussionsforen sind auch die Verständnisse davon, was Global Governance eigentlich ist bzw. sein soll.

Diese begriffliche Unklarheit rührt in Teilen daher, dass auch schon der Governance-Begriff selbst unscharf ist. Governance wird als sozialwissenschaftliches Modethema des letzten Jahrhunderts bezeichnet (Jann 2006: 21), da es sowohl in der Politik, verstanden als „dezidierte oder latente Handlungsanleitung für Praktiker" (ebd.), als auch in der Wissenschaft intensiv diskutiert worden ist. Ursprünglich aus der ökonomischen Transaktionskostentheorie kommend wurde der Governance-Begriff von anderen Theorien aufgenommen, um die „wie auch immer zustande gekommene Regelungsstruktur und ihre Wirkung auf das Handeln der ihr unterworfenen Akteure" in den Mittelpunkt zu stellen (Mayntz 2006: 14). Heute wird der Governance-Begriff in mehr als zwanzig verschiedenen sozialwissenschaftlichen Theorien benutzt. Seit der letzten Dekade wird der Begriff sehr häufig verwandt, wie eine Auswertung des *Social Science Citation Index* zeigt (Krahmann 2003: 326f.). Bis heute herrscht keine Einigkeit darüber, ob Governance für einen umfassenden Prozess steht oder eine strukturelle Form darstellt, ob es um Regieren jenseits des Staates geht oder gerade um einen Mix an verschiedenen Steuerungsmodi, an denen auch Staaten beteiligt sind, und schließlich, ob Governance ein normatives Element hat oder auch nicht (Schuppert 2006).

Governance als „catch all"-Begriff

Vor diesem Hintergrund verwundert es nicht, dass es auch in den Internationalen Beziehungen verschiedene Verständnisse davon gibt, was eigentlich mit Global Governance gemeint ist. Auf der einen Seite gibt es einen analytischen Diskursstrang, demzufolge neue Formen des internationalen Regierens zu beobachten sind, die sich mit den herkömmlichen wissenschaftlichen Kategorien nicht fassen lassen. Global Governance wird hier als Oberbegriff für die neuen Regierensformen benutzt. Auf der anderen Seite wird Global Governance als normatives Pro-

Global Governance: analytisches vs. normatives Projekt

jekt verstanden, das einen Entwurf von besserem Regieren jenseits der Staatenwelt skizziert (Mürle 1998). Diese anhand der Diskrepanz zwischen analytischem und normativem Projekt klar werdende Vieldeutigkeit des Global-Governance-Begriffes und die hiermit verknüpfte Offenheit des Verständnisses macht nach Ansicht einiger AutorInnen gerade die Attraktivität des Konzepts aus (Behrens 2004: 104). Um zu veranschaulichen, dass das „vieldeutige Schlagwort" (Messner/Nuscheler 2006: 22) doch mehr als ein beliebig einsetzbarer Modebegriff ist, wird nachfolgend der gemeinsame Rahmen des Global-Governance-Diskurses identifiziert.

1.2.1 Gemeinsamkeiten in der Global-Governance-Debatte

Globalisierung als Herausforderung an das Regieren

Die verschiedenen Global-Governance-Beiträge eint die Annahme, dass die bisherigen Formen des Regierens durch realpolitische Entwicklungen, insbesondere durch die Globalisierung, herausgefordert worden sind (Zürn 2006a). Global Governance wird daher auch als das „politische Begleit- und Folgephänomen der Globalisierung" (Fuchs 2006: 147) bezeichnet. Zusammen mit zwei weiteren Faktoren – dem Ende des Ost-West-Konflikts und den Entwicklungen im Bereich der Informations- und Kommunikationstechnologien – hat die Globalisierung gesellschaftliche Akteure, die teils transnational arbeiten, gestärkt und dadurch zugleich Grenzen des (zwischen)staatlichen Regierens deutlich werden lassen (Brühl/Rittberger 2001). Unter Globalisierung oder gesellschaftlicher Denationalisierung (Zürn 1998) wird hierbei verstanden, dass ein wachsender Anteil der sozialen und wirtschaftlichen Aktivitäten grenzüberschreitend stattfindet (Schirm 2006). Da die politische Regelsetzung jedoch territorial verankert bleibt, geht die ehemals bestehende Kongruenz von sozialen und politischen Räumen zunehmend verloren (Zürn 1998). Diese „Entgrenzung der Staatenwelt" (Brock/Albert 1995) führt dazu, dass das mit dem Begriff „Westfälisches System" bezeichnete staatszentrierte Modell des Regierens an seine Grenzen stößt.

Internationalisierung des Regierens

Im Westfälischen Modell sind Staaten die zentralen politischen Akteure. Politische Steuerung wird in erster Linie innerhalb der Staaten hierarchisch organisiert. Nur bei national nicht bearbeitbaren Problemen koordinieren Staaten ihr Handeln grenzüberschreitend. Die Einschätzungen über die Effektivität und Dauerhaftigkeit einer solchen grenzüberschreitenden, intergouvernementalen Koordination bzw. Kooperation gehen, wie gezeigt, in den Theorien Internationaler Beziehungen sehr weit auseinander. Die Globalisierung verschärft das Problem der grenzüberschreitenden Regulierung in zweierlei Weise: Zum einen nimmt der Anteil von Koordinationsproblemen auf internationaler Ebene zu (quantitative Dimension). Zum anderen entstehen durch Interdependenzen neue internationale Probleme, die einer Bearbeitung bedürfen (qualitative Dimension). Es ist daher seit den 1970er Jahren zu einer Internationalisierung des Regierens gekommen, in deren Rahmen internationale Institutionen eine zunehmend wichtige Rolle spielen (Zürn 1998: 211). In den 1990er Jahren sind zusätzlich noch transnationale Probleme aufgetreten, die von transnational handelnden Akteuren mit verursacht worden sind, wie zum Beispiel der Terrorismus. Die Bearbeitung transnationaler

Probleme stellt ein spezifisches Problem dar, welches bislang von internationalen Institutionen nur unzureichend bearbeitet wurde.

Mit der Internationalisierung des Regierens, und damit einer im Idealfall effektiveren Problembearbeitung als es durch einzelstaatliche Handlungen möglich gewesen wäre, droht jedoch die demokratische Legitimität der Entscheidungen ausgehöhlt zu werden (Zürn 2006b: 36ff.). Während also die Output-Dimension der Legitimität über effektive intergouvernementale Regelungen durchaus gegeben sein kann, können BürgerInnen auf die in entfernten Foren getroffenen politischen Entscheidungen immer weniger Einfluss nehmen. Die Input-Dimension der Legitimität wird durch die deutlich längeren Legitimationsketten bei Entscheidungen vermindert (Scharpf 1993, 1998). Die Kongruenz zwischen Regelungsbefugten, Regelungsadressaten und Regelungsbetroffenen schwindet. Darüber hinaus ist die Annahme, dass es überhaupt zu einer effektiven Problembearbeitung kommt, umstritten. Vielmehr wird häufig festgestellt, dass internationale Beschlüsse stets dem Prinzip des kleinsten gemeinsamen Nenners folgen und somit gerade keine effektiven Regelungen vereinbart werden können. Auf die UN angewandt bedeutet dies, dass sie vor der Herausforderung stehen, als intergouvernementale Organisation effektive Regelungen festzulegen und dabei auch noch die drohende Partizipationslücke im Auge behalten zu müssen (Wolf 2005: 107). *Drohender Legitimitätsverlust des Regierens*

Neben der Herausforderung der Politik durch die Globalisierung eint die Global-Governance-Ansätze, dass sie die politische Arbeit von nichtstaatlichen Akteuren betonen. Seit den 1990er Jahren haben diese Akteure die weltpolitische Bühne verstärkt betreten bzw. sind von den Staaten und intergouvernementalen Organisationen überhaupt erst als relevante Akteure wahrgenommen worden. Es wurden ihnen zunehmend Aufgaben des Regierens übertragen bzw. sie haben sich dieser angenommen, was auch als Privatisierung der Weltpolitik bezeichnet wurde (Brühl et al. 2001). Nichtregierungsorganisationen arbeiten seit den 1970er Jahren vermehrt mit den UN zusammen; ein regelrechter Boom setzte in den 1990er Jahren ein. Von den im Jahr 1993 aktiven NGOs sind mehr als 60% nach 1970 ins Leben gerufen worden (Van Rooy 2004: 13). Zudem ist auch ein Drittel aller NGO-Mitglieder (seien es Individuen oder andere NGOs) erst nach 1990 in eine Organisation eingetreten. Ein Grund für diesen Popularitätsschub ist, dass ihnen insbesondere in den 1990er Jahren die Rolle als Hoffnungsträger in einer Zeit der Parteien- und Politikverdrossenheit zugeschrieben wurde (Walk et al. 1997: 10). Bis heute werden NGOs als „Begleitbegriff der Globalisierungskritik" angeführt (Frantz/Martens 2006: 11). Zusätzlich zu den zivilgesellschaftlichen wirken vermehrt auch privatwirtschaftliche Akteure, also Unternehmen und deren Verbände, aktiv auf die internationale Politik und die Arbeit der UN ein, indem sie sowohl eigene Norm- und Regelsysteme aufbauen als auch in andere Regelsetzungsprozesse eingebunden werden. *Nichtstaatliche Akteure: zivilgesellschaftliche und privatwirtschaftliche Akteure*

Die Strategien der beiden Gruppen privater Akteure sind überraschend ähnlich: Beide streben erstens an, intergouvernementale Verhandlungen von außen zu beeinflussen, indem sie Lobbying betreiben oder ihre Problemlösungsvorschläge auf eigenen Veranstaltungen präsentieren. Zweitens nehmen beide in zunehmendem Maße an internationalen Verhandlungen teil und versuchen, durch das Ein- *Strategien nichtstaatlicher Akteure* bringen von Argumenten und das Aufzeigen von alternativen Lösungswegen den Ausgang der Aushandlungsprozesse zu verändern. Schließlich finden sich zivilgesellschaftliche, privatwirtschaftliche und staatliche Akteure in „Public-Private Partnerships" genannten Partnerschaften zusammen, um bestimmte Probleme zu bearbeiten. Die hier erfolgende Kooperation von staatlichen und privaten Akteuren wird höchst kontrovers diskutiert und wahlweise als Ausdruck eines zunehmenden Neoliberalismus oder als angemessene Antwort auf die Globalisierung angesehen (Brühl/Liese 2004: 162). Unabhängig von der Bewertung der Einflussnahme bzw. Beteiligung privater Akteure an der Regulierung wird deutlich, dass letztere zumindest nicht mehr gleichbedeutend mit (zwischen)staatlicher Regulierung ist. Auf dieses Auseinanderfallen von Regieren (governance) und von Staat bzw. Regierung (government) haben zwar schon Rosenau und Czempiel (1992) hingewiesen, jedoch konnten sich staatszentrierte Ansätze nach wie vor in den Internationalen Beziehungen halten.

Das Erstarken zivilgesellschaftlicher und wirtschaftlicher Akteure zeigt die Grenzen des Modells des Westfälischen Systems deutlich auf. Interaktionen zwischen verschiedenen privaten und staatlichen Akteursgruppen jenseits des Nationalstaats sind dem Modell nach nicht zu erwarten. Die Global-Governance-Perspektive hebt dagegen hervor, dass private Akteure zumindest einen Einfluss auf die Regelsetzung und -durchsetzung nehmen können, wenn sie nicht sogar eigene Regelungen zu erlassen vermögen. Traditionelle Strukturen, Akteure und Prozesse werden um neue Akteure ergänzt und so wird eine „neue Architektur politischer Herrschaft amalgiert" (Grande et al. 2006: 120). Die Wahrnehmung und Analyse der privaten Akteure als Mit- oder auch Gegenspieler von Staaten (und internationalen Organisationen) kann somit neben der Annahme der Globalisierungsherausforderung als ein zweites Charakteristikum des Global-Governance-Diskurses angesehen werden.

Horizontale Politikkoordination statt Hierarchie

Mit der Einbeziehung von privaten Akteuren in die politische Regulierung geht drittens einher, dass diese weniger hierarchisch organisiert ist. Zusätzlich zu vertikalen Interaktionsprozessen treten zunehmend horizontale auf. Diese zunächst von der Steuerungstheorie auf der staatlichen Ebene gemachte Beobachtung (Mayntz 1995) trifft zunehmend auch auf die internationalen Beziehungen zu. Neben die Steuerungsformen von Staat/Hierarchie und Markt/Wettbewerb treten in wachsendem Maße Verhandlungen und Netzwerke. Die Koordination von Handlungen mit dem Ziel des Managements von Interdependenzen steht hier im Mittelpunkt der Analyse (Benz 2004: 25). Ein Beispiel für diese Netzwerke sind die oben erwähnten Partnerschaften von öffentlichen und privaten Akteuren zur Bearbeitung von spezifischen Problemen. Im Gesundheitsbereich kooperieren beispielsweise WHO, UNICEF, die Weltbank, die Rockefeller Foundation, einige Regierungen und die Internationale Föderation der Pharmazeutischen Hersteller in der Impfkampagne GAVI (*Global Alliance for Vaccines and Immunization*), mittels derer die Kindersterblichkeit in Entwicklungsländern verringert werden soll (Brühl 2006).

Mehrebenenpolitik

Schließlich stimmen Global-Governance-Ansätze darin überein, dass die traditionelle Sichtweise von voneinander getrennten politischen Ebenen nicht mehr länger zutrifft. Vielmehr kann Regieren im Zeitalter der Globalisierung nur als Mehrebenenpolitik gedacht werden, bei der alle politischen Ebenen, von der lokalen über die nationale und regionale bis hin zur internationalen Ebene miteinander interagieren. Akteure der lokalen Ebene wirken nunmehr auch an der Regelsetzung auf der internationalen Ebene mit (z.B. in Form von lokalen NGOs an Weltkonferenzen), während Entscheidungen auf der internationalen Ebene Handlungen und Vorgänge auf der lokalen Ebene direkt beeinflussen. Im Rahmen der Vereinten Nationen ausgehandelte Normen beziehen sich längst nicht mehr nur auf reine (zwischen)staatliche Verhaltensstandards, sondern formulieren diese auch für die individuelle, personelle Ebene. Dies wird am sich verschiebenden Verhältnis von staatlicher Souveränität und dem Schutz von Menschenrechten besonders deutlich. Das Prinzip der Nichteinmischung erfährt durch das der Schutzverantwortung (*Responsibility to Protect*) eine starke Einschränkung.

1.2.2 Unterschiedliche Verständnisse von Global Governance und deren Erklärung

Den Global-Governance-Diskurs eint also die Annahme der faktischen Überwindung des Westfälischen Systems durch die Globalisierung, womit einhergeht, dass neben die (zwischen)staatlichen auch private Akteure getreten sind. Steuerung erfolgt daher auch mittels flacherer Verfahren, in deren Rahmen die Akteure verschiedener Regulierungsebenen miteinander agieren. Umstritten ist dagegen, ob Global Governance nun „nur" für die skizzierten Veränderungen des Regierens steht oder ob hierbei auch anzustrebende Wege des besseren Regierens entwickelt werden sollten. Da sich die normative Betrachtung in zwei Kategorien aufteilen lässt, kann man idealtypisch drei verschiedene Verständnisse von Global Governance unterscheiden (Brand et al. 2000: 21). Erstens ist die analytische Verwendung zu nennen, die vor allem in der angloamerikanischen politikwissenschaftlichen Debatte vorherrschend ist. Global Governance steht hier für die im vorherigen Abschnitt beschriebenen neuen Formen des Regierens. Zweitens wird Global Governance als normatives Projekt formuliert, das einen „politisch-strategischen Reformansatz" darstellt. Bestehende Defizite des Regierens sollen durch die Einbeziehung neuer Akteure reduziert werden, die Politik soll durch neue Steuerungsformen und eine Einbeziehung mehrerer Ebenen legitimer und effektiver werden. Schließlich wird Global Governance auch im Sinne eines Leitbilds skizziert, das eine politische Orientierungshilfe darstellen soll, mittels derer angemessenere politische Entscheidungen getroffen werden können. Ähnlich wie beim Leitbild der Nachhaltigen Entwicklung soll Global Governance bei allen politischen Entscheidungen im Sinne einer globalen Verantwortung mitgedacht werden.

Der Global-Governance-Begriff umfasst also sowohl normative als auch analytische Verständnisse. Wie kommt es zu solch unterschiedlichen Verwendungen desselben Begriffes? Die begriffliche Mehrfachverwendung ist erstens eine Folge von nahezu getrennt voneinander ablaufenden Diskursen. Fast zeitgleich widmete sich die Politik, die Politikberatung und auch die (Politik-)Wissenschaft

Unterschiedliche Verständnisse von Global Governance

Gründe für die Vieldeutigkeit des Global-Governance-Begriffes

dem Thema Global Governance. Im politischen Kontext wurde der Begriff Global Governance durch die gleichnamige, von den Vereinten Nationen eingesetzte Kommission eingeführt. Diese nahm 1991 ihre Arbeit mit dem Ziel auf, „gemeinsame Vorstellungen für den Weg der Weltgemeinschaft beim Übergang vom Kalten Krieg und für die Reise der Menschheit ins 21. Jahrhundert zu entwickeln" (CGG 1995: xx). Die Kommission geht auf das Engagement Willy Brandts zurück, der nach Ende des Ost-West-Konflikts einige Mitglieder früherer UN-Kommissionen nach Königswinter eingeladen hatte, um Visionen für die zukünftige Regierbarkeit der Welt zu erarbeiten (CGG 1995: xix). Sie legte 1995 ihren Bericht vor, der mit seiner Mischung aus Analysen der damaligen politischen Lage und zum Teil weit reichenden Reformvorschlägen für die Vereinten Nationen (wie z.B. die Einrichtung eines Rates für Wirtschaftliche Sicherheit) politische Aufmerksamkeit auf sich zog. In Deutschland wurden diese Ideen vor allem von Dirk Messner und Franz Nuscheler aufgegriffen und weiterentwickelt, die sich nachdrücklich dafür einsetzten, dass Global Governance als ein Projekt zur Reorganisation von Politik auf allen Handlungsebenen (Messner/Nuscheler 1996: 18) verstanden werden sollte. Die Handlungsfähigkeit des Staates stand dabei im Mittelpunkt ihrer Überlegungen, was auch die Anschlussfähigkeit des Global-Governance-Konzeptes an die Politikberatung und die deutsche (Entwicklungs-)Politik herstellte. Die starke Betonung des normativen Elements findet sich ferner auch im Abschlussbericht der Enquete-Kommission des Deutschen Bundestages „Globalisierung der Weltwirtschaft", der dem Thema Global Governance ein Kapitel widmet (Deutscher Bundestag 2002). Im wissenschaftlichen Kontext entwickelte sich der Global-Governance-Diskurs aus den nach dem Ende des Ost-West-Konflikts zunehmend veröffentlichten Überlegungen zu einer neuen Weltordnung. Ein sich (vermeintlich) auftuender Handlungsspielraum wurde diskutiert und damit einhergehend wurden auch neue Steuerungsformen analysiert. Schließlich trug auch die Kontroverse über Gegenstand und Folgen der Globalisierung zur Entstehung des Global-Governance-Diskurses bei.

Global-Governance-Diskurs in den Internationalen Beziehungen

In der Disziplin der Internationalen Beziehungen herrscht die analytische Verwendung des Global-Governance-Begriffes vor. Zur vielschichtigen Analyse von Global Governance leisten verschiedene Forschungsperspektiven einen Beitrag. Die „Globalisierungsforschung" hat Annahmen über die Transformationen von Staatlichkeit entwickelt (Leibfried/Zürn 2006). Schon ab Anfang der 1990er Jahre bildete sich der Konsens heraus, dass Regieren (governance) nicht mehr länger (nur) an den Staat (bzw. dessen Regierung, government) gebunden ist (Rosenau/Czempiel 1992, Rosenau 1997). Zur genaueren Analyse dieser inzwischen als *common sense* anzusehenden These hat eine Vielzahl von Arbeiten beigetragen, die jeweils spezifische Fragestellungen in den Mittelpunkt stellten. Ein damit verknüpfter Literaturstrang hat sich mit der zunehmenden Bedeutung von NGOs und nachfolgend auch von Unternehmen für die Weltpolitik auseinandergesetzt (z.B. Brühl 2003, Frantz/Martens 2006). Ein anderer hat stärker die Gesichtspunkte der Effektivität und Legitimität internationalen Regierens bearbeitet (z.B. Dingwerth 2004). Auch standen Fragen des guten Regierens oder besser der guten Regierungsführung (*good governance*) auf der (entwicklungspolitischen) Tagesordnung. Andere Arbeiten beschäftigen sich mit den neuen Steuerungsformen in der internationalen Politik und stellten fest, dass es neben dem Trend zur horizontalen Steuerung auch den der Verrechtlichung der Internationalen Beziehungen gibt (Abbott et al. 2000, Zangl/Zürn 2004).

Innerhalb der Internationalen Beziehungen gibt es also verschiedene Forschungsrichtungen, die zur Analyse von Global Governance beitragen. Sie unterscheiden sich insbesondere hinsichtlich der Normativität ihrer Ansätze, aber auch in Bezug auf die Annahmen darüber, welche Steuerungsmechanismen den Regierensformen zugrunde liegen. Es ist daher wenig erstaunlich, dass es eine Reihe von Kritikpunkten an dem Global-Governance-Ansatz gibt.

1.2.3 Kritik an Global Governance

So vielfältig wie die Global-Governance-Ansätze, so divers ist also auch die Kritik an eben diesen. Sie reicht von grundlegender Ablehnung dieser Konzepte bis hin zu Global-Governance-immanenten Verbesserungsvorschlägen und ist ihrerseits heterogen und in sich widersprüchlich. Die fundamentale Kritik zielt auf die Heterogenität des Konzepts ab: Zwar seien einzelne Elemente oder Bausteine von Global Governance wissenschaftlich bearbeitet worden, jedoch fehle ein kohärenter wissenschaftlicher Theorieansatz (Hamm 2006: 293). Das Theorieverständnis sei eklektizistisch und der Ansatz daher wenig brauchbar.

Eklektizistische Theorie

Etwas differenzierter gestaltet sich die Kritik am analytischen Global-Governance-Ansatz. Erstens wird die Machtvergessenheit des Konzepts kritisiert. Beim Regieren spielten Fragen der Verteilung und des Einsatzes von Macht immer eine entscheidende Rolle (Whitman 2002: 46). Regieren bzw. Recht und Macht seien zwei untrennbar miteinander verkoppelte Einflussfaktoren der internationalen Beziehungen (Brühl/Neyer 2008). Daher sollten Global-Governance-Ansätze Mechanismen der Machtverteilung in ihre Überlegungen mit einbeziehen und erforschen, welche Akteure wann und wie mächtig sind und wie die Regelsetzung genau abläuft. Dies sei bislang zu wenig untersucht worden. Stattdessen sei zu stark auf Selbststeuerungskräfte in den Netzwerken gesetzt worden. Zweitens wird kritisiert, dass die Koordinationsprobleme, die zwischen unterschiedlichen Sektoren und Teilsystemen der Global Governance auftreten, zu wenig konzeptionalisiert werden. Derzeit kollidierten schon Regelungen unterschiedlicher Politikfelder (wie Handel und Umwelt) oder auch unterschiedliche Regelungsebenen (bspw. national und international) miteinander. Diese Kollisionen sollten wahrgenommen und analysiert werden. In letzter Instanz sei eine Konstitutionalisierung wichtig, also die Vereinbarung von übergeordneten Regeln, die definieren, wie mit Regelkollisionen umgegangen werden soll (Zürn 2006a: 138).

Kritik am analytischen Verständnis: Machtvergessenheit und Kollisionen zwischen Normen

Die Kritik an normativen Ansätzen fällt deutlich heterogener aus als die an der analytischen Perspektive. Feministische Theoretikerinnen heben zwar einerseits die konzeptionelle Offenheit der Global-Governance-Ansätze für viele verschiedene mögliche Wege politischer Steuerung, die Vielfalt der Handlungsebenen und den Anspruch von *good governance* positiv hervor. Andererseits wird aber

Kritik am normativen Konzept: Stabilisierung von Herrschaft durch Global Governance

grundlegend festgestellt, dass der diesem Ansatz inhärente Anspruch des Ordnens und Steuerns der Weltpolitik kein dringendes Anliegen feministischer Theorie und Praxis ist. Die Veränderung der Prozesse und Strukturen sei die vordringliche Aufgabe globalen Regierens, nicht die Erhöhung der Effektivität (Ruppert 2000, 2003: 145ff.). Da zudem das Weltbild, auf dem Global Governance basiert, weitgehend statisch und staatszentriert sei, bestehe die Gefahr, dass Global Governance die „HERRschenden Politikkonzeptionen" festige statt zu deren Überwindung beizutragen (Ruf 2000). Auch andere kritische Ansätze schließen sich den feministischen insofern an, als dass sie ebenfalls kritisieren, Herrschaftsstrukturen und hegemoniale Interessen würden zu wenig in den Global-Governance-Ansätzen wahrgenommen. Es wird attestiert, dass Global Governance ein neoliberales Projekt sei, das dazu diene, die politische Kontrolle über die Marktkräfte zurückzugewinnen (Altvater/Mahnkopf 1996: 552ff., Brand et al. 2000). Zugleich berge der hegemoniale Diskurs über Global Governance aber auch die Gefahr, die neoliberal strukturierte Weltordnung zu legitimieren, indem Lösungskonzepte innerhalb dieses Rahmens entwickelt werden, der Rahmen selbst jedoch nicht hinterfragt wird (Brand 2005: 170f). Insgesamt sind solche normativen Stimmen innerhalb der Internationalen Beziehungen aber selten zu hören (hierzu z.B. Khagram 2006).

1.2.4 Analyseraster Global Governance

Trotz dieser durchaus berechtigten Kritik wird die analytische Global-Governance-Perspektive im Folgenden herangezogen, um einen differenzierten Blick auf die aktuelle Politik der Vereinten Nationen werfen zu können. Ausgehend von der Annahme, dass die UN sich seit ihrer Gründung verändert haben, gilt es, diese Veränderungen genauer zu analysieren. Hierzu leiten wir aus den Global-Governance-Ansätzen Fragen bzw. Annahmen ab, die unsere Analyse der Arbeit der Weltorganisation in den verschiedenen Sachbereichen anleiten. Das so entstehende Analyseraster hat zwei Dimensionen. Erstens gibt es zwei Betrachtungsperspektiven der UN: Die UN können einerseits *als ein Akteur in den Strukturen der Global Governance* konzeptionalisiert werden. Folgende Fragen sind dann relevant: Welchen Beitrag leisten die UN – im Zusammenspiel mit anderen Akteuren – zur Problembearbeitung? Findet statt des häufig zu beobachtenden *interblocking* der Institutionen ein *interlocking*, also ein Ineinandergreifen, statt? Andererseits gilt es zu untersuchen, inwieweit *Elemente von Global Governance in der Organisation* selbst entdeckt werden können, d.h. die Abstimmungsprozesse und Entscheidungsfindung im Inneren zu analysieren. Nichtstaatliche Akteure wirken an der Normgenese und der Normumsetzung mit und auch Regionalorganisationen setzen Beschlüsse der UN durch; hierbei erfolgt die politische Steuerung nicht nur hierarchisch, sondern auch horizontal. Doch werden private Akteure in allen Bereichen in die politischen Prozesse einbezogen und gehen damit flachere Entscheidungsprozeduren einher? Herrschen also Netzwerkstrukturen oder vertikale Steuerung vor? Und schließlich: Streben die UN überhaupt an, Probleme zu bearbeiten, die traditionell als innerstaatlich begriffen wurden oder einen transnationalen Charakter haben?

Zweitens unterteilen wir diese beiden Betrachtungsformen in drei Kategorien, die wir aus der Global-Governance-Literatur abgeleitet haben (Tabelle 1).[14] Global Governance steht demnach erstens dafür, dass verschiedene Akteure, staatliche wie nichtstaatliche, in die Normsetzung und -durchsetzung einbezogen werden (Akteurspluralität). Zweitens weist Global Governance darauf hin, dass politische Regulierung auf verschiedenen, miteinander interagierenden politischen Ebenen stattfindet (Mehrebenenpolitik). Internationale Normsetzungsprozesse werden durch lokale Gruppen beeinflusst; globale Normen haben einen Einfluss auf die Politik auf lokaler Ebene. Die klassische Aufteilung in Innen- und Außenpolitik ist demnach genauso obsolet wie die Vorstellung von nur auf einer Ebene (z.B. nur national oder regional) ablaufenden Prozessen. Schließlich steht Global Governance für veränderte Steuerungsmodi, da hierarchisches Regieren zunehmend von horizontaler Steuerung ergänzt oder gar abgelöst wird.

	UN als Akteur in der GG	Neue Governance Formen in den UN
Akteurspluralität	UN als ein Akteur unter anderen in der Global-Governance-Architektur	Öffnung der UN für private Akteure (NGOs und Unternehmen)
Horizontale Steuerung	Verhandlungssystem oder Netzwerk: UN als ein Akteur unter anderen	statt Hierarchie nun auch horizontale Netzwerke
Mehrebenenpolitik	Bezug auch auf Problemlagen innerhalb von Staaten; transnationale Probleme	Bezug auch auf Problemlagen innerhalb von Staaten; transnationale Probleme

Abbildung 1.1: Analyseraster: Vereinte Nationen aus der Perspektive von Global Governance

Die so entstehende Sechs-Felder-Matrix dient als analytischer Zugriff zur Untersuchung der UN-Politik in den folgenden Bereichen: Frieden und Sicherheit, einschließlich Rüstungskontrolle, Menschenrechte, Entwicklung und Umwelt. Anhand der drei Kriterien Akteurspluralität, horizontale Steuerung und Mehrebenenpolitik werden wir darstellen, inwieweit diese Elemente von Global Governance erstens im Auftreten der UN nach außen bzw. in der Zusammenarbeit mit anderen Akteuren eine Rolle spielen oder auch zweitens in den internen Arbeitsprozessen berücksichtigt werden.

Mit diesem Vorgehen soll sowohl eine andere, ggf. differenzierte Analyse der politischen Prozesse in und um die Weltorganisation herum ermöglicht werden, als auch erstmals die Fruchtbarkeit von Global Governance als analytischem Konzept überprüft werden: Treffen die Annahmen des Global-Governance-Dis-

---

14 Wir blenden an dieser Stelle bewusst alle anderen Global-Governance-Konzeptionen, insbesondere die normativen aus, um anhand der drei Kategorien schlaglichtartig die Arbeit der UN zu analysieren.

kurses überhaupt zu oder wurden etwa einzelne Phänomene auf eine Gesamtheit extrapoliert?

Überblick über das Vorgehen

2. Kapitel: Entstehung und Entwicklung der UN

Bevor wir die Arbeit der Vereinten Nationen in den verschiedenen Sachbereichen aus der Perspektive von Global Governance analysieren, also die entsprechenden Felder der Matrix auszufüllen suchen, möchten wir einige einführende Bemerkungen über die Weltorganisation voranstellen. Daher erläutern wir im folgenden, zweiten Kapitel zunächst die Entstehung und Struktur der Vereinten Nationen. Sodann stellen wir dar, wie die Handlungsspielräume der Vereinten Nationen vom internationalen Kontext bzw. seinen Veränderungen positiv und negativ beeinflusst wurden (etwa durch den Ost-West-Konflikt und dessen Ende, aber auch durch den Nord-Süd-Konflikt).

Struktur der empirischen Analysen der UN-Politik in verschiedenen Sachbereichen

Nachfolgend stellen wir die Arbeit der Vereinten Nationen in fünf Sachbereichen dar: Frieden, Rüstungskontrolle und Abrüstung, Menschenrechte, Entwicklung und Umwelt. Die Kapitel folgen allesamt derselben Struktur: Wir stellen einleitend Ziele und die Aufgaben der Weltorganisation dar, um dann die jeweils relevanten und aktiven Organe bzw. Institutionen im UN-System zu benennen. Es folgt ein Überblick über die wichtigsten Phasen bzw. Verträge und Arbeitsschwerpunkte des jeweiligen Politikfeldes. Anschließend analysieren wir die Vereinten Nationen aus der skizzierten Global-Governance-Perspektive. Das heißt konkret, dass wir die Interaktionen mit privaten Akteuren, mit Regionalorganisationen oder anderen internationalen Institutionen sowie die Umsetzung der Mehrebenenpolitik analysieren.

3. und 4. Kapitel: Friedensmissionen und Rüstungskontrolle

Wir beginnen diese empirischen Analysen mit dem Sachbereich Sicherheit und Frieden, da dieser bei der Gründung der Vereinten Nationen im Vordergrund stand. Wir teilen ihn in zwei Bereiche auf: In Kapitel 3 befassen wir uns mit der Friedenssicherung und analysieren dabei das System der kollektiven Sicherheit, die nachfolgend „erfundenen" Friedensmissionen und das Konzept der *Responsibility to Protect*. In Kapitel 4 geht es um Rüstungskontrolle und Abrüstung und das zugehörige Vertragsinstrumentarium. Die Möglichkeiten für nichtstaatliche Akteure, an internationalen Verhandlungen in diesem Bereich teilzunehmen, sind geringer als in anderen Bereichen ausgeprägt, was auch ein Grund für die zahlreichen Aktivitäten außerhalb der Vereinten Nationen sein mag. Ähnlich beschränkt sind die Partizipationschancen der zivilgesellschaftlichen Akteure auch im Bereich der Friedenssicherung. So sieht der Sicherheitsrat nur informelle Kanäle vor. Allerdings zeigt sich, dass Regionalorganisationen in diesem Bereich eine wichtige Rolle spielen – die Governance-Struktur hat sich daher in den letzten Jahren nachhaltig verändert.

5. Kapitel: Menschenrechtsschutz

Veränderungen zeichnen wir auch im Sachbereich Menschenrechte nach, den wir anschließend behandeln. Wir zeigen erstens auf, wie sich das UN-System immer weiter ausdifferenziert hat und neben die Allgemeine Erklärung der Menschenrechte sowie die beiden Pakte eine Vielzahl an einzelnen völkerrechtlich verbindlichen Verträgen getreten ist. Bei der Verankerung von Menschenrechtsnormen und deren Implementierung spielen Nichtregierungsorganisationen eine wichtige Rolle. Sie verfügen häufig über unabhängige Informationen, die sie den verschiedenen UN-Institutionen zur Verfügung stellen und so deren Defizite im Bereich der Tatbestandsermittlung und Informationsgewinnung kompensieren. Unternehmen spielen hier eine gänzlich andere Rolle, nämlich als diejenigen Akteure, die selbst Menschenrechtsstandards unterworfen werden sollen.

Im Kapitel zur Entwicklungspolitik beschreiben wir die vielfältigen Tätigkeiten der Vereinten Nationen und diskutieren die Auswirkungen der von den Industrieländern eingeführten Arbeitsteilung zwischen den Bretton-Woods-Institutionen, denen wirtschaftliche Kompetenzen zugeteilt wurden, und den Vereinten Nationen, denen entwicklungspolitische Fragen übertragen wurden, auf die Arbeit der UN-Institutionen. Nichtregierungsorganisationen und Wirtschaftsvertreter sind auch im Bereich der Entwicklungspolitik relevante Akteure: Beide sind – unterschiedlich lange – im operativen Bereich als Vertragsnehmer oder PPP-Beteiligte aktiv. Seit Beginn der 1990er Jahre sind NGOs auch umfassende Partizipationschancen auf den Weltkonferenzen und damit im Bereich der Politikgestaltung eingeräumt worden – eine Entwicklung, die sich seit Beginn des neuen Jahrtausends auch im Zusammenhang mit Unternehmen wiederholt hat. Dieser Inklusionsprozess wird aus zivilgesellschaftlicher Perspektive sehr kritisch beurteilt.

> 6. Kapitel:
> Entwicklungspolitik

Nichtstaatliche Akteure spielen auch im Bereich der Umweltpolitik eine sehr wichtige Rolle, wie wir im nachfolgenden Kapitel zeigen. Sie haben seit Ende der 1960er Jahre, als die Vereinten Nationen das Thema „entdeckten", eine wichtige Rolle in der Norm- und Regelsetzung gespielt. Ähnlich wie im Menschenrechtsbereich sind die Normen in internationalen Verträgen verankert, wobei anfangs sektorale Ansätze (also Naturschutzabkommen, Schutz der Ozonschicht, etc.) dominierten. Erst mit dem Erdgipfel 1992 in Rio kam das Paradigma der nachhaltigen Entwicklung auf. Im Unterschied zu den anderen Politikfeldern ist die Governance-Struktur der Vereinten Nationen in der Umweltpolitik noch nicht abgeschlossen. Beim Gipfel über Nachhaltige Entwicklung im Juni 2012 beschlossen daher die Staaten, neue Institutionen einzuführen und bestehenden ggf. eine wichtigere Bedeutung zuzuweisen.

> 7. Kapitel:
> Umweltpolitik

Nach den Ausflügen in die jeweils sehr komplexen empirischen Felder fassen wir die zentralen Ergebnisse aus der Perspektive von Global Governance im achten Kapitel zusammen. Wir zeigen auf, dass Elemente eines veränderten Regierens in sehr unterschiedlichem Maße in den Vereinten Nationen verankert sind: Zwei Faktoren scheinen einen Einfluss hierauf zu haben: Neben den sachbereichsspezifischen Unterscheidungen scheint die Stufe des Politikzyklus – je nachdem, ob es sich also um die Genese von Normen und Regeln oder um deren Implementation oder Durchsetzung handelt – Erklärungen für das uneinheitliche Bild zu geben.

> 8. Kapitel: Fazit

2 Die Vereinten Nationen im 20. Jahrhundert

Die Vereinten Nationen wurden kurz nach Ende des Zweiten Weltkriegs gegründet, um „zukünftige Geschlechter vor der Geißel des Krieges zu bewahren, die zweimal zu unseren Lebzeiten unsägliches Leid über die Menschheit gebracht hat" (Präambel der UN-Charta). Seit der Gründung hat sich das System der Vereinten Nationen weiter entwickelt: neue Staaten sind Mitglied geworden und das Aufgabenspektrum hat sich erweitert. Mit dieser positiven Dynamik ging jedoch eine gegenläufige Tendenz einher: Schon kurz nach der Gründungskonferenz wurde deutlich, dass der Ost-West-Konflikt die eigentlich vorgesehene Umsetzung des Systems kollektiver Sicherheit verhindern würde. Diese ambivalente Entwicklung der Vereinten Nationen im 20. Jahrhundert zeichnet das vorliegende zweite Kapitel des Studienbriefes nach. Einleitend wird der UN-Gründungsprozess dargestellt und in den historischen Kontext – das Scheitern des Völkerbundes als Vorläuferorganisation und die Vereinbarungen zwischen den Alliierten – eingebettet (Kap. 2.1). Sodann werden die Struktur des UN-Systems skizziert und die Aufgaben nach der Charta umrissen (Kap. 2.2). Im nächsten Schritt werden die Auswirkungen der beiden strukturbestimmenden Konflikte des 20. Jahrhunderts, des Ost-West-Konflikts und des Nord-Süd-Konflikts, auf die Arbeit der UN dargestellt (Kap. 2.3). Abschließend wird die mit dem Ende des Ost-West-Konflikts aufgetretene Euphorie, der zufolge die UN eine aktivere und größere weltpolitische Rolle spielen können, den realen Entwicklungen am Ende des 20. Jahrhunderts gegenübergestellt (Kap. 2.4).

2.1 Die Gründung der Vereinten Nationen

Noch während des Zweiten Weltkriegs begannen die Verhandlungen, die 1945 zur Gründung der Vereinten Nationen führten. Auf die Schrecken eines Weltkriegs reagierte die Staatengemeinschaft also mit der Schaffung einer internationalen Organisation, die den Frieden wahren sollte. Die Staats- und Regierungschefs handelten somit ähnlich, wie sie es 25 Jahre zuvor auch schon getan hatten. Denn die Beratungen über die Gründung einer universellen internationalen Organisation zum Erhalt des Friedens – des Völkerbundes – begannen zur Zeit des Ersten Weltkriegs. Diese Parallele darf jedoch nicht über die Unterschiede zwischen den beiden internationalen Organisationen hinwegtäuschen. Während der Völkerbund in seiner Satzung ein relatives Kriegsverbot (s. S. 59) verankert hatte, geht die Charta der Vereinten Nationen einen entscheidenden Schritt weiter, indem sie nicht nur das umfassende Kriegsverbot festschreibt, sondern darüber hinaus jede Anwendung und selbst jede Androhung von Gewalt verbietet (Pallek 2007: 94). Hier hat es eine deutliche normative Weiterentwicklung vom Völkerbund zu den UN gegeben. Dennoch werden die Vereinten Nationen gerne als Kind des Völkerbundes bezeichnet (z.B. Alger 2005: 485), was auch mit einer gewissen instituti-

Parallelen zwischen Völkerbund und UN

onellen Ähnlichkeit begründet wird. Im Folgenden wird daher zunächst der Völkerbund und sodann die UN dargestellt, um Unterschiede und Gemeinsamkeiten der beiden Organisationen identifizieren zu können.

2.1.1 Der Völkerbund als Vorläufer der Vereinten Nationen

Der Völkerbund war die erste internationale Organisation, die den Anspruch hatte, mittels eines Systems kollektiver Sicherheit den Frieden weltweit zu wahren – zwischenstaatliche Konflikte sollten, wenn möglich, friedlich ausgetragen werden. Krieg war nur für den Fall des Scheiterns einer friedlichen Konfliktbearbeitung eine – dann jedoch legitime! – Handlungsoption. Auf dieses Grundkonzept einigten sich die Siegermächte während des Ersten Weltkriegs und verabschiedeten während der Versailler Friedenskonferenz (1919) die Satzung des Völkerbundes. Diese sah auch ein Ende der Geheimdiplomatie, den Schutz der nationalen Minderheiten und den Flüchtlingsschutz vor.

Ausarbeiten der
Völkerbundsatzung:
die amerikanische
Seite

Die Satzung wurde in erster Linie von den USA und Großbritannien ausgehandelt. In diesen beiden Staaten liegen auch die intellektuellen Wurzeln der ersten Weltorganisation. Die Initiative ging hierbei von den USA aus, wo auf Einladung von Hamilton Holt und William B. Howland im Januar 1915 amerikanische Professoren zusammentrafen, um sich über die Möglichkeit einer friedensschaffenden internationalen Organisation zu beraten. Eine solche Organisation sollte erstens für die friedliche Streitbeilegung zwischen den Staaten verantwortlich sein und zweitens die territoriale Integrität und die Souveränität der Mitgliedsstaaten garantieren. Die Gruppe gab sich im Juni 1915 den Namen „League to Enforce Peace", womit sie auch deutlich machte, dass zur Wahrung des Friedens Gewalt eingesetzt werden dürfte. Zum Vorsitzenden wählte die Versammlung den ehemaligen US-Präsidenten William Howard Taft (Northedge 1986: 26). Der damals amtierende Präsident, Thomas Woodrow Wilson (1856-1924) griff die Idee des Bundes als erster auf und machte sie in seinem im Jahr 1918 vor dem Kongress verkündeten 14-Punkte-Programm sowie den Reden in Mount Vernon und New York einer breiteren Öffentlichkeit bekannt. Wilson schlug darin u.a. vor, eine internationale Organisation zu gründen „mit dem Zweck, großen und kleinen Staaten gleichermaßen gegenseitige Garantien ihrer politischen Unabhängigkeit und territorialen Unversehrtheit zu gewähren. (zitiert nach Ludwig 2005).[15]

Britische
Beteiligung an der
Ausarbeitung der
Völkerbundsatzung

Eine ebenfalls 1915 gegründete britische Gruppe, die unter der Leitung von James (Viscount) Bryce, dem ehemaligen Botschafter in Washington D.C., zusammentraf, trat ebenfalls für die Gründung einer internationalen Friedensorganisation ein, kritisierte aber das Prinzip der Garantien der territorialen Integrität und Souveränität der Mitgliedsstaaten als zu weit gehend. Sie legte Wert darauf, zwischen verschiedenen Konfliktfällen zu unterscheiden, die justiziabel oder auch nicht seien, woraus sich eine unterschiedliche Behandlung ergeben sollte. Nachdem der

---

15 Der amerikanische Präsident Woodrow Wilson wurde 1920 (rückwirkend für das Jahr 1919, als die Verleihung ausfallen musste) für sein Engagement für den Völkerbund mit dem Friedensnobelpreis ausgezeichnet (Märker/Wagner 2005: 4).

britische Außenminister A.J. Balfour die Leitung der Gruppe übernommen hatte, arbeitete diese einen ersten Entwurf der Völkerbundsatzung aus. Dieser sah weder eigenständige Kompetenzen der Organisation, noch regelmäßige Treffen der Mitglieder vor und entsprach somit dem politischen Charakter der Mitglieder, die sie ausgearbeitet hatten: „conservative, orthodox and minimal" (Northedge 1986: 28). Nachdem Wilson sich gegen diesen Minimalentwurf ausgesprochen hatte, wurden weitere Satzungsentwürfe ausgearbeitet, zu denen sowohl die britischen als auch die amerikanischen Experten beitrugen. Nach Ergänzungsvorschlägen anderer Staaten, u.a. Südafrikas, wurde die Satzung des Völkerbundes am 28. April 1919 durch die alliierten und assoziierten Mächte im Rahmen der Pariser Friedenskonferenz als Teil des Versailler Vertrages angenommen. Sie trat am 28. Juni 1919 in Kraft und am 10. Januar 1920 fand das erste Treffen des Völkerbundes statt.

Der Völkerbund verfolgte das Ziel, „die internationale Zusammenarbeit zu fördern sowie internationalen Frieden und internationale Zusammenarbeit herzustellen" (Satzung, zitiert nach Pallek 2007: 93). Hierzu etablierte er ein partielles, auch relativ genanntes, Kriegsverbot: Die Entscheidung eines Staates Krieg zu führen, lag demnach nicht mehr in dessen ausschließlichen Ermessen. Der Staat musste ein bestimmtes Verfahren einhalten, ehe er legal zum Krieg schreiten durfte (Delbrück 1999: 142). Krieg war verboten, solange erstens die in der Völkerbundsatzung vorgesehenen Verfahren der friedlichen Streitbeilegung, der Schiedsgerichtsbarkeit, der gerichtlichen Verfahren oder der Prüfung durch den Völkerbundrat noch angewendet wurden und zweitens wenn sich ein Staat dem Ergebnis der Verfahren der friedlichen Streitbeilegung unterworfen hatte (ebd.). Andernfalls durfte beim Scheitern der Verfahren und nach Ablauf einer als angemessen bezeichneten Frist von drei Monaten Krieg als Mittel der Politik eingesetzt werden. Der Völkerbund etablierte also einen Mechanismus, der bestenfalls zur friedlichen Konfliktbearbeitung durch ein *cooling-off* des Konfliktes beigetragen, schlimmstenfalls aber den Krieg zugelassen hätte.

Ziel des Völkerbundes: Friedenserhalt durch friedliche Streitbeilegung

Dennoch gilt es festzustellen, dass der Völkerbund erstmals ein System kollektiver Sicherheit auf globaler Ebene etablierte. Nach Art. 11 der Völkerbundsatzung ist „jeder Krieg und jede Bedrohung mit Krieg, mag davon unmittelbar ein Bundesmitglied betroffen werden oder nicht, eine Angelegenheit des ganzen Bundes" (zitiert nach Gareis/Varwick 2006: 88). Auf Anrufen eines Mitglieds des Völkerbundes konnte der Generalsekretär den Rat des Völkerbundes einberufen, der dann über das Verhängen von Sanktionen zu entscheiden hatte. Im Zentrum standen ökonomische Sanktionen, die einen normbrechenden Staat zur Verhaltensänderung ermutigen sollten.

Erstes System kollektiver Sicherheit

Nie zuvor hatte es eine internationale Organisation mit solch umfassendem Anspruch gegeben. Sowohl das System kollektiver Sicherheit als auch das partielle Kriegsverbot gelten als große normative Fortschritte auf dem Weg zu einer friedlicheren Welt, mit denen das Ende des europäischen Ordnungsprinzips des Wiener Kongresses mit seiner Geheimdiplomatie und den Vorstellungen der Mächtegleichgewichte eingeläutet wurde. Mittels einer einfachen organisatorischen Struktur sollte eine bessere Weltordnung etabliert werden. Der Völkerbund bestand lediglich aus zwei Gremien, nämlich der Bundesversammlung, in der alle

Institutionen des Völkerbundes: Versammlung und Rat

Mitglieder mit einer Stimme vertreten waren, und dem Rat, der sich aus vier ständigen und zunächst vier, später elf nicht-ständigen Mitgliedern zusammensetzte. Beide Institutionen waren ebenso wie das ständige Sekretariat, das kein formelles Organ des Völkerbundes war, in Genf angesiedelt. Diese zunächst einfach anmutende Struktur brachte jedoch Probleme mit sich, da die Völkerbundsatzung die Kompetenzen von Rat und Versammlung nicht klar gegeneinander abgrenzte. Weiterhin führten die Verfahrensregeln, die Einstimmigkeit beim Treffen von Entscheidungen vorsahen, zu einer Schwächung des Völkerbundes. Dieses Konsensprinzip bedeutete, dass de facto jeder Staat ein Vetorecht besaß und somit höchstens die Politik des kleinsten gemeinsamen Nenners möglich war.

Fehlendes Einschreiten des Völkerbundes

Bekanntlich gelang es dem Völkerbund nicht, den Ausbruch des Zweiten Weltkriegs zu verhindern, was ebenso Ausdruck seines Scheiterns ist wie die vorausgegangenen unzulänglichen bzw. fehlenden Aktionen gegen die Aggressoren Japan (Angriff auf die Mandschurei 1931-32), Italien (Krieg gegen Abessinien 1935) und nicht zuletzt Deutschland (Militarisierung des Rheinlands 1935 trotz des Vertrags von Locarno 1925, der explizit an den Völkerbund gebunden war). Das Ausbleiben von gemeinsamen Aktionen gegen das faschistische Deutschland („Anschluss" des Völkerbundmitglieds Österreich 1938 und Angriff auf Polen 1939) und die nicht erfolgte Verurteilung des sowjetischen Angriffs auf Finnland (1939-40) besiegelten den Untergang des Völkerbundes (Northedge 1986: 221ff.). Wenngleich „nur" der von Mussolini befohlene kriegerische Angriff einen eindeutigen Bruch der Völkerbundsatzung darstellte – denn Deutschland sowie die Sowjetunion waren schon aus dem Völkerbund ausgetreten und Japan berief sich darauf, dass es mit der südmandschurischen Eisenbahn sein rechtmäßiges Eigentum schützen wollte (ebd.) – wäre eine eindeutigere Reaktion des Völkerbundes vonnöten gewesen, um dessen Glaubwürdigkeit sicherzustellen. Der Völkerbund verurteilte zwar den italienischen Angriff auf den afrikanischen Staat und verhängte auch Sanktionen, doch hielten die wichtigsten Handelspartner Italiens diese schlichtweg nicht ein. Während dies bei den nie beigetretenen USA bzw. dem zwischenzeitlich wieder ausgetretenen Deutschland gewissermaßen nachvollziehbar ist, enttäuschte der weiter florierende Handel der Mitglieder Frankreich und Großbritannien mit Italien die Hoffnungen der Völkerbundunterstützer (ebd. 224).

Gründe für das Scheitern des Völkerbundes

Dem Völkerbund gelang es also nicht, sein ursprünglich aufgestelltes Ziel zu verfolgen. Hierfür gibt es eine Vielzahl von Gründen:

• *Mitgliedschaft*: Obwohl der Völkerbund den Anspruch hatte, eine universelle internationale Organisation zu sein, waren nicht alle wichtigen Staaten Mitglied. Die USA, die sehr wichtige Vorarbeit zur Einrichtung der Organisation geleistet hatten, traten ihr nie bei, da der Senat Präsident Wilson die nötige Zustimmung versagte. Andere wichtige Staaten, insbesondere die späteren Aggressoren Italien, Japan und Deutschland, traten wieder aus. Auch einige Staaten des Südens kehrten dem Bund den Rücken zu, teils weil sie ihre Mitgliedsbeiträge nicht bezahlen konnten (Costa Rica 1927), teils weil sie sich zu wenig unterstützt gefühlt hatten (Brasilien 1928, nachdem es nicht in den Bundesrat gewählt worden war).

- *Fehlende Umsetzung der Satzung*: Wie erwähnt, nutzten die Mitgliedsstaaten die in der Satzung vorgesehenen Handlungsmöglichkeiten nicht aus; sie verhängten nur unzureichende oder gar keine Sanktionen. Statt also kollektiv gegen einen Aggressor vorzugehen, verfolgten die Staaten ihre nationalen Interessen (Northedge 1986: 277). Dies trifft auch auf die einzig verbliebenen mächtigen Staaten des Völkerbundes zu, Großbritannien und Frankreich, die selten an einem Strang zogen (ebd. 288). Zur fehlenden Handlungsfähigkeit trug aber auch bei, dass dem Völkerbund die ökonomischen oder militärischen Ressourcen fehlten, um als eigenständiger Akteur auftreten zu können.

- *Inhärente Widersprüche der Satzung und begrenzter Anspruch*: Aus heutiger Sicht war es eine Schwäche der Völkerbundsatzung, dass sie den Krieg nicht generell verbot. Durch die Verankerung eines lediglich relativen Kriegsverbotes war eine solche gewalttätige Handlung unter bestimmten Umständen noch zulässig und offensichtlich im Handlungskanon der Staaten fest verankert. Erst mit dem Briand-Kellogg-Pakt wurde 1928 der Krieg verboten.[16] Darüber hinaus wirkten die unklaren Kompetenzzuschreibungen für die beiden Gremien des Völkerbundes sowie die Regel der Einstimmigkeit handlungseinschränkend. Schließlich schien die Konzeption der Völkerbundsatzung als Teil des Versailler Vertrages, wenig geeignet, um eine breite, langfristige Unterstützung zu generieren.

Beim Scheitern des Völkerbundes gerät allerdings häufig in Vergessenheit, dass er neben der Friedenssicherung auch andere Ziele verfolgte, zum Beispiel im humanitären Bereich. Der erste Hochkommissar des Völkerbundes für Flüchtlinge, der 1921 ernannte norwegische Polarforscher Fridtjof Nansen, engagierte sich stark für deren Schutz. Die über 800.000 zumeist russischen Flüchtlinge erhielten einen Pass („Nansen-Pass"), der ihnen freien Transfer ermöglichte. Der Völkerbund unterstützte darüber hinaus auch die Heimführung von Kriegsgefangenen und war in der Einleitung der Dekolonisation, der Bekämpfung von Hunger und der Gesundheitsvorsorge aktiv (Märker/Wagner 2005: 5).

Erfolge des Völkerbundes

2.1.2 Auf dem Weg nach San Francisco

Trotz seiner recht weitgehenden Zielsetzung mit dem System kollektiver Sicherheit und dem darin verankerten *cooling-off*-System gelang es dem Völkerbund nicht, die Expansionsgelüste des faschistischen Deutschlands, Italiens sowie Ja-

---

16 Der am 27. August 1928 unterzeichnete und am 24. Juli 1929 in Kraft getretene Vertrag sah vor, dass alle Mitgliedsstaaten „Krieg als Mittel für die Lösung internationaler Streitfälle verurteilen und auf ihn als Werkzeug nationaler Politik in ihren gegenseitigen Beziehungen verzichten" (Art. 1). „Streitigkeiten und Konflikte sind „niemals anders als durch friedliche Mittel" zu bearbeiten (Art. 2). Unter den elf Erstunterzeichnern waren u.a. die USA, Kanada, das Deutsche Reich, Indien und Italien. Bis zu Beginn des Zweiten Weltkriegs hatten 63 Staaten den Pakt ratifiziert. Der Name des Vertrags weist auf die beiden „Väter" der Vertrags, also die Initiatoren, hin: den damaligen amerikanischen Außenminister Frank B. Kellogg und seinen französischen Kollegen Aristide Briand.

pans einzudämmen. Die Weltorganisation konnte den Ausbruch des Zweiten Weltkriegs nicht verhindern.

Noch während des Zweiten Weltkriegs begannen die USA und Großbritannien mit ihren Planungen für die Nachkriegsordnung. Die Initiative ging vom amerikanischen Präsidenten Franklin D. Roosevelt (1882-1945) aus, der im Oktober 1937 in einer Rede betonte, dass die friedliebenden Nationen sich zusammenschließen müssten, um gegebenenfalls „Patienten durch eine Quarantäne zu isolieren, um die Gemeinschaft vor der Ausbreitung von Krankheiten zu schützen" (zitiert nach Märker/Wagner 2005: 7). Im Sommer 1941 konkretisierte der als geistige Vater der UN bezeichnete US-Präsident (Claude 1964: 55) seine Gedanken und schlug vor, eine internationale Sicherheitsorganisation zur Überwachung der besiegten Feindstaaten zu etablieren. Roosevelt verfolgte somit die Außenpolitik eines selbst beschränkten Hegemons, der sich in internationale Organisationen einbettet statt eine isolationistische Außenpolitik zu betreiben (Czempiel 2006: 27).

Diese Idee diskutierte er wenig später mit dem britischen Premierminister Winston Churchill (1874-1965). Die beiden Staatsmänner einigten sich bei ihrem Treffen im August 1941 darauf, militärisch gemeinsam gegen Deutschland vorzugehen. Darüber hinaus strebten sie an, eine internationale Organisation zu gründen, die auf dem Prinzip der Selbstbestimmung der Völker beruhen, den freien Welthandel unterstützen und die wirtschaftliche Zusammenarbeit vorantreiben sollte. Das zu etablierende allgemeine Sicherheitssystem sollte zudem den Gewaltverzicht festschreiben (Atlantik-Charta). Bis zur Errichtung eines solchen Systems sollten die Angreiferstaaten entwaffnet werden (Opitz 2002: 11). Die USA und Großbritannien gelten daher als „Vordenker und Geburtshelfer" der neuen Weltorganisation (Wolf 2005: 32). Mit dem Kriegseintritt der USA schlossen sich am 1. Januar 1942 weitere 26 Staaten der gemeinsamen Erklärung, der „Joint Declaration by United Nations" an. Die Sowjetunion erklärte im September 1942 ihre Unterstützung und bis zum 1. März 1945 folgten weitere 21 Staaten.

Einen weiteren wichtigen Schritt zur Gründung der Vereinten Nationen stellte die Außenministerkonferenz im Oktober 1943 in Moskau dar. Vertreter der USA, Großbritanniens, der Sowjetunion und Chinas gaben in ihrer Abschlusserklärung bekannt, dass sie „zum frühestmöglichen Zeitpunkt eine allgemeine Organisation zur Erhaltung des internationalen Friedens und der internationalen Sicherheit schaffen [wollen], die auf der Grundlage der souveränen Gleichheit aller Staaten" beruhen solle (zitiert nach Opitz 2002: 12). Mit dieser *Joint Four Nation Declaration* gaben die vier Staaten einer universellen Organisation den Vorrang vor einer stark regionalisierten Institution, wie sie Churchill ursprünglich angedacht hatte. Der britische Premierminister war, auch als Lehre aus dem Scheitern des Völkerbundes, dafür eingetreten, Sicherheit regional um die starken Mächte herum zu organisieren. Während die USA für Sicherheit in der westlichen Hemisphäre jenseits des europäischen Kontinents sorgen sollten, sollte Großbritannien diese Aufgabe für Europa übernehmen. Institutionell sollte diese Konzeption über verschiedene regionale Räte (Rat für Europa, Asien usw.) verankert werden (MacQueen 2006: 44). Darüber hinaus gilt die Moskauer Erklärung als Symbol einer

Politik, nach der lediglich vier Staaten die Hauptverantwortung für den Frieden tragen sollten. Diese Weltordnungsvorstellung der *„four policemen"* entsprang Überlegungen von Präsident Roosevelt, die er erstmals 1942 geäußert hatte (Gareis/Varwick 2006: 23). Nachfolgend arbeiteten die USA eine Skizze der neuen Weltorganisation aus und stimmten sie mit den anderen drei Mächten ab. Experten aller vier Staaten trafen vom 21. August bis 9. Oktober 1944 in dem Washingtoner Vorort Dumbarton Oaks zusammen, um den ersten Entwurf eines Statuts der neu zu gründenden Organisation auszuarbeiten. Wenngleich man sich auf die Grundstruktur und die Aufgaben von Sicherheitsrat, Generalversammlung und Sekretariat einigen konnte, blieben einige Punkte offen. Der sowjetische Botschafter kritisierte beispielsweise die Planungen für die Generalversammlung, nach denen jeder Staat, unabhängig von seiner Größe und Bevölkerungszahl, über dasselbe Stimmrecht verfügen sollte. Während die Sowjetunion im geplanten Sicherheitsrat dank des Vetos nicht überstimmbar gewesen wäre, sah sie in der demokratisch besetzten Generalversammlung eine Marginalisierungsgefahr (MacQueen 2006: 47). Die strittigen Fragen wurden bei der Jalta-Konferenz vom 4.-11. Februar 1945 direkt zwischen Roosevelt, Churchill und Stalin ausgeräumt. Um die sowjetischen Bedenken beizulegen und der UdSSR etwas mehr Stimmgewicht einzuräumen, gestanden die anderen Staatschefs Stalin zu, dass zwei Sowjetrepubliken (Weißrussland und die Ukraine) als eigenständige Mitglieder der neuen Organisation beitreten durften. Nach Abschluss der Jalta-Konferenz luden die vier Großmächte diejenigen Staaten, die die Erklärung der Vereinten Nationen unterzeichnet hatten, zu einer Gründungsversammlung nach San Francisco ein.

2.1.3 Gründungskonferenz der Vereinten Nationen

Vom 25. April bis zum 26. Juni berieten daraufhin 50 Staaten in San Francisco den vorliegenden Satzungsentwurf. Die privilegierte Stellung, die die vier bzw. fünf mächtigen Staaten (USA, Sowjetunion, Großbritannien, China und Frankreich) für sich vorgesehen hatten, stieß auf Kritik der anderen Länder. Diese beanstandeten sowohl die ständige Mitgliedschaft der fünf Staaten im Sicherheitsrat, die mit der Veto-Option verbunden war („doppelte Privilegierung", Gareis/Varwick 2006: 24), als auch die herausgehobene Bedeutung des Sicherheitsrates gegenüber der Generalversammlung. Sie konnten sich mit ihrer Position aber nicht durchsetzen, da die Großmächte nicht verhandlungsbereit waren. In Konsultationen der „großen Fünf" wiesen diese Staaten darauf hin, dass sie ggf. das ganze Projekt noch zum Scheitern bringen könnten (Grewe 1991: XXXIII). Die amerikanische Delegation argumentierte, eine Änderung des Charta-Entwurfs könne dazu führen, dass der US-Senat seine Zustimmung zu den Vereinten Nationen verweigerte (Hüfner/Martens 2000: 13). Dies galt es aus der Erfahrung des Völkerbundes heraus zu verhindern. Daher unterzeichneten die Staaten am 26. Juni die Charta der Vereinten Nationen, die weitgehend die von den USA eingebrachten Prinzipien widerspiegelte. Sie ist am 24. Oktober 1945 in Kraft getreten, nachdem sie von 51 Staaten ratifiziert wurde (Polen trat als 51. Gründungsmitglied den UN bei).

San Francisco

Nichtregierungs-
organisationen

Die Gründungskonferenz war keine rein intergouvernementale Veranstaltung, denn es nahmen auch zahlreiche NGO-VertreterInnen daran teil.[17] Einige von ihnen hatten einen Beobachter-Status inne, für den sich u.a. die kanadische Regierung im Vorfeld stark gemacht hatte. Andere durften als Teil der jeweiligen Regierungsdelegationen mitreisen, wie zum Beispiel 42 Personen, die Teil der amerikanischen Delegation wurden. So heterogen wie die Teilnahmemöglichkeiten waren auch die inhaltlichen Schwerpunkte der NGOs: Sie traten beispielsweise für den Menschenrechtsschutz, die Abrüstung und die Arbeiterrechte ein. Einig waren sich die NGOs darin, dass sie Partizipationsmöglichkeiten in der Charta der Vereinten Nationen verankern wollten. Nachdem NGOs beim Völkerbund offiziell keine Teilnahmemöglichkeiten gehabt hatten – de facto gab es informelle Arbeitsbeziehungen zu untergeordneten Arbeitsgruppen, jedoch keine Zusammenarbeit in den beiden Hauptorganen Rat und Bundesversammlung – strebten sie nun an, die Zusammenarbeit auf formelle Beine zu stellen (Brühl 2003: 48ff.). Dieses Ansinnen wurde nur zum Teil erfüllt: Zwar sieht Art. 71 der UN-Charta vor, dass der Wirtschafts- und Sozialrat geeignete Abmachungen mit Nichtregierungsorganisationen treffen kann. Diese sind jedoch erstens nur auf eines der sechs UN-Hauptorgane bezogen und zweitens liegt der Fokus auf Konsultationen, weitergehende Beobachtungs- oder Mitsprachemöglichkeiten sind nicht vorgesehen. Auch wenn die Bestimmungen der Charta den anwesenden NGOs nicht weit genug gingen (und heutigen NGOs gehen), so ist dennoch festzuhalten, dass Nichtregierungsorganisationen erstmals in der Geschichte der internationalen Organisationen offiziell erwähnt und damit auch gewürdigt wurden. Es fand also schon 1945 eine erste, freilich noch sehr geringe Öffnung der UN für private Akteure statt, wobei die Beteiligungsmöglichkeiten zunächst sehr gering waren. Somit wurde ein erstes Element der neuen Governance-Formen in den UN implantiert, das später noch eine größere Wirkung entfalten sollte.

2.2 Die Struktur der Vereinten Nationen

2.2.1 Die Charta der Vereinten Nationen

Struktur der Charta

Die Charta der Vereinten Nationen (UN-Charta) schreibt die Ziele und Grundsätze der Weltorganisation fest und strukturiert deren Arbeitsprozess – somit werden normative Elemente mit Geschäftsregeln kombiniert (Res. 1991: XLVI). Sie ist ein völkerrechtlich nicht begrenzter Vertrag zwischen souveränen Staaten und im Gegensatz zur Völkerbundsatzung auch nicht an Friedensverträge geknüpft (Unser 2004: 27). Die UN-Charta fällt bedeutend umfangreicher aus als die Satzung des Völkerbundes: In einer Präambel und 19 Kapiteln, die insgesamt 111 Artikel umfassen, wird die seit 1945 in ihrer Grundstruktur (fast) unveränderte Organisation und deren Arbeitsweise skizziert. Verpflichtungen, die innerhalb der

---

17 Über die Zahl der beteiligten NGOs finden sich sehr unterschiedliche Angaben, die zwischen 160 (Seary 1996: 25f.) und 1.200 Organisationen (Willetts 1982: 11) variieren.

UN-Charta formuliert werden, haben nach Art. 103 Vorrang gegenüber anderen völkerrechtlichen Vertragsverpflichtungen, womit „der UN-Charta ein Rang eingeräumt [wurde], der sie von anderen völkerrechtlichen Verträgen unterscheidet." (von Schorlemer 2002: 202).

Die Präambel und der erste Artikel der UN-Charta umreißen die Ziele der Vereinten Nationen. Dies sind:

1. die Erhaltung und ggf. Wiederherstellung des Weltfriedens und der internationalen Sicherheit. Durch kollektive Maßnahmen soll der Bedrohung des Friedens entgegengewirkt werden (vgl. Art. 1(1) UN-Charta).
2. die Entwicklung freundschaftlicher Beziehungen zwischen den Nationen, die auf Gleichberechtigung und Selbstbestimmung basieren sollen (Art. 1(2) UN-Charta).
3. die Herbeiführung von internationaler Zusammenarbeit zur Lösung von internationalen wirtschaftlichen, sozialen, kulturellen und humanitären Problemen und die Förderung von Menschenrechten und Grundfreiheiten für alle Menschen ohne Unterschied von Rasse, Geschlecht, Sprache oder Religion (Art. 1(3) UN-Charta).
4. die Funktion, einen Mittelpunkt der vielfältigen Bemühungen zur Abstimmung der gemeinsamen Ziele der Nationen darzustellen (Art. 1(4) UN-Charta).

Ziele der Vereinten Nationen

Im Kern der UN-Charta steht das System kollektiver Sicherheit zur Wahrung des Weltfriedens und der internationalen Sicherheit. Dieses beruht erstens auf der Verpflichtung der Mitgliedsstaaten, internationale Streitigkeiten mit friedlichen Mitteln beizulegen (Art. 2(3) UN-Charta). Sie können hierzu Verhandlungen, Vermittlung, gerichtliche oder andere friedliche Verfahren anwenden (Art. 33 (1) UN-Charta). Die Androhung oder gar Anwendung von Gewalt ist verboten (Art. 2(4) UN-Charta). Dieses Gewaltverbot stellt, wie bereits erwähnt, eine große normative Weiterentwicklung dar. Das ursprünglich zum Westfälischen Modell gehörende uneingeschränkte Recht zum Krieg (*ius ad bello*) ist durch die UN-Charta endgültig abgeschafft worden, nachdem es zuvor verschiedene Einschränkungen erfahren hatte, wie das Recht im Krieg (*ius in bello*), das das Verhalten bei der Kriegsführung regelt, oder das partielle Kriegsverbot des Völkerbundes (Randelzhofer 1979: 22). Ob das Gewaltverbot bedeutet, dass „nur" die Androhung oder Anwendung militärischer Gewalt verboten ist, oder – einer weiten Auslegung zufolge – auch die Androhung oder Anwendung massiven wirtschaftlichen Drucks, ist hierbei umstritten (Delbrück 1999: 143f.).

System kollektiver Sicherheit: Das Gewaltverbot

Gelingt es den Konfliktparteien nicht, den Konflikt selbst friedlich beizulegen und ist dadurch die Wahrung des Weltfriedens und der internationalen Sicherheit bedroht, so ist zweitens die internationale Gemeinschaft zu Bemühungen um einen friedlichen Konfliktaustrag verpflichtet. Der UN-Sicherheitsrat kann auf Antrag jedes UN-Mitglieds wie auch der Generalversammlung aktiv werden, die Streitigkeit untersuchen und geeignete friedliche Verfahren der Konfliktbearbeitung empfehlen. Diese Maßnahmen zur friedlichen Beilegung von Streitigkeiten sind in Kapitel VI der UN-Charta aufgeführt. Wenn ein Konflikt trotz dieser Maßnahmen eskaliert und eine Bedrohung oder der Bruch des Friedens oder eine An-

Maßnahmen nach Kapitel VI und VII

griffshandlung vorliegt, kann der Sicherheitsrat eben diese Situation feststellen (Art. 39 UN-Charta) und geeignete Maßnahmen empfehlen (Kapitel VII: Maßnahmen bei Bedrohung oder Bruch des Friedens und bei Angriffshandlungen). Dies können entweder wirtschaftliche Sanktionen sein, also die vollständige oder partielle Unterbrechung der Wirtschaftsbeziehungen, wie etwa des Eisenbahn-, See- und Luftverkehrs oder der Abbruch diplomatischer Beziehungen (Art. 40 UN-Charta). Oder aber der Sicherheitsrat beschließt mit militärischen Maßnahmen den Weltfrieden zu wahren oder wiederherzustellen (Art. 41 UN-Charta). Hierzu sollten die Mitgliedsstaaten dem Sicherheitsrat Streitkräfte zur Verfügung stellen (Art. 43 UN-Charta); für dringende militärische Maßnahmen sollten sie außerdem Kontingente der Luftstreitkräfte bereithalten (Art. 45 UN-Charta). Beides wurde nicht in die Realität umgesetzt (siehe Kap. 5.1.).

Einschränkungen des Modells: Selbstverteidigung und Souveränität

Das Gewaltverbot kennt nur eine Ausnahme: Den UN-Mitgliedsstaaten ist es im Falle eines bewaffneten Angriffs so lange erlaubt, individuelle oder kollektive Selbstverteidigungsmaßnahmen zu ergreifen, bis der UN-Sicherheitsrat sich mit dem Fall beschäftigt (Art. 51 UN-Charta). Die Bestimmung zur kollektiven Selbstverteidigung ist in der Vergangenheit freilich auch als „willfähriges und manipulierbares Aushängeschild" (Czempiel 1994: 101) benutzt worden, um (angeblichen) Hilferufen bedrängter Regierungen nachzukommen, so etwa durch die Sowjetunion 1956 in Ungarn, die USA 1958 im Libanon oder wiederum durch die UdSSR 1980 in Afghanistan (ebd.).

Eine weitere in der UN-Charta angelegte Grenze des Systems besteht im Souveränitätsprinzip der Charta. Demnach sind Eingriffe in die inneren Angelegenheiten eines Staates nicht zulässig (Nichteinmischungsgebot nach Art. 2(7) UN-Charta). Die Interpretation dieses Artikels hat sich in den letzten Jahren deutlich geändert und ist durch die Entwicklung des neueren Prinzips der „Schutzverantwortung" (*Responsibility to Protect*) unterminiert worden (vgl. Kap. 3).

Kritik am System kollektiver Sicherheit

Es wird deutlich, dass das System kollektiver Sicherheit auf den Pfeilern des westfälischen Modells beruht. Das internationale System wird als ein System der Staatenwelt konzeptionalisiert, wobei Staaten als Territorialstaaten verstanden werden. Gesellschaftliche Veränderungen innerhalb eines Staates haben keine Auswirkungen auf das System als solches. Daher kann man argumentieren, dass es beim System kollektiver Sicherheit darum geht, „den gesellschaftlichen, staatlich vermittelten *Status quo* zu verteidigen" (Krippendorf 1973: 23). Das System kollektiver Sicherheit ist aus verschiedener Perspektive kritisiert worden. Während bspw. aus Sicht der „realistischen Schule" darauf verwiesen wird, dass eine internationale Organisation nie so mächtig sein kann, dass sie andere Staaten einhegt und den Frieden sichert, kritisieren andere das Konzept der kollektiven Sicherheit per se. So argumentiert Ernst-Otto Czempiel, dass das System kollektiver Sicherheit ein Mythos sei, der „niemals funktioniert hat und auch gar nicht funktionieren kann" (Czempiel 1994: 25). Er unterstellt einen Konstruktionsfehler: Entweder würden sich ein großer oder mehrere kleine Staaten nicht an das System halten, so dass dieses nicht funktionieren könne. Oder aber alle Staaten hielten sich an das System kollektiver Sicherheit und machten es damit überflüssig (ebd. 26). Diese Annahmen werden im dritten Kapitel diskutiert.

Die Charta der Vereinten Nationen behandelt weiter Fragen der internationalen Zusammenarbeit auf wirtschaftlichem und sozialem Gebiet (Kapitel X UN-Charta). Demnach fördern die UN u.a. die Verbesserung des Lebensstandards, die Vollbeschäftigung und die allgemeine Achtung und Verwirklichung der Menschenrechte und der Grundfreiheiten (Art. 55 UN-Charta). Als zentrale Institution wird der Wirtschafts- und Sozialrat eingesetzt, der sich dieser Fragen annehmen soll. Er darf bzw. soll zudem auch mit Sonderorganisationen, also externen, durch zwischenstaatliche Übereinkünfte außerhalb der Vereinten Nationen gegründeten Institutionen in Bereichen wie Wirtschaft, Sozialwesen und Erziehung, Abkommen abschließen (Art. 57, 63 UN-Charta). Die genaueren Bestimmungen des Wirtschafts- und Sozialrates, wie auch der anderen durch die UN-Charta eingesetzten Hauptorgane werden im nachfolgenden Abschnitt (2.2.2) skizziert.

Wirtschaftliche und soziale Zusammenarbeit

Abschließend ist festzuhalten, dass die Charta seit ihrer Gründung nur zwei Mal verändert wurde. Hierfür gibt es zwei Erklärungen: Zum einen kann argumentiert werden, dass es bei der UN-Gründung gelungen ist, eine moderne Struktur festzuschreiben, die bisher keiner größeren Änderung bedurfte. Zwar wurde die Zahl der Mitglieder des Sicherheitsrates und des Wirtschafts- und Sozialrates aufgrund der rasanten Mitgliederzunahme nach und nach erhöht, jedoch keine substanzielle Änderung verankert. Zum anderen ist die geringe Anpassung der UN-Charta an realpolitische Entwicklungen jedoch auch eine Folge davon, dass Änderungen der Charta nur schwerlich zu erreichen sind. Gemäß Artikel 108 muss eine Änderung der Charta von mindestens zwei Drittel der Mitglieder der Generalversammlung angenommen werden und anschließend von einer ebenso hohen Zahl ratifiziert werden. Darüber hinaus müssen auch alle ständigen Mitglieder des Sicherheitsrates einer Charta-Änderung zustimmen. An diesen hohen Zustimmungsklauseln scheiterte nicht zuletzt die von einigen Staaten vorangetriebene Reform des Sicherheitsrates am Anfang des 21. Jahrhunderts.

Änderungen der Charta

Dass die Charta fast unverändert blieb, heißt allerdings nicht, dass das Völkerrecht und Völkergewohnheitsrecht konstant geblieben ist. Schließlich wurden die Bestimmungen der Charta in vielerlei Hinsicht ergänzt und konkretisiert. Am auffälligsten ist dies sicher im Bereich des Menschenrechtsschutzes, der in der Charta nur kurz erwähnt wird, jedoch mit der Allgemeinen Erklärung der Menschenrechte (1948) und den beiden Menschenrechtspakten (in Kraft: 1976) innerhalb des UN-Systems verankert wurde. Ähnlich deutlich ist die Ergänzung und Erweiterung der ursprünglichen Bestimmungen im Bereich der Umweltpolitik, der in der Charta noch gar keine Erwähnung findet. Seit 1947 hat die UN-Generalversammlung mehr als 60 Übereinkünfte, Verträge und Protokolle verabschiedet und nachfolgend zur Ratifikation vorgelegt (von Schorlemer 2002: 206). Daher kann man argumentieren, dass die UN sowohl materiell als auch institutionell entscheidend zur Weiterentwicklung des Völkerrechts beigetragen haben (Klein 2007: 65). Sie haben einerseits einen Beitrag dazu geleistet, dass die Rechtsstaatlichkeit im innerstaatlichen Bereich gefestigt und andererseits zugleich das Prinzip der Herrschaft des Rechts auf internationaler Ebene gestärkt wurde (Pallek 2007: 81).

Ausfüllen von Charta-Bestimmungen

2.2.2 Institutionen der UN-Familie

Die Charta der Vereinten Nationen hat sechs Hauptorgane eingesetzt, von denen heute noch fünf aktiv sind: die Generalversammlung, der Sicherheitsrat, der Wirtschafts- und Sozialrat, das Sekretariat und der Internationale Gerichtshof. Der Treuhandrat hat als einziges Hauptorgan seine Arbeit eingestellt, da er seine Aufgabe 1994 mit der Entlassung des letzten Treuhandgebietes[18] in die Unabhängigkeit erfüllt hatte.

Generalversammlung (Kapitel IV UN-Charta):

Umfassender Aufgabenbereich

Die Generalversammlung (*General Assembly*, GA) ist das einzige Hauptorgan der Vereinten Nationen, in dem alle Mitgliedsstaaten vertreten sind. Handelte es sich anfangs um ein kleines, 51 Staaten umfassendes Gremium, so sind heute 193 Staaten (Stand Juni 2013) in der Generalversammlung vertreten (siehe Abbildung 2.5). Sie kann all jene Fragen erörtern, „die in den Rahmen der Charta fallen oder Befugnisse und Aufgaben eines in dieser Charta vorgesehenen Organs betreffen" (Art. 10 UN-Charta). Somit sind die allgemeinen Grundsätze der Zusammenarbeit zur Wahrung des Weltfriedens und der internationalen Sicherheit einschließlich der Abrüstung ebenso Teil des Aufgabenbereiches der GA wie Fragen der internationalen Zusammenarbeit auf politischem, wirtschaftlichem, sozialem und kulturellem Gebiet sowie Fragen der Menschenrechte (Art. 11-13 UN-Charta). Nur zu Angelegenheiten, die der Sicherheitsrat aktuell berät, darf sich die GA nicht äußern, es sei denn auf ausdrückliches Ersuchen des Sicherheitsrates (Art. 12 UN-Charta). Weiterhin ist die GA für die Verabschiedung des Haushalts zuständig.

Normsetzung durch Resolutionen und Deklaration

Ergebnisse solcher Beratungen verabschiedet die Generalversammlung in Form von Resolutionen oder Deklarationen. Wenngleich diese völkerrechtlich nicht verbindlich sind, geht von ihnen eine wichtige Wirkung im Bereich der Normgenese aus. Entscheidungen der Generalversammlung spiegeln dominante Verständnisse (im Sinne von Mehrheitsverhältnissen) von angemessenem oder wünschenswertem Verhalten wider und tragen so zu Normbildungsprozessen bei. Das wohl wichtigste Beispiel hierfür ist die Verankerung des Menschenrechtsschutzes in der UN durch die Allgemeine Erklärung der Menschenrechte. Diese wurde am 10. Dezember 1948 von der Generalversammlung bei acht Enthaltungen und ohne Gegenstimmen angenommen (Res. 217 A (III)).[19] Sie ist das „meistverbreitete Dokument" der UN (Gareis/Varwick 2006: 177) und bildet den Grundstein für die spätere Entwicklung der beiden Menschenrechtspakte und der zahlreichen weiteren Menschenrechtsabkommen der Vereinten Nationen. In jüngerer Zeit ist die Verankerung der Millenniumserklärung, auf die sich die Staats- und Regierungschefs von 189 Staaten im September 2000 einigten, zu nennen. Sie bildete

---

18 Dabei handelte es sich um den Inselstaat Palau.
19 Enthalten haben sich Jugoslawien, Polen, Saudi-Arabien, Sowjetunion, Südafrika, Tschechoslowakei, Ukraine und Weißrussland, weil sie die Allgemeine Erklärung der Menschenrechte um einzelne Normen ergänzen wollten, wie z.B. die deutliche Verurteilung des Faschismus oder die Bedeutung der wirtschaftlichen, sozialen und kulturellen Rechte, sich aber mit diesem Wunsch nicht durchsetzen konnten (Weiß 2006: 164f.).

die Grundlage für die Formulierung von acht Millenniumsentwicklungszielen, die bis zum Jahr 2015 erreicht werden sollen. Das bekannteste Ziel lautet, dass die Zahl der absolut Armen bis dahin halbiert werden soll. Solche Entscheidungen der Generalversammlung sorgen so dafür, dass es ein „modernes Verständnis der Charta-Bestimmungen" gibt (von Schorlemer 2002: 209).

Schon kurz nach ihrer Gründung hat die Generalversammlung ihr Aufgabenspektrum erweitert. Nachdem zunehmend deutlich wurde, dass der UN-Sicherheitsrat durch den Ost-West-Konflikt dauerhaft blockiert sein würde, hat die Generalversammlung die *Uniting for Peace-Resolution* (A/RES/377 (V)) am 3. November 1950 verabschiedet. Diese legt fest, dass im Falle einer Blockade des Sicherheitsrates (durch ein Veto oder seine Androhung) die Generalversammlung zu einer Notstandssitzung zusammentreten und über die Angelegenheit beraten darf. Sie kann dann Empfehlungen zum Erhalt bzw. zur Wiederherstellung der internationalen Sicherheit und des Weltfriedens abgeben, was bislang zehn Mal vorgekommen ist (Gareis/Varwick 2006: 27). Zur Verabschiedung der *Uniting for Peace-Resolution* kam es aufgrund der Uneinigkeit der USA und der Sowjetunion im Korea-Konflikt. Der Sicherheitsrat hatte zunächst in Abwesenheit des sowjetischen Vertreters, der aus Protest gegen die UN-Politik gegenüber Taiwan der Sitzung fern geblieben war, im Juli 1950 einer UN-Mission unter Führung der USA in Korea zugestimmt. Nachdem die Sowjetunion wieder an den Sitzungen des Sicherheitsrates teilnahm, trat sie für einen Abzug der UN-Truppen ein, konnte hierfür aber keine Mehrheit gewinnen.

Uniting for Peace-Resolution

Die Generalversammlung tritt in der Regel im Herbst (September-Dezember) zu einer Plenarversammlung im New Yorker Hauptquartier zusammen und berät dann über die ihr vorliegenden Berichte und Empfehlungen. Die Vorlagen bereiten entweder die UN-Nebenorgane oder auch die Ausschüsse der Generalversammlung selbst vor. Diese sechs Ausschüsse hat die GA selbst zur Strukturierung ihrer Arbeit eingesetzt. Sie widmen sich je einem spezifischen Thema: Frieden und Abrüstung (1. Ausschuss), Wirtschafts- und Sozialfragen (2. Ausschuss), sozialen, humanitären und kulturellen Angelegenheiten (3. Ausschuss), Dekolonisierungsfragen (4. Ausschuss), Administrativem und Budgetfragen (5. Ausschuss) und Rechtsfragen (6. Ausschuss). In den Ausschüssen der Generalversammlung, wie auch in deren Plenum, sind alle Staaten vertreten. Jeder Staat verfügt dabei über eine Stimme.[20] Ist jedoch ein Staat mit seinen Beitrittszahlungen im Umfang von zwei Jahresbeiträgen im Rückstand, verliert es sein Stimmrecht (Art. 19. UN-Charta). Entscheidungen werden mit einer einfachen Mehrheit getroffen, wichtige Entscheidungen („important questions"), wie Empfehlungen zu Krieg und Frieden oder Charta-Änderungen, bedürfen einer Zweidrittelmehrheit.

Arbeitsprozesse: Ausschüsse und Mehrheiten

Die bislang größte und hochkarätigste Generalversammlung, an der die meisten Staaten ihre Staats- und Regierungschefs (und nicht wie sonst die jeweiligen DiplomatInnen) schickten, tagte im Herbst 2005. Anlässlich des 60-jährigen Bestehens der Weltorganisation berieten die Mitgliedsstaaten drei Tage lang über

---

20 In der UN ist generell das Prinzip des „one state – one vote" verankert, während sich beispielsweise bei der Weltbank und dem Internationalen Währungsfonds das Stimmrecht nach dem finanziellem Beitrag richtet („one dollar – one vote").

notwendige Reformen der in die Jahre gekommenen Weltorganisation. In Form einer Resolution, der ein langer Verhandlungsprozess vorausging, legten sie im *Outcome Document* u.a. fest, dass der als defizitär geltende Menschenrechtsausschuss durch ein neues Gremium, den Menschenrechtsrat, ersetzt werden sollte, das sich in Aufgabe, institutioneller Anbindung und Zusammensetzung vom Vorgänger unterscheidet. Weiterhin setzte sie die Kommission für Friedenskonsolidierung (*Peacebuilding Commission*) ein und verankerte die Schutzverantwortung (*Responsibility to Protect*) als neue Norm (siehe Kapitel 3.3.9).

Sondergeneral-versammlung und Weltkonferenzen

Neben den regulären Sitzungen tritt die Generalversammlung auch zu Sondergeneralversammlungen zusammen (Art. 20 UN-Charta). Zu diesen lädt entweder der UN-Generalsekretär oder der Sicherheitsrat ein. Sondergeneralversammlungen widmen sich jeweils einem spezifischen Thema, wie bspw. Kinderrechten (2002) oder Sozialer Entwicklung (2000) und dienen dazu, den Prozess der Normgenese in Gang zu setzen und zu ergreifende Schritte festzulegen, aber auch die Umsetzung von Normen zu überprüfen. Eine ähnliche Funktion haben Weltgipfel inne, zu denen die Generalversammlung ebenfalls einladen kann. Eine erste Welle von Weltkonferenzen fand in den späten 1960er und 1970er Jahren statt. Eine zweite Welle dann in den 1990er Jahren, auf denen zum Beispiel die Themen nachhaltige Entwicklung (1992), Menschenrechte (1993) oder Frauenrechte (1995) diskutiert wurden. In regelmäßigen Abständen überprüft die Generalversammlung die seitdem erreichten Fortschritte und identifiziert weiteren Handlungsbedarf. Weltkonferenzen unterscheiden sich von normalen oder außerordentlichen Sitzungen der Generalversammlung dahin gehend, dass zivilgesellschaftliche Akteure bei ersteren weitgehende Partizipationsmöglichkeiten haben.

Machtstrukturen in der GA

Wenngleich alle Staaten in der Generalversammlung über dieselbe Stimmenzahl verfügen, gibt es doch Machtgefälle zwischen den Staaten, die sich nicht nur aus den ohnehin vorhandenen strukturellen Beziehungen der internationalen Politik ergeben, sondern auch eine Folge unterschiedlicher Ressourcenausstattung und dementsprechenden Delegationsgrößen sind. Nach der Geschäftsordnung der GA dürfen die VertreterInnen der Staaten jeweils bis zu fünf Personen umfassende Delegationen in die GA schicken. Da in der Praxis viele (Industrie-)Staaten viel größere Delegation haben, die zumindest in den jeweiligen nationalen Ständigen Vertretungen bei den Vereinten Nationen in New York arbeiten, ergibt sich ein Kompetenz- und auch Machtgefälle zwischen den Staaten. Dieses trifft für alle UN-Institutionen zu. Nichtregierungsorganisationen sind von den regulären Verhandlungen der Generalversammlung offiziell ausgeschlossen. An den Sondersitzungen dürfen sie dagegen teilnehmen (Brühl 2003: 66). In jüngster Zeit hat die Generalversammlung neue Formen der Zusammenarbeit mit den zivilgesellschaftlichen Akteuren ausprobiert und im Vorbereitungsprozess zum Reformgipfel 2005 NGOs und auch privatwirtschaftliche Akteure zu einer zweitägigen Anhörung in die Generalversammlung eingeladen (*Interactive Hearings of the General Assembly*). Dort konnten die 230 NGOs und Vertreter der Wirtschaft den staatlichen Delegierten ihre Einschätzungen und Ziele vortragen und mit ihnen darüber diskutieren (Martens 2006b: 5).

Da in der Generalversammlung alle Staaten mit einer Stimme vertreten sind, verfügen die Entwicklungsländer seit Anfang der 1960er Jahre infolge des zahlreichen unabhängig Werdens ehemaliger Kolonien über die Stimmmehrheit in dem Gremium. Damit geht einher, dass sie die Themen der Tagesordnung und auch Ergebnisse der Debatten festlegen können. Diese Mehrheitsverhältnisse haben die Entwicklungsländer vor allem in den 1970er Jahren genutzt, um ihren Interessen, wie zum Beispiel an einer Neuen Weltwirtschaftsordnung, Ausdruck zu verleihen (s.u.). Die Generalversammlung gilt daher als ein stark politisiertes UN-Gremium. Ihr wird auch vorgeworfen, ein Papiertiger zu sein. Zwar verabschiedet sie jährlich ca. 200 Resolutionen, ihre Entscheidungen sind jedoch völkerrechtlich nicht verbindlich, so dass einige Resolutionen daher auch nicht umfassend umgesetzt worden sind.

Politisiertes Gremium

Sicherheitsrat (Kapitel V UN-Charta)

Der Sicherheitsrat ist die wohl bekannteste Institution der UN-Familie. Ihm obliegt die „primäre Verantwortung für die Wahrung des Weltfriedens und der internationalen Sicherheit" (Art. 24 UN-Charta). Die UN-Mitglieder übertragen ihm die Hauptverantwortung für die Wahrung des Friedens und erkennen an, dass er in ihrem Namen handelt (ebd.). Der Sicherheitsrat kann auf eine Gefährdung des Weltfriedens und der internationalen Sicherheit aufmerksam machen und entsprechende Schritte nach Kapitel VI oder auch VII beschließen.

Aufgabe: Verantwortung für den Weltfrieden

Heute sind im Sicherheitsrat fünf ständige und zehn nicht-ständige Mitglieder vertreten. Zu den fünf Ständigen (*Permanent 5*, P5) zählen China, Frankreich, Großbritannien, Russland und die USA. Die nicht-ständigen Mitglieder werden durch die Generalversammlung für die Dauer von zwei Jahren gewählt. Hierbei sollen die drei in Artikel 23 der UN-Charta aufgeführten Kriterien die Wahl anleiten: die Kandidaten sollen einen Beitrag zur Wahrung des Weltfriedens und der internationalen Sicherheit sowie zu anderen Zielen der Organisation geleistet haben und es soll eine angemessene geographische Verteilung sichergestellt werden. Das letzte Kriterium führte zu einer konstanten regionalen Verteilung. Demnach verfügt die große und heterogene Staatengruppe von Afrika und Asien über fünf Sitze, ein Sitz wird den osteuropäischen Staaten zugebilligt und je zwei Sitze stehen der lateinamerikanischen und der westlichen Gruppe zu, der neben den westeuropäischen auch andere westliche Staaten wie die USA und Kanada angehören (im UN-Jargon wird die Gruppe als „Westeuropean and Others" bezeichnet). Ursprünglich standen den P5 nur sechs nicht-ständige Mitglieder gegenüber. Angesichts der immens gestiegenen Zahl der Mitglieder erhöhten die UN-Mitgliedsstaaten 1963 die Zahl der nicht-ständigen Mitglieder, die Änderung trat im August 1965 in Kraft (Hüfner/Martens 2000: 34). Diese Charta-Änderung bedurfte einer Zweidrittelmehrheit der Mitglieder der Generalversammlung sowie des Sicherheitsrates, zudem mussten alle P5 zustimmen. Seitdem gewann kein Vorschlag zur Reform des Sicherheitsrates mehr diese Mehrheit, weshalb es keine weiteren Anpassungen gab. Die P5 gelten als doppelt privilegierte Mitglieder des Sicherheitsrates. Erstens können sie durch ihre permanente Mitgliedschaft über

Zusammensetzung: P5 und die nicht-ständigen Mitglieder

alle Konflikte mitentscheiden und haben sich im Laufe der Jahre ein institutionelles Gedächtnis erarbeitet, das sie in geeigneter Weise einsetzen können. Beispielsweise erstellen die P5 die meisten Resolutionsentwürfe (Malone 2004: 7). Zweitens können die P5 die Entscheidungsprozesse im Sicherheitsrat blockieren. Substanzielle Beschlüsse des Sicherheitsrates bedürfen der Zustimmung von neun Mitgliedern einschließlich der P5. Stimmt nur ein P5 Staat gegen einen Resolutionsentwurf, so scheitert dieser. Dies wird auch als Veto-Macht der ständigen Mitglieder bezeichnet.

Der Output: Resolutionen und Erklärungen

Der Sicherheitsrat kann nach Beratungen zwei verschiedene Arten von Entscheidungen fällen (siehe Abbildung 2.1): *Resolutionen* sind völkerrechtlich verbindliche Entscheidungen, die mit der eben genannten Mehrheit angenommen werden müssen. *Erklärungen des Präsidenten* spiegeln dagegen die gemeinsame Position des Sicherheitsrates wider. Dementsprechend bedürfen sie der Zustimmung aller Mitglieder und werden sodann vom Präsidenten des Sicherheitsrates in einer öffentlichen Sitzung vorgelesen (Hulton 2004: 238). Sie sind politisch wichtig, verpflichten jedoch in rechtlicher Hinsicht nicht zum Handeln. Das Amt des Präsidenten rotiert monatlich zwischen allen Sicherheitsratsmitgliedern. Weiterhin hat der Sicherheitsrat verschiedene Arbeitsausschüsse eingerichtet, wie bspw. den Ausschuss zur Bekämpfung des Terrorismus (nach S/RES/1373 (2001)) oder die verschiedenen Komitees, die die Umsetzung von länderspezifischen Sanktionen überwachen und analysieren sollen (sog. *sanctions committees*).

Generalsekretär im Sicherheitsrat: unterschätzter Akteur

Der Generalsekretär spielt, obgleich kein Mitglied des SR, eine wichtige Rolle in eben diesem. Er wird teils sogar als „sechzehntes Mitglied, in der Regel ungenannt, aber mit einem Einfluss, den man mindestens so groß einschätzen darf wie den eines ständigen Mitglieds" bezeichnet (Eitel 1999: 128). Diesen Einfluss verdankt der Generalsekretär erstens der UN-Charta, die ihm das Recht zugesteht, die Aufmerksamkeit des Sicherheitsrates auf eine bestimmte Angelegenheit zu lenken. Zweitens trägt der Generalsekretär häufig vor dem SR Berichte vor, die dem Gremium als Entscheidungsgrundlage dienen. Die Fakten gelten als sehr fundiert und die vom Generalsekretär ausgearbeiteten Handlungsempfehlungen als fair. Schließlich fungiert der Generalsekretär als weiteres institutionelles Gedächtnis des Rates.

Arbeit des Sicherheitsrates: Von der Blockade …

Der Sicherheitsrat kann also entweder auf Anrufen des Generalsekretärs oder auch aus Eigeninitiative jederzeit zusammentreten, um über aktuelle Entwicklungen zu beraten. Seine Arbeit seit UN-Gründung schlüsselt sich in zwei Perioden auf (Malone 2007: 117): Die Phase während des Ost-West-Konflikts, in der der Sicherheitsrat paralysiert war, und die darauf folgende Zeit, in der das UN-Hauptorgan überhaupt erst die ihm zugeschriebenen Aufgaben wahrnehmen konnte. Während des Ost-West-Konflikts trugen vor allem die Sowjetunion und die USA dazu bei, dass der Sicherheitsrat blockiert war. Zwischen 1945 und 1990 legten die beiden Staaten 279 Vetos ein, wobei die Sowjetunion häufiger die Veto-Karte zog als die USA (Armstrong et al. 1996: 68, siehe Abbildung 2.7). Ein Veto der einen Seite wurde häufig propagandistisch von der anderen Seite genutzt, so dass der Sicherheitsrat im Ost-West-Konflikt zu einem „Forum ideologischer Schaukämpfe" verkam (Wolf 2005: 33).

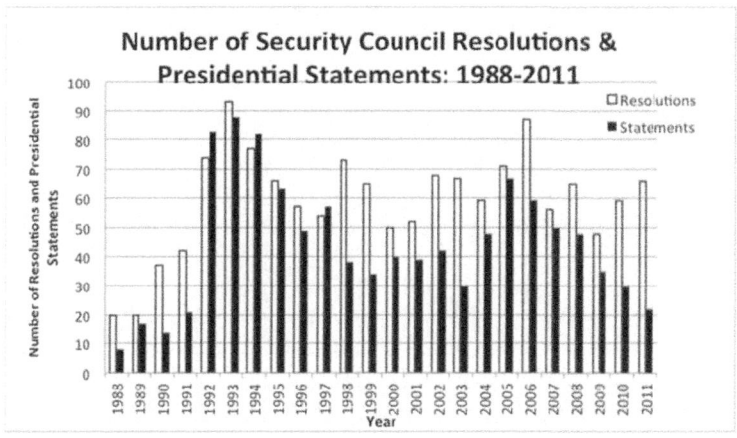

Abbildung 2.1: Output der Arbeit des Sicherheitsrats[21]

Seit Ende der 1980er Jahre hat sich diese Tendenz ins Gegenteil verkehrt. Mehr als eine Dekade lang hat der Sicherheitsrat überwiegend hinter verschlossenen Türen getagt und öffentliche Anschuldigungen vermieden (Eitel 1999: 129). Erst seit 2002 ist der Anteil der formellen Sitzungen wieder leicht gestiegen (siehe Abbildung 2.2). Diesen gehen jedoch zumeist informelle Konsultationen voraus, in denen die Resolutionsentwürfe erarbeitet und diskutiert werden (Eitel 1999: 129). Im Jahr 2010 gab es wieder mehr informelle als formelle Sitzungen. Ob dies der Beginn einer neuen Phase der Intransparenz ist, muss in den folgenden Jahren sorgsam analysiert werden. Die informellen Beratungen haben sich in den letzten Jahren diversifiziert (Freuding 2005: 80). Einmal offiziell in die formellen Sitzungen eingebrachte Resolutionen werden seit 1990 überwiegend angenommen. Dass die SR-Mitglieder nun viel seltener Vetos einlegen, ist eine Folge dieses Verfahrens. Deutet sich nämlich in den informellen Diskussionen an, dass eine Resolution zu scheitern droht, so wird sie zumeist gar nicht mehr bei der formellen Sitzung zur Abstimmung gestellt. Die informellen Beratungen selbst sind intransparent, da eine Geschäftsordnung fehlt und die Verhandlungen nicht protokolliert werden. Es steht zu befürchten, dass Entscheidungen häufig ad-hoc zu Stande kommen (Brock/Brühl 2006: 10). Die mangelnde Transparenz wird u.a. von NGOs angemahnt, die sich zudem dafür einsetzen, dass die P5 eine offizielle Begründung für ihre ablehnende Position offenlegen müssen, um so den deliberativen Charakter der Verhandlungsprozesse zu stärken.

... zur
Handlungsfähigkeit

---

21 Quelle: http://www.globalpolicy.org/images/pdfs/Number_of_Security_Council_Resolutions. pdf, 12.06.2013.

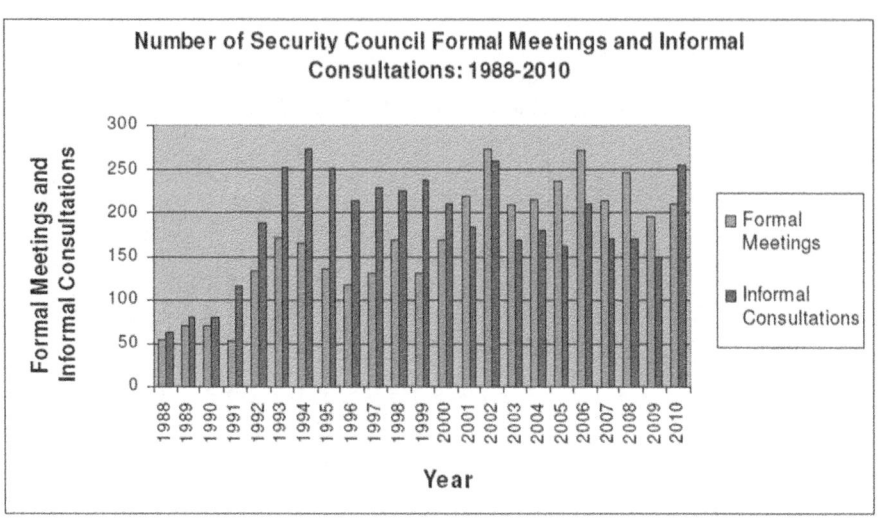

Abbildung 2.2: Anteil formeller und informeller Sicherheitsratssitzungen[22]

Nach 1990: weitere Aufgaben, neue Partner und mehr Resolutionen

Die Arbeit des Sicherheitsrates seit Ende des Ost-West-Konflikts unterscheidet sich in dreierlei Hinsicht von der Vorgängerzeit. Erstens ist der Aufgabenbereich größer geworden, da der Rat die Frage, was eine Bedrohung des Weltfriedens und der internationalen Sicherheit darstellt, breiter definiert hat. So wurde unter anderem der Coup gegen die demokratisch gewählte Regierung Haitis (1991), die humanitäre Katastrophe in Bosnien (1992) oder terroristische Akte als relevante Gefährdung angesehen. Generell beschäftigt sich der SR zunehmend mit innerstaatlichen Konflikten, wie zum Beispiel in El Salvador, Sierra Leone, im ehemaligen Jugoslawien, Mosambik oder Ruanda (Malone 2004: 8). Zweitens arbeitet der Sicherheitsrat zunehmend mit neuen Kooperationspartnern zusammen, insbesondere mit Regionalorganisationen (z.B. ASEAN, ECOWAS und NATO).[23] Schließlich hat sich der Output des SR auch quantitativ verändert. Er hat bedeutend mehr Resolutionen verabschiedet. Während der SR zwischen 1946 und 1989 pro Jahr durchschnittlich 15 Resolutionen angenommen hatte, waren es nach dem Ost-West-Konflikt im jährlichen Durchschnitt mehr als 60 (Wallensteen/Johansson 2004: 18). Rund ein Viertel der nach dem Ende des Ost-West-Konflikts angenommenen Resolutionen ermächtigen die UN auch Maßnahmen nach Kapitel VII anzuwenden (kollektive Zwangsmaßnahmen), vor 1989 traf dies nur auf eine einzige Resolution zu (Wallensteen/Johanson 2004: 19). Der Anteil der Resolutionen,

---

22   Quelle: http://www.globalpolicy.org/images/pdfs/Number_of_Security_Council_Formal_Meetings_ and_Informal_Consultations.pdf, 24.06.2013.
23   Die Grundlage der Kooperation mit regionalen Organisationen wurde bereits bei der UN Gründung in Kapitel VIII der Charta (Artikel 52-54) festgehalten. Dennoch hält der Sicherheitsrat erst seit 2003 jährliche Treffen mit regionalen Organisationen ab und hat im Oktober 2005 die erste diesbezügliche Resolution (S/RES/1631) verabschiedet.

die einstimmig angenommen worden sind und die daher als besonders legitim und effektiv gelten, ist zudem bedeutend angestiegen (Hulton 2004: 237).

Geändert haben sich auch die Formen der Verhandlungen. Seit Mitte der 1990er Jahre öffnet sich der Sicherheitsrat in wenigen Fällen gegenüber privaten Akteuren, vor allem, um Informationen zu sammeln. Hier sind erstens die Treffen zu nennen, die im Arria-Format abgehalten werden, benannt nach dem früheren venezolanischen UN-Botschafter Diego Arria (Paul 2004). Dabei lädt ein Mitglied des Sicherheitsrates im Namen der Institution eine Person ein, die Informationen zu einem bestimmten Thema liefern kann. Da es sich um informelle Treffen handelt, können auch VertreterInnen der Zivilgesellschaft in den eigentlich rein intergouvernementalen Kreis eingeladen werden. Sie stellten bislang ungefähr die Hälfte aller ExpertInnen (Paul 2004). Während die P5-Staaten den Treffen nach der Arria-Formel anfangs kritisch gegenüberstanden, unterstützen sie heute die neue Arbeitsform des Sicherheitsrates (Volger 2006: 559). Zweitens finden regelmäßige Treffen zwischen dem Präsidenten des Sicherheitsrates und einer Gruppe von rund 30 NGOs statt, die die Arbeit des Gremiums diskutieren. Durch diese Treffen können Vorstellungen der Zivilgesellschaft analog zu anderen Gremien der Vereinten Nationen auch direkt in die Verhandlungen des Rates einbezogen werden. Zudem bietet sich den SR-Mitgliedern eine Gelegenheit, ihre Positionen argumentativ zu vertreten (Brock/Brühl 2006: 11). Diese Treffen erhöhen auch die Transparenz des sonst als wenig durchschaubar eingeschätzten Gremiums. Im April 2004 hatte erstmals ein Vertreter der Wirtschaft die Möglichkeit, vor dem Sicherheitsrat zu sprechen: Auf Einladung der deutschen Präsidentschaft des SR sprach der Siemens-Vorstandssprecher Heinrich v. Pierer neben dem UN-Generalsekretär, dem Präsidenten der Weltbank und dem ECOSOC-Präsidenten über die Rolle der Wirtschaft bei der Konfliktprävention, beim Peacekeeping und bei der Konfliktnachsorge (Freuding 2005: 81).

Der Sicherheitsrat ist in vielerlei Hinsicht kritisiert worden: er arbeite zu langsam und noch dazu selektiv (mangelnde Effektivität), es sei zu wenig über die Aushandlungsprozesse bekannt (geringe Transparenz), es fehle eine Arbeitsgrundlage (bis heute gilt nur eine vorläufige Geschäftsordnung) und auch die Zusammensetzung des Gremiums sei nicht mehr angemessen, sondern spiegele die Staatenkonstellation am Ende des Zweiten Weltkriegs wider. Kritisiert wird der SR schon seit den 1950er Jahren, jedoch wurde bis auf die Erweiterung um vier nicht-ständige Mitglieder 1963 keine Reform umgesetzt. Allerdings haben sich die Reformbemühungen seit dem Ende des Ost-West-Konflikts intensiviert und im Rahmen der Vorbereitung auf den sechzigsten „Geburtstag" der UN einen vorläufigen Höhepunkt erreicht: Der damalige Generalsekretär hatte zur Vorbereitung der 60. Generalversammlung ein hochrangiges Panel (*High-level Panel on Threats, Challenges and Change*, HLP) eingesetzt, das sich mit weltweiten Bedrohungen und Herausforderungen im Bereich der Friedenspolitik auseinandersetzen sollte. Das Panel erarbeitete zwei verschiedene Modelle, wie der SR um nicht-ständige und ständige Mitglieder erweitert werden könnte. Keines der beiden Modelle erhielt jedoch die notwendige Unterstützung der Staatengemeinschaft. Vielmehr arbeiteten verschiedene Staatengruppen eigene Vorschläge aus,

Private Akteure und der Sicherheitsrat

Reform des SR

die jedoch ebenso wenig mehrheitsfähig waren. So endete das „deutsche Streben nach einem ständigen Sitz im UN-Sicherheitsrat" (Hellmann/Roos 2007) recht sang- und klanglos.

Wirtschafts- und Sozialrat (Economic and Social Council, ECOSOC) (Kapitel X UN-Charta)

ECOSOC:
Zweitrangiges
Hauptorgan

Die Charta der Vereinten Nationen sieht vor, dass die Weltorganisation auch in der internationalen Zusammenarbeit im wirtschaftlichen und sozialen Bereich tätig wird und hat zu diesem Zweck den Wirtschafts- und Sozialrat eingerichtet. Er soll die ökonomischen und sozialen Aktivitäten in den UN koordinieren und hat auch im Bereich des Menschenrechtsschutzes eine besondere Verantwortung (Armstrong et al. 1996: 84). Nach Artikel 62 der UN-Charta kann der ECOSOC selbst Untersuchungen zu diesen Themen durchführen; er kann Berichte abfassen oder veranlassen, dass diese erstellt werden und er kann an die Generalversammlung oder an andere geeignete Empfänger Empfehlungen richten bzw. die von ihm entworfenen Übereinkommen vorlegen. Die letzte Ausführung verweist auf eine Besonderheit: Der ECOSOC steht unter der Autorität der GA, somit werden all seine Aktivitäten durch die GA „initiiert und kontrolliert" (Jaenicke 1991: 152). Diese eigentümliche Unterordnung eines Hauptorgans unter ein anderes ist historisch zu erklären: In den ersten Planungen zur UN-Gründung war der ECOSOC gar nicht als Hauptorgan, sondern nur als ein der GA untergeordnetes Gremium konzipiert worden (Rosenthal 2007: 140).

Programme, Fonds
und Kommissionen

Der ECOSOC kann zur Wahrnehmung seiner Aufgaben Kommissionen einsetzen, „wovon er im Verlauf der Geschichte umfassend Gebrauch" gemacht hat (Gareis/Varwick 2006: 225). So koordiniert er heute die Arbeit von 14 Nebenorganen (z.B. der Kommission für nachhaltige Entwicklung und der Kommission für die Rechtsstellung der Frau), fünf regionalen Kommissionen (wie die ECLAC, die Economic Commission for Latin America and the Caribbean) und erhält Berichte von weiteren elf UN-Programmen, wie etwa dem Expertenausschuss für Entwicklungspolitik. Somit hat sich der ECOSOC zu einem komplexen Institutionengewächs entwickelt, da er für (fast) jedes Thema eine neue Institution gegründet hat (Armstrong et al. 1996: 84) (s.u. Nebenorgane).

Zusammensetzung

Im ECOSOC sitzen VertreterInnen von 54 Staaten, die von der Generalversammlung auf die Dauer von drei Jahren gewählt werden. Ursprünglich waren nur 18 Staaten im ECOSOC vertreten. Aufgrund der Zunahme der UN-Mitglieder im Rahmen der Dekolonialisierung wurde die Mitgliederzahl zunächst auf 27 (1963) und sodann auf 54 Sitze erhöht (1973) (Hüfner/Martens 2000: 34). Die Sitze sind nach einem regionalen Schlüssel verteilt: vierzehn Mitglieder stammen aus Afrika, dreizehn aus der Gruppe der westeuropäischen und anderen Staaten, elf aus der asiatischen, zehn aus der lateinamerikanischen und sechs aus der mittel- und osteuropäischen Gruppe. Eine unmittelbare Wiederwahl eines Staates in den ECOSOC ist möglich, was zu einigen quasi-ständigen Mitgliedern geführt hat.

Der ECOSOC tagt im Sommer für ca. vier Wochen, um inhaltliche Fragen zu diskutieren und diese in Form von Resolutionen oder Entscheidungen zu verabschieden. Die Beschlüsse des ECOSOC sind völkerrechtlich unverbindlich und entfalten per se selten eine umfassende normative Wirkung. Greift dagegen die Generalversammlung die Empfehlungen des ECOSOC auf, so werden diese Beschlüsse aufgewertet (Rosenthal 2007: 139). Darüber hinaus tritt der ECOSOC zu Beginn des Jahres zusammen, um organisatorische Fragen, wie die Wahl von Mitgliedern in die untergeordneten Institutionen, zu behandeln.

Als einziges Hauptorgan der Vereinten Nationen verfügt der ECOSOC über offizielle Beziehungen zu Nichtregierungsorganisationen. Die UN-Charta schreibt in Artikel 71 fest, dass der ECOSOC „geeignete Abmachungen zwecks Konsultationen mit nichtstaatlichen Organisationen" treffen kann. Hiermit hat erstmals eine zwischenstaatliche Organisation ihre Türen für NGOs geöffnet und die lange Phase, in der die zivilgesellschaftlichen Akteure nur informelle Kontakte zu den internationalen Institutionen pflegen konnten, beendet (Brühl 2003: 50). Er ist das „Einfallstor" für NGOs (Wolf 2005: 25). Der ECOSOC konkretisierte die Charta-Bestimmung schon 1946, indem er festlegte, dass diejenigen NGOs sich um den sogenannten Konsultativstatus bewerben dürfen, die Kompetenzen im wirtschaftlichen und sozialen Bereich haben, deren Ziele konform mit denen der UN sind, die Teile der Weltbevölkerung repräsentieren und die eine gewählte Außenvertretung haben. Je nach Zielsetzung und bisheriger Arbeit werden die NGOs in eine von drei Kategorien eingeteilt, mit denen unterschiedliche Teilnahmerechte verbunden sind. NGOs, die ein grundlegendes Interesse an den meisten ECOSOC-Themen haben, haben umfassendere Teilnahmerechte inne als spezialisierte NGOs, die nur in einem Feld über Expertise verfügen (Res. 2/3). Diese Hierarchisierung von NGOs ist in den nachfolgenden Resolutionen fortgeschrieben worden (z.B. Res. 1296 (XLVI) vom 23. Mai 1968 und 31/1996). NGOs der höchsten Kategorie (*General Consultative Status*) können Vorschläge zur Tagesordnung machen, an allen Verhandlungen teilnehmen und längere schriftliche sowie mündliche Stellungnahmen abgeben. NGOs der mittleren Kategorie (*Special Consulative Status*) können dagegen die Tagesordnung nicht beeinflussen und dürfen auch nur kürzere schriftliche Statements abgeben. Über die geringsten Rechte verfügen die NGOs der *Roster*-Kategorie, da sie nur an den Sitzungen, die ihr Aufgabengebiet betreffen, partizipieren und lediglich nach Aufforderung schriftlich Stellung beziehen dürfen. Eine wachsende Zahl von NGOs hat die vom ECOSOC für sich und seine nachgeordneten Institutionen geschaffenen Partizipationsmöglichkeiten wahrgenommen (siehe Abbildung 2.3). Besonders Anfang der 1990er Jahre stieg das Interesse der zivilgesellschaftlichen Akteure, an UN-Verhandlungen teilzunehmen und dort die eigenen Positionen zu vertreten, stark an. Heute sind 3735 NGOs beim ECOSOC akkreditiert (Stand Juni 2013).[24]

ECOSOC als „Einfallstor" für NGOs

---

24 http://csonet.org/index.php?menu=17, 24.06.2013.

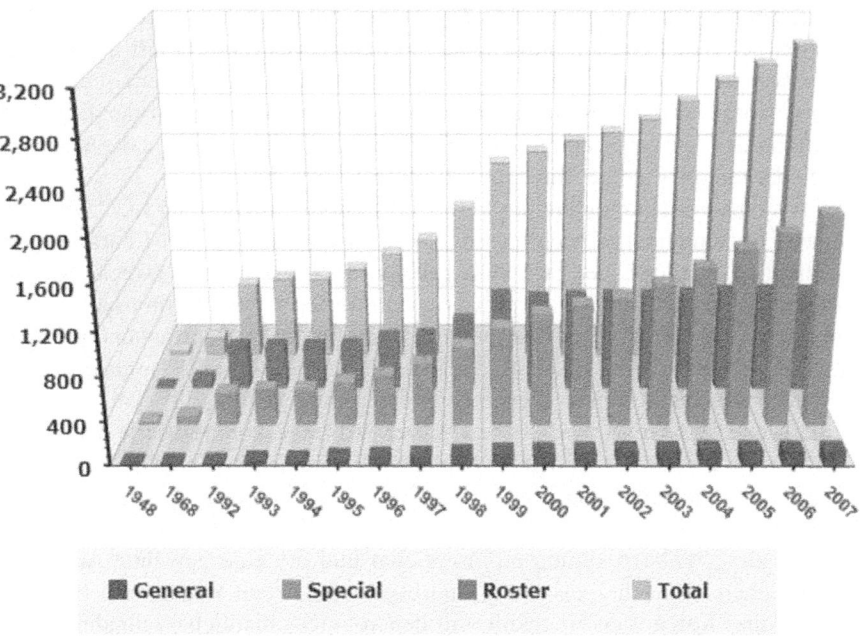

Abbildung 2.3: Beim ECOSOC akkreditierte NGOs[25]

Die inhaltliche Arbeit des ECOSOC gestaltet sich im Vergleich zum Sicherheitsrat oder der Generalversammlung wenig kontrovers. Auch veränderte sich der Arbeitsschwerpunkt nur wenig über die Zeit. So stehen immer noch ähnliche Tagesordnungspunkte auf der Agenda, auch der Ton der Diskussion und die Ebene der Repräsentation sind relativ gleich geblieben (Rosenthal 2007: 141). Der ECOSOC wird von den Staaten dazu genutzt, ihre Positionen zu Fragen der gesellschaftlichen Entwicklung und der Menschenrechte offenzulegen und darüber zu debattieren.

Kritik am ECOSOC: zu ineffektiv und randständig

Obwohl der ECOSOC also zu zentralen Fragen der Menschheit arbeitet, steht er seit jeher in der Kritik. Zwei Aspekte werden besonders häufig geäußert. Erstens arbeite der ECOSOC wenig effektiv. Schon früh habe dieses UN-Hauptorgan begonnen, ein immer weiter verzweigtes, komplexes Netz von entwicklungsbezogenen Programmen und Institutionen aufzubauen. Seiner Koordinierungsfunktion komme der ECOSOC dabei nicht (mehr) nach (Hüfner/Martens 2000: 49). Darüber hinaus trage die Größe des Hauptorgans zur mangelnden Effektivität bei. Mit 54 Mitgliedern sei der ECOSOC zu klein, um darin alle relevanten Interessen zu repräsentieren, und zu groß, um effektiv arbeiten zu können. Zweitens wird attestiert, dass die zentralen entwicklungspolitisch relevanten Fragestellungen sowieso außerhalb des UN-Systems diskutiert würden, nämlich sowohl im Rahmen der Bretton-Woods-Institutionen Weltbank und Internationaler Währungs-

---

25   Quelle: http://www.un.org/esa/coordination/ngo/chart2007.html, 24.06.2013.

fonds als auch im Rahmen der informellen G8-Gipfel (Martens 2005: 5f.). Das UN-Entwicklungsprogramm (*United Nations Development Programme*, UNDP) schlug daher in seinem Bericht 1992 vor, den ECOSOC aufzulösen und an seine Stelle einen kleineren Weltwirtschaftsrat einzusetzen, der u.a. für die Entwicklungs- und Ernährungspolitik sowie nachhaltiges Wirtschaften verantwortlich sein sollte. (UNDP 1992: 82f). Einen ähnlichen Vorschlag macht u.a. die Commission on Global Governance (1995).

Von der Gründung einer solchen neuen Institution und der Auflösung des ECOSOC ist die Weltgemeinschaft jedoch weit entfernt. Im Rahmen des Reformprozesses von 2005 einigten sich die Staats- und Regierungschefs vielmehr darauf, den ECOSOC durch das Abhalten jährlicher Treffen auf Ministerebene aufzuwerten, bei denen die Umsetzung der zentralen Forderungen der jüngsten Weltkonferenz zu analysieren sind. Alle zwei Jahre soll er als hochrangiges Forum für Entwicklungszusammenarbeit zusammentreten und Trends der ökonomischen und sozialen Entwicklung analysieren und so zu mehr Kohärenz beitragen (*Development Cooperation Forum*) (Martens 2005: 5, Res/61/16 vom 15. November 2006). Im Zentrum der Arbeit des ECOSOC wird in den nächsten Jahren die Analyse der Umsetzung der Millenniumentwicklungsziele (*Millennium Development Goals*, MDG) stehen. Zum Erreichen der Ziele sind bedeutende nationale Anstrengungen, aber auch eine koordinierte Vorgehensweise der UN erforderlich. Letztere hat u.a. das *Panel on System-Wide Coherence* in seinem Bericht im November 2006 gefordert: Da „Deliver as One" das Gebot der Stunde sei, rücke der ECOSOC in den Mittelpunkt notwendiger Aktivitäten.

Geplante Aufwertung im Rahmen des Reformprozesses

Sekretariat (Kapitel XV UN-Charta)

Das Sekretariat stellt die Verwaltungs- und Arbeitsebene der Vereinten Nationen dar. Es wirkt an der Erarbeitung und vor allem auch Umsetzung der internationalen Vereinbarungen mit. Die Bedeutung des Sekretariats ist seit der Gründung der Weltorganisation gewachsen, da erstens die operativen Tätigkeiten der UN zugenommen haben und zweitens die Generalsekretäre (*Secretary-General*, SG) als höchste Verwaltungsbeamte des Sekretariats ihre Rolle verstärkt im politischen Bereich gesehen und dementsprechend eine aktive Rolle gespielt haben.

Die UN-Charta sieht vor, dass die MitarbeiterInnen des Sekretariats sich als „internationale, nur der Organisation verantwortliche Bedienstete" verstehen und die Mitgliedsstaaten dies achten, insbesondere auch in Bezug auf den Generalsekretär (Art. 100 UN-Charta). Diese Formulierungen spiegeln das ausdrückliche Ziel bei der UN-Gründung wider, eine internationale, von den Nationalstaaten unabhängige und wenig politisierte Verwaltung aufzubauen, die die Arbeit der Weltorganisation unterstützt und erleichtert (Jonah 2007: 161). Eine solche unabhängige Zivilverwaltung hatte es zuvor nur beim Völkerbund gegeben, allerdings nicht als formal unabhängiges Organ, wie es bei der UN der Fall ist. Die MitarbeiterInnen des Sekretariates sollen nach dem Kriterium des Höchstmaßes „an Leistungsfähigkeit, fachlicher Eignung und Ehrenhaftigkeit" eingestellt werden,

wobei die Auswahl zugleich auch „auf möglichst breiter geographischer Grundlage vorzunehmen" ist (Art. 101 UN-Charta).

Der Generalsekretär der Vereinten Nationen leitet das Sekretariat und kann
an allen Sitzungen der anderen Hauptorgane teilnehmen (Art. 98 UN-Charta). Er
kann die Aufmerksamkeit des Sicherheitsrates auf Angelegenheiten richten, die
aus seiner Perspektive den Weltfrieden und die internationale Sicherheit gefährden
(Art. 99 UN-Charta). Der ehemalige Amtsinhaber Dag Hammarskjöld attestierte,
dass diese Bestimmung es ihm ermöglichte, politisch aktiv zu werden (Newman
2007: 177). Der Generalsekretär wird auf Vorschlag des Sicherheitsrates durch
die Generalversammlung gewählt (Art. 97 UN-Charta). Dies bedeutet, dass sich
zunächst die ständigen Mitglieder auf eine Kandidatin/einen Kandidaten einigen
müssen, die bzw. den sie dann der Generalversammlung vorschlagen. Der Aus-
handlungsprozess unter den P5 gilt als intransparent. Der Generalsekretär hat eine
Amtszeit von fünf Jahren, die er um eine weitere Amtsperiode verlängern kann.
Mit Ausnahme des Ägypters Boutros Boutros-Ghali wurden alle Generalsekretäre
auch für eine zweite Amtszeit gewählt (siehe Abbildung 2.4).[26] Untergeneralse-
kretäre und beigeordnete Generalsekretäre unterstützen den SG bei seiner Arbeit
und leiten Abteilungen des Sekretariates bzw. sind für Sonderaufgaben zuständig.
Seit 1998 gibt es zusätzlich das Amt des stellvertretenden Generalsekretärs. Das
Amt des Generalsekretärs ist häufig als „the most impossible job in the world"
beschrieben worden, da die die Position innehabende Person die Prinzipien und
Ziele der UN umsetzen und sich dabei auch gegen die Interessen der Großmächte durchsetzen soll – freilich ohne eine Verhandlungsmacht zu haben (Newman
2007: 177).

Kein Organ der Vereinten Nationen ist so häufig reformiert worden wie das
Sekretariat, wobei fast jede Umstrukturierung mit dem Ruf nach einer weitergehenden Reform begleitet worden ist (Jonah 2007: 160). So fand die erste Verwal-
tungsreform, die den bürokratischen Apparat effektiver machen sollte, schon kurz
nach der UN-Gründung statt. Fast jeder neue Generalsekretär strukturierte bisher
die Verwaltung um (Fröhlich 2005: 46), so auch in besonderem Maße Kofi Annan,
der im Juli 1997 das von ihm angestrebte Reformprogramm zur Erneuerung der
UN als „stille Revolution" bezeichnete (A/51/950). Im Jahr 1997 entließ er rund
20% der Sekretariatsmitglieder und strukturierte die Verwaltung um. Er schuf die
vier großen Abteilungen Frieden und Sicherheit, Wirtschaft und Soziales, Humanitäre Angelegenheiten und Entwicklung, die jeweils den Schutz der Menschenrechte als Querschnittsaufgabe wahrnehmen (Gareis/Varwick 2006: 271).

---

26 Boutros-Ghalis Ansinnen auf eine zweite Amtsperiode wurde durch ein Veto der USA vereitelt.
Diese warfen ihm „umfassendes Versagen" und „Inkompetenz" vor, da er weder die UN reformiert
habe, noch in geeigneter Weise auf die Kriege in Somalia und Jugoslawien reagiert habe (Paepcke
2004: 10). Diese amerikanische Einschätzung resultierte aus einer „Polarisierung, die die Amtszeit
von Boutros-Ghali geprägt hat" (Paepcke 2004: 278). Das amerikanische Angebot, statt einer neu-
en Amtszeit nur ein weiteres Jahr weiterzuarbeiten, lehnte wiederum Boutros-Ghali ab. Er selbst
beschrieb die Situation wie folgt: „[D]er wahre Grund war in der Dynamik der amerikanischen
Präsidentschaftswahl von 1996 zu suchen" (Boutros-Ghali 2000: 15).

Name	Herkunftsland	Amtszeit
Trygve Lie	Norwegen	1946-1953
Dag Hammarskjöld	Schweden	1953-1961
Sithu U Thant	Birma	1961-1971
Kurt Waldheim	Österreich	1972-1981
Javier Perez de Cuéllar	Peru	1982-1991
Boutros Boutros-Ghali	Ägypten	1991-1996
Kofi Annan	Ghana	1997-2006
Ban Ki-Moon	Südkorea	seit Januar 2007; im Juni 2011 für eine weitere Amtszeit (Januar 2012 - Dezember 2016) gewählt.

Abbildung 2.4: Bisherige Generalsekretäre der UN

Trotz dieser Maßnahmen sinkt jedoch die Anzahl der MitarbeiterInnen nicht, da die Mitgliedsstaaten zunehmend eigenes Personal an die UN „ausleihen", also kostenlos dem Sekretariat, insbesondere der Abteilung für Friedenssicherung (*Departement of Peacekeeping Operations*, DPKO) zur Verfügung stellen. Die von den Staaten bezahlten, aber im New Yorker Hauptgebäude ansässigen MitarbeiterInnen sind hier u.a. an der Entsendung von Blauhelmen beteiligt, die von ihrem Mutterland bereitgestellt werden (Jonah 2007: 166f.). Diese Praxis unterhöhlt den Anspruch einer unabhängigen und internationalen Behörde, ist aber angesichts des rapide zunehmenden Tätigkeitsbereiches nachvollziehbar. War bspw. im Jahr 2003 eine DPKO-Mitarbeiterin für 96 SoldatInnen, PolizistInnen oder Zivilkräfte im Feld verantwortlich, so stieg das Verhältnis bis zum Jahr 2007 auf 1 zu 149 (Benner/Rotmann 2007: 178).

Verändert hat sich darüber hinaus das Amt des Generalsekretärs. Ursprünglich als Position des höchsten Verwaltungsbeamten konzipiert, ist es zunehmend von den jeweiligen Personen politisch ausgefüllt worden. Da dies zumindest während des Ost-West-Konflikts nicht dem Willen der Großmächte entsprach, war ein wichtiges Kriterium von KandidatInnen für das Amt, dass sie möglichst wenig politisches Profil zeigten. Der von den USA für das Amt des ersten SG vorgeschlagene kanadische Außenminister Lester Pearson galt etwa in den Augen der Sowjetunion als zu westlich. Ihren Gegenvorschlag, den Außenminister Jugoslawiens zu wählen, erschien dagegen den USA nicht angemessen, so dass sich dann der Außenminister des als neutral geltenden Norwegens Trygve Lie durchsetzen konnte (MacQueen 2006: 52). Die Taktik, eher „blasse Kandidat/innen" zu küren, ging jedoch nicht auf. Dag Hammarskjöld wurde beispielsweise als ruhiger Techniker geschätzt und entpuppte sich als einer der innovativsten UN-Generalsekretäre. Boutros Boutros-Ghali wurde aus einer Gruppe von fünf afrikanischen Bewerbern ausgewählt, weil er angepasst erschien – und trat sodann als starker, unabhängiger SG auf, den die USA daher nicht für eine zweite Amtszeit wählen wollten. Der damaligen UN-Botschafterin Madeleine Albright wird in dieser

Angelegenheit die Aussage zugeschrieben: „We want a secretary, not a general"
(zitiert nach Jonah 2007: 170f.).[27] Die Wahl eines Generalsekretärs wird heute relativ offen als politische Frage diskutiert. In dem politischen und geographischen
Machtspiel zwischen den Großmächten scheinen die Qualifikationen der Bewer-
berInnen zweitrangig zu sein (Newman 2007: 176). Informelle Regelungen, wie
die maximal doppelte Amtszeit eines Generalsekretärs, das Rotationsgebot zwischen den verschiedenen Kontinenten und die Tatsache, dass der SG keinem P5-
Staat angehören sollte, gelten, ohne jemals offen diskutiert worden zu sein. Bei der
letzten Wahl zum Amt des SG stellten sich im Oktober 2006 sechs KandidatInnen
aus der asiatischen Gruppe zur Wahl, bei der sich der damalige südkoreanische
Außenminister Ban Ki-Moon durchsetze. Nach seiner Widerwahl im Juni 2012
wird er bis Dezember 2016 im Amt bleiben. Ban Ki-Moon löste zum 1. Januar
2007 Kofi Annan ab, der 2001 für sein Engagement für die Menschenrechte und
die Beilegung von Konflikten mit dem Friedensnobelpreis ausgezeichnet wurde –
die zweite Hälfte des Nobelpreises ging dabei an die UN selbst.

Das Sekretariat ist in den letzten beiden Amtsjahren von Kofi Annan erheblich in die Kritik geraten, da Korruptionsvorwürfe laut wurden. In den Jahren 2004
bis 2005 erschütterte der „Oil-for-Food"-Skandal die Öffentlichkeit. Mitgliedern
des UN-Sekretariates wurde vorgeworfen, gegen Schmiergeldzahlungen ein vom
Sicherheitsrat etabliertes Programm, das der irakischen Regierung zugestand eine
bestimmte Menge Rohöl gegen Medikamente und Lebensmittel zu verkaufen,
unzulässig ausgeweitet und so dazu beigetragen zu haben, dass der Irak illegal
Waffen erwerben konnte. Der UN-Generalsekretär setzte daraufhin eine unabhängige Untersuchungskommission unter Leitung des ehemaligen Vorsitzenden der
amerikanischen Bundesbank (Federal Reserve Bank), Paul A. Volcker, ein. Die
Kommission entlastete zwar den damals amtierenden Generalsekretär, deckte aber
Korruptionsfälle und größere Managementdefizite im Sekretariat auf. Daher sind
nachfolgend verschiedene Managementreformen durchgesetzt worden, wie zum
Beispiel die Veröffentlichung eines Tätigkeitsberichts des Sekretariates, der nun
in zweiter Fassung vorliegt (Konsolidierter Bericht 2007).

Internationaler Gerichtshof (IGH, Kapitel XIV UN-Charta)

Aufgabe:
Rechtssprechung

Der Internationale Gerichtshof ist das Hauptrechtsprechungsorgan der Vereinten
Nationen (Art. 92 UN-Charta) und hat als einziges UN-Hauptorgan seinen Sitz
nicht in New York, sondern in Den Haag (Niederlande). Wenngleich der IGH im
selben Gebäude arbeitet wie seine Vorgängerorganisation, der im Rahmen des
Völkerbundes 1922 gegründete Ständige Internationale Gerichtshof, und zudem
das IGH-Statut auf dem seines Vorgängers beruht, handelt es sich um eine neue
Institution, die 1946 erstmals tagte. Er setzt sich aus 15 RichterInnen zusammen,

---

27 In Hochzeiten des Ost-West-Konflikts schlug die Sowjetunion wegen der starken Rolle, die die
Generalsekretäre immer wieder spielten, vor, an die Stelle der einen Person eine Troika zu setzen, die
aus je einer Vertreterin bzw. einem Vertreter aus dem Westen, dem Osten und eines neutralen Staates
bestehen sollte (Newman 2007: 184).

die von der Generalversammlung und dem Sicherheitsrat für jeweils neun Jahre bestimmt werden.

Der IGH kann in zweierlei Hinsicht aktiv werden. Erstens können UN-Mitgliedsstaaten sowie darüber hinaus jene Staaten, die nur das IGH-Statut unterzeichnet haben, ihn anrufen, um zwischen ihnen auftretende völkerrechtliche Streitfragen juristisch klären zu lassen. Seine Urteile sind für die UN-Mitglieder bindend, wenngleich sie nicht im Namen der UN, sondern des IGH ergehen. Ein einmal vor dem IGH verhandelter Fall kann nicht ein zweites Mal vor den Gerichtshof gebracht werden. Zweitens können die Generalversammlung und der Sicherheitsrat (und über diese beiden Organe auch Neben- und Sonderorganisationen) beim IGH Rechtsgutachten einholen, um völkerrechtliche Fragen zu klären. Diese IGH-Gutachten sind rechtlich unverbindlich, aber politisch relevant, wie bspw. das von der WHO angeforderte Gutachten zur Rechtmäßigkeit von Einsätzen von Kernwaffen (von Schorlemer 2002: 211).

Verfahren: Urteile und Gutachten

Der IGH hat bis heute in 153 Fällen Entscheidungen gefällt (Stand: Juni 2013)[28] und es wird ihm ein wichtiger Beitrag zur Rechtsentwicklung attestiert (Crawford/Grant 2007: 202). Allerdings war seine Arbeitsbelastung schwankend: Zwischen 1965 und 1985 haben nur sehr wenige Staaten Fälle vor den IGH gebracht. Er behandelte vor allem Streitigkeiten über Verläufe von Land- oder Seegrenzen. Ab Mitte der 1980er Jahre hat die Arbeitsbelastung des IGH deutlich zugenommen, da Staaten diese Institution nun auch wegen anderer Fragen (Kompensationen für Umweltschädigungen im Rahmen kolonialer Bergbauaktivitäten, Konflikte über den Bau von großen Staudämmen, diplomatische und konsularische Immunität) angerufen haben (Crawford/Grant 2007: 202ff.).

Veränderung des Aufgabengebiets

Der IGH steht heute vor der Herausforderung, sich mit neuen Konflikttypen auseinandersetzen zu müssen. Da in die sogenannten internationalisierten Bürgerkriege eine Vielzahl an innerstaatlichen Akteuren und auch mehrere Staaten involviert sind, kann das für bilaterale Konflikte geschaffene Gericht nur schwerlich Urteile fällen. Nichtstaatliche Akteure können den IGH nicht anrufen und fallen auch nicht in seinen Zuständigkeitsbereich (Crawford/Grant 2007: 204). Weiterhin wird kritisch angemerkt, dass das Verhältnis von IGH und Sicherheitsrat nicht so klar bestimmt ist, wie es zunächst den Anschein hat. Behandelt der Sicherheitsrat einen Konflikt politisch, so gibt es keine parallele rechtliche Klärung der Situation: „Thus, the two bodies operate in parallel, if not quite in isolation." (Crawford/Grant 2007: 194).

Neue Herausforderungen

Nebenorgane

Die UN-Charta sieht vor, dass die genannten Hauptorgane zusätzliche Nebenorgane (auch Spezialorgane genannt) einsetzen können (Art. 7(2) UN-Charta). Diese können in verschiedenen Formen auftreten, darunter (Jaenicke 1991: 154ff.):

Nebenorgane: Verschiedene Formen und Funktionen

---

28   Siehe http://www.icj-cij.org/docket/index.php?p1=3, 24.06.2013.

- Beratende Ausschüsse und Expertengruppen wie der Beirat für Abrüstungs-fragen, der auf Ersuchen der Generalversammlung und des Sicherheitsrates eingesetzt worden ist.
- Kommissionen, Ausschüsse und Expertengruppen, die entweder Entschei-dungsvorschläge ausarbeiten oder bestimmte Sachfragen untersuchen sol-len. Diese können für eine spezifische Aufgabe ins Leben gerufen und nach Vollenden der Arbeit wieder aufgelöst werden, wie es beim Sonderausschuss zur Bestimmung von Aggression der Fall war. Oder sie werden auf Dauer eingesetzt, wie die Menschenrechtskommission.
- Kommissionen zur Förderung der regionalen Zusammenarbeit der Staaten im wirtschaftlichen und sozialen Bereich wie die Wirtschaftskommission für Europa.
- Beobachtungs- oder Besuchsmissionen, wozu Einzelpersonen, Kommissio-nen oder Ausschüsse in ein Krisengebiet entsandt werden, um eine Situation genau in Augenschein zu nehmen, wie die Beobachtertruppe für Nicaragua (1989).
- Vermittlungs- und Schlichtungsinstitutionen, bei denen Kommissionen, Ausschüsse oder auch Einzelpersonen mit der Konfliktbearbeitung betraut werden, wie die zahlreichen Sonderbeauftragten des Generalsekretärs für Krisensituationen.
- Friedensstreitkräfte der UN, die einen Waffenstillstand überwachen sollen, wie die Blauhelmmission auf Zypern (UNFICYP).
- Autonome Organisationen, wie die Welthandelskonferenz UNCTAD, die eine voll ausgebildete organisatorische Struktur haben, aber durch den nor-malen UN-Haushalt finanziert werden (im Vergleich zu Sonderorganisatio-nen, die außerhalb der UN gegründet wurden und nur über Assoziationsver-träge mit der Weltorganisation verbunden sind).

Die Nebenorgane sind von den Hauptorganen eingesetzt. Sie verfügen im Gegen-satz zu den Sonderorganisationen (s.u.) nicht über einen eigenen völkerrechtlichen Status und werden aus dem regulären UN-Budget finanziert. Mitgliedsstaaten oder auch private Akteure können jedoch freiwillige, zweckgebundene Zahlungen vor-nehmen.

Sonderorganisationen

Eigenständiger Charakter der Sonderorganisationen

Weiterhin gibt es im UN-System noch eine Reihe von Sonderorganisationen. Hier-bei handelt es sich um eigenständige intergouvernementale Organisationen, die durch völkerrechtlich verbindliche Verträge außerhalb der UN gegründet wurden, eigene Mitgliedschafts- und Organisationsstrukturen haben und auch über ein ei-genes Budget verfügen. Zum UN-System sind sie über Verträge assoziiert. Am Beispiel der Bretton-Woods-Organisationen (Weltbank und Internationaler Wäh-rungsfonds) wird die Eigenständigkeit der Sonderorganisationen besonders deut-lich. Die beiden Bretton-Woods-Institutionen haben eine eigene Rechtsnatur; in dort abgehaltenen Abstimmungen hat nicht jeder Staat eine gleichwertige Stimme, sondern es herrscht das gewichtete Stimmrecht, das sich nach den Einzahlungen der Staaten richtet, vor. Vereinfacht ausgedrückt stehen sich das UN-Prinzip „one state – one vote" und das Bretton-Woods-Prinzip von „one dollar – one vote" diametral gegenüber, denn ersteres garantiert den Entwicklungsländern de facto die Stimmenmehrheit, während bei letzterem die Geberländer die Entscheidungen fällen können.

Derzeit gibt es 17 Sonderorganisationen[29] (Gareis/Varwick 2006: 53), von denen einige sehr eng mit der UN-Familie zusammenarbeiten. Sie lassen sich in drei Kategorien unterteilen. Neben den erwähnten Finanzorganisationen gibt es technische Sonderorganisationen, wie den Weltpostverein oder die Weltorganisation für Meteorologie, und Organisationen im sozialen, kulturellen und humanitären Bereich wie beispielsweise die UN-Organisation für Erziehung, Wissenschaft und Kunst (*United Nations Educational, Scientific and Cultural Organization*, UNESCO) oder die Weltgesundheitsorganisation WHO (*World Health Organization*).

2.3 Rahmenbedingungen und Schwerpunkte der Arbeit der UN von 1945-1990

Wenngleich die Charta der Vereinten Nationen seit 1945 fast unverändert geblieben ist, so hat sich doch die Arbeitsweise der Weltorganisation bedeutend gewandelt. Nachfolgend skizzieren wir die sich verändernde Schwerpunktsetzung der Vereinten Nationen, die immer auch eine Folge der weltpolitischen Struktur ist. Zunächst ist auffällig, dass die Zahl der Mitglieder sich seit der Gründung fast vervierfacht hat, womit auch neue Ansprüche und Ideen in die UN hineingetragen wurden (siehe Abbildung 2.5). Mit heute 193 Mitgliedern ist die UN eine wirklich universelle internationale Organisation geworden (Stand Juni 2013).[30]

Mehr Mitglieder ...

---

29 Zu den Sonderorganisationen zählen der Weltpostverein (Universal Postal Union), die Internationale Fernmeldeorganisation (International Telecommunication Union), die Internationale Arbeitsorganisation (International Labour Organization), die Internationale Atombehörde (International Atomic Energie Agency), die Organisation der Vereinten Nationen für Bildung, Wissenschaft und Kultur (United Nations Educational, Scientific and Cultural Organisation), die Welttourismusorganisation (World Tourism Organization), die Welternährungsorganisation (Food and Agriculture Organization), die Weltgesundheitsorganisation (World Health Organization), die Weltbank (World Bank Group), die Weltorganisation für Meteorologie (World Meteorological Organization), die Weltorganisation für geistiges Eigentum (World Intellectual Property Organization), die Organisation der Vereinten Nationen für industrielle Entwicklung (UN Industrial Development Organization), die Internationale Seeschiffahrts-Organisation (International Maritime Organization), der Internationale Währungsfonds (International Monetary Fund), der Internationale Fonds für landwirtschaftliche Entwicklung (International Fund for Agricultural Development) und die International Zivilluftfahrtsorganisation (International Civil Aviation Organization). Alle Organisationen und deren Funktionen finden sich unter http://www. un.org/Overview/uninbrief/institutions.shtml, 24.06.2013.

30 Als letzter Staat trat Südsudan bei (2011); davor Montenegro (2006) und die Schweiz (2002).

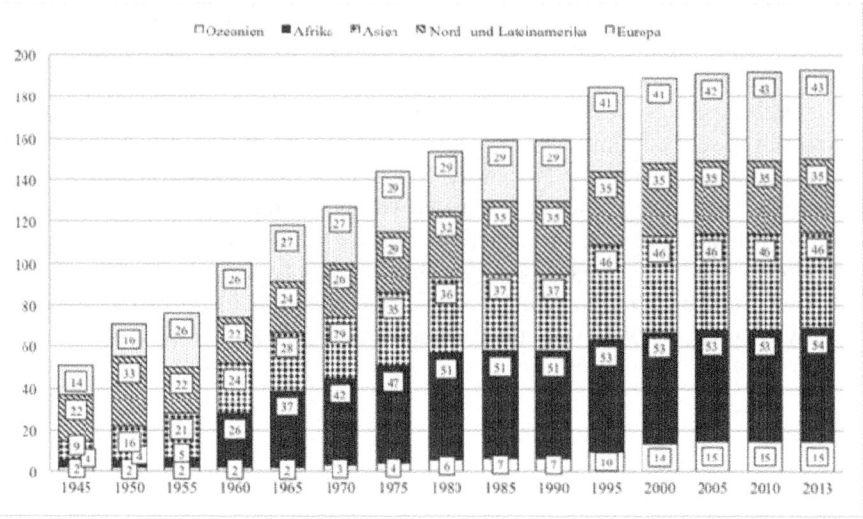

Abbildung 2.5: Anzahl der UN-Mitgliedsstaaten[31]

... und neue
Institutionen

Infolge der zahlreichen Beitritte von Staaten und den damit einhergehenden neuen Problemen ist die ursprünglich recht schlanke Organisationsstruktur um zahlreiche Nebenorgane und Sonderorganisationen ergänzt worden. Die institutionelle Differenzierung der Arbeitsfelder und Entwicklung neuer politischer Instrumente ist von Beginn an kontrovers diskutiert worden. Während einige Staaten die Notwendigkeit betonten, dass flankierende wirtschaftliche und soziale Maßnahmen zur Unterstützung im Entkolonialisierungsprozess der Staaten ergriffen werden sollten, befürworteten andere Staaten die Konzentration auf die Kernkompetenz, die Friedens- und Sicherheitspolitik (Opitz 2002: 29). Letztere befürchteten eine mit der institutionellen Differenzierung einhergehende Fragmentierung des UN-Systems. Durch die neuen Mitglieder verlagerte sich auch die Bedeutung der Hauptorgane: Die immer größer werdende Generalversammlung hat zunehmend mehr Aufmerksamkeit vom Sicherheitsrat abgezogen. Dessen Repräsentativität nahm mit der Aufnahme neuer Mitglieder in die UN kontinuierlich ab, was aus Sicht einiger auch die Legitimität seiner Beschlüsse unterminiert (Czempiel 1994: 95).

Zugleich konnten die Institutionen der Vereinten Nationen nicht die ihnen zugedachte Wirkung entfalten, da schon kurz nach der UN-Gründung deutlich wurde, dass der Ost-West-Konflikt die Arbeit der Weltorganisation behindern oder gar ganz verhindern würde, dass die ursprünglichen Ziele erreicht werden. Über knapp vierzig Jahre blockierten die beiden Großmächte sich im Sicherheitsrat

---

31   Quelle: eigene Darstellung nach Hüfner/Martens 2000, neuere Daten ergänzt durch http://www. un.org/en/members/growth.shtml, 24.06.2013.

wechselseitig. Die Arbeit der UN wurde zudem dadurch erschwert, dass die unabhängig gewordenen Staaten des Südens vor allem in den 1970er Jahren nachdrücklich ihre Rechte einforderten und somit zum Ost-West- der Nord-Süd-Konflikt trat. Während ersterer insbesondere die Funktionsweise des Sicherheitsrats
einschränkte, bestimmte zweiter vor allem die Arbeit der Generalversammlung.
Diese Entwicklungen stellen wir nachfolgend dar.

2.3.1 Der Ost-West-Konflikt als bestimmendes Element

Nach der Konferenz von San Francisco galt es, die neu gegründete Organisation
handlungsfähig zu machen. Zunächst musste ein Generalsekretär gefunden werden, der beim Aufbau der Organisation gestaltend mitwirken sollte. Die Wahl fiel
auf den als neutral geltenden ehemaligen norwegischen Außenminister Trygve Lie
(1946-1952). Er setzte sich bei der anfangs dringend zu beantwortenden Frage
nach dem UN-Hauptsitz für einen amerikanischen Ort ein, um die USA symbo-
lisch an die UN zu binden. John D. Rockefeller, Jr. spendete der neu gegründeten
Organisation 8,5 Mio. US$, so dass diese ein Grundstück am East River in New
York erwerben und dort das Hauptgebäude erbauen konnte. Seit Oktober 1952
tagen die Haupt- und auch zahlreiche Nebenorgane in der Stadt New York, nachdem die UN zuvor provisorisch in Lake Success (Bundesstaat New York) ihre
Versammlungen abgehalten hatte (Gareis/Varwick 2006: 25).

In den 1940er und 1950er Jahren dominierten die USA die neu gegründete **Dominanz der USA**
Weltorganisation, was sich sowohl in der politischen Praxis der UN als auch in
den Abstimmungsergebnissen in der Generalversammlung und dem Sicherheitsrat
ausdrückte. In ersterer unterlagen die USA beispielsweise nur in drei von 100
Abstimmungen, die zudem keine sicherheitsrelevante Thematik zum Inhalt hatten (Hüfner/Martens 2000: 14). Die Dominanz der USA beruhte erstens auf der
Zusammensetzung der Mitglieder. Bis in die Mitte der 1950er Jahre hinein waren
rund zwei Drittel der UN-Mitglieder dem „westlichen Lager" zuzurechnen und
stimmten in der Regel wie die USA ab. Als nachfolgend die neuen, unabhängig
gewordenen Staaten der UN beitraten, verschoben sich die Mehrheitsverhältnisse und die automatische Mehrheit der USA verschwand (siehe 2.3.2). Zweitens
zahlten die USA fast 40% des regulären UN-Budgets und leisteten darüber hinaus
auch zum Haushalt der Sonderorganisationen einen wichtigen Beitrag: Mit Beitragszahlungen von teils über 50% hatten die USA eine Art finanzielle Vetomacht
inne (ebd.).

Im Sicherheitsrat konnten die USA ihre Positionen dagegen nicht so einfach **Blockade des**
durchsetzen: Sobald die eigenen Interessen oder die eines der systemtreuen Staa- **Sicherheitsrates**
ten betroffen waren, legte die Sowjetunion ihr Veto ein und verhinderte damit,
dass eine Resolution zu eigenen Ungunsten verabschiedet werden konnte. Dies betraf zum Beispiel die Zulassung neuer Mitglieder zu den Vereinten Nationen. Die
Sowjetunion lehnte einige Aufnahmeanträge ab (Transjordanien wurde nicht als
unabhängiger Staat eingeordnet, Portugal wurde vorgeworfen, das faschistische
Spanien zu unterstützen und Irland zu geringes Engagement im Zweiten Weltkrieg

vorgehalten), woraufhin der Westen seinerseits u.a. Anträge von Korfu (wegen des sog. Korfu-Zwischenfalls) und der Mongolischen Volksrepublik (aufgrund der bewaffneten Übergriffe auf chinesisches Gebiet) ablehnte (Czempiel 1994: 50f). Der Sicherheitsrat wurde der wichtigste Schauplatz der Auseinandersetzung zwischen Ost und West und damit zugleich handlungsunfähig. Bis in die 1960er Jahre wurden mehr Resolutionen per Veto abgelehnt, als SR-Entscheidungen angenommen wurden (siehe Abbildung 2.6).

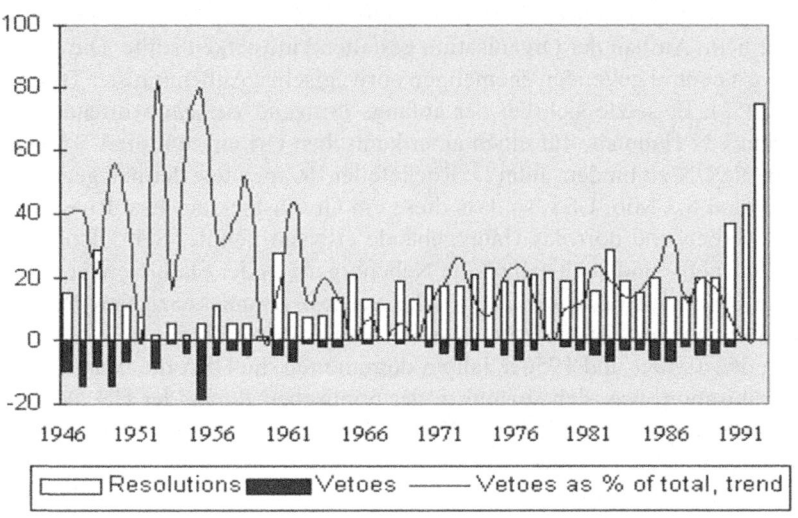

Abbildung 2.6: Verhältnis von angenommenen und abgelehnten Sicherheitsratsresolutionen[32]

Veto-Spieler im Sicherheitsrat

Die USA legten erst 1970 ihr erstes Veto ein und verhinderten so zusammen mit Großbritannien die Verurteilung der Politik des rassistischen Minderheitenregimes von Südrhodesien (heute Simbabwe) (Hüfner/Martens 2000: 69). Bis zu diesem Zeitpunkt hatte die Sowjetunion dagegen schon über hundert Vetos eingelegt. Nachfolgend veränderte sich die Blockadepolitik der Großmächte: In den 1970er Jahren stimmte die Sowjetunion nur noch sieben Mal mit nein, während die USA 21 Mal Resolutionen verhinderten (Hüfner/Martens 2000: 69). Die anderen ständigen Mitglieder legten dagegen weitaus weniger Vetos ein (siehe Abbildung 2.7).

---

32 Quelle: http://www.globalpolicy.org/component/content/article/102/32809.html, 24.06.2013.

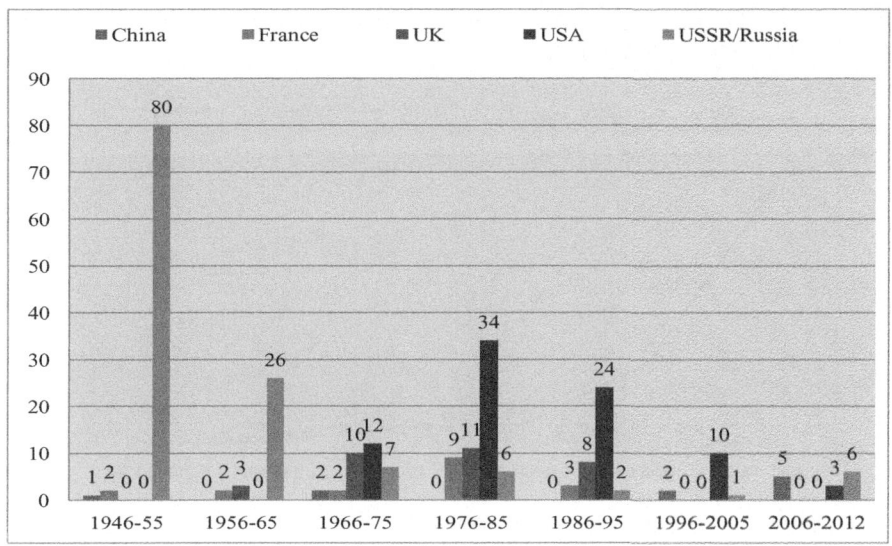

Abbildung 2.7: Anzahl von Vetos im Sicherheitsrat nach Staaten[33]

Im Verlauf des Ost-West-Konflikts legten die ständigen Mitglieder insgesamt 207 Mal ein Veto ein, die meisten davon gleich nach der UN-Gründung (1946-1955). Ein weiterer Höhepunkt der Blockade stellte die Dekade 1976-1985 dar, in der sechzig Resolutionen des Sicherheitsrates am Veto eines Staates scheiterten. Über die Hälfte der Vetos ging dabei auf das Konto der USA (siehe Abbildung 2.7). Die beiden Großmächte *be*hinderten durch das Einlegen von Vetos nicht nur die Arbeitsweise des Sicherheitsrates, sondern *ver*hinderten gänzlich, dass das System kollektiver Sicherheit zum Tragen kommen konnte. Hierzu ist treffend festgestellt worden: „How could a collective security system operate when there was no unity among the great powers on whose cooperation it depended?" (Mingst/Karns 2007: 6). Einige Kriege, wie die amerikanische Intervention in Vietnam oder die sowjetischen Interventionen in der Tschechoslowakei oder Ungarn, wurden gar nicht erst vor den Sicherheitsrat gebracht. Bei anderen Kriegen wurden zwar Resolutionen entworfen, sie scheiterten jedoch am Veto einer der beiden Großmächte, da deren Einflusssphären betroffen waren. Zudem betrieben die beiden Staaten ihre Sicherheitspolitik primär außerhalb der Vereinten Nationen und gründeten mit der NATO (North Atlantic Treaty Organization) und dem Warschauer Pakt zwei konkurrierende Verteidigungsbündnisse (Wolf 2005: 13). Mit der Etablierung der beiden Systeme kollektiver Verteidigung schufen sie ein realistisches Gegenmodell zum Konzept des eher idealistischen Systems kollektiver Sicherheit. Letzteres konnte im Ost-West-Konflikt nicht funktionieren, da es einen aktiven und entscheidungsfreudigen Sicherheitsrat und den Anspruch eines gemeinsamen Handelns voraussetzte. Mit einem arbeitsunfähigen Sicherheitsrat war die „Hauptstrategie"

Systeme kollektiver Verteidigung statt kollektiver Sicherheit

---

33   Quelle: eigene Darstellung, Daten basierend auf http://www.globalpolicy.org/images/pdfs/Changing_Patterns_in_the_Use_of_the_Veto_as_of_August_2012.pdf, 24.06.2013.

des Systems kollektiver Sicherheit, die Friedenserzwingung, „unbrauchbar" geworden (Czempiel 1994: 51).[34]

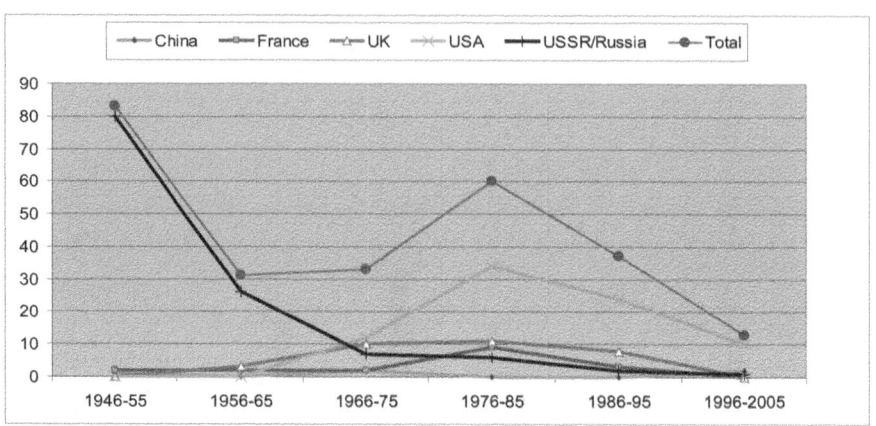

Abbildung 2.8: Vetos im Sicherheitsrat in Dekaden[35]

Peacekeeping als
Ausweg aus der
Handlungsunfähigkeit

Um die UN aus dieser Sackgasse herauszuführen und der „Tatenlosigkeit des
Sicherheitsrates" ein Ende zu bereiten (Czempiel 1994: 51), schuf der damalige
UN-Generalsekretär Dag Hammarskjöld das Instrument der Friedenssicherung
(*peacekeeping*), das 1988 mit dem Friedensnobelpreis ausgezeichnet wurde. Es
beruht darauf, dass mit der Zustimmung der Konfliktparteien *peacekeeper* (im
Deutschen auch als Blauhelme bezeichnet) von der UN entsendet werden, um
sich als unparteiliche Akteure zwischen die Konfliktparteien zu stellen und z.B.
einen Waffenstillstand oder eine Pufferzone zu überwachen. Die Blauhelme tragen im Gegensatz zu Beobachtermissionen zwar Waffen, diese dürfen sie jedoch

Friedensemissionen
statt kollektiver
Sicherheit

nur zum Zwecke der Selbstverteidigung einsetzen. An die Stelle des Systems der
kollektiven Sicherheit trat also während des Ost-West-Konfliktes das Prinzip der
„kooperativen Friedenswahrung" (Volger 1990: 18), das in der UN-Charta nicht
vorgesehen war. Es wird in der Literatur teils auch als „Kapitel VI 1/2" bezeichnet,
um auf seine Zwitterstellung zwischen den klassischen, konsensorientierten Verfahren der friedlichen Streitbeilegung (wie Vermittlungsbemühungen und Erkun-
dungsmissionen, Kapitel VI UN-Charta) und dem Einsatz von Zwangsmaßnahmen (Kapitel VII UN-Charta) hinzuweisen. Das Ziel der Friedenssicherung ist es,
zur „Stabilisierung des Gewaltverzichts zwischen den Kombattanten" beizutragen
(Czempiel 1994: 51): Der einmal gefasste Entschluss der Konfliktparteien, keine
militärische Gewalt mehr anzuwenden, soll durch die *peacekeeper* unterstützt und
gefestigt werden. Der Anspruch der Friedenssicherung ist somit deutlich geringer

---

34   Ernst-Otto Czempiel (1994: 51ff.) argumentiert freilich, dass die „Unfähigkeit des Sicherheitsrates,
Maßnahmen nach Kapitel VII der UN-Charta zu ergreifen, weniger mit dem Ost-West-Konflikt"
zusammenhing, als vielmehr das „Konzept der Kollektiven Sicherheit auf einem Mythos beruhte."
Schließlich könnten Zwangsmaßnahmen nur durchgeführt werden, wenn sie im Interesse aller SR-
Mitglieder liegen – und dann wären sie wiederum gar nicht notwendig.
35   Die graphische Verbindung der Jahreszahlen ist aus didaktischen Zwecken erfolgt und soll lediglich einen Trend visualisieren.

als der der kollektiven Sicherheit: Nicht die Lösung der Konflikte, sondern nur der friedliche Konfliktaustrag wird angestrebt.

Die Friedenssicherung hat sich in den folgenden Jahrzehnten deutlich verändert und verschiedene Formen angenommen, die auch als „Generationen" bezeichnet werden (siehe Kapitel 3.3). Während des Ost-West-Konflikts erfüllten alle Missionen der Friedenssicherung die folgenden Kriterien:

Kriterien der klassischen Friedensmissionen

- *Konsens der Konfliktparteien*: Die Konfliktparteien mussten der Entsendung von Blauhelmen ausdrücklich für einen bestimmten Zeitraum zustimmen. Fehlte die Zustimmung, so zog die Mission ab, wie z.B. im Kongo 1964, als die kongolesische Regierung eine Verlängerung der Mission ablehnte.
- *Unparteilichkeit der peacekeeper und die Verantwortlichkeit der UN*: Die Friedensmissionen beruhten auf dem Prinzip der Unparteilichkeit. Selbst wenn eine Konfliktpartei die Vereinbarungen brach, behielten die Friedensmissionen ihre neutrale Rolle bei und gingen nicht gegen den Aggressor vor. Friedensmissionen wurden dabei ausschließlich vom UN-Sekretariat geplant und durchgeführt. Das Department of Peacekeeping Operations (DPKO) hat die operative Leitung von Friedensmissionen inne; eine Autorisierung der Handlung eines SR-Mitglieds oder auch die Übernahme des Kommandos war bei den klassischen Friedensmissionen nicht vorgesehen.
- *Einsatz von Gewalt nur zur Selbstverteidigung*: Wenngleich die Blauhelm-SoldatInnen Waffen trugen, so durften sie diese nur zur Selbstverteidigung und nicht etwa zum Erreichen der Missionsziele einsetzen.

Nach Ende des Ost-West-Konflikts übernahmen die Friedensmissionen zum einen immer umfassendere Aufgaben (Aufbau von zivilen Verwaltungen und Polizei), zum anderen wurden einige Missionen mit einem sog. „robusten Mandat" ausgestattet, das es den BlauhelmsoldatInnen erlaubte, die Missionsziele auch mittels militärischer Maßnahmen zu erreichen (zur Entwicklung der Friedensmissionen nach dem Ende des Ost-West-Konflikts siehe Kapitel 3.3.3).

Der Sicherheitsrat nutzte während des Ost-West-Konflikts das Instrument der Friedenssicherung in unterschiedlich starkem Maße. Es können fünf verschiedene Phasen identifiziert werden (Gareis/Varwick 2006: 120ff.):

Nutzung des neuen Instruments variiert

- *Entstehungsphase* (1948-1956): Überwachung des Waffenstillstands zwischen Israel und Palästina, wie auch zwischen Indien und Pakistan.
- *Behauptungsphase* (1956-1967): Klassische Beobachtermissionen wurden zunächst in den Libanon (UNOGIL), nach Jemen (UNYOM), in die Dominikanische Republik (DOMREP) und nach Indien/Pakistan (UNIPOM) entsandt. Als „Geburtsstunde des klassischen *peacekeepings*" wird der Einsatz in Ägypten (UNEF I) bezeichnet (Gareis/Varwick 2006: 122), als die Generalversammlung auf Grundlage der *Uniting for Peace*-Resolution den Einsatz der Friedenstruppe beschloss. UNEF I sollte den Abzug der französischen, britischen und israelischen Streitkräfte aus Ägypten überwachen und danach als Puffer zwischen Israel und Ägypten fungieren.
- *Schlummerphase* (1967-1973): Der Sicherheitsrat war blockiert.

- *Reanimierungsphase* (1973-1978): Erst im Oktober 1973 entsandte der Sicherheitsrat mit UNEF II eine weitere Friedenstruppe (UNEF II), zudem fanden einige andere Missionen im Nahen Osten statt.

- *Aufrechterhaltungsphase* (1988-1993): Wegen der Verschärfung des Ost-West-Konflikts wurden zwischen 1978 und April 1988 keine weiteren Missionen beschlossen; einige früher eingesetzte Missionen arbeiteten freilich weiter.

- *Expansionsphase* (1988-1993): Nach dem Ende des Ost-West-Konflikts wurden so viele Friedensmissionen wie nie zuvor entsandt: In der Expansionsphase alleine wurden mehr Einsätze beschlossen, als in den 40 Jahren zuvor.

- *Schrumpfphase* (1993-heute): Als Folge des Scheiterns zahlreicher Missionen und der generellen Ernüchterung über den Umgang mit gewalttätigen Konflikten werden heute wieder weniger Missionen ermächtigt (Gareis/Varwick 2006: 120).

Dass einige der 13 Friedensmissionen zwischen 1948 und 1988 durchaus erfolgreich waren (Mingst/Karns 2007: 6), darf nicht darüber hinwegtäuschen, dass das Konzept der Friedenssicherung nur entwickelt wurde, weil das System der kollektiven Sicherheit aufgrund des Ost-West-Konflikts nicht funktionierte. Der Sicherheitsrat verhängte während der ersten vierzig Jahre seines Bestehens nur drei Mal Zwangsmaßnahmen: Zwei Mal einigten sich die SR-Mitglieder auf wirtschaftliche Zwangsmaßnahmen (1966 ein Wirtschaftsboykott gegen das rassistische Südrhodesien und 1977 ein Waffenembargo gegen das Apartheidsregime in Südafrika) und ein Mal autorisierte er eine militärische Zwangsmaßnahme, nämlich den Einsatz in Korea unter der Leitung der USA (Gareis/Varwick 2006: 119). In allen anderen Fällen war der Sicherheitsrat durch die Veto-Politik der P5, insbesondere der beiden Großmächte, blockiert.

2.3.2 Entkolonialisierung und das Erstarken des Südens

Der Ost-West-Konflikt floss zwar auch in die Debatten in der Generalversammlung mit ein, doch war es ein anderer Konflikt, der dort vor allem in den 1970er Jahren bestimmend wirkte: der Nord-Süd-Konflikt.[36] Die Festigung und der Ausbau der politischen, wirtschaftlichen und kulturellen Positionen der ehemaligen kolonialen Staaten prägte die Arbeit der Vereinten Nationen (Grewe 1991: XXXIV).

Verschiebung der Machtverhältnisse durch den UN-Beitritt der Entwicklungsländer

Die meisten Entwicklungsländer (EL) sind in den 1960er und 1970er Jahren der UN beigetreten, nachdem sie ihre Unabhängigkeit erhalten hatten. Damit änderten sich die Mehrheitsverhältnisse in der Weltorganisation und hier besonders in der GA: die Phase der Dominanz der USA ging 1955 zu Ende, nachdem die

---

36 Wenn im Folgenden von „dem Nord-Süd-Konflikt", oder auch „den Entwicklungsländern" die Rede ist, so bedeutet dies nicht, dass die Unterschiede zwischen den heterogenen Staaten des Südens übersehen oder gar nivelliert werden sollen. Vielmehr werden Staatengruppen und deren unterschiedlichen Positionen miteinander in Beziehung gesetzt und bspw. der Nord-Süd-Kontext und nicht die Politik eines einzelnen Staates analysiert.

UN 16 neue Mitglieder aufgenommen hatte (Armstrong et al. 1996: 88ff.) (siehe Abbildung 2.5). Daher konnten die USA ihre Positionen in nachfolgenden Abstimmungen nicht mehr automatisch durchsetzen, was sich bspw. in der Frage, ob Kuba aus einem 1958 eingerichteten und zu 40% von den USA finanzierten Sonderfonds für Entwicklung finanzielle Unterstützung erhalten sollte, zeigte. Da die Mehrheit der EL Kuba unterstützte, erhielt der karibische Staat trotz Gegenstimme der USA die Mittel (Hüfner/Martens 2000: 31ff.). Auch die Abstimmung im Oktober 1971 über die Vertretung Chinas in den UN ging zu Lasten der USA aus. Die Mehrheit der Generalversammlung trat dafür ein, dass die Volksrepublik China und nicht mehr Taiwan in den UN repräsentiert sein soll (ebd. 68).

Die unterschiedlichen Prioritäten des Nordens und Südens wurden in Fragen der Gestaltung der Weltwirtschaft besonders deutlich. Die Entwicklungsländer forderten eine Neuordnung der Weltwirtschaft, die es ihnen ermöglichen sollte, eigene Entwicklungsfortschritte zu machen. Zentrale Elemente waren dabei, dass die EL die „uneingeschränkte Verfügungsgewalt über die eigenen wirtschaftlichen Ressourcen einschließlich des Rechts, multinationale Konzerne zu enteignen" (Brock 2004: 627) erhalten sollten, dass die Exporterlöse durch Eingriffe in die Entwicklung der Rohstoffpreise stabilisiert werden und vermehrt günstige Kredite zur Verfügung gestellt werden sollten. Diese Forderungen wurden sowohl in den ECOSOC als auch in die Generalversammlung eingebracht, diskutiert und in Form von Resolutionen und Deklarationen mit der Stimmmehrheit der Entwicklungsländer verabschiedet. So verpflichtete die Generalversammlung im Oktober 1970 die Industrieländer, innerhalb von fünf Jahren mindestens 0,7% ihres Bruttosozialprodukts für öffentliche Entwicklungszusammenarbeit zur Verfügung zu stellen (A/RES/2626 (XXV) vom 24. Oktober 1970). Diese Resolution ist zwischenzeitlich mehrfach bestätigt, aber immer noch nicht umgesetzt worden. Bekannt sind auch die Deklaration zur Errichtung einer Neuen Weltwirtschaftsordnung (*New International Economic Order*, NIEO) und das Programm zur Einrichtung der NIEO von 1974 (A/RES/3201 (S-VI) und A/RES/3202 (S-VI) vom 1. Mai 1974). Hierin bekennen sich die UN-Mitglieder dazu, eine gerechte Weltwirtschaftsordnung etablieren zu wollen, welche die aufklaffende Schere zwischen arm und reich schließen und somit zu sozialer Gerechtigkeit und Frieden beitragen soll. Im selben Jahr verabschiedete die GA außerdem die Charta für die ökonomischen Rechte und Pflichten der Staaten, die von den meisten Industrieländern abgelehnt wurde (A/RES/3281 (XXIX) vom 12. Dezember 1974). Weiterhin rief die Generalversammlung Entwicklungsdekaden aus, die erste rückwirkend für die Periode von 1960-1970. In den entsprechenden Resolutionen formulierte die GA die hochgesteckten Ziele, die es jeweils zu erreichen galt.

Die Entwicklungsländer setzten sich in den Vereinten Nationen erfolgreich dafür ein, dass neue Institutionen gegründet wurden, die sich der Entwicklungsproblematik annahmen. Beispielsweise wurde 1961 das Welternährungsprogramm gegründet, 1964 folgte die Handels- und Entwicklungskonferenz UNCTAD (*UN Conference on Trade and Development*, als Pendant zu den außerhalb der UN stattfindenden GATT-Verhandlungen konzipiert) und 1965 das UN-Entwicklungsprogramm UNDP (*UN Development Programme*) durch Zusammenlegen von

(Marginalie rechts oben:) Neue Weltwirtschaftsordnung

(Marginalie rechts unten:) Ursachen der Debatte: Verschlechterung der Lage und Gründung der G 77

zwei Vorgängerorganisationen. Vor allem die UNCTAD wies immer wieder auf die ungleichen Wettbewerbsbedingungen für Industrie- und Entwicklungsländer hin und forderte eine Neugestaltung der Weltwirtschaft. Das UNCTAD-Sekretariat trug durch zur Verfügung gestellte Expertise dazu bei, dass die EL geeint in der G-77 zusammen auftreten und so Einfluss auf die Debatten nehmen konnten (Karns/Mingst 2004: 361). Die neu gegründeten Nebenorgane sollten bestehende institutionelle Lücken im UN-System füllen – schließlich waren die meisten EL bei der UN-Gründung noch nicht unabhängig gewesen, so dass die UN-Familie auch nur unzureichend Diskussionsforen und Bearbeitungsstrategien zur Verfügung stellen konnte. Einige der neuen Institutionen erfüllten jedoch auch dezidiert den Zweck, alternative Foren zu den von den IL dominierten Bretton-Woods-Organisationen (Weltbank und IWF) sowie des GATT-Verhandlungssystems darzustellen. Während bspw. die GATT-Verhandlungen (sowie in deren Folge heute die WTO-Runden) eher die Interessen der IL widerspiegeln, stellen die UNCTAD-Beschlüsse die Position der EL dar. Doch die vielfältigen Bemühungen trugen keine Früchte. Ein 1968 vom UNDP in Auftrag gegebener Bericht des Australiers Robert Jackson, der die Arbeit von UNDP und anderen entwicklungspolitischen Institutionen analysierte, kam zu dem Ergebnis, dass die Institutionen zu langsam arbeiteten – sie glichen einem prähistorischen Monster, das immer langsamer würde (Hüfner/Martens 2000: 49-51).

Die intensive entwicklungspolitische Diskussion in den 1970er Jahren hat verschiedene Ursachen. Erstens sind die durch die Entkolonialisierung unabhängig gewordenen EL selbstbewusst für ihre Rechte eingetreten. Sie schlossen sich 1964 am Rande des ersten Treffens der UNCTAD in der informellen Gruppe der 77 (G 77) zusammen und geben bis heute in dieser Formation gemeinsame Stellungnahmen ab (zumeist zusammen mit China als G 77/China). Zweitens zeigte sich Anfang der 1970er Jahre, dass die bisherigen Anstrengungen der Entwicklungszusammenarbeit wenig erfolgreich gewesen waren. So offenbarte der Pearson-Bericht (1969), ein von der Weltbank an die Kommission für internationale Entwicklung in Auftrag gegebener und unter Leitung von Lester B. Pearson (1897-1972) erstellter Bericht, ein frustrierendes Bild. Er analysierte die ersten zwanzig Jahre Entwicklungspolitik und stellte fest, dass das Interesse der IL an der Entwicklungszusammenarbeit gesunken und darüber hinaus der bisherige Ansatz der Hilfe durch Entwicklungszusammenarbeit wenig fruchtbar gewesen sei. Stattdessen sollte mittels Hilfe durch Handel die Situation der EL verbessert werden. Er prognostizierte optimistisch, dass durch eine stärkere Einbindung in den Handel die Mehrzahl der EL bis zur Jahrtausendwende ein Wirtschaftswachstum von 5% haben könnte. Diese Prognose ist mitnichten eingetreten: Der Anteil der EL am Welthandel war in den 1970er Jahren im Vergleich zu den frühen 1950er Jahren zurückgegangen, statt wie erwartet anzusteigen (Brock 2004: 627). Das Wirtschaftswachstum der EL hat mit 3,1% unter dem der IL gelegen (3,9%) und das Phänomen, dass Kapitalflüsse in die EL durch die Auslandsverschuldung sowie die sich verschlechternden Terms of Trade aufgezehrt wurden, ist erstmals sichtbar geworden (Hüfner/Martens 2000: 49).

<aside>Gründung neuer Institutionen im UN-System</aside>

Die USA reagierten auf die Resolutionen der Generalversammlung und die Verlautbarungen von UNCTAD und den anderen neu gegründeten Institutionen mit Kritik an den Vereinten Nationen. Der damalige amerikanische Präsident Ford warnte 1974 vor einer Tyrannei der Mehrheit in der UN (Hüfner/Martens 2000: 68). Dazu passend beschloss das US-Repräsentantenhaus im Mai 1972, den amerikanischen Beitrag zum regulären UN-Haushalt von 31,52% auf 25 % zu reduzieren. Da die Kürzung in denselben Zeitraum wie der Beitritt der beiden deutschen Staaten zur UN (1973) fiel, konnte der finanzielle Verlust ausgeglichen werden.

2.3.3 Die Vereinten Nationen in der (Finanz-)Krise: Die 1980er Jahre

Der Ost-West- sowie der Nord-Süd-Konflikt belasteten die Arbeit der UN stark. *Finanzkrise* Wie skizziert, konnte die UN in der Friedens- und Sicherheitspolitik aufgrund der Vetos der ständigen Mitglieder des Sicherheitsrates das System kollektiver Sicherheit nicht mit Leben erfüllen, in der Entwicklungspolitik standen sich die Ansichten der IL und EL diametral gegenüber. Die sehr heterogene Kritik der UN-Mitglieder an der Arbeitsweise der Organisation bündelte sich in einem Punkt: der Finanzierung der Weltorganisation. In den 1980er Jahren gerieten die UN daher in eine Finanzkrise, die im Dezember 1985 besonders offensichtlich wurde (Grewe 1991: XLI). Bei der Abstimmung über den UN-Haushalt 1986/1987, der im Vergleich zum Vorjahr um 0,1% erhöht werden sollte, enthielten sich die meisten westlichen Staaten bzw. stimmten sogar gegen die Resolution. Die Mitgliedsstaaten, die für insgesamt 80% des UN-Haushalts aufkamen, kritisierten durch Stimmenthaltung bzw. Gegenstimmen die Politik der UN. Diese Abstimmungspolitik wurde mit stark verzögerten oder gar ganz ausbleibenden Beitragszahlungen gekoppelt und brachten die UN an die Grenzen ihrer Zahlungsfähigkeit: Im September 1986 musste der Generalsekretär erklären, dass er nicht wisse, ob die UN bis zum Jahresende ihren Zahlungsverpflichtungen nachkommen könne.

Die verspäteten Beitragszahlungen gingen – und gehen auch heute noch – *Verzögerte* vor allem auf das Konto der USA. Die USA sind somit sowohl der größte Geld- *Beitrittszahlungen* geber wie auch der säumigste Zahler der Vereinten Nationen, was als Ausdruck der UN-kritischen Haltung des politischen Systems der USA interpretiert werden kann. Der US-Kongress, der dem von der Administration vorgelegten Haushaltsentwurf zustimmen muss, hat im Laufe der Jahre immer wieder mit Beitragskürzungen gedroht oder diese einfach vollzogen, um eine als falsch angesehene Politik der Weltorganisation zu sanktionieren.[37] Darüber hinaus hat der US-Kongress die Beitragszahlungen häufig an Auflagen geknüpft. Im Jahr 1978 beschloss er im *Helms-Amendment*, dass die UN mit den amerikanischen Zahlungen keine technische Hilfe im Bereich der Entwicklungszusammenarbeit finanzieren dürfe, was eine „krasse Einschränkung der Haushaltssouveränität der Vereinten Nationen" darstellte (Hüfner/Martens 2000: 70). Sieben Jahre später beabsichtigte der

---

37 Der Kongress hat in den letzten Jahren seine „power over the purse", also seine notwendige Zustimmung zum Haushalt, zunehmend genutzt, um politisch zu handeln und hat auch so an Gewicht gegenüber der Administration gewonnen (Hübner 2003: 111).

Kongress, in den UN ein gewichtetes Stimmrecht (ähnlich wie bei den Bretton-Woods-Institutionen) zu etablieren und wollte diese Vorstellung mit der Drohung durchsetzen, die Beiträge abermals einseitig zu kürzen. Im *Kassebaum-Amendment* hielt der Kongress fest, dass die USA ihre Beitragszahlungen von 25 auf 20% reduzieren würden, bis die neu gewichtete Stimmverteilung etabliert sei. Die Reagan-Administration verfolgte einen ähnlichen Kurs und hielt daher sowohl die Zahlungen zum regulären Haushalt als auch zu den Friedensmissionen zurück, so dass die Schulden auf einen Rekordstand stiegen (siehe Abbildung 2.9). Die einseitig erklärte Kürzung des Haushalts sowie das Zurückhalten der Beitragszahlungen brachte die UN noch tiefer in die Krise. Die Sitzungsperiode der Generalversammlung musste von 13 auf zehn Wochen reduziert, verschiedene Konferenzen abgesagt und Personal entlassen werden (Armstrong et al. 1996: 115).

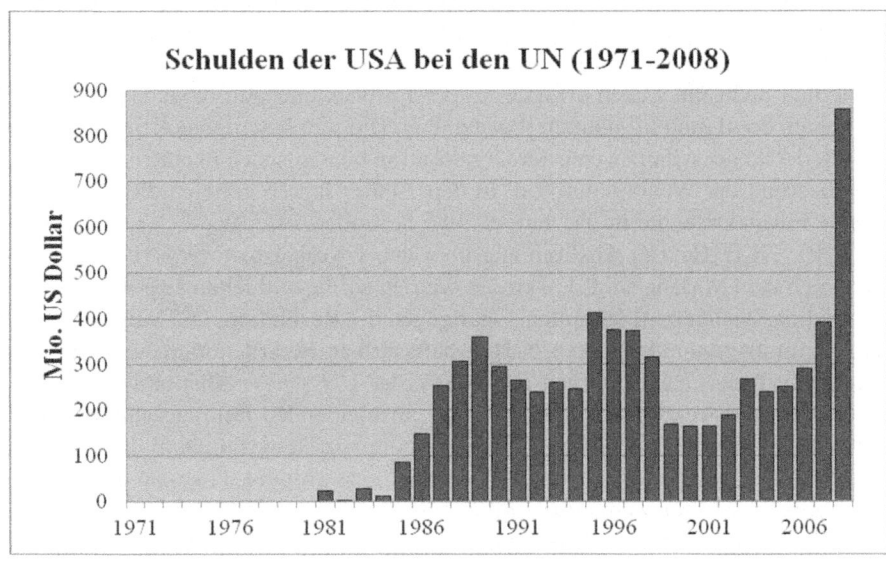

Abbildung 2.9: Schulden der USA bei den Vereinten Nationen (in Millionen US-Dollar)[38]

UNESCO-Austritt der USA

Diese UN-kritische Politik verfolgten die USA nicht nur in den Hauptorganen, sondern in noch größerem Umfang in den Nebenorganen und Sonderorganisationen. Einen Höhepunkt stellte der Austritt der USA aus der UNESCO 1985 dar. Aufgrund der „unrechtgemäßen Politisierung der Organisation" hatten diese schon zwischen 1974-1976 die Mitgliedsbeiträge einbehalten, 1983 erstmals mit den Austritt gedroht und ihn dann zum 31. Dezember 1984 vollzogen (Kittel 1995: 217). Politisiert war die UNESCO aus amerikanischer Perspektive in zweierlei Hinsicht. Erstens gab es einen vor allem zwischen den IL und EL ausgetragenen Konflikt über die Neue Weltinformations- und Kommunikationsordnung (NWIKO). Ausgehend von der Beobachtung, dass erhebliche Asymmetrien in der Verteilung von Massenkommunikationsmitteln und in der Struktur von Informationsflüssen bestehen und

---

38   Quelle: eigene Darstellung, Daten basierend auf http://www.globalpolicy.org/un-finance/tables-and-charts-on-un-finance/the-un-regular-budget/27479.html, 24.06.2013.

diese unzulässig die kulturelle Identität der EL beeinflussen würden, forderten die EL weit reichende Änderungen der Informations- und Kommunikationsordnung (Schmitz 1995: 33f.). Die bestehenden Marktmechanismen in der Kommunikationsbranche seien bis zur „Realisierung eines Gleichgewichts im Nachrichtenfluss zwischen Nord und Süd" außer Kraft zu setzen (sog. quantitative Dimension, ebd.); zudem sollten Staaten inhaltliche Kontrollmöglichkeiten haben, um rassistische und militaristische Inhalte zu bannen (qualitative Dimension). In diesem Konflikt schlug sich die Sowjetunion auf die Seite der EL und stellte sich als Hüterin des freien Informationsaustausches dar (Schmitz 1995: 33). Die zweite Dimension der Politisierung betraf die Israel-Politik der UNESCO. Die USA warfen der Organisation eine pro-palästinensische Politik vor, da die UNESCO die israelischen Ausgrabungen in Jerusalem kritisierte. Als offiziellen Austrittsgrund gaben die USA jedoch nicht die Politisierung der Organisation, sondern die Reformunfähigkeit der UNESCO an. Da die USA jedoch selbst erst im Juni 1985, mehrere Monate vor ihrem Austritt, eigene Reformvorstellungen für die UNESCO skizziert hatten, kann dieser Grund als vorgeschoben angesehen werden (Kittel 1995: 252f.). Die USA waren zuvor (1977) bereits aus der ILO (*International Labor Organization*) ausgetreten, ebenfalls aus Kritik gegen die angeblich pro-palästinensischen Positionen der traditionsreichen Organisation, die sich darin zeigten, dass die ILO die israelischen Arbeitsbedingungen in den besetzten Gebieten kritisierte. Als Präsident Carter die Mitgliedschaft und damit verknüpft die Beitragszahlungen an die ILO wieder aufnehmen wollte, hielt der US-Kongress die Finanzierungszusage zurück, da ein sowjetischer Staatsbürger zum stellvertretenden ILO-Generaldirektor berufen worden war (Armstrong et al. 1996: 101).

2.4 Aufbruch zu neuen Ufern: Nach dem Ende des Ost-West-Konflikts

Die UN-Krise entspannte sich erst Ende der 1980er, wozu vor allem die neue weltpolitische Lage beigetragen hat. Mit dem Amtsantritt von Michail Gorbatschow als Generalsekretär des Zentralkomitees der Kommunistischen Partei der Sowjetunion (1985) und der unter seiner Präsidentschaft betriebenen sowjetischen Entspannungspolitik zum Westen hin (1991) flaute der Ost-West-Konflikt ab, der „Grundkonsens zwischen den Großmächten" schien wieder hergestellt zu sein (Opitz 2002: 31), was sich in den UN vor allem im Abstimmungsverhalten zeigte: Zwischen 1986-1990 vertraten die Sowjetunion und die USA bei 93 von 103 Resolutionen im Sicherheitsrat dieselbe Meinung (Armstrong et al. 1996: 122), so dass dieser handlungsfähig wurde. Der damalige UN-Generalsekretär Perez de Cuéllar sprach daher von einem neuem Geist der Kollegialität, der Einzug in die UN erhalten hätte (zitiert nach Opitz 2002: 32). Dem Generalsekretär, der den UN zwischen 1981 und 1991 vorstand, ist auch zu verdanken, dass sich „die aufziehende Existenzkrise [der UN, TB] im Sinne einer „konservativen Wende" aufgelöst" hat (Wolf 2005: 44). Der zunehmende Prestigegewinn zeigte sich be-

> „Geist der Kollegialität" in den UN

sonders deutlich in der Verleihung des Friedensnobelpreises an die UN-Blauhelme
im Jahr 1988.

**Zweiter Golfkrieg
als Ausdruck des
gemeinsamen
Handelns**

Das neue Miteinander in den UN zeigte sich besonders eindrücklich in der
gemeinsamen Reaktion des Sicherheitsrates auf die Invasion des Iraks in Kuwait
im August 1990. Der Sicherheitsrat ordnete den Einmarsch Iraks in den Kuwait als
Bruch des Weltfriedens und Gefährdung der internationalen Sicherheit ein, verurteilte ihn scharf und forderte den Irak zum Rückzug auf (S/RES/660 (1990) vom 2.
August 1990). Um seinen Forderungen Nachdruck zu verleihen, verhängte der SR
nachfolgend Wirtschaftssanktionen (S/RES/661 (1990) vom 6. August 1990) und
ermächtigte schließlich alle Staaten, „die mit der Regierung Kuwaits kooperieren
(…) alle erforderlichen Mittel einzusetzen, um der Resolution 660 (1990) (…)
Geltung zu verschaffen" (S/RES/678 (1990) vom 29. November 1990, nach der
Übersetzung des Deutschen Übersetzungsdiensts in New York). Dies bedeutete,
dass die UN-Mitgliedsstaaten nach Ablauf eines auf den 15. Januar 1991 gesetzten
Ultimatums auch militärische Gewalt einsetzen durften, um den Irak zum Rückzug zu zwingen, was sie unter Leitung der USA in der Operation Wüstensturm
(Desert Storm) auch nachfolgend taten.

**Normative
Weiterentwicklungen:
• Agenda für den
Frieden**

Die neue Handlungsfähigkeit nutzten die UN aber auch zur Weiterentwicklung normativer Konzepte, um so angemessen auf die neuen, mit dem Ende des
Ost-West-Konflikts auftretenden Herausforderungen reagieren zu können. Für den
Bereich der Friedens- und Sicherheitspolitik legte der damalige UN-Generalsekretär Boutros-Ghali im Juni 1992 die „Agenda für den Frieden" vor, in der er auf die
umfassende Aufgabe der Vereinten Nationen bei der Krisenprävention, der Konfliktbearbeitung und der Friedenskonsolidierung hinweist. Zur Unterscheidung
der verschiedenen Aufgaben schlug er folgende Taxonomie vor (Agenda für den
Frieden: Randnr. 20):

- *Vorbeugende Diplomatie*: Die Entstehung von Streitigkeiten zwischen verschiedenen Parteien soll verhütet, die Eskalation von Streitigkeiten zu Konflikten verhindert und Konflikte eingegrenzt werden.
- *Friedensschaffung*: Die feindlichen Parteien sollen im Wesentlichen durch
  friedliche Maßnahmen, wie sie in Kap. VI der UN-Charta beschrieben sind,
  zur Einigung gebracht werden.
- *Friedenssicherung*: Durch die Präsenz von UN-Truppen (Militär- und/oder
  Polizeikräfte) aber auch Zivilisten vor Ort sollen Konfliktverhütung wie
  auch Friedensschaffung verbessert werden. Bis dato baute die Friedenssicherung immer auf der Zustimmung aller beteiligten Parteien auf.
- *Friedenskonsolidierung*: Strukturen, die den Frieden festigen oder konsolidieren, sollen eingesetzt werden, so dass ein Wiederaufflammen der gewalttätigen Konflikte verhindert wird.

Diese vier Bestandteile der Konfliktbearbeitung sind als miteinander verzahnt zu
verstehen:

> *„Die vorbeugende Diplomatie ist bestrebt, Streitigkeiten beizulegen, bevor Gewalt ausbricht;
> Friedensschaffung und Friedenssicherung sind notwendig, um Konflikten Einhalt zu gebieten
> und den einmal erreichten Frieden zu erhalten. Sind diese Maßnahmen erfolgreich, so verbes-
> sern sie die Aussichten für die Friedenskonsolidierung in der Konfliktfolgezeit, wodurch erneute*

Gewalt zwischen Nationen und Völkern verhindert werden kann." (Agenda für den Frieden: Randnr. 20)

Die Agenda für den Frieden stellt einen Fortschritt dar, da es dem Generalsekretär darin gelang, die bislang bei den UN parallel zueinander benutzen Begriffe und Konzepte sauber zu definieren und operativ voneinander abzugrenzen (Hüfner/ Martens 2000: 160). Mit der Etablierung der Dimension der Friedenskonsolidierung trug Boutros-Ghali zudem dazu bei, dass die Relevanz von wirtschaftlichen, sozialen, humanitären und kulturellen Maßnahmen als integraler Bestandteil der Friedensarbeit deutlich wurde (ebd.). Auch wurde so deutlich, dass ein weiter Sicherheitsbegriff bei den UN verankerte werden sollte.

Ein halbes Jahr nach der Veröffentlichung der Agenda für den Frieden forderte die Generalversammlung im Dezember 1992 den Generalsekretär auf, für den Bereich der Entwicklungszusammenarbeit einen analogen Bericht zu erarbeiten. Die Agenda für Entwicklung wurde jedoch erst im Juni 1997 von der UN-Generalversammlung verabschiedet (A/RES/51/240 vom 20. Juni 1997). Zur langen Verzögerung kam es, weil zunächst der Generalsekretär schon 17 Monate brauchte, um seinen Bericht vorzulegen (im Vergleich zu sechs Monaten bei der Agenda für den Frieden) (A/48/935 vom 6. Mai 1994). Dieser stellte zudem „eine eher visionär anmutende Konzeption für eine universale, am Menschen orientierte Kultur der Entwicklung" dar, die Entwicklung als Verknüpfung von Frieden, Wirtschaft, Umwelt, sozialer Gerechtigkeit und Demokratie konzeptionalisierte (Hüfner/Martens 2000: 175). Die Generalversammlung diskutierte den Bericht im Juni 1994, und zwar in Form einer „globalen Anhörung über Entwicklung" (ebd.). Die GA öffnete erstmals ihre Türen auch für andere Mitglieder als die VertreterInnen der Staaten und setzte das neue Format eines offenen Dialogs zwischen Staats- und Regierungschefs, ExpertInnen, MedienvertreterInnen und MitarbeiterInnen der ständigen Vertretungen der Staaten bei den UN ein. Die Ergebnisse dieser Diskussion wurden vom Präsidenten der Generalversammlung zusammengefasst und in die regulären Beratungen der GA zurückgegeben. Offene Streitpunkte betrafen etwa die Frage, ob eine internationale Konferenz zur Entwicklungsfinanzierung einberufen oder auch ein Teil der Schulden der EL erlassen werden sollte. Daher kam es erst im Juni 1997 zur Einigung auf die Agenda für Entwicklung. Auch aufgrund der sehr breiten Anlage der Agenda konnte sie nicht so eine große Wirkung entfalten wie die Agenda für den Frieden. Sie stellte daher auch nur einen Zwischenschritt auf der „Suche nach einem neuen Entwicklungskonzept" dar, auf der die Weltgemeinschaft schon seit Mitte der 1980er Jahre war. In dem Suchprozess ist u.a. das Konzept der Nachhaltigen Entwicklung (*Sustainable Development*) entwickelt worden.[39]

Größere Bekanntheit erhielt das Konzept der Nachhaltigen Entwicklung, das die Gleichberechtigung der sozialen, ökonomischen und ökologischen Dimension der Entwicklung betont, durch die Weltkonferenz über Umwelt und Entwicklung,

Agenda für Entwicklung

Weltkonferenzen der 1990er Jahre

---

39 Das Konzept ist durch die Weltkommission für Umwelt und Entwicklung (*World Commission on Environment and Development*) entwickelt worden. Die Sachverständigenkommission wurde 1983 von der Generalversammlung eingesetzt und veröffentlichte vier Jahre später ihren Bericht. Sie wird häufig nach ihrer Vorsitzenden, der norwegischen Ministerpräsidentin Gro Harlem Brundtland, auch als Brundtland-Kommission bezeichnet.

die 1992 in Rio de Janeiro stattfand. Der sogenannte Erdgipfel war der Beginn einer Reihe von Weltkonferenzen, zu denen die UN-Generalversammlung die Staaten eingeladen hatte. Bei den Weltkonferenzen wurden neue normative Leitbilder entwickelt bzw. bestehende, zum Teil auch umstrittene, bestätigt. Beispielsweise wurde das Konzept der FrauenMenschenrechte verankert (die Anerkennung von Gewalt gegen Frauen als Menschenrechtsverletzung, Wien 1993) oder auch das Ziel betont, die Armut zu beseitigen (Weltgipfel für soziale Entwicklung, Kopenhagener Erklärung 1995).

Jahr	Thema	Titel	Ort	Abschlussdokumente
1990	Kinder	UN-Weltgipfel für Kinder	New York	Deklaration und Aktionsplan zum Überleben, zum Schutz und zur Entwicklung von Kindern in den 90er Jahren
1992	Umwelt und Entwicklung	UN-Konferenz für Umwelt und Entwicklung	Rio de Janeiro	Agenda 21, Rio-Deklaration, Klimakonvention, Konvention über Biologische Vielfalt, Walderklärung
1993	Menschen-rechte	Menschenrechts-weltkonferenz	Wien	Wiener Erklärung und Aktionsprogramm „Neue Vision für weltweites Handeln für die Menschenrechte bis in das nächste Jahrtausend"
1994	Bevölkerung	UN-Konferenz über Bevölkerung und Entwicklung	Kairo	Kairoer Aktionsprogramm mit 200 Handlungsempfehlungen, die in den nächsten 20 Jahren eine Begrenzung des Bevölkerungswachstums ohne staatlichen Zwang sicherstellen sollen
1995	Soziale Entwicklung	UN-Weltgipfel für soziale Entwicklung	Kopenhagen	Kopenhagener Erklärung und Aktionsprogramm, 10 Verpflichtungen für eine „Strategie gegen Armut, Arbeitslosigkeit und soziale Ausgrenzung"
1995	Frauen	Vierte Weltfrauen-konferenz	Peking	Pekinger Erklärung und Aktionsplattform: „Aktion für Gleichheit, Entwicklung und Frieden"
1996	Wohnen	UN-Konferenz über menschenwürdiges Wohnen	Istanbul	Istanbuler Erklärung zu menschenwürdigem Wohnen
1996	Ernährung	Welternährungs-gipfel	Rom	Erklärung und Aktionsprogramm zur Welternährung

Abbildung 2.10: Weltkonferenzen der 1990er Jahre[40]

---

40 Quelle: Darstellung nach Messner/Nuscheler 1996.

Wenngleich die Abschlussdokumente der Weltkonferenzen völkerrechtlich unverbindlich sind, so haben sie doch eine normative Wirkung entfalten können. Zivilgesellschaftliche Akteure haben sie als Referenzpunkte genutzt und die Staaten so an ihre öffentlich anerkannten Verpflichtungen erinnert. Da die Einhaltung der Verpflichtungen der Weltkonferenzen auch auf UN-Ebene regelmäßig überprüft wird (zumindest müssen die Staaten regelmäßig Berichte über die Verankerung der Normen abgeben), ist die Gefahr, dass es sich um einmalige Spektakel handelt, eingegrenzt. Auffällig ist schließlich, dass sich die Abschlussdokumente der Weltkonferenzen aufeinander beziehen. Dies deutet auch auf ein Erkennen der thematischen Interdependenzen hin.

Bei den Weltkonferenzen der Vereinten Nationen trat erstmals eine Vielzahl von NGOs auf und versuchte, Einfluss auf die zwischenstaatlichen Aushandlungsprozesse zu nehmen. Beim Erdgipfel in Rio hatten 1.420 NGOs offiziell Teilnahmerechte bei den Verhandlungen erhalten und konnten dort sowohl zu bestimmten Zeitpunkten in den Verhandlungen Reden halten als auch schriftliche Stellungnahmen verteilen. Weiterhin nahmen mehrere Tausend NGOs an einem parallelen NGO-Gipfel teil. Bei der Weltfrauenkonferenz in Peking 1995 waren sogar knapp 3.000 NGOs als offizielle Beobachter der Verhandlungen akkreditiert und an dem dortigen NGO-Forum nahmen rund 35.000 RepräsentantInnen der Zivilgesellschaft teil (Brühl 2003: 57f.). Diese damals neuen Höchstzahlen an zivilgesellschaftlicher Beteiligung haben verschiedene Ursachen. Erstens ist die Zahl der organisierten zivilgesellschaftlichen Akteure per se gestiegen, wozu auch die Demokratisierung nach dem Ende des Ost-West-Konflikts beigetragen hat. Zweitens wurde immer offensichtlicher, dass die neuen globalen Probleme nur mittels innovativer Politikstile, zum Beispiel in Form von *public-private partnerships* (PPPs) zu bearbeiten sind. Schließlich setzte sich bei den UN die Erkenntnis durch, dass die NGOs wichtige Expertise zu den Verhandlungen beisteuern können. In den folgenden Jahren öffnete die Organisation daher zunehmend ihre Verhandlungsforen für die NGOs. Doch auch wirtschaftliche Akteure (Unternehmen und deren Verbände) strebten vermehrt an, Einfluss auf die Arbeit der UN zu nehmen.

Der Weiterentwicklung von internationalen Normen standen auf der anderen Seite Misserfolge in der Arbeit der Vereinten Nationen gegenüber. Die Zeit der 1990er gilt als eine „Phase größerer Instabilitäten und weltweiter Turbulenzen" (Hüfner/Martens 2000: 155), in der gleichzeitig Globalisierungs- und Fragmentierungstendenzen aufgetreten sind. Für die UN bedeutet dies, dass zwar einerseits, wie skizziert, neue anspruchsvolle normative Konzepte entwickelt worden sind, andererseits aber ursprünglich geteilte Normen missachtet wurden und bestehende Konzepte sich als unbrauchbar herausstellten. Dies trifft vor allem auf den Bereich der Friedens- und Sicherheitspolitik zu (siehe Kap. 3.1). Das zu Zeiten des Ost-West-Konflikts entwickelte Blauhelmkonzept scheiterte bekanntlich Mitte der 1990er Jahre mit dramatischen Folgen für die betroffen Menschen. Daher verflog spätestens bei den PKO-Einsätzen in Somalia, Bosnien und Ruanda der anfängliche „Post Cold War Optimism" (Mingst/Karns 2007: 6).

„Private Akteure *ante portas*" (Wolf 2005: 49)

Scheitern der UN-Blauhelme

Die Vereinten Nationen stehen seit den 1990er Jahren daher vor drei Dilemmata (Mingst/Karns 2007: 10ff.):

*   *Regieren (Governance)*: Einerseits besteht ein großer Bedarf an tatkräftigem
    Eingreifen in die Weltpolitik, so dass die UN ihre Stärken als weltumfas-
    sende und daher auch als legitim anerkannte Organisation ausspielen könn-
    te. Andererseits kann die UN aufgrund ihrer starren Struktur und der sich
    Reformen widersetzenden Staaten ihr Handlungsinstrumentarium gar nicht
    nutzen.
*   *Souveränität*: Die UN sind als zwischenstaatliche Organisation gegründet
    worden und haben der nationalen Souveränität der Staaten, also der Nicht-
    einmischung, einen hohen Wert zugewiesen. Auf der anderen Seite ist die
    Souveränität durch verschiedene Entwicklungen erodiert. Der Menschen-
    rechtsschutz ist gegenüber Staatenrechten aufgewertet worden. Staaten ha-
    ben selbst Teile ihrer Rechte an inter- und supranationale Organisationen ab-
    gegeben, NGOs und Unternehmen arbeiten in vielen Staaten und unterlaufen
    staatliche Grenzen und schließlich zerfallen Staaten aufgrund von Unabhän-
    gigkeitsbestrebungen einzelner Akteure oder wegen Bürgerkriegen.
*   *Weltmacht USA*: Die USA haben bedeutend zur Gründung der Weltorgani-
    sation beigetragen und sie auch finanziell unterstützt. In Zeiten anstehen-
    der Reformen der UN wäre die Unterstützung durch die einzig verbliebene
    Supermacht wichtig, auch um neue Wege einzuschlagen. Doch stattdessen
    unterminieren die USA die Arbeit der UN, indem sie diese scharf kritisieren,
    mit Beitragskürzungen drohen und zentrale internationale Vereinbarungen,
    wie den Internationalen Strafgerichtshof, die Landminenkonvention oder
    auch das Kyoto-Protokoll, nicht unterzeichnet haben.

2.5 Fazit

Der Anspruch, der mit der Gründung der Vereinten Nationen formuliert worden
war, konnte in den ersten Dekaden der Existenz der Weltorganisation nicht eingelöst werden. Erstens schränkte der Ost-West-Konflikt massiv die Handlungsfähigkeit der Institution ein: Der Sicherheitsrat war über mehrere Dekaden blockiert, so
dass sich das System kollektiver Sicherheit nicht entfalten konnte. Erst nach dem
Ende des Ost-West-Konflikts wurden mehrere Missionen, teils mit umfassendem
Mandat, entsandt. Zweitens hatte der Nord-Süd-Konflikt einen großen Einfluss
auf die Arbeit der Vereinten Nationen, insbesondere auf die Debatten in der Generalversammlung in den 1970er Jahren. Erst nachdem diese beiden Konflikte
an Virulenz verloren hatten und zudem die Finanzierung der Vereinten Nationen
wieder auf sicheren Beinen stand, konnte die Weltorganisation wieder wirkmäch-
tig werden. Es zeigt sich hieran, dass weltpolitische Konfliktlagen eine starke
Auswirkung auf die Arbeit der Organisation haben. Im Gegensatz zu dieser eher
situativen Erklärung kann in Bezug auf die Zusammenarbeit von Vereinten Nationen mit zivilgesellschaftlichen Akteuren ein genereller Trend festgestellt werden:

Tendenziell öffnen die Institutionen des Systems der Vereinten Nationen ihre Türen heute weiter für NGOs, als sie es vor sechzig Jahren taten. War die Mitarbeit
und Einflussnahme von NGOs zunächst auf den Bereich des ECOSOC und seiner
Nebenorgane beschränkt, so hat sich seit den 1990er Jahren ihr Aufgabengebiet
deutlich erweitert. Freilich gibt es zwischen den Politikfeldern wie auch in den
einzelnen Politikphasen unterschiedliche Möglichkeiten der Mitarbeit von Nichtregierungsorganisationen.

3 Friedenssicherung

Die Sicherung des Weltfriedens und der internationalen Sicherheit ist eines der Hauptziele der Vereinten Nationen. Sie ist daher in der UN-Charta auch gleich im ersten Absatz des ersten Artikels aufgeführt. Dieser Artikel legt weiterhin fest, dass Bedrohungen des Friedens zu verhüten und beseitigen, Angriffshandlungen und andere Friedensbrüche zu unterdrücken und internationale Streitigkeiten oder Situationen, die zu einem Friedensbruch führen können, durch friedliche Mittel nach den Grundsätzen der Gerechtigkeit und des Völkerrechts zu bereinigen oder zu beseitigen sind. Die Zielsetzung im Bereich der Friedenssicherung wurde in Reaktion auf die weltpolitischen Erfahrungen so prominent und umfassend festgeschrieben: Das 20 Jahrhundert war mit seinen zwei Weltkriegen das destruktivste in der Menschheitsgeschichte (Mingst/Karns 2007: 83). Auf diese Erfahrung nimmt auch die UN-Charta in ihrer Präambel Bezug, die mit folgenden Worten beginnt:

> *„Wir, die Völker der Vereinten Nationen – fest entschlossen, künftige Generationen vor der Geißel des Krieges zu bewahren, die zweimal zu unseren Lebzeiten unsagbares Leid über die Menschheit gebracht hat."*

Um das Ziel der Friedenssicherung zu erreichen, haben die Vereinten Nationen ein System kollektiver Sicherheit verankert (siehe Kap. 3.1), das jedoch in den folgenden Dekaden nicht wie gedacht umgesetzt werden konnte: Bekanntlich war der Sicherheitsrat als entscheidende Institution im Bereich der Friedenssicherung zunächst durch den Ost-West-Konflikt blockiert. Auch wurde der in Art. 47 der UN-Charta vorgesehene Generalstabsausschuss, der u.a. den Sicherheitsrat beraten und in Fragen zur Wahrung des Weltfriedens unterstützen hätte sollen, nie eingesetzt. Die Staaten verzichteten ferner darauf, ihre Streitkräfte über Sonderabkommen dem Sicherheitsrat zur Verfügung zu stellen (Art. 43 UN-Charta). Dies führte zu folgender Einschätzung: „The UN was left with no teeth to fight aggression" (Krasno 2004: 225). Weiterhin änderte sich zunehmend das Kriegsgeschehen, so dass das auf souveränen Staaten und dem Prinzip der Nicht-Einmischung aufbauende Konzept der kollektiven Sicherheit überarbeitungsbedürftig erschien. Daher gab es eine Reihe von wichtigen Reformen und Anpassungen im Bereich der Sicherung von Frieden und Sicherheit, die wir in dem folgenden Kapitel genauso darstellen, wie die zentralen Akteure und Institutionen.

Zunächst beschreiben wir kurz das Konzept der kollektiven Sicherheit (Kap. 3.1) und geben dabei einen Überblick über die Ziele und Aufgaben der Organisation in diesem Bereich. Die relevanten friedens- und sicherheitspolitischen Akteure und die (geteilten) Verantwortlichkeiten beleuchten wir im zweiten Abschnitt des Kapitels (Kap. 3.2). Nachfolgend stellen wir die Veränderung der zur Verfügung stehenden Instrumente der Friedenssicherung dar (3.3) und analysieren abschließend die Tätigkeiten der Vereinten Nationen in Bezug auf vorherrschende Governance-Formen und die institutionelle Einbindung von Nichtregierungsorganisationen (Kap. 3.4). Das Kapitel schließt mit einem knappen Fazit.

3.1 Kollektive Sicherheit

Die Vereinten Nationen haben in ihrer Charta ein historisch einmaliges System kollektiver Sicherheit verankert, das über das Modell des Völkerbundes hinausgeht. In der Völkerbundsatzung war zwar festgehalten, dass „jeder Krieg und jede Bedrohung mit Krieg, mag davon unmittelbar ein Bundesmitglied betroffen sein oder nicht, eine Angelegenheit des ganzen Bundes ist" (Teil I, Art. 11 des Friedensvertrags von Versailles vom 28. Juni 1919). Die zentrale Referenz war hierbei jedoch der Krieg und nicht die Wahrung des Friedens, die in der UN-Charta im Mittelpunkt steht.

Friedenspflicht

Die UN-Mitglieder haben eine Friedenspflicht, sie legen also internationale Streitigkeiten mit friedlichen Mitteln bei (Art. 2, Abs. 3 der UN-Charta). Diese Pflicht ist in Bezug auf diejenigen Streitigkeiten, die die Wahrung des Weltfriedens und die internationale Sicherheit gefährden, in Artikel 33 der UN-Charta konkretisiert. Demnach bemühen sich die Konfliktpartien, ihre Streitigkeiten durch Verhandlung, Untersuchung, Vermittlung, Vergleich, Schiedsspruch, gerichtliche Entscheidung, Inanspruchnahme regionaler Einrichtungen, Abmachungen oder andere friedliche Mittel eigener Wahl beizulegen. Die Verantwortung zur friedlichen Streitbelegung liegt also bei den Konfliktpartien. Der Sicherheitsrat oder auch die Generalversammlung können zwar dazu auffordern, eines der erwähnten friedlichen Mittel zu wählen, diese Empfehlungen sind jedoch nicht rechtsverbindlich.

Gewaltverbot (Art. 2, Abs. 4 UN-Charta)

Der Kern des Systems kollektiver Sicherheit ist das Gewaltverbot, das in Art. 2, Abs. 4 UN-Charta verankert ist. Es besagt:

> *„Alle Mitglieder unterlassen in ihren internationalen Beziehungen jede gegen die territoriale Unversehrtheit oder die politische Unabhängigkeit eines Staates gerichtete oder sonst mit den Zielen der Vereinten Nationen unvereinbare Androhung oder Anwendung von Gewalt"*

Mit der Verankerung des Gewaltverbots gehen die Vereinten Nationen über das bis dahin gültige, im Briand-Kellogg-Pakt 1928 formulierte Kriegsverbots hinaus, da auch einem Präventivkrieg die Legitimation entzogen wird (Debiel 2003: 46). Die Vorstellung, dass militärische Gewalt aktuell oder potenziell angewandt werden kann, um ein politisches Ziel zu erreichen oder eine Grenze zu verschieben, ist somit überholt (Smith 2001: 42). Der normative Wandel vom Recht zum Krieg (*ius ad bellum*) über das Kriegsverbot hat mit dem Gewaltverbot seinen (vorläufigen) Abschluss gefunden.

Ausnahmen des Gewaltverbots

Das Gewaltverbot kennt nur drei Ausnahmen:[41]

- **Maßnahmen gegen ehemalige Feindstaaten**: Diese Ausnahme ist hinfällig geworden, da alle ehemaligen Feindstaaten inzwischen UN-Mitglieder geworden sind. Ursprünglich war vorgesehen, dass Regierungen gegen Staa-

---

41 Die Generalversammlung hat mit der Verabschiedung der „Declaration on the Granting of Independence to Colonial Countries and Peoples" im Jahr 1960 eine weitere Ausnahme definiert (Res.1514 (XV) vom 14. Dezember 1960). Demnach gilt der „anti-koloniale bzw. anti-rassistische Befreiungskampf einschließlich seiner Unterstützung von außen als anerkannte Ausnahme vom universellen Gewaltverbot" (Rittberger 1990: 145).

ten, die während des Zweiten Weltkriegs Feinde der Unterzeichnerstaaten
waren, auch militärisch vorgehen dürften (Art. 107, siehe auch Art. 53).

- **Selbstverteidigung**: Die UN-Charta sieht in Artikel 51 vor, dass im Falle
eines bewaffneten Angriffs (und nur dann!) der betroffene Staat sein indi-
viduelles oder kollektives Selbstverteidigungsrecht ausüben kann. Er darf
– bis der Sicherheitsrat die zur Wahrung des Weltfriedens und der internationalen Sicherheit erforderlichen Maßnahmen ergriffen hat – eigenständige
Maßnahmen ergreifen. Diese muss der entsprechende Staat sofort dem Sicherheitsrat anzeigen.

- **Kollektive Zwangsmaßnahmen**: Der Sicherheitsrat kann als das für Frieden und Sicherheit hauptverantwortliche Gremium nach Art. 39 UN-Charta
eine Bedrohung oder einen Bruch des Friedens oder eine Angriffshandlung
feststellen und sodann Maßnahmen beschließen, die zur Wahrung oder Wiederherstellung des Weltfriedens erforderlich sind. Diese sind im Kapitel
VII der UN-Charta aufgeführt. Demnach kann der Sicherheitsrat entweder
wirtschaftliche oder politische Sanktionen verhängen (wie etwa die Unterbrechung der Wirtschaftsbeziehungen oder den Abbruch diplomatischer Beziehungen; Art: 40 UN-Charta). Oder aber er beschließt militärische Maßnahmen (Art. 41 UN-Charta). Während des Ost-West-Konflikts hatte – wie
wir noch zeigen werden – diese Ausnahme des Gewaltverbots keine größere
Bedeutung, da die beiden Blöcke jeweils wechselseitig verhinderten, dass
der Sicherheitsrat entsprechende Resolutionen verabschiedete. Der Sicherheitsrat verhängte lediglich gegen die Politik des Ian Smith-Regimes im
ehemaligen Südrhodesien sowie gegen das Apartheidsregime in Südafrika
Wirtschaftssanktionen. Von der Möglichkeit der militärischen Zwangsmaßnahmen hat der Sicherheitsrat nur 1950/51 in Korea und 1960 im Kongo Gebrauch gemacht. Im Zeitraum von 1990-2005 verhängte der Sicherheitsrat
dagegen allein 15 Mal Wirtschaftssanktionen, von denen nur drei umfassende Handelssanktionen waren. In den anderen Fällen handelte es sich um *targeted sanctions*, also Sanktionen, die nur bestimmte Bereiche der Wirtschaft
bzw. des Staates treffen sollten (Cortright et al. 2007: 349). Weiterhin hat die
Zahl der UN-Missionen, die zur Erfüllung ihres Mandats auch Maßnahmen
nach Kapitel VII anwenden dürfen, stark zugenommen. So waren 93% aller
Zwangsmaßnahmen im Zeitraum von 1946-2002 nach dem Ende des Ost-
West-Konflikts verhängt worden (Cunliffe 2009: 328).

Das System kollektiver Sicherheit geht von souveränen Staaten als Akteuren aus. *Souveräne und*
Dies zeigt sich zum Beispiel in Art. 2, Abs. 1 der UN-Charta, dem zufolge die *gleiche Staaten*
Vereinten Nationen auf dem „Grundsatz der souveränen Gleichheit aller ihrer
Mitglieder" beruhen. Damit ist gemeint, dass diese gleichwertige Völkerrechts-
subjekte sind und dass ihre innerstaatliche Ordnung, Größe und Wirtschaftskraft
für das Völkerrecht irrelevant ist. Souveränität teilt sich klassischerweise in zwei
Dimensionen auf: Nach innen markiert sie die höchste unabhängig geleitete Ge-
walt und damit das Recht, die staatliche Ordnung in politischer, sozialer und ökonomischer Hinsicht frei zu wählen und zu gestalten. Nach außen bedeutet sie die
„Völkerrechtsunmittelbarkeit", also das Recht zur selbstbestimmten Teilnahme

am Völkerrecht (von Arnauld 2009: 11). Die souveränen Staaten können ihre Ge-
biets-, Organisations- und Personalhoheit ausüben, bis sie auf die Schranken der
ebenfalls aus der Souveränität fließenden subjektiven Rechte der anderen Staaten
treffen (Bleckmann 1991: 43).

Interventionsverbot

Mit der Souveränität geht das Interventionsverbot (Art. 2, Abs. 7 UN-Charta)
einher. Es besteht aus drei Regeln: (1) Die Organe der Vereinten Nationen dürfen
nicht in die inneren Angelegenheiten eines Staates eingreifen; (2) die Mitglieder
der Vereinten Nationen sind nicht verpflichtet, innerstaatliche Angelegenheiten einer friedlichen Streitbeilegung der Vereinten Nationen zu unterwerfen; und (3) die
Anwendung von Zwangsmaßnahmen nach Kapitel VII wird durch den Grundsatz
nicht berührt (Ermacora 1991: 110). Das Interventionsverbot wurde im 20. Jahrhundert so ausgelegt, dass Staaten als „autonome Entitäten" betrachtet wurden, in
deren innere Zuständigkeitsbereiche von außen nicht eingegriffen werden durfte
(Debiel et al. 2009: 54). Seit den 1990er Jahren gerieten das Souveränitätsgebot
und das Interventionsverbot zunehmend in ein Spannungsverhältnis zum Menschenrechtsschutz (siehe Kapitel 5). Der Sicherheitsrat genehmigte UN-Missionen, die massiven Verletzungen der Menschenrechte Einhalt gebieten sollten. Die
Debatte um die sogenannten humanitären Interventionen hat sich heute dahin gehend weiterentwickelt, dass die Staatengemeinschaft 2005 das Prinzip der Schutzverantwortung (*Responsibility to Protect*) verankert hat (siehe Abschnitt 3.3.9).

„Kollektive Sicherheit als Mythos"

Ernst-Otto Czempiel (1994: 25) bezeichnete das System kollektiver Sicherheit wie erwähnt als Mythos (siehe Kapitel 2.2.1). Das System habe niemals funktioniert und könne es auch gar nicht, denn dazu müssten alle Staaten auf Gewalt
verzichten. Wenn sie das aber tun würden, wäre das System überflüssig. Offensichtlich haben viele Staaten das Gewaltverbot nicht eingehalten: Zwischen den
Jahren 1945 und 2000 sind 218 Kriege geführt worden (AKUF 2007). Die Vereinten Nationen konnten diese Kriege nicht verhindern und zudem auch nur sehr
begrenzt auf deren Eindämmung hinwirken. Immer wieder war aber der Sicherheitsrat als relevante Institution durch den Systemantagonismus blockiert. Um wenigstens in kleinerem Rahmen einen Beitrag zur Wahrung bzw. Wiederherstellung
des Friedens leisten zu können, hat die UN das Instrumentarium der Friedensmissionen (zumeist als Blauhelme bezeichnet) entwickelt. Diese sind, wie wir in
Abschnitt 3.3 zeigen werden, nicht in der UN-Charta vorgesehen. Der ehemalige
UN-Generalsekretär Dag Hammarskjöld, der als „Vater" der Friedensmissionen
gilt, ordnete diese UN-Aktivitäten als „Chapter Six and a Half" zwischen den
Maßnahmen der friedlichen Konfliktbearbeitung und den Zwangsmaßnahmen ein.
Zunächst stellen wir jedoch die in der Friedenssicherung relevanten UN-Institu-
tionen vor.

3.2 Institutionen

Die UN-Charta weist dem Sicherheitsrat die Hauptverantwortung für die Wahrung des Weltfriedens und der internationalen Sicherheit zu (Art. 24 UN-Charta).

Dies bedeutet jedoch nicht, dass andere Institutionen der UN irrelevant wären. Im Gegenteil: Die Generalversammlung und das Sekretariat mit dem Generalsekretär spielen wichtige Rollen. Zudem hat 2005 die Kommission für Friedenskonsolidierung ihre Aktivitäten aufgenommen. Die Aufgaben und Kompetenzen dieser Institutionen umreißen wir nachfolgend.

3.2.1 Der Sicherheitsrat

Wohl kaum eine internationale Institution ist so bekannt wie der UN-Sicherheitsrat. Ihm haben die UN-Mitglieder die Hauptverantwortung für Frieden und Sicherheit übertragen. Der Sicherheitsrat stellt fest, „ob eine Bedrohung oder ein Bruch des Friedens oder ein Angriffskrieg vorliegt". Er beschließt davon ausgehend, ob friedliche oder militärische Sanktionsmaßnahmen getroffen werden müssen, um den Weltfrieden zu wahren bzw. wiederherzustellen (Art. 39 UN Charta). Der Sicherheitsrat besitzt somit zwei Formen von Autorität (Coicaud 2007: 14): Erstens legt er fest, was eine Bedrohung des Friedens ausmacht. Dies ist seine Macht zur Interpretation und Qualifikation. Zweitens hat der Sicherheitsrat eine Entscheidungsmacht, da er die Handlungen, mit denen die Bedrohung oder der Bruch des Friedens abgewendet werden sollen, festlegen kann. In einem gewissen Rahmen trägt der Sicherheitsrat auch zur Weiterentwicklung der internationalen Normen bei, da seine Entscheidungen völkerrechtlich verbindlich sind und sie als Referenzpunkte im internationalen Diskurs dienen. Dabei darf nicht vergessen werden, dass die Entscheidungen des Sicherheitsrates „vor allem auf den interessengeleiteten Zielvorstellungen der Nationalstaaten, hier vor allem der ständigen Mitglieder" basieren (Ruf 1994: 14). Daher kann die normative Weiterentwicklung von einer „relative[n] Beliebigkeit eines im Sicherheitsrates herstellbaren Konsens abhängen" (ebd.).

Interpretations- und Entscheidungsmacht

Der Sicherheitsrat hat seit 1965 fünfzehn Mitglieder, darunter die fünf ständigen Mitglieder Großbritannien, China, Frankreich, Russland und USA (siehe Kapitel 2.2.2).[42] Diese spielen bei allen substanziellen Entscheidungen eine wichtige Rolle, da keine Entscheidung gegen ihren Willen getroffen werden kann (qualifizierte Mehrheit). Bei Verfahrensfragen reicht dagegen eine Mehrheit von neun Stimmen aus. Die nicht-ständigen Mitglieder werden durch die Generalversammlung gewählt, wobei den Wahlen ein Regionalschlüssel zu Grunde liegt. Demnach erhält die Gruppe der afrikanischen Staaten drei Sitze, je zwei Sitze gehen an die Regionalgruppen Asien und Lateinamerika/Karibik. Die Gruppe der westeuropäischen und anderen Staaten sowie die osteuropäischen Staaten erhalten jeweils einen Sitz. Traditionell ist einer der nicht-ständigen Sitze einem arabischen Staat vorbehalten (Wunderlich 2009: 3).

Mitgliedschaft und Vetomacht

Während des Ost-West-Konfliktes war der Sicherheitsrat weitgehend blockiert. Die beiden Antagonisten USA und UdSSR legten, sobald der Sicherheitsrat über eine Resolution debattierte, die eine der beiden Einflusssphären betroffen hat,

Quantitative und qualitative Zunahme der Aktivitäten

---

42 Bis 1965 gehörten dem Sicherheitsrat neben den fünf ständigen Mitgliedern nur sechs (statt heute zehn) nicht-ständige Mitglieder an.

ein Veto ein. Während in den ersten beiden Dekaden vor allem die Sowjetunion Entscheidungen des Sicherheitsrats blockierte, waren es in den folgenden Dekaden eher die USA (siehe Abbildung 2.7). Über 200 Resolutionsentwürfe traten nicht in Kraft, da Vetos eingelegt wurden. In der Zeit von 1956-1989 verabschiedete der Sicherheitsrat daher durchschnittlich lediglich 15 Resolutionen pro Jahr. Diese Zahl hat sich zwischen 1990-2008 mehr als vervierfacht (Wallensteen/Johanson 2004: 18). Eine Art Zäsur stellte dabei der UN-mandatierte Einsatz gegen den Irak dar.[43] Zwischen März 1991 und Oktober 1993 verfasste der Sicherheitsrat 185 Resolutionen und setzte 15 neue Friedensmissionen ein. Die Zahl der Vetos hatte im Vergleich zu einer genauso langen Periode während des Ost-West-Konflikts um 80% abgenommen (Cockayne/Malone 2005: 335). Auch nachfolgend hat der Sicherheitsrat eine große Zahl von Resolutionen verabschiedet und das gesamte ihm zur Verfügung stehende Instrumentarium genutzt. Zudem verhängte das Gremium nach dem Ende des Ost-West-Konflikts mehr wirtschaftliche Sanktionen als je zuvor. Basierend auf der Arbeit seines Sanktionsausschusses verfeinerte der Sicherheitsrat sein Instrumentarium dabei deutlich. Statt genereller Handelssanktionen, die in der Kritik dafür stehen, dass auch die Zivilgesellschaft der entsprechenden Staaten unter ihnen leide, werden heute zunehmend gezielte Sanktionen eingesetzt (*targeted sanctions*). Sie sollen gezielt bestimmte Individuen, einzelne Gruppen oder einzelne Güter treffen. Der Sicherheitsrat hat sich ferner zunehmend mit der Rechenschaftspflicht auseinander gesetzt und sowohl zwei Internationale Strafgerichtshöfe zur Verfolgung von Verbrechen gegen die Menschlichkeit im ehemaligen Jugoslawien und Ruanda als seine Nebenorgane eingesetzt,[44] wie auch per Resolutionen Gerichtshöfe für andere Bürgerkriegsregionen etabliert (etwa für Sierra Leone, Kosovo, Ost Timor, Ruanda, Kambodscha). Am bedeutsamsten ist sicherlich die Neuerung, dass der Sicherheitsrat seit 1991 vermehrt auch militärische Zwangsmaßnahmen nach Kapitel VII der UN-Charta verhängt. Allein zwischen 1990 und 2004 verabschiedete er mehr als 200 entsprechende Resolutionen; im Vergleich dazu waren es nur sieben während der Zeit des Ost-West-Konflikts (Thompson 2006: 2). Von den insgesamt 437 seit 1946 beschlossenen Resolutionen, die ein Mandat nach Kapitel VII beinhalteten, sind 416 nach dem Ende des OWK verabschiedet worden (Debiel et al. 2009: 60).[45]

Vorsichtige Öffnung für private Akteure: Die Mitglieder des Sicherheitsrates bleiben bei den meisten Beratungen unter sich. Zwar hat die Zahl der öffentlichen Sitzungen zugenommen und bei einigen

---

43   Der Sicherheitsrat ermächtigte mit Resolution S/RES/678 vom 29. November 1990 die UN-Mitglieder „with all necessary means" den Irak zum Rückzug aus Kuwait zu bewegen und somit die in Resolution S/RES/660 vom 2. August 1990 geforderte Situation wieder herzustellen.

44   Diese beiden Internationalen Strafgerichtshöfe wurden durch die Resolutionen S/RES/808 am 22. Februar 1993 (ehemaliges Jugoslawien) und S/RES/955 am 8. November 1994 (Ruanda) etabliert.

45   Das Ende des Ost-West-Konflikts bedeutet freilich nicht, dass die Sicherheitsratsmitglieder keine Positionsdifferenzen haben. Von den ständigen Mitgliedern betonen China und Russland häufig die Souveränität der Staaten, während die westlichen Staaten eine proaktivere Interventionspolitik vertreten (Coicaud 2007: 55). Um diese Differenzen zu überwinden, wird teils auch die Strategie der side-payments, also des Erteilens von Vergünstigungen in anderen Bereichen, genutzt. China und Russland erhielten so angeblich günstige Weltbankkredite, um im Gegenzug auf das Einbringen eines Resolutionsentwurfs im Sicherheitsrat zu verzichten, der die US-Intervention in Haiti verurteilt hätte (Voeten 2005: 532).

dieser Sitzungen dürfen auch Beobachter (Staaten, die nicht im Rat vertreten sind, UN-Institutionen oder auch bei den UN akkreditierte NGOs) teilnehmen. Dennoch findet der Großteil der Beratungen hinter verschlossenen Türen statt.[46] Somit ist der Sicherheitsrat diejenige Institution innerhalb der UN-Familie, die nichtstaatlichen Akteuren die geringsten Partizipationsmöglichkeiten bietet. Erst einmal hat der Sicherheitsrat einen nichtstaatlichen Akteur zu seinen Beratungen offiziell eingeladen: Im April 2004 diskutierte der Sicherheitsrat die Frage, welche Rolle Unternehmen in der Krisenprävention spielen können. Er lud hierzu den damaligen Vorstandsvorsitzenden von Siemens, Heinrich von Pierer, ein. Dieser stellte die große Erfahrung, die sein Unternehmen im Umgang mit Konflikten hat, dar und verwies auf die Möglichkeit, dass Unternehmen zur Friedenskonsolidierung u.a. durch den Aufbau von Infrastruktur einen wichtigen Beitrag leisten können.[47]

eine formelle, individuelle Einladung für Siemens

Nichtregierungsorganisationen haben dagegen noch nie im Rahmen einer offiziellen Sitzung des Sicherheitsrates sprechen dürfen. Sie kommunizieren aber seit den 1990er Jahren über zwei verschiedene informelle Kanäle mit den Ratsmitgliedern. Erstens nutzen Sicherheitsratsmitglieder die Möglichkeit des sogenannten Arria-Formats, um mit ausgewählten NGO-VertreterInnen zu sprechen. Die Treffen sind nach dem früheren venezolanischen UN-Botschafter Diego Arria benannt, der 1993 die Ratsmitglieder zu einem Gespräch mit einem kroatischen Priester in die UN-Cafeteria eingeladen hatte. Beginnend mit diesem informellen Treffen hat sich das Verfahren entwickelt, dass ein Ratsmitglied die anderen zu einem informellen Treffen einlädt, um mit einer bestimmten Person Gespräche zu einem definierten Thema zu führen. Als Expertinnen und Experten waren bislang jeweils etwa zur Hälfte Staats- und Regierungschefs sowie zivilgesellschaftliche Akteure eingeladen (Brock/Brühl 2007: 11). Als erster NGO-Vertreter, der zu einer Sitzung nach dem Arria-Format eingeladen worden war, sprach der ehemalige Generalsekretär von Amnesty International im Jahr 1997 zu den Sicherheitsratsmitgliedern (Paul 2001a). Standen die ständigen Sicherheitsratsmitglieder dem Format der informellen Beratungen zunächst sehr zögerlich gegenüber, so akzeptieren sie es seit dem neuen Jahrtausend zunehmend. Es finden daher mehrfach im Jahr Sitzungen im Arria-Format statt. Etwa zeitgleich mit der Entwicklung des Arria-Formats hat sich eine NGO-Arbeitsgruppe gegründet, die Einfluss auf die Arbeit des Sicherheitsrates nehmen will. Anfang 1995 schlossen sich einige internationale NGOs zu einer *Working Group on the Security Council* zusammen, um die Arbeit des Rates zu begleiten und auch Einfluss auf dessen Reformprozess zu nehmen, der kurz zuvor in der Generalversammlung angestoßen worden war. Kurz nach der Gründung verschoben sie ihren Arbeitsschwerpunkt dahingehend, dass nun der Dialog mit Sicherheitsratsmitgliedern im Vordergrund steht. Seit

informelle Kanäle für NGOs:
• *Arria-Format*
• *NGO-Arbeitsgruppe*

---

46 Diese geschlossenen Verhandlungen werden in der vorläufigen Geschäftsordnung des Sicherheitsrates vom 1983 als „private (closed) meetings" bezeichnet. Eine Übersicht über die verschiedenen Sitzungsformate findet sich in Volger 2010, der auch darauf hinweist, dass seit Ende der 1990er Jahre ein „annäherndes Gleichgewicht zwischen formellen und informellen Konsultationen" herrsche (Volger 2010: 200).

47 Siehe den Beitrag von Herrn von Pierer in SC/8058 vom 15. April 2004. Generell wird die Rolle von Unternehmen in der Krisenprävention und der Friedenskonsolidierung in der Friedensforschung derzeit kontrovers diskutiert. Als Überblick hierzu siehe z.B. Feil et al. 2008 oder Joras 2009.

1997 finden regelmäßige Treffen der Arbeitsgruppe mit Mitgliedern des Sicherheitsrates statt. Deren Anzahl hat sich in den Anfangsjahren stetig erhöht. Seit 2000 fanden nun über vierzig „off-the-record meetings", also informelle Treffen von NGOs und Sicherheitsratsmitgliedern statt (Paul 2004).

Der Sicherheitsrat steht seit jeher in der Kritik. Ein zentraler Einwand betrifft die mangelnde Transparenz in der Arbeitsweise des Sicherheitsrats. Von Anfang an wurde ferner das Vetorecht kritisiert. Vorgeschlagen von den USA, Großbritannien und der UdSSR, wurde es von einigen Teilnehmern bereits auf der Konferenz in San Fransisco als problematisch angesehen. Da die vorgesehenen zukünftigen Sicherheitsratsmitglieder jedoch das Veto als „unverzichtbare Voraussetzung zur Errichtung eines neuen kollektiven Sicherheitssystems" ansahen und nicht einmal davor zurückscheuten, offen zu drohen, „dass es keine UN geben werde, wenn die anwesenden Staaten das Vetorecht ablehnen" (Wunderlich 2009: 5), erhielten die P5 ihre umfassenden Einflussmöglichkeiten. Schon bei den ersten Reformbemühungen stand das Thema Veto wieder auf der Tagesordnung. Kurz nach der Erhöhung der Zahl der nicht-ständigen Mitglieder auf zehn wurde Mitte der 1970er Jahre ein neuer Reformprozess mit dem Ziel angestoßen, noch mehr nicht-ständige Mitglieder in das Gremium aufzunehmen und eine Anpassung des Quorums vorzunehmen. Diese Reformbemühungen scheiterten jedoch am Widerstand der P5. Diese argumentierten, dass sich ein Mitgliederzuwachs negativ auf die Handlungs- und Entscheidungsfähigkeit des SR auswirken könne, so dass auch die Autorität der UN in Gänze untergraben werden würde (Wunderlich 2009: 7).

Erst in den 1990er Jahren ist die Reformdebatte dann wieder aufgeflammt. Mit dem Ende des Ost-West-Konflikts stieg zwar einerseits die Kooperationsbereitschaft im Sicherheitsrat, andererseits brachen vermehrt gewaltsame Konflikte aus. Auch nahm das Aufgabenspektrum des Sicherheitsrates zu. Auf Initiative der Blockfreien Bewegung (Non-Aligned Movement, NAM) setzte daher die Generalversammlung im Jahr 1997 eine Arbeitsgruppe ein, die Vorschläge für eine Reform erarbeiten sollte (*Open-Ended Working Group on the Question of Equitable Representation on and Increase in the Membership of the Security Council and Matters Related to the Security Council*). Die Staaten trugen ein breites Spektrum an Wünschen zusammen, die eine Reform umsetzen sollte: Die Effektivität sollte erhöht werden, insbesondere sollte der Prozess der Entscheidungsfindung beschleunigt und die Bindewirkung der Beschlüsse erhöht werden; die Repräsentativität sollte durch eine umfassendere Repräsentanz der Regionen steigen und die Legitimität besser sichergestellt werden, indem möglichst demokratische Entscheidungsverfahren etabliert werden (Rittberger/Baumgärtner 2005: 308).

Diesen Forderungen bzw. Wünschen standen spiegelbildlich diejenigen Punkte gegenüber, die als defizitär kritisiert wurden. Weitgehende Einigkeit besteht dabei dahingehend, dass der Sicherheitsrat als wenig repräsentativ angesehen wird. Wie eine Umfrage unter den UN-Mitgliedstaaten im Jahr 1992 zeigte, hat der Sicherheitsrat aus Sicht vieler UN-Mitglieder eine „completely unsatisfactory constituency" (Butler 2003: 139), da er die geographischen Verhältnisse des Gründungsjahrs widerspiegele. Es sei nicht nachzuvollziehen, warum bspw. Indien als demokratischer Staat mit über einer Milliarde Menschen kein Mitglied des Sicherheitsrates sei oder Brasilien als einer der größten Staaten Lateinamerikas nicht ständig in dem Gremium einen Sitz habe (Wunderlich 2009: 4). Seit 1992 haben alle deutschen Bundesregierungen unabhängig von der Zusammensetzung der Regierungskoalitionen den Anspruch auf einen Sitz Deutschlands im Sicherheitsrat formuliert (Winkelmann 2006: 68). Die Debatte über eine Reform des Sicherheitsrates wird auch aktuell noch in der Generalversammlung geführt (siehe 3.2.2).

Kritisiert wird weiterhin, dass der Sicherheitsrat mit ähnlich gelagerten Konflikten häufig unterschiedlich umgeht. Er greife selektiv in einzelne Konflikte ein, während er in anderen Fällen nicht tätig würde. Beispielsweise ist der Sicherheitsrat in der Suez-Krise aktiv geworden (siehe unten), während er im Ungarn-Konflikt keine Maßnahmen ergriffen hat, und zwar obwohl die ungarische Regierung die UN um Hilfe gebeten hatte.[48] Mit der selektiven Reaktion auf Konflikte leiste der Sicherheitsrat „selbst einen Beitrag zur Rückführung ... in jene Anarchie, die zu bekämpfen die Vereinten Nationen angetreten waren", urteilt der Politikwissenschaftler Werner Ruf (1994: 212). Dass der Sicherheitsrat nur selektiv tätig wird, ist Folge seines institutionellen Aufbaus. Der Sicherheitsrat ist ein politisches Gremium, dessen Resolutionen und Erklärungen die Positionen und Verhandlungsgeschicke der verschiedenen involvierten Akteure widerspiegeln. Hierbei haben die ständigen Mitglieder institutionelle Vorteile, da sie erstens durch die gut ausgestatteten Ständigen Vertretungen ihrer Staaten bei den Vereinten Nationen sehr umfassend auf Sicherheitsratssitzungen vorbereitet werden und zweitens auch langjährige Erfahrungen mit der Institution haben. Demgegenüber sind die nicht-ständigen Mitglieder, die nur über kleinere Ständige Vertretungen verfügen, im Nachteil. Sie können aufgrund fehlender Ressourcen zum Teil die Komplexität des Konfliktgeschehens gar nicht überblicken (Prantl 2005: 568). Zur Selektivität der Maßnahmen trägt weiterhin bei, dass durch die Rotation der nicht-ständigen Mitglieder häufig keine umfassenden und langfristigen Maßnahmen verabschiedet werden, sondern immer eher kurzfristig entschieden wird (ebd.). Schließlich kommt in der Selektivität auch zum Ausdruck, dass zunehmend eine Diskrepanz zwischen der Bereitschaft, Resolutionen zu verabschieden, und dem nur eingeschränkt vorhandenen Willen, dafür auch Ressourcen zur Verfügung zu stellen, besteht.

Selektivität der Maßnahmen

3.2.2 Die Generalversammlung

Während der Sicherheitsrat konkrete Maßnahmen zur Wiederherstellung von Frieden beschließen soll, ist es Aufgabe der Generalversammlung (*General Assembly*, GA), die allgemeinen Grundsätze der Zusammenarbeit zur Wahrung des Weltfriedens und der internationalen Sicherheit zu erörtern und hierzu Empfehlungen abzugeben. Sie hat beispielsweise eine Reihe von Resolutionen erlassen, in denen

Empfehlungen durch die Generalversammlung

---

48 Die unterschiedlichen Reaktionen lassen sich in diesem Fall auf die Verschiedenartigkeit der Konflikte zurückführen. Erstens war der Suez-Kanal wirtschaftlich relevant. Zweitens stellte der Ungarn-Konflikt nicht die Integrität der Institution Vereinte Nationen in Frage. Während die Suez-Krise einen Keil zwischen die P5 Mitglieder Großbritannien, Frankreich und USA hätte treiben können, war der Ungarn-Konflikt nur ein Teil des Ost-West-Konflikts (Whitworth 2004: 31).

sie auf das Primat der friedlichen Konfliktbearbeitung hingewiesen hat.[49] Darüber
hinaus hat die GA als das wohl politischste Hauptorgan der UN unilaterale Interventionen einzelner Staaten angeprangert, wie die sowjetische Intervention in
Afghanistan oder die US-amerikanischen in Vietnam, Grenada oder Panama. Die
Resolutionen der Generalversammlung sind im Gegensatz zu denen des Sicherheitsrats nicht völkerrechtlich verbindlich. Sie haben jedoch wichtige Funktionen
als Referenzpunkte internationaler Aushandlungsprozesse und als moralische Autorität. Die zumeist am Ende einer Sitzungsperiode beschlossenen Empfehlungen
werden zuvor in einem der sechs verschiedenen Hauptausschüsse vorbereitet. Für
den Bereich Frieden und Sicherheit ist der Erste Hauptausschuss, der sich mit
den Themen Abrüstung und internationale Sicherheit auseinandersetzt, besonders
wichtig. Von großer Bedeutung ist ferner der Sonderausschuss für Peacekeeping-
operationen (*Special Committee on Peacekeeping Operations*), den die GA 1965
eingesetzt hat (häufig mit C-34 abgekürzt). Er diskutiert alle für Friedensmissionen relevante Fragen und berichtet an den Vierten Ausschuss (Besondere politische Fragen und Entkolonialisierung).

Uniting for Peace-
Resolution:
Gegenstand ...

Eine der bekanntesten Resolutionen der Generalversammlung zum Thema
Frieden ist die „*Uniting for Peace*-Resolution" („Gemeinsamens Vorgehen für
den Frieden") vom November 1950.[50] Sie ermächtigt die Generalversammlung
in Fällen, in denen eine Bedrohung des Weltfriedens, ein Friedensbruch oder eine
Angriffshandlung offenbar vorliegt und der Sicherheitsrats mangels Einstimmigkeit seiner ständigen Mitglieder nicht tätig werden kann, über die Angelegenheit
zu beraten und geeignete Maßnahmen zu ergreifen. Mit anderen Worten: Ist der
Sicherheitsrat aufgrund eines Vetos blockiert, kann die Generalversammlung an
seiner Stelle tätig werden und Empfehlungen abgeben. Ansonsten gilt nämlich
explizit, dass sich die Generalversammlung nicht zu Streitfällen oder Situationen
äußern darf, die bereits im Sicherheitsrat erörtert werden (vgl. Art. 12 UN Charta).

Tritt die Blockade des Sicherheitsrates außerhalb der regulären Sitzungsperiode der Generalversammlung ein (in der Regel September – Dezember jeden
Jahres), so kann die Generalversammlung zu einer Notstandssondertagung (*Emer-*
gency Special Session) zusammentreten. Hierzu ruft entweder der Sicherheitsrat
auf (aufgrund einer Mehrheitsentscheidung von neun Stimmen; da es eine Verfah-
rensfrage ist, gibt es kein Veto-Recht) oder es wird mehrheitlich dem Antrag eines
UN-Mitglieds stattgegeben.

... und Anwendung

Die *Uniting for Peace*-Resolution geht auf die Initiative des damaligen US-
Außenministers Dean Acheson zurück, der die Handlungsfähigkeit der UN in der
Korea-Krise wiederherstellen wollte. Damals war der Sicherheitsrat durch das
Veto der Sowjetunion lahmgelegt. Die Befürchtung der Sowjetunion, dass mit der

---

49   Siehe hierzu die „Friendly Relations Declaration" (A/RES/2625 (XXV) vom 24. Oktober 1970;
Manila Declaration on the Peaceful Settlement of Disputes (A/RES/37/10 vom 15. November 1982
und A/RES/40/9 vom 8. November 1985); „Declaration on the Prevention and Removal of Disputes
and Situations Which May Threaten International Peace and Security and on the Role of the United
Nations in this Field" (A/RES/43/51 vom 5. Dezember 1988).
50   A/RES/377 (V) vom 3. November 1950. Diese Resolution kam zustande, nachdem der
Sicherheitsrat im Rahmen der Korea-Krise blockiert war (siehe S. 124).

Resolution faktisch ihr Veto-Recht ausgehebelt würde, trat in den folgenden Jahren jedoch nicht ein. Die Resolution wurde erstmals 1956 angewandt, als Jugoslawien eine Sondersitzung der Generalversammlung zur Beilegung der Suez-Krise beantragte und u.a. die Sowjetunion diesen Antrag unterstützte (Paech 2003: 42). Bis heute kam die *Uniting for Peace*-Resolution zehn Mal zur Anwendung: Zur Lage im Nahen Osten (1956, 1958, 1967, 1980, 1982, 1997) sowie in Ungarn (1956), Kongo (1960), Afghanistan (1980) und Namibia (1981). Im Rahmen des letzten Irakkriegs wurde von einigen Kommentatoren und NGO-Vertretern gefordert, dass sich die GA durch Nutzung der *Uniting for Peace*-Resolution klar zum völkerrechtswidrigen Vorgehen der USA hätte äußern müssen, um den Gedanken der kollektiven Friedensordnung zu stärken. Sie konnten sich jedoch nicht durchsetzen, da die Staatengemeinschaft über den Irakkrieg gespalten war.

Wie wir im Abschnitt zum Sicherheitsrat dargelegt haben, findet die zentrale Reformdiskussion über dieses Gremium in einer Arbeitsgruppe der Generalversammlung statt (der *Open-Ended Working Group on the Question of Equitable Representation on and Increase in the Membership of the Security Council and Matters Related to the Security Council).* Die Arbeitsgruppe wurde aufgrund des Vorschlags durch den damaligen Präsidenten der Generalversammlung Razali durch die Generalversammlung eingesetzt, um Reformvorschläge zu erarbeiten. **[Reformdebatte über den Sicherheitsrat]**

Die *Open-Ended Working Group* legte am 20. März 1997 einen viel beachteten Vorschlag zur Reform des Sicherheitsrates vor. Demnach sollte der Sicherheitsrat von 15 auf 24 Mitglieder aufgestockt werden: um fünf ständige und vier nicht-ständige Sitze. Zwei der neuen ständigen Sitze sollten Industrieländern vorbehalten sein, drei den Entwicklungsländern. Im Gegensatz zu den bisherigen ständigen Sitzen sollten die neuen nur über ein eingeschränktes Vetorecht verfügen, das auf Kapitel VII-Einsätze beschränkt sein sollte. Nach zehn Jahren sollte die Reform überprüft und die neue Zusammensetzung ggf. durch eine Charta-Änderung endgültig Wirklichkeit werden. Der sogenannte Razali-Plan fand in der Debatte keine Mehrheit. Die meisten Staaten fühlten sich „von der Vorlage überrumpelt", vor allem da sie über deren eigene Vorstellungen hinaus ging (Winkelmann 2006: 71). **[Razali-Plan 1997: Aufstockung des SR auf 24 Mitglieder; eingeschränktes Veto]**

Neue Fahrt nahm die Reformdiskussion erst im Rahmen der Vorbereitung auf den als historisch gedachten UN-Gipfel 2005 auf. Zur Vorbereitung des sechzigsten Gründungsjahres der Vereinten Nationen setzte der Generalsekretär u.a. die Hochrangige Gruppe für Bedrohungen, Herausforderungen und Wandel (*High Level Panel on Threats, Challenges and Change,* HLP) ein, die Reformvorschläge zur Stärkung der internationalen Sicherheit machen sollte.[51] Auf rund 95 Seiten machten die Expertinnen und Experten viele Vorschläge, von denen wir an dieser **[Empfehlungen des High Level Panels zum Sicherheit]**

---

51 Dieser Kommission gehörten 17 angesehene Persönlichkeiten u.a. aus den P5-Staaten sowie aus Thailand, Indien, Japan, Pakistan, Ghana, Tansania, Brasilien, Uruguay, Ägypten, Norwegen und Australien an. Den Vorsitz hatte der ehemalige thailändische Ministerpräsident Annand Panyarachun inne. Nur eine Person, der indische General Satish Nambiar, verfügte über Erfahrungen im Bereich von Friedensmissionen (Johnstone/Tortolan/Gowan 2005: 542).

Stelle nur diejenigen zur Reform des Sicherheitsrates aufführen.[52] Hier schlug die Hochrangige Gruppe zwei verschiedene Optionen vor, da sie sich nicht auf einen gemeinsamen Vorschlag einigen konnte. Einigkeit bestand zwar in Bezug auf das Ziel, den Sicherheitsrat um neun Mitglieder auf 24 zu erhöhen. Während Modell A auch neue ständige Sitze vorsah (sechs neue ständige Sitze und drei neue nicht-ständige), war im Modell B nur die Erhöhung von nicht-ständigen Sitzen vorgesehen. Nach diesem Modell wären allerdings acht von insgesamt 19 nicht-ständigen Sitzen in einem Vierjahresrhythmus zu besetzen gewesen, wobei die Staaten ggf. auch wiedergewählt hätten werden können. Beiden Modellen lag eine neue Regionalgruppenaufteilung zu Grunde, die nur noch vier Regionalgruppen (statt derzeit fünf) vorsah. Diese Neuerung hätte „die (Ost- und West-)Europäer erkennbar benachteiligt" (Winkelmann 2006: 73). Der Generalsekretär griff die Empfehlung der Hochrangigen Gruppe auf und legte sie seinem eigenen Bericht „*In larger freedom: towards development, security and human rights for all*" zu Grunde.[53] Er bat hierin die Mitgliedsstaaten eindringlich, die beiden Modelle ebenso zu prüfen wie alle Modelle, die hieraus entstehen könnten.

Konkurrierende Vorstellungen im Vorbereitungsprozess

Im Vorfeld des Reformgipfels verkündeten Brasilien, Deutschland, Indien und Japan (im Folgenden als G4 bezeichnet) am Rande der 59. Sitzung der Generalversammlung ihre offizielle Kandidatur für ständige Sitze mit Vetorecht im Sicherheitsrat. Sie führten als Begründung an, dass die Repräsentativität, Legitimität und Effektivität des Gremiums erhöht werden müsse (Brock/Brühl 2006: 7). Diesen vier Staaten stellte sich die heterogene Gruppe *Uniting for Consensus* entgegen, der u.a. Kanada, Italien, Pakistan und Mexiko angehörten. Sie trat für eine Vergrößerung des Sicherheitsrates um zehn neue nicht-ständige, aber wieder wählbare Mitglieder ein. Beide Gruppen warben in den folgenden Monaten um die für eine Charta-Änderung notwendige Zweidrittelmehrheit der Generalversammlung.[54] Die G4 folgte dabei dem Kalkül, dass eine umfassende Unterstützung von verschiedenen Staaten insbesondere die USA und China zur Zustimmung im Sicherheitsrat bewegen könnte. Um noch mehr Zustimmung für ihr Modell zu bekommen, gaben die G4 im Juni 2005 bekannt, auf ein Vetorecht zu verzichten. Schließlich legte die Gruppe der afrikanischen Staaten einen eigenen Entwurf vor, wonach der Sicherheitsrat auf 25 Mitglieder erweitert werden sollte, um so dem Ansinnen verschiedener afrikanischer Staaten auf Mitgliedschaft, wie Ägypten,

---

52   Der Bericht der Hochrangigen Gruppe argumentierte, dass sowohl die menschliche Sicherheit, wie auch die der Staaten geschützt werden muss. Sicherheitsbedrohungen sind ihm zu Folge wirtschaftliche und soziale Bedrohungen (inklusive Armut, Infektionskrankheiten du Umweltzerstörung), zwischenstaatliche und innerstaatliche Konflikte (inklusive Bürgerkrieg und Völkermord), nukleare, radiologische, chemische und biologische Waffen, Terrorismus und grenzüberschreitende Kriminalität. Der Bericht führte das Konzept der Schutzverantwortung (*Responsibility to Protect*) in die UN-Debatten ein und diskutierte dazu auch Ausnahmen vom allgemeinen Gewaltverbot. Schließlich schlug der Bericht institutionelle Reformen vor, wie die Erweiterung des Sicherheitsrates oder die Einsetzung einer neuen Kommission für Friedenskonsolidierung (A/59/565 vom 2. Dezember 2004).
53   Siehe UN Dokument A/59/2005 vom 21. März 2005.
54   Soll die Zusammensetzung des Sicherheitsrates geändert werden, so ist eine Charta-Änderung nötig. Diese bedarf der Zweidrittelmehrheit der Mitglieder der Generalversammlung sowie der Ratifikation durch zwei Drittel der UN-Mitglieder, einschließlich aller fünf ständigen Mitglieder des Sicherheitsrates.

Nigeria und Südafrika, entgegen zu kommen. Alle drei Staatengruppen bemühten sich darum, eine umfassende Unterstützung zu mobilisieren und luden alle Mitgliedsstaaten zu Gesprächen ein. Die Daten der Teilnehmerstaaten zeigen, wie offen der Prozess damals war: Zu einem Vorbereitungstreffen der G4 kamen rund 140 Staaten, zu einem der *Uniting for Consensus*-Gruppe 119 Staaten.

Diese drei Gruppen legten dann der 60. Generalversammlung auch Resolutionsentwürfe vor, die beim Reformgipfel diskutiert wurden (Winkelmann 2006: 73):

Drei Vorschläge und keine Einigung beim Reformgipfel 2005

• Der G4-Vorschlag sah eine Erweiterung des Sicherheitsrates auf 25 Mitglieder vor.[55] Von den sechs neuen ständigen Sitzen sollten je zwei auf Afrika und Asien und je einer auf Lateinamerika inkl. Karibik und auf Westeuropa sowie andere Staaten entfallen. Sie sollten zwar prinzipiell ein Vetorecht bekommen, dieses aber die ersten 15 Jahre nicht nutzen, bis eine Charta-Änderung erfolgen sollte.

• Der Entwurf der Afrikanischen Union sprach sich gegen eine Einschränkung des Gebrauchs des Vetorechts der neuen ständigen Mitglieder aus. Wie beim G4-Vorschlag sollte der Sicherheitsrat auf 25 Mitglieder erhöht werden, zwei der nicht-ständigen Sitze sollten den afrikanischen Staaten vorbehalten sein.

• Der Vorschlag der *Uniting for Consensus*-Gruppe propagierte dagegen eine Erweiterung des Sicherheitsrates um zehn nicht-ständige Mitglieder, die alle im Anschluss an eine Wahlperiode direkt wiedergewählt werden könnten.

Die Mitgliedsstaaten konnten sich beim Reformgipfel auf kein Modell einigen. Daher empfahl die Generalversammlung in ihrer Resolution lediglich, dass der Sicherheitsrat repräsentativer, effizienter und transparenter werden und die Generalversammlung zu diesem Zweck aussichtsreiche Entwürfe prüfen soll. Zum Stillstand in den Verhandlungen kam es erstens, weil die Außenminister Chinas, Russlands und der USA deutlich gemacht hatten, dass sie die Reformdebatte erst nach dem Weltgipfel führen wollten (Volger 2007: 525). Insbesondere die USA formulierten durch ihren damaligen UN-Diplomaten John Bolton deutlich, dass sie derzeit kein Interesse an einer umfassenden Vergrößerung des Sicherheitsrates hatten. Lediglich „two or so" zusätzliche Mitglieder seien denkbar. Zweitens verhinderten „regionale Zwistigkeiten" eine Einigung (Wunderlich 2009: 12): China stand der Kandidatur Japans kritisch gegenüber; für Pakistan und Indonesien galt Ähnliches in Bezug auf Indien; Argentinien und Mexiko hatten sich gegen Brasilien ausgesprochen und Italien und Spanien wollten einen deutschen Sitz verhindern. Schließlich hatte der Vorschlag der Afrikanischen Union die Anzahl der Staaten, die den G4-Vorschlag unterstützen, stark zusammenschmelzen lassen.

Vermutlich ist der Reformprozess nicht nur kurz-, sondern auch mittelfristig gescheitert. Eine solche pessimistische Sichtweise beruht auf der Einschätzung, dass die Aufbruchsstimmung des Reformgipfels verflogen ist; der Elan, mit dem institutionelle Reformen, wie die Einsetzung neuer Gremien (Kommission für Friedenskonsolidierung und Menschenrechtsrat), angegangen worden sind, ist verschwunden. Aus der aktuellen politischen Entwicklung (Juli 2012) kann jedoch

Reformprozess mit neuem Elan?

---

55   UN Dokument A/59/L-64 vom 6. Juli 2005.

auch ein leicht positiveres Bild abgeleitet werden. Erstens liegt der Generalversammlung seit Mai 2010 ein Text vor, in dem die Meinungen der Staaten zu den
fünf wichtigsten Bestandteilen einer Reform (ständige und nicht-ständige Mitglieder, Vetorecht, regionale Repräsentation, Größe des Sicherheitsrates und Arbeitsmethoden) systematisch dargestellt sind. Auf Grundlage dieser erstmalig in dieser
Form vorliegenden Zusammenstellung durch den afghanischen Botschafter Zahir
Tanin ist eine weiterführende Diskussion möglich. Zweitens ist eine neue Gruppe
kleiner Staaten aktiv, der Costa Rica, Jordanien, Liechtenstein, Singapur und die
Schweiz angehören. Diese unter dem Namen *Small Five* (S5) firmierende Gruppe
engagiert sich für einen transparenten Sicherheitsrat, in dem Entscheidungsfin-
dungsprozesse besser nachvollzogen werden können. Sie fordern weiterhin eine
Beschränkung des Vetorechts. Bei Resolutionen zur Verhinderung oder Beendigung von Kriegsverbrechen, Verbrechen gegen die Menschlichkeit oder Genozid
sollten die P5 aus ihrer Sicht kein Veto einlegen dürfen. Ob sich die S5 durchsetzen können, bleibt abzuwarten.

3.2.3 Das Sekretariat und der Generalsekretär

Verantwortlichkeit des Untergeneral-sekretärs

Heute haben drei Abteilungen innerhalb des UN-Sekretariats die Aufgabe inne,
die Arbeit der Weltorganisation im Bereich Frieden und Sicherheit zu planen bzw.
durchzuführen. Diese Aufgabenverteilung war jedoch nicht von Beginn an vorgesehen, sondern hat sich erst im Laufe der Jahre zusammen mit den gewachsenen Anforderungen entwickelt. Ursprünglich war das Sekretariat recht klein und
hatte keine ausgefeilte Binnenstrukturierung. Erst 1953 schuf der damalige UN-
Generalsekretär Dag Hammarskjöld die Posten von zwei Untergeneralsekretären
(*Under-Secretary Generals*, USG), die ab 1961 den Namenszusatz „für politische
Angelegenheiten" führten. Traditionell war einer der beiden Posten für den Bereich Friedenssicherung zuständig. Die Mitarbeiterinnen und Mitarbeiter des Sekretariats unterstützen ihre Arbeit.

Gründung des DPKO

Als mit dem Ende des Ost-West-Konflikts deutlich wurde, dass die Aufgaben der Vereinten Nationen im Bereich Frieden und Sicherheit zunehmen und
zudem komplexer werden würden (90% aller Blauhelme sind heute in innerstaatlichen Konflikten eingesetzt), reformierte der damalige UN-Generalsekretär
Boutros-Ghali 1992 das Sekretariat. Alle politischen Fragen, mit denen sich der
für Friedenssicherung zuständige Untergeneralsekretär auseinander setzen musste, wurden von nun an durch die Abteilung für Politische Angelegenheiten bearbeitet, während die Durchführung von Friedensmissionen an die neu gegründete
Abteilung Friedenssicherungseinsätze überging (*Departement of Peacekeeping
Operations*, DPKO) (Pelz/Lehmann 2007: 1). Anfangs arbeiteten im DPKO nur
30-40 Personen, die leicht um einen Tisch herum sitzen und gemeinsam beraten
konnten, so dass die Zusammenarbeit aufgrund der geringen Größe der Abteilung
einfach war (Krasno 2004: 55). Als dann in den 1990er Jahren die Zahl der Friedenseinsätze massiv anstieg und teilweise rund 100.000 Soldatinnen und Soldaten
sowie zivile Mitarbeiterinnen und Mitarbeiter in 17 verschiedenen Missionen zu

betreuen waren, wuchs auch die im DPKO beschäftigte Personenzahl an. Professionalisierungsschritte wie die Einrichtung einer *Lessons Learned Unit* im April 1995 folgten (Gareis/Varwick 2006: 134). Die Arbeit des DPKO wird seit 2007 durch die neu gegründete Abteilung „*Department of Field Support*" unterstützt. Sie soll die Perspektive vom Feld in die Entscheidungsstrukturen in die Abteilungen für Politische Angelegenheiten und Friedenssicherungseinsätze sowie in die Kommission für Friedenskonsolidierung integrieren.[56]

Das Sekretariat wird vom Generalsekretär geleitet, der in der Friedenspolitik der Vereinten Nationen eine herausgehobene Rolle spielt. Erstens kann er nach Art. 99 der UN Charta die Aufmerksamkeit des Sicherheitsrates auf Vorgänge lenken, die aus seiner Sicht den Frieden gefährden. Dieses Initiativrecht haben die Generalsekretäre bislang in größerem Maße wahrgenommen, als es ursprünglich angedacht war (Coicaud 2007: 36ff.) Der erste Generalsekretär, der den Sicherheitsrat auf eine Friedensbedrohung hinwies, war Dag Hammarskjöld. Er informierte den Sicherheitsrat über die Situation im Kongo, wo es kurz vor den Unabhängigkeitsfeiern zu Gewaltausbrüchen zwischen dem kongolesischen Militär und Europäern (Belgiern) kam. Der Staat war „überstürzt" (Debiel 2003: 66) in die Unabhängigkeit entlassen worden, nachdem es im Januar bzw. November 1959 zu gewaltsamen Unruhen in zwei Städten kam. Die Gewalt eskalierte im Juli 1960, als die kongolesischen Soldaten gegen das nach wie vor ausschließlich belgisch besetzte Offizierskorps meuterten und es in vielen Regionen Ausschreitungen gab (Debiel 2003: 66ff.) Hammarskjöld sprach zunächst mit allen Sicherheitsratsmitgliedern bilateral, bevor er offiziell das Thema auf die Tagesordnung des Rates setzte. Der Sicherheitsrat forderte Belgien auf, seine Truppen abzuziehen und setzte eine Beobachtertruppe ein (Krasno 2004: 234).[57] Wie wir in Abschnitt 3.3. zeigen, änderte der Sicherheitsrat nachfolgend das Mandat.

Eine besonders wichtige Rolle spielen die Generalsekretäre weiterhin in der friedlichen Konfliktbearbeitung. In zahlreichen Konflikten haben die Generalsekretäre oder von ihnen benannte Sondergesandte gute Dienste angeboten. Beispielsweise vermittelte der damalige Generalsekretär U Thant im Jahr 1966 bei Spannungen zwischen Kambodscha und Thailand, selbiges gelang seinem Nachfolger Pérez de Cuellar im Iran-Irak-Krieg. Weitere Beispiele erfolgreicher Bemühungen der friedlichen Konfliktbearbeitung betreffen den Rückzug der Sowjetunion aus Afghanistan, die Unabhängigkeit Namibias und den Friedensschluss in El Salvador (Mani 2007: 310).

Die Generalsekretäre tragen außerdem entscheidend zur Weiterentwicklung von internationalen Normen bei. So entwarf der damalige UN-Generalsekretär Boutros Boutros-Ghali 1992 die häufig zitierte Agenda für den Frieden (*Agenda for Peace*).[58] Hierin systematisierte er die Bemühungen der Vereinten Nationen im Bereich von Frieden und Sicherheit. Er unterschied hierzu die vier Tätigkeitsfelder der vorbeugenden Diplomatie, der Friedensschaffung, der Friedens-

Marginalia:

Initiativrecht des Generalsekretärs: Auf Friedensbedrohung aufmerksam machen

Vermittlung: friedliche Konfliktbearbeitung

Beiträge zur Weiterentwicklung von Normen

---

56   Siehe hierzu die Beschlüsse der Generalversammlung A/60/263 und A/61/279.
57   Siehe S/RES/143 vom 14. Juli 1960.
58   UN Dokument A/47/277-S/24111 vom 17. Juni 1992, zur genaueren Darstellung des Inhalts und der Diskussion siehe Abschnitt 3.3.3.

sicherung und der Friedenskonsolidierung. Mit dieser Systematisierung trug er auch dazu bei, dass die Konfliktprävention an Bedeutung innerhalb der Vereinten Nationen gewann (Gareis/Varwick 2006: 133). Mit der 1995 vorgelegten Ergänzung zur Agenda für den Frieden (Addendum) stärkt er diesen Gedanken. Auch der Amtsnachfolger Kofi Annan betonte die Relevanz der Prävention in seinem Bericht an die Generalversammlung und den Sicherheitsrat aus dem Jahr 2001. Er spricht hier gar von einem kulturellen Wandel in den UN:[59] An die Stelle der Kultur der Reaktion sei eine Kultur der Prävention getreten (Mani 2007: 311). Hierbei hat sich auch das Verständnis von Prävention gewandelt: Während Boutros-Ghali tendenziell Prävention eher klassisch als vertrauensbildende Maßnahmen interpretierte, verfolgte Annan einen umfassenderen Ansatz. Konfliktprävention setzte er mit der Schaffung von friedlichen Strukturen gleich. Hierzu müssten die den Konflikten zu Grunde liegenden Ursachen wie ökonomische Ungleichheit, soziale Ungerechtigkeit oder politische Unterdrückung überwunden werden (Mack/Furlong 2004: 60f.).

Autoritäts-dimensionen der Generalsekretäre

Die Generalsekretäre haben also einen umfassenden Beitrag zur Arbeit der UN im Bereich Frieden und Sicherheit geleistet. Sie haben die UN-Charta jeweils aus ihrer Perspektive interpretiert und dadurch dazu beigetragen, „den politisierten Diskurs über Rechtsnormen im Bereich Frieden und Sicherheit zu entschärfen, zu lenken und sukzessive zu verfestigen" (Liese/Weinlich 2006: 507). Diese Interpretationsfunktion konnten sie aufgrund verschiedener Autoritätsdimensionen wahrnehmen. Erstens agieren die Generalsekretäre als „Sprachrohr der internationalen Gemeinschaft", sie haben daher eine delegierte Autorität inne. Zweitens kann die internationale Bürokratie mit dem Generalsekretär an der Spitze als Wächterin internationaler Normen agieren und unangemessenes Verhalten öffentlich brandmarken (moralische Autorität). Und schließlich haben zumindest diejenigen Generalsekretäre, die keine selektiven Eigeninteressen verfolgen, sondern das Gemeinwohl, eine rational-legale Autorität (Liese/Weinlich 2006: 507).

3.2.4 Die Kommission für Friedenskonsolidierung

Ausgangspunkt: Wiederaufflammen von Gewalt und fehlende Koordination

Die bisher aufgeführten Institutionen gibt es allesamt seit der Gründung der Vereinten Nationen. Sie werden in ihrer Arbeit durch eine noch junge Institution der UN-Familie ergänzt: Die Kommission für Friedenskonsolidierung (*Peacebuilding Commission*). Sie ist erst in Nachfolge des Reformgipfels 2005 gegründet worden, um zwei institutionelle Lücken im UN-System zu schließen. Erstens soll sie einen institutionellen Ort bilden, an dem die beiden Politikfelder Frieden und Entwicklung gemeinsam diskutiert werden können. Zweitens soll die „Konfliktnachsorge", also die Friedenskonsolidierung angesichts ihrer großen Relevanz für den Frieden eine eigene Institution bekommen.[60] Es war zuvor deutlich geworden, dass fast die Hälfte aller innerstaatlichen Kriege knapp fünf Jahre nach Unterzeichnung eines Friedensvertrags wieder ausbrechen. Um den offensichtlich häufig nur instabilen

---

59   UN Dokument A/55/985 – S/2001/574 vom 7. Juni 2001.
60   UN Dokument A/RES/60/1 vom 16. September 2005, Abs. 97-105.

Frieden zu festigen, will die UN geeignete politische, sicherheitsrelevante und ökonomische Maßnahmen ergreifen bzw. vorhandene Maßnahmen auch besser koordinieren. Die fehlende Abstimmung der verschiedenen staatlichen, nichtstaatlichen und intergouvernementalen Akteure in der Friedenskonsolidierung hatte sich als Problem erwiesen (Weinlich 2008: 116). So hatte bspw. der Sicherheitsrat das Mandat, friedenssichernde Maßnahmen durchzuführen, konnte sich jedoch nur schlecht mit den internationalen Finanzinstitutionen Weltbank und Internationaler Währungsfonds darüber absprechen, welche Projekte zu etablieren sind, um den Frieden zu konsolidieren (NYU/IPI 2008: 11).

Die Kommission für Friedenskonsolidierung ist als ein konsensbasiertes, zwischenstaatliches Beratungsgremium gegründet worden. Eine institutionelle Besonderheit ist, dass sie als gemeinsames Nebenorgan von Sicherheitsrat und Generalversammlung durch zwei gleich lautende Resolutionen dieser Organe eingesetzt wurde.[61] Die Kommission soll konfliktgeschwächten Staaten bei der Entwicklung von nationalen Strategien und Plänen zur Friedenskonsolidierung helfen; sie soll Ressourcen mobilisieren und die Geberseite koordinieren sowie die Umsetzung konkreter Projekte steuern und kontrollieren. Die Arbeitsergebnisse der Kommission haben nur den Charakter von politischen Empfehlungen; rechtlich verbindliche Schritte kann nur der Sicherheitsrat treffen (Schaller/Schneckener 2009: 17).

Mandat: Unterstützung im Aufbau friedlicher Strukturen

Die Kommission für Friedenskonsolidierung tritt in unterschiedlichen Zusammensetzungen zusammen. Die übergeordnete Steuerungsfunktion hat der ständige Organisationsausschuss inne. Ihm gehören 31 Mitglieder an, nämlich je sieben Mitglieder des Sicherheitsrates (darunter die P5), des ECOSOC und der Generalversammlung sowie die fünf der zehn größten Steller von Militär und Polizeipersonal und die fünf der zehn größten Beitragszahler, die jeweils wieder nach einem Regionalschlüssel gewählt werden. Die Europäische Gemeinschaft, die Weltbank, der Internationale Währungsfonds und die Organisation der Islamischen Konferenz werden regelmäßig zu den Treffen eingeladen, besitzen aber kein Stimm- oder Teilnahmerecht (Weinlich 2008: 109).[62] Der Organisationsausschuss legte in seinem ersten Jahr zunächst einmal eine Geschäftsordnung und die Arbeitsverfahren fest. Weiterhin bestimmt er, welche Staaten ausgewählt werden, um über einen längeren Zeitraum eine konzentrierte Förderung zu erhalten (Schaller/Schneckener 2009: 22). Die konkreten Empfehlungen für einzelne instabile Staaten erarbeiten dagegen die länderspezifischen Ausschüsse. Diese entwickeln Integrierte Friedenskonsolidierungsstrategien (*Integrated Peacebuilding Strategies*, IPS), die als „eine Art Meta-Plan" (Weinlich 2008: 111) eine größere Kohärenz und Koordinierung der friedenskonsolidierenden Maßnahmen erlauben

Organisationsstruktur der Kommission: Organisationsausschuss und länderspezifische Ausschüsse

---

61 UN Dokumente A/RES/60/180 und S/RES/1645 vom 20. Dezember 2005.

62 Die diesem Schlüssel zugrunde liegende Idee ist, dass die P5 und andere Mitglieder des Sicherheitsrates eingebunden werden müssen, da sie letztendlich über die Fortsetzung oder Beendigung einer Friedensmission entscheiden. Die Beteiligung der Auswahl aus der Gruppe der Truppenstellenden Staaten stellt sicher, dass ggf. Personal entsandt werden kann und die der Geberstaaten, dass beschlossene Maßnahmen auch finanziert werden. Mitglieder der Generalversammlung und des ECOSOC sind eingebunden, um den Schnittmengencharakter von Friedenskonsolidierung, also die Verknüpfung von Sicherheits- und Entwicklungsfragen, zu verdeutlichen (Jenkins 2008: 6f).

sollen. Um für die jeweiligen Situationen angemessene Strategien identifizieren zu können, gehören den Ausschüssen außer den Mitgliedern des Organisationsausschusses auch noch VertreterInnen relevanter Nachbarstaaten, der wichtigen Geberinstitutionen und des Sekretariats an (Weinlich 2008: 110). VertreterInnen der Zivilgesellschaft können von den Vorsitzenden der Ausschüsse eingeladen werden (Rugumamu 2009: 2). Treffen der länderspezifischen Ausschüsse finden häufig als Video-Konferenzen statt, damit die Akteure vor Ort und die im UN-Hauptgebäude zumindest virtuell an einen Tisch sitzen können (ebd. 3). Derzeit gibt es sechs verschiedene Ausschüsse, nämlich zu Burundi und Sierra Leone (seit 2006), zu Guinea-Bissau und der Zentralafrikanischen Republik (seit 2008), zu Liberia (seit 2010) und Guinea (seit 2011) (Stand: August 2012). Für Sierra Leone einigte man sich beispielsweise darauf, Jugendliche zu stärken und ihnen Arbeitsplätze zur Verfügung zu stellen; die Demokratie zu konsolidieren, Maßnahmen zur guten Regierungsführung (*good governance*) einzuführen und *capacity-building* zu betreiben (Ponzio 2007: 10). Schließlich tritt die Kommission als Evaluierungskommission zusammen, um aus der geleisteten Arbeit angemessene Schlüsse zu ziehen (*lessons learnt*).

Unterstützung der Kommission durch das Büro ....

Unterstützt wird die Kommission durch zwei weitere neu gegründete Institutionen: das Büro zur Unterstützung der Friedenskonsolidierung und den Friedenskonsolidierungsfonds. Beides sind recht kleine Institutionen. Das Büro (*Peacebuilding Support Office*, PBSO) umfasst nur 15 MitarbeiterInnen, denen die beigeordnete Generalsekretärin Judy Cheng-Hokins vorsteht. Es soll die Kommission in der täglichen Arbeit unterstützen; eruieren, inwieweit die Länderstrategien als Instrument auch für andere Staaten geeignet sind und schließlich den Generalsekretär bei der Entwicklung kohärenter und effektiver Friedenskonsolidierungsstrategien unterstützen (Weinlich 2008: 112).

... und den Fonds.

Der Fonds stellt Mittel für eine frühe Phase der Konsolidierung zu Verfügung, wenn andere Geber die instabilen Staaten nicht oder nur unzureichend unterstützen. Die Übergangsphase von Nothilfe zur Entwicklungshilfe soll so besser abgedeckt sein (Weinlich 2008: 113). Der Fonds hat derzeit einen Umfang von rund 512,3 Millionen US$ (Stand Juni 2013) und speist sich aus freiwilligen Beiträgen der UN-Mitgliedsstaaten.[63] Die bisher zur Verfügung gestellten Mittel übertreffen zwar vom Umfang her die Erwartungen. Allerdings sind es vor allem die westeuropäischen Staaten sowie Japan und Kanada, die Gelder einzahlen. Die USA haben sich bislang gar nicht beteiligt, auch andere ständige Mitglieder des Sicherheitsrates halten sich dezent zurück (Schaller/Schneckener 2009: 24).

Der Fonds stellt verschiedene Finanztöpfe für jeweils spezifische Aufgaben der Friedenskonsolidierung zur Verfügung. So unterstützt er neben den vier Staaten, die von der Kommission im Prozess der Friedenskonsolidierung begleitet werden („*Window I*") auch noch Länder, die vom UN-Generalsekretär benannt wurden (u.a. die Elfenbeinküste, Liberia und Nepal) („*Window II*"). Zudem stellt er Gelder für Projekte instabiler Staaten zur Verfügung, wenn aufgrund von unvorhergesehenen Entwicklungen oder einer unmittelbaren Bedrohung des Friedens-

---

63 http://www.unpbf.org/donors/funding-status/, 24.06.2013.

prozesses rasches Handeln gefordert ist (so derzeit u.a. in Haiti, Ost-Timor und Burkina-Faso) („*Emergency Window* "). In allen drei Fällen soll der Fonds jeweils nur die Anschubfinanzierung sichern, um die Zeit zu überbrücken, bis zusätzliche Mittel von anderen Gebern mobilisiert werden können.

Für eine Einschätzung der Arbeit der Kommission ist es eigentlich noch zu früh. Ein erster Blick offenbart eine gemischte Bilanz. Die Kommission benötigte einerseits eine recht lange Anlaufphase, bevor sie mit der inhaltlichen Arbeit beginnen konnte (Weiss/Hofmann 2006: 17). Seitdem strahlt sie keine große formale Autorität aus, was sich eventuell negativ auf die Güte der Empfehlungen und die Fähigkeit, zusätzliche Ressourcen zu mobilisieren, auswirken könnte (Ponzio 2007: 8). Dies liegt erstens an ihrer Ausstattung, die in personeller wie finanzieller Hinsicht sehr gering ist. Die meisten der freiwilligen Zahlungen an den Fonds erfolgten einmalig, nur wenige Staaten verpflichteten sich für einen Mehrjahreszeitraum (Franke/Heinze 2008: 108). Zweitens ist ihr Mandat vage und auf eine koordinierende Tätigkeit beschränkt, so dass die Kommission nicht durch Handlung überzeugen kann (Rugumamu 2009: 5). Gleichwohl nutzt der Sicherheitsrat die PBC als Ratgeber (Wegter 2007: 351). Schließlich wird kritisiert, dass der Effekt ihrer Arbeit in den ehemaligen Kriegsgebieten nur marginal ist: Die Situation in Sierra Leone und Burundi, in denen die PBC aktiv war, ist nicht besser als die in Ruanda, das die PBC nicht um Unterstützung gebeten hatte (Tschirgi 2010: 11). Auch ist die Nachfrage von Staaten, die sich im Prozess der Friedenskonsolidierung befinden, nach Unterstützung durch die PBC nicht sehr groß (ebd.).

Andererseits fällt ihre Erfolgsbilanz im Vergleich zum ebenfalls beim Reformgipfel eingesetzten Menschenrechtsrat positiv aus. Die Kommission produziert mit den Integrierten Friedenskonsolidierungsstrategien Ergebnisse, auch wenn diese recht allgemein ausfallen. Somit trägt die Kommission zur Diffusion von internationalen Normen, wie *national ownership* und anderer Formen von Staatskonzeptionen, bei (Jenkins 2008: 11ff.). Konflikte zwischen Industrie- und Entwicklungsländern über die Priorisierung der Entwicklungs- bzw. Sicherheitsagenda konnten fallweise geklärt werden. Die Einbindung zivilgesellschaftlicher Akteure könnte umfassender sein, was einerseits daran liegt, dass die entsprechenden Gruppen in den betroffenen Staaten zu wenig oder zu spät auf die Möglichkeit, an Maßnahmen der (internationalen) Friedenskonsolidierung mitzuwirken, hingewiesen werden. Andererseits sind in vielen krisengeschüttelten Staaten die zivilgesellschaftlichen Strukturen nur schwach ausgeprägt (NYU/IPI 2008; Weinlich 2008). Insofern ist die Kommission zwar in ihrer Zusammensetzung und Arbeitsweise innovativ, kann sich aber dennoch vom Vorwurf der Staatszentriertheit nicht ganz freimachen (Biersteker 2007: 42).

3.3 Friedenssicherung durch die Vereinten Nationen

Eigentlich sollten die Vereinten Nationen über das banale wie auch effektive Instrumentarium der kollektiven Sicherheit dazu beitragen, dass keine Kriege mehr

Bisher gemischte Bilanz: Einerseits kleine und zähe Bürokratie …

… andererseits Akteur in der Normdiffusion

Blockade des Systems

ausgetragen werden. Das Gewaltverbot sollte durch die Aussicht auf eine gemeinsame Reaktion der internationalen Staatengemeinschaft auf einen Aggressor gestärkt und durchgesetzt werden. Der Sicherheitsrat als zuständiger Akteur hätte
die geeigneten Schritte ergreifen sollen. Bekanntlich war dieses Gremium jedoch
durch den Ost-West Konflikt blockiert, so dass das System kollektiver Sicherheit
nicht umgesetzt werden konnte. Obwohl also die Terminologie der kollektiven Sicherheit so häufig wie nie zuvor von Politikerinnen und Politikern benutzt wurde,
wurde das Konzept im Endeffekt zurückgewiesen (Claude 1996: 290).

Ausnahme: Korea-Krieg 1950 So reagierte die UN nur zwei Mal im Sinne des Systems kollektiver Sicherheit mit militärischer Gewalt auf einen Bruch des Friedens, nämlich in Korea und
im Irak 1990. In der Korea-Krise wurde das System erstmals angewandt. Korea
war nach dem Zweiten Weltkrieg im Norden von sowjetischen und im Süden von
amerikanischen Truppen besetzt. Beide Großmächte etablierten regimetreue Regierungen, so dass Kim Il Sung im Norden und Syngman Rhee im Süden an die
Macht kamen. Die Großmächte bauten offiziell 1948/1949 ihre Präsenz ab und es
wurde im Süden die Republik Korea und im Norden die Volksrepublik Korea ausgerufen. Kurz darauf, im Juni 1950, überschritten Soldaten der nordkoreanischen
Volksarmee den 38. Breitengrad, die Grenze der beiden Staaten. Hierauf reagierten
die südkoreanischen Truppen gewaltsam. Der Konflikt wurde sodann im Sicherheitsrat verhandelt, der sich in einer Ausnahmesituation befand. Die Sowjetunion
nahm aus Protest nicht an den Beratungen teil, da sie die Vertretung des chinesi-
schen Sitzes durch die taiwanesische Regierung für falsch hielt. In Abwesenheit
ihres Gegenspielers waren die westlichen Sicherheitsratsmitglieder in der Lage,
eine umfassende Resolution zu verabschieden.[64] Diese forderte die nordkoreanischen Truppen zum Rückzug auf und empfahl allen anderen Staaten, Südkorea
zu unterstützen. Sie ermächtigten in einer weiteren Resolution eine gemeinsame
Handlung unter UN-Mandat.[65] Eine nominell multinationale Truppe unter UN-
Flagge drängte nachfolgend die nordkoreanischen Soldaten hinter den 38. Breitengrad zurück. Da allerdings zwei Drittel der Soldaten aus den USA stammten und
ein Amerikaner auch das Oberkommando innehatte, blieb diese Mission umstritten, galt sie doch weniger als multilateral denn als amerikanisch motivierter und
durchgeführter Einsatz. Die Sowjetunion nahm kurz nach den Resolutionen ihren
Sitz im Sicherheitsrat wieder ein, da sie nicht länger das, was sie als Beschädigung
der UN durch den Westen einschätzte, ansehen wollte (MacQueen 2006: 55ff.).
Da somit das Gremium wieder blockiert war, befasste sich die Generalversammlung im Rahmen einer *Uniting for Peace*-Resolution mit der Lage in Korea. 1953
schlossen die beiden Staaten einen Waffenstillstand.

3.3.1 Schaffung eines neuen Instrumentariums: Klassische Blauhelmmissionen

Die „Erfindung" von Friedensmissionen Die nachfolgende Lähmung des Sicherheitsrates bedeutet jedoch nicht, dass die
Vereinten Nationen im Bereich der Friedenssicherung untätig waren. Sie entwi-

---

64   Siehe S/RES/82 vom 25. Juni 1950.
65   Siehe S/RES/84 vom 7. Juli 1950.

ckelten vielmehr aus Blockade heraus ein anderes Instrumentarium: die Friedensmissionen (*Peacekeeping Operations*, PKO). Im Deutschen werden diese Einsätze
wegen der Kopfbedeckung des Personals auch als Blauhelm-Missionen bezeichnet. Wie wir im Folgenden darstellen werden, entwickelte sich das Konzept dynamisch (siehe Abbildung 3.5). Anfangs entsandte die UN zunächst nur Beobachtermissionen, die einen Waffenstillstand überwachen sollten. Später übernahmen die
Blauhelme weitere Aufgaben wie die Durchführung von Wahlen und den Aufbau
von zivilen Verwaltungen. In den 1990er Jahren wurden die Blauhelme auch ermächtigt, mit Waffengewalt ihr Mandat durchzusetzen. Dieser Entwicklung lag
keine langfristige Planung zu Grunde, sondern sie stellte nur eine Reaktion auf
veränderte Bedürfnisse dar (Cockayne/Malone 2005: 332).

Die Idee, Beobachter in Konfliktregionen bzw. in Gebiete zu schicken, in
denen zuvor gekämpft wurde, ist keine Erfindung der Vereinten Nationen. Auch
hier konnte die UN auf Erfahrungen ihres Vorläufers Völkerbund zurückgreifen.
Dieser hatte mehrfach Beobachter in andere Länder entsandt, die dort die Einhaltung von Friedensverträgen überwachen oder in der Durchführung von Wahlen
assistieren sollten. Im Saarland war der Völkerbund bspw. von 1920-1935 aktiv
und verwaltete die Region bis zum Referendum 1935. Diese Wahl wurde von rund
3.000 Soldaten aus Italien, Großbritannien, Schweden und den Niederlanden überwacht (Krasno 2004: 226f.)

(Randnotiz: Beobachtermissionen beim Völkerbund*)*

Die Vereinten Nationen entsandten schon kurz nach ihrer Gründung im Jahr
1947 ihre erste Beobachtermission. Das *United Nations Special Committee on the
Balkans* (UNSCOB) hatte die Aufgabe, die nördliche Grenze Griechenlands zu
überwachen und zu gewährleisten, dass der griechischen Opposition keine Waffen
aus Albanien, Jugoslawien und Bulgarien geliefert werden. Da die griechische
Widerstandsbewegung damals von der Sowjetunion unterstützt wurde, entsandte
nicht der wegen Interessensdifferenzen blockierte Sicherheitsrat, sondern die Generalversammlung die UNSCOB. Die USA hatten im Sicherheitsrat zuvor mehrheitlich eine prozedurale Abstimmung gewonnen, die die Generalversammlung in
diesem Fall für kompetent erklärte (Krasno 2004: 228).

(Randnotiz: Erste Beobachtermis-sionen:
• 1947 Balkan UNSCOB*)*

Kurze Zeit später ermächtigte der Sicherheitsrat die erste Beobachtermission
im Nahen Osten, der Region, in die nachfolgend die meisten Blauhelmmissionen
entsandt wurden. Anlass der ersten Mission war die Gründung des Staates Israel
und der damit einhergehende gewaltförmige Protest der palästinensischen Araber,
die mit Unterstützung der umliegenden arabischen Staaten agierten. Der Sicherheitsrat rief knapp zwei Wochen nach der israelischen Staatsgründung am 15. Mai
1948 in seiner Resolution zur Beilegung der Gewalt auf.[66] Militärische Beobachter
sollten den Waffenstillstand überwachen und als Puffer zwischen den beiden Parteien auftreten. Die somit eingesetzte UNTSO (*United Nations Truce Supervision
Organization*) ist bis heute noch in der Region stationiert. Sie hat Beobachterstütz-
punkte auf den Golanhöhen, an der Grenze zum Libanon sowie in Ägypten und
Jordanien (Krasno 2004: 228).

(Randnotiz: • 1948 Naher Osten UNTSO*)*

---

66 UN Dokument S/RES/50 vom 29. Mai 1948.

Erste
Friedensmission:
UNEF in der Suez-
Krise

Die erste offiziell so bezeichnete Friedensmission wurde knapp zehn Jahre später nach Ägypten entsandt, um den Waffenstillstand am Suez-Kanal zu überwachen. Den Konflikt löste der damalige ägyptische Präsident Gamal Abdul Nasser durch die Verstaatlichung des Suez-Kanal-Unternehmens aus. Dessen Einnahmen waren vorher an die früheren Kolonialmächte Großbritannien und Frankreich geflossen. Nachdem Nasser seinen Plan verkündet hatte, griff Israel in Absprache mit diesen beiden europäischen Staaten am 29. Oktober 1956 Ägypten an; Großbritannien und Frankreich führten kurz darauf Luftangriffe durch. Der Sicherheitsrat debattierte die Suez-Krise, konnte aber aufgrund der Vetos der beiden europäischen Staaten keine Resolution verabschieden. Daher nahm sich die Generalversammlung des Falles aufgrund der *Uniting for Peace*-Resolution an und trat zu ihrer ersten Notstandssitzung zusammen. Sie entschied auf Vorschlag des früheren Präsidenten der Generalversammlung, des Kanadiers Lester Pearson, eine internationale Beobachtertruppe in die Region zu entsenden.[67] Diese hatte das Mandat, zunächst den Rückzug der israelischen, britischen und französischen Truppen vom ägyptischen Boden zu überwachen und sich dann als Puffer zwischen die israelischen und ägyptischen Truppen zu stellen. Damit die von der UN entsandten Soldaten äußerlich von den anderen Soldaten unterschieden werden konnten, gab man ihnen blaue Helme aus. Die so ausgestattete Mission (*United Nations Emergency Force*, UNEF I) erreichte im November 1956 die vorgesehenen Stützpunkte, kurze Zeit später waren alle 6.000 Personen entsandt (im Februar 1957). Die Mission endete elf Jahre später mit dem Ausbruch des Sechs-Tage Kriegs, in dessen Zusammenhang Ägypten die UN im Mai-Juni 1967 zum Rückzug aufforderte (Krasno 2004: 229 ff.).

Kriterien der klassischen Blauhelme

Die UNEF gilt als erste Friedensmission, da die Vereinten Nationen aufbauend auf diesem Modell auch in andere zwischenstaatliche Konflikte eingegriffen haben (Schechter 2001: 53). Erst nach der Entsendung der UNEF I fasste der damalige UN-Generalsekretär Dag Hammarskjöld diese Kriterien eines Einsatzes zusammen und bezeichnete diesen als Friedensmission.[68] Demnach zeichnen sich die klassischen Friedensmissionen aus durch:

- **Konsens der Konfliktparteien**: Diese stimmen der Entsendung der UN-Blauhelme zu.

---

67   Lester Pearson hatte vorgeschlagen, dass die UN noch bevor die Kriegsschiffe Frankreichs und Großbritanniens im November 1956 die ägyptische Küste erreichen könnten eine gemeinsame Truppe entsenden sollten. Diese sollte als Puffer zwischen den Konfliktparteien auftreten. Für diese Idee erhielt er 1957 den Friedensnobelpreis. Die Generalversammlung verabschiedete verschiedene Resolutionen in der Notstandssitzung, deren wichtigste die folgenden sind: A/RES/997 (ES-I), A/RES/998 (ES-I) und A/RES/999 (ES-I) vom 30. Oktober 1956, A/RES/1000 (ES-I) vom 5. November 1956 und A/RES/1001 vom 7. November 1956.
68   Siehe A/3943 vom 9. Oktober 1958, in der der Generalsekretär Schlüsse aus der UNEF-Mission zog und Prinzipien zukünftiger Einsätze skizzierte (insb. Abs. 154ff). Weiterhin sind folgende Berichte des Generalsekretärs an die Generalversammlung und den Sicherheitsrat relevant in der Festlegung der Kriterien von Blauhelmeinsätzen: A/3302 vom 6. November 1956 (Bericht bei der ersten Notstandssitzung der GA über die bisherige Umsetzung der UNEF I), S/4389 vom 18. Juli 1960 (Bericht an den SR im Rahmen der Umsetzung der ONUC im Kongo) und A/4800 (Jährlicher Bericht des Generalsekretärs an die Generalversammlung, Zeitraum 16. Juni 1960-15. Juni 1961, S. 2).

- **Unparteilichkeit der UN**: Die UN ist ein neutraler Akteur, der sich nicht auf die Seite einer Konfliktpartei stellt. Die UN stand daher häufig buchstäblich als Puffer zwischen den Konfliktparteien.
- **Einsatz von militärischer Gewalt nur zur Selbstverteidigung**: Die Soldaten sind bei einer solchen Mission nur leicht bewaffnet und wenden militärische Gewalt nur an, wenn ihr Überleben gefährdet ist.
- **Verantwortlichkeit bei den Vereinten Nationen**: Die Planung und Durchführung der Friedenseinsätze erfolgt im Sekretariat; die Finanzierung erfolgt aus dem auf Basis freiwilliger Zahlungen bestehenden Haushalt.

Der ehemalige Untergeneralsekretär für Politische Angelegenheiten, Brian Urquhart, definierte darüber hinaus Bedingungen, die gegeben sein müssen, damit die UN-Blauhelme erfolgreich auftreten können. Hierzu zählen die Erteilung eines klaren und praktikablen Mandats durch den Sicherheitsrat; die Bereitschaft von truppenstellenden Staaten, ausreichend Personal zu entsenden; sowie die Bereitschaft der ständigen Mitglieder des Sicherheitsrates, eine angemessene finanzielle und logistische Unterstützung zur Verfügung zu stellen (Mingst/Karns 2007: 96).

Die klassischen Friedensmissionen fanden vor allem im Nahen Osten sowie in solchen Gebieten Afrikas und Asiens statt, in denen die Entkolonialisierung zu Konflikten führte, an denen die beiden Großmächte jedoch kein Interesse hatten (Mingst/Karns 2007: 94). Insgesamt entsandten die Vereinten Nationen in der Zeit von 1948-1988 nur 17 Friedensmissionen (siehe Abbildung 3.1).

Name der Mission	Abkürzung	Dauer der Mission	Umfang Personal
United Nations Special Committee on the Balkans	UNSCOB	von Oktober 1947 bis Januar 1952	36
United Nations Commission for Indonesia (bis 1949 United Nations Good Offices Commission)	UNCI /UNGOC	von Oktober1947 bis April 1951	63
United Nations Truce Supervision Organization	UNTSO	seit Mai 1948	572
United Nations Military Observer Group in India and Pakistan	UNMOGIP	seit Januar 1949	102
First United Nations Emergency Force	UNEF I	von November 1956 bis Juni 1967	6073
United Nations Observation Group in Lebanon	UNOGIL	von Juni 1958 bis Dezember 1958	591
United Nations Operation in the Congo	ONUC	von Juli 1960 bis Juni 1964	19 828

Name der Mission	Abkürzung	Dauer der Mission	Umfang Personal
United Nations Security Force in West New Guinea	UNSF	von Oktober 1962 bis April 1963	1576
United Nations Yemen Observation Mission	UNYOM	von Juli 1963 bis September 1964	189
United Nations Peace-keeping Force in Cyprus	UNFICYP	seit März 1964	6411
Mission of the Representative of the Secretary-General in the Dominican Republic	DOMREP	von Mai 1965 bis Oktober 1966	2
United Nations India-Pakistan Observation Mission	UNIPOM	von September 1965 bis März 1966	96
Second United Nations Emergency Force	UNEF II	von Oktober 1973 bis Juli 1979	6973
United Nations Disengagement Observer Force	UNDOF	seit Juni 1974	1450
United Nations Interim Force in Lebanon	UNIFIL	seit März 1978	7000
United Nations Good Offices Mission in Afghanistan and Pakistan	UNGOMAP	von Mai 1988 bis März 1990	50
United Nations Iran-Iraq Military Observer Group	UNIIMOG	von August 1988 bis Februar 1991	399

Abbildung 3.1: Friedensmissionen von 1947-1988[69]

UN-Mission im Kongo-Krieg 1960: Abkehr von den Grundsätzen

Zunächst schien es, als hätten die Vereinten Nationen mit den Blauhelmen ein geeignetes Instrumentarium zur Eindämmung von gewaltförmigen Konflikten gefunden. Die Defizite des Modells, insbesondere die Auslegung auf einen zwischenstaatlichen Krieg mit zwei (oder mehr) klar voneinander abgrenzbaren Konfliktparteien, zeigten sich jedoch schnell. Im oben aufgeführten Kongo-Krieg trat das Problem auf, dass die UN zunehmend in den innerstaatlichen Konflikt verwickelt wurden (Debiel 2003: 66ff.). Ursprünglich sollte die Mission (*United Nations Operation in the Congo*, ONUC) nur den Abzug der belgischen Truppen überwachen. Nachfolgend erweiterte der Sicherheitsrat das Mandat in quantitativer und qualitativer Hinsicht. Erstens entsandte er bis zu 20.000 Soldaten in den afrikanischen Staat. Zweitens formulierte er einen umfassenderen Auftrag. Die UN-Truppen sollten demnach auch die territoriale Integrität des Staates gewährleisten und den Aus-

---

69 Quelle: eigene Darstellung nach http://www.un.org/Depts/dpko/dpko/list.shtml, 12.06.2013, Doyle/Sambanis 2007: 328-332, Schmidl 1999.

bruch des Bürgerkriegs verhindern bzw. eindämmen.[70] Die ONUC erhielt ferner die Erlaubnis zum Einsatz militärischer Gewalt, um die Ziele der Mission zu erreichen. Im Kongo wurde die ONUC zunehmend als eine Konfliktpartei wahrgenommen. Die Mission endete 1964, weil die kongolesische Regierung eine Mandatsverlängerung ablehnte. Im Nachhinein wird der Einsatz sehr kritisch beurteilt, da er einerseits das Land in einer instabilen Lage zurückließ und andererseits auch „eine ernsthafte Belastung für die Weltorganisation" wurde (Debiel 2003: 72f.). Da die negativen Folgen der Abkehr von den Grundsätzen der klassischen Blauhelmeinsätze (also der Neutralität der UN, der Zustimmung der Konfliktparteien zu einem Einsatz und der Anwendung von Waffengewalt nur zur Selbstverteidigung), so deutlich waren, verabschiedete der Sicherheitsrat in den folgenden Jahren nur Resolutionen, die die von Hammarskjöld aufgestellten Kriterien einhielten.

3.3.2 Weiterentwicklung der Blauhelme: komplexe Einsätze

Erst Ende der 1980er Jahre wandelte sich das Konzept der Friedensmissionen aufgrund der veränderten Konfliktstrukturen zusehends. Die UN-Friedenstruppen waren vermehrt in Staaten entsandt worden, in denen kurz zuvor ein Bürgerkrieg beendet worden war, wie beispielsweise in Namibia oder Mosambik. Daher arbeitete die Organisation zunehmend auch an der Implementierung von komplexen Friedensverträgen mit. Die Blauhelm-Soldaten überwachten also nicht mehr nur, ob ein Waffenstillstand oder ein Friedensabkommen eingehalten wurde, sondern sie sollten aktiv und nachhaltig den Frieden in das entsprechende Krisengebiet bringen. Sie bemühten sich daher, eine entsprechende soziale, politische und ökonomische Infrastruktur aufzubauen. Ein Element der klassischen Missionen fand dabei aber weiterhin Beachtung: Die UN-Aktivitäten fanden weiterhin mit dem Konsens der Konfliktparteien statt.

Multidimensionales Peacekeeing: Beitrag zur Transformation der Konflikte

Die Blauhelme nahmen verschiedene Rollen ein: Sie arbeiteten als *peacemaker*, indem sie den Prozess, einen Friedensvertrag der Konfliktparteien auszuhandeln, unterstützten; sie traten als *peacekeeper* auf, die die Einhaltung von Friedensverträgen, die Demobilisierung ehemaliger Kombattanten, die Umsiedlung von Flüchtlingen oder das Funktionieren von Übergangsverwaltungen überwachten; und sie waren *peace builder*, indem sie die Einhaltung bzw. Implementierung der Menschenrechte überwachten, Wahlprozesse begleiteten oder an der ökonomischen Transformation mitwirkten (Doyle 1999: 448). In begrenztem Umfang traten die Blauhelme auch als *peace enforcer* auf, nämlich wenn Vereinbarungen gebrochen wurden (Doyle 1999: 327).

Ein Prototyp für eine solche Friedensmission stellte die UNTAG (*United Nations Transition Assistance Group*) in Namibia dar. Die Mission sollte den Sondergesandten des Generalsekretärs unterstützen, Namibia in die Unabhängigkeit zu überführen. Hierzu sollten sie den Abzug der südafrikanischen Truppen über-

Namibia: Eingriff in die innere Souveränität

---

70 Siehe die Resolutionen des Sicherheitsrates S/RES/143 vom 14. Juli 1960, S/RES/145 vom 22. Juni 1960, S/RES/146 vom 9. August 1960, S/RES/161 vom 21. Februar 1961 und S/RES/169 vom 24. November 1961.

wachen, demokratische Wahlen vorbereiten und die Einhaltung von Menschenrechten im Auge behalten.[71] Die UNTAG wurde im April 1989 eingesetzt; demokratischen Wahlen unter Überwachung durch die UN fanden im November 1989
statt und eine Verfassung wurde ebenfalls erarbeitet. Das Mandat endete planmä-
ßig im März 1990. Die UNTAG war die erste UN-Mission, die „explizit Aufgaben
übernommen [hat], die in den innerstaatlichen Souveränitätsbegriff fallen" (Debiel et al. 2009: 60). Nachfolgend erteilte der Sicherheitsrat ähnlich weitgehende
Mandate auch u.a. für El Salvador, Kambodscha und Mosambik.

Vier „Peacekeeping
Generationen"

Da die Friedensmissionen Ende der 1980er/Anfang der 1990er Jahre ein
neues Format bekommen hatten, sprachen viele Autoren von einer neuen „*Peacekeeping*-Generation". Der Generationen-Begriff erleichtert zwar einerseits die
Unterscheidung der verschiedenen Missionen anhand ihrer Aufgabenstellung.
Er suggeriert andererseits eine Abfolge von verschiedenen Missionstypen, die so
nicht zu finden ist. Vielmehr existieren verschiedene Missionen mit unterschiedlichen Mandaten nebeneinander her. Obwohl der Generationen-Begriff in dieser
Hinsicht irreführend ist, verwenden wir ihn nachfolgend, da er in der UN-For-
schung gebräuchlich ist. Die politikwissenschaftliche Forschung unterscheidet
heute meist vier *Peacekeeping*-Generationen:[72] Bei der ersten Generation handelt
es sich um die oben aufgeführten klassischen Missionen (siehe Abbildung 3.1).
Diese überwachen, mit leichter Bewaffnung ausgestattet, Waffenstillstände oder
Friedensverträge, die zur Beendigung der zwischenstaatlichen Kriege geschlossen
wurden. Ziel der zweiten Generation ist dagegen nicht die Überwachung, sondern
die Implementierung von komplexen Friedensverträgen. Diese erfolgt wie auch
bei den klassischen Einsätzen mit Zustimmung der Konfliktparteien. Bei Missionen der dritten Generation stimmen dagegen nicht alle Konfliktparteien einem
UN-Einsatz zu. Die UN erlaubt daher ihrem Personal, das Mandat auch mit Waffengewalt durchzusetzen; den Frieden also zu erzwingen (*peace enforcement*).
Wenn zu den robusten Mandaten zusätzlich auch noch Aufgaben des Verwaltungs-
und Staatsaufbaus hinzu kommen, spricht man auch von der vierten Generation
von Friedensmissionen (Doyle/Sambanis 2007: 323).

---

71 Siehe UN Dokumente S/RES/435 vom 29. September 1978, S/RES/629 vom 16. Januar 1989, S/
RES/632 vom 16. Februar 1989, S/RES/640 vom 29. August 1989, S/RES/643 vom 31. Oktober 1989
und S/RES/652 vom 17.April 1990.
72 Wir folgen hier der Einteilung von Michael W. Doyle (Doyle 1999, Doyle/Sambanis 2007). Von
nur zwei *Peacekeeping* Generationen gehen Karen A. Mingst und Margaret P. Karns aus (2007: 94
ff.). Sie unterschieden das traditionelle vom komplexen PKO. Ramesh Thakur und Albrecht Schnabel
(2001: 9ff.) identifizieren dagegen sechs verschiedene PKO Generationen, wobei sie vor allem die neuen
Formen der PKO stark ausdifferenzieren: (1) traditionelles PKO, (2) „Non-UN Peacekeeping" (gemeint ist die Kombination von Interventionen von Dritten Parteien und der Bildung von Pufferzonen),
(3) „Expanded Peacekeeping – Peace Reinforcement" (hier sind die PKO ein integraler Bestandteil
eines Friedensabkommens), (4) Peace Enforcement, (5) „Peace Restoration by Partnership" und (6)
„Multinational Peace Restoration", bei denen die UN den Aufbau staatlicher Strukturen unterstützt.

3.3.3 Reformbemühungen: Die Agenda für den Frieden

Anfang der 1990er Jahre diskutierte die UN erneut die Friedensmissionen. Das Ende des Ost-West-Konflikts hat dazu beigetragen, dass an die UN große Erwartungen gerichtet wurden. Sie sollte nun die in der Charta vorgesehene Rolle als System kollektiver Sicherheit ausfüllen. Zugleich forderte die aktuelle politische Lage – das Ausbrechen verschiedener Kriege, u.a. im ehemaligen Jugoslawien – die UN heraus. Angesichts dieser Herausforderungen forderte der Sicherheitsrat den Generalsekretär dazu auf, Empfehlungen über eine bessere Nutzung der Kapazitäten der UN in der Friedenssicherung zu erarbeiten. Der damalige Generalsekretär Boutros Boutros-Ghali legte darauf im Juni 1992 seinen Bericht „Agenda für den Frieden" vor.[73] Hierin führte er aus, dass die Vereinten Nationen in vier verschiedenen Bereichen Verantwortung übernehmen müssen, die eng miteinander zusammenhängen:

- *Vorbeugende Diplomatie*: Die Vereinten Nationen sollten dazu beitragen, dass Konflikte überhaupt nicht auftreten. Sollten sie doch vorhanden sein, so soll die UN die Eskalation und die Ausbreitung von Konflikten verhindern. Hierzu sind vertrauensbildende Maßnahmen, Tatsachenermittlungen (*fact finding missions*), Frühwarnung oder Mediation einzusetzen (Mack/Furlong 2004: 60).

- *Friedensschaffung (peacemaking):* Die UN müssen feindliche Parteien dazu bringen, ihre Streitigkeiten beizulegen. Hierzu sind in erster Linie Maßnahmen der friedlichen Streitbeilegung, wie sie in Kapitel VI der UN-Charta beschrieben sind, anzuwenden.

- *Friedenssicherung (peacekeeping)*: Durch die Präsenz von UN-Personal vor Ort soll ein Friedensvertrag bzw. Waffenstillstand eingehalten werden. Hierbei sollen u.a. vertrauensbildende Maßnahmen eingesetzt werden (Doyle/Sambanis 2007: 324). Die Friedenssicherung erfolgt mit der Zustimmung der verschiedenen Konfliktparteien.

- *Friedenskonsolidierung*: Die UN soll Strukturen, die den Frieden festigen oder konsolidieren etablieren, so dass ein Wiederaufflammen der gewalttätigen Konflikte verhindert werden kann. Hierzu zählt der Auf- und Ausbau von ökonomischer und sozialer Kooperation, die weitere Gewalttätigkeiten ausschließt (Doyle/Sambanis 2007: 324).

Mit dieser Auflistung machte Boutros-Ghali erstens deutlich, dass die UN sehr unterschiedliche Aufgaben im Bereich der Friedensmissionen wahrnahm (vgl. Abbildung 3.2) und dass zweitens insbesondere die Prävention sowie die Friedenskonsolidierung eine wichtige Rolle spielen. Die begriffliche Trennung wurde als hilfreich angesehen, da sie die verschiedenen Aufgaben der UN im Bereich der Friedenssicherung systematisierte. Allerdings ist anzumerken, dass die UN selbst sich nicht sehr an die Terminologie hielten. Der Sicherheitsrat benutzte zum Beispiel nur wenige Jahre nach Veröffentlichung der Agenda für den Frieden die Konzepte der Krisenprävention und Friedenskonsolidierung austauschbar (Paris 2007: 406). Die folgende politische Praxis zeigte, dass die verschiedenen Aufga-

Randnotizen:
Vier Elemente: Prävention, Schaffung, Sicherung und Konsolidierung des Friedens

Systematisierung des Aufgabenspektrums

---

73   Siehe UN Dokument A/47/277-S/24111 vom 17. Juni 1992.

benfelder nicht so klar voneinander abtrennbar sind, wie es zunächst den Anschein hatte. Missionen mit dem Ziel der Friedenssicherung enthielten auch Elemente der Konsolidierung; auch waren Friedensschaffung und Friedenssicherung nicht immer klar abtrennbare Bereiche (siehe Abbildung 3.2).

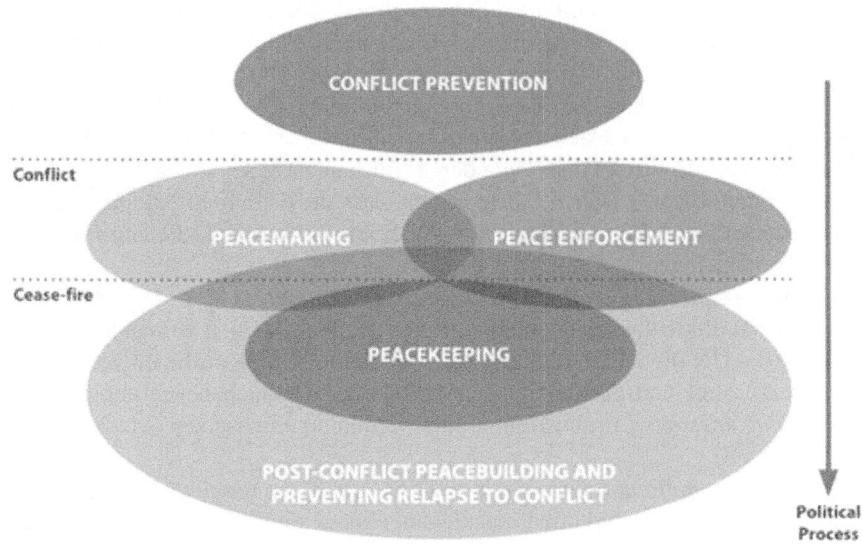

Abbildung 3.2: Verhältnis der verschiedenen Friedensaktivitäten der UN[74]

Neues Souveränitäts-
verständnis

Die Agenda für den Frieden dokumentiert in zweifacher Hinsicht einen neuen Umgang mit staatlicher Souveränität. Erstens sind Eingriffe in die Souveränität im Bereich des Aufbaus staatlicher Strukturen denkbar, etwa durch die Etablierung von Verwaltungsstrukturen und die Durchführung von Wahlen. Darüber hinaus ist sogar ein militärischer Eingriff in staatliche Strukturen angelegt, da im Bereich der Friedensschaffung zwar in erster Linie friedliche Maßnahmen einzusetzen sind, militärische Operationen ohne Zustimmung der Konfliktparteien damit aber auch in den Bereich des Möglichen geraten. Insofern legte die Agenda für den Frieden den Grundstein für Friedensmissionen der dritten Generation. Aufgrund des veränderten Souveränitätsverständnisses kann von einer Kulmination einer normativen Entwicklung gesprochen werden (Doyle/Sambanis 2007: 324). Die Agenda für den Frieden wurde daher auch als ein „Sinnbild für friedenspolitische Wegweisungen, die den Umbruch nach dem Ost-West-Konflikt als eine Chance für die universelle Weltorganisation begriffen", konzeptionalisiert (Debiel 1998: 443).

Stärkung des
Sicherheitsrats
und der Regional-
organisationen

Ferner bestärkt die Agenda für den Frieden die zentrale Rolle des Sicherheitsrats in der Friedenspolitik. Der Rat soll gewalttätige Konflikte zum frühesten Zeitpunkt identifizieren und durch die Entsendung von Friedensmissionen den Frieden schützen sowie zu dessen Konsolidierung beitragen (Schnabel/Thakur

---

74   Quelle: United Nations 2008: 18.

2001: 240). Weiterhin wies sie den Regionalorganisationen eine große Bedeutung zu. Sie sollten in Boutros-Ghalis Vorstellung den Sicherheitsrat bei der friedlichen Konfliktbearbeitung entlasten und zu einer Demokratisierung der internationalen Beziehungen beitragen (Debiel 2003: 47).

Wenngleich die Agenda für den Frieden weitgehend positiv aufgenommen wurde, so gab es doch Kritik. Einige Beobachter kritisierten, dass Boutros-Ghali die Fähigkeit der UN, Kapitel-VII-Missionen durchzuführen, überschätzt habe. Er habe weiterhin die Defizite des Sicherheitsrats nicht angemessen wahrgenommen; seine Überlegungen in Bezug auf die Finanzierung der Friedenseinsätze seien wenig realistisch. Zugleich warfen andere Beobachter dem damaligen Generalsekretär vor, dass er ein zu traditionalistisches Bild von Konfliktbearbeitung habe, was sie u.a. daran festmachten, dass Boutros-Ghali die Rolle von NGOs in der Konfliktbearbeitung unterschätzt habe (Ryan 2000: 30). Auch wenn diese Kritikpunkte sicherlich richtige Einschätzungen beinhalten, so sollte der Impuls, den die Agenda für den Frieden für die Diskussion über Friedensmissionen hatte, nicht unterschätzt werden (Schnabel/Thakur 2001: 240).

Kritik aus verschiedenen Perspektiven

Drei Jahre nach Veröffentlichung der Agenda ergänzte der damalige Generalsekretär seine Überlegungen.[75] In seinem Positionspapier „Ergänzung zur „Agenda für den Frieden"" legte Boutros-Ghali den Schwerpunkt seiner Ausführungen auf die Prävention und die Konsolidierung. Er skizzierte hierbei ein sehr umfassendes Präventionskonzept, das darauf abzielte, die den Konflikten zu Grunde liegenden Ursachen wie ökonomische Ungleichheit, soziale Ungerechtigkeit und politische Unterdrückung zu bearbeiten (Mack/Furlong 2004: 60f.).

Ergänzung zur Agenda für den Frieden

3.3.4 Friedenserzwingung: Robuste Mandate als Reaktion auf den Einsatz in Bürgerkriegen

In den folgenden Jahren engagierte sich die UN zwar auch im Bereich der Prävention, jedoch dominierte eine andere Entwicklung ihre Friedenspolitik: Die Verschiebung hin zu Maßnahmen der Friedenserzwingung (Johnstone/Tortolani/ Gowan 2005: 248). Der Sicherheitsrat erteilte Anfang der 1990er Jahre zunehmend sogenannte robuste Mandate, die den Einsatz von Waffengewalt zur Durchsetzung der Aufgaben erlaubte. Hierbei handelte es sich um sehr unterschiedliche Aufgaben, die die UN nun auch mit Gewalt erfüllen konnte: den Schutz bei der Lieferung von Hilfsgütern, den Schutz der Menschenrechte oder auch den Wiederaufbau eines instabilen Staates (*failed states*). Die Maßnahmen der Friedenserzwingung sind auch als „effectively war-making missions" bezeichnet worden, da eine oder mehrere Konfliktparteien dem UN-Einsatz nicht zustimmten (Doyle/ Sambanis 2007: 327). Die Maßnahmen der Friedenserzwingung finden bzw. fanden daher oft ohne signifikante lokale Unterstützung statt (ebd. 332).

Robuste Mandate

Zu der Verschiebung der Aktivitäten kam es aufgrund der neuen innerstaatlichen Konfliktlagen, auf die die UN als intergouvernementale Organisation nicht angemessen reagieren konnte. So sah die Weltorganisation den Bürgerkriegen in

Auslöser der robusten Mandate: neue Konfliktlagen

---

75 Siehe UN Dokumente A/50/60 und S/1995/1 vom 3. Januar 1995.

Somalia (1992-1995) und dem ehemaligen Jugoslawien (1992-1995) sowie dem Genozid in Ruanda (1994) lange tatenlos zu. Auch in anderen Bürgerkriegen der 1990er Jahre konnte sie nur unzulänglich zum Frieden beitragen, so dass die UN als „überforderte Weltorganisation" (Debiel 1998: 451) wahrgenommen wurde. Dies lag nicht zuletzt auch an Fehleinschätzungen der UN-Bürokratie, die zu einem unzulänglichen Management und inadäquaten Handlungsstrategien führten (ebd.). Ein weiterer Grund für das defizitäre Verhalten der UN war, dass sie kein angemessenes Instrumentarium zur Bearbeitung von innerstaatlichen Konflikten besaßen. Zunehmend setzte sich die Einschätzung durch, dass die bislang dominierenden Prinzipien der klassischen Missionen (wie Konsens der Konfliktparteien, Unparteilichkeit der UN und Gewaltanwendung nur zur Selbstverteidigung) angesichts dieser Erfahrungen nicht mehr aufrecht erhalten werden konnten. Diese wurden als „far too risky in the so-called new wars" (Pugh 2007: 373) angesehen. Mittels robuster Mandate sollten daher also die Konflikte effektiver bearbeitet und Menschenleben geschützt werden.

Humanitäre Interventionen

Dies verweist auf eine weitere Neuerung. Die UN griffen zunehmend zum Schutz der Menschenrechte in innerstaatliche Kriege ein, führten sogenannte humanitäre Interventionen durch. Hierbei handelt es sich um ein:

> *„grenzüberschreitendes militärisches Eingreifen von Seiten eines Staates, einer Staatengruppe oder einer Internationalen Organisation ..., die dazu dienen schwerwiegende Verletzungen menschenrechtlicher Mindeststandards zu verhindern oder zu beenden, ohne dass hierfür eine Einwilligung des Staates vorliegt, gegen den die Gewalt eingesetzt wird."* (Debiel et al. 2009: 53)

Irak 1991: erster Bezug auf Lage der Menschenrechte

Die erste UN-Mission, die als humanitäre Intervention bezeichnet wird, war der UN-Einsatz im Irak. Im Frühjahr 1991 befasste sich der Sicherheitsrat mit der Lage der dort lebenden kurdischen und schiitischen Bevölkerung. Viele Mitglieder dieser Minderheiten flüchteten aufgrund der Repressionen durch das Regime von Saddam Hussein aus ihren Siedlungsgebieten. Nachdem Hussein Giftgas gegen die Kurden im Norden Iraks eingesetzt hatte, nahmen die Flüchtlingsströme zu, etliche Kurdinnen und Kurden emigrierten auch in die Nachbarländer. Diese grenzüberschreitenden Flüchtlingsströme klassifizierte der Sicherheitsrat als Bedrohung für den regionalen Frieden.[76] Er forderte den Irak auf, die humanitäre Lage zu verbessern und humanitären Organisationen Zugang zu den Flüchtlingen zu ermöglichen. Wenngleich die Resolution selbst keine Zwangsmaßnahmen nach Kapitel VII der UN-Charta vorsah, beriefen sich Großbritannien und die USA auf die genante Resolution, als sie ihrerseits militärische Gewalt einsetzten, um die irakischen Flugverbotszonen durchzusetzen und 1998 ihre Operation „Desert Fox" durchzuführen.

Somalia 1992: Humanitäre Katastrophe als Interventionsgrund

Kurze Zeit später diskutierte der Sicherheitsrat die Situation in Somalia. Eine durch eine Dürre hervorgerufene große Hungersnot hatte dazu geführt, dass rund 300.000 Menschen starben, darunter auch ein Drittel aller somalischen Kinder im Alter von ein bis fünf Jahren; rund zwei Millionen Menschen befanden sich auf der Flucht. Angesichts des de facto zusammengebrochenen Staates stellte der Sicherheitsrat fest, dass der Umfang der menschlichen Tragödie die Sicherheit der Region gefährde. Er verknüpfte damit erstmals explizit die Verletzung von Men-

---

76 Siehe S/RES/688 vom 5. April 1991.

schenrechten mit der Bedrohung des Friedens (Krasno 2004: 251ff.). Der Sicherheitsrat entschied, dass die internationale Staatengemeinschaft am Horn von Afrika aktiv werden müsse und entsandte daher die *United Task Force* (UNITAF).[77]
Die unter US-amerikanischem Kommando stehende Mission sollte die Verteilung
von Hilfsgütern ermöglichen bzw. diese absichern und hierzu falls nötig auch
militärische Gewalt anwenden. Soldaten der UNITAF machten sich jedoch darüber hinaus im Oktober 1993 auf die Suche nach General Aidid, und zwar ohne
ausdrückliche Genehmigung der UN und ohne die Weltorganisation darüber zu
informieren. Im Rahmen dieser Aktion wurden 18 US-Soldaten erschossen, einige
der Leichen wurden durch Mogadischu geschleift. Kurz nachdem diese Bilder im
Fernsehen übertragen wurden, ordnete Präsident Clinton den Rückzug der amerikanischen Soldaten an (Krasno 2004: 251ff.).[78]

Eine weitere wichtige Entscheidung des Sicherheitsrates zum Schutz der
Menschenrechte war die Einrichtung von Schutzzonen in Bosnien 1993, dem
„Brennpunkt der Auflösung des Vielvölkerstaates der Sozialistischen Föderativen
Republik Jugoslawien" (Debiel et al. 2009: 70). Nach dem Tod Titos hatten Slowenien und Kroatien im Juni 1991 ihre Unabhängigkeit erklärt; seit 1992 strebte
auch Bosnien-Herzegowina den Status eines souveränen Staates an. In den Jahren 1992-1995 kam es zu gewalttätigen Auseinandersetzungen, die erst durch das
Dayton-Abkommen beendet werden konnten. Der Sicherheitsrat verabschiedete
in diesem Zeitraum allein 55 diese Region betreffende Resolutionen. Zunächst
entsandte er mit der UNPROFOR (*United Nations Protection Force*) im Februar
1992 eine Friedensmission mit einem klassischen Mandat, das auf Zustimmung
aller beteiligten Konfliktparteien beruhte.[79] Nachdem wieder Gewalttätigkeiten
ausbrachen und sich die Lage für die Zivilbevölkerung verschlechterte, ermächtigte der Sicherheitsrat nachfolgend alle Staaten und Regionalorganisationen, zur
Durchsetzung der humanitären Hilfe auch Gewalt anzuwenden.[80] Mit der Resolution richtete er zudem Flugverbotszonen und Schutzzonen ein.[81] Das UN-Sekretariat schlug dem Sicherheitsrat vor, 34.000 Personen für den Schutz der Zonen zu entsenden. Dieser autorisierte aber nur 7.600 Menschen, von denen 3.000
tatsächlich entsandt wurden. Die Soldaten konnten die Zivilbevölkerung in den
Schutzzonen nicht schützen. Diese wurden vom serbischen Militär eingenommen,
das allein in Srebrenica mehr als 7.000 muslimische Jugendliche und Männer um-
brachte. Die dort stationierte niederländische Schutztruppe sah dem tatenlos zu.
Eine später eingesetzte Untersuchung durch die niederländische Regierung führte
zum Rücktritt dieser. Im selben Monat übernahm die bosnische Armee die Schutzzonen Gorazde und Sarajevo (Debiel et al. 2009: 72).

*Bosnien 1993:
Einrichtung von
Schutzzonen*

---

77   Siehe Resolution S/RES/794 vom 3. Dezember 1992.
78   Die bestenfalls gemischte Bilanz der verschiedenen humanitären Interventionen diskutieren wir
in Abschnitt 3.3.7.
79   Siehe S/RES/743 vom 21. Februar 1992.
80   Siehe S/RES/770 vom 13. August 1992.
81   Siehe S/RES/819 vom 16. April 1992 und S/RES/824 vom 6. Mai 1993.

Die Entscheidungen, im Irak, in Somalia und in Bosnien-Herzegowina militärisch einzugreifen, machen deutlich, dass der Sicherheitsrat seit Anfang der
1990er Jahre Friedensbedrohungen neu definierte.[82] Indem massive Menschenrechtsverletzungen innerhalb eines Staates als Friedensbedrohung wahrgenommen wurden, fand eine „grundsätzliche Relativierung der inneren Souveränität"
statt (Eisele 2007: 142). Dieser Wandel zeigt sich auch quantitativ: Während die
Vereinten Nationen während des Ost-West-Konflikts nur zwei Mail in innerstaatliche Konflikte eingegriffen hatten,[83] ermächtigte der Sicherheitsrat insbesondere
in den Jahren 1991-1995 so viele Friedensmissionen wie nie zuvor. Im Zeitraum
1991-2000 gaben die UN 19,9 Mrd. US$ für Friedensmissionen aus, etwa zehn
Mal so viel wie während der Zeit von 1948-1990 (Coicaud 2007: 15).

Die Missionen waren jedoch durchaus strittig und es entbrannte eine Debatte darüber, wann humanitäre Interventionen gerechtfertigt sind. Heute gelten sie
bei fünf Tatbeständen als begründbar (Debiel 2003: 54-65): (1) Bei Völkermord,
Verbrechen gegen die Menschlichkeit oder Kriegsverbrechen; (2) weiteren Verletzungen der menschenrechtlichen Fundamentalnormen (Sklaverei, Rassismus
und Apartheid); (3) humanitären Katastrophen als Folge von *state collaps;* (4) bei
grenzüberschreitenden Flüchtlingsströmen und – durchaus umstritten – (5) zur
Wiederherstellung demokratischer Herrschaft. Ende der 1990er Jahre ermächtigten der Sicherheitsrat deutlich weniger humanitäre Interventionen, was einerseits
eine Reaktion auf die gemischten Erfahrungen darstellte (siehe 3.3.7), andererseits
auch verdeutlicht, dass nicht alle Sicherheitsratsmitglieder den veränderten Souveränitätsbegriff dauerhaft vertraten. Insbesondere China und Russland lehnten
die Idee eines militärischen Menschenrechtsschutzes zunehmend ab (Debiel et al.
2009: 54).

3.3.5 Entsendung von multidimensionalen Friedensmissionen

Die Vereinten Nationen erkannten in den 1990er Jahren zunehmend, dass robuste
Mandate zwar einerseits eine Möglichkeit darstellten, die Menschenrechte in einem zerfallenden Staat bzw. einer Bürgerkriegsregion kurzfristig zu schützen. Andererseits wurde deutlich, dass friedliche Strukturen nur sehr schwer aufzubauen
und zu festigen waren. Viele zunächst beigelegte Konflikte brachen nach wenigen
Jahren wieder aus, neue Gewalt flammte auf. Es wurde deutlich, dass der Frieden
nachhaltig gefestigt werden musste. Der damalige Generalsekretär Kofi Annan,
fasste dies wie folgt zusammen:

> *„We are no longer asked just to 'keep the peace' by helping maintain the ceasefire. Modern
> peacekeeping means tackling the 'root causes' of violence in order to 'build a lasting peace'."
> (zitiert nach Paris 2007: 412)*

---

82   Weiterhin ist die Ermächtigung zur Intervention in Haiti durch eine multinationale Schutztruppe
unter Führung der USA zu nennen (S/RES/940 vom 31. Juli 1994).
83   Es handelte sich hier um die Verhängung von wirtschaftlichen Sanktionen gegen das Ian Smith-
Regime in Südrhodesien und gegen das Apartheidsregime in Südafrika.

Das Aufgabenspektrum der Vereinten Nationen hat somit zugenommen. Die Weltorganisation ist nicht nur für die (klassische) Friedenssicherung bzw. die Friedenserzwingung verantwortlich. Sie soll und will darüber hinaus auch die beteiligten Konfliktparteien dabei unterstützen, die notwendigen institutionellen, materiellen und ideellen Transformationen vorzunehmen, die für eine Konsolidierung des zerbrechlichen Friedens essentiell sind. Daher haben multidimensionale die robusten Missionen abgelöst. Anders ausgedrückt: Friedensmissionen der vierten Generation kombinieren das Ziel der komplexen Friedensmissionen der zweiten Generation, nämlich friedliche Strukturen mit Hilfe der Vereinten Nationen aufzubauen, mit dem Instrument des robusten Mandats, demzufolge Waffengewalt eingesetzt werden kann, um die Missionsziele zu erreichen. Die Vereinten Nationen haben sich zunehmend von einem „Ordnungshüter zum Ordnungsstifter" (Haedrich 1994: 54) gewandelt.

(Randnotiz: Kombination von Friedenschaffung und Friedenskonsolidierung)

Elemente der Friedenskonsolidierung wurden seit den 1990er Jahren zunehmend in UN-Missionen verankert. Allgemein werden hierunter all jene Maßnahmen gefasst, die das Risiko, dass in einem Staat (wieder) Gewalt ausbricht, minimieren (Barnett et al. 2007: 37). Daher werden Handlungen, die zur Stabilität beitragen sollen, wie etwa die Demobilisierung und Reintegration von Kombattanten sowie die Abrüstung, durchgeführt. Zweitens werden Schritte zur Wiederherstellung der staatlichen Strukturen unternommen, damit der Staat seinerseits wieder öffentliche Güter zur Verfügung stellen kann. Schließlich werden auch Projekte im sozio-ökonomischen Bereich initiiert, die die Bevölkerung langfristig in die Lage versetzen sollen, ihre Konflikte friedlich zu bearbeiten (ebd. 49) (siehe Abbildung 3.3).

(Randnotiz: Elemente der Friedenskonsolidierung)

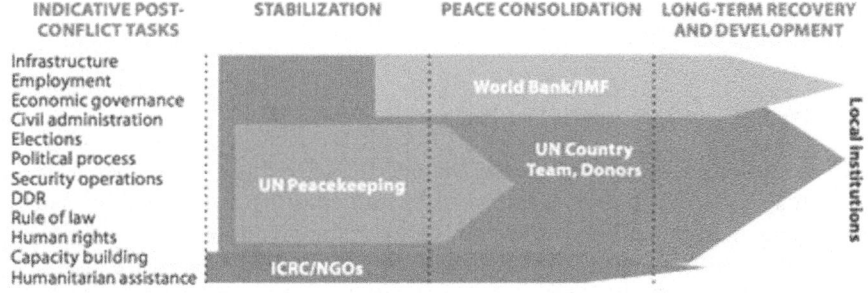

Abbildung 3.3: Aufgabenbereich des Multidimensionalen Peacekeeping[84]

Das umfassende Aufgabenspektrum führt dazu, dass immer mehr Personal entsandt werden muss (siehe Abbildung 3.4). Zwischen Juni 1999 und 2010 hat die Zahl des Personals um den Faktor acht zugenommen, das Budget hat sich verzehnfacht (Benner et al. 2011: 3). Hinzu kommt, dass die Vereinten Nationen die friedenskonsolidierenden Maßnahmen häufig nicht alleine umsetzen. Stattdessen arbeiten sie mit verschiedenen anderen Akteuren zusammen, darunter anderen internationalen Organisationen wie der der Weltbank und Regionalorganisationen (wie mit ECOWAS in den Fällen von Liberia und Sierra Leone). Die UN ermäch-

(Randnotiz: „Partnership Peacekeeping")

84 Quelle: United Nations 2008: 21.

tigte aber auch einzelne Staaten oder Staatengruppen nach Bürgerkriegen tätig zu werden. Bekannte Beispiele hierfür sind die unter dem Kommando Frankreichs stehende „*Operation Turquoise*" in Ruanda (1994) oder die von Australien geführte INTERFRET in Ost-Timor (*International Force for East Timor*, 1999-2000). Diese Form des „Partnership Peacekeeping" wird es wahrscheinlich zukünftig noch häufiger geben (MacQueen 2006: 236).

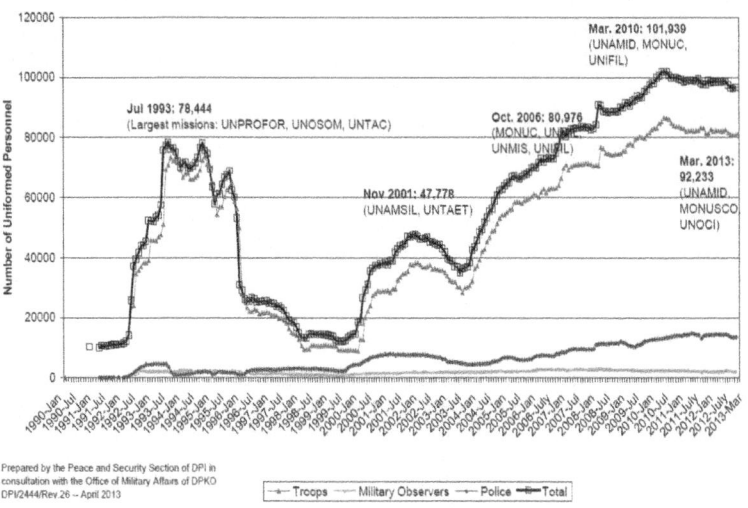

Abbildung 3.4: Zusammensetzung des Personals von UN Friedensmissionen[85]

3.3.6 Weiterer Reformbedarf: Der Brahimi-Bericht

Die Friedensmissionen der Vereinten Nationen standen Ende der 1990er Jahre in der Kritik, weil die robusten Mandate nicht zum erhofften Erfolg geführt hatten. Im Gegenteil: Statt den Frieden in eine Region respektive einen Staat zu bringen, wurden die UN-Truppen zu einer Konfliktpartei, die letztendlich zu wenig Macht hatte, um ihre Ziele zu erreichen. Einige westliche Staaten wandten sich von der UN ab, die Zahl der Blauhelme erreichte 1998 einen historischen Tiefststand: weniger als 15.000 Blauhelme waren entsandt, somit weniger als ein Fünftel der Summe, die noch vier Jahre zuvor in der Welt für Frieden sorgen sollte (Benner et al. 2011: 13). Auch wenn der Trend mit der Entsendung von Blauhelmen in den Kosovo, nach Ost-Timor und nach Sierra Leone umgekehrt wurde, bestand doch ein Interesse daran, aus den Fehlern der letzten Jahre zu lernen. Die Friedensmissionen sollten professionalisiert werden, damit sich weitere katastrophale Fehler nicht wiederholen können (ebd. 26).

---

85   Quelle: https://www.un.org/en/peacekeeping/documents/chart.pdf, 24.06.2013.

Hierzu zählt in erster Linie das Versagen der Vereinten Nationen, den sich anbahnenden Völkermord in Ruanda 1994 zu verhindern oder zumindest einzugreifen, um ihn zu beenden. Die Vereinten Nationen waren mit einer kleinen Beobachtergruppe, der UNAMIR (*United Nations Assistance Mission for Rwanda*) in dem Land stationiert, um die Einhaltung des Arusha-Friedensvertrags zu überwachen.[86] Unter der Leitung des kanadischen Generals Romeo A. Dallaire sollte die UNAMIR Sicherheitsgarantien für die Hauptstadt Kigali übernehmen sowie die Einhaltung der demilitarisierten Gebiete überwachen.[87] Dallaire sandte kurz nach Ankunft in Kigali dem Sekretariat einen Entwurf von Einsatzregeln für die Mission („*rules of engagement*"), die zwar im Hauptquartier ankamen, jedoch nie beantwortet wurden. Hierin schlug er u.a. vor, dass die UN alle zur Verfügung stehenden Mittel einsetzen dürften, um ethnisch oder politisch motivierte Gewalttaten zu verhindern (United Nations 1999: 9). In den nachfolgenden Wochen und Monaten warnte er in mehreren Telegrammen vor einer sich anbahnenden Gewaltwelle und bat um Unterstützung.[88] Das Sekretariat reagierte darauf äußerst zögerlich; der Generalsekretär verzichtete darauf, dem Sicherheitsrat einen politischen Rat zu geben. Nachdem am 6. April das Flugzeug, in dem der ruandischen sowie der burundische Präsident von Friedensgesprächen zurückkehrten, im Landeanflug auf Kigali abgeschossen wurde, brach die Gewalt aus. In etwa 100 Tagen, vom April bis Juni 1994, wurden rund 800.000 Menschen umgebracht. Die UNAMIR hatte nicht das Mandat, das Morden zu verhindern und bemühte sich daher erfolglos um den Schutz der Zivilbevölkerung. Die belgischen, zu UNAMIR gehörenden Truppen wurden nach Übergriffen durch die extremistischen Hutus abgezogen. Nachfolgend diskutierte der Sicherheitsrat über eine Anpassung des Mandats und beschloss, die Zahl der stationierten Blauhelme auf 270 zu reduzieren.[89] Viele Staaten, darunter die USA, Italien, Frankreich und Belgien flogen ihre Staatsangehörigen aus, um sie vor dem blutigen Bürgerkrieg zu schützen. Der Sicherheitsrat erließ erst im Mai eine neue Resolution, mit der er UNAMIR II einsetzte und ein Waffenembargo gegen Ruanda verhängte.[90] Die Mission sollte

Genozid in Ruanda 1994: „Unterlassene Hilfeleistung und verspätete Intervention"

---

86 UNAMIR wurde durch S/RES/872 vom 5. Oktober 1993 eingesetzt und es bestand die Hoffnung, den damaligen Konflikt beizulegen. Ausgangspunkt war eine komplexe Krise, in der sich Ruanda zu Beginn der 1990er Jahre befand. Zur Krise hatten der Zusammenbruch der Kaffeepreise und der damit einhergehende Verlust an Staatseinnahmen sowie die von der bäuerlichen Bevölkerung als existenziell wahrgenommenen Konflikte um Besitz und Nutzung des knappen Bodens beigetragen (Debiel 2003: 166). Im Oktober 1990 marschierte die von Tutsi dominierte *Rwandan Patriotic Front* (RPF) von Uganda aus in den Norden Ruandas ein. Sie wurden zwar von französischen Truppen wieder zurück getrieben, jedoch nutzten chauvinistische Hutu-Kräfte die Invasion dazu, Hass zu schüren (Debiel 2003: 168). Es kam zu ethnisch motivierter Gewalt. Zwar wurden mehrere Waffenstillstandsabkommen ausgehandelt, jedoch immer wieder gebrochen. Erst die am 4. August 1993 verabschiedete Arusha-Vereinbarung wurde von den Konfliktparteien akzeptiert.
87 Weiterhin wurde die UNOMUR (*United Nations Obersever Mission Uganda-Rwanda*) eingesetzt, die von Uganda aus zu verifizieren sollte, dass die RPF nicht vom ugandischen Territorium aus mit militärischer Ausrüstung unterstützt wurde (Debiel 2003: 173).
88 Eine detaillierte Darstellung der Kommunikation zwischen Dallaire und dem Sekretariat sowie der Beratungen des Sicherheitsrates enthält der Bericht der unabhängigen Untersuchungsgruppe, die im Frühjahr 1999 vom Generalsekretär eingesetzt worden war (United Nations 1999).
89 Siehe S/RES/912 vom 21. April 1994.
90 Siehe S/RES/918 vom 17. Mai 1994.

5.500 Personen umfassen, jedoch waren zwei Monate nach der Resolution erst 550 Blauhelme entsandt. Zwischenzeitlich hatte der Sicherheitsrat das Angebot Frankreichs, eine sichere Zone für die Zivilbevölkerung zu etablieren und hierzu auch alle notwendigen Maßnahmen einzusetzen (Kapitel VII), gebilligt (*Operation Turquois*)[91]. Der Genozid endete mit der Machtübernahme durch den der Tutsi-General Kagami (Krasno 2004: 253). Das Verhalten des Sekretariats aber auch der ständigen Mitglieder kann mit dem strafrechtlichen Terminus der „unterlassenen Hilfeleistung" gut umschrieben werden (Debiel 2003: 183).

Gründe für das Versagen der UN:
• Fehlender politischer Wille
• Fehleinschätzung des DPKO
• Zu wenig Ressourcen

Fünf Jahre nach dem Genozid setzte der Generalsekretär eine unabhängige Untersuchungsgruppe ein, die die Fehler der UN aufarbeiten und Handlungsempfehlungen geben sollte (United Nations 1999). Der Bericht stellte erstens fest, dass der politische Wille der Sicherheitsratsmitglieder zum Handeln fehlte. Diese nannten den Genozid nie beim Namen, sondern sprachen von gewalttätigen Auseinandersetzungen in dem Land. Hätten sie einen Völkermord festgestellt, wären sie zum Handeln verpflichtet gewesen. Dies kann in Ansätzen auf die Erfahrungen des Einsatzes in Somalia zurückgeführt werden. Das Scheitern der dortigen Mission war ebenso gegenwärtig wie ein analysierender UN-Bericht zu Somalia, den die Staaten kurz zuvor erhalten hatten. Dieser Bericht kam zu dem Schluss, dass die UN keine weiteren Maßnahmen des *Peace Enforcements* in innerstaatlichen Angelegenheiten tätigen sollten. Eine besondere Rolle spielten im Entscheidungsprozess für Ruanda außerdem die USA. Der damalige Präsident Bill Clinton hatte in Reaktion auf den Einsatz in Somalia beschlossen, dass amerikanische Soldatinnen und Soldaten nur noch dann an UN-Missionen teilnehmen sollten, wenn ein vitales Interesse der USA betroffen ist (*Presidential Decision Directive 25*, PDD 25). Zweitens stellte der Untersuchungsbericht zu Ruanda fest, dass die Abteilung für Friedenssicherung (DPKO) im Sekretariat die Situation in Ruanda lange Zeit falsch eingeschätzt hatte. Sie schenkte den warnenden Berichten, die General Dallaire aus Ruanda sandte, anfangs nicht genügend Beachtung, da sie aufgrund des Arusha-Friedensvertrags von einer positiven Entwicklung im Land ausging. Dementsprechend berichtete der Generalsekretär dem Sicherheitsrat auch zurückhaltend bzw. legte keine eindeutigen Handlungsempfehlungen vor. Drittens war die Mission UNAMIR von Anfang an mit zu wenigen Ressourcen ausgestattet. Es fehlten sowohl gut ausgebildete Truppen wie auch eine angemessene materielle Ausstattung. Schließlich verzögerten andere Konfliktlinien und Absprachen innerhalb der UN, wie die der nicht-ständigen Sicherheitsratsmitglieder mit ihren Regionalgruppen, die Entscheidungsfindung im Sicherheitsrat.

Zusammensetzung und Mandat der Brahimi-Kommission

In Reaktion auf das Versagen in Ruanda, aber auch in Somalia oder in Ex-Jugoslawien setzte der Generalsekretär eine unabhängige Expertenkommission ein, die die Aktivitäten der Vereinten Nationen im Bereich der Friedens- und Sicherheitspolitik grundsätzlich analysieren und Handlungsempfehlungen erarbeiten sollte. Der neunköpfigen Kommission gehörte u.a. der deutsche General a. D. und ehemalige Generalinspekteur der Bundeswehr Klaus Neumann an. Geleitet wurde sie von dem früheren algerischen Außenminister Brahimi, der seit 1997 das

---

91   Siehe UN Dokument S/RES/929 vom 22. Juni 1994.

Amt des Untergeneralsekretärs für Friedenssicherungseinsätze inne hatte (Schnabel/Thakur 2001: 242).

Die Brahimi-Kommission legte im Sommer 2000 ihren Bericht an die Generalversammlung und den Sicherheitsrat vor. Hierin attestierte sie in ungewöhnlich hoher Deutlichkeit die Defizite der Vereinten Nationen und gab 57 Empfehlungen zur Reform der Friedensmissionen der Weltorganisation ab (Eisele 2007: 142). Die 20 zentralen Forderungen waren breit gefächert und reichten von generellen Aspekten bis hin zu logistischen und administrativen Fragen. Grundsätzlich zieht sich der Tenor, dass mehr Realismus in der Friedens- und Sicherheitspolitik nötig ist, durch den Bericht. So soll der Sicherheitsrat einem Mandat nur zustimmen, wenn es klar formuliert ist. Auch ist ein sinnvolles Verhältnis zwischen Mandat und zur Verfügung stehenden Ressourcen notwendig. In der Planung von Friedenseinsätzen soll daher nicht von „best-case Szenarien" ausgegangen werden, wenn „worst-case Verhalten der Konfliktparteien" vorliegt. Die Abteilung für Friedenssicherung im Sekretariat (DPKO) wurde zur Schaffung der notwendigen personellen und strukturellen Voraussetzungen für die Durchsetzung komplexer Friedensmissionen aufgefordert.[92] Das Sekretariat habe hierbei auch die Verpflichtung, den Sicherheitsrat angemessen zu informieren und nicht nur das mitzuteilen, was der Sicherheitsrat hören möchte (Schnabel/Thakur 2001: 243). Weiterhin schlug der Bericht eine engere Zusammenführung der operativen Aktivität des *Peacekeepings* und dem politischen Prozess des *Peace-buildings* vor (MacQueen 2006: 240); Prävention und Friedenskonsolidierung wird eine wichtige Rolle zugewiesen.

Dieser Bericht ist im Hauptgebäude der Vereinten Nationen verfasst worden. Erst sechs Monate nach dessen Veröffentlichung wurde der Bericht in Regionaltreffen an verschiedenen Orten der Welt diskutiert. Die Treffen in Johannesburg, Singapur, Buenos Aires und London, an denen jeweils Repräsentantinnen und Repräsentanten von Staaten, Regionalorganisationen und NGOs sowie WissenschaflerInnen teilnahmen, waren lange überfällig. Die meisten Mitglieder stimmten der Analyse und den Forderungen des Berichts zu (Schnabel/Thakur 2001: 246f).

Einige Empfehlungen des Berichts wurden vergleichsweise schnell umgesetzt. So schlossen einige Staaten sogenannte *standby arrangements* mit den Vereinten Nationen ab, in denen sie einen bestimmten Teil ihrer Truppen bzw. ihres Materials für die Vereinten Nationen bereithielten. Auch vereinbarten sie analoge *on-call rosters* für das zivile Personal. Die geringsten Fortschritte gab es im Bereich der Weiterentwicklung der Strategie und der Doktrin der Friedenseinsätze sowie der Entscheidungsprozeduren für Friedensmissionen. So kann beispielsweise der Sicherheitsrat nach wie vor erst dann eine Resolution für eine Friedensmission verabschieden, wenn der Generalsekretär Zusagen für Truppen und Material bekommen hat (Coicaud 2007: 171). Auch die Umstrukturierung und der Ausbau

Bericht:
Mehr Realismus und
Umstrukturierung des
Sekretariats

Diskussion in den
Regionalgruppen

Umsetzung der
Empfehlungen

---

92 Damit wollte man zukünftig die zum Teil langen Verzögerungen von Entsendung von Friedensmissionen bis zur Stationierung vor Ort verkürzen. In Namibia dauerte es zehn Jahre, bis die ursprünglich vorgesehene Personalzahl auch tatsächlich vor Ort, die Resolution also angemessen umgesetzt war (S/RES/435 vom 29. Dezember 1978). In diesem Zeitraum gelang es der Rebellenbewegung SWAPO (South West African Peoples's Organization), das Land zu infiltrieren (Ryan 2000: 36).

des DPKO gestalteten sich schleppend. Von den 250 im Report geforderten neuen Stellen wurden nur 150 genehmigt (Eisele 2007: 142).

Reformstrategie
Friedensmissionen
2010

An diese Diskussion knüpfte der Generalsekretär fünf Jahre später wieder an. Er skizzierte in einem Bericht an die Generalversammlung mögliche Reformschritte im Bereich der Friedensmissionen, die auf Vorschlägen des DPKO beruhten.[93] Dieses hatte die Reformstrategie „Friedensmissionen 2010" entwickelt und hierin eine Professionalisierung im Personalbereich vorgeschlagen: Besonders gut ausgebildete Personen sollten von den UN angeworben und auch längerfristig gehalten werden können. Weiterhin sollten die Mandate der Friedensmissionen im Wissen darüber, was überhaupt machbar ist, klar definiert werden. Hierzu sollten auch die gelungenen Missionen (*best practices)* besser ausgewertet und die Analysen und Erfahrungen in der Zentrale gesammelt werden. Zukünftig sollte ein Rahmen für die „interaktiven Partnerschaften" der UN mit den Regionalorganisationen entwickelt werden, der sowohl gemeinsame Standards von Friedenseinsätzen enthält, wie auch Modalitäten der Kooperation der intergouvernementalen Organisationen. Eine engere Zusammenarbeit sei auch mit den internationalen Finanzorganisationen Weltbank und Internationaler Währungsfonds erwünscht.

3.3.7 Erfolg und Misserfolg von Friedensmissionen

Fehlende Kriterien
zur Messung von
Erfolg

Die Einschätzungen darüber, ob die Friedensmissionen der Vereinten Nationen erfolgreich (gewesen) sind, gehen weit auseinander. Während einige die Selektivität in der Entsendepraxis der Vereinten Nationen kritisieren und daher ein negatives Bild zeichnen (z.B. Whitworth 2004: 23ff.), heben andere hervor, dass sich die humanitäre Lage in den entsprechenden Konflikten verbessert hat (Mingst/Karns 2007: 198). Diese beiden Beispiele machen deutlich, dass den widersprüchlichen Einschätzungen unterschiedliche Definitionen dessen, was Erfolg ausmacht, zu Grunde liegen: Ist eine Friedensmission erfolgreich, wenn die Kämpfe zu Ende gehen und ein Friedensvertrag ausgehandelt ist (Mingst/Karns 2007: 198)? Oder sprechen wir von erfolgreichen Friedensmissionen, wenn auch nach dem Abzug der Friedensmissionen der Frieden Bestand hat und demokratische Strukturen aufgebaut werden (Paris 2007: 411ff.)? Oder aber gilt eine Friedensmission dann als erfolgreich, wenn sie innerhalb kürzester Zeit ihr Ziel im Sinne der Umsetzung des Mandats erreicht hat? Wir fokussieren im Folgenden auf das Kriterium der Zielerreichung und behalten – da die Ziele der verschiedenen Missionen wie gezeigt unterschiedlich sind – daher die Einteilung in verschiedene „Generationen" bei.

Bilanz der
klassischen
Blauhelme:
Stabilisierung der
Konflikte

Klassische Blauhelmeinsätze gelten dann als erfolgreich, wenn sie den Ausbruch von (zwischenstaatlichen) Kriegen verhindert haben. Für die Zeit seit der Gründung der Vereinten Nationen bis zum Ende des Ost-West-Konfliktes kann hier eine recht positive Bilanz gezogen werden. Bei materiellen oder territorialen Verteilungsfragen im zwischenstaatlichen Kontext können Friedensmissionen zum negativen Frieden beitragen. Anders ausgedrückt heißt das: So lange Blau-

---

93   Siehe UN Dokument A/60/696 vom 24. Februar 2006.

helmtruppen als Puffer zwischen den Konfliktparteien akzeptiert werden, können sie den Ausbruch gewalttätiger Auseinandersetzungen verhindern.[94] Die Kehrseite dieser Medaille ist aber zugleich, dass die Missionen zu einer Verfestigung der Konfliktlinien beitragen können. Da die Konfliktparteien räumlich voneinander getrennt werden und nachhaltige Maßnahmen der Friedenskonsolidierung fehlen, wird der Aufbau (gemeinsamer) friedlicher Strukturen erschwert.[95] Daher bleiben viele der klassischen Blauhelmmissionen auch lange Zeit in den ehemaligen Krisen- und Kriegsregionen stationiert. Allein im Nahen Osten gibt es drei Missionen, die seit mehr als 30 Jahren Waffenstillstände bzw. Friedensverträge überwachen.[96] Die in der Kaschmir-Region an der Grenze von Indien und Pakistan stationierte Mission UNMOGIP ist schon seit 1949 vor Ort. Seit 1964 bewachen Blauhelme den Waffenstillstand zwischen griechischen und türkischen Zyprioten.

Eine Bilanz der komplexen Blauhelmmissionen zu ziehen, die mit dem Konsens der Konfliktparteien mit dem Aufbau von friedlichen Strukturen betraut waren, fällt schwer. Hier spielt die Frage, zu welchem Zeitpunkt eine Bewertung vorgenommen werden soll, eine wichtige Rolle. Gilt eine Friedensmission als erfolgreich, wenn während ihrer Präsenz vor Ort gewalttätige Konflikte ausbleiben, so kann ein positives Bild gezeichnet werden. Bei 22 Blauhelmmissionen, bei denen die UN-Truppen in innerstaatlichen Kriegen stationiert waren, brach Gewalt nur drei Mal während der Präsenz von Friedensmissionen aus, nämlich in Angola, Ruanda und Liberia. In den anderen Fällen trugen die Missionen dazu bei, dass ein friedlicher Konfliktaustrag vorlag. Wird dagegen der Erfolg der Missionen daran gemessen, ob sie *dauerhaft* das Ausbrechen von Gewalt durch den Aufbau nachhaltiger Friedensstrukturen verhindern konnten, so ist die Bilanz gemischt. Nur vier Missionen konnten die entsprechenden ehemaligen Bürgerkriegsstaaten in der Friedenskonsolidierung insbesondere durch die Durchführung von Wahlen und Unterstützung in der wirtschaftlichen Entwicklung so weit unterstützen, dass dort keine gewalttätigen Konflikte mehr ausbrachen. Es handelt sich um die Blauhelmeinsätze in Namibia (1989-1990), Mosambik (1992-1994), Kroatien (1995-1996) und Ost-Timor (2002-2005). Diese Missionen gelten jedoch gemeinhin als „leichte Fälle", da sich zumindest eine Konfliktpartei zurückgezogen hatte. Relativ erfolgreich waren auch die Missionen in Nicaragua (1989-1990), El Salvador (1991-1995) und Guatemala (1997), da sie dazu beigetragen haben, dass der langjährige gewalttätige Konfliktaustrag beendet wurde. Allerdings führte die u. a. von der UN angeleitete schnelle Marktöffnung dazu, dass die Schere zwischen arm und reich schnell stärker aufging. Die sozialen Spannungen, zu denen auch

Gemischte Bilanz der komplexen Missionen: teils Aufbau friedlicher Strukturen, teils Rückfall in den Bürgerkrieg

---

94 Die Friedensmissionen haben darüber hinaus dazu beigetragen, dass die zwischenstaatlichen Konflikte durch den Ost-West-Konflikt nicht „infiziert" wurden, dass also die Konfliktparteien nicht zu den beiden Polen des internationalen Systems gezogen wurden. In dem Sinne haben Friedensmissionen die Konfliktparteien „immunisiert". Das Ziel der Blauhelme ist in diesem Sinne immer, dass sie das internationale System stabilisieren (MacQueen 2006: 11ff.).

95 Es kann aber auch argumentiert werden, dass die Anwesenheit der UN-Truppen eine Vertrauensbildende Maßnahme darstellt, die es den Konfliktparteien erlaubt, sich weiteren Schritten der friedlichen Konfliktbearbeitung zuzuwenden (Doyle/Sambanis 2007: 326).

96 Die UNTSO (Naher Osten) und die UNDOF (auf den Golanhöhen) sind seit 1948 stationiert. Seit 1978 werden die beiden Missionen von der im Libanon stationierten UNIFIL unterstützt.

Straßenkriminalität und Morde beitrugen, nahmen zu, was dazu führte, dass die Lebensbedingungen der Zivilgesellschaft häufig genauso schlecht waren wie in Bürgerkriegszeiten oder sich sogar noch weiter verschlechterten (Paris 2007: 413 ff.). Deutliche Rückschritte im Prozess der Friedenskonsolidierung sind nach Abzug der Missionen in Liberia und Kambodscha zu verzeichnen. In beiden Staaten wurden zunächst erfolgversprechende Demokratisierungsmaßnahmen ergriffen, die jedoch anschließend zurück genommen wurden (Coicaud 2007: 21 ff.). Versagt haben die Blauhelmmissionen wie oben dargestellt in Ruanda und Angola. Aus Angola zogen sich die Blauhelme im Mai 1999 zurück, nachdem es ihnen nicht gelungen war, den Frieden zu konsolidieren. Eine zentrale Konfliktpartei, die UNITA, hatte sich, nachdem sie die Wahlen verloren hatte, gegen den Friedensprozess gestellt (Ryan 2000: 40).

Scheitern der Maßnahmen der Friedenserzwingung

Aus der Erfahrung heraus, dass nicht alle Konfliktparteien der Entsendung einer Friedensmission zustimmen und dass es nötig sein kann, mit militärischer Gewalt die Mandate durchzusetzen, erließ der Sicherheitsrat robuste Mandate (*peace enforcement*). Die Bilanz dieser Einsätze ist bestenfalls gemischt. Einerseits ist schnell deutlich geworden, dass ein robuster Einsatz immer auch von Maßnahmen der Friedenskonsolidierung begleitet werden muss, damit aus einem Moment der militärischen Überlegenheit ein friedlicher Zustand in einem Staat werden kann. Daher enthalten die neueren Mandate alle auch begleitende Maßnahmen. Andererseits konnten die robusten Friedensmissionen selten den an sie gestellten Ansprüchen gerecht werden. Immer wieder wird den Blauhelmmissionen vorgeworfen, dass sie entweder selbst zu einer Konfliktpartei geworden sind und somit die moralische Autorität der Weltorganisation auf das Spiel gesetzt haben. Oder aber es wird argumentiert, dass die UN Unparteilichkeit mit Neutralität und fehlender Handlung verwechselt haben. So habe die jüngste Kongo-Mission MONUC sich in Bukavo aus den Kämpfen herausgehalten, um weiterhin als unparteilich gelten zu können. Dadurch hat sie jedoch gerade Einfluss auf den Konfliktaustrag ausgeübt (Johnstone/Tortolani/Gowan 2005: 248). Schließlich haben die Vereinten Nationen nicht immer die Ausrüstung und das Personal gehabt, um die robusten Mandate auch wirklich umzusetzen (Ryan 2000: 38). Viele der in den letzten Jahren entsandten UN-Missionen sind daher mit einem multidimensionalen Mandat ausgestattet. Der Umfang der konsolidierenden Maßnahmen ist in den letzten Jahren angestiegen und geht heute bis zur Übernahme von Regierungsverantwortung (z. B. in Osttimor und Kosovo). Der Erfolg oder Misserfolg dieser friedenskonsolidierenden Maßnahmen kann erst in einigen Jahren abgelesen werden. Dann wird sich zeigen, inwieweit nachhaltige friedliche Strukturen aufgebaut wurden und das Wiederaufflammen von gewalttätigem Konfliktaustrag verhindert werden konnte. Generell kann dabei davon ausgegangen werden, dass drei Faktoren einen Einfluss auf den (Miss-)Erfolg der Missionen haben (sogenanntes *peacebuilding triangle*): Das Ausmaß an Feindlichkeiten zwischen den Konfliktparteien, das Vorhandensein von lokalen Kapazitäten zur Konfliktbearbeitung vor Ort sowie der Umfang an internationaler Unterstützung. Diese drei Faktoren beeinflussen sich wechselseitig (daher das Bild des Dreiecks): Je größer also die Feindseligkeiten zwischen den Konfliktparteien sind, desto stärker müssen die

Drei Einflussfaktoren auf (Miss-)Erfolg: peacebuilding triangle lokalen Kapazitäten in Anspruch genommen werden und desto mehr internationale Unterstützung wird gebraucht, um einen nachhaltigen Frieden zu erzielen (Doyle/Sambanis 2007: 323f.). Einige Beobachter werfen den Vereinten Nationen vor, zu sehr auf kurzfristige Erfolge zu setzen, statt langfristige Friedensarbeit zu betreiben. Beispielsweise schätzten die Vereinten Nationen freie und demokratische Wahlen als sehr wichtig ein und ließen dabei außer Acht, dass diese Wahlen auch instrumentalisiert werden können, wenn ehemalige Rebellengruppen diese nutzen, um eigene Machtstrukturen aufzubauen. Dies trifft insbesondere dann zu, wenn diese Akteure kein Interesse an der Friedenskonsolidierung haben (Ryan 2000: 40).

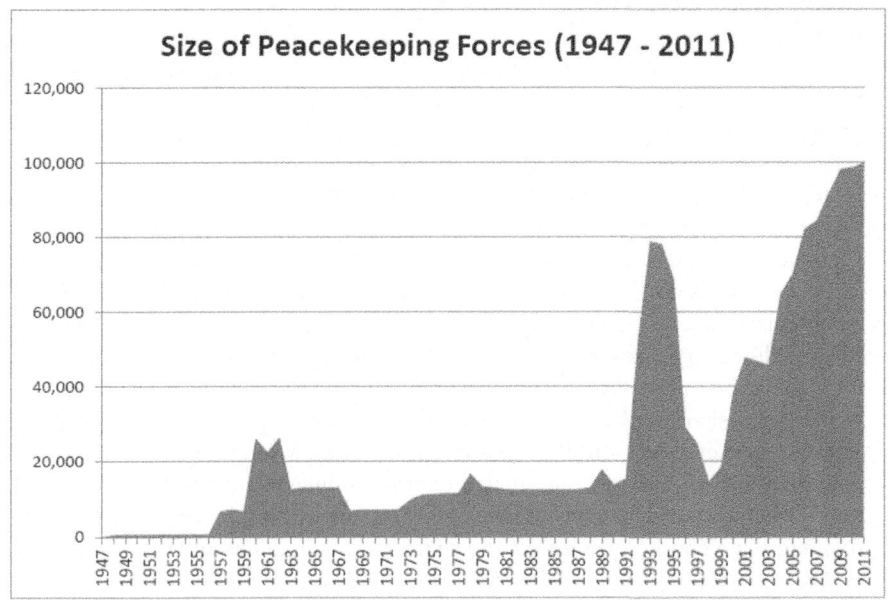

Abbildung 3.5: Personelle Entwicklung der Friedensmissionen[97]

Die heute für die Friedensmissionen benötigten personellen und finanziellen Kapazitäten stellen zunehmend eine Belastung der Völkergemeinschaft dar (siehe Abbildung 3.5). Eine aktuelle Analyse spricht daher von einer neuen Krise des Friedensmissionen (CIC 2009).[98] Die Autoren identifizieren drei Symptome der Krise: Erstens stellen sie eine zu hohe personelle Belastung der UN durch den Einsatz vieler großer Missionen in den Konfliktregionen („personal overstretch") fest (CIC 2009: 5). Die Vereinten Nationen entsenden ihnen zufolge rund die Hälfte aller Friedenskräfte, die andere Hälfte wird von Regionalorganisationen, Bünd-

Krise der
Friedenmissionen?

---

97   Quelle: http://www.globalpolicy.org/images/pdfs/images/pdfs/Size_of_UN_PK_force_by_year_-_2011_.pdf, 24.06.2013.
98   Diese wurde von der Abteilung Friedensmissionen des Sekretariats in Auftrag gegeben und findet sich auch auf der UN-Homepage (siehe http://www.peacekeepingbestpractices.unlb.org/pbps/Library/CIC%20New%20Horizon%20Think%20Piece.pdf, 24.06.2013).

nissen wie der NATO oder einzelnen Staatengruppen gestellt. Zweitens bringen die vielen und großen Missionen eine sehr hohe finanzielle Belastung mit sich („financial overstretch"; CIC 2009: 6). Das Budget für Friedensmissionen war im Haushaltsjahr 2008-2009 so hoch wie nie zuvor. Es übertraf das vom Vorjahr um 10%; innerhalb der letzten Dekade verfünffachte sich das Budget der Missionen. Mit den gewachsenen Aufgaben und dem gestiegenen Umfang wachse aber, drittens, die Ausstattung des Sekretariats nicht proportional. Vielmehr würden mit einem nur leicht gestiegenen Personalschlüssel und in einer dezentralen Struktur große Missionen begleitet („headquarters overstretch") (CIC 2009: 7). Diese drei Überforderungen sind dem Bericht der New Yorker Universität nach aber nur die Symptome, nicht die Ursache der Krise. Er teilt die Ursachen in zwei Gruppen ein, nämlich einerseits operationale Defizite, zu denen (i) die nicht vollendeten Reformen der Vereinten Nationen im Friedensbereich, (ii) die institutionelle Schwäche der Friedensmissionen, die sich aus den neuen und komplexeren Konfliktumfeldern ergibt, sowie (iii) die Herausforderung, zur Friedenskonsolidierung beizutragen, was auch bedeutet, mit lokalen Akteuren zusammen zu arbeiten, zählen. Andererseits tragen politische Probleme zu der aktuellen Krise der Friedensmissionen bei (CIC 2009: 9ff.). Politische Probleme umfassen (i) die häufig nicht vorhandene Verknüpfung von Friedensmissionen mit politischen Prozessen der Friedenskonsolidierung, (ii) die fehlende Zustimmung der Konfliktparteien zur Friedensmission sowie schließlich (iii) die je nach Akteur (Sekretariat, Staaten) unterschiedlichen Auffassungen über Mandat und Ausstattung der Missionen. Der Bericht schlägt vor, dass kohärente Mandate, die durchaus auch zu anderen Formen als den bisherigen Friedensmissionen führen können (wie etwas Mediation, präventive Entsendung), die Krise abfedern könnten. Weiterhin sollte über Partnerschaften mit anderen internationalen Organisationen nachgedacht werden.

„Lastenverteilung": Personal aus dem Süden ...

Der Hinweis des Berichts, dass es eine personelle und finanzielle Überbeanspruchung der Vereinten Nationen gibt, wird auch von anderen Analysen geteilt. Die „Lastenverteilung" bei Friedensmissionen ist dabei sehr ungleich. Wenngleich in der Zeit von 1948-1998 insgesamt 118 Staaten zu Friedensmissionen beigetragen haben (Aal 2000: 122), tragen die Entwicklungsländer im personellen Bereich die Hauptlast.[99] Ungefähr drei Viertel aller bislang entsendeten Blauhelmsoldaten stammen aus Entwicklungsländern. Sie riskieren ihr Leben für Missionen, die mehrheitlich von Vertretern der Industrieländer im Sicherheitsrat eingesetzt wurden, was zukünftig zu einem Konfliktfeld werden könnte (Cockayne/Malone 2005: 338).[100] Das Engagement der Entwicklungsländer erklärt sich u.a. aus der Tatsache, dass die truppenstellenden Staaten von den Vereinten Nationen Gelder bekommen. Diese erlauben es insbesondere ärmeren Staaten, dass sie zum Teil

---

[99] Es war allerdings auch ein Anliegen des ehemaligen Generalsekretärs Dag Hammarskjöld, dass kleinere Staaten die UN nützen und sie unterstützen, um die Organisation mit ihrer Hilfe zu einem unabhängigen Akteur in der bipolaren Machtstruktur aufzubauen (Cunliffe 2009: 326).

[100] Die Staaten, die die meisten Soldatinnen und Soldaten entsenden, sind (die Anzahl ist jeweils in Klammern): Bangladesh (8843), Pakistan (8232), Indien (7795), Äthiopien (6522), Nigeria (4736), Ruanda (4668), Nepal (4553), Jordanien (3397), Ägypten (3066) und Ghana (2827), Stand: April 2013, http://www.un.org/en/peacekeeping/contributors/2013/apr13_1.pdf, 18.06.2013.

sehr große Armeen aufbauen und erhalten konnten. Die Bezahlung durch die UN
hat aber auch einen Vorteil für die einzelnen Soldaten, denn diese erhalten über
das DPKO einen bedeutend höheren Sold als von den eigenen Staaten (Whitworth
2004: 36). Der Anteil der aus den Industrieländern stammenden Soldatinnen und
Soldaten ist in den letzten Jahren sogar noch weiter zurückgegangen und liegt seit
2003 bei nur 15%. Interessant ist hierbei, dass die Industrieländer ihre Truppen
sehr gezielt in einzelnen Missionen einsetzen: Über die Hälfte der Truppen werden in Missionen aktiv, die schon seit längerem etabliert sind (wie etwa im Nahen
Osten oder Zypern, 55%). Während an asiatischen Friedensmissionen noch relativ
häufig Blauhelme aus dem Norden teilnehmen, sind sie in Missionen in afrikanischen Staaten kaum vertreten (nur 6%) (Durch 2004: 208). Der relativ geringe
Einsatz von Personal der Industrieländer in Friedensmissionen wird im Vergleich
zu dem jeweiligen nationalen Rahmen besonders deutlich: In den letzten Jahren
unterstellte Großbritannien nur 0,9% seiner Streitkräfte den Vereinten Nationen,
in Frankreich waren es 0,8% und bei den USA sind es gar nur 0,04% (Coicaud
2007: 22).

Ausgaben für Peacekeeping-Operationen in aktueller vs. realer Währung

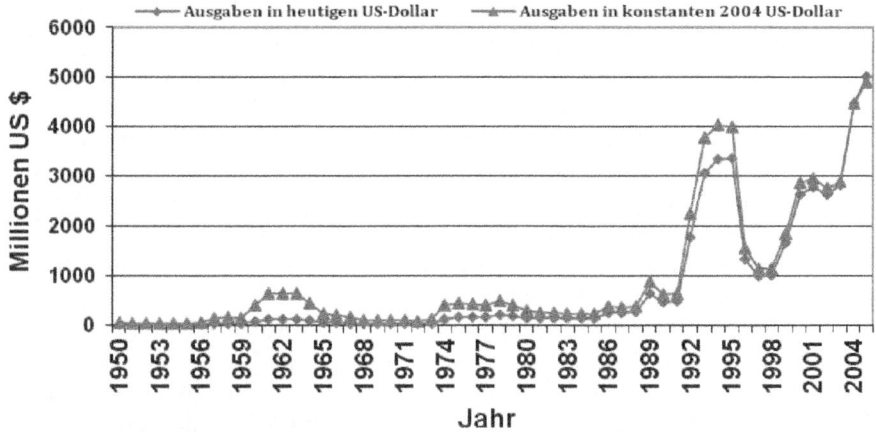

Abbildung 3.6: Ausgaben für Friedensmissionen[101]

Die Industrieländer übernehmen dagegen den Großteil der Kosten, die durch
Friedensmissionen entstehen. Die Kosten werden nicht aus dem regulären UN-
Haushalt bestritten, sondern aus einem getrennten Budget für Friedensmissionen
bezahlt. Ein im Dezember 2000 entwickelter neuer Beitragsschlüssel legt zehn
Kategorien von Mitgliedsländern fest, die gestaffelt nach ihrer Wirtschaftskraft
einen Beitrag zum *peacekeeping*-Haushalt leisten müssen. Der neue Schlüssel ent-
lastet u.a. die USA, die heute 26,2% der Beiträge zahlen sollen (vorher 30,5 %)
(DGVN 2008: 7). Da der Sicherheitsrat nach dem Ende des Ost-West-Konflikts

.... Finanzen aus dem Norden

---
101 Quelle: Eigene Darstellung nach www.un.org/Depts/dpko/dpko/contributors/Yearly06.pdf,
10.09.2009.

so viele Friedensmissionen wie noch nie zuvor autorisiert hatte, stiegen die Kosten für Blauhelmeinsätze entsprechend drastisch an (siehe Abbildung 3.6). Heute ist der Haushalt für Friedensoperationen daher mehr als dreimal so groß wie der reguläre UN-Haushalt. Obwohl der Haushalt für Friedenseinsätze nur 0,5% der weltweiten Ausgaben für Rüstung und Verteidigung ausmacht, sehen sich die UN mit Zahlungsrückständen konfrontiert, zuletzt in Höhe von über drei Milliarden US$ (DGVN 2008: 7). Zu den säumigsten Zahlern gehören Japan (799 Millionen US$), die USA (408 Millionen US$) und Spanien (257 Millionen US$) (Stand: Dezember 2011).[102]

3.3.8 Die Gender-Dimension in Friedensmissionen: Resolution 1325

Feministische Friedensforschung

Sexualisierte Gewalt gegen Frauen wird in fast allen gewalttätigen Konflikten und Kriegen angewandt. Sie tritt in sehr unterschiedlichen Ausprägungen wie sexuelle Ausbeutung und Folter, Zwangsprostitution, „Kriegsehen" oder Vergewaltigung auf (Harders 2002: 20). Die feministische Friedensforschung hat seit langem geschlechtersensible Friedensmissionen gefordert, um die weiblichen Opfer, aber auch die Täterinnen besser in den Blick zu bekommen. Geschlechtersensible Friedensmissionen sollen einerseits Frauen als Akteurinnen in die Friedensarbeit mit einbeziehen, um sowohl mit den Opfern wie auch den TäterInnen angemessener arbeiten zu können. Andererseits soll die Geschlechterdimension in der Friedensarbeit bewusst mit bedacht werden, um geschlechtergerechte Strukturen aufzubauen und damit nachhaltig friedliche Gesellschaften zu schaffen. Beispielsweise sind die Bedürfnisse weiblicher und männlicher ehemaliger Kombattanten im Bereich der Abrüstungs-, Demobilisierungs- und Wiedereingliederungsplanung sehr unterschiedlich, worauf in der Konzeption von Friedensmissionen zu achten ist.

Normgenese: NGOs und like-minded states als Normunternehmer

Bei den Vereinten Nationen setzte sich ein im Jahr 2000 gegründeter NGO-Zusammenschluss, die *NGO Working Group on Women, Peace and Security*, dafür ein, dass der Sicherheitsrat über geschlechtersensible Friedensmissionen diskutieren sollte (Shepherd 2008: 387).[103] Er arbeitete eng mit einer Gruppe von gleich gesinnten Staaten (*like-minded states*) zusammen. Ziel war es, dass das Thema im Sicherheitsrat und nicht in der Generalversammlung diskutiert werden sollte, um eine völkerrechtlich verbindliche Regelung zu treffen. Die Koalition wurde von der „women's machinery within the UN" (Withworth 2004: 121) unterstützt.

---

102 http://www.globalpolicy.org/images/pdfs/UN_Finance/Debt_of_15_Largest_Payers_to_the_ Peacekeeping_Budget.pdf, 15.06.2013.
103 Allerdings ist anzumerken, dass das Thema Frauen und kriegerische Gewalt an sich nicht neu ist. Schon 1969 hatte die Kommission für die Rechtsstellung der Frau darüber beraten, ob ein zusätzlicher rechtlicher Schutz von Frauen und Kindern nötig sei. Sie arbeitete einen Entwurf aus, den die Generalversammlung 1974 als „Erklärung über den Schutz von Frauen und Kindern in Zeiten eines Notstands und im bewaffneten Konflikt" verabschiedete (A/RES/3318 (XXIX) vom 14. Dezember 1974). Das Thema wurde knapp zwanzig Jahre später beim Menschenrechtsweltgipfel 1993 erneut beraten. Das Abschlussdokument hält hier fest, dass Gewalt gegen Frauen in Kriegen eine Menschenrechtsverletzung darstellt (Withworth 2004: 125).

Die Koalition war erfolgreich, da der Sicherheitsrat im Oktober 2000 die Resolution 1325 einstimmig verabschiedete.[104] Die Resolution fordert alle Staaten nachdrücklich dazu auf, dafür zu sorgen, dass Frauen in nationalen, regionalen und internationalen Institutionen und Mechanismen zur Verhütung, Bewältigung und Beilegung von Konflikten auf allen Entscheidungsebenen stärker vertreten sind. Frauen sollen auch in den Vereinten Nationen eine größere Rolle spielen, sei es als Sonderbeauftragte oder Sonderbotschafterinnen des Generalsekretärs oder als Mitglieder von Friedensmissionen. Darüber hinaus ist die Geschlechterperspektive in allen Missionen zu berücksichtigen. Die Resolution sollte somit sowohl in die Konflikte selbst wie auch in die Mitgliedsstaaten und in die Organisation der Vereinten Nationen selbst hinein wirken. Die nach wie vor bestehende Unterrepräsentation von Frauen in Friedenseinsätzen soll zukünftig ebenso der Vergangenheit angehören wie diejenige in der UN selbst. In den Jahren 1957-1989 machten Frauen nur 0,1% des militärischen Personals aus; im Jahr 2000 waren es 2,6% des militärischen und 4% des zivilen Personals bei Friedenseinsätzen (Withworth 2004: 125).

Einbeziehung von Frauen in die Konfliktbearbeitung

Obwohl die Resolution vor knapp zehn Jahren verabschiedet wurde, ist sie nur ansatzweise umgesetzt worden. Seit 2000 wurden nur 7% der Friedensverhandlungen auch unter Einbeziehungen von Frauen durchgeführt. Zwischen 1990 und 2010 machten Frauen nur 16% der unterzeichnenden Akteure bei Friedensvereinbarungen aus.[105] Auch auf der Ebene der Vereinten Nationen bleiben Frauen stark unterrepräsentiert. Zugleich sind jedoch auch einige Fortschritte erreicht. So entsenden die Vereinten Nationen zumindest in einige Friedensmissionen *gender units* oder *gender advisors*, deren Aufgabe es ist, die Einhaltung des *gender mainstreaming* zu überwachen (Whitworth 2004: 130). Dass der Generalsekretär jährlich über die Umsetzung der Resolution 1325 berichten muss, sehen einige auch als positives Zeichen; so bleibe das Thema auf der Agenda. Weiterhin hat die Resolution 1325 auf nationaler Ebene Veränderungen bewirkt. Einige Staaten, darunter Großbritannien, Deutschland, Schweden und Norwegen, haben nationale Aktionspläne zur besseren Einbeziehung von Frauen in Friedensprozesse verabschiedet. Schließlich hat der Sicherheitsrat im Jahr 2008 sexuelle Gewalt als ein Sicherheitsproblem definiert und alle Staaten aufgefordert, Maßnahmen zu ergreifen, um sexuelle Gewalt zu verhindern.[106]

Zögerliche Umsetzung der Resolution 1325

3.3.9 Responsibility to Protect – Schutzverantwortung als neues Leitbild

Das Verhältnis von staatlicher Souveränität zum Menschenrechtsschutz hat sich in den letzten Dekaden verschoben. Zum Schutz der Menschenrechte wurden in den 1990er Jahren mehrere humanitäre Interventionen durchgeführt (siehe Abschnitt

Ausgangspunkt der Debatte: selektive Interventionen

---

104   Siehe S/RES/1325 vom 31. Oktober 2000. Die darin enthaltenen Empfehlungen nachfolgend sind bekräftigt bzw. weiterentwickelt worden in S/RES/1829 (2008), S/RES/1888 und S/RES/1889 (2009).
105   Siehe http://www.peacewomen.org/peacewomen_and_the_un/un-basics/useful-facts-and-figures, 15.06.2013.
106   Siehe S/RES/1820 vom 19. Juni 2008.

3.3.4.). Die inkonsistente Interventionspraxis der Vereinten Nationen führte zu erbitterten politischen und auch wissenschaftlichen Kontroversen. Vor diesem Hintergrund forderte der damalige UN-Generalsekretär Kofi Annan in der Generalversammlung die Staatengemeinschaft auf, Antworten auf die dringenden Fragen zu erarbeiten, die sich im Lichte der Erfahrungen in Somalia, Bosnien, Ruanda und dem Kosovo stellten. Auf diesen Aufruf reagierte die kanadische Regierung mit der Einberufung der *International Commission on Intervention and State Sovereignty* (ICISS). Die zwölfköpfige Expertenkommission legte gut ein Jahr später – überschattet von den Terroranschlägen in New York und Washington und dem darauf gefolgten Afghanistan-Krieg – ihren Bericht vor, der drei Ziele verfolgte: Erstens, zu einer normativen Verschiebung beizutragen, indem das Konzept „humanitäre Intervention" durch „Verantwortung zum Schutz" ersetzt wird; zweitens, deutlich zu machen, dass diese Verantwortung in erster Linie auf nationaler Ebene den Staaten und auf globaler Ebene dem UN-Sicherheitsrat obliegt und, drittens, sicherzustellen, dass aus humanitären Beweggründen stattfindende militärische Interventionen effektiv und hinreichend legitimiert sind (Thakur 2002: 325). Durch den begrifflichen Wandel sollte ein Perspektivenwechsel in die Debatte hineingetragen werden: Statt wie bisher die Angelegenheit aus Sicht möglicher Angreifer zu diskutieren und Kriterien für deren Recht zur Intervention zu etablieren, soll nun der Schwerpunkt auf dem Recht der Opfer auf Schutz und Unterstützung liegen und auf der Pflicht Außenstehender, dies zu gewähren (ICISS 2001: 17). Ferner wird eine neue Norm staatlicher Souveränität geprägt – *„from control to responsibility"* (Evans/Sahnoun 2002). Die Verantwortung zum Schutz wird als ein aus drei Teilen bestehendes „Verantwortungskontinuum" (Brunnee/Toope 2006: 8) konzipiert: Sie sollte bereits bei der Verhinderung von gewaltsamen Konflikten einsetzen (*responsibility to prevent*); falls diese misslinge, die Pflicht zu einer, auch militärischen, Reaktion umfassen (*responsibility to react*) und auch nach einem militärischen Eingriff, in Form von Friedenskonsolidierungs- und Wiederaufbaumaßnahmen, fortbestehen (*responsibility to rebuild*).

ICISS:
Weites Konzept der
R2P

Mit dem ersten Bestandteil der R2P, der *responsibility to prevent*, nimmt die Kommission auf eine sehr umfassende Verpflichtung zur Krisenprävention Bezug. Die mangelnde Umsetzung dieser Verpflichtung gab 1992 Anlass zur *Agenda for Peace*, die der damalige UN-Generalsekretär Boutros Boutros-Ghali vorlegte; seit dem wurde sie in weiteren Reports (Brahimi-Report, 2000; Report of the Secretary General on Prevention of Armed Conflict, 2001) zum Thema. Die ICISS benennt drei Bedingungen für die erfolgreiche Umsetzung dieser Norm: Erstens *early warning*, womit Kenntnis vom Vorliegen des Konflikts, aber auch eine Analyse der Situation und möglicher Eskalationsrisiken gemeint ist. Zweitens gehört das Vorhandensein einer *„preventive toolbox"* dazu, d.h. eines Sets von erprobten Maßnahmen, die das Potential haben, sich positiv auf den Konfliktverlauf auszuwirken. Drittens kommt es auf die Bereitschaft an, die Maßnahmen anzuwenden und damit *„political will"* zu zeigen (ICISS 2001: 20). Für die *responsibility to react* wurde die Hürde – das Vorliegen eines gerechten Grundes – sehr hoch gesetzt: Die militärische Intervention soll dazu dienen, Verluste an Menschenleben „in großem Umfang" (large scale loss of life) oder „ethnische Säuberungen" (large scale

„ethnic cleansing") zu verhindern. Zu den Szenarien, die solche Zustände herbei-
führen können, gehören Verbrechen gegen die Menschlichkeit, der Ausbruch eines
Bürgerkriegs oder der völlige Zusammenbruch eines Staates. Auch verheerende
Naturkatastrophen, die ein betroffener Staat nicht adäquat bearbeiten kann oder
will, sind hier eingeschlossen. Neben diesem sogenannten Schwellenkriterium
müssen fünf weitere Prinzipien erfüllt sein, um eine militärische Intervention als
gerechtfertigt ansehen zu können: 1) Die richtige Absicht – Leid abzuwenden oder
zu beenden; 2) Verhältnismäßigkeit der Mittel – minimale Gewaltanwendung, die
zur Zielerreichung notwendig ist; 3) Letzter Ausweg – alle anderen Mittel müssen ausgeschöpft sein; 4) Vernünftige Erfolgsaussicht – die Intervention muss das
Leid stoppen und darf den Konflikt keineswegs verschärfen und schließlich 5)
kompetente Autorität – eine Autorisierung der intervenierenden Akteure durch
den Sicherheitsrat muss entweder der Aktion vorausgehen oder nachträglich erfolgen.[107] Im Bericht wird gefordert, dass sich die Mitglieder des Sicherheitsrates
bei der Diskussion möglicher Interventionen immer auf die Kriterien beziehen – in
der Hoffnung, damit den Rechtfertigungszwang für die Staaten zu erhöhen, der es
ihnen erschweren sollte, kollektives Handeln zu blockieren (Bellamy 2006: 156).

    Sowohl die Legitimitätskriterien als auch das von der ICISS vorgeschlagene   R2P-Konzeption des
umfassende Verständnis der R2P als einem Kontinuum aus Prävention, Reaktion   High-Level Panels
auf Gewalt und Wiederaufbau wurden im Jahr 2004 aufgegriffen, mit Nachdruck
bekräftigt und etwas erweitert, als das vom Generalsekretär Annan einberufene
High-Level Panel on Threats, Challenges and Change seinen Bericht „A More Se-
cure World: Our Shared Responsibility" vorlegte (High-Level Panel 2004: 65ff.).
Kofi Annan selbst schloss sich in seinem etwas später erschienenen Bericht „In
Larger Freedom" uneingeschränkt den Empfehlungen des Panels an. Das Exper-
tenpanel hatte der Generalversammlung und dem Sicherheitsrat empfohlen, die
Kriterien offiziell anzunehmen und in Resolutionen festzuhalten. Die Sicherheitsratsmitglieder sollten unter deren Anwendung nicht mehr die Frage diskutieren
„whether force *can* legally be used", sondern „whether, as a matter of good conscience and good sense, it *should* be". Damit sprach das High-Level Panel dem
Sicherheitsrat die Autorität und die Verantwortung zu, militärische Gewalt mit
dem Ziel der Erhaltung bzw. Wiederherstellung des Friedens einzusetzen (Wheeler 2005: 6). Im Unterschied zum ICISS-Report allerdings nahm das Panel die
an die Sicherheitsratsmitglieder gerichtete Empfehlung nicht auf, in Fällen von
Genozid und in großem Ausmaß erfolgenden Menschenrechtsverletzungen auf die
Ausübung des Vetorechts zu verzichten (Wheeler 2005: 11). Davon abgesehen,
fand der von der ICISS angestoßene Perspektivenwechsel hier Unterstützung.

    Wie das Abschlussdokument des Weltgipfels von 2005 zeigt,[108] haben sich   Abschlussdokument
die Staaten allerdings gegen eine solch umfassende Verpflichtung und stattdessen   des Weltgipfels: enge
für ein enges Konzept entschieden: Während die grundsätzliche Idee der R2P als   Definition von R2P
internationaler Konsens Eingang in das Dokument gefunden hat, wurden ihre drei
Bestandteile sowie die Kriterien, auf Basis derer die Pflicht zum Handeln festge-

---

107   Diese Faktoren sind aus der Lehre des gerechten Krieges (bellum iustum) abgeleitet.
108   Siehe A/60/1 vom 16. September 2005; von den 178 Absätzen beziehen sich nur zwei auf die
Schutzverantwortung.

stellt werden sollte, nicht aufgenommen. Die R2P ist nur in zwei Absätzen des *outcome documents* (Par. 138 und 139) unter der Überschrift „Verantwortung für den Schutz der Bevölkerung vor Völkermord, Kriegsverbrechen, ethnische Säuberung und Verbrechen gegen die Menschlichkeit" aufgeführt. Demnach hat jeder einzelne Staat die Verantwortung für den Schutz seiner Bevölkerung. Die internationale Gemeinschaft sollte „gegebenenfalls die Staaten ermutigen und ihnen behilflich sein, diese Verantwortung wahrzunehmen" (Abs. 138). Sie hat die Pflicht, friedliche Maßnahmen oder auch Maßnahmen im Einklang mit Kapitel VII zu ergreifen, um die Bevölkerung zu schützen (Art. 139). Zu dieser engen Definition von R2P kam es, weil die einen die Norm als zu restriktiv, die anderen als zu permissiv fürchteten: So fühlten sich die USA einerseits durch die Kriterien in ihrer Flexibilität beeinträchtigt (weil diese bei Nicht-Erfüllung möglichen unilateralen Aktionen Einhalt gebieten könnten) und pochten auf die Handlungsfreiheit der Mitgliedsstaaten, wenn eine Autorisierung des Sicherheitsrates nicht möglich war. Andererseits zogen sie Fall-zu-Fall-Entscheidungen einer grundsätzlichen Handlungsverpflichtung vor, schließlich hätte letztere für sie auch ein Engagement in außerhalb ihres Interesses liegenden militärischen Operationen bedeuten können (Bellamy 2006: 151). Russland und China hielten – nicht zuletzt aufgrund eigener Menschenrechtslagen – aus Angst vor Präzedenzfällen, die einen generellen Trend zur Einmischung in die inneren Angelegenheiten begründen würden, ebenfalls dagegen (Wheeler 2005: 7f.). Auch von Seiten einiger Entwicklungsländer wurde befürchtet, die neue Norm könnte einen erneuten Interventionismus des Westens in Länder des Südens begründen (Ramcharan 2007: 440). Vermutlich ist auf solche Bedenken auch die Akzentverschiebung zurückzuführen, *responsibility to protect* als Verantwortung einzelner Staaten gegenüber ihren BürgerInnen in den Vordergrund zu stellen und die Rolle der internationalen Gemeinschaft in erster Linie darin zu sehen, die Bemühungen des Staates zu unterstützen und zu ermutigen (Brunnee/Toope 2006: 6). Sollte diese nach vorherigen Entwürfen schon tätig werden, wenn der Staat „unfähig oder unwillig" ist, wird diese Schwelle hier durch die Formulierung „manifestly failing" erhöht (Bellamy 2006: 165). Anders als vom High-Level Panel vorgeschlagen, wird nur die Generalversammlung (ohne den Sicherheitsrat) aufgefordert, sich weiterhin mit dem Thema zu befassen. Letzteres verdeutlicht, dass der Normsetzungsprozess in diesem Bereich keineswegs abgeschlossen ist und die Responsibility to Protect noch den Status einer weiterzuentwickelnden „candidate norm" trägt (Brunnee/Toope 2006: 18). Innerhalb der UN wurde die Chance vertan, die R2P eng mit der Kommission für Friedenskonsolidierung zu verknüpfen. Es hätte sonst zumindest das Element der *responsibility to rebuild* aufgegriffen werden können.

Phasen im Umgang mit der R2P innerhalb der UN: Nach der Verabschiedung der beiden Absätze im Abschlussdokument blieb die Frage, was die R2P ausmacht und wann bzw. wie sie umgesetzt werden soll, umstritten. Hierbei sind zwei Debatten zu unterscheiden: Erstens diskutierten die UN, was die R2P (konzeptionell) ausmacht und zweitens gab es Debatten, ob bzw. wie auf konkrete politische Ereignisse reagiert werden sollte. Bevor wir letztere schlaglichtartig in den Blick nehmen, skizzieren wir die erste, konzeptionelle

Debatte und folgen dabei Alex J. Bellamys (2011: 28ff.) Unterscheidung der drei Phasen des Umgangs mit der R2P:

Von 2006 – 2007 gab es eine Revolte gegen die neue Norm, was bemerkenswert ist, da die R2P nur kurz zuvor vereinbart worden war. Zwei Beispiele zeigen exemplarisch die Kontroverse auf. Erstens bedurfte es langer Verhandlungen, bevor sich der Sicherheitsrat im April 2006 auf eine Resolution zum Schutz von Zivilpersonen in bewaffneten Konflikten einigen konnte.[109] Die Resolution ist eine der wenigen Resolutionen, die explizit Bezug auf die R2P nehmen – freilich ohne daraus eine Handlungsempfehlung abzuleiten. Sie bekräftigt „nur" die Verantwortung für den Schutz der Bevölkerung vor Völkermord, Kriegsverbrechen und Verbrechen gegen die Menschlichkeit und verweist dabei auf das Abschlussdokument des Weltgipfels. In den Verhandlungen argumentierten China, Russland und die drei nicht-ständigen Mitglieder Algerien, Philippinen und Brasilien, dass die Generalversammlung zunächst die R2P konkretisieren müsse, bevor sich der Sicherheitsrat auf sie beziehen könne. Da die nicht-ständigen Mitglieder nachfolgend regulär ausgetauscht wurden und zudem der Wortlaut weiter entschärft wurde, konnte die Resolution schließlich verabschiedet werden. Ein zweites Mal traten die unterschiedlichen Auffassungen zur Implementierung der R2P beim Darfur-Konflikt zu Tage. Der gewaltsame Konflikt im Westen des Sudans brach 2003 aus, nachdem die Rebellen einen bewaffneten Kampf gegen die Regierung in Khartum angekündigt hatten und die Regierungstruppen hart zurück schlugen. Der Menschenrechtsrat setzte eine hochrangige Kommission ein (*High-Level Mission to Darfur*), die in ihrem Abschlussbericht die Staatengemeinschaft aufforderte, ihre Schutzverantwortung wahrzunehmen. Die arabische und die asiatische Gruppe wie auch die Islamische Konferenz stellten die Legitimität des Berichts und auch der R2P-Norm in Frage und lehnten jede Einmischung in die inneren Angelegenheiten ab (Bellamy 2011: 31). Daher nahm der Sicherheitsrat in einer Resolution zum Darfur-Konflikt zwar in einem einleitenden Absatz Bezug auf die R2P, leitete aber daraus nicht direkt die Maxime des Einsatzes nach Kapitel VII ab.[110] Er beschloss hingegen gezielte Sanktionen, rief den Internationalen Strafgerichtshof an und autorisierte eine große Friedensmission (UNMIS). Die Maßnahmen wurden jedoch zu langsam implementiert und waren nicht geeignet, die Zivilisten zu schützen (Bellamy 2010: 153). Daher setzte der Sicherheitsrat wenig später eine gemeinsame, sogenannte hybride Peacekeeping-Mission von Vereinten Nationen und Afrikanischer Union ein, allerdings ohne jegliche Referenz zur Schutzverantwortung.[111]

In den Jahren 2007 – 2008 bildete sich ein neuer Konsens heraus. Hierzu trug der neue Generalsekretär Ban Ki-Moon bei, der als Normunternehmer in der Generalversammlung für eine breitere und tiefere Unterstützung für die R2P warb (Bellamy 2011: 32). Zudem ernannte er im Februar 2008 Edward C. Luck zum Sondergesandten für die Schutzverantwortung (*Special Advisor on the Responsibility to Protect)*. Der amerikanische Politikwissenschaftler Luck ist wegen seiner

Zunächst „Revolte"…

… dann Herausbildung eines neuen Konsens …

---

109 Siehe S/RES/1674 vom 28. April 2006.
110 Siehe S/RES/1706 vom 31. August 2006.
111 Siehe S/RES/1769 vom 31. Juli 2007.

Expertise hoch anerkannt. Als Sondergesandter hat er anfangs mit vielen Staaten über die R2P kommuniziert und immer wieder auf die Unterschiede zwischen der vereinbarten engen R2P-Definition sowie alternativen, weiteren Verständnissen hingewiesen. Durch diesen „consultative approach" hat er zur Herausbildung eines neuen Konsenses beigetragen (Bellamy 2011: 33).[112]

… und schließlich Implementierung der R2P durch die vier Berichte des Generalsekretärs

Zur Implementierung der R2P trugen die jährlichen Berichte des Generalsekretärs zur Schutzverantwortung bei, die in der Generalversammlung diskutiert wurden. Den ersten Bericht legte Ban Ki-Moon 2009 vor. In „Implementing the Responsibility to Protect"[113] unterscheidet er drei Säulen der R2P: Die Verantwortung des Staates, die Zivilisten zu schützen; die Pflicht der internationalen Gemeinschaft, die Staaten bei der Einhaltung der R2P zu unterstützen und hierzu beim Kapazitätsaufbau mitzuwirken; und schließlich die Pflicht der internationalen Gemeinschaft zur schnellen Reaktion. Die drei Säulen sollen gleich stark und lang sein und zeitgleich nebeneinander stehen. Dieser Bericht gilt als besonders wichtig, da er die mageren zwei Artikel des Abschlussberichts 2005 interpretiert und so eine konzeptionelle Klärung herbeiführt. Die Generalversammlung diskutierte den Bericht im Juli 2009 ausführlich. Von den 94 Staaten, die sich zu Wort meldeten, traten nur vier (Nicaragua, Kuba, Sudan und Venezuela) dafür ein, das 2005 gefasste Verständnis nochmals zu verhandeln (Bellamy 2011: 43). Die anderen Staaten unterstützten den „narrow but deep"-Ansatz, also das enge Verständnis der R2P, das zugleich den Staaten wie auch der internationale Gemeinschaft Pflichten auferlegte. Im September 2009 nahmen die Staaten den Bericht des Generalsekretärs zustimmend zur Kenntnis und verabschiedeten somit erstmals in der Generalversammlung eine Resolution, in der auf die R2P verwiesen wurde.[114] Im zweiten Bericht setzte sich der Generalsekretär mit den Möglichkeiten der VN im Bereich der Frühwarnung auseinander und empfahl der Generalversammlung u.a., Informationen aus den Konflikten besser aufzubereiten und weiterhin die Tätigkeiten der beiden Sondergesandten zur R2P und zur Verhinderung des Genozids in ein gemeinsames „joint office" zusammenzuführen.[115] Die Generalversammlung diskutierte diesen wie auch die nachfolgenden Berichte in „informal interactive thematic debates".[116] In seinem dritten Bericht wies der Generalsekretär auf die große Bedeutung von Regional- und Subregionalorganisationen bei der Implementierung der R2P hin. Er mahnte insbesondere eine umfassendere Zusammenarbeit dieser Organisationen und der UN bei der Planung und Durchführung der Aktivitäten an.[117] Der Generalsekretär hat sich in seinem aktuellsten Bericht mit der dritten Säule der R2P, der schnellen Reaktion, auseinandergesetzt. Dabei hat er das von Brasilien eingebrachte Konzept der „responsibility while protecting" dis-

---

112 Luck arbeitete eng mit dem Sondergesandten zur Verhinderung von Genozid, Francis M. Deng, zusammen, der 2007 vom Generalsekretär ernannt worden war.

113 Siehe A/63/677 vom 12. Januar 2009.

114 Siehe A/RES/63/308 vom 14. September 2009.

115 Siehe A/64/864 vom 14. Juli 2010.

116 Diese Veranstaltungsform ist innovativ für die Generalversammlung: Nach einer einleitenden Podiumsdiskussion haben VertreterInnen von Staaten und NGOs die Möglichkeit, Reden zum Thema zu halten und Stellungnahmen zu formulieren.

117 Siehe A/65/877 und S/2011/393 vom 28. Juni 2011.

kutiert, das den Gewalteinsatz möglichst begrenzen und dem Sicherheitsrat größere Pflichten bei der Überwachung und der Rechenschaftspflicht zuweisen will.[118]
Er hat darauf hingewiesen, dass nur der Sicherheitsrat ermächtigt ist, Zwangsmaßnahmen nach Kapitel VII zu verhängen und dass diese auch immer durch andere
Maßnahmen ergänzt werden müssen.

Die UN-internen Berichte und Diskussionen sind nur eine Dimension der
Umsetzung der R2P. Die Anwendung der R2P auf massive Menschenrechtsverletzungen in Konflikten ist die andere. Wir zeigen nachfolgend, dass der Sicherheitsrat ein inkonsistentes Verhalten an den Tag legte. In einigen Fällen verwiesen Sicherheitsratsmitglieder erfolglos auf die R2P – es wurden keine kollektiven
Handlungen beschlossen. In anderen hingegen wurde der Sicherheitsrat unter
Verweis auf die R2P aktiv, wie beim Gewaltausbruch nach den Wahlen in Kenia
(2007) und der Elfenbeinküste (2010) sowie der Niederschlagung der Demokra-
tiebewegung in Libyen.

Die Reaktion der Völkergemeinschaft auf die gewaltsamen Auseinandersetzungen Anfang 2008 in Kenia gilt als Paradebeispiel für die gelungene Anwendung
der diplomatischen Variante der Schutzverantwortung. Ausgangspunkt der Auseinandersetzung waren Präsidentschaftswahlen, die am 27. Dezember 2007 stattfanden.
Drei Tage später wurde der damals amtierende Präsident Mwai Kibaki zum Sieger
erklärt, was die Partei seines Herausforderers, Raila Odinga, ebenso wie viele BürgerInnen Kenias, nicht anerkannten. Es kam zu Gewaltausbrüchen, die mehr als 1.000
Tote forderten; mehr als 500.000 Menschen flüchteten bzw. wurden vertrieben.[119]
Die bewaffneten Angriffe verliefen teils an Stammesgrenzen entlang; zudem war
ein hohes Maß an sexueller Gewalt zu beobachten. Nachdem ein Mediationsversuch
des Vorsitzenden der Afrikanischen Union gescheitert war, wurde ein dreiköpfiges
Mediationsgremium installiert (*Panel of Eminent African Personalities*), dem neben
dem früheren UN-Generalsekretär Kofi Annan auch Graça Machel (Mosambik) und
Benjamin Mkapa (Tansania) angehörten. Der Sicherheitsrat begrüßte Anfang Februar in einer präsidentiellen Erklärung die Einsetzung dieses dreiköpfigen Gremiums
und sicherte Unterstützung für dessen Arbeit zu. Nur durch Dialog, Verhandlungen
und Kompromiss könne der Konflikt beigelegt werden.[120] Wenngleich in der präsidentiellen Erklärung kein wörtlicher Verweis auf die R2P steht, so war das Verständnis, dass man sich in einer innerstaatlichen Angelegenheit, in der Menschenrechte
massiv verletzt wurden, engagieren muss, vorhanden. Daher stellte sich auch nicht

Anwendung der R2P
auf Konflikte

Kenia 2008

118 Diese Überlegungen äußerte Brasilien erstmals in der Debatte des Sicherheitsrates zur Rolle
von Zivilisten in bewaffneten Konflikten (9. November 2011). Zwei Tage später formulierte es die
Vorstellung der „responsibility while protecting" in einem Brief an den Generalsekretär (A/66/551 und
S/2011/701 vom 11. November 2011). Demnach sind Prävention und friedliche Konfliktbearbeitung
von zentraler Bedeutung. Der Einsatz von Zwangsmaßnahmen dürfe immer nur ein letztes Mittel
sein, das möglichst wenig Gewalt und Instabilität mit sich bringen dürfe. Der Sicherheitsrat müsse die
Tätigkeiten überwachen und sei stärker rechenschaftspflichtig als bisher wahrgenommen. Die brasilianischen Überlegungen werden insbesondere seit Februar 2012 breit diskutiert, sie entstanden vor dem
Hintergrund des Einsatzes in Libyen.
119 Diese Daten der UN gelten als konservative Schätzung: http://www.responsibilitytoprotect.org/
files/Feb%202008%20Kenya%20UN%20briefing%20note.pdf, 10.06.2013.
120 Siehe S/PRST/2008/4 vom 6. Februar 2008.

die Frage, *ob* die R2P in diesem Fall zur Anwendung kommen sollte, sondern nur *wie* (Bellamy 2010: 155). Der Generalsekretär Ban Ki-Moon erinnerte daher auch die politische Führung Kenias an ihre Pflicht und zugleich ihre Verantwortung zur politischen Lösung. Die UN trug durch den Bau von Flüchtlingslagern (durch das UNHCR), der Versorgung der Flüchtlinge mit Nahrungsmitteln (via WFP) und der technischen Unterstützung im Gesundheitssektor (durch die WHO) dazu bei, die humanitäre Lage zu verbessern. Die Mediation war erfolgreich: Am 28. Februar 2008 unterzeichneten die ehemaligen Kontrahenten ein Abkommen, das eine Machtteilung in Kenia vorsah: Kibaki blieb Präsident; Odinga nahm den neu geschaffenen Posten eines Premierministers ein. Weiterhin setzten sie damit drei Kommissionen ein: eine Untersuchungskommission zum Ausbruch der Gewalt nach der Wahl, eine Wahrheits- und Wiedergutmachungskommission und eine Kommission zu Wahlen im Allgemeinen.

Elfenbeinküste 2010   Während die Aktivitäten der UN, die sie gemeinsam mit anderen Akteuren (insbesondere der Afrikanischen Union) durchführten, in Kenia zum Ende der Gewalt führten, ist eine solch positive Entwicklung in der Elfenbeinküste nicht zu beobachten: auch hier kam es in Folge von Wahlen zu gewaltsamen Ausschreitungen. Präsident Gbagbo erkannte im November 2010 den Wahlsieg von Alassane Ouattara nicht an. Das Land fiel in einen Bürgerkrieg zurück, weil der bis dato amtierende Präsident Gbagbo sich weigerte, zurückzutreten und mit Hilfe von Militär und Paramilitär seine Position zu behaupten suchte. Nach fünf Monaten wurde er gefangen genommen und der legitime Präsident Ouattara eingesetzt. Im Unterschied zu Kenia gab es keine einvernehmliche Lösung und in der Elfenbeinküste bricht bis heute immer wieder Gewalt aus. Dies liegt sicherlich auch daran, dass seit den 1990er Jahren ein latenter Konflikt zwischen den im Norden des Landes lebenden Bevölkerungsgruppen und jenen des Südens herrscht. In dieser Gemengelage brach nach einem Putschversuch im Jahr 2002 ein Bürgerkrieg aus, der ein Jahr später durch das Linas-Marcoussis-Abkommen beendet wurde. Dieses sah u.a. die Bildung einer Übergangsregierung bestehend aus Regierung, Opposition und Rebellen vor, weiterhin waren Neuwahlen für 2005 anvisiert. Anfang 2004 entsandten die Vereinten Nationen eine kleine politische Mission, die *United Nations Mission in Côte d'Ivoire*, MINUCI, die den Prozess unterstützen sollte.[121] Auf Wunsch des ivorischen Präsidenten wurde die Mission in die UNOCI überführt (*United Nations Operation in Côte d'Ivoire*). Diese sollte den am 3. Mai 2003 ausgehandelten Waffenstillstand überwachen, die freiwillige Repatriierung von Kämpfern und deren Entwaffnung unterstützen und u.a. für 2005 geplante Präsidentschaftswahlen vorbereiten.[122] Sie ist mit einem Mandat nach Kapitel VII

---

121 Siehe S/RES/1528 vom 23. Juni 2004. Die UNOCI verfügte zunächst über knapp 2.000 Menschen als uniformiertes Personal; heute sind es knapp 11.000, die von mehr als 1.000 zivilen MitarbeiterInnen unterstützt werden, siehe http://www.un.org/en/peacekeeping/missions/unoci/facts. shtml, 24.06.2013. Sie ist von einer ECOWAS-Truppe unterstützt worden.
122 Der Waffenstillstand wurde durch mehrere Verträge gefestigt, wie das Linas-Marcoussis Abkommen vom 24. Januar 2003, das Accra-III-Abkommen von 30. Juli 2004 und das Pretoria-Übereinkommen vom 6. April 2005, das der südafrikanische Präsident Mbeki ausgehandelt hat sowie das Ouagadougou-Übereinkommen vom 4. März 2007 (siehe S/RES/1600 vom 4. Mai 2005 und S/2007/144 sowie S/RES/1880 vom 30. Juli 2009).

der UN-Charta ausgestattet, da die Lage in der Elfenbeinküste als eine Bedrohung für den internationalen Frieden und die Sicherheit in dieser Region angesehen wurde. Der Wahltermin wurde nachfolgend immer wieder verschoben, freie Wahlen fanden erst 2010 statt, kurz darauf brach der oben skizzierte gewaltsame Konflikt aus. Der Sondergesandte für die Verhinderung von Genozid, Francis Deng, und der für die Schutzverantwortung, Edward Luck, wiesen in einer gemeinsamen Presseerklärung alle Parteien darauf hin, dass sie eine Schutzverpflichtung gegenüber der Bevölkerung hätten. Nachfolgend verurteilte der Sicherheitsrat den Ausbruch der post-elektoralen Gewalt scharf und betonte, dass Alassan Ouattara der gewählte Präsident der Elfenbeinküste sei.[123] Der Sicherheitsrat wies im März 2011 die ivorische Regierung darauf hin, dass sie eine Verantwortung zum Schutz bzw. der Förderung von Menschenrechten habe und verhängte, da sie diese nicht wahrnahm, Sanktionen gegen fünf Personen, darunter Präsident Gbago.[124] UNOCI wurde ermächtigt, mit allen Mitteln den Einsatz von Gewalt gegen die Zivilbevölkerung zu verhindern (Bellamy/Williams 2011: 829f.). Die klare Positionierung des Sicherheitsrates in dem innerstaatlichen Konflikt auf die Seite von Ouattara und der deutliche, wenn auch nicht wortwörtliche, Bezug auf die Schutzverantwortung ist einerseits positiv zu sehen, da auf massive Menschenrechtsverletzungen entschlossen reagiert wurde. Andererseits trat die UN klar für einen politischen Wechsel („regime change") ein und ging so über ihre eigentliche Kompetenz hinaus, da diese Dimension von der R2P nicht abgedeckt ist (Serrano 2011: 99ff.). Das parteiische Verhalten wird auf Interessen einzelner Mitgliedsstaaten zurückgeführt. So kritisierte der südafrikanische Präsident insbesondere die Rolle Frankreichs; der russische Außenminister wies in einer Debatte des Sicherheitsrates darauf hin, dass die UN-Friedensmission nicht unparteilich gewesen sei (Bellamy/Williams 2011: 835).

Kritik gab es auch an der Umsetzung der Resolutionen des Sicherheitsrates in Libyen: Der NATO wurde vorgeworfen, dass sie das UN-Mandat zu weit ausgelegt und somit statt des Schutzes der Zivilbevölkerung auch – den nicht-mandatierten! – regime change als Ziel verfolgt habe. Zur Intervention kam es, weil es in Libyen im Frühjahr 2011 zu gewaltsamen Auseinandersetzungen zwischen der Opposition, die sich im Rahmen des Arabischen Frühlings auch dort gebildet hatte, und dem amtierenden Regime kam. Die bewaffnete Opposition, die sich unter dem Namen „Interim Transitional National Council" zusammen geschlossen hatte, konnte schnell Erfolge vorweisen: Sie beherrschte die Städte Benghasi und Tobruk und erklärte, auch weitere Städte zu kontrollieren. Das lybische Militär schlug auf Befehl von Gaddafi ab dem 15. Februar 2011 die Demonstrationen

Libyen 2011

---

123 Siehe S/RES/1962 vom 20. Dezember 2010. Die UN schloss sich damit der Position von ECOWAS und Afrikanischer Union an, die ebenfalls Outtara zum Wahlsieger erklärt hatten (Bellamy/Willams 2011: 829f.).

124 Siehe S/RES/1975 vom 30. März 2011. Diese Sanktionen sind Teil eines komplexeren Sanktionsregimes, das seinen Ursprung im Jahr 2004 hat. Damals verhängte der Sicherheitsrat ein Waffenembargo (S/RES/1572 vom 15. November 2004). Heute umfasst das Sanktionsregime u.a. Reiseverbote, Einfrieren von Konten und den Stopp des Ankaufs von Rohdiamanten (siehe S/RES/1584 vom 1. Februar 2005, S/RES/1643 vom 15. Dezember 2005), S/RES/1893 vom 29. Oktober 2009, S/RES/1946 vom 15. Oktober 2010), S/RES/1980 vom 18. April 2011).

gewaltsam nieder und gewann an Land (Geiß/Kashgar 2011: 99). Die Regionalorganisationen reagierten sehr schnell auf die Lage: Die Arabische Liga verurteilte
das Verhalten der libyschen Regierung am 22. Februar 2011 und schloss Libyen
so lange aus der Institution aus, wie das Land gewalttätig agierte. Weiterhin verurteilte der Friedens- und Sicherheitsrat der Afrikanischen Union am 23. Februar
2011 den Einsatz von Gewalt gegen die libysche Bevölkerung und betonte, dass
die Menschen legitime Forderungen nach Demokratie, politischen Reformen,
Gerechtigkeit und sozio-ökonomischer Entwicklung formulierten (Bellamy/Wil-
liams 2011: 839). Die Vereinten Nationen meldeten sich kurz darauf auch zu Wort.
Der Menschenrechtsrat empfahl am 25. Februar 2011 der Generalversammlung,
Libyens Mitgliedschaft im Rat auszusetzen, was sie am 1. März unter Verweis
auf schwere und systematische Menschenrechtsverpflichtungen auch tat.[125] Somit
wurde erstmals seit der Gründung des Menschenrechtsrates von der Möglichkeit,
die Mitgliedschaft eines Staates auszusetzen, Gebrauch gemacht. Der Sicherheitsrat verurteilte am 26. Februar 2011 ebenfalls die grobe und systematische
Verletzung der Menschenrechte einschließlich der Unterdrückung friedlicher De-
monstranten; er verlangte ein sofortiges Ende der Gewalt und forderte nachdrücklich dazu auf, die Menschenrechte und das humanitäre Völkerrecht zu achten; er
verkündete nach Kapitel VII der UN-Charta zu handeln und verhängte ein Waffenembargo sowie ein Reiseverbot für die lybische Elite und fror deren Vermö-
genswerte ein; schließlich überwies er die Angelegenheit an den Internationalen
Strafgerichtshof.[126] Der Sicherheitsrat kam also seiner Verpflichtung, die Menschenrechte zu schützen, falls dies der eigentlich zuständige Staat nicht macht,
nach und handelte so gemäß der Norm der Schutzverantwortung (Geiß/Kashgar
2011: 100). Nachdem die Resolution keine Wirkung zeigte, forderte der Golf-
Kooperationsrat am 7. März 2011 den Sicherheitsrat auf, Maßnahmen zum Schutz
der Zivilisten zu ergreifen, inkl. der Errichtung einer Flugverbotszone. Einen Tag
später wiederholte die Organisation Islamischer Staaten diese Position; die Arabische Liga forderte am 12. März die sofortige Einrichtung einer Flugverbotszone
und die Einrichtung von sicheren Zonen (Bellamy/Williams 2011: 841). Als Gaddafi Mitte März ankündigte, die Stadt Bengasi anzugreifen und brutal gegen die
Regimegegner vorzugehen (Bellamy/Williams 2011: 838), betätigte er sich „un-
gewollt als Protagonist der Schutznorm" (Müller 2011: 6). Seine Drohung, Rache
an der Bevölkerung von Bengasi zu nehmen, „ließ die Handlungsspielräume des
Sicherheitsrates auf Null schrumpfen": „Hier stand ein Massenmord mit offizieller Ansage bevor" (ebd.). Der Sicherheitsrat verabschiedete daher die Resolution
1973, mit der er eine Flugverbotszone einsetzte und die Mitgliedsstaaten ermächtigte, „alle notwendigen Maßnahmen zu ergreifen …, um von Angriffen bedroh-
te Zivilpersonen und von der Zivilbevölkerung bewohnte Gebiete" in Libyen zu
schützen.[127] Die ständigen SR-Mitglieder China und Russland enthielten sich bei
der Abstimmung der Stimme, ebenso die nicht-ständigen Mitglieder Brasilien,

---

125 Die entsprechende Resolution des Menschenrechtsrats ist A/HRC/S-15/1 vom 25. Februar 2011;
von der Generalversammlung A/65/265 vom 1. März 2011.
126 Siehe S/RES/1970 vom 26. Februar 2011.
127 Siehe S/RES/1973 vom 17. März 2011.

Indien und Deutschland. Die Enthaltung kann als Ausdruck verstanden werden, dass sie ein Nicht-Handeln nicht legitimieren wollten, wäre es zu einer Eskalation gekommen. Mit der Resolution 1973 ist politisches Neuland betreten worden, da erstmals gegen den Wunsch eines existierenden Staates Maßnahmen auf seinem Staatsgebiet beschlossen wurden.[128] Schon kurz nach der Verabschiedung der Resolution traten die ersten Differenzen über die Auslegung des Mandats zu Tage. Die NATO-Staaten legten das Mandat weit aus, griffen die lybische Luftwaffe an und vernichteten schwere Waffen. Russland und China wiesen jedoch darauf hin, dass ein engeres Mandat verabschiedet worden sei und kritisierten insbesondere die Gewalt, die die Zivilbevölkerung durch die NATO erleiden musste (Bellamy/ Williams 2011: 845): „Man hat das Ziel des Schutzes von Zivilisten hinter dem des Regimewechsels nicht nur verschwinden lassen, man hat es diesem geopfert" (Merkel 2011). Aus dieser Perspektive wäre die NATO verpflichtet gewesen, auf die Waffenstillstandsangebote Gaddafis einzugehen. Dagegen kann argumentiert werden, dass der Schutz der Menschenrechte nur durch einen Regimewechsel möglich war (Geiß/Kashgar 2011: 103).

Die Kritik an der Interpretation des UN-Mandats ist einer von mehreren Gründen, warum die Vereinten Nationen bis heute (Stand Juni 2013) in Syrien nicht unter Verweis auf die Schutznorm militärisch eingegriffen haben. Russland und China haben demnach das Vertrauen in die westlichen Staaten verloren, da diese die vereinbarten Mandate nicht richtig befolgen. Hinzu kommt, dass die Regionalorganisationen keine einheitliche Meinung vertraten und sich die UN damit nicht auf deren Konsens stützen konnte. Schließlich gilt die Oppositionsbewegung als sehr gespalten, sie agiert nicht gewaltfrei. Machtpolitische Interessen einzelner Staaten spielen außerdem sicherlich auch eine wichtige Rolle. Daher beschränkt sich die UN in dem anhaltenden Bürgerkrieg darauf, humanitäre Hilfsmaßnahmen durchzuführen und eine politische Lösung zu finden, wozu sie Lakdar Brahimi zum Sondergesandten ernannten. Flüchtlingsströme in die Nachbarländer, zum Teil auch Rückzugsgebiete der Rebellen in eben diesen sowie kleinere Grenzscharmützel führen dazu, dass der Bürgerkrieg längst eine regionale Bedrohung darstellt.

Keine Anwendung der R2P in Syrien, Myanmar und Georgien

Auch in anderen Fällen folgte der Sicherheitsrat nicht der Wahrnehmung einiger Staaten, wonach die Schutzverantwortung hätte angewandt werden müssen (siehe hierzu Bellamy 2010: 151f.): In Georgien kam es 2008 zu gewaltsamen Auseinandersetzungen, da Südossetien die Unabhängigkeit anstrebt. Russland stellte sich auf die Seite der Unabhängigkeitsbewegung und berief sich auf die R2P, um eine unilaterale Intervention zu rechtfertigen. Der Sicherheitsrat folgte dieser Interpretation genauso wenig wie der von Frankreich: In Myanmar kam es 2008 zu einer humanitären Notlage, nachdem der Zyklon Nargis über den Staat hinweg gezogen war. 138.000 Menschen galten als vermisst oder tot; 1,5 Millionen Menschen waren auf der Flucht. Da die Regierung internationale Hilfe

---

128 Zwangsmaßnahmen zum Schutz von Menschenrechten wurden zwar auch in Somalia (S/ RES/984 vom 11. April 1992) verhängt, aber dort gab es keine Zentralregierung. In Ruanda dagegen stimmte die Interims-Regierung der Operation Turquoise zu (S/RES/825vom 11. Mai 1994) (siehe Bellamy/Williams 2011: 825).

nur sehr zögerlich ins Land ließ, schlug der französische Außenminister Bernard Kouchner vor, dass der Sicherheitsrat unter Berufung auf die R2P auch gegen den Willen Myanmars dort tätig werden sollte. Auch diese Initiative fand keine Mehrheit. Es zeigt sich zusammenfassend, dass das Konzept der R2P zwar innerhalb der UN inzwischen anerkannt ist, dies jedoch nicht zu einer einheitlichen Anwendung der Norm führt.

3.4 Die Friedenssicherung aus der Perspektive von Global Governance

Veränderte
Governance als
Reaktion auf neue
Konzeptionalisierung
von Sicherheit

Im Bereich der Friedenssicherung können wir aus einer Global-Governance-Perspektive eine Reihe von Veränderungen feststellen. Der Sicherheitsrat interagiert bei Friedensmissionen heute vermehrt mit Regionalorganisationen und tauscht sich regelmäßig in informellen Sitzungen mit Nichtregierungsorganisationen aus. Diese veränderten Formen des Regierens kommen einerseits durch institutionenimmanente Reformprozesse zustande, die in Teilen auch als Professionalisierungsstrategie bezeichnet werden können. Andererseits reagieren die Vereinten Nationen mit den Änderungen auf der Governance-Ebene auf die sich neu darstellenden Bedrohungen des Friedens und der Sicherheit in der internationalen Politik. Während bei Gründung der Vereinten Nationen Bedrohungen des Friedens und der internationalen Sicherheit in zwischenstaatlichen Kategorien gedacht wurden (zwischenstaatliche Kriege), hat sich in der letzten Dekade ein neues Friedens- bzw. Sicherheitsverständnis durchgesetzt, das die einzelnen Individuen in den Mittelpunkt stellt.

Menschliche
Sicherheit

Einen entscheidenden Schritt in dieser Entwicklung stellte die Einführung des Konzepts der menschlichen Sicherheit dar. Wenngleich die Idee, dass Menschen vor gewaltsamen Bedrohungen geschützt werden müssen, schon im 19. Jahrhundert vom Internationalen Roten Kreuz formuliert wurde, verbreitete sich diese Einsicht auf der Ebene der internationalen Normsetzung erst Ende des 20. Jahrhunderts (Krause 2008: 32). Einen Meilenstein auf diesem Weg stellt der Bericht des Entwicklungsprogramms der Vereinten Nationen im Jahr 1994 dar (UNDP 1994). Dieser argumentiert, dass Sicherheit zu lange in einem engen Sinne als territoriale Sicherheit vor äußeren Angriffen konzeptionalisiert worden sei. Ein umfassenderes Verständnis würde dagegen den Menschen in den Mittelpunkt stellen, dessen Sicherheit durch sieben Dimensionen beeinflusst ist: Wirtschaft, Ernährung, Gesundheit, Umwelt, persönliche Sicherheit, die Gemeinschaft und politische Sicherheit. Das Konzept kann daher wie folgt definiert werden:

> „Menschliche Sicherheit verstanden als Absicherung gegen chronische Bedrohungen wie Hunger, Krankheiten und Unterdrückung (freedom from fear – Freiheit von Angst) und als Schutz vor plötzlichen und schmerzlichen Zerrüttungen des täglichen Lebens (freedom from want – Freiheit von Not) sollte der zentrale Bezugspunkt (internationaler) Politik werden." (Ulbert/ Werthes 2008: 15).

Das UNDP verfolgte mit der Einführung des Konzepts der menschlichen Sicherheit zwei Ziele, nämlich erstens die Beziehungen der Diskurse um Entwicklung und Sicherheit neu zu strukturieren und zweitens einen Einfluss auf den Kopenhagener Weltsozialgipfel zu nehmen (Krause 2008: 35). Nachfolgend haben verschiedene Staaten das Konzept aufgegriffen.[129] Einige haben sich auf Initiative von Kanada und Norwegen zum *Human Security Network* zusammengeschlossen. Bei den jährlichen Treffen auf der Ebene der Außenminister haben sie das Konzept der menschlichen Sicherheit diskutiert und dabei eine thematische Engführung betrieben, in dem sie die „Freiheit vor Furcht" in den Mittelpunkt der Debatten stellten. Diese Staaten haben jenseits der Treffen das Ziel verfolgt, durch formelle und informelle Aktivitäten die internationale Sicherheitsagenda zu beeinflussen (Krause 2008: 43). Dies gelang auch insofern, als bspw. die von der kanadischen Regierung eingesetzte *International Commission on Intervention and State Sovereignty* (ICISS) auf das Konzept zurückgriff. Andere Staaten, darunter Japan, sind dagegen an einer Stärkung des weiten Verständnisses von menschlicher Sicherheit interessiert. Sie haben sich in der *Commission on Human Security* zusammengeschlossen und argumentieren, dass die Freiheit vor Not mindestens ebenso wichtig ist wie die Freiheit vor Angst: „Nicht nur der Schutz vor Bedrohungen, sondern auch die Befähigung (*Empowerment*) des Einzelnen, selbstständig ein Leben in Würde führen zu können, werden hier als zentrale Aufgaben einer Politik menschlicher Sicherheit gesehen" (Ulbert/Werthes 2008: 17). Die Kommission veröffentlichte u. a. einen Bericht über menschliche Sicherheit, den sie im Mai 2003 dem Generalsekretär übergab. Damit schaffte das Konzept endgültig den „Sprung auf die internationale Sicherheitsagenda" (Wolf 2005: 75). Es wurde auch vom High-Level Panel aufgenommen. Dieser hält fest, dass menschliche Sicherheit die Unteilbarkeit von Sicherheit, ökonomischer Entwicklung und menschlicher Freiheit beschreibt.

Das Konzept der menschlichen Sicherheit ist eine Dimension der „dreifache[n] Entstaatlichung der Sicherheitsproblematik" (Wolf 2005: 55f.), die gegenwärtig zu beobachten ist: (1) Statt der territorialen Sicherheit stehen demnach wie gezeigt verstärkt die Sicherheitsbedürfnisse der Zivilbevölkerung und der Individuen im Mittelpunkt des Interesses. (2) Eine Entstaatlichung der Sicherheitsproblematik findet ferner durch vermehrte private Gewaltanwendung statt. Darunter können sowohl das veränderte Kriegsgeschehen, in dem rivalisierende private *warlords* zum Teil auch aus ökonomischen Gründen einen Krieg führen, wie auch terroristische Angriffe gefasst werden. Der Terrorismus stellt hierbei eine „besonders radikale Form privatisierter Gewaltanwendung" dar, da er weder von Staaten ausgeht, noch sich (direkt) gegen Staaten richtet (Wolf 2005: 53). (3) Schließlich ist eine Entstaatlichung durch den Zerfall von Staatsmacht zu beobachten. Viele Staaten können die ihnen klassischerweise zugeschriebenen Funktionen im Bereich der Sicherheit (Gewährleistung insbesondere der physischen Sicherheit der Bürgerinnen und Bürger), der Wohlfahrt (Dienst- und Transferleistungen sowie Mechanismen zur Verteilung wirtschaftlicher Ressourcen) und der Legitimitäts- und Rechtsstaatsfunktion (Partizipation, Stabilität politischer Ordnung, Qualität von Rechtsstaat, Justiz und öffentlicher Verwaltung) nicht mehr

„Dreifache Entstaatlichung der Sicherheitsproblematik"

---

129   Das *Human Security Network* umfasst insgesamt 14 Staaten: Neben Kanada und Norwegen sind dies u. a. die Chile, Costa Rica, Griechenland, Irland, Jordanien, Mali, Österreich, Slowenien, die Schweiz, Südafrika (mit Beobachterstatus) und Thailand (Ulbert/Werthes 2008: 13).

angemessen ausfüllen. Je nachdem, welche Staatsfunktion(en) nicht mehr erfüllt werden, entwickeln sich schwache, versagende bzw. verfallende sowie gescheiterte Staaten bzw. ein Staatskollaps (Schneckener 2005: 194 ff.).

Die „dreifache Entstaatlichung der Sicherheitsproblematik" führt zu der „Ironie der Geschichte", dass ausgerechnet zu einem Zeitpunkt, an dem die Vereinten Nationen durch das Ende des Ost-West-Konflikts wieder handlungsfähig geworden sind, sie die anstehenden sicherheitspolitischen Probleme aufgrund ihrer auf zwischenstaatliche Kriege hin ausgerichteten Instrumentarien nicht angemessen bearbeiten können (Wolf 2005: 53). Die Vereinten Nationen haben das Instrumentarium der kollektiven Sicherheit wie auch der Friedensmissionen für eine Art von Friedensgefährdung entwickelt, die heute weitestgehend überholt ist. Zwischenstaatliche Kriege, die es aus Sicht der Gründerväter der Vereinten Nationen zu verhindern galt, machen nur einen Bruchteil aller kriegerischen Auseinandersetzungen aus. Für das Jahr 2011 stellt das schwedische Friedensforschungsinstitut fest, dass es einen zwischenstaatlichen Krieg, neun internationalisierte Bürgerkriege und 27 innerstaatliche Kriege gegeben hat.[130] Um diese überwiegend post-westfälischen Konflikte zu bearbeiten, bedarf es eines angemessenen Instrumentariums. Es ist daher wenig erstaunlich, dass sich die Vereinten Nationen in vielerlei Hinsicht von der ursprünglichen Governance-Form weg entwickelt haben. Die genauen Veränderungen skizzieren wir nachfolgend anhand der im ersten Kapitel unter Punkt 1.2.4 (ab S. 52) eingeführten Kategorien der Akteurspluralität (3.4.1), der veränderten Steuerungsmodi (3.4.2) sowie der Mehrebenenpolitik (3.4.3).

3.4.1 Akteurspluralität

Die intergouvernementale Institutionenfamilie der Vereinten Nation hat sich seit den 1990er Jahren zunehmend für andere Akteure geöffnet. Wir können hierbei zwei verschiedene Dimensionen unterscheiden: Erstens öffnen die Vereinten Nationen zögerlich ihre Türen für nichtstaatliche Akteure, was wir als Veränderung der inneren Governance-Struktur bezeichnen. Zweitens interagieren die Vereinten Nationen zunehmend mit anderen staatlichen und nichtstaatlichen Akteuren, wenn es um die Durchführung von Friedensmissionen geht. Die externe Governance-Struktur ändert sich also auch.

Der Sicherheitsrat gilt bis heute als diejenige Institution innerhalb der Vereinten Nationen, die den höchsten Grad an Staatszentriertheit hat (Brühl 2003: 67). Der Rat hat sich nur sehr zögerlich und lediglich auf informeller Ebene gegenüber den privaten Akteuren und hierbei insbesondere für Nichtregierungsorganisationen geöffnet. Bei den Treffen, die im Arria-Format stattfinden, werden, wie oben beschrieben, Individuen, teils in ihrer Funktion als VertreterInnen von Nichtregierungsorganisationen, teils aufgrund ihrer jeweiligen Expertise in einem bestimmten Themenfeld, zu Diskussionen mit den Sicherheitsratsmitgliedern eingeladen. Somit bestimmen die Sicherheitsratsmitglieder, mit wem worüber kom-

---

130   Siehe die Daten des Uppsala Conflict Data Programmes; http://www.pcr.uu.se/research/ucdp/, http://www.pcr.uu.se/digitalAssets/125/125674_armedconflicts_2011.pdf 24.06.2013.

muniziert wird. Die zivilgesellschaftlichen Akteure haben in den informellen Verfahren keine Vorschlagsrechte, sie können den Prozess also nicht gestalten. Auch die Treffen, zu denen die NGO *Working Group on the Security Council* einlädt, sind informeller Natur. Bei den regelmäßigen Treffen, die die New Yorker Organisation Global Policy Forum koordiniert, diskutieren die Sicherheitsratsmitglieder mit den anwesenden NGO-VertreterInnen die aktuellen, auf der Tagesordnung des Rates stehenden Themen. Der NGO-Zusammenschluss ist auf rund dreißig Organisationen begrenzt, was mit Blick auf das Ziel der Sitzungen, nämlich einen wechselseitigen und produktiven Austausch zu pflegen, durchaus sinnvoll ist. Zugleich stellt sich die Frage, welche NGOs zu den Treffen auf welcher Basis eingeladen werden. Die Restriktivität dieses informellen Kontakts wird damit deutlich.

Die vorsichtige Öffnung des Sicherheitsrats für nichtstaatliche Akteure kann aus zwei Perspektiven erklärt werden. Einerseits wollten die Nichtregierungsorganisationen gerne an den Beratungen beteiligt, zumindest aber über diese informiert sein. Sie traten seit Anfang der 1990er Jahre für eine Öffnung des Sicherheitsrats ein. Damals begann eine kleinere Gruppe von NGOs, sich intensiver mit dem UN-Hauptorgan auseinanderzusetzen, das mit dem Ende des Ost-West-Konflikts bedeutend aktiver wurde. In der Zeit von 1988-1993 tagte der Sicherheitsrat vier Mal so oft wie in einer vergleichbaren Periode während der Bipolarität. Die Beratungen waren auch konstruktiv, denn der Rat verabschiedete sechs Mal so viele Resolutionen wie früher (Paul 2004). Die Tatsache, dass mit den Resolutionen nicht nur Blauhelme als Puffer zwischen zwei verfeindete Staaten entsendet wurden, sondern umfassende Aufträge wie Wahlbeobachtung oder Friedenskonsolidierung bekamen, erhöhte das Interesse der NGOs am Sicherheitsrat weiter. Eine Gruppe von NGOs trat für transparentere und inklusivere Verhandlungen auf und suchte nach Kanälen der Einflussnahme. Als einigen NGOs von Sicherheitsratsmitgliedern Mitte der 1990er Jahre signalisiert wurde, dass diese sich gerne austauschen wollten, einigte man sich auf die informellen Treffen (Paul 2001a). Hierbei klingt schon an, dass einige Sicherheitsratsmitglieder ihrerseits daran interessiert waren, enger mit NGOs zusammenzuarbeiten, was die andere Erklärung für die zaghafte Öffnung ist. Da der Sicherheitsrat sich zunehmend mit innerstaatlichen Konflikten auseinandersetzen musste, stieg der Informationsbedarf insbesondere der nichtständigen Mitglieder im Sicherheitsrat an. Diese wollten gerne Informationen aus den entsprechenden Konfliktregionen erhalten, die einige NGOs auch besaßen. Die vorsichtige Öffnung ist daher auch eine Reaktion auf die Wissenslage der nicht-ständigen Mitglieder.

Während die Öffnung des Sicherheitsrates für NGOs eine Veränderung der inneren Governance-Struktur darstellt, ist zugleich zu beobachten, dass die Vereinten Nationen zunehmend mit anderen Akteuren Friedensmissionen durchführen oder diese an externe Akteure delegieren. Diese Formen der Interaktion im operativen Bereich bezeichnen wir als Wandel in der externen Governance-Dimension. Seit Ende der 1980er Jahre, verstärkt aber seit den 1990er Jahren, gibt es immer mehr Friedenseinsätze, die nicht oder nicht exklusiv von der UN durchgeführt werden. Einerseits führen Regionalorganisationen im Auftrag der Vereinten Nationen in Teilen oder vollständig die Friedensmissionen durch, wie

Beidseitiges Interesse an der Öffnung

Wandel der externen *governance*-Dimension: Auslagerung und Kooperation wir im Abschnitt zu veränderten Steuerungsmodi ausführen werden. Andererseits gibt es aber auch immer wieder einzelne Staaten oder ad-hoc zusammengeschlossene Staatengruppen, die Friedensmissionen durchführen. Beispiele hierfür sind die zum Teil unter Führung der USA durchgeführten Missionen *Operation Uphold Democracy* in Haiti (1994-1995), die *Implementation Force* (IFOR) und später *Stabilization Force* (SFOR) in Bosnien (seit 1995) (Cockayne/Malone 2005: 337) sowie die unter australischer Führung durchgeführte Mission auf den Solomonen und die französisch angeführten Truppen in der Elfenbeinküste (Johnstone/Tortolani/Gowan 2005). Diese sehr unterschiedlichen Missionen eint, dass sie im Namen der Vereinten Nationen, aber nicht unter UN-Flagge durchgeführt wurden (Cockayne/Malone 2005: 337).

Zur Auslagerung an einzelne Staaten bzw. „Koalitionen der Willigen" kommt es, weil diese proaktiv anbieten, sich in bestimmten Konflikten zu engagieren. Die Staaten(gruppen) fühlen sich häufig für eine Region bzw. einen Konflikt besonders verantwortlich und werfen den UN vor, zu zögerlich oder zu spät auf gewalttätige Auseinandersetzungen zu reagieren. In ihrem Sinne stellt Redelegation der eigentlich als kollektiv konzipierten friedenserhaltenden bzw. friedensschaffenden Aktivitäten an die Staaten eine Reaktion auf die strukturellen Defizite der Weltorganisation dar (Prantl 2005: 566). Die Krise des Sicherheitsrates, festgemacht an zu langsamer Entscheidungsfindung, wenig effektiven Maßnahmen und mangelnder Repräsentativität könnte dieser Argumentation folgend dadurch gemildert werden, dass sowohl im Auftrag wie auch außerhalb der Vereinten Nationen von willigen Akteuren schnell und effektiv gehandelt wird. Aufgrund der Quantität und die Qualität der gewalttätigen Konflikte könnten flexible und dezentrale Mechanismen der Friedenssicherung schlichtweg nötig sein (Prantl 2005: 568). Dem muss gegenüber gestellt werden, dass jede Form der Anwendung von Gewalt ohne dezidierte Legitimation durch den Sicherheitsrat völkerrechtswidrig ist!

3.4.2 Veränderte Steuerungsmodi

Als die Vereinten Nationen 1945 gegründet wurden, hatten sie den Anspruch, als eine übergeordnete internationale Organisation zu agieren. Sie führten daher zunächst die Friedensmissionen alleine durch. Nachdem die Zahl der Missionen nach dem Ende des Ost-West-Konflikts zunahm und im Rahmen der komplexer werdenden Mandate immer mehr Personal entsandt wurde, haben die Vereinten Nationen begonnen, zunehmend auch mit regionalen Organisationen zusammenzuarbeiten. So gibt bzw. gab es beispielsweise Kooperationen der UN mit der ECOWAS in Liberia und Sierra Leone, mit der Organisation für Afrikanische Einheit (*Organization of African Unity*, OAU bzw. der Afrikanischen Union (*African Union*, AU) in Burundi oder im Sudan (MacQueen 2006: 236). Dieser Trend ist als „Regionalisierung der UN" bezeichnet worden (Hettne/Söderbaum 2006: 228). Er ist Ausdruck der post-westfälischen Ordnung, die die Akteurspluralität und die damit einher gehenden veränderten Steuerungsmodi in den Blick nimmt.

Die Kooperation der Vereinten Nationen mit Regionalorganisationen hat sich zwar erst in den letzten Jahren verstärkt, ist aber schon in der UN-Charta angelegt. Kapitel VIII sieht vor, dass der Sicherheitsrat gegebenenfalls die „regionalen Abmachungen oder Einrichtungen zur Durchführung von Zwangsmaßnahmen unter seiner Autorität in Anspruch" nehmen kann (Art. 53, Abs. 1 UN-Charta). Dabei weist die Charta ausdrücklich darauf hin, dass die Regionalorganisationen keine Zwangsmaßnahmen ohne Ermächtigung des Sicherheitsrates ergreifen dürfen (ebd.). Wird eine Regionalorganisation tätig, so ist sie dazu verpflichtet, den Sicherheitsrat „jederzeit vollständig über die Maßnahmen" zu informieren (Art. 54 UN Charta). Die Ermächtigung, im Namen des Sicherheitsrates tätig zu werden, ist hierbei erst als zweiter Schritt konzeptionalisiert. Die zentrale Aufgabe der regionalen Abmachungen besteht laut Charta darin, „sich nach besten Kräften [zu] bemühen", zur friedlichen Beilegung von örtlich begrenzten Streitigkeiten beizutragen (Art. 52 UN-Charta). Anders ausgedrückt: Die regionalen Organisationen sollen die Eskalation kleinerer gewaltsamer Konflikte verhindern, so dass diese gar nicht vor den Sicherheitsrat beraten werden müssen.

Regionale Organisation in der UN-Charta ...

Obwohl die Charta den Regionalorganisationen also eine wichtige Rolle zuweist, spielten diese in der Politik der Vereinten Nationen lange Zeit keine Rolle. Erst der damalige Generalsekretär Boutros-Ghali entdeckte die Bedeutung und das Potenzial von regionalen Institutionen neu. In der Agenda für den Frieden wies er darauf hin, dass Regionalorganisationen den Sicherheitsrat bei der friedlichen Konfliktbearbeitung unterstützen können (Ziff. 61-64; Agenda für den Frieden). Er vertrat hierbei ein breites Verständnis von Regionalorganisationen, demzufolge dies regionale Systeme kollektiver Sicherheit, kollektive Verteidigungsbündnisse, Organisationen zur Förderung der wirtschaftlichen Entwicklung oder lose Zusammenschlüsse („Freunde des Generalsekretärs") sein konnten. Diese weite Interpretation hat sich heute durchgesetzt (Debiel 2003: 47).

... und in der Agenda für den Frieden

Seit den 1990er Jahren sind dann Regionalorganisationen vermehrt tätig geworden (siehe Abbildung 3.7). Zunächst war es die Organisation der amerikanischen Staaten (*Organization of American States*, OAS), die vor allem bis in die 1990er Jahre vermehrt mit der UN zusammen arbeitete. Anschließend engagierten sich auch europäische und afrikanische regionale Institutionen, um im Auftrag der UN in den gewalttätigen Krisen einzugreifen: Auf der europäischen Seite sind die Nordatlantische Vertragsorganisation (*North Atlantic Treaty Organization*, NATO), die Europäische Union (EU) und die Organisation für Sicherheit und Zusammenarbeit in Europa (OSZE) zu nennen, auf der afrikanischen die Wirtschaftsgemeinschaft Westafrikanischer Staaten (*Economic Community of West African States,* ECOWAS) und die OAU/AU (Paris 2007). Die Zusammenarbeit von Weltorganisation und regionalen Institutionen im Sinne von Delegation oder Dezentralisierung wird als *subcontracting* oder *burden-sharing* bezeichnet.

Wachsende Bedeutung des subcontracting seit den 1990er Jahren

Tabelle 3: Signifikante subcontracting-Operationen in der Friedenssicherung.

Name	Ort	Subcontracter	Zeitraum	Truppenstärke
IFOR	Bosnien-Herzegowina	NATO	1995-1996	60.000
SFOR	Bosnien-Herzegowina	NATO	1996-2004	7.000
KFOR	Kosovo	NATO	seit 1999	17.000
ISAF	Afghanistan	NATO	seit 2001	32.000
AMIS	Sudan/Darfur	AU	seit 2004	5.800
IGASOM/AMISOM	Somalia	AU	seit 2007	geplant 7.650
AMIB	Burundi	AU	2003-2004	3.000
ECOMOG	Sierra Leone	ECOWAS	1997/1999	keine verwertbaren Daten
ECOMOG	Liberia	ECOWAS	2001	keine verwertbaren Daten
ECOMOG	Côte d'Ivoire	ECOWAS	1990, 2003	keine verwertbaren Daten
ECOMOG	Guinea-Bissau	ECOWAS	1999	keine verwertbaren Daten
Licorne	Côte d'Ivoire	Frankreich	seit 2003	4.500
Operation Uphold Democracy	Haiti	USA	1994-1995	22.000
INTERFET	Ost-Timor	Australien u.a.	1999	ca. 10.000
VNITAF	Somalia	USA u.a.	1992-1993	37.000

Quelle: NATO, African Union, ECOWAS.

Abbildung 3.7: Subcontracting-Operationen[131]

Drei Modelle des *subcontracting*

Heute können drei verschiedene Arten der Zusammenarbeit von UN und Regionalorganisationen unterschieden werden (Dembinski/Förster 2007: 11f).

- Stand-Alone-Modell: Hier handelt eine Regionalorganisation auf Grundlage eines UN-Mandats eigenständig. Mit der großen Handlungsfreiheit der Regionalorganisation geht einher, dass es keinen Koordinierungsaufwand zwischen regionaler und universaler Organisation gibt. Ein Beispiel ist die in Afghanistan eingesetzte Internationale Sicherheitsunterstützungstruppe der NATO (*International Security Assistance Force*, ISAF).
- Stand-By-Modell: Bei diesem Modell sind sowohl Truppen der Regionalorganisation wie auch UN-Blauhelme in einem Krisengebiet eingesetzt, wobei zwei Ausprägungen denkbar sind. Entweder stehen die Truppen des *subcontractors* (der Regionalorganisation) bereit, die UN-Friedensmission in einer kritischen Situation militärisch zu entlasten („Over the Horizon-Szenario"), wofür die französische Operation *Licorne* in der Elfenbeinküste ein Beispiel ist. Oder aber es gibt eine „Komponenten-Lösung", so dass eine Polizeimission oder eine Luftwaffenkomponente der Regionalorganisation zu einer UN Friedensmission beiträgt.

---

131   Quelle: Dembinski/Förster 2007: 11.

* Bridging-Modell: Die Brückemetapher spielt darauf an, dass eine schlag-
kräftige Regionalorganisation die Arbeit nach einer ersten Phase an die UN-
Friedensmission übergibt.

In Vorbereitung auf den UN-Reformgipfel im Jahr 2005 wurde die Rolle von Regionalorganisationen kritisch überprüft. Sowohl das High-Level Panel wie auch
der damalige Generalsekretär Kofi Annan kamen zu dem positiven Ergebnis,
dass Regionalorganisationen einen wichtigen Beitrag zum Frieden leisten. Annan
schlug daher in seinem Bericht *In Larger Freedom* vor, dass die beiden Organisationstypen auch zukünftig vermehrt zusammen arbeiten sollten, und zwar in einem
„interlocking system of peacekeeping capacitites" (zitiert nach Dembinski/Förster
2007: 10).

Für das *subcontracting* von Regionalorganisationen spricht, dass diese Institutionen häufig ein hohes Ansehen in der Region genießen. Regionalorganisationen gelten vor Ort als legitime Akteure, wobei sich die Legitimität des Handelns nicht „von oben", also durch die Vereinten Nationen, herleitet. Vielmehr
werden die regionalen Institutionen „from below and within" legitimiert (Hettne/
Söderbaum 2006: 229), also von den Zivilgesellschaften in den entsprechenden
Staaten und ihren Regierungen. Häufig verfügen die Regionalorganisationen über
eine bessere regionale Kenntnis als die Weltorganisation, so dass sie Probleme
effektiver bearbeiten können (Cockayne/Malone 2005: 337). Hierzu tragen insbesondere lokales Wissen wie auch kulturelle Affinität der regionalen Akteure bei
(MacQueen 2006: 236). Regionalorganisationen bringen also ein großes Potenzial
mit, das angesichts der finanziellen und personellen Engpässe der UN noch wert-
voller erscheint (Pugh 2007: 381).

*Vorteile von Regi-
onalorganisationen:
Legitimität und
Expertise*

Zugleich ist das *subcontracting* aber auch umstritten, da es erstens immer
wieder Koordinationsprobleme zwischen den verschiedenen Akteuren gibt (Karns/
Mingst 2001: 228). Zwar geben die UN Souveränität ab, jedoch bleibt unklar, welche Organisation in welchem Umfang Kontrolle innehat (Pugh 2007: 381). Hinzu
kommt, dass nicht alle Regionalorganisationen adäquat ausgestattet sind und über
gut ausgebildetes Personal verfügen. Dies zeigte sich zum Beispiel bei einigen der
OAS-Missionen in den frühen 1990er Jahren. Die Konfliktbearbeitung zog sich in
die Länge und gilt im Rückblick als wenig effektiv. Weiterhin besteht die Gefahr,
dass die Dezentralisierung die regionale Hegemonie stärkt. Oft verfolgen regionale Großmächte ein bestimmtes Interesse in einer Region, das sie auch mittels einer
UN-Mission verfolgen können (Dembinski/Förster 2007: 12). Als Beispiel kann
die Rolle Nigerias im militärischen Arm des ECOWAS genannt werden (Pugh
2007: 381). Dies bedeutet zugleich, dass die Regionalorganisationen sehr schnell
an Ansehen verlieren können, nämlich sobald sie nicht mehr als neutral angesehen werden. Die Neutralität können sie weiterhin durch eine Selbstmandatierung
verlieren. Handeln die Regionalorganisationen ohne UN-Mandat, so agieren sie
völkerrechtswidrig und tragen potenziell zur Verhärtung des Konflikts oder gar
zu einer weitergehenden Internationalisierung bei. Schließlich besteht die Gefahr
der Herausbildung einer Zwei-Klassen-Gesellschaft: Je nach Interessen der Großmächte werden die kleinen regionalen Institutionen oder auch die UN selbst aktiv.

*Nachteile des
subcontracting:
Defizitäre Ausstattung
und Kontrolle
sowie Gefahr der
Instrumentalisierung*

Die Chancen, aber auch die Gefahren des Einsatzes einer Regionalorganisation werden am Beispiel ECOWAS-Mission in Liberia deutlich. Im August 1990 griff der militärische Arm der ECOWAS, die Eingreifgruppe der Wirtschaftsgemeinschaft Westafrikanischer Staaten (*Economic Community of West African States – Mobile Group*, ECOMOG), in den seit acht Monaten tobenden Bürgerkrieg ein. Zu diesem Zeitpunkt stand der Rebellenführer Charles Taylor kurz vor der Einnahme der Hauptstadt Monrovia. Der Sicherheitsrat legitimierte die Aktion der ECOMOG nachträglich und unterstützte die ECOMOG durch die Verhängung eines Waffenembargos.[132] Im September 1993 autorisierte er zusätzlich eine eigene Friedensmission, die *United Nations Observer Mission in Liberia* (UNOMIL), deren bis zu 368 Militärbeobachter „mit der Begleitung und Überwachung der EÇOMOG eine Art Doppelfunktion ausübten" (Debiel 2003: 222).[133] In den folgenden Jahren gelang es ECOMOG und UNOMIL, ein sicheres Umfeld für die Wahlen im Jahr 1997 zu schaffen und in der Gegend der Hauptstadt Schutzzonen zu errichten. Die ECOMOG wurde jedoch zugleich dafür kritisiert, dass sie zum Teil mit Gewalt die Versorgung des „Taylor-Landes", das zeitweise bis zu 90% des Landes ausmachte, verhinderte. Teile der ECOMOG-Truppen wurden zu „Profiteuren und Plünderern und verhielten sich kaum anders als andere Kriegsparteien" (Debiel 2003: 229). Generell wurde auch bemängelt, dass die ECOMOG acht Jahre gebraucht hat, um den Bürgerkrieg in Liberia zu beenden (Pugh 2007: 381).

Zukünftig wird es darum gehen, die Balance zwischen Regionalismus und Universalismus neu zu bestimmen (Debiel 2003: 47). Eine Rückbesinnung auf die Bestimmungen der Charta, nach denen Regionalorganisationen vor allem präventiv tätig werden sollen, ist nötig.

3.4.3 Mehrebenenpolitik

Schutz der Individuen durch die Weltorganisation

Wie wir in unseren Ausführungen zum Konzept der menschlichen Sicherheit und zur dreifachen Entstaatlichung von Sicherheit gezeigt haben, haben sich in den letzten beiden Dekaden sowohl die Konzeption von Sicherheitsbedrohungen wie auch die des Sicherheitssubjekts weitgehend verändert (Rittberger/Baumgärtner 2005: 1): Es fand eine inhaltliche Ausdifferenzierung der Sicherheitsbedrohungen statt. Neben die militärische Bedrohung sind „transsouveräne Probleme" wie Terrorismus, Massenvernichtungswaffen, Umweltzerstörung, Flüchtlingsströme oder Infektionskrankheiten getreten. Darüber hinaus ist der Kreis der Subjekte größer geworden, in dem neben die Sicherheit der Staaten auch die der Individuen getreten ist.[134] Bei letzteren geht es nicht nur um den Schutz der physischen Integrität, sondern auch um ein Mindestmaß an Lebenschancen (ebd.). Die UN als Weltorganisation auf internationaler Ebene nimmt somit seit den 1990er Jahren Bezug

---

132 Siehe S/RES/788 vom 18. November 1992.
133 Siehe S/RES/866 vom 22. September 1993.
134 Einige Autoren argumentieren, dass der Schutz der Zivilbevölkerung inzwischen sogar die primäre Funktion von Friedensmissionen ist (Bellamy/Williams 2011: 828).

auf Problemlagen innerhalb der Staaten und auf transnationale Probleme. Die damit einher gehende Neubestimmung des „Gewichtungsverhältnisses zwischen dem internationalen Schutz der staatlichen Souveränität und dem internationalen Schutz des Individuums" birgt einen riskanten Sprengsatz in sich, wie wir in der Diskussion um die Schutzverantwortung in diesem und im Menschenrechtskapitel zeigen werden (Wolf 2000: 49).

Die Völkergemeinschaft diskutierte allerdings schon früher einmal das Spannungsverhältnis von Souveränität, Schutz der Menschenrechte und Gewalt. Damals war die Staatengemeinschaft über die Frage, ob Gewalt zur Befreiung von der kolonialen Herrschaft und daher zum Schutz der Menschenrechte eingesetzt werden darf, zerstritten. Während die meisten der sozialistischen Staaten argumentierten, dass der Einsatz von militärischer Gewalt zum Ziel, das Selbstbestimmungsrecht der Völker herzustellen, legitim sei, hielten die westlichen Staaten dagegen, dass eine solche Argumentation das gesamte völkerrechtliche Gefüge zur Verhütung von Krieg und Gewalt gefährden würde (Debiel 1998: 444). Die aktuelle Diskussion hat dagegen einen anderen Schwerpunkt. Hier geht es um den Einsatz von Gewalt gegen Staaten, die die Menschenrechte nicht einhalten. Durch militärische Gewalt sollen gravierende Menschenrechtsverletzungen beendet werden. Ein erster Ausdruck der veränderten Wahrnehmung von Friedensgefährdung stellte wie beschrieben der Schutz der Kurden im Norden Iraks dar.[135]

Verschiebung des Verhältnisses von Souveränität, Menschenrechten und Gewalt

Die nachfolgenden humanitären Interventionen der Vereinten Nationen sowie vor allem das Ausbleiben von humanitären Interventionen in Ruanda und Bosnien wurden in den UN sehr kontrovers diskutiert. Dies war, wie wir in Abschnitt 3.3.9 gezeigt haben, der Ausgangspunkt der Entwicklung hin zur Schutzverantwortung. Mit der Schutzverantwortung haben die Vereinten Nationen staatliche Souveränität neu bestimmt. Souveränität bezieht sich nicht mehr allein auf die negativen Abwehrrechte gegen Eingriffe von außen, sondern beinhaltet „auch eine positive Verantwortung des Staats, seine Bürger vor schwersten Menschenrechtsverletzungen zu schützen" (Debiel et al. 2009: 54). Kommt der Staat dieser Aufgabe nicht nach, ist die internationale Gemeinschaft zum Handeln verpflichtet. Die Verknüpfung von regionaler/staatlicher und internationaler Ebene ist somit explizit hergestellt.

Schutzverantwortung (R2P) – eine Norm im Entstehen

Wenngleich die Norm der Schutzverantwortung (R2P) schon im Jahr 2005 verankert wurde, ist sie bis heute umstritten. „Während die einen befürchten, dieses Schutzversprechen werde sich als leeres Versprechen entpuppen, weisen die anderen auf Missbrauchsmöglichkeiten hin" (Dembinski/Förster 2007: 5). In der politischen Praxis hat sich gezeigt, dass die neue R2P-Norm zwar ein „zentraler Bezugsrahmen" in der Debatte über den Darfur-Konflikt war.[136] Allerdings bezogen sich in den Sicherheitsratsdebatten sehr unterschiedliche Staaten mit divergierenden Interessen auf die Schutzverantwortung. Einige Staaten, darunter China, argumentierten, dass die internationale Gemeinschaft verpflichtet sei, die sudane-

Umstrittene Auswirkungen der Norm

---

135 Siehe den Abschnitt über humanitäre Interventionen. Die S/RES/688 vom 5. April 1991 gilt als erster Ausdruck des neuen Sicherheitsverständnisses.
136 Siehe S/PV.5015 vom 30. Juli 2007.

sische Regierung in der Wahrnehmung ihrer Schutzverantwortung zu unterstützen, während andere dem Sudan vorwarfen, dass er seine Schutzverantwortung
grob vernachlässige (Debiel et al. 2009: 78).

3.5 Fazit

Friedensmissionen
als Reaktion auf
das Scheitern des
Systems kollektiver
Sicherheit

Die Charta der Vereinten Nationen formuliert einen hohen Anspruch im Bereich
der Friedenssicherung: Die Mitglieder sollen ihrer Friedenspflicht folgen und
keine militärische Gewalt anwenden. Sollte es dennoch zu einer Bedrohung
oder einem Bruch des Friedens oder der internationalen Sicherheit kommen,
beschließt der Sicherheitsrat geeignete kollektive Zwangsmaßnahmen. Dass die
Vereinten Nationen den eigenen Anspruch nicht einlösen konnten, zeigte sich
sehr schnell. Insbesondere der Ost-West-Konflikt verhinderte die Umsetzung
des Systems der kollektiven Sicherheit. Interessant ist nun, dass die Vereinten
Nationen die Blockade des Systems nutzten, um ein anderes Instrumentarium zu
entwickeln: die Friedensmissionen.

Institutionelles
Lernen:
Weiterentwicklung
der Missionen
und Einsetzen
der Kommission
für Friedens-
konsolidierung

Diese aus der Not heraus entstandenen Missionen machen heute den Kern
der Arbeit der Vereinten Nationen im Bereich der Friedenssicherung aus. Aufgaben und Umfang der Missionen haben sich im Laufe der Jahrzehnte immer
wieder gewandelt. Wurden anfangs vor allem Beobachtertruppen entsandt, die
ein bestehendes Waffenstillstandsübereinkommen oder einen Friedensvertrag
mit Zustimmung der Konfliktparteien überwachen sollten, so sehen heute viele
Mandate von Friedensmissionen vor, dass die Vereinten Nationen auch selbst
aktiv in den Prozess der Friedenskonsolidierung und ggf. auch den der Friedenserzwingung eingreifen. Die Anpassung der Mandate erfolgte wiederum
in Reaktion auf die realpolitischen Erfahrungen. So folgte der Beobachtung,
dass die Vereinten Nationen insbesondere in ehemaligen Bürgerkriegsregionen
auch zur Friedenskonsolidierung beitragen müssen, die Konzeptionalisierung
von Friedensmissionen der „Zweiten Generation". Das Scheitern der robusten
Mandate hat die Generation der multidimensionalen Friedenseinsätze einge-
leitet. Insofern kann davon gesprochen werden, dass einfaches institutionelles Lernen (im Sinne von Verhaltensanpassungen) bei den Vereinten Nationen
vorliegt. Der Lernprozess ist dabei bislang immer von negativen Erfahrungen,
entweder des Scheiterns eines Konzeptes oder gravierenden, nicht erwünsch-
ten Begleiterscheinungen ausgelöst worden. Dies trifft auch für die Etablierung der Kommission für Friedenskonsolidierung zu. Hier war es die Erfahrung, dass fast die Hälfte aller mühsam ausgehandelten Friedensverträge nach
maximal fünf Jahren wieder gebrochen wurde, die die Weltorganisation dazu
veranlasste, eine neue Kommission zur Schließung einer institutionellen Lücke einzusetzen.

Analog zu den sich in Reaktion auf die realen Veränderungen bzw. Herausforderungen entwickelnden institutionellen Veränderungen passen sich die Vereinten Nationen auch im Bereich der Governance-Strukturen an. Seit dem Ende des Ost-West-Konflikts arbeitet die Weltorganisation verstärkt mit Regionalorganisationen zusammen. Sie reagiert damit auf die deutlich gestiegene „Nachfrage" nach Friedensmissionen, die sie selbst kaum noch bewältigen kann. Außerdem erhoffen sich die UN eine effektivere Konfliktbearbeitung durch die regionalen Akteure. In der Zusammenarbeit der regionalen und globalen Ebene verändern sich die Steuerungsmodi. Zwar erteilt nach wie vor der Sicherheitsrat das Mandat und ermächtigt die Regionalorganisationen damit zum Handeln. Dieses Moment der hierarchischen Steuerung wird jedoch durch horizontale Abstimmungsprozesse ergänzt. So interagieren die beiden Organisationstypen insbesondere beim „Stand-By-Modell" des *subcontracting* recht eng. Während die UN im Laufe der letzten beiden Dekaden immer stärker mit den Regionalorganisationen interagieren, verhalten sie sich nichtstaatlichen Akteuren gegenüber nicht so offen. Zwar hat der Sicherheitsrat mit der Arria-Formula und der Mitarbeit in den von NGOs initiierten informellen Treffen von Sicherheitsrat und NGOs zwei Wege gefunden, wie er informell mit VertreterInnen von Nichtregierungsorganisationen interagieren kann. Eine formalisierte Kooperation gibt es jedoch nicht, und es steht auch nicht zu erwarten, dass sich diese in der nächsten Zeit entwickeln wird. Die Kommission für Friedenskonsolidierung ist NGOs gegenüber zwar offener eingestellt und will sie als Vertreter der Zivilgesellschaft durchaus in die Beratungen einbeziehen. Allerdings fehlen hier bislang auch noch geeignete Einladungs- oder Interaktionsmodelle. Aus einer Global-Governance-Perspektive liegt die umfassendste Änderung daher auch in einer anderen Dimension, nämlich der Mehrebenenpolitik. Das im Konzept der menschlichen Sicherheit sowie auch in der Norm der Schutzverantwortung verankerte neue Sicherheitsverständnis, das zunehmend Individuen in den Mittelpunkt stellt, verknüpft die globale Ebene sehr stark mit der lokalen Ebene. Die Weltorganisation verpflichtet sich, auf Problemlagen innerhalb von Staaten, wie etwa den Schutz der Menschenrechte, mittels geeigneter Maßnahmen einzugehen. Hier gilt es zukünftig den Einsatz von militärischer Gewalt auf das Nötigste zu reduzieren.

Global Governance in der Friedenssicherung:
• Zusammenarbeit mit Regionalorganisationen: flache Steuerung
• Zaghafte Öffnung für nichtstaatliche Akteure
• Neues Sicherheitskonzept fokussiert auch auf das Individuum (Problembearbeitung auf mehreren Ebenen)

4 Rüstungskontrolle und Abrüstung

Wenngleich Rüstungskontrolle und Abrüstung[137] mitnichten ein modernes Phänomen sind und sie als Strategien der Kriegsverhinderung bzw. der Friedenssicherung mittels der Manipulation von Gewaltmitteln seit der Antike Anwendung fanden (Larsen 2002: 2, Müller/Schörnig 2006: 30ff.), hat sich im 20. Jahrhundert in diesem Bereich eine neue Steuerungsform herausgebildet: Rüstungskontrolle im Rahmen von internationalen Organisationen (Croft 1996: 167). Heute sind die Vereinten Nationen – als Diskussions- und Verhandlungsforum, aber auch als Vertragsüberwachungs- und Durchsetzungsorgan – diejenige Institution, die auf vielfache Weise in die internationale Rüstungskontrollpolitik eingebunden ist. Im folgenden Kapitel wird zunächst ein Überblick über die rüstungskontroll- und abrüstungspolitischen Ziele und Aufgaben der UN (Kap. 4.1) und die Wahrnehmung dieser Aufgaben durch ihre verschiedenen Institutionen (Kap. 4.2) gegeben. Anschließend stellen wir knapp die wichtigsten Abkommen zur Kontrolle von Massenvernichtungswaffen (*weapons of mass destruction*, WMD) und konventionellen Waffen vor (Kap. 4.3). Im nächsten Schritt analysieren wir die Entstehung und Durchsetzung der Normen im Rüstungskontrollbereich unter *Global-Governance*-Gesichtspunkten (Kap. 4.4) und nehmen im Fazit (Kap. 4.5) eine Zusammenfassung der Ergebnisse vor.

Überblick über das Kapitel

4.1 Ziele und Aufgaben

Nachdem sich bereits der Völkerbund als Vorgänger der UN für Rüstungskontrollangelegenheiten zuständig erklärt und erste Durchsetzungsmaßnahmen – etwa ein Waffenembargo gegen Italien – ergriffen hatte, haben die Vereinten Nationen den Auf- und Ausbau eines multilateralen Rüstungskontrollsystems zur Förderung kollektiver Sicherheit fortgesetzt. Allerdings sieht die UN-Charta für die Organisation eine weniger prominente Rolle in diesem Feld vor als es beim Völkerbund der Fall war. So war Abrüstung ein erklärtes Ziel des Völkerbundes und der Rat

Begrenzte Rüstungskontrollkompetenzen in der Charta …

---

137 Die Begriffe Rüstungskontrolle und Abrüstung werden gelegentlich synonym verwendet, bezeichnen jedoch unterschiedliche Konzepte der Konfliktbearbeitung (Müller/Schörnig 2006: 124). Rüstungskontrolle ist hierbei der übergeordnete Begriff: Darunter kann man alle Vereinbarungen fassen, die zwischen Staaten in Bezug auf ihre militärischen Kapazitäten getroffen werden. Hiermit können unterschiedliche Faktoren, vom Rüstungsvolumen über die Waffentypen bis hin zu ihren Stationierungsorten und dem Bereitschaftsgrad, gemeint sein (Larsen 2002:1). Mit anderen Worten ist Rüstungskontrolle „im Grunde (...) jeder Verzicht auf den vollen Einsatz aller vorhandenen kriegerischen Mittel zur Erreichung irgendwelcher Ziele" (Forndran 1970: 99). Während Rüstungskontrolle also noch nichts über das Rüstungsniveau aussagt und auch die Möglichkeit einer kontrollierten Aufrüstung einschließt, impliziert der Begriff Abrüstung eine Reduktion militärischer Potentiale mit dem Ziel der endgültigen Abschaffung von Waffen. Im Sprachgebrauch der Vereinten Nationen hat sich das Duo „Disarmament and Arms Control" eingebürgert, die Reihenfolge der Begriffe verrät jedoch die Prioritätensetzung. Im Folgenden wird Rüstungskontrolle als der umfassendere Begriff verwendet, es sei denn, es ist explizit Abrüstung gemeint.

verfügte über die Kompetenz, Rüstungsniveaus für Staaten festzulegen. In der UN-Charta wird Rüstungskontrolle nur in drei Artikeln explizit erwähnt: Artikel 11 legt fest, dass die Generalversammlung auch Abrüstung und Rüstungsregelung betreffende Empfehlungen an die Mitgliedsstaaten und den Sicherheitsrat richten kann, während Artikel 26 letzteren mit der Ausarbeitung von Plänen zur „Errichtung eines Systems der Rüstungsregelung" beauftragt, ohne Abrüstung seinem Kompetenzbereich zuzuordnen. Artikel 47 definiert die Rolle des Generalstabskomitees (*Military Staff Committee*), das den Sicherheitsrat in allen militärischen Angelegenheiten unterstützen soll, so auch bei „möglicher Abrüstung."[138]

... doch eine wichtige Normsetzungsinstanz ... In dieser sehr allgemeinen und knappen Zielsetzung kommt Vorsicht zum Ausdruck – der geringe Vertrauensvorschuss in die Abrüstungstätigkeit der UN erklärt sich aus dem Scheitern der Bemühungen des Völkerbunds, aber auch aus dem sich bereits ankündigenden Wettrüsten zwischen West und Ost (Krause 2007: 288). Letzteres wiederum ließ Rüstungskontrolle umso wichtiger erscheinen - die der Rüstungskontrollthematik beigemessene Bedeutung und das Bestreben der UN, sich ernsthaft Rüstungskontrollfragen zu widmen, wurde schon mit der allerersten Resolution der Generalversammlung deutlich bekundet, die nachdrücklich auf die Notwendigkeit zur Kontrolle atomarer Energie, um deren ausschließlich friedliche Nutzung sicherzustellen, hinwies.[139] Im Folgenden hat die Organisation ein beachtliches Spektrum an Abrüstungs- und Rüstungskontrollaktivitäten, die sich auf die „Steuerung, Eingrenzung und Reduzierung der militärischen Machtpotentiale ihrer Mitgliedsstaaten" (Gareis/Varwick 2006: 147) richten, entfaltet und sich dadurch als wichtige Normsetzerin etabliert. Der normative Konsens wurde auch von den P5 meistens geteilt: Es gelte, das Ziel der nuklearen Abrüstung zu erreichen, Massenvernichtungswaffen vollständig abzuschaffen und den Bestand an konventionellen Waffen auf das geringstmögliche Niveau zu reduzieren (Krause 2007: 290). Neben der Tatsache, dass auf dieser Basis alle globalen Rüstungskontrollabkommen unter Beteiligung der Vereinten Nationen ausgehandelt worden sind, wird ihr Wirken als Delegitimierungsinstanz von WMD zuweilen als ihr wichtigster Abrüstungsbeitrag gewertet (Tannenwald 2004: 15f).

Das Engagement der UN betrifft hierbei unterschiedliche Zielbereiche der Rüstungskontrolle: Von der Begrenzung der für Rüstung aufgewendeten Ressourcen über die Verhinderung von Krisen und Eskalationsprozessen durch Förderung der Rüstungstransparenz bis hin zur Friedenskonsolidierung durch Entwaffnung

---

138 Die Unterschiede in der Völkerbundsatzung und der UN-Charta werden auf unterschiedliche Rahmenbedingungen zum Zeitpunkt ihrer Ausarbeitung zurückgeführt. Demnach wurde Abrüstung zu einem wichtigen Ziel des Völkerbundes erklärt, weil erstens zum Zeitpunkt seiner Gründung nach Ende des Ersten Weltkrieges Rüstungsbestände bereits an Bedeutung verloren hatten, zweitens war man der Ansicht, das Wettrüsten habe den Krieg mit verschuldet. Die Charta der UN wurde hingegen zu großen Teilen noch während des Zweiten Weltkrieges ausgearbeitet: Nicht nur, dass der Stellenwert von Rüstungen zu dieser Zeit verständlicherweise höher war und die Auffassung bestand, ein bestimmtes Rüstungsniveau auf Seiten der Alliierten hätte den Krieg verhindern können. Militärische Kapazitäten sollten auch in Zukunft eine Rolle spielen, um etwa in der Charta vorgesehene Sanktionsmaßnahmen durchzusetzen (Lang/Kumin 2001: 127, Wagner 2007: 101).

139 Resolution der Generalversammlung A/RES/1(1) vom 24. Januar 1946: Establishment Of a Commission to Deal With the Problem Raised By the Discovery of Atomic Energy.

der Konfliktparteien. Die Organisation dient dabei nicht nur als ein Forum zum Gedanken- und Informationsaustausch, das die Mitglieder nutzen, um vor der internationalen Gemeinschaft ihre Positionen zu artikulieren, sondern sie übernimmt auch die Koordinierung verschiedener Initiativen, unterstützt die Staaten technisch und personell bei der Umsetzung konkreter Rüstungskontroll- bzw. Abrüstungsmaßnahmen und trägt so zum *capacity-building* bei. Ein weiterer nicht zu vernachlässigender Aufgabenbereich umfasst die „*advocacy of disarmament*" (Dhanapala 1999), also die in Form von Publikationen, Vorträgen und Konferenzen durchgeführte Öffentlichkeits- und Bildungsarbeit, die für die Normstärkung entscheidend ist. Wie die Vereinten Nationen ihren vielfältigen Aufgaben nachkommen, d.h. welche UN-Organe im Rüstungskontrollbereich in welcher Form tätig sind, wird im folgenden Abschnitt beleuchtet.

4.2 Institutionen

Eine Reihe von Gremien innerhalb der UN-Familie befasst sich entweder hauptsächlich oder unter anderem mit Rüstungskontrollfragen. Vereinfacht lässt sich die zwischen den wichtigsten dieser Institutionen bestehende Arbeitsteilung wie folgt beschreiben: In der Generalversammlung (*General Assembly*, GA) wird debattiert, in der Abrüstungskonferenz (*Conference on Disarmament*, CD) verhandelt, die Spezialorganisationen – die Internationale Atomenergiebehörde (*International Atomic Energy Agency*, IAEA), die Organisation für das Verbot chemischer Waffen (*Organization for the Prohibition of Chemical Weapons*, OPCW) und die Vorbereitungskommission für die Organisation des Vertrags über das umfassende Verbot von Nuklearversuchen (*Comprehensive Test Ban Treaty Organisation*, CTBTO) – überwachen die Einhaltung der Verträge, für deren Durchsetzung der Sicherheitsrat (*Security Council*, SC) zuständig ist. Die zum UN-Sekretariat gehörende Hauptabteilung für *Abrüstungsfragen (United Nations Office for Disarmament Affairs*, UNODA) koordiniert die Kooperation, während das UN-eigene Abrüstungsforschungsinstitut (*United Nations Institute for Disarmament Research*, UNIDIR) laufende Entwicklungen wissenschaftlich begleitet. Daneben kommen auch andere Organe an verschiedenen Punkten mit Rüstungskontrolle in Berührung, beispielsweise der Internationale Gerichtshof (IGH), der sich als Rechtsprechungsinstanz auch zur Problematik der Nuklearwaffen äußerte,[140] oder das Krisenpräventionsbüro des UN-Entwicklungsprogramms (*United Nations Development Programme*, UNDP), das Projekte zur Einsammlung von Waffen in Krisengebieten durchführt (Krause 2004: 28) – eine Aufgabe, der die Vereinten Nationen auch im Rahmen von Peacekeeping-Einsätzen nachkommen (Boothby 2004: 216). Aus Platzgründen können nicht alle der erwähnten Gremien an dieser Stelle detailliert beschrieben werden, wir beschränken uns im Folgenden daher

Arbeitsteilung zwischen den Institutionen:
- debattieren
- verhandeln
- überwachen
- durchsetzen
- koordinieren
- forschen

---

140 Das Gutachten zur Gesetzesmäßigkeit von Nuklearwaffeneinsätzen sowie die Stellungnahmen der RichterInnen finden sich hier:
http://www.icj-cij.org/docket/index.php?p1=3&p2=4&k=e1&p3=4&case=95, 10.06.2013.

auf die Generalversammlung (4.2.1), die Abrüstungskonferenz (4.2.2) und den Sicherheitsrat (4.2.3).

4.2.1 Die Generalversammlung

Wichtiges
Diskussionsforum

Die Generalversammlung (bzw. ihr Erster Hauptausschuss für Abrüstung und Internationale Sicherheit – *General Assembly First Committee*, GA 1st) hat Rüstungskontrollfragen seit Beginn ihrer Tätigkeit einen wichtigen Stellenwert eingeräumt und als deliberatives Organ auf mehrfache Weise zu Fortschritten in diesem Bereich beigetragen. So haben in der Generalversammlung alle Länder – also auch diejenigen, die nicht in der Abrüstungskonferenz vertreten sind – die Möglichkeit, vor der internationalen Gemeinschaft zu Rüstungskontrollfragen Stellung zu beziehen. Durch solche offenen Debatten können gemeinsame Positionen, aber auch Konfliktlinien im Vorfeld der Vertragsverhandlungen in der CD bzw. der jeweiligen Spezialkonferenz identifiziert werden (Lehmeier 2003: 195).

Bedeutende
Resolutionen ...

Obwohl völkerrechtlich unverbindlich, können von der GA angenommene Resolutionen einerseits als Ausdruck des Willens der internationalen Gemeinschaft für die folgenden Vertragsverhandlungen eine Orientierung darstellen und den Druck zur Einigung erhöhen. Andererseits können mit vielen Gegenstimmen oder Enthaltungen verabschiedete Resolutionen auch als Symbol internationaler Konfliktlinien und fehlender Einigkeit gelten und den Staaten als Begründung dienen, sie zu missachten – schließlich können solche Dokumente mitnichten als Ausdruck des universellen Willens akzeptiert werden.[141] In den letzten Dekaden sind zahlreiche Resolutionen zu sämtlichen Bereichen der Rüstungskontrolle verabschiedet worden, beispielsweise zum Schutz des Weltraums vor Militarisierung, zur Errichtung nuklearwaffenfreier Zonen und zum Zusammenhang von Aufrüstung und Entwicklung. Einige Erklärungen der Generalversammlung gelten als Meilensteine der Rüstungskontrolle – etwa der oben bereits erwähnte Aufruf zur friedlichen Nutzung der Kernenergie oder die Resolution 1380 vom 20. November 1959, welche die Notwendigkeit betont, die Verbreitung von Nuklearwaffen mit Hilfe einer internationalen Vereinbarung zu verhindern, und zudem die Grundlage des Atomwaffensperrvertrages (auch Nichtverbreitungsvertrag, *Non-Proliferation Treaty*, NPT) darstellt. Neben Massenvernichtungswaffen, die während des Kalten Krieges ohnehin die Rüstungskontrolldiskussion dominierten, hat die Generalversammlung auch bei konventionellen Waffen wichtige Arbeit geleistet, als sie mit der Resolution 31/152 vom 19. Dezember 1977 dem Auftrag der vorausgegangenen „Diplomatischen Konferenz des Roten Kreuzes"[142] folgte und eine Konferenz

---

141 So stimmt bei den jährlich verabschiedeten Resolutionen zu nuklearer Abrüstung regelmäßig mehr als ein Drittel der Staaten dagegen oder enthält sich; ähnlich sieht es mit Resolutionen aus, die eine Konvention zum Verbot des Einsatzes von Nuklearwaffen fordern (s. z.B. die jeweiligen Abstimmungsergebnisse im Sitzungsprotokoll A/66/PV.71 vom 2. Dezember 2011).

142 Vollständige Bezeichnung: Konferenz zur Verhandlung der beiden Zusatzprotokolle zu den Genfer Konventionen (Conférence diplomatique sur la Réaffirmation et le Développement du Droit International Humanitaire Applicable dans les Conflits Armés, CDDH).

einberief, deren Ergebnis das 1983 in Kraft getretene UN-Waffenübereinkommen[143] ist.

Zwar kommt die GA ihrer deliberativen und deklaratorischen Aufgabe kontinuierlich und symbolträchtig nach, allerdings wird den Resolutionen selbst – auch aufgrund ihrer hohen Anzahl – nicht unbedingt ein hohes Gewicht beigemessen (Lehmeier 2003: 198). Dennoch gelingt es dem Diskussionsforum dauerhaft, zumindest inkrementellen Fortschritt zu sichern, indem die Staaten zusammengeführt werden, wie es während des Ost-West-Konflikts mit den Sondergeneralversammlungen, die eine globale Abrüstungsagenda zum Ziel hatten,[144] gelungen ist (Hamel-Green 2002: 182). Somit wird auch in angespannten Phasen oder trotz der Blockade in anderen Rüstungskontrollorganen wenigstens der Dialog aufrechterhalten.

... dennoch ein wenig effektives und politisiertes Organ ...

... das trotz allem den internationalen Dialog aufrechterhält.

4.2.2 Die Abrüstungskonferenz

Die in Genf ansässige Abrüstungskonferenz war bis vor Kurzem für ganze zehn Jahre solch ein blockiertes Gremium: Nach wichtigen Erfolgen Anfang der neunziger Jahre – der Verabschiedung des Chemiewaffenübereinkommens (*Chemical Weapons Convention*, CWC) und des umfassenden Teststoppvertrages (*Comprehensive Test Ban Treaty*, CTBT)[145] – konnten sich die 66 Mitgliedsstaaten der CD aufgrund scheinbar unüberwindbarer Interessensgegensätze von 1997 bis Mai 2009, nicht auf ein Arbeitsprogramm einigen. Gespalten waren sie im Hinblick auf vier Fragen: Die Abrüstungsverpflichtung, die die Nuklearmächte nicht eingehen wollen; negative Sicherheitsgarantien, Nicht-Angriffszusagen mit Nuklearwaffen,[146] nach denen Entwicklungsländer verlangten; das Abkommen zur Verhinderung des Wettrüstens im Weltall (*Prevention of an Arms Race in Outer Space*, PAROS), welches Russland und China unbedingt verhandeln wollen, die USA jedoch ablehnen und schließlich hinsichtlich der von den Nuklearmächten favorisierte Vertrag über ein Produktionsverbot spaltbaren Materials für Waffenzwecke (*Fissile Material Cut-Off Treaty*, FMCT), in dem allerdings die Entwicklungsländer die Gefahr sehen, er könne ihren technologischen Fortschritt bremsen (Brauch 1999a, 2000, 2001, 2003, Meier 2006). Nichtsdestotrotz haben auch sie im Jahr 2009 ihre Bereitschaft erklärt,

Spaltung in der CD:
• Negative Sicherheitsgarantien
• Nukleare Abrüstung
• PAROS
• FMCT

---

143 Im Deutschen existieren für die „Convention on Certain Conventional Weapons" neben der Bezeichnung „UN-Waffenübereinkommen" mehrere Ausdrücke, so auch „Übereinkommen zur Ächtung besonders grausamer Waffen" oder „Vertrag über besonders heimtückische konventionelle Waffen".

144 Bisher hat es drei Sondergeneralversammlungen – in den Jahren 1978, 1982 und 1986 – gegeben, die Einberufung einer vierten scheiterte bisher am Widerstand der USA. Durch wichtige Ergebnisse konnte sich vor allem die erste dieser Konferenzen auszeichnen, so wurde hier die Erteilung negativer Sicherheitsgarantien, d.h. nuklearer Nicht-Angriffszusagen seitens der Nuklearmächte, erreicht und die Gründung der Abrüstungskonferenz beschlossen.

145 Der CTBT ist zwar in der Abrüstungskonferenz ausgehandelt worden, konnte jedoch nicht dort angenommen werden, weil Indien seine Zustimmung verweigert hatte. Der Vertrag wurde daher an die Generalversammlung weitergeleitet und dort als Resolution A/RES/50/245 am 10. September 1996 mit 158 Ja-Stimmen, 3 Nein-Stimmen (Indien, Libyen, Bhutan) und 5 Enthaltungen (Kuba, Libanon, Mauritius, Syrien und Tansania) verabschiedet.

146 Positive Sicherheitsgarantien sind Beistandszusagen im Falle eines Angriffes durch Dritte.

Vertragsverhandlungen aufzunehmen, so dass es kurzfristig so aussah, als sei die Blockade in der Abrüstungskonferenz gelöst – allerdings schwand der Konsens, als es um die konkrete Umsetzung des Programms (z.B. die Benennung der Koordinatoren für die Arbeitsgruppen und einen Zeitplan für die Verhandlungen) ging, wieder und konnte bis heute nicht wieder hergestellt werden (Meier 2010, 2011). Zuletzt blockierten die US-amerikanische und die kanadische Delegation die Sitzungen, um gegen die Präsidentschaft Irans zu demonstrieren.[147] Die Abrüstungskonferenz ist damit seit 15 Jahren arbeitsunfähig.

Lähmendes Konsensprinzip

Die lange Arbeitsunfähigkeit der CD wird durch den dort herrschenden Konsenszwang bedingt, was ein de-facto-Vetorecht für jeden Mitgliedsstaat bedeutet. Das System ist somit rigider als in der Generalversammlung, in der Entscheidungen nach dem Mehrheitsprinzip getroffen werden. Wenn es auch gute Gründe für die Konsensregel gibt – so sei die Isolierung einer Minderheit bei Sicherheitsfragen nicht unbedingt der Förderung des internationalen Friedens dienlich (Dhanapala 1999) – ist nicht von der Hand zu weisen, dass die Konsensregel bei einem von 10 auf 65 Mitglieder angewachsenen Gremium kaum noch praktikabel ist (Krepon 2006). Bleibt nur zu hoffen, dass die Versuche einzelner Mitgliedsstaaten, das Patt durch „weichere" Strategien der Einflussnahme wie die Einrichtung kleinerer Ad-hoc-Arbeitsgruppen und Workshops zu überwinden, von Erfolg gekrönt sein werden.

Kein UN-Organ, jedoch eng angebunden

Erwähnenswert ist in diesem Zusammenhang, dass die Abrüstungskonferenz formell kein UN-Gremium ist, sondern 1983 als Folge der ersten Sondergeneralversammlung zur Abrüstung absichtlich außerhalb des UN-Systems gegründet wurde, um die Politisierung der GA zu umgehen und zwischen den Supermächten ausgehandelte Kompromisse als Arbeitsgrundlage zu nehmen (Wagner 2007: 103). Wie deutlich geworden ist, hat sich die Problematik dadurch nicht beheben lassen. Der offiziellen Unabhängigkeit steht außerdem eine sehr enge de-facto-Anknüpfung an das UN-System gegenüber: Nicht nur, dass die CD aus dem regulären UN-Budget finanziert wird, auch gehört das dort beschäftigte Personal dem UNODA an. Die Verwaltung übernimmt der UN-Hauptsitz in Genf (*United Nations Office in Geneva*, UNOG), dessen Generaldirektor zugleich der Generalsekretär der CD ist. Auch nimmt die Abrüstungskonferenz Empfehlungen des Sicherheitsrates und der Generalversammlung entgegen (ohne jedoch an sie gebunden zu sein); an letztere gehen außerdem sowohl die Berichte der Abrüstungskonferenz als auch die dort ausgehandelten Verträge mit der Aufforderung an die Staaten, sie zu ratifizieren (Lang/Kumin 2001: 131).

4.2.3 Der Sicherheitsrat

Zuständig für Wahrung des Weltfriedens, doch durch Vetos eingeschränkt

Obwohl der Sicherheitsrat dasjenige Organ ist, das nach Artikel 24 der UN-Charta die Hauptverantwortung für die Wahrung des Weltfriedens trägt, zählt Abrüstung nicht zu seinen Kernkompetenzen und auch nicht zu den Haupttätigkeitsbereichen. Ein Grund für sein eingeschränktes Engagement ist sicherlich, dass Rüs-

---

147   http://www.armscontrol.org/act/2013_06/US-Canada-Boycott-Disarmament-Forum, 10.06.2013.

tungskontrollfragen auch hier politischen Kalkülen – in diesem Fall denen der fünf ständigen Mitglieder, die allesamt über WMD verfügen und zu den größten Waffenhändlern zählen – unterliegen, welche die Ausübung des Exekutivrechts nicht selten verhindert haben.

Dabei sieht die Charta hierfür durchaus Maßnahmen vor: Der Sicherheitsrat kann zum Zwecke der Normdurchsetzung Sanktionen, z.B. den Einsatz militärischer Gewalt oder ein Waffenembargo, beschließen. Waffenembargos stellen ebenfalls eine Form der Rüstungskontrolle dar und wurden seit 1948 eingesetzt – allerdings als Strafmaßnahmen für Verstöße gegen verschiedene nicht-rüstungskontrollbezogene Normen (z.B. für Rassismus, wie gegen Südrhodesien und Südafrika in den Sechzigern oder für Unterstützung von Terrorismus, wie gegen Libyen 1992). Als Folge der Vetopolitik kamen während des gesamten Kalten Krieges lediglich zwei solche Maßnahmen zur Anwendung, in den Jahren seit seinem Ende hingegen bereits rund 30 (Knight 2004: 40, Cortright et al. 2007: 353ff., SIPRI 2007). Die in Artikel 26 vorgesehene Aufgabe der Rüstungsregelung hat der Sicherheitsrat bisher nur im Fall des Iraks mit den Missionen UNSCOM (1991) und UNMOVIC (2002) erfüllt, deren Mandat die Überwachung und ggf. die Zerstörung der irakischen WMD-Bestände, also auch die gewaltsame Entwaffnung des Landes, beinhaltete (Croft 1996: 176). Sonst konzentriert sich das Gremium weniger auf allgemeine rüstungskontrollpolitische Debatten und stattdessen stärker auf einzelne Normbrecher (Irak, Iran und Nordkorea, aber auch Indien und Pakistan), die in der Regel für Verstöße gegen das Nichtverbreitungsregime kritisiert werden (Hamel-Green 2002: 182, WMDC 2006: 180).

(Marginalie: Waffenembargos als Form der Rüstungskontrolle)

(Marginalie: Sanktionierung einzelner Normverstöße, weniger allgemeine Debatten)

Die Rolle des Sicherheitsrates in der Proliferationsbekämpfung bleibt jedoch – gerade im Vergleich zu unilateralen Strategien, die einige Mitgliedsstaaten verfolgen – marginal, und dies, obwohl seine Mitglieder die Proliferation von Massenvernichtungswaffen bereits 1992 in einer Stellungnahme als Gefährdung des Weltfriedens eingestuft haben. Diese Einschätzung wurde mit der im April 2004 verabschiedeten Resolution 1540 bekräftigt, die in erster Linie die Weitervergabe von WMD an nichtstaatliche Akteure thematisiert und die Staaten zu umfangreichen Maßnahmen verpflichtet, um diese zu verhindern. Allerdings tritt der Sicherheitsrat in diesem Fall als Legislativorgan (Zimmermann/Elberling 2004, Müller/Schörnig 2006: 367), also stärker als normschaffende denn als normdurchsetzende Instanz, auf: Zwar erlegt die Resolution den Mitgliedsstaaten Verpflichtungen auf, die Rolle des Sicherheitsrates bleibt aber (im Rahmen des durch die Resolution eingesetzten 1540-Ausschusses) auf die Überwachung der Umsetzung dieser Verpflichtungen beschränkt, ohne ihm eine Verifikations- oder Handlungsbefugnis zu erteilen. Ein Instrument, um die Einhaltung der Norm zu gewährleisten, wird damit also nicht geschaffen (Wagner 2007: 129).

(Marginalie: WMD-Proliferation als Friedensgefährdung: Resolution 1540)

Prinzipiell bleibt dennoch festzuhalten, dass der Sicherheitsrat dasjenige Organ ist, das über das völkerrechtliche Mandat verfügt, gegen Proliferation mittels der Verhängung von Sanktionen vorzugehen (Schaller 2006). Seine Handlungsbereitschaft ist für die Durchsetzung multilateraler Rüstungskontrollnormen von entscheidender Bedeutung. Um die Rolle des Sicherheitsrates in diesem Bereich zu stärken, wird von einigen Wissenschaftlern z.B. seit längerem gefordert, Rüstungskontrollangelegenheiten von der normalen Tagesordnung des SC zu nehmen.

(Marginalie: Reformvorschläge)

Stattdessen sollen sie in einem neu zu schaffenden Spezialorgan, dem *Council on Weapons of Mass Destruction*, behandelt werden, das nicht nur inklusiver wäre als der Sicherheitsrat, sondern dessen Mitglieder auch nicht über ein Vetorecht verfügen würden (Global Policy Forum 2001b, Butler 2003: 142; Butler 2012: 36).

4.3 Das Vertragsinstrumentarium

Veträge zu verschiedenen Waffenarten: Nuklearwaffen
• Biowaffen
• Chemiewaffen
• Besondere konventionelle Waffen
• Landminen
• Kleinwaffen

Inzwischen existiert eine Reihe von multilateralen Rüstungskontrollabkommen, die entweder im UN-Rahmen ausgehandelt wurden oder deren Verwaltung und Überwachung in die Zuständigkeit der Organisation fällt. Während Massenvernichtungswaffen, also nukleare, biologische und chemische Waffen, gemeinhin geächtet werden und sich diese Ächtung in entsprechenden Verträgen in Einsatz- und Besitzverboten äußert, sind konventionelle Waffen – mit berühmten Ausnahmen wie Landminen oder Streubomben – nach wie vor als legitimes Mittel der Kriegsführung anerkannt. Dementsprechend richten sich die internationalen Bemühungen hier eher darauf, Transparenz herzustellen, etwa durch die Kontrolle von Rüstungstransfers oder mit Maßnahmen zur Bekämpfung illegalen Waffenhandels. Die wichtigsten Verträge zur Kontrolle dieser beiden Waffenkategorien sowie die für die Implementation zuständigen Organe und Sonderorganisationen werden im Folgenden dargestellt: Im Bereich der Massenvernichtungswaffen sind dies der Atomwaffensperrvertrag sowie der Teststoppvertrag (4.3.1), das Chemiewaffenübereinkommen (4.3.2) und die Biowaffenkonvention (4.3.3); im konventionellen Bereich die Konvention über besondere konventionelle Waffen, die Landminenkonvention und die Streubombenkonvention (4.3.4), das UN-Register für Waffentransfers (4.3.5), das Aktionsprogramm zu Kleinwaffen und der Waffenhandelsvertrag (4.3.6).

4.3.1 Nuklearwaffen: NPT und CTBT

Ziele des NPT:
• Förderung der friedlichen Nutzung der Kernenergie
• Nukleare Abrüstung
• Nukleare Nicht-Verbreitung

Im Atomwaffensperrvertrag oder auch Nicht-Verbreitungsvertrag, der im UN-Abrüstungskomitee, einem Vorgänger der Abrüstungskonferenz, verhandelt und am 12. Juni 1968 von der Generalversammlung mit der Resolution 2373 verabschiedet wurde,[148] gingen die Nuklearmächte (*Haves*) China, Großbritannien, Frankreich, UdSSR und die USA eine doppelte Verpflichtung ein: Erstens sollen sie nicht-nukleare Staaten bei der friedlichen Nutzung der Kernenergie mit Technologietransfers unterstützen und zweitens ihre nuklearen Sprengköpfe abrüsten. Im Gegenzug verzichten die „Habenichtse" vertraglich auf nukleare Aspirationen.

IAEA:
Vertragsüberwachung und Implementation

Die Einhaltung des Vertrages überwacht die Internationale Atomenergiebehörde (*International Atomic Energy Agency*, IAEA) mit Sitz in Wien, die dem UN-Verband als selbständige Organisation angehört. Sie wurde nicht eigens für den NPT, sondern bereits 1957 mit dem Ziel gegründet, als Treuhandorganisation für

---

148   Der Vertrag ist am 5. März 1970 mit der Ratifikation der USA und der UdSSR in Kraft getreten. Der Vertragstext ist online einsehbar unter: http://www.un.org/events/npt2005/npttreaty.html, 10.06.2013.

Spaltmaterial zu dienen. Diese Aufgabe hat sie allerdings nicht ausgeübt, sondern sich stattdessen schon kurz nach ihrer Gründung darauf konzentriert, die zivile Verwendung nuklearer Exporte mittels Inspektionen vor Ort sicherzustellen. Die Verifikationslücke, die sich dadurch ergab – eigenständige nukleare Aktivitäten unterlagen nicht der Verifikation – wurde schließlich durch den Nichtverbreitungsvertrag geschlossen (Müller 2003: 1). Entsprechend weist der Vertrag der Organisation zwei Kernkompetenzen zu: Erstens nukleare Aktivitäten seiner Mitgliedsstaaten auf ihre friedlichen Zwecke hin zu überprüfen (die sogenannten *safeguards*, d.h. Überwachungsmaßnahmen, werden heute in über 140 Staaten durchgeführt) und zweitens kerntechnologischen Fortschritt zu fördern. Im Zusammenhang mit dem irakischen Nuklearprogramm ist die IAEA zu Beginn der neunziger Jahre unter Mandat des Sicherheitsrats tätig geworden und hat dort waffenfähiges Material beschlagnahmt, aber auch mögliche Produktionsanlagen zerstört.[149] Die Erfahrungen im Irak haben zu einer Ausweitung der ehemals vorsichtig formulierten IAEA-Befugnisse geführt, so dass nun auch unangemeldete Inspektionen durchgeführt werden können. Die Organisation gilt heute nicht nur als politisch unabhängig, professionell und effektiv, sondern auch als unabdingbar für die Funktionsfähigkeit des NPT (Müller 2003: 5).

Mit Ausnahme von Indien, Israel und Pakistan, die dem NPT nie beigetreten sind, und Nordkorea, das 2003 seinen Austritt erklärt hat, und dem neuen Staat Südsudan, der noch nicht beigetreten ist, ist die Mitgliedschaft des Vertrages mit inzwischen 190 Parteien[150] fast universell.[151] Auch ist er im Jahr 1995 unbegrenzt verlängert worden, anders als auf vorherigen Überprüfungskonferenzen, wo die Laufzeit des Vertrages lediglich auf die kommenden fünf Jahre ausgedehnt worden war.[152] Diese beiden Punkte – umfassende Mitgliedschaft und unbefristete Laufzeit – mögen angesichts seines diskriminierenden Charakters überraschen: Schließlich etabliert der Vertrag eine nukleare Zweiklassengesellschaft, indem er festschreibt, wer Nuklearwaffen besitzen darf und wer nicht. Der wichtigste Legitimitätspfeiler des Vertrages, die Abrüstungsverpflichtung der Nuklearmächte, an die auch die Vertragsverlängerung geknüpft war und die auf der NPT-Überprüfungskonferenz 2000 mit dem 13-Schritte Plan für Abrüstung im Abschlussdokument einstimmig verabschiedet werden konnte,[153] gerät allerdings aufgrund der offensichtlich mangelnden Bereitschaft der Nuklearmächte, ihre Arsenale dauerhaft und vollständig abzubauen, ins Wanken.

Diskriminierendes Abkommen, universelle Mitgliedschaft

Dies schlägt sich nicht nur in allgemeiner Unzufriedenheit der nicht-nuklearen Staaten nieder (Tannenwald 2004: 5), sondern hat auch 2005 zum Scheitern der Überprüfungskonferenz geführt. Dort verhinderten die blockfreien Staa-

Krise des Vertrages

---

149 Siehe die Website der Organisation, http://www.iaea.org/OurWork/SV/Invo/what.html, 10.06.2013.
150 Diese Zahl beinhaltet Nordkorea, da der Vertrag keine Austrittsklausel enthält und es somit strittig ist, ob ein Austritt möglich ist. http://disarmament.un.org/treaties/t/npt, 10.06.2013.
151 Trotz des im NPT für alle anderen Staaten festgeschriebenen Besitzverbotes sind mit den genannten Nicht-Mitgliedern zugleich mindestens vier – aus Sicht des Vertrages inoffizielle – über Nuklearwaffen verfügende Staaten bekannt.
152 Eine originelle Interpretation dieser unbefristeten Verlängerung als Gefahr für die Legitimität des Vertrages bietet Daase (2003) an.
153 Siehe S. 14 des Dokuments, http://www.reachingcriticalwill.org/images/documents/Disarmament-fora/npt/revcon2000/docs/2000FD.pdf, 10.06.2013.

ten eine Stärkung des Regimes (z.B. effektivere Exportkontrollen und erweiterte Verifikationsrechte), um gegen die Abrüstungsverweigerung zu protestieren und opferten damit ihre unmittelbaren Sicherheitsinteressen dem Wunsch nach Abrüstung (Müller 2005a: 149, Müller 2005b). Auf der nächsten Konferenz im Jahr 2010 kam es jedoch wieder zu einer Annäherung, so dass es den Mitgliedsstaaten nach intensiven diplomatischen Bemühungen gelang, ein Abschlussdokument zu verabschieden, welches Aktionspläne für die drei Pfeiler des Vertrages (Abrüstung, Nicht-Verbreitung, friedliche Nutzung der Kernenergie) enthielt (Müller 2010a: 19). Die unverbindliche Sprache des Schlussdokumentes wird jedoch als so schwach kritisiert, dass der Aktionsplan kaum als eine Stärkung des Regimes gelten kann, wenngleich anzuerkennen ist, dass das Zustandekommen einer Einigung zumindest seiner drohenden Erosion Einhalt geboten und die Chance eröffnet hat, „fällige Reparaturarbeiten" anzugehen (Müller 2010a: 27).

Ziele des CTBT:
Verhinderung
horizontaler
und vertikaler
Proliferation

Der zweite grundlegende Vertrag im Nuklearwaffenbereich ist der umfassende Teststoppvertrag (Comprehensive Test Ban Treaty, CTBT), der nach einer Reihe partieller Teststoppverträge und unilateral ausgerufener Testmoratorien zahlreichen Aufrufen der Generalversammlung folgt und alle Arten von Nukleartests verbot. Der Vertrag soll nicht nur den NPT ergänzen und die horizontale Proliferationsgefahr mindern, sondern er zielt vor allem auf die Beendigung vertikaler Proliferation, d.h. der Modernisierung bestehender Nukleararsenale, die ohne Testexplosionen kaum möglich ist (Schaper 1996). Obwohl der Vertrag vom ehemaligen UN-Generalsekretär Kofi Annan zum Bestandteil der Gruppe der 25 bedeutendsten multilateralen Verträge erklärt wurde,[154] konnte dieses zwischen

1996 verhandelt,
jedoch bis heute nicht
in Kraft getreten

1994 und 1996 in der Abrüstungskonferenz verhandelte und im September 1996 von der Generalversammlung verabschiedete Abkommen bisher nicht in Kraft treten: Von den inzwischen 183 Unterzeichnerstaaten haben erst 159 das Abkommen ratifiziert, darunter erst 36 der 44 für sein Inkrafttreten erforderlichen Parteien.[155]

CTBTO: dennoch in
der Umsetzung aktiv

Nichtsdestotrotz ist die mit dem Vertrag eingesetzte Implementierungsorganisation, die bis zum Inkrafttreten als „Preparatory Commission for the Comprehensive Nuclear-Test-Ban Treaty Organization (CTBTO Preparatory Commission)" firmiert, bereits aktiv geworden: Um die Einhaltung des Vertrages sicherzustellen, hat sie ein globales, aus über 321 Stationen und 16 Labors (Stand Juni 2013) bestehendes Verifikationssystem (International Monitoring System, IMS) errichtet, das in der Lage ist, nukleare Explosionen unter der Erde, unter Wasser oder in der Atmosphäre festzustellen. 200 dieser Stationen sind bereits in Betrieb und übermitteln Daten an das internationale Datenzentrum (International Data Centre), das die Messungen analysiert und außerdem die Mitgliedsstaaten mit notwendigen Technologien versorgt. Die Organisation ist seit 2000 mit einem Kooperationsabkommen an die Vereinten Nationen gebunden, das v.a. gegenseitigen Informationsaustausch vorsieht.

---

154   http://www.un.org/millennium/law/treaties.htm, 10.06.2013.
155   Diese 44 Staaten sind aufgrund ihrer Nuklearkapazität als Pflichtparteien aufgeführt. 5 von ihnen (Ägypten, China, Iran, Israel, USA) haben den Vertrag unterzeichnet, jedoch nicht ratifiziert, 3 Staaten haben auch noch nicht unterzeichnet (Indien, Nordkorea und Pakistan). http://www.ctbto.org/tiles/pdf/CTBTO-Map-2013-06-10-World.pdf, 10.06.2013.

Auch wenn die Arbeit der CTBTO positiv zu bewerten ist, stehen die Chancen, dass der Vertrag in Kraft tritt, schlecht. Nicht nur, dass die fehlenden Parteien keine Anstalten machen, ihn zu ratifizieren – die indischen und pakistanischen Nukleartests im Frühling 1998 und die nordkoreanischen Atomtests in den Jahren 2006, 2009 und 2013 konterkarieren klar die Zielsetzung des Vertrages. Nach der Verweigerung der Ratifikation durch den US-Senat im Jahr 1999 und der ablehnenden Haltung der Bush-Regierung hat die Regierung unter Barack Obama zwar wieder mit der Zahlung von Beiträgen an die CTBTO begonnen und angekündigt, sich nachdrücklich für die Ratifikation einzusetzen (Lugo/Horner 2009), doch es bleibt abzuwarten, ob Obamas Optimismus gerechtfertigt ist und der US-Senat der Regierungslinie folgt.[156]

Schlechte Aussichten für den Vertrag

4.3.2 Das Chemiewaffenübereinkommen

Nach jahrzehntelangen Verhandlungen, die durch „einen rituellen Schlagabtausch zwischen NATO-Delegationen und denen des Warschauer Pakts" (Wagner 2007: 114) blockiert wurden, kam die Abrüstungskonferenz 1992 schließlich zu einem Konsens und verabschiedete die Chemiewaffenkonvention (*Convention on the Prohibition of the Development, Production, Stockpiling and Use of Chemical Weapons and on their Destruction*, CWC). Diese liegt seit 1993 zur Unterzeichnung aus; 1997 trat sie mit dem Überschreiten der notwendigen Schwelle von 65 Parteien in Kraft (mittlerweile haben 188 Staaten das Dokument ratifiziert).[157] Chemiewaffen[158] werden mit diesem Vertrag vollständig verboten, womit die CWC der einzige WMD-Vertrag ist, der nicht nur den Besitz, die Lagerung, die Produktion und die Weitergabe der jeweiligen Waffen, sondern auch ihren Einsatz verbietet – letzteres ist weder bei Nuklearwaffen noch bei Biowaffen der Fall. Die Wurzeln dieses Verbotes reichen bis 1899 zurück, als in der Haager Landkriegsordnung der Einsatz von Projektilen, deren einziger Zweck die Freisetzung von Giftgas war, untersagt wurde. Nachdem diese Norm im Ersten Weltkrieg massiv missachtet wurde und die Weltöffentlichkeit schockiert auf die grausame Wirkung von Giftgas reagierte, wurde 1925 das Genfer Protokoll[159] verabschiedet, das den Einsatz von chemischen und bakteriologischen Kampfmitteln verbot (Price 1995: 182ff.).

CWC: Umfassendes Verbot mit langer Vorlaufzeit

Trotz der frühen Verbote sind Chemiewaffen – im Vergleich zu Nuklear- und Biowaffen – verhältnismäßig häufig eingesetzt worden. Zwar wurden sie im Zweiten Weltkrieg nicht in Kämpfen auf europäischem Boden verwendet, sie töteten jedoch Millionen von Menschen in den Konzentrationslagern der Nazis. Ägypten setzte in den 1960ern Giftgas gegen den Nordjemen ein, die USA Pestizide und

Einsätze von Chemiewaffen

---

156 http://www.nti.org/gsn/article/obama-official-optimistic-both-ctbt-and-new-arms-cuts-russia-second-term/, 10.06.2013.
157 In zwei Staaten, Israel und Myanmar, steht die Ratifizierung noch aus. Sechs Staaten, namentlich Ägypten, Angola, Nordkorea, Somalia, Südsudan und Syrien haben die Konvention noch nicht unterzeichnet (Stand Juni 2013).
158 Chemiewaffen sind z.B. Nervengase, Atemgifte, Halluzinogene oder auch Tränengas.
159 Das Protokoll mit der vollständigen Bezeichnung „*Protocol for the Prohibition of the Use in War of Asphyxiating Gas, and of Bacteriological Methods of Warfare*" trat 1928 in Kraft.

CS Gas in Vietnam, der Irak benutzte chemische Waffen nicht nur gegen den Iran im ersten Golfkrieg, sondern auch gegen die eigene Zivilbevölkerung. Aktuell stehen die syrischen Regierungstruppen wie auch die Rebellen in Verdacht, das Giftgas Sarin eingesetzt zu haben. Angesichts der vielen Konflikte, in denen die Staaten darauf verzichteten, Chemiewaffen einzusetzen, sind die genannten Beispiele allerdings glücklicherweise als Einzelfälle zu betrachten.

OPCW: überwacht die Umsetzung der Konvention

Mit dem Inkrafttreten der CWC nahm auch die Organisation für das Verbot chemischer Waffen (*Organization for the Prohibition of Chemical Weapons*, OPCW) in Den Haag ihre Arbeit auf. Wie die IAEA und die CTBTO ist auch sie ein formell unabhängiger Kooperationspartner der UN. Die OPCW ist eine der wenigen formalen Abrüstungsorganisationen und verfügt zudem über einen robusten Verifikationsmechanismus. Ihre Inspektoren haben den Auftrag, militärische und industrielle Anlagen der Mitgliedsstaaten zu überwachen, um die nicht-militärische Verwendung chemischer Stoffe sicherzustellen. Sie haben inzwischen über 2000 Inspektionen in fast 80 Staaten durchgeführt.

Finanzielle und praktische Probleme verzögern die Umsetzung

Obwohl sie Waffen verbietet, die, anders als Nuklearwaffen, für die meisten Mitgliedsstaaten innerhalb des technisch Machbaren liegen, gilt die Chemiewaffenkonvention als das erfolgreichste WMD-Kontrollabkommen und als ein Beispiel für die entscheidende Rolle, die die UN bei der Herausbildung von Waffenverboten spielen können (Tannenwald 2004: 6). Zugleich wird gerade der Erfolg der Konvention als ein Grund dafür gesehen, dass Chemiewaffen auf der internationalen Agenda wenig Raum einnehmen – obwohl das Regime durch technologische Entwicklungen, etwa im Bereich der nicht-tödlichen Waffen, unterlaufen werden könnte und trotz der Gefahr ihres Einsatzes durch terroristische Gruppierungen (Lele 2011: 753). Der von einer Sekte mit Nervengas verübte Anschlag auf die Metro in Tokio (1995) gab eine zu deutliche Demonstration möglicher Folgen. Der einzige Staat, der seit der Verabschiedung der Konvention gegen das Einsatzverbot verstoßen hat, scheint Syrien zu sein. Der vollständigen Implementation stehen trotz dieser weitgehenden Einhaltung dennoch einige Probleme entgegen: Die Zerstörung der Chemiewaffenbestände hätte in allen Staaten bis 2007 abgeschlossen sein müssen, jedoch haben es von den sechs Staaten,[160] die diese Frist überschritten hatten, drei[161] auch bis zur verlängerten Frist im April 2012 nicht geschafft, ihre Arsenale zu vernichten (OPCW 2012). Verschiedene Programme sollen die Ressourcenausstattung, die immer wieder als Grund für das Versäumen der Frist genannt wird, jedoch verbessern und bei der Überwindung technischer Schwierigkeiten helfen, weshalb es durchaus positive Entwicklungen – etwa Fortschritte bei der Zerstörung des russischen Arsenals – und damit die berechtigte Hoffnung auf eine chemiewaffenfreie Welt gibt.

---

160 Albanien, Indien, Libyen, Russland, die USA und ein Staat, der nicht genannt werden wollte (OPCW 2008: 3).
161 Libyen, Russland, USA; außerdem ist der Irak 2009 als Mitglied dazugekommen und hat ebenfalls den Besitz von Chemiewaffen deklariert.

4.3.3 Die Biowaffenkonvention

Das oben bereits erwähnte Genfer Protokoll verbietet neben Chemiewaffen auch den Einsatz biologischer Waffen. Anders als in der CWC wurde dieses Verbot in der Biowaffenkonvention (*Convention on the Prohibition of the Development, Production and Stockpiling of Bacteriological (Biological) and Toxin Weapons and on Their Destruction,* BTWC) jedoch nicht erneut aufgegriffen: Sie verbietet den Besitz, die Weitergabe, den Erwerb und die Herstellung von Biowaffen – den Einsatz jedoch nur indirekt über das Besitzverbot – und erfordert deren Zerstörung oder Konversion für friedliche Zwecke. Die Konvention wurde 1972 ohne einen Verifikationsmechanismus beschlossen. Es wurde auch keine Organisation mit dem Auftrag, die Einhaltung zu überprüfen, gegründet, sondern nur regelmäßige Überprüfungskonferenzen vorgesehen (ein Geburtsfehler, unter dem die Konvention heute noch leidet, Hunger 2005: 101). Mit 170 Vollmitgliedern, 10 Unterzeichnern und 16 Nicht-Mitgliedern ist die BTWC auch die WMD-Konvention mit den wenigsten Parteien.[162]

    Obwohl nicht wenige Länder im 20. Jahrhundert Forschungsprogramme zur militärischen Verwendung von Viren und Bakterien (zu den bekanntesten dürften der Milzbranderreger Anthrax oder Pockenviren zählen) unterhielten, so z.B. Großbritannien, Russland und die USA, sind auch diese Waffen zum Glück nur in wenigen Fällen zum Einsatz gekommen.[163] Die Einhaltung der BTWC lässt dennoch zu wünschen übrig: Die UdSSR hat ihr Biowaffenprogramm auch nach dem Vertragsbeitritt fortgesetzt und es besteht immer noch Unsicherheit darüber, ob es tatsächlich gestoppt wurde (Müller/Schörnig 2006: 188). Die USA und Großbritannien haben Anfang der 2000er Jahre versucht, biologische Agenzien zu entwickeln, um sie in Drogenanbaugebieten in Lateinamerika auszusetzen.[164] Einige Länder – z.B. Irak, Iran, Libyen, Nordkorea und Pakistan – standen mehrfach im Verdacht, Biowaffen zu entwickeln.

    Die unzureichende Durchführung der in den achtziger Jahren vereinbarten vertrauensbildenden Maßnahmen und die Verstöße gegen die Konvention haben die Notwendigkeit ihrer Stärkung demonstriert. Deshalb wurde 1991 eine Gruppe von Regierungsexperten (*Ad Hoc Group of Governmental Experts to Identify and Examine Potential Verification Measures from a Scientific and Technical Standpoint,* VEREX) beauftragt, Vorschläge zu einem Verifikationsinstrument auszuarbeiten, woraufhin die Mitglieder im Jahr 1995 mit den Verhandlungen eines Verifikationsprotokolls begannen. Dessen erster Entwurf, der die Errichtung eines Inspektionssystems und

Marginalien:
BTWC: Kein Einsatzverbot, aber Besitz- und Produktionsverbot …

… ohne Verifikationsinstrumente

Glücklicherweise kaum Einsätze von Biowaffen, doch andere Verstöße

Verifikationsproblem nach wie vor ungelöst …

---

162   Unterzeichnet, aber nicht ratifiziert: Ägypten, Elfenbeinküste, Haiti, Liberia, Myanmar, Nepal, Somalia, Syrien, Tansania, Zentralafrikanische Republik. Nicht-Mitglieder: Andorra, Angola, Djibouti, Eritrea, Guinea, Israel, Kiribati, Komoren, Mauretanien, Mikronesien, Namibia, Niue, Samoa, Südsudan, Tschad, Tuvalu (Stand Juni 2013).

163   Japan setzte im 2. Weltkrieg diverse Krankheitserreger gegen die chinesische Bevölkerung und gegen Kriegsgefangene ein. Für die im Jahr 2001 kurz nach den Anschlägen vom 11. September in den USA verschickten Milzbrandbriefe wurde zunächst ebenfalls ein terroristischer Hintergrund vermutet, später erklärte das FBI einen Einzeltäter für den Hauptverdächtigen.

164   http://www.guardian.co.uk/uk/2000/sep/17/drugsandalcohol.antonybarnett; http://www.sunshine-project.de/Themen/agent-green.html, 10.06.2013.

die Gründung einer Organisation nach dem Vorbild der OPCW beinhaltete, wurde allerdings auf der Überprüfungskonferenz 2001 und auf ihrer Fortsetzung 2002 von den USA abgelehnt.[165] Die Verifikationsbemühungen drohten insgesamt zu scheitern, weil für die kommenden Jahre keine Verhandlungen, sondern lediglich Expertentreffen und politische Treffen angesetzt wurden (WMDC 2006: 115).

... doch erste Schritte zur Lösung

Entgegen pessimistischen Erwartungen wurde die 2006er Überprüfungskonferenz als mäßiger Erfolg gewertet: Immerhin haben die Mitglieder im Abschlussdokument das Ermittlungsrecht des Generalsekretärs bei Verdachtsfällen, wie es in einigen Resolutionen der Generalversammlung gefordert wurde,[166] festgestellt und sich zwar nicht auf die Gründung einer Vertragsorganisation, doch zumindest einer *Implementation Support Unit* geeinigt, die im August 2007 seine Arbeit aufnahm. Diese institutionelle Stärkung wurde auf der letzten Überprüfungskonferenz im Dezember 2011 mit dem Beschluss zur Einrichtung einer Datenbank für Unterstützungsanfragen und -Angebote fortgeführt. Dieser institutionelle Ausbau kann allerdings nur ein Zwischenschritt sein, da er zwar die administrative Unterstützung, z.B. Informationsübermittlung und Datensammlung, verbessert. Ein Inspektionsorgan, wie es schon seit längerem zur Durchführung von Verifikationsmaßnahmen gefordert wird (Becker et al. 2005: 25ff.), fehlt indes noch immer.

4.3.4 Konvention über besondere konventionelle Waffen, Landminen- und Streubombenkonvention

Regulierung grausamer Waffen:
• Landminen
• Brandbomben
• Plastiksplitter
• Laserwaffen

Nicht nur Massenvernichtungswaffen unterliegen Verboten – Einsatzbeschränkungen aus humanitären Erwägungen finden sich auch im (mit weniger Aufmerksamkeit bedachten) konventionellen Bereich.[167]Auf Anregung des Internationalen Komitees vom Roten Kreuz (*International Committee of the Red Cross*, ICRC) hat die Generalversammlung Ende der siebziger Jahre eine Konferenz einberufen, auf der die Mitgliedsstaaten die Konvention zum Verbot des Einsatzes besonders inhumaner Waffen (*Convention on Certain Conventional Weapons*, CCW) verabschiedeten. Das Abkommen, das 1980 zur Unterzeichnung ausgelegt wurde und 1983 in Kraft trat, bestimmt, dass humanitäre Aspekte beim Einsatz von Waffen zu berücksichtigen sind und nicht-diskriminierende sowie unnötiges Leid verursachende Waffen als inhuman gelten. Die CCW besteht aus ursprünglich drei, seit 1996 aus vier und

---

165 Als Grund der Ablehnung werden die Interessen der Biotechnologiebranche angegeben, die in Verifikationsmaßnahmen eine Gefahr für ihre Wettbewerbsvorteile sieht, schließlich könnten so Forschungsgeheimnisse publik werden (Tannenwald 2004: 8f.)
166 Z.B. in der Resolution A/RES/60/288 vom 20. September 2006.
167 Die Unterscheidung zwischen konventionellen Waffen und Massenvernichtungswaffen geht auf eine am 12. August 1948 verabschiedete Resolution der *Commission for Conventional Armaments* zurück. Diese dem Sicherheitsrat unterstehende Kommission betrachtete alle Waffen, mit Ausnahme von Massenvernichtungswaffen Nuklear-, Bio- und Chemiewaffen bzw. solchen Waffen, die ihrer Wirkung nach mit den genannten vergleichbar seien, als ihren Aufgabenbereich und schuf damit die zwei Kategorien (Tannenwald 2005: 20). Inzwischen wird die Bezeichnung „konventionell" in Anbetracht neuer Waffenarten – etwa Laserwaffen oder Brandbomben – als anachronistisch erachtet (Boothby 2004: 209), aber dennoch weiterverwendet, um die Abgrenzung zu Massenvernichtungswaffen zu ziehen.

seit 2003 aus fünf Protokollen:[168] Protokoll I verbietet den Einsatz von Waffen, die nicht-entdeckbare Splitter produzieren, z.B. Plastiklandminen, da Plastikteile im menschlichen Körper nur beschränkt feststellbar sind. Protokoll II legte mit den Vorschriften für den Einsatz von Landminen die Grundlage für die Landminenkonvention. Protokoll III bestärkt das Verbot des Einsatzes von Brandwaffen gegen die Zivilbevölkerung und zivile Ziele und verlangt beim Einsatz gegen militärische Ziele besondere Vorsichtsmaßnahmen. Protokoll IV untersagt den Einsatz von Laserwaffen, deren Zweck es ist, eine dauerhafte Erblindung herbeizuführen (eine nicht beabsichtigte - „kollaterale" - Erblindung infolge eines Einsatzes gegen ein anderes Ziel ist davon nicht gedeckt). Protokoll V schließlich verpflichtet die Staaten, explosive Munitionsrückstände in ehemaligen Kampfgebieten, die sich auf ihrem Territorium befinden, zu kennzeichnen und sich um deren Beseitigung zu kümmern (Lang/ Kumin 2001: 139ff., Lehmeier 2003: 192ff., Wagner 2007: 118f.).

Zwar stellen die genannten Protokolle wichtige Ergänzungen des humanitären Völkerrechts dar, weil sie durch die Auflistung der Waffen die allgemeinen Bestimmungen konkretisieren, die in den Zusatzprotokollen zu den Genfer Konventionen festgehalten wurden (Wisotzki 2006a: 212). Ihnen wird aber eher der Status von politischen Absichtserklärungen denn tatsächliche Wirkungskraft beigemessen, schließlich folgte die CCW den Traditionen anderer humanitärer Rüstungskontrollabkommen[169] und verzichtete auf Verifikationsmechanismen (Crawford 2001). Dieses „Defizit der Unüberprüfbarkeit" (Wagner 2007: 119) vereinfacht Verstöße gegen die CCW – es wird davon ausgegangen, dass verbotene Waffen nach wie vor eingesetzt werden. Außerdem ist es der CCW jahrzehntelang nicht gelungen, (mindestens) zwei Arten von als humanitärvölkerrechtlich problematisch angesehenen Waffen – Landminen und Streubomben – (angemessen) zu verregeln.

> Kaum ausgeprägte Durchsetzungsmechanismen

Diese Umsetzungs- und Verregelungsschwierigkeiten haben zu inzwischen zwei außergewöhnlichen Verbotsprozessen geführt, die jeweils in einer Konvention mündeten: Dem Ottawa-Prozess zum Verbot von Anti-Personenminen sowie dem Oslo-Prozess zum Verbot von Streumunition. Im Folgenden werden die beiden Konventionen und ihre Wirksamkeit dargestellt, auf die Prozesse gehen wir im Abschnitt 4.4.1, S. 203, detaillierter ein.

> Abseits der CCW: Ottawa- und Oslo-Prozess und die Verbote von Landminen und Streubomben

Im Fall von Landminen wurden nicht nur Umsetzungsdefizite des Protokolls II, sondern auch die mangelnde Reichweite der dort getroffenen Einsatzregelung kritisiert: Trotz der bereits seit 1992 laufenden zivilgesellschaftlichen Anti-Landminenkampagne (International Campaign to Ban Landmines, ICBL) konnte auf der Überprüfungskonferenz 1996 kein absolutes Verbot erzielt werden, wenn auch die ursprüngliche, für internationale Konflikte geltende Fassung um die innerstaatliche Dimension erweitert wurde. Ungeregelt blieben aber immer

> Ottawa-Vertrag als Folge des unzureichenden CCW-Landminenprotokolls

---

168 Während der Konvention selbst inzwischen 115 Parteien sowie 5 Unterzeichner angehören, bedürfen die Protokolle gesonderter Zustimmung – dort liegen die Zahlen zwischen 110 Parteien (Protokoll I) und 81 (Protokoll V) (Stand Juni 2013), für eine detaillierte Übersicht der Protokolle siehe Brauch 2007: 72.
169 Unter humanitärer Rüstungskontrolle versteht man solche Abkommen, die, geleitet von den Grundsätzen des humanitären Völkerrechts, die Einsatzmöglichkeiten bestimmter Waffenarten beschränkt, mit dem Ziel, die Sicherheit von Individuen (statt der von Staaten) zu schützen (Bring 1987: 275, Wisotzki 2008: 178).

noch die Herstellung und Lagerung von sowie der Handel mit Minen, genauso wie die Zerstörung der Bestände und die Unterstützung von Minenopfern. Aufgrund dieser Versäumnisse haben einige Staaten einseitig den Einsatzverzicht erklärt und sich der ICBL mit dem Ziel angeschlossen, ein multilaterales Abkommen zum umfassenden Landminenverbot zu verabschieden – so geschehen im sogenannten Ottawa-Vertrag, der im September 1997 in Oslo verabschiedet und im Dezember 1997 in Ottawa von 122 Staaten unterzeichnet wurde (Price 1998: 617ff.).[170] Die Landminenkonvention (*Convention on the Prohibition of the Use, Stockpiling, Production and Transfer of Anti-Personnel Mines and on their Destruction*, APLC) trat 1999 in Kraft und hat inzwischen 161 Mitglieder.[171]

Arbeitsteilung zwischen UN und NGOs bei der Umsetzung

Das Besondere an diesem Vertrag ist, dass er zwar zur Unterzeichnung im UN-Hauptquartier ausliegt, seine Aushandlung jedoch zuvor (nach der Enttäuschung über das Ergebnis der genannten Überprüfungskonferenz) außerhalb des UN-Rahmens stattgefunden hat. Seine Implementation wird ebenfalls nicht etwa vom UN-Sekretariat oder einem anderen UN-Organ überwacht, sondern die Vertragsstaaten haben entschieden diese *Monitoring*-Aufgabe einer Genfer Nichtregierungsorganisation übertragen: Die *Implementation Support Unit* (ISU) ist Teil des *Geneva International Centre for Humanitarian Demining* und fungiert als Quasi-Sekretariat. Sie ist zuständig für die Haushaltsplanung und organisiert die Überprüfungstreffen des *Standing Committee*, außerdem dokumentiert die ISU den Umsetzungsprozess und informiert alle am Prozess beteiligten Akteure über etwaige Fortschritte.[172] Die Vereinten Nationen sind jedoch der zentrale Akteur im Bereich der Implementation des Ottawa-Abkommens, da mehrere UN-Organe an verschiedenen Stellen zur Umsetzung beitragen: Beispielsweise plant und koordiniert der *United Nations Mine Action Service* (UNMAS, Teil der Abteilung Friedenssicherungseinsätze) Minenräumungsaktivitäten, das UN-Kinderhilfswerk UNICEF führt in betroffenen Ländern Aufklärungsprogramme zu den Gefahren von Landminen durch und die Weltgesundheitsorganisation betreut Minenopfer. Die UN sind auch an der Fortentwicklung der Normen beteiligt etwa an der Ausarbeitung der „*Mine Action Standards*",[173] die z.B. Kriterien zum Schutz von Minenräumern enthalten oder durch die Verabschiedung der „*Gender Guidelines for Mine Action Programs*", die auf geschlechtsspezifische Aspekte der Minenproblematik aufmerksam machen.[174]

Erfolgsbeispiel APLC, dennoch keine absolute Einhaltung

Die Landminenkonvention gilt als ein sehr effektives Instrument: Nach Angaben des von der ICBL veröffentlichten *Landmine Monitor Reports* 2012[175] ist der Einsatz von Landminen ein seltenes Phänomen geworden:[176] Waren im Jahr

---

170   http://www.icbl.org/index.php/Treaty/MBT/Ban-History, 11.06.2013.

171   Eine Übersicht der Vertragsmitglieder findet sich unter http://www.icbl.org/index.php/icbl/ Universal/MBT/States-Parties, 11.06.2013.

172   http://www.gichd.org/fileadmin/pdf/mbc/MSP/3MSP/3MSP_Fina_%20Report_ISU_en.pdf, 11.06.2013.

173   http://www.mineactionstandards.org, 11.06.2013.

174   http://www.mineaction.org/issues/genderandmineaction, 11.06.2013.

175   Die Herausgeber bezeichnen die Berichte als „de facto monitoring regime for the mine ban treaty" (Landmine Monitor 2012: iv).

176   Sofern nicht anders angegeben, stammen alle Zahlen in diesem Abschnitt aus dem Landmine Monitor 2012.

2011 noch drei Staaten (die Nicht-Mitglieder Israel, Libyen und Myanmar) für die Verlegung von Landminen kritisiert worden, traf dies im Jahr 2012 nur noch auf Syrien (ebenfalls Nicht-Mitglied) zu. Die erheblichen (und fortdauernden)Verstöße Myanmars wurden auch in den vorherigen Jahresberichten immer wieder angeprangert, zusammen mit Russland, das vor allem in Tschetschenien Landminen eingesetzt haben soll. Der Einsatz von Landminen durch nichtstaatliche Konfliktparteien ist ebenfalls deutlich seltener geworden – seit Inkrafttreten der Konvention haben 63 solcher Gruppierungen den Verzicht auf Landminen erklärt, 4-6 Staaten (Afghanistan, Jemen, Kolumbien, Myanmar, Pakistan und Thailand)[177] sind jedoch nach wie vor von dem Problem betroffen. Die Produktion von Landminen ist nach Inkrafttreten der Konvention stark gesunken, 39 der über 50 Landminenproduzenten haben sie vollständig eingestellt, doch werden 12 Staaten noch immer als Produzenten geführt[178] und nichtstaatliche Akteure stellen auch in diesem Bereich ein Problem dar.[179] Es gibt so gut wie keinen offiziellen Handel mit Landminen mehr, sondern nur noch vereinzelte illegale Transfers; auch die Bestände sind erheblich reduziert worden, wenngleich sie – vor allem wegen der Millionen von China, Russland, USA und Indien gelagerten Landminen – weiterhin als hoch gelten (Küchenmeister 2010: 28). Ein Problem stellt nach wie vor die Unterfinanzierung der Opferhilfe dar, die auch auf der zweiten Überprüfungskonferenz der Konvention im Jahr 2009 schwerpunktmäßig behandelt wurde (Küchenmeister 2010: 29). Trotz der verbleibenden fast 40 Nicht-Mitglieder (die meisten davon im Nahen Osten und in Asien), von denen einige gegen die Norm verstoßen, geben die bisherigen Erfolge der APLC Anlass zur Zuversicht. Auch dass auf der 4. Überprüfungskonferenz der CCW im November 2011 beschlossen wurde, die Verhandlungen zum Verbot von – bisher erlaubten – Anti-Fahrzeug-Minen voranzutreiben, ist ein weiteres positives Signal (Hertwig 2012: 79).

Auf Grundlage des Fünften Protokolls zur Beseitigung explosiver Munitionsrückstände – jedoch ebenfalls außerhalb der CCW – erreichten interessierte Staaten in enger Zusammenarbeit mit zivilgesellschaftlichen Organisationen im Rahmen des von Januar 2007 bis Dezember 2008 dauernden Oslo-Prozesses die internationale Ächtung von Clustermunitionen. *Die Cluster Munitions Coalition* (CMC, ein nach dem Vorbild der ICBL gegründetes transnationales Netzwerk) arbeitete schon seit 2004 darauf hin, ein internationales Streubombenverbot zu erwirken. Doch auf der CCW-Überprüfungskonferenz 2006 konnte sich die Staatenmehrheit nur auf eine Arbeitsgruppe, die die Möglichkeiten eines völkerrecht-

Streubomben: seit 2008 verboten ...

---

177 Im Vergleich zu 2011 sind Jemen und Thailand als betroffene Staaten hinzugekommen (Landmine Monitor 2012: 1).

178 Dies bedeutet nicht zwangsläufig, dass sie tatsächlich Landminen herstellen, sondern dass sie sich das Produktionsrecht vorbehalten. Als aktive Produzenten werden nur 4 Staaten (Indien, Myanmar, Pakistan und Südkorea) geführt (Landmine Monitor 2012: 15).

179 Es wird davon ausgegangen, dass – als Folge des weitgehenden staatlichen Produktionsstopps – die meisten bewaffneten nichtstaatlichen Gruppen (etwa in Burma, Kolumbien, Indien und den Philippinen) mittlerweile selbst Landminen herstellen, z.B. indem sie ehemals staatliche Produktionsstätten besetzen oder sogar über eigene verfügen. Die Sprengmechanismen werden für die Produktion zum Teil eingekauft, einige Gruppen sind jedoch sogar in der Lage, Landminen vollständig selbst zu produzieren (Landmine Monitor Report 2008: 7, Landmine Monitor Report 2007: 14).

lichen Umgangs mit der humanitären Problematik von Streubomben ausloten
würde, einigen. Enttäuscht von diesem Ergebnis, folgten einige Staaten der Initiative Norwegens, außerhalb der CCW-Konvention ein Verbot von Streumunition
anzustreben (Brauch 2007: 72). So wurde im Februar 2007 von 46 Staaten – allerdings in Abwesenheit solch wichtiger Akteure wie China, Israel, Russland und die
USA – der sogenannte Oslo-Prozess zur Ächtung von Streumunition begonnen,
an dessen Ende das im Dezember 2008 in Oslo zur Unterzeichnung ausgelegte
Übereinkommen zum Verbot von Streumunition (*Convention on Cluster Munitions*, CCM) stand. Die CCM ist im August 2010, sechs Monate nach Erreichen
der erforderlichen Anzahl von 30 Ratifikationen, in Kraft getreten. Mit der Unterzeichnung des Übereinkommens zum Verbot von Streumunition haben sich mittlerweile 112 Staaten zu der Absicht bekannt, neben der Lagerung, Herstellung und
Weitergabe von Streubomben auch auf deren Einsatz zu verzichten. 83 Staaten
haben den Vertrag auch ratifiziert.[180]

... ein Vertrag mit   Die Staaten haben sich zur nationalen Umsetzung der Konvention und zur
Zukunft ...   Übermittlung jährlicher „Transparenz-Berichte" an den UN-Generalsekretär verpflichtet. Diese Berichte sollen die Zerstörung der Bestände und ergriffene Maßnahmen zur Räumung von Streubomben sowie zur Opferhilfe dokumentieren. Das
Sekretariat der Vereinten Nationen richtet die jährlichen Vertragsstaatenkonferenzen aus und sollte ursprünglich auch einen Compliance-Mechanismus etablieren.
Letzterer, und damit auch die Entscheidung, wie mit potenziellen Vertragsbrüchen
umzugehen ist, fehlt zwar bislang, aber im Jahr 2012 begannen die Verhandlungen
zur Einrichtung eines Implementation Support Unit. Bereits jetzt wird zumindest
die Einhaltung der Konvention sehr gut mit dem ebenfalls von der ICBL veröffentlichten *Cluster Munitions Monitor* überwacht. Auch wenn sich zu diesem
frühen Zeitpunkt nur begrenzt Aussagen über die Effektivität der Konvention treffen lassen, so spricht einiges dafür, dass es mit diesem Vertrag gelingen wird,
Streubomben in Zukunft von den Einsatzfeldern und aus den Militärarsenalen zu
verbannen. Derzeit gibt es aber noch zu viele Nicht-Unterstützer, die nach wie
vor an diesen Waffen festhalten. In seiner vierten Ausgabe (Jahr 2012) berichtet der Cluster Munitions Monitor,[181] dass von den 34 gelisteten Produzenten 17
die Konvention gezeichnet und damit erklärt haben, die Produktion einzustellen;
auch Argentinien, obwohl Nicht-Unterzeichner, hat sich zum Produktionsstopp
bekannt. Dies bedeutet, dass es noch 17 Staaten gibt, die weiterhin Streumunition
herstellen bzw. sich das Recht zur Herstellung vorbehalten. Über den Handel mit
Streumunitionen liegen keine verlässlichen Zahlen, sondern allenfalls Hinweise
vor, dass er nach wie vor stattfindet.[182] Immerhin mindestens 19 der ehemals 91
Staaten, die Streubomben in ihren Beständen hatten, haben sie inzwischen zerstört. Das bedeutet, dass immer noch 18 Vertragsparteien, 7 Unterzeichner und 48

---

180   http://www.clusterconvention.org/the-convention/convention-status/, 11.06.2013.
181   Sofern nicht anders angegeben, stammen alle Zahlen in diesem Abschnitt aus dem Cluster
Munitions Monitor 2012.
182   So hat Thailand im Februar 2011 bestimmte Streubombentypen im Grenzkonflikt gegen
Kambodscha eingesetzt, die nicht aus dessen eigenen Beständen stammten – wer der Verkäufer war, ist
allerdings nicht bekannt (Cluster Munitions Monitor 2011: 17).

Nicht-Mitglieder Millionen von Streubomben in ihren Depots haben; die Vertragsparteien haben jedoch in der Regel schon mit der Zerstörung begonnen und Fristen benannt, bis zu denen sie diesen Prozess abschließen wollen.

Während des Oslo-Prozesses hatten sich zwei ihm ferngebliebene Parteien, Russland und Georgien, im August 2008 gegenseitig beschuldigt, beim Konflikt um Südossetien Streubomben eingesetzt zu haben – tatsächlich wurden von Minenräumern Streubomben verschiedener Typen gefunden. Nach der Verabschiedung der Konvention sind Streubomben in fünf Konflikten – von Staaten, die dem Vertrag nicht angehören – eingesetzt worden: im Jahr 2009 von den USA gegen Jemen, wo ein Ausbildungslager für Terroristen bombardiert worden sein soll; im Jahr 2011 von Thailand im Grenzkonflikt mit Kambodscha und von der libyschen Regierung gegen Wohngebiete in der Stadt Misrata; im Jahr 2012 von der sudanesischen Regierung an der südsudanesischen Grenze und von der syrischen Regierung gegen zahlreiche Ortschaften im ganzen Land (Cluster Munitions Monitor 2012: 17). In der Vergangenheit waren auch Einsätze von nichtstaatlichen Akteuren bekannt geworden – z.B. durch die Hisbollah und serbische Milizen.

Abschließend sei erwähnt, dass auch die Nicht-Teilnehmer des Oslo-Prozesses wie die USA, Russland und China, denen ein Verbot zu weit geht, die Streubombenproblematik zumindest soweit anerkannten, dass sie bereit waren, im Rahmen der CCW über Einsatzbeschränkungen zu verhandeln (Justen 2009: 6). So wurde auf der 4. Überprüfungskonferenz der CCW (14.-25. November 2011) der Entwurf eines entsprechenden Protokolls vorgelegt – seine Verabschiedung scheiterte jedoch am Widerstand der Parteien der Streubombenkonvention, die kritisierten, dass das geplante Protokoll VI in seiner Reichweite hinter den bereits im Oslo-Prozess ausgehandelten Bestimmungen zurückbleibe; so bleibt die Streubombenkonvention weiterhin dasjenige Dokument, das den Einsatz dieser Waffen verregelt (Hertwig 2012: 78).

... doch Fehlen wichtiger Produzenten unterminiert Effektivität

4.3.5 UN-Register für konventionelle Waffen und Waffenhandelsvertrag

Schon das Statistische Jahrbuch des Völkerbundes sollte zu einer größeren Transparenz im konventionellen Bereich beitragen (Rudolf 1994: 120), aber erst 1991 wurde das UN-Waffenregister (*United Nations Register of Conventional Arms*, UNROCA) ins Leben gerufen. Seine Grundlage ist die im Dezember 1991 von der Generalversammlung angenommene Resolution A/RES/46/36, die zu mehr Rüstungstransparenz – als Voraussetzung von Abrüstung – aufruft und die Überwachung von Rüstungstransfers als eine vertrauensbildende Maßnahme benennt. Die Mitgliedsstaaten sollen freiwillig in jährlichen Berichten ihre Importe und Exporte von sieben Kategorien schwerer konventioneller Waffen deklarieren. Diese Waffen wurden gewählt, weil sie zum einen als effektive Angriffswaffen gelten und zum anderen aufgrund ihrer Größe leichter überwacht werden können.[183] Seit 2006 sind auch Transfers von Kleinwaffen Bestandteil der Staatenberichte (ca.

Ziele des UNROCA:
• Reduktion und Überwachung des Waffenhandels
• Reduktion der Rüstungsausgaben

---

183 Artilleriesysteme, Kampffahrzeuge, Kampfflugzeuge, Kampfhubschrauber, Kriegsschiffe, Panzer sowie Raketen und Raketenwerfer.

2/3 der Staaten geben entsprechende Zahlen bekannt, UNROCA 2011: 15). Mit der Errichtung des UNROCA verfolgte die Staatengemeinschaft mehrere Ziele: Die Anhäufung größerer Waffenbestände zu verhindern, den Waffenhandel zu reduzieren und die Waffenströme besser zu überwachen, um z.B. auf Transfers in Kriegsgebiete reagieren zu können. Außerdem hoffte man, das UNROCA könne zu einer Senkung der Rüstungsausgaben und so zur Entlastung von Volkswirtschaften beitragen (Wezeman 2003: 1).

Freiwilligkeit als Prinzip: geringe Compliance

Da die Staaten wenig Bereitschaft zeigen, in diesem Bereich ihre Handlungen offen zu legen, konnte die Resolution nur mit einem sehr schwachen Durchsetzungsmechanismus – der freiwilligen Berichterstattung – verabschiedet werden. Im Fall des UNROCA finden sich damit die üblichen Probleme des UN-Berichtswesens: Bei weitem nicht alle Staaten legen die erforderlichen Daten vor und die Berichtstätigkeit ist in den letzten Jahren gesunken (die höchste Anzahl wurde 2001 mit 126 Berichten erzielt, im Jahr 2006 sind Berichte von 109 Staaten eingegangen, in den Jahren 2009 und 2010 von 72, im Jahr 2012 nur noch 51, die geringste Anzahl überhaupt),[184] außerdem werden die Berichte nicht selten unvollständig und mit Verspätung eingereicht. Da sowohl Exporte als auch Importe aufgeführt werden müssen, werden bei Prüfungen häufig Diskrepanzen zwischen den Daten der Exporteure und Importeure festgestellt, was auch auf unterschiedliche Definitionen der zu erfassenden Waffen zurückgeführt wird; zudem berichten Importeure wesentlich seltener als Exporteure (Brauch 1999b: 19).

Bilanz: einiges erreicht, dennoch hinter den Erwartungen zurückgeblieben

Nicht nur deshalb fällt die Beurteilung der Wirksamkeit des Registers gemischt aus: Schätzungen zufolge werden inzwischen über 95% des Welthandels mit den sieben Waffenkategorien vom UNROCA erfasst (Boothby 2004: 211). Es hat sicherlich die Transparenz und das Vertrauen zwischen den Staaten erhöht sowie die Staaten zu weiteren Initiativen in diesem Bereich motiviert.[185] Einige Staaten – darunter viele westeuropäische Länder, Japan und Brasilien – stellen sogar regelmäßig mehr Informationen zur Verfügung, als UNROCA erfordert und deklarieren z.B. nicht nur die Transfers, sondern auch die Produktion der einschlägigen Waffen und machen Angaben zur Struktur ihrer Streitkräfte. Die regelmäßige freiwillige Beteiligung von immerhin etwa 100 Staaten zeigt, dass die Norm der Rüstungstransparenz Anerkennung genießt. Die Hauptziele des Registers – die Konzentration von Waffen in bestimmten Regionen zu verhindern und Rüstungstransfers zu reduzieren – wurden jedoch verfehlt (Wezeman 2003: 24), was auf die mangelnden Analyse-, Verifikations- und Reaktionskompetenzen des UNROCA zurückgeführt werden kann. Die zuletzt wieder abnehmende Zahl teilnehmender Länder stimmt pessimistisch, auch die Qualität der Daten hat sich nur geringfügig verbessert (Lehmeier 2003: 181). Bis zur Verabschiedung des internationalen Waffenhandelsvertrags existierten verbindliche Standards für Rüstungsexporte nur auf EU-Ebene mit dem EU *Code of Conduct for Arms Exports* (1998).

---

184 http://www.un.org/disarmament/convarms/Register/, 11.06.2013.
185 Etwa die – im Unterschied zum UNROCA – rechtsverbindliche regionale Konvention der *Organization of American States* (OAS) von 2002, welche die Mitgliedsstaaten verpflichtet, sämtliche Waffenanschaffungen anzugeben.

Der erste Schritt zu diesem Vertrag wurde getan, als der Abrüstungsausschuss der Generalversammlung im Oktober 2006 die Resolution A/RES/61/89 verabschiedete, die dazu aufruft, gemeinsame Normen für den Export und Import konventioneller Waffen zu erarbeiten, um mit den Verhandlungen einer Konvention zu beginnen (Kimball 2006). Nachdem lange Zeit unklar war, ob die von einigen Staaten und NGOs mit der Kampagne „Control Arms" vorangetriebenen Bemühungen um einen Vertrag zur Kontrolle des internationalen Waffenhandels jemals von Erfolg gekrönt sein werden, wurde auf Beschluss der Generalversammlung im Sommer des Jahres 2012 die erste Konferenz zur Verhandlung des sogenannten *Arms Trade Treaty* (ATT) durchgeführt. Die vierwöchige Verhandlungszeit reichte am Ende nicht aus, um ein konsensfähiges Dokument vorzulegen. Auf der Nachfolgekonferenzim März 2013 stimmten Iran, Nordkorea und Syrien gegen den Vertrag, der jedoch hätte im Konsens angenommen werden müssen. Deshalb wurde er schließlich am 2. April 2013 als Resolution der Generalversammlung mit 154 Ja-Stimmen, 3 Nein-Stimmen und 22 Enthaltungen verabschiedet.[186] Der Vertrag erlegt Waffenexporteuren Berichtspflichten auf und verbietet Waffentransfers, von denen anzunehmen ist, dass sie zur Verübung von Verbrechen gegen die Menschlichkeit oder zu Verstößen gegen das humanitäre Völkerrecht genutzt werden könnten. Auch dieser Vertrag hat keine Verifikations- und Compliance-Mechanismen, so dass die Prozeduren bei eventuellen Verstößen ungeklärt sind. Seit Juni 2013 ist es möglich, den Vertrag zu unterzeichnen, was bereits 72 Staaten getan haben (Stand Juni 2013).[187]

Endlich angenommen: der Arms Trade Treaty

4.3.6 Kleinwaffen: Schusswaffenprotokoll und Aktionsprogramm

Dass die Problematik von Kleinwaffen[188] (*Small and Light Weapons*, SALW) in den letzten 20 Jahren Gegenstand internationaler Regelungsbemühungen wurde, wird zum einen auf das Ende des Kalten Krieges zurückgeführt, das neben Nuklearwaffen auch andere Waffengattungen ins Blickfeld rücken ließ. Zum anderen gilt das Aufkommen der Kleinwaffendiskussion als ein Beispiel für die institutionelle Autonomie der Vereinten Nationen, war es doch die Generalversammlung, die das Thema 1993 mit der Resolution zur Kontrolle von Schusswaffenexporten[189] auf die internationale Agenda setzte, obwohl bei den Mitgliedsstaaten diesbezüglich kaum ein Problembewusstsein vorherrschte (Krause 2004: 24). Zu seiner Entstehung hat die Zunahme ethnischer Konflikte und Bürgerkriege in den neunziger Jahren beigetragen, in denen Kleinwaffen die am häufigsten eingesetzten Waffen

SALW: UN schafft internationales Problembewusstsein

---

186   Das Stimmabgabe ist hier dokumentiert: http://controlarms.org/en/wp-content/uploads/sites/2/2013/04/UNGA-voting-results.pdf, 11.06.2013.
187   http://controlarms.org/en/att/, http://www.un.org/disarmament/ATT/, 11.06.2013.
188   Von der Generalversammlung als solche Waffen definiert, die von einer oder mehreren Personen getragen werden können: „small arms and light weapons will mean any man-portable lethal weapon that expels or launches, is designed to expel or launch, or may be readily converted to expel or launch a shot, bullet or projectile by the action of an explosive, excluding antique small arms and light weapons or their replicas" (GA 2005: 7).
189   A/RES/48/75 vom 16. Dezember 1993.

waren. Auf der anderen Seite bedeuteten mehr Peacekeeping-Operationen und humanitäre Interventionen, dass die UN mit dem Kleinwaffenproblem zunehmend direkter konfrontiert wurden. Schließlich stehen diese Waffen bzw. ihre Einsammlung und Vernichtung nicht nur im Zentrum der Friedensbemühungen der UN-Truppen, sondern stellen auch eine immense Bedrohung sowohl für Zivilisten als auch für Blauhelmsoldaten dar (Krause 2004: 23, Karp 2002: 179f.).

Schritte bis zum Programm of Action:
- **Agenda for Peace**
- **Expertengruppen**
- **CASA**

Diesen Problemen trug der damalige UN-Generalsekretär Boutros Boutros-Ghali Rechnung, als er 1995 in einer Ergänzung der *Agenda for Peace* unter dem Stichwort „micro-disarmament" darauf hinwies, dass Kleinwaffen die Waffen der modernen Konflikte sind und dass sie die meisten Todesopfer fordern (SG 1995: 15). Darauf folgten zwei (1997 und 1999) von der Generalversammlung eingesetzte Gruppen von Regierungsexperten, deren Empfehlungen zur Regulierung der Verbreitung und Anhäufung von Kleinwaffen schließlich die Grundlage des 2001 auf der internationalen Kleinwaffenkonferenz verabschiedeten Kleinwaffenaktionsprogramms (*Program of Action to Prevent, Combat and Eradicate the Illicit Trade in Small Arms and Light Weapons in All Its Aspects*, PoA) bildeten (Greene 2002: 197). Vorausgegangen waren zudem Sondersitzungen des Sicherheitsrates zum Thema sowie die vom DDA 1998 initiierte „gemeinsame Aktion gegen Kleinwaffen" (*Coordinated Action on Small Arms*, CASA), die zum Ziel hatte, „die direkten und indirekten Folgen der exzessiven Akkumulation von Kleinwaffen ins Bewußtsein zu rufen, Mittel aufzutreiben, um auf Anfragen der von dieser Plage betroffenen Staaten reagieren zu können, und eine Konferenz über alle Aspekte des Waffenhandels durchzuführen" (Brauch 1999c: 17).

Schusswaffen-protokoll:
- **Bekämpfung illegaler Produktion und illegalen Handels**

Kurz vor der Kleinwaffenkonferenz, die im Juli 2001 stattfand, hatte die UN-Generalversammlung das rechtlich bindende Schusswaffenprotokoll (*Firearms Protocol*) verabschiedet, das 2005 in Kraft trat und bisher 97 Ratifizierungen sowie 52 Unterzeichnungen verzeichnet (Stand Juni 2013). Dieses Abkommen richtet sich gegen illegale Waffenproduktion und Waffenschmuggel, es soll die Mitgliedsstaaten zu Gesetzgebungsmaßnahmen veranlassen und internationale Ermittlungskapazitäten ausbauen. Es bezieht sich allerdings nicht auf spezielle Kleinwaffen und erlaubt auch weiterhin zwischenstaatliche Waffentransfers (Anders 2007).

Maßnahmen des PoA:
- **Überwachung von Handel und Produktion**
- **Erfassung der Bestände**
- **Exportkontrollen**

Das Aktionsprogramm zur Bekämpfung illegalen Handels mit Kleinwaffen geht in einigen Punkten über das Protokoll hinaus: Neben einer Reihe rechtlicher Maßnahmen zur Regulierung des Transfers und der Herstellung von Kleinwaffen, die illegale Produktion und illegalen Handel stoppen sollen, empfiehlt es auch die Registrierung von Waffenbeständen, die Zerstörung überschüssiger Waffen sowie die Errichtung von Exportkontrollen (Wisotzki 2006b: 2). Dass das PoA nach harten zweiwöchigen Verhandlungen im Konsens verabschiedet werden konnte, hatte jedoch auch seinen Preis: Es wird zwar als ein wichtiger Schritt im Prozess der Normsetzung angesehen, vor allem, weil ein lange vernachlässigtes Thema nun in seiner Komplexität zum Gegenstand internationaler Debatten wurde, zugleich wurde die Vereinbarung jedoch auch als *„heavy in rhetoric, but light in actual commitments"* (Bondi 2002: 229f.) kritisiert. So zeige sich seine mangelnde Reichweite unter anderem in der Fokussierung auf illegalen Handel und damit in fehlenden Standards zur Regulierung legalen Handels. Die Staaten konnten sich ferner weder auf ein Markierungssystem für Kleinwaffen, um ihre „Wege" nachverfolgen zu können[190] noch auf ein Verbot von Waffenlieferungen an nichtstaatliche Akteure[191] einigen. Zudem ist das PoA politisch unverbindlich und beinhaltet keine Verifikationsmaßnahmen; zumindest sieht es zweijährliche Konferenzen zur Diskussion der Implementationsfortschritte sowie eine Überprüfungskonferenz nach fünf Jahren vor, um bisher ausgesparte Problembereiche anzugehen (Goldring 2002: 210f.).

Die erste Überprüfungskonferenz fand im Sommer 2006 statt und ging ohne ein Abschlussdokument zu Ende. Aufgrund des Konsensprinzips konnte eine kleine Gruppe von Staaten[192] jegliche Weiterentwicklung des Programms verhindern und hat stattdessen argumentiert, dass die Staaten bereits eingegangene Verpflichtungen umsetzen sollten statt neue einzugehen (Anders 2007). Hinter dieser Haltung stand die Unwilligkeit Standards globaler Transferkontrolle festlegen; auch der zivile Waffenbesitz, der schon 2001 unangetastet bleiben musste, ist nach wie vor umstritten. Auf der im Herbst 2012 durchgeführten Zweiten Überprüfungskonferenz des Aktionsprogramms wurden Schritte zur Umsetzung des PoA bis 2018 festgelegt und das zuvor abgelehnte Markierungssystem beschlossen. Auch gelten die im ATT festgelegten Normen für legale Transfers auch für Kleinwaffen.

Scheitern der SALW-Konferenz 2006 und Perspektiven

Konvention	Organisation	verabschiedet	in Kraft	Vertragsparteien
Nuklearer Nichtverbreitungsvertrag (NPT)	IAEA	1968	1970	190
Biowaffenübereinkommen (BWC)	Nein (aber Implementation Support Unit)	1972	1975	170
Konvention über besondere konventionelle Waffen (CWC)	nein	1980	1983	115
Chemiewaffenübereinkommen (CCW)	OPCW	1992	1997	188
Nuklearer Teststoppvertrag (CTBT)	CTBTO	1996	nein	159
Landminenkonvention (APLC)	Nein (aber Implementation Support Unit)	1997	1999	161
Streubombenkonvention (CCM)	nein	2008	ja	83

Abbildung 4.1: Multilaterale Rüstungskontrollverträge[193]

---

190   Im Jahr 2005 hat sich die Generalversammlung mit dem Problem der Nachverfolgung von Kleinwaffen (*tracing*) befasst und die Errichtung eines Instruments beschlossen, das Standards zur Kennzeichnung und Registrierung von SALW enthält (*International instrument to enable States to identify and trace, in a timely and reliable manner, illicit small arms and light weapons*).
191   So behielten sich z.B. die USA und Pakistan das Recht vor, weiterhin Rebellenbewegungen unterstützen zu dürfen (Wulf 2001: 175f.).
192   China, Indien, Iran, Israel, Kuba, Pakistan, Russland und die USA.
193   Stand Juni 2013.

4.4   Global Governance und Rüstungskontrolle

Uneinheitliches Bild
je nach Waffenart

Nach dieser Darstellung wichtigster Rüstungskontrollregime werden wir uns im folgenden Abschnitt unserem Analyseraster entsprechend genauer die Akteure anschauen, die an Prozessen der Normsetzung und -durchsetzung beteiligt waren. Hierbei nehmen wir die Unterschiede zwischen verschiedenen Waffen sowie Veränderungen dieser Prozesse in den Blick (4.4.1). Unterschiedliche Steuerungsformen (4.4.2) und die in die Problembearbeitung einbezogenen Ebenen (4.4.3) werden anschließend untersucht.

4.4.1 Akteurspluralität: Zusammenarbeit mit Nichtregierungsorganisationen

Misserfolge traditioneller Verhandlungsforen und veränderte Sicherheitsbedingungen

Traditionell ist Rüstungskontrolle als Bestandteil der Sicherheits- und Verteidigungspolitik ein Bereich, in dem die Staaten besonders auf die Wahrung ihrer Souveränität und ihrer Hoheitsrechte achten, was sich zwangsläufig als staatszentrierte Praxis der multilateralen Rüstungskontrolle im UN-System fortsetzt. Misserfolge wie der lange Stillstand in der Abrüstungskonferenz, langsame Fortschritte im Biowaffenregime, das gelegentliche Scheitern von Überprüfungskonferenzen sowie das Aufkommen neuer Gefahren, wie die Proliferation vom WMD an nichtstaatliche Akteure, geben indes Anlass zur Annahme, dass das etablierte System zwischenstaatlicher Verhandlungen ergänzungsbedürftig ist. Wo sich Staaten bei der Lösung globaler Probleme gegenseitig im Weg stehen, scheinen sich auch im Rüstungskontrollbereich Handlungsmöglichkeiten für andere Akteure zu eröffnen: So ist mit den globalen zivilgesellschaftlich organisierten Anti-Landminen- und Anti-Streubombenkampagnen, die schließlich in der Verabschiedung zweier Konventionen mündeten, ein bemerkenswerter Rüstungskontrollerfolg außerhalb des institutionalisierten Rahmens, in dem eine Lösung jahrzehntelang nicht möglich war, gelungen. Die Effektivität dieser Initiativen wird als Beispiel dafür angesehen, dass die zunehmende Bedeutung von NGOs nicht nur aus der Aufwertung der als „weich" geltenden Bereiche wie Umwelt und Menschenrechte in den 1990er Jahren folgte (Price 1998: 613), sondern Nichtregierungsorganisationen auch im „harten" Politikfeld Sicherheit durchaus über genügend Macht verfügen, Normen zu etablieren und durchzusetzen (Gebauer 2005: 182). Wie die Vereinten Nationen mit solchen Veränderungen umgehen und inwiefern die Ottawa- und Oslo-Prozesse eine Ausnahme darstellen oder tatsächlich beispielhaft für neue Governance-Formen in der Rüstungskontrollpolitik stehen können, wird im Folgenden diskutiert.

Einflussnahme von Außen: *awareness-raising*, *framing* und *agenda-setting*

Die Empfänglichkeit staatlicher Akteure und internationaler Organisationen für Initiativen wie den Ottawa-Prozess ist sicherlich eine Neuerung – zivilgesellschaftliches Engagement für Abrüstung jedoch nicht. Auch ohne gezielte und geregelte Einbindung in zwischenstaatliche Verhandlungsforen gibt es seit nunmehr 200 Jahren zivilgesellschaftliche Versuche, rüstungsbezogene Normsetzungsprozesse von Außen in Gang zu setzen, was vornehmlich unter Anwendung folgender Strategien geschieht: *awareness-raising* (Schaffung eines Problembewusstseins), *framing* (Einflussnahme auf Interpretationsstrukturen) und *agenda-setting* (Einflussnahme auf die politische Tagesordnung). Als Vorläufer moderner NGOs können Friedensgesellschaften gelten, die schon zu Beginn des 19. Jahrhunderts vor den Gefahren der Aufrüstung warnten (Atwood 2002: 6). 1863 rief der Schweizer Bankier Henry Dunant mit dem Internationalen Komitee vom Roten Kreuz[194] diejenige Organisation ins Leben, die als Hüterin der Genfer Konventionen durch ihre vielfältigen Aktivitäten einen wichtigen Beitrag zur Entstehung eines humanitären Bewusstseins leistete, das für die Ächtung von Massenvernichtungswaffen und bestimmten konventionellen Waffen zentral ist (Finnemore/Sikkink 1998: 897, 916). In den 1920er Jahren wurde auf öffentlichen Druck hin das Genfer Protokoll verabschiedet, welches den Einsatz chemischer und biologischer Waffen verbot. In den frühen 1950er Jahren begann sich auf transnationaler Ebene eine breite globale antinukleare Bewegung zu formieren, der sich unterschiedliche, vornehmlich westliche Gruppen anschlossen. Geleitet von Abscheu gegenüber Nuklearwaffen und der Angst vor einem Nuklearkrieg, aber auch besorgt über mögliche negative Folgen der zahlreichen Nukleartests für Umwelt und Gesundheit, hat die Anti-Atombewegung durch die Beeinflussung des *framings*, also die Schaffung bestimmter Interpretationsstrukturen im Zusammenhang mit Nuklearwaffen wesentlich zur Entwicklung nuklearer Normen beigetragen (Price/Tannenwald 1996: 123). Es ist in einem *agenda-setting*-Prozess gelungen, den bislang auf Sicherheitsthemen reduzierten Diskurs über Nuklearwaffen um die mit ihnen verbundenen gesundheitlichen, humanitären und umweltpolitischen Aspekte zu erweitern sowie die Entwicklung, den Besitz und den Einsatz von Nuklearwaffen auch aus einer moralischen Perspektive zu diskutieren. Die moralische Bewusstseinsbildung wurde durch Massendemonstrationen und andere Protestaktionen unterstützt, welche auf ein großes mediales Echo stießen und zu einer hohen öffentlichen Mobilisierung führten. Dadurch wuchs der Druck auf Entscheidungsträger, ihre Nuklearpolitik zu reflektieren und zu legitimieren (Tannenwald 2005: 20ff.).

Zivilgesellschaft und Rüstungskontrolle: alte humanitäre Tradition

Rotes Kreuz: Schaffung eines humanitären Bewusstseins

---

194 Das Rote Kreuz wird fälschlicherweise häufig für eine Nichtregierungsorganisation gehalten, ist aber eher eine Mischform zwischen einer internationalen Organisation und einer NGO: Es wird als eine private Organisation geführt, allerdings hat die internationale Gemeinschaft ihm ein völkerrechtliches Mandat verliehen und es hat einen besonderen Status der „*international legal personality*". http://www.icrc.org/eng/resources/documents/misc/5w9fjy.htm, 12.06.2013.

Scharnier zwischen Außen und Innen: *UN NGO Committee on Disarmament*

NGO-Abrüstungs-
komitee:
Partner der UN und
der Abrüstungs-
bewegung
Globale
Antiatombewegung:
Erweiterung des
Nukleardiskurses
um vernachlässigte
Themen

Die Errichtung des UN NGO Committee on Disarmament vor mehr als 30 Jahren war ein erster Schritt zur Formalisierung der Zusammenarbeit zwischen den UN und den NGOs im Bereich der Rüstungskontrolle. Da das Komitee direkt im Hauptquartier der Vereinten Nationen in New York angesiedelt wurde, sind NGOs buchstäblich ins Innere der Vereinten Nationen vorgedrungen. Das Pendant in Genf stellt das Abrüstungskomitee des NGO-Netzwerkes CONGO und die NGO-Liaison der UNOG-Generaldirektion dar. Die NGO-Komitees haben eine Scharnierfunktion zwischen der globalen NGO-Gemeinschaft, den Vereinten Nationen und ihren Mitgliedern, d.h. sie fungieren in verschiedene Richtungen als Informationsübermittlungsorgan: Zum einen dienen sie als Ansprechpartner für andere NGOs und informieren sie über den Stand der Abrüstungsverhandlungen. Zum anderen sehen sie sich als Verbündeter der globalen Abrüstungsbewegung und sorgen für die Übermittlung ihrer Interessen und Positionen an die Entscheidungsorgane und -träger;[195] sie betreiben also als eine weitere Normsetzungsstrategie *Lobbying* direkt vor Ort. Die UN und die Komitees verfolgen ihr gemeinsames Anliegen, die Förderung der Rüstungskontrolle und Abrüstung, durch zahlreiche gemeinsame Aktivitäten, z.B. indem die UN-Abteilung für Abrüstungsfragen und die Abteilung für Öffentlichkeitsarbeit Workshops mit NGOs veranstalten.

Einflussnahme von Innen: Teilnahmezahlen und -rechte der NGOs bei Rüstungskontrollverhandlungen

Quantitative
Dimension: wie viele
NGOs nehmen teil?

Die zivilgesellschaftlichen Aktivitäten innerhalb der Vereinten Nationen bleiben jedoch nicht auf die NGO-Komitees beschränkt. Inzwischen nehmen NGOs auch (in unterschiedlichem Maße) an UN-Konferenzen teil, womit sie sich unmittelbar in Prozesse der Normsetzung und Weiterentwicklung einbringen können. Ein Blick auf die NGO-Teilnehmerzahlen offenbart jedoch zum Teil erhebliche Unterschiede zwischen verschiedenen Waffenkategorien; auch schwankt die Partizipation innerhalb der Regime. An den drei Überprüfungskonferenzen zur Chemiewaffenkonvention nahmen immer mehr NGOs teil: 24 im Jahr 2007, 28 im Jahr 2008 und 70 im Jahr 2013. Bei den jährlich in Den Haag (dem Sitz der OPCW) stattfindenden Konferenzen der Vertragsparteien lagen die Zahlen bei 10-15, um im Jahr 2007 auf nur 4 NGOs zu sinken und danach wieder auf 35 NGOs im Jahr 2012 zu steigen.[196] An den letzten Biowaffenkonferenzen in Genf im November 2006 und 2011 nahmen mit 33 bzw. 48 akkreditierten Organisationen so viele NGOs teil wie nie zuvor.[197] Die größte zivilgesellschaftliche Aufmerksam-

---

195 Der Website entnommene Selbstbeschreibung des NGO-Komitees: „primary ally of the international movement for arms control, peace and disarmament",
http://disarm.igc.org/index.php, 12.06.2013.
196 Die Zahlen sind den Dokumentationen der jeweiligen Konferenzen entnommen,
http://www.opcw.org/documents-reports/conference-of-the-states-parties/, 12.06.2013.
197 Teilnahmelisten: http://www.opbw.org/rev_cons/6rc/docs/inf/BWC_CONF.VI_INF.8_EN.pdf,
http://daccess-dds-ny.un.org/doc/UNDOC/GEN/G11/652/52/PDF/G1165252.pdf?OpenElement,
24.06.2013.

keit kommt dem internationalen Waffenhandel und Nuklearwaffen zu, in beiden Bereichen übersteigen die NGO-Teilnahmezahlen die 100er-Marke: Für die ersten beiden Kleinwaffenkonferenzen waren über 100 NGOs akkreditiert; für die letzte Konferenz im Herbst 2012 waren es zwar nur knapp über 50, was allerdings vermutlich weniger durch sinkendes Interesse bedingt war, sondern dadurch, dass die Aktivitäten auf die Verhandlungen zum UN-Waffenhandelsvertrag verlagert wurden, an denen insgesamt rund 140 NGOs beteiligt waren.[198] An den beiden letzten Überprüfungskonferenzen des Atomwaffensperrvertrages 2005 und 2011 in New York nahmen rund 120 Organisationen teil. Allerdings sind die Teilnahmezahlen auch hier leicht gesunken: Für die Verlängerungskonferenz des NPT 1995 waren fast 200 NGOs akkreditiert; im Jahr 2000 waren es 141 Forschungsinstitute und Nichtregierungsorganisationen.[199]

Die Teilnahme der NGOs an Rüstungskontrollkonferenzen ist also zur Selbstverständlichkeit geworden. NGOs sind überall zumindest als Beobachter bei Plenarsitzungen, in denen die Mitgliedsstaaten in der Regel allgemeine Stellungnahmen vortragen, zugelassen. Eine weitere Gemeinsamkeit ist jedoch auch der konsequente Ausschluss der NGOs von weiteren, in Ausschüssen oder kleineren Gruppen stattfindenden substanziellen Verhandlungen, den wir in jedem Waffenbereich vorfinden. Neben den Präsenzrechten definieren auch Rederechte die Teilnahmemöglichkeiten der NGOs, die allerdings je nach Waffenkategorie, Konferenzart und Verhandlungsstadium variieren, wie wir im Folgenden sehen werden.

Qualitative Dimension: wie weit gehen die Teilnahmerechte?

Über die geringsten Mitspracherechte verfügen NGOs bei der Abrüstungskonferenz, doch die Staaten zeigen sich bereit, diese sukzessive zu erweitern. Derzeit dürfen NGOs zusammen mit der Presse und anderen Zuschauern Plenarsitzungen von der Publikumsempore aus folgen. Außerdem erhalten die Mitgliedsstaaten eine Liste mit überreichten NGO-Stellungnahmen und Arbeitspapieren, die bei Interesse verteilt werden. Im Jahr 2004 haben die Delegierten über eine stärkere Einbeziehung der Zivilgesellschaft in die Arbeit der Konferenz debattiert und entschieden, dass NGOs auf Anfrage offizielle Konferenzdokumente erhalten sollen sowie zwei Mal im Jahr Informationsmaterial vor dem Sitzungssaal auslegen dürfen. Eine wichtige Änderung des Rederechts wurde ebenfalls ins Auge

Abrüstungskonferenz: vom Publikum zu geplanten NGO-Anhörungen

---

198 http://www.un.org/ga/search/view_doc.asp?symbol=A%2FCONF.192%2F2012%2FRC%2FIN F%2F1, http://www.un.org/disarmament/ATT/docs/List_of_ATT_NGOS.pdf, 24.06.2013.
199 Die Diskrepanz kann sicherlich zum Teil durch die unterschiedliche Bedeutung der Konferenzen erklärt werden, schließlich gab es 1995 (in Erfüllung gegangene) Hoffnungen auf eine Meilensteinkonferenz, die den Nicht-Verbreitungsvertrag unbefristet fortschreiben würde; die nachfolgenden Treffen waren indes „normale" Überprüfungsverhandlungen. Dennoch werden durch diese Zahlen auch Fragen aufgeworfen, über deren Antworten nur spekuliert werden kann: Hat die Nicht-Verbreitung an Nuklearwaffen, die als eines der Top-Themen internationaler Sicherheitspolitik gilt, in der Zivilgesellschaft an Aufmerksamkeit verloren? Wurden Teile des Engagements von anderen Bereichen (etwa Kleinwaffen und Landminen) absorbiert? Oder handelt es sich hierbei um Anzeichen der Desillusionierung, die auftrat, weil das in den 1990ern von einer breiten Bewegung propagierte Ziel vollständiger Abrüstung inzwischen völlig von der internationalen Agenda verschwunden ist? Letzteres ist als Beweis fehlender Macht von NGOs, auf Staaten in Kernbereichen der Sicherheit Einfluss zu nehmen, interpretiert worden (Fisher 1999: 3). Die Zahlen sind den Abschlussdokumentationen der jeweiligen Konferenzen entnommen.

gefasst: Sobald die Abrüstungskonferenz sich auf ein Arbeitsprogramm einigen kann, wird jährlich eine informelle Plenarsitzung stattfinden, in der NGOs ihre Stellungnahmen vortragen können.[200] Im Jahr 2006 wurde erstmals (und von da an jährlich) ein NGO-Statement in einer Plenarsitzung verlesen[201] – allerdings vom Konferenzvorsitzenden und nicht von NGO-Vertretern selbst. Der Forderung einiger Mitgliedsstaaten, die Stellungnahme möge direkt von ihren Autorinnen vorgebracht werden, wurde im Jahr 2010 entsprochen (Meier 2010: 27). Dieser kleine Schritt und die geplanten regelmäßigen NGO-Anhörungen weisen auf eine Öffnung der Abrüstungskonferenz hin.

Chemiewaffen: keine verbindliche Regelung des Rederechts

Ähnlich schwach ausgeprägt sind die Rechte der NGOs bei Chemiewaffenkonferenzen, d.h. bei den Konferenzen der Vertragsparteien (*Conferences of the Parties*), die seit dem Inkrafttreten der Konvention 1997 jährlich stattfinden und bei im fünfjährlichen Rhythmus stattfindenden Überprüfungskonferenzen (*review conferences*). Die Teilnahme von NGOs an diesen Konferenzen wurde von Anfang an thematisiert und in beschränktem Umfang ermöglicht. So wurde bereits auf der ersten Sitzung der Vertragsparteien in der Geschäftsordnung festgelegt, dass NGOs, die Interesse an der Teilnahme äußern, eingeladen werden können. Seitdem entscheiden die Vertragsparteien jährlich, welche Organisationen zu den Auserwählten gehören. Mit der Einladung erwerben NGOs das Recht, an öffentlichen Plenardebatten teilzunehmen (die Arbeitsgruppen tagen nicht-öffentlich) und Einsicht in die Konferenzdokumente (allerdings nicht in mögliche Entwürfe) zu erhalten. Auch dürfen sie ihr eigenes Informationsmaterial an speziell dafür ausgewiesenen Orten – außerhalb der Konferenzräume – auslegen.[202] Ein formelles Rederecht ist generell nicht vorgesehen, allerdings wird jährlich sowie bei den Überprüfungskonferenzen ein sogenanntes *Open Forum* abgehalten, während dessen NGOs ihre Positionen vortragen und das die Delegierten der Staaten besuchen können, weil parallel keine offiziellen Sitzungen anberaumt werden.

Biowaffen: Erweitertes Teilnahmerecht, informelles Rederecht

Auch bei Biowaffenkonferenzen gibt es kein Rederecht für NGOs, seit 1996 wird es ihnen allerdings auf informellem Wege ermöglicht, sich während der Überprüfungskonferenzen öffentlich an Staatenvertreter zu wenden: In speziellen Sitzungsunterbrechungen, während derer die Delegierten auf ihren Plätzen sitzen bleiben, können die NGO-VertreterInnen ihre Stellungnahmen vorbringen. Während des Vorbereitungskomitees für die Sechste Überprüfungskonferenz hielt der Vorsitzende fest, dass dies auch weiterhin so gehandhabt werde, betonte jedoch zugleich, dass es sich um eine informelle, mündliche Übereinkunft handelt, die nicht im Abschlussbericht des Vorbereitungskomitees festgehalten wird (Pearson 2006a: 12). Hiermit entzogen sich die Mitgliedsstaaten einer Institutionalisierung des NGO-Status und behielten sich die Option vor, bei jeder Konferenz von neuem

---

200 Report of the Conference on Disarmament to the General Assembly of the United Nations CD/1744, 7. September 2004.
201 Es handelte sich dabei um eine Ansprache anlässlich des Internationalen Frauentages, verfasst vom „NGO committee on the Status of Women related to peace, security and disarmament issues".
202 http://www.opcw.org/events-calendar/sixteenth-session-of-the-conference-of-the-states-parties/ information-for-participation-by-non-governmental-organisations-to-the-15th-session-of-the-conference-of-the-states-parties/, 12.06.2013.

darüber zu entscheiden, ohne dass ein formeller Referenzpunkt in der Vergangenheit vorlag. Allerdings enthielten die NGO-Teilnahmeinformationen für die Siebte Überprüfungskonferenz 2011 einen Hinweis, dass NGO-Delegierten eine Stunde eingeräumt wird, um (vorab schriftlich eingereichte) Ansprachen an die Staatenvertreter zu richten.[203] Auch ohne die Fixierung in den Geschäftsordnungsregeln würde es diese Tradition den Staaten inzwischen erschweren, die NGO-Anhörungen abzuschaffen. Delegierte anderer internationaler – also zwischenstaatlicher – Organisationen (z.B. Interpol, OPCW und ICRC) oder Repräsentanten anderer UN-Organe (*Food and Agriculture Organization*, FAO und die *World Health Organization*, WHO) haben im Vergleich zu NGOs mehr Rechte: Sie dürfen, wie StaatenvertreterInnen auch, während formeller Sitzungen sprechen.

Doch schon die bloße Anwesenheit von NGOs kann positiv wirken: So hat die Entscheidung des Konferenzvorsitzenden, während des Vorbereitungskomitees möglichst viele Plenardebatten (also unter NGO-Beobachtung) abzuhalten und die Entwürfe des Abschlussdokuments nicht hinter verschlossenen Türen, sondern im Verhandlungsraum diskutieren zu lassen, bei den Staaten zum einen die Hemmungen für eine Blockadehaltung erhöht (Borrie 2006, Becker 2007: 14). Zum anderen dürfte die auf diese Weise hergestellte Transparenz für NGOs die Möglichkeiten zum (informellen) Einspruch vergrößert sowie Punkte, die weiterer Überzeugungsarbeit bedürfen, aufgezeigt haben.

Die Möglichkeit, während der Plenardebatten Reden zu halten, wird NGOs auch bei NPT-Überprüfungskonferenzen und den Kleinwaffenkonferenzen nicht eingeräumt. Dennoch führte das Interesse der Mitgliedsstaaten an zivilgesellschaftlichen Positionen und die Anerkennung der Rolle von NGOs dazu, dass die Kommunikation mit ihnen weitaus stärker institutionalisiert wurde als in den zuvor erwähnten Bereichen: Auf der NPT-Konferenz im Jahr 2000 einigten sich die Mitgliedsstaaten darauf, während der Vorbereitungskomitees sowie der Überprüfungskonferenzen selbst Sondersitzungen mit NGO-VertreterInnen abzuhalten; 2001 wurde die gleiche Regelung für die Kleinwaffenkonferenzen getroffen; und 2010 für die Konferenzen zum Waffenhandelsvertrag.[204] Während dieser in der Regel 2-3 Stunden dauernden Anhörungen können NGO-VertreterInnen ihre individuellen Stellungnahmen vorbringen (anders als z.B. bei Weltkonferenzen in den 1990er Jahren (s. S. 295), wo nur Gruppenstellungnahmen möglich waren).

> Nuklearwaffen und Waffenhandel: Spezialsitzungen für NGOs

---

203 http://www.unog.ch/80256EDD006B8954/(httpAssets)/296367274344BAFBC125793E00394 E0F/$file/Microsoft+Word+-+BWC+7RC+-+Additional+Information+for+NGO+Participants+UPD ATED.pdf, 12.06.2013.
204 Weitere Informationen zum Status von NGOs auf diesen Konferenzen finden sich hier: http:// www.un.org/events/smallarms2006/ngo-accreditation.html, http://www.un.org/disarmament/convarms/ ATTPrepCom/Documents/PrepCom4%20Documents/Aide%20memoire_E.pdf, 24.06.2013.

Weitere Aktivitäten der NGOs inner- und außerhalb der UN: Demonstrationen, Parallelforen und Workshops

Lobbying für nukleare Nicht-Verbreitung und Stigmatisierung der Nuklearwaffen

Die eingeschränkten Teilnahme- und Rederechte bedeuten aber nicht, dass zivilgesellschaftliche Akteure dadurch keine Möglichkeit hätten, auf den Prozess Einfluss zu nehmen – vielmehr gehen ihre Handlungsmöglichkeiten über die direkte Einbindung in Verhandlungen hinaus bzw. existieren auch unabhängig davon. Im Nuklearbereich waren die Jahre nach Ende des Kalten Krieges durchaus erfolgreich: Das aktive Lobbying der NGOs um die Verlängerung des NPT auf der 1995er Konferenz wird als ein Faktor gewertet, der zu deren Gelingen beitrug (Fisher 1999: 2). Zugleich gab die Konferenz Auftrieb für eine Reihe vorausgehender und nachfolgender Veranstaltungen und motivierte zu weiteren Aktivitäten hinsichtlich des CTBT. Es ist den NGOs außerdem über Umwege gelungen, das auf Seite 173 erwähnte Gutachten des Internationalen Gerichtshofs zur Rechtmäßigkeit nuklearer Einsätze zu erwirken, indem sie die Weltgesundheitsorganisation und die Generalversammlung davon überzeugten, solch ein Gutachten in Resolutionen zu fordern (Fisher 1999: 40). Trotz des Widerstands der Nuklearwaffenstaaten, aber auch Deutschlands, kam der IGH der Forderung nach und legte das Gutachten vor.[205]

Netzwerk IANSA für Kleinwaffenkontrolle

Eine ähnliche Funktion wie die ICBL für Landminen übt das NGO-Netzwerk IANSA (*International Action Network on Small Arms*) aus, das die globale Lobbying-Arbeit zur Kleinwaffenkontrolle koordiniert. Das 1998 gegründete, inzwischen aus ca. 700 Organisationen bestehende Netzwerk engagiert sich mit verschiedenen Aktivitäten – unter anderem öffentliche Aufklärung und Forderung nach Gesetzesinitiativen – für ein Ende der Schusswaffengewalt und gegen die Verbreitung von Kleinwaffen. Als Vertreter der Zivilgesellschaft im UN-Kleinwaffenprozess trieb es die Bemühungen um die Ausarbeitung des ATT voran, z.B. durch Stellungnahmen in Arbeitsgruppen der Regierungsexperten. Da NGOs zu den Vorbereitungskomitees der Überprüfungskonferenzen zum Aktionsprogrammzugelassen sind, in denen die UN-Mitgliedstaaten die Konferenztagesordnungen festlegen, können sie dort, wie die Mitgliedstaaten auch, ihre Positionen im Hinblick auf zu diskutierende Punkte öffentlich kundtun und damit das *agenda-setting* beeinflussen. Ferner haben sie die Gelegenheit erkannt und ergriffen, die globale öffentliche Aufmerksamkeit für die Kleinwaffenproblematik während der Konferenzen selbst zu nutzen. In „Parallelforen" entwickelten sie Ideen, stellten eine regelmäßige Berichterstattung über das Konferenzgeschehen sicher, boten Workshops an und trugen so zur Bewusstseinsbildung, sowohl in der Öffentlichkeit als auch bei den Regierungen, bei.

---

205 Mit der Meinung des Gerichtshofes gab es jedoch Unzufriedenheit; das Gutachten wurde als ein sehr vorsichtiger und nicht weit genug gehender Kompromiss kritisiert (Fisher 1999: 40). Das Gericht schloss sich zwar grundsätzlich der unter Völkerrechtlern verbreiteten Ansicht an, ein Nuklearwaffeneinsatz sei auch ohne ein explizites Verbot aufgrund verschiedener Prinzipien – etwa dem Verbot, dem Feind durch gezielte Tötung von Nicht-KombattantInnen schaden zu wollen, aber auch, KombattantInnen unnötiges Leid zuzufügen – völkerrechtswidrig. Es konnte aber dennoch keine abschließende Feststellung, dass es unter allen Umständen illegal sei, Nuklearwaffen abzuwerfen, treffen. Für eine detaillierte Diskussion des Urteils siehe Farrell/Lambert 2001.

Auch während der Biowaffenkonferenzen veranstalten NGOs ein tägliches Parallelprogramm, wo sie das Instrument der Workshops nutzen, um ihre Expertise zu verbreiten und den Staatenvertretern ihre Vorschläge zu verschiedenen Themen – von vertrauensbildenden Maßnahmen über neue biotechnologische Entwicklungen bis hin zu Sicherheitsstandards für mikrobiologische Labors – zu unterbreiten. Damit schärfen sie auch das Problembewusstsein für bestimmte Themen bei den Staaten. Das Wissen und die Erfahrung der NGO-Experten wird von den Mitgliedsstaaten auch gezielt nachgefragt: So hat die OPCW im Vorfeld der beiden Überprüfungskonferenzen der Chemiewaffenkonvention sogenannte „Call for Papers" mit der Bitte um Stellungnahmen zur Umsetzung der Konvention herausgegeben. Die NGOs sind dem Aufruf gefolgt und haben Positionspapiere zu Themen wie Gefahren nicht-tödlicher Waffen oder die Bedeutung nationaler Gesetzgebung vorgelegt (Höhl/Kelle 2003: 25f.). Expertenwissen findet auch über den wissenschaftlichen Beirat der OPCW Eingang in die Überprüfungskonferenzen, indem der Beirat vor jeder Konferenz einen Bericht zu neuen chemietechnologischen Entwicklungen und deren möglichen Konsequenzen für die Chemiewaffenkonvention vorlegt (Kelle 2004: 236). Das Sekretariat der OPCW organisiert gemeinsam mit den NGOs das offene Forum, welches inhaltliche Korrektive der mangelnden staatlichen Aufmerksamkeit für bestimmte Themen, etwa der „nicht-tödlichen" Waffen im Vorfeld der ersten Konferenz, setzt. Der Versuch, diesen Aspekt durch eine Stellungnahme des ICRC in die Plenardebatte einzubringen, scheiterte, weil das Rote Kreuz (mutmaßlich wegen des Inhalts der Stellungnahme) kurzerhand von der Teilnahme ausgeschlossen wurde, so dass einige Staaten aufgrund ihres Interesses an der Entwicklung und Nutzung solcher Waffen das Thema vollständig von der offiziellen Agenda tilgen konnten (Höhl/Kelle 2003: 36). Der Vorfall demonstriert sicherlich die überlegene Position der Staaten und die Abhängigkeit der NGOs von deren Wohlwollen, zugleich kann dieser offensichtlich durch die Angst vor unbequemen Äußerungen motivierte Ausschluss auch als Zeichen der Anerkennung der Macht von NGOs interpretiert werden.

Nachfrage nach NGO-Expertise bei Bio- und Chemiewaffen

Bewusste Verlagerung der Normsetzung nach Außen am Beispiel des Prozesses zum Verbot von Landminen

Sechs Nichtregierungsorganisationen aus verschiedenen Bereichen (Menschenrechte, Flüchtlingshilfe, humanitäre und medizinische Hilfe)[206] haben 1992 eine Mobilisierungskampagne gestartet, um die durch Landminen verursachte humanitäre Krise zu bekämpfen. Auch in diesem Prozess haben sie nicht nur Druck von außen aufgebaut, sondern gezielt Koalitionen mit gleichgesinnten Staaten (*like-minded states*) gebildet – wie bereits in Abschnitt 4.3.4 festgestellt, hat diese Strategie zu einem bis dato beispiellosen Erfolg, nämlich einem absoluten völkerrechtlichen Verbot einer konventionellen Waffenart, geführt. Nicht nur dieses Ergebnis, sondern auch der Prozess der Normsetzung selbst wurde im Jahr 1997 als Modell einer neuen Friedenspolitik mit dem Friedensnobelpreis ausgezeich-

Gemeinsamer Erfolg von NGOs und like-minded states …

… möglich durch Umgehung der UN auf diplomatischer Ebene

---

206 Handicap International, Human Rights Watch, medico international, Mines Advisory Group, Physicians for Human Rights and Vietnam Veterans of America Foundation.

net (Williams 1999).[207] Die Implementation der Norm findet inzwischen in Teilen transnational, d.h. zwischen nichtstaatlichen Akteuren statt: Erste rein zivilgesellschaftlich organisierte Monitoring-Reisen in verschiedene Teile der Welt haben bereits stattgefunden – durchgeführt von der Schweizer NGO Geneva Call, die es sich zum Ziel gesetzt hat, bewaffnete nichtstaatliche Akteure wie Rebellen, die auf Landminen zurückgreifen, ebenfalls zur Normeinhaltung zu verpflichten (Gebauer 2005: 186).[208] Die Landminenkampagne, so positiv sie an sich auch zu bewerten ist, offenbart jedoch auch das schwindende Vertrauen in die UN-Diplomatie – schließlich konnte das Landminenverbot gerade deshalb verhältnismäßig schnell verankert werden, weil der Normsetzungsprozess von interessierten staatlichen und nichtstaatlichen Akteuren wieder nach außen verlagert wurde, als deutlich wurde, dass ein Konsens in der Abrüstungskonferenz unwahrscheinlich ist (Karp 2002: 187, Wagner 2007: 121). Obwohl die Vereinten Nationen auf diplomatischer Ebene umgangen wurden, haben sie dennoch eine wichtige Rolle gespielt – mit dem damaligen Generalsekretär Boutros-Ghali als dezidiertem Unterstützer eines Verbots und mit der Generalversammlung, die in jährlichen Resolutionen auf die Notwendigkeit einer Weiterentwicklung der Waffenkonvention hinwies (Price 1998: 624). Auch nach der Verabschiedung der Ottawa-Konvention haben sie sich unprätentiös gezeigt und den Prozess zum einen als Depositarorgan[209] der Konvention, zum anderen durch ihre Kooperationsbereitschaft und durch ihr Engagement bei der Umsetzung der Konvention, unterstützt (s. auch S. 188).

Schattenseiten formalisierter Kooperation: Kritik an NGOs

Unterschiedliche Interessen der Zivilgesellschaft

Die bisher als förderlich beschriebene Rolle von Nichtregierungsorganisationen für die Normbildung muss um den Hinweis auf die Heterogenität der zivilgesellschaftlichen Akteure und ihrer Ziele ergänzt werden: Zivilgesellschaft steht mitnichten synonym für Rüstungskontroll- und Abrüstungsinteressen und humanitäre Anliegen, wie man beispielhaft an der ersten Kleinwaffenkonferenz 2001 sehen kann. Dort gab es eine regelrechte Spaltung innerhalb der NGO-Community, die zwischen humanitären NGOs, die sich für stärkere Kleinwaffenkontrollen einsetzten, und der Schusswaffenlobby – von Kleinwaffenherstellern über Sportschützenvereinen bis hin zu Organisationen, die sich für das Recht auf privaten Waffenbesitz engagieren (z.B. die US-amerikanische *National Rifle Association*) – verlief. Die Aktivitäten der Kleinwaffenkontrollgegner wurden von Erfolg gekrönt: So wird es ihnen zugerechnet, dass sowohl die Rechte der Schusswaffenbesitzer als auch der legale Kleinwaffenhandel im PoA unerwähnt bleiben (Mason 2002: 203f.) – einigen Regierungen kamen solche Positionen freilich sehr gelegen.

---

207 Einige Autoren wenden ein, dass es für Staaten aufgrund der recht geringen militärischen Bedeutung von Landminen verhältnismäßig einfach gewesen sei, humanitäre Aspekte gelten zu lassen, da das Einsatzverbot ohnehin keine Sicherheitsnachteile bringe, weshalb Landminen nicht unbedingt als universelles Beispiel neuer Regelsetzungsprozesse gelten können (Atwood 2002: 11).
208 Derzeit haben 42 nichtstaatliche Gruppierungen (darunter z.B. die PKK und die sudanesische SPLM) eine Erklärung unterzeichnet, in der sie sich verpflichten, keine Landminen einzusetzen. http://www.genevacall.org/resources/list-of-signatories/list-of-signatories.htm, 13.06.2013.
209 Die Stelle, an der die Konvention hinterlegt ist.

Abgesehen von der beschriebenen Spaltung gab es an der Rolle der NGOs im Kleinwaffenprozess grundsätzlichere Kritik: Einige Autoren sind der Ansicht, dass NGOs zu moderat geworden seien und die treibende Kraft in der Kleinwaffenkontrolle weniger die NGOs als vielmehr die *like-minded states* sind (Krause 2004: 34). Letztere würden NGOs nicht mehr als Bedrohung wahrnehmen, sondern im Gegenteil ihr positives Image und die Expertise strategisch nutzen, um bestimmte Ergebnisse zu erreichen. Im SALW-Prozess habe die Funktion von Nichtregierungsorganisationen weitgehend darin bestanden, Ideen der Regierungen zu evaluieren und zurückzuspielen, statt eigene Vorschläge einzubringen – sie seien mit „listening and organizing, not innovating and broadcasting" beschäftigt gewesen (Karp 2002: 180). Ähnliche Vorwürfe wurden auch in Bezug auf die NPT-Verhandlungen laut: Zum „größten Versagen in der Vertragsgeschichte" (Müller 2005c: 1, Übersetzung ELR) – die Konferenz 2005 ging ohne Abschlussdokument zu Ende - habe auch das Verhalten von NGOs beigetragen. Es sei ihnen nicht gelungen, die durchaus vorhandene kritische Masse (ca. 40.000 Menschen haben zu Beginn der Konferenz in New York für Abrüstung demonstriert) zu mobilisieren, um das sich im Laufe der Konferenz ankündigende Scheitern zu skandalisieren. Der NGO-Community wird vorgeworfen, die erwähnte Spezialsitzung zur Selbstprofilierung statt zu einer koordinierten Aktion genutzt und die drei Stunden mit 16 „ellenlangen Stellungnahmen vollgepfropft" zu haben, so dass keine Zeit für die Diskussion übrig blieb (Müller 2005b: 29f.). Auch hier habe man statt origineller Aktionen das übliche Programm aus Seminaren, Workshops, ausgelegten Broschüren, täglicher Berichterstattung und Kontaktpflege mit den Delegierten durchgeführt (Müller 2005c: 14). Die routinierte Rollenverteilung und institutionalisierte Kooperationsformen, aber auch eine fehlende gemeinsame NGO-Position hatten schließlich zur Folge, dass die Schwächung des Nichtverbreitungsvertrages in den Räumen der Vereinten Nationen ohne den angemessenen medialen und zivilgesellschaftlichen Aufschrei vonstatten ging. Diese Vorgänge können als die Schattenseite der mittlerweile gewohnheitsmäßigen Einbindung von NGOs in das Konferenzgeschehen interpretiert werden. Einige NGOs lassen sich bereitwillig auf Koalitionen mit Regierungen ein und begreifen sich nicht mehr als in Opposition zu ihnen, weil sie nicht mehr länger an den Rändern des Politikprozesses, sondern in dessen Zentrum wirken wollen. Die steigenden Einflussmöglichkeiten auf *High-Politics-Bereiche* „bezahlen" sie mit zunehmend pragmatischen und moderaten Positionen und dem Verzicht auf Extrempositionen und Aktivismus, die „ugly, but [...] uniquely fertile" sein können (Karp 2002: 180ff.).

Schwache NGOs im Kleinwaffenprozess?

4.4.2 Steuerungsformen

Wie aus unseren Ausführungen hervorgegangen sein sollte, gehen der Festschreibung von Normen in verbindlichen Konferenzdokumenten häufig längerfristige, breit angelegte Prozesse der Normsetzung voraus, in denen auf Staatenvertreter diffus, d.h. auf verschiedenen Wegen und über verschiedene Akteure Einfluss genommen wird. Im Rüstungskontrollbereich ist dabei nicht nur das bereits

Kommissionen, Koalitionen, Verbände: Einfluss von Netzwerken

ausführlich diskutierte Engagement von NGOs, NGP-Netzwerken und Zusammenschlüssen zwischen *like-minded-states* und NGOs (wie im Landminen- und Streubombenprozess) relevant. Auch Stimmen einiger unabhängiger – in der Regel von Mitgliedsstaaten initiierter und finanzierter Expertenkommissionen – fanden Eingang in die Diskussion. 1982 hat die *Independent Commission on Disarmament and Security Issues* (nach ihrem Initiator und Vorsitzenden Olof Palme auch als „Palme-Kommission" bezeichnet) der zweiten UN-Sondergeneralversammlung für Abrüstung ihre Empfehlungen vorgelegt, die in den folgenden Jahren als Referenzpunkte für Abrüstungsresolutionen und –maßnahmen dienten. Mitte der neunziger Jahre arbeitete die von der australischen Regierung einberufene *Canberra Commission on the Elimination of Nuclear Weapons* konkrete Schritte auf dem Weg zu einer nuklearwaffenfreien Welt heraus – ihr Bericht, sowie der 1999 vorgestellte Aktionsplan des *Tokyo Forum* mit Fokus auf nuklearer Nicht-Proliferation, wurden auf der Abrüstungskonferenz vorgestellt und debattiert. Die Staaten, die sich in der sogenannten *New Agenda Coalition*[210] zusammenschlossen, haben zahlreiche Ideen dieser drei Kommissionen aufgenommen, als Ziele formuliert und in die zwischenstaatlichen Verhandlungen auf der NPT-Überprüfungskonferenz 2000 hineingetragen, wo verhärtete Fronten aufgebrochen und ein Verhandlungserfolg erzielt werden konnte (Hamel-Green 2002: 185f., Müller 2000: 105).

Zwischenstaatliche Steuerung mit Tendenzen der Öffnung

Trotz der beschriebenen Öffnungstendenzen ist der Rüstungskontrollbereich zwischenstaatlich-horizontal gesteuert: Die Staaten sind diejenigen, die über die Verabschiedung der Abschlussdokumente entscheiden, sie schreiben also die Norminhalte fest. Sie behalten sich die Freiheit vor, den Status der NGOs bei jeder Konferenz erneut abzustimmen und sie zwar als Beobachter zu Debatten, nicht aber zu Verhandlungen zuzulassen. Inwiefern andere Akteure miteinbezogen werden, hängt also vom staatlichen Wohlwollen ab – und die Staaten sind sehr auf die Wahrung ihrer Privilegien bedacht. Doch durch die Überprüfungskompetenzen der Sonderorganisationen sind auch in diesem Bereich hierarchische Elemente vorhanden, da sich die Staaten gegenüber unabhängigen, externen Akteuren verantworten müssen.

4.4.3 Mehrebenenpolitik

Unterstüzung regionaler Abrüstungsbemühungen

Die Vereinten Nationen stellen nicht nur auf internationaler Ebene ein Forum zur Förderung von Abrüstung und Rüstungskontrolle bereit, sondern unterstützen auch regionale und lokale Abrüstungsinitiativen. Seit 1985 errichtete Regionalzentren für Frieden und Abrüstung[211] sollen regionalspezifische Abrüstungsstrategien entwickeln und die Mitgliedsstaaten bei der Umsetzung von Rüstungskon-

---

210 Ägypten, Brasilien, Irland, Mexiko, Neuseeland, Schweden und Südafrika.
211 United Nations Regional Centre for Peace and Disarmament in Africa (UNREC), United Nations Regional Centre for Peace and Disarmament in Asia and the Pacific (UNRCPD), United Nations Regional Centre for Peace, Disarmament and Development in Latin America and the Caribbean (UNLIREC), United Nations Standing Advisory Committee on Security Questions in Central Africa.

trollvereinbarungen unterstützen. Auch kooperieren die UN – indem sie z.B. die Schirmherrschaft über die Verhandlungen übernehmen – mit regionalen Organisationen und Staatenverbänden wie der ASEAN (*Association of South East Asian Nations*), der Afrikanischen Union, der Organisation Amerikanischer Staaten oder der Arabischen Liga, mit dem Ziel, Initiativen zur Errichtung nuklearwaffenfreier Zonen in den jeweiligen Regionen voranzutreiben und auf die Nuklearwaffenstaaten einzuwirken, entsprechenden Abkommen beizutreten. Für die Kontrolle des Kleinwaffenhandels haben die Aktivitäten der Vereinten Nationen wichtige Impulse gesetzt, aus denen zahlreiche Programme regionaler Organisationen hervorgegangen sind – z.B. das Schusswaffenmoratorium der ECOWAS (1998),[212] oder das OSZE *Document on Small Arms and Light Weapons* (2000).[213] Die Umsetzung des Kleinwaffenaktionsprogramms wäre ohne andere internationale Organisationen, die wie Interpol oder die Weltzollorganisation grenzüberschreitende organisierte Kriminalität bekämpfen, nicht möglich. Auch die EU hat eigene Initiativen, die mit den Prozessen in den UN verbunden sind: So hat sie Anfang 2006 in Vorbereitung auf die Sechste Biowaffenkonferenz das NGO-Netzwerk BioWeapons Prevention Project mit der Umsetzung eines Aktionsplans zur besseren Implementation der Biowaffenkonvention beauftragt (Becker 2007: 11).

Dass die Rüstungskontrollaktivitäten über die verschiedenen Ebenen hinweg verzahnt werden, verdeutlicht zum einen die Einsicht, dass mit Waffen verbundene Probleme komplex sind, weshalb auch deren Bearbeitung ganzheitlich und unter Einbeziehung verschiedener Aspekte stattfinden muss. Genannt sei beispielhaft die Proliferation von Waffen in unerwünschte Kanäle – in die Hände von global agierenden kriminellen Organisationen oder Terroristen – und die damit verbundenen Folgen, die von in einigen Großstädten grassierender Gewalt über regionale Destabilisierung bis hin zu geschäftsmäßig betriebenen Kriegen reichen können. Zum anderen zeigen neue Arbeitsschwerpunkte der Vereinten Nationen nach Ende des Kalten Krieges, dass sich der Sicherheitsbegriff gewandelt hat und vielschichtiger geworden ist: Referenzpunkt der Rüstungskontrollverhandlungen sind nicht länger ausschließlich auf staatlicher Ebene liegende Sicherheitsinteressen und die Bekämpfung externer Bedrohungen, sondern auch die Sicherheit von Individuen, deren Wahrung auch Eingriffe in die inneren Angelegenheiten erforderlich machen kann (Krause 2004: 21ff.). Modellhaft für dieses Sicherheitskonzept und einen umfassenden Friedensbegriff steht das Landminenverbot: Auf globaler Ebene beschlossen, wird es national, regional und transnational umgesetzt; Aufklärungskampagnen sowie die humanitäre Opferfürsorge offenbaren ein umfassendes Verständnis der Konfliktbearbeitung (Gebauer 2005: 183). Auch bei Kleinwaffen zeigt sich die Interaktion verschiedener Ebenen in mehrfacher Weise: Es sind nicht nur Normen notwendig, die sich an die Angebotsseite richten, also – legale wie illegale – Waffentransfers verregeln, sondern auch Maßnahmen zur regionalen und nationalen Stabilisierung sowie bildungs- und entwicklungs-

Komplexe Probleme – komplexe Bearbeitung

---

212 Das Abkommen kann unter http://www.wcc-coe.org/wcc/what/international/ecowas.html eingesehen werden, 14.06.2013.

213 Einzusehen unter http://www.fas.org/asmp/campaigns/smallarms/osce-sa.pdf, 14.06.2013.

politische Ansätze, welche die Nachfrage nach Kleinwaffen eindämmen würden (Wisotzki 2006b).

4.5   Fazit

Was wurde erreicht?
• Globales Regime
• Prominenz der
   Thematik
• Steter Dialog
• Institutionen

Als die Vereinten Nationen gegründet wurden, war ihre Zielsetzung im Bereich der Rüstungskontrolle deutlich bescheidener als die des Völkerbundes, wie wir zu Beginn des Kapitels festgestellt haben: Abrüstung und Rüstungskontrolle wurden zwar in der Charta erwähnt, jedoch nicht als Hauptziele der Vereinten Nationen definiert. Die Generalversammlung erhielt demnach das Befassungsrecht mit allgemeinen Grundsätzen für Abrüstung und Rüstungsregelung und der Sicherheitsrat lediglich den Auftrag, einen Plan zur Errichtung eines internationalen Rüstungskontrollsystems vorzulegen – aber keine expliziten weiteren Kompetenzen in der Rüstungskontrolle. Das Kapitel hat gezeigt, dass die Entwicklungen in den letzten Jahrzehnten in positiver Hinsicht weit von dem abweichen, was bei der Gründung der Vereinten Nationen für möglich gehalten wurde: Auch ohne dass ein Masterplan des Sicherheitsrats vorlag, finden wir heute im Rüstungskontrollbereich eine gut ausgebaute Infrastruktur aus organisierter und institutionalisierter Kommunikation, Öffentlichkeits- und Bildungsarbeit, Beratungs- und Forschungstätigkeiten. Unter dem Dach von oder zumindest in Zusammenarbeit mit den Vereinten Nationen sind ein dichtes Geflecht von Rüstungskontrollnormen und eine Reihe von Rüstungskontrollabkommen für ganz unterschiedliche Waffengattungen entstanden. Sonderorganisationen und Konferenzen sind heute Teil des globalen Rüstungskontrollregimes – dort werden Normen fortentwickelt und, wenn auch nicht in allen Regimes in gleicher Weise, deren Einhaltung überwacht wird. Die Generalversammlung hat ihre Charta-Kompetenz für Rüstungskontrollfragen ernst genommen und der Abrüstung von Beginn an einen hohen Stellenwert beigemessen, womit sie einen entscheidenden Beitrag zur Entstehung eines globalen Problembewusstseins geleistet hat. Der Sicherheitsrat hat, wie gezeigt, nur vereinzelt versucht, Rüstungskontrollnormen durchzusetzen und vor allem Verstöße gegen den Atomwaffensperrvertrag gerügt – es bleibt also noch ein Desiderat, dass Rüstungskontrollangelegenheiten im Sicherheitsrat die notwendige Aufmerksamkeit erfahren.

Effektivität der
Verträge

Trotz eines insgesamt schwach ausgeprägten Durchsetzungssystems sind die Rüstungskontrollverträge außergewöhnlich effektiv: Der Nichtverbreitungsvertrag hat heute eine fast universelle Mitgliedschaft – von den langjährigen Problemfällen (Indien, Iran, Israel, Pakistan, Nordkorea) abgesehen, muss es als Verdienst des NPT gelten, dass der Großteil aller Staaten auf Nuklearwaffen verzichtet hat. Obwohl der Teststoppvertrag nicht in Kraft getreten ist, halten sich ebenfalls fast alle Staaten an das Verbot von Nukleartests – die Ausnahmen sind auch hier Indien, Pakistan und, immer wieder, Nordkorea. Das Chemiewaffenübereinkommen hat mit 188 Vertragsparteien eine sehr hohe Mitgliedschaft und gilt als ein sehr effektives Abkommen, nicht zuletzt dank seines Verifikationsmechanismus; beeinträchtigt wird die Effektivität allerdings durch Verzögerungen bei der Zerstörung der Bestände. Das Verbot des Einsatzes von Biowaffen halten zwar alle Staaten ein, gegen andere Aspekte des Biowaffenübereinkommens – etwa Besitz und Entwicklung – wurde aber verstoßen; die Konvention selbst gilt als der schwächste Vertrag zur Kontrolle von Massenvernichtungswaffen, weil er auch 40 Jahre nach seinem Abschluss über keinen Verifikationsmechanismus verfügt. Im Bereich der humanitären Rüstungskontrolle hat es in den letzten 15 Jahren mit der Landminen- und der Streubombenkonvention zwei beeindruckende Erfolgsfälle gegeben. Beide geben Anlass zur Hoffnung, dass der Einsatz, die Produktion von sowie der Handel mit diesen Waffender Vergangenheit angehören. Ob der frische Waffenhandelsvertrag die bisherigen Defizite im Umgang mit dem Kleinwaffenproblem bzw. dem weltweiten Waffenhandel wird effektiv lösen können und wie sich das Zusammenspiel dieses Rechtsinstruments mit dem Waffenregister und dem Kleinwaffenaktionsprogramm gestalten wird, bleibt noch abzuwarten.

Schon vor dem Hintergrund, dass Rüstungspolitik Teil der Sicherheitspolitik und damit ein Feld ist, in dem Staaten besonders daran interessiert sind, ihre Souveränitätsrechte zu wahren, sind die Errungenschaften der internationalen Rüstungskontrolle bemerkenswert. Sie werden es umso mehr, wenn man sich die veränderten und sich ändernden Formen anschaut, unter denen die Genese (und z.T. auch Überwachung) von Rüstungskontrollnormen erfolgt: Zwar haben sich zivilgesellschaftliche Organisationen und Bewegungen schon sehr lange für Abrüstung engagiert – erst die Stagnation in einigen Bereichen der Rüstungskontrolle hat jedoch die Entstehung eines neuen Multilateralismus in Form von *Like-Minded*-Partnerschaften zwischen Staaten und NGOs befördert. Wo die regulären zwischenstaatlichen Aushandlungsmechanismen die Normbildung blockiert oder nur in sehr kleinen Schritten ermöglicht haben, haben am Fortschritt interessierte Staaten die bewährten institutionellen Strukturen verlassen und sind in außerhalb der Vereinten Nationen organisierten Prozessen Koalitionen mit der Zivilgesellschaft eingegangen – der Erfolg dieser Strategie wird durch die Existenz und die Wirksamkeit der Landminen- und der Streubombenkonvention bescheinigt. Auch darüber hinaus findet durchaus eine nicht geringe Einbindung der NGOs in offizielle Prozesse der Normsetzung, zum Teil jedoch auch in die Normumsetzung, statt. Weiterhin ausgeschlossen sind nichtstaatliche TeilnehmerInnen allerdings von substanziellen Verhandlungen, in denen die Vertragsinhalte festgeschrieben werden. Es wurde ebenfalls deutlich, dass die Reichweite der Einbindung je nach Bereich variiert, d.h. dass Staaten in unterschiedlichem Maße bereit sind, zivilgesellschaftliche Akteure zu Verhandlungen zuzulassen und anzuhören. So ist das Rederecht unterschiedlich, meistens informell, geregelt und scheint interessanterweise nicht von der militärpolitischen Bedeutung der Waffenart abhängig zu sein, sind doch die Befugnisse der NGOs in den kontroversen Bereichen, nämlich bei NPT- und Kleinwaffen-Überprüfungskonferenzen, am weitesten fortgeschritten und bei Chemiewaffenkonferenzen, wo die Normbildung weitgehend abgeschlossen ist, am wenigsten ausgeprägt. Über ein Stimmrecht verfügen NGO-VertreterInnen nirgendwo – etwas anderes ist auch kaum vorstellbar. Hinsichtlich der Steuerungsmodi lässt sich also feststellen, dass wir es im Rüstungskontrollbereich mit einer überwiegend (aber abnehmend) zwi-

Global Governance in der Rüstungskontrolle: Einbeziehung nichtstaatlicher Akteure
• Horizontale intergouvernementale Steuerung mit hierarchischen Elementen
• Problembearbeitung auf mehreren Ebenen

schenstaatlichen horizontalen Steuerung zu tun haben; durch die Verifikationskompetenzen der Sonderorganisationen und die (wenig genutzte) Sanktionsmacht des Sicherheitsrates kommen allerdings Kontrollelemente hinzu, die man als Formen hierarchischer Steuerung auffassen kann. Die Rüstungskontrollpolitik der Vereinten Nationen findet auf mehreren Ebenen statt: in Form der Kooperation mit lokalen und regionalen Institutionen und der Förderung komplementärer Rüstungskontrollinitiativen. Bei der Problembearbeitung versuchen die Vereinten Nationen den verzahnten internationalen, nationalen und lokalen Dimensionen gerecht zu werden. Durch das Konzept von *human security* wurde schließlich auch die individuelle Ebene zum Referenzpunkt von Rüstungskontrollbemühungen erhoben.

5 Menschenrechte

Die Idee, dass Menschen über angeborene, natürliche Rechte verfügen, hat eine Überblick über das Kapitel lange, bis in die Antike zurückreichende Geschichte. Erst seit ca. drei Jahrhunderten aber firmiert diese Idee unter der Bezeichnung „Menschenrechte". Zu den Vorläufern moderner Menschenrechtsstandards zählen die englische „Magna Charta" (1215), die „Virginia Bill of Rights" (1776), die während der französischen Revolution verabschiedete „Erklärung über die Rechte des Menschen und Bürgers" (1789) und die US-amerikanische „Bill of Rights" (1791). Eine besondere Entwicklung des 20. Jahrhunderts ist, dass Menschenrechte, die zuvor eher im nationalstaatlichen Rahmen gedacht und diskutiert wurden und in erster Linie eine innerstaatliche Wirkung entfalten sollten, nach Ende des Zweiten Weltkrieges eine immense Internationalisierung und Universalisierung erfuhren. Maßgeblich verantwortlich hierfür waren die Vereinten Nationen. Wenn auch die im Zweiten Weltkrieg begangenen Gräuel sicherlich ein Grund für diese Entwicklung waren und ihre Dringlichkeit offenbart hatten, waren die Planer der Vereinten Nationen bereits Anfang der 1940er Jahre, also bevor das Ausmaß der Menschenrechtsverletzungen bekannt wurde, bestrebt, Menschenrechte zu einem wichtigen Tätigkeitsbereich der neuen Organisation werden zu lassen (Weiss et al. 2001: 149). Dieses Ziel ist, vermutlich stärker als es je für möglich gehalten wurde, verwirklicht worden, denn keine anderen Normen sind so schnell und so umfassend diffundiert wie Menschenrechte (Normand/Zaidi 2008: 8). Universelle Normen im Bereich der Menschenrechte etabliert zu haben, gilt als einer der großen Erfolge der Organisation. Menschenrechtsförderung gehört neben Entwicklung und Sicherheit zu den drei Haupttätigkeitsgebieten der Vereinten Nationen und ist als Querschnittsaufgabe durchgängig in der täglichen Arbeit verschiedener Organe präsent (Ramcharan 2007: 443, Mertus 2005: 13). Stark waren und sind die UN vor allem im *Setzen und Kodifizieren* von Menschenrechtsstandards (*standard setting*), aber auch das System zur *Überwachung* der Vertragseinhaltung (*compliance monitoring*) ist inzwischen ausgebaut worden, nur im Bereich des *Schutzes* der Menschenrechte bzw. ihrer *Durchsetzung* (*enforcing*) bestehen trotz Verbesserungen nach wie vor große Defizite.

Im folgenden Kapitel (Kap. 5.1) stellen wir zunächst kurz das Konzept der Menschenrechte vor, geben einen Überblick über die Ziele und Aufgaben der Organisation in diesem Bereich und diskutieren den Stellenwert von Menschenrechten in der UN-Charta (Kap. 5.2). Um die menschenrechtsrelevanten Tätigkeiten zentraler UN-Institutionen geht es im dritten Teil (Kap. 5.3), bevor wir die Menschenrechtsabkommen und zugehörige Institutionen beschreiben (Kap. 5.4). Schließlich stellen wir die im Menschenrechtsbereich vorhandenen Governance-Formen dar und konzentrieren uns dabei insbesondere auf die institutionelle Einbindung von Nichtregierungsorganisationen in die Arbeit der Menschenrechtsorgane (Kap. 5.5). Im Fazit (Kap. 5.6) bilanzieren wir die Erfolge und Defizite der Menschenrechtsarbeit der Vereinten Nationen.

5.1 Menschenrechte: Konzept und Verhältnis zur Souveränität

Was sind
Menschenrechte?

Liberale Tradition

Negative Rechte:
Verbote

Positive Rechte:
Gebote

Souveränität vs.
Menschenrechte

Im Kern des Menschenrechtskonzepts steht die Menschenwürde als eine jedem Menschen qua Menschsein gegebene und unantastbare Eigenschaft, auf die sich die Rechte von BürgerInnen in Gesellschaften begründen. Primärer Adressat, der den Menschenrechten entwachsenden Verboten und Verpflichtungen, ist der Staat als diejenige Institution, die dafür verantwortlich ist, Ordnung und soziale Gerechtigkeit herzustellen und aufrechtzuerhalten (Weiss et al. 2001: 143). In der aufklärerischen, liberalen Tradition wurden die Menschenrechte als Abwehr- und Schutzrechte des Individuums gegenüber dem Staat verfasst: Besonders der Schutz der bürgerlichen Privatsphäre vor staatlichen Eingriffen und staatlicher Willkür war für sie konstitutiv – entsprechend gehören zu den ersten verbrieften Freiheitsrechten das Recht auf Privateigentum und der Schutz vor willkürlicher Verhaftung (Weiß 2000: 325). Diese bürgerlich-politischen Rechte stellen die Grundlage des demokratischen Rechtsstaates dar und sind sogenannte negative Rechte oder Verbotsrechte, da sie die Pflicht des Staates begründen, bestimmte Handlungen zu unterlassen (beispielsweise seine BürgerInnen zu foltern, zu versklaven oder vor Gericht zu diskriminieren). Neben solchen *Abwehr*rechten existieren auch *Anspruchs*rechte, also positive Rechte, welche die Pflicht des Staates begründen, bestimmte Handlungen auszuführen. Dazu zählen vor allem soziale und ökonomische Voraussetzungen, die ein Staat herzustellen hat (beispielsweise die Versorgung mit Bildungseinrichtungen, die Schaffung einer Sozialversicherung und eines Gesundheitssystems) – das Leitbild eines Sozialstaates ist also auch menschenrechtlich begründbar. Auch eine Reihe moralischer und rechtlicher Prinzipien werden mit Menschenrechten assoziiert: Universalität, Legitimität, Gerechtigkeit, Gleichheit und Rechtsschutz (Ramcharan 2007: 445).

In dem Verständnis von Staaten als Rechtsadressaten und Individuen als Rechtsträgern, welches dem Menschenrechtskonzept inhärent ist, ist das immer wieder konstatierte und diskutierte Spannungsverhältnis zwischen staatlicher Souveränität und Menschenrechten per se angelegt. Schon die Vorstellung, staatliche Handlungsspielräume durch individuelle Rechte zu begrenzen, stellt einen Angriff auf das Herrschaftsmonopol des Staates dar. Während in der Westfälischen Ordnung der staatlichen Souveränität noch Vorrang im Verhältnis zu den Menschenrechten eingeräumt wurde (Weiss et al. 2001: 144), hat sich dieses Verhältnis im Laufe der Zeit, und insbesondere seit dem Ende des Kalten Krieges, immer weiter verschoben. Zunächst waren Menschenrechte aber auch bei den Vereinten Nationen nachrangig gegenüber anderen Zielen: Das bei der Gründung der Organisation verankerte Gebot der Nicht-Einmischung in die inneren Angelegenheiten (Art. 2 (7) der UN-Charta) war zwar primär als Souveränitätsbekundung intendiert, erwies sich aber jahrzehntelang als Hemmnis für den internationalen Menschenrechtsschutz (Gareis/Varwick 2006: 170). Auch das Dilemma, die Menschheit durch das Prinzip der territorialen Integrität und Souveränität vor Krieg schützen zu wollen und dieses Prinzip zugleich zum Schutz der Menschenrechte aufweichen zu müssen, wurde – wenig überraschend – von Staatenvertretern zugunsten staatlicher Souveränität aufgelöst (Flood 1998: 32). Bis 1989 wurde das Souveränitätsprinzip im UN-Rahmen als prioritär behandelt, allerdings wurden Menschenrechte sukzessive aufgewertet (Bailey 1994: 132): „Die Einsicht wuchs, dass an der Basis des Völkerrechts nicht länger der Staat, sondern die ihn tragenden und letztlich allein legitimierenden Individuen stehen" (Riedel 1998: 25). Auf Kosten eines klassisch-etatistischen Völkerrechtsverständnisses – mit dem souveränen Staat als einzig relevantem Akteur und völkerrechtlichem Subjekt – ist die Vorstellung einer Ordnung erstarkt, in der Individuen als Völkerrechtssubjekte anerkannt werden (Schaber 1995: 223), deren Menschenrechte, notfalls auch gegen die Souveränitätsrechte des normverletzenden Staates, zu schützen sind. Seit der Wiener Menschenrechtskonferenz (1993) stellt der Menschenrechtsschutz durch die internationale Gemeinschaft keinen Eingriff in die inneren Angelegenheiten eines Staates dar und kann durch Zwangsmaßnahmen gewährleistet werden (Brock 1999: 3). Entsprechend wandelt sich das Konzept der Souveränität nach Auffassung einiger Autoren substanziell von einem Recht, das ehemals zur Begründung der territorialen Unversehrtheit nach außen und zur Beanspruchung des Gewaltmonopols nach innen verwendet wurde, zu einem konditionalen Recht, dessen Beanspruchung davon abhängt, ob man ein Minimum an menschenrechtlichen Standards einhält (MacFarlane et al. 2004: 978). Zu den drei Charakteristika eines souveränen Staates – Territorium, Autorität, Bevölkerung – käme in diesem Verständnis mit der Pflicht zur Einhaltung der Menschenrechte ein viertes hinzu (Weiss 2004: 138).

5.2 Ziele und Aufgaben

Einige Regierungsdelegationen hatten bereits bei den Verhandlungen auf der Pariser Konferenz 1919, in denen die Satzung des Völkerbundes ausgearbeitet wurde, die Absicht, Menschenrechte von einer nationalen zu einer internationalen Angelegenheit zu erheben und sie zu diesem Zweck in der Satzung einer internationalen Organisation zu verankern. Doch allgemeine menschenrechtliche Bezüge ließen sich nicht durchsetzen, lediglich vereinzelte Rechte fanden Eingang in die Satzung: Einen breiten Raum nahmen Rechte von Minderheiten ein, ebenso fanden der Flüchtlingsschutz, grundlegende Arbeitsstandards und das Verbot der Sklaverei sowie des Menschenhandels Anerkennung (Karns/Mingst 2004: 422f.). Auf einen beginnenden Bewusstseinswandel hin deutete die Bereitschaft, Kriegsopfern das Recht auf eine menschliche Behandlung und Flüchtlingen besondere Bedürfnisse zuzugestehen; ferner wurde anerkannt, dass Minderheiten potenziell gefährdete Gruppen darstellen (Weiss et al. 2001: 147f.).[214] Gleichwohl zeichnete sich in der Zeit des Völkerbundes schon das Problem ab, das auch heute noch in der internationalen Menschenrechtspolitik virulent ist: Mit der immer wieder bekräftigten umfassenden Geltung der Menschenrechte geht noch lange nicht ihre tatsächliche Umsetzung bzw. der Wille, Schutzmechanismen einzurichten, einher.

Völkerbund: Ansätze einer Menschenrechtspolitik

---

214 Japan wollte auch das Prinzip der Rassengleichheit kodifiziert sehen, was Europa und die USA ablehnten (Karns/Mingst 2004: 421, Normand/Zaidi 2008: 50ff.).

Zu Zeiten des Völkerbundes hielt sich die Bereitschaft der Staaten, internationale Organisationen mit Durchsetzungskapazitäten auszustatten, noch stärker in Grenzen als heute. So war der Völkerbund gezwungen, einer Reihe eklatanter Menschenrechtsverletzungen hilflos und tatenlos zuzusehen – beispielsweise der Missachtung von Minderheitenrechten, die der um sich greifende Nationalismus brachte oder der fortgesetzten Unterdrückung der kolonisierten Völker (Normand/Zaidi 2008: 64f.).

Weitere Vorläufer der UN-Charta

Wenn auch der Völkerbund Menschenrechte nicht schützen konnte, bestand das Bestreben, zu diesem Zweck internationale Strukturen aufzubauen, nach Ende der Organisation fort. Zwar nahm die 1941 von Großbritannien und den USA verabschiedete Atlantik-Charta bis auf den Hinweis auf „Rechte der Völker" keinen Bezug auf Menschenrechte. In der darauf aufbauenden *United Nations Declaration* (1942) findet sich jedoch erstmalig, wenn auch nur in der Präambel, die Bezeichnung „Menschenrechte" (Normand/Zaidi 2008: 91f.).

San Francisco: desinteressierte Großmächte ...

Auf der UN-Gründungskonferenz in San Francisco sah es zunächst so aus, als würden Menschenrechte in der Charta keinen Platz finden: Die versammelten Großmächte waren selbst für Menschenrechtsverletzungen verantwortlich[215] und darauf bedacht, ihre Souveränität nicht von internationalen Vorgaben einschränken zu lassen. Dies kann erklären, weshalb ihre Vorschläge zur Satzung der Vereinten Nationen keine Menschenrechtsparagraphen enthielten (Normand/Zaidi 2008: 107). In Anbetracht dessen muss es als Erfolg gewertet werden, dass die Charta zwar kein ausschließlich den Menschenrechten gewidmetes Kapitel enthält, sich die Delegierten jedoch – schon damals unter dem Druck der Zivilgesellschaft in Form von anwesenden Nichtregierungsorganisationen[216] – darauf einigen

... dennoch Verankerung der Menschenrechte in der Charta

konnten, dass es auf internationaler Ebene institutioneller Mechanismen für den Menschenrechtsschutz bedarf. Entsprechend befasst sich die Charta an insgesamt sieben Stellen explizit mit Menschenrechten: Die Artikel 1 (3) und 55 (c) erklären die Förderung der universellen Achtung der Menschenrechte zum Ziel der Vereinten Nationen; in weiteren Artikeln werden Menschenrechte als Teil der Zuständigkeitsbereiche der Hauptorgane definiert. So wurde der Generalversammlung (*General Assembly*, GA) durch Artikel 13 (1) und dem Wirtschafts- und Sozialrat (*Economic and Social Council*, ECOSOC) durch Artikel 62 (2) der Auftrag erteilt, Menschenrechte zu fördern. Artikel 68 sah die Einberufung der Menschenrechtskommission (*Commission on Human Rights*, CHR) als Unterorgan des ECOSOC vor – ihre erste Aufgabe sollte die Ausarbeitung eines umfassenden Menschenrechtskataloges, der Allgemeinen Erklärung der Menschenrechte (AEMR), werden. Wichtige schon in der Satzung hervorgehobene Prinzipien sind beispielsweise das Selbstbestimmungsrecht der Völker (Art. 1 (2), Art. 55) und die Gleichheit aller Völker (Art. 1 (2)), die zu grundlegenden Prinzipien der Vereinten Nationen erklärt wurden, sowie die Geltung der Menschenrechte ungeachtet der Rasse, des Geschlechts, der Sprachzugehörigkeit oder der Religion (Art. 1 (3)).

---

215 In den USA herrschte die Rassentrennung, in der UdSSR waren unter Stalin Millionen Menschen in Zwangsarbeitslagern (Gulags) interniert, Großbritannien und Frankreich begingen massive Menschenrechtsverletzungen in ihren Kolonien (Ramcharan 2007: 441).
216 S. auch S. 240 dieses Kapitels sowie S. 64 des zweiten Kapitels.

Während die UN-Mitgliedsstaaten die Hauptverantwortung für die Wahrung der Menschenwürde und die Einhaltung der Menschenrechte tragen, sollen die Vereinten Nationen hierbei vor allem eine unterstützende Rolle spielen (Flood 1998: 25). Zu den Hauptzielen der UN gehört es, Menschenrechte anzuerkennen, zu fördern und die Kooperation in diesem Bereich zu erleichtern – die Aufgabe des Menschenrechts*schutzes* wurde ihnen allerdings aufgrund des Widerstandes großer Mächte durch die Charta nicht erteilt. Die Argumentation, dass die UN vor allem für die Förderung (*promotion*), nicht jedoch für den Schutz (*protection*) von Menschenrechten zuständig sind, setzte sich fort und verhinderte für lange Zeit den Ausbau einer robusten Menschenrechtsmaschinerie (Ramcharan 2007: 442). Trotz dieser erheblichen Schwäche wurde also bei Gründung der Weltorganisation das normative Fundament für spätere Menschenrechtsentwicklungen gelegt und Menschenrechte wurden als internationale Angelegenheit anerkannt, noch bevor es einen universellen Menschenrechtskatalog gab.

Förderung der Menschenrechte als Ziel der Vereinten Nationen

5.3 Institutionen

Mit Ausnahme der vorgesehenen Menschenrechtskommission wurde in der Charta nicht genauer festgelegt, wie die UN ihrem Menschenrechtsauftrag nachkommen sollen, weshalb sich die Institutionen, Praktiken und Prozeduren der Menschenrechtsarbeit erst im Laufe der Zeit herausbildeten – häufig nicht nur als Reaktion auf aktuelle Erfordernisse, sondern auch erst beim Vorliegen politisch günstiger Rahmenbedingungen.

Das UN-Menschenrechtssystem besteht aus drei Säulen:

Menschenrechtsorgane:
• Menschenrechtsrat
• Hochkommissar für Menschenrechte
• Vertragsorgane

- dem Menschenrechtsrat (*Human Rights Council*, HRC), der vorwiegend in der Entwicklung von Menschenrechtsstandards tätig ist (zuvor wurde diese Aufgabe von seiner Vorgängerin, der Menschenrechtskommission (*Commission on Human Rights*, CHR) erfüllt);
- dem Hochkommissar/der Hochkommissarin für Menschenrechte und seinem/ihrem Büro (*Office of the High Commissioner for Human Rights*, OHCHR) – dieses Amt gibt die allgemeinen Richtlinien für die Menschenrechtspolitik der Vereinten Nationen vor;
- und den Vertragsorganen, welche den Menschenrechtsversträgen zugeordnet sind und in dieser Funktion die Umsetzung und Einhaltung der Konventionen durch die Vertragsparteien überprüfen.

Zusätzlich bildet sich seit mehr als 15 Jahren die internationale Strafgerichtsbarkeit als vierte Säule heraus, in deren Zuständigkeit (in der Regel während kriegerischer Konflikte begangene) Menschenrechtsverletzungen groben Ausmaßes fallen. Daneben sind die Hauptorgane der Vereinten Nationen, die Generalversammlung und zunehmend auch der Sicherheitsrat, in der Menschenrechtsarbeit aktiv, wenn diese auch nicht ihr hauptsächliches oder alleiniges Tätigkeitsfeld ausmacht. Gleiches gilt auch für Spezialorgane wie die Organisation der Vereinten Nationen für Bildung, Wissenschaft und Kultur (*United Nations Educational, Sci-*

entific and Cultural Organization, UNESCO), das UN-Kinderhilfswerk (*United Nations Children's Fund*, UNICEF) und das Flüchtlingshochkommissariat (*United Nations High Commissioner for Refugees*, UNHCR). Diese Organe tragen in ihrer täglichen Arbeit ebenfalls zur Förderung der Menschenrechte bei, indem sie Programme zur Menschenrechtsbildung durchführen oder sich für den Schutz der Rechte der Kinder bzw. der Flüchtlinge und die Gewährung des Rechts auf Asyl engagieren. Auch die älteste zum UN-System seit 1946 gehörende Sonderorganisation, die 1919 gegründete Internationale Arbeitsorganisation (*International Labour Organization*, ILO), deckt mit ihrem Fokus auf Arbeitsstandards und Arbeitsbedingungen einen wichtigen menschenrechtlichen Bereich ab.

Wir werden in folgenden Unterkapiteln zunächst die Tätigkeiten der Hauptorgane Generalversammlung (5.3.1) und Sicherheitsrat (5.3.2) und anschließend die Menschenrechtsorgane Menschenrechtskommission (5.3.3), Menschenrechtsrat (5.3.4) und das Hochkommissariat für Menschenrechte (5.3.5) sowie die internationalen Kriegstribunale und den Strafgerichtshof (5.3.6) vorstellen. Die Vertragsorgane werden im darauf folgenden Kapitel zusammen mit den jeweiligen Konventionen dargestellt.

5.3.1 Die Generalversammlung

Menschenrechtsstandards und Menschenrechtsschutz durch GA-Resolutionen

Die Zuständigkeit für Menschenrechtsangelegenheiten wurde der Generalversammlung mit dem Artikel 13 der UN-Charta verliehen, der sie dazu befugt, Untersuchungen zu Menschenrechtsthemen zu veranlassen und Empfehlungen auszusprechen. Eine wichtige Rolle in der Standardsetzung spielen die Resolutionen der Generalversammlung, von denen sich ca. ein Drittel mit Menschenrechten befasst. Die prominenteste ist sicherlich die Allgemeine Menschenrechtserklärung, die am 10. Dezember 1948 als Resolution 217 A (III) verabschiedet wurde; am Tag zuvor wurde mit der Resolution 260 (III) A Völkermord als völkerrechtlicher Straftatbestand anerkannt. Weitere Meilensteine waren beispielsweise die Erklärung über die Rechte des Kindes (Resolution 1386 (XIV) vom 20. November 1959), die Erklärung zur Beseitigung aller Formen von Rassendiskriminierung (Resolution 1904 (XVIII) vom 20. November 1963) und die Erklärung zur Beseitigung der Gewalt gegen Frauen (Resolution A/RES/48/104 vom 20. Dezember 1993). Als wichtigstes Ergebnis des zum 60-jährigen Bestehen der UN ausgetragenen Weltgipfels im Jahr 2005 gilt die von der Generalversammlung im Abschlussdokument verankerte Schutzverantwortung (*Responsibility to Protect*, R2P) – damit wird die Verantwortung eines jeden Staates wie auch der internationalen Gemeinschaft als Ganzes betont, Menschen vor Genozid, Kriegsverbrechen, ethnischen Säuberungen und Verbrechen gegen die Menschlichkeit zu schützen (siehe 3.3.9, S. 149). Zwar sind die Resolutionen nicht bindend, allerdings sind die Kinderrechtskonvention und die Genoziderklärung zwei Beispiele dafür, dass Dokumente, die als unverbindliche Erklärungen verabschiedet werden, in einem völkerrechtlichen Vertrag münden können (Mertus 2005: 47). Mit ihrer menschenrechtlichen Schwerpunktsetzung ist die GA weniger initiativ denn reaktiv tätig und greift in der Regel Impulse der Menschenrechtskommission bzw. des Menschenrechtsrates, des ECOSOC oder der Nichtregierungsorganisationen auf (Flood 1998: 38). Neben der Entwicklung und Verbreitung neuer Normen leistet die Generalversammlung auch einen wichtigen Beitrag zum Schutz der Menschenrechte – dies geschieht ebenfalls über ihre Resolutionen, die nicht nur normsetzend formuliert werden, sondern auch dazu dienen können, konkrete Menschenrechtsverletzungen öffentlich anzuprangern und den Druck auf menschenrechtsverletzende Staaten zu erhöhen.[217]

Eine weitere Funktion der Generalversammlung ist die Supervision und Einberufung von Konferenzen und Organen, die sich mit Menschenrechten befassen. So wurden die Überwachungsorgane der Menschenrechtskonventionen durch Resolutionen der Generalversammlung geschaffen. Die Organe – genauso wie zahlreiche Sonderberichterstatter – berichten an die Generalversammlung und nehmen von ihr Empfehlungen entgegen; häufig sind wichtigen, in der Menschenrechtskommission getroffenen Entscheidungen GA-Verhandlungen vorausgegangen (Norchi 2004: 86). Ferner wurden bisher zwei globale Menschenrechtskonferenzen durchgeführt: Die erste, im Frühling 1968 in Teheran abgehaltene Konferenz hatte das Ziel, die in den 20 Jahren seit der Verabschiedung der Menschenrechtserklärung gemachten Fortschritte zu überprüfen und ein Programm für die Zukunft zu formulieren. Erst 25 Jahre später – 1993 – fand die zweite Konferenz (unter sehr hoher Beteiligung von NGOs) in Wien statt;[218] die Agenda umfasste zwar erneut die Prüfung der Fortschritte, ging aber darüber hinaus und zielte u.a. auf die Diskussion des Zusammenhangs zwischen Demokratie, Entwicklung und Menschenrechten sowie auf die Stärkung von Frauenrechten und den Ausbau der internationalen Menschenrechtskooperation ab (Dias 2001: 33). Auf Basis des Abschlussdokuments wurden z.B. die Ämter der Sonderberichterstatterin über Gewalt gegen Frauen sowie des Hochkommissars für Menschenrechte (s. Abschnitt 5.3.5) geschaffen.

Der in anderen Politikfeldern an die Generalversammlung gerichtete Vorwurf der Politisierung gilt im Bereich der Menschenrechte umso mehr. Unterschiedliche politische bzw. geographische Blöcke erhoben immer wieder die Behauptung, das Organ würde bei seiner Arbeit den jeweiligen Mehrheitsverhältnissen entsprechend ungleiche Standards anwenden und Menschenrechte lediglich zur Diskreditierung der politischen Gegner instrumentalisieren: Während in den ersten zehn Jahren eher der Ost-West-Konflikt das von westlichen Mächten dominierte Forum spaltete, das sich auf Menschenrechtsverletzungen kommunistischer Diktaturen konzentrierte und blind für Selbstbestimmungsrechte der Völker oder Rassendiskriminierung war, kam mit dem Nord-Süd-Gegensatz eine weitere Konfliktlinie hinzu. Mit der steigenden Anzahl der Entwicklungsländer in den Vereinten Nationen gewannen die Rassismusproblematik und das Selbstbestimmungsrecht der Völker an Aufmerksamkeit, jedoch zum Preis der Vernachlässigung von Rassis-

Marginalien:

Gründung von Menschenrechtsorganen und …

… Austrag globaler Konferenzen 1968 und 1993

Politische Richtung der GA: abhängig von den Mehrheiten

---

217 So wurden z.B. im Jahr 2012 Resolutionen zur Menschenrechtssituation in Iran, Israel, Myanmar, Nordkorea und Syrien verabschiedet.
218 Zur Beteiligung von NGOs an der Konferenz s. unten in diesem Kapitel; zu den Weltkonferenzen S. 292 des Studienbriefes.

mus gegenüber Weißen und abnehmender Beachtung von Verletzungen politischer Rechte, wie sie in post-kolonialen Diktaturen der Dritten Welt verbreitet waren (Weiss et al. 2001: 175f., Karns/Mingst 2004: 426f.). Solche Inkonsistenzen haben das Ansehen des Organs beschädigt und die Wirkung seiner menschenrechtspolitischen Arbeit geschmälert.

5.3.2 Der Sicherheitsrat

Seit Ende des Kalten Krieges: Menschenrechtsschutz zur Wahrung des Weltfriedens ...

Anders als das Mandat der Generalversammlung sieht das durch die Charta gegebene Mandat des Sicherheitsrates nicht explizit eine Befassung mit Menschenrechtsanliegen vor. Handlungsmöglichkeiten des Sicherheitsrates in diesem Bereich sind aber durch seine Befugnis nach Artikel 39 der UN-Charta, Bedrohungen des Weltfriedens festzustellen, gegeben. Allerdings liegt es in seinem Interpretationsspielraum, welche Situationen als friedensbedrohlich einzustufen und welche Maßnahmen zur Wahrung bzw. Wiederherstellung des Friedens zu ergreifen sind. In Bezug auf die Bereitschaft, sich mit Menschenrechten zu befassen, lassen sich in der Geschichte des Organs zwei Phasen erkennen: Bis Ende des Kalten Krieges herrschte eine enge Auslegung des Begriffs „Weltfrieden" vor. Menschenrechtsverletzungen wurden als innere Angelegenheit ohne internationale Dimension erachtet und der Sicherheitsrat blieb entsprechend untätig; auch in seinen konfliktbezogenen Resolutionen mahnte er die Wahrung der Menschenrechte nicht an bzw. nannte Menschenrechte überhaupt nicht, selbst wenn er darin auf das Selbstbestimmungsrecht der Völker rekurrierte (Bailey 1994: 127ff.).[219] Die zweite Phase, in welcher der von den Zwängen der Blockkonfrontation (weitgehend) befreite Sicherheitsrat die Verbindung zwischen Menschenrechten und Weltfrieden verankerte, begann in den neunziger Jahren. So sind die Mitglieder des Sicherheitsrates nicht nur dazu übergegangen, massive Menschenrechtsverletzungen zu Gefährdungen der internationalen Sicherheit und des Weltfriedens zu erklären, sondern diese Klassifizierung auch dazu zu nutzen, (ökonomische oder militärische) Zwangsmaßnahmen nach Kapitel VII der Charta zu legitimieren (Mertus 2005: 117). Die erste Entschließung, die anerkannte, dass Menschenrechtsverletzungen eine Friedensbedrohung darstellen können, war die Resolution 688 vom 5. April 1991, in der die Menschenrechtsverletzungen an irakischen Kurden verurteilt und die Flüchtlingsströme als deren friedensbedrohliche Konsequenz benannt wurden (Weiss et al. 2001: 168). Die Flüchtlingsproblematik wurde auch im Fall von Haiti im Jahr 1993 als Bedrohung der internationalen Sicherheit eingestuft,[220] die humanitäre Krise in Somalia im Jahr 1992 wurde sowohl in ihrer externen als auch internen Dimension als Friedensbedrohung klassifiziert.[221] Die grundsätzliche Erkenntnis, dass Konflikte ihre Ursache häufig in verschiedenen „nicht-militärischen Quellen der Instabilität" haben, wozu ökologische, wirtschaftliche und soziale

... durch Zwangsmaßnahmen nach Kapitel VII

---

219   Z.B. die Resolution 122 vom 24. Januar 1957 zum Kashmir-Konflikt.
220   Resolution 841 vom 16. Juni 1993.
221   Resolution 733 vom 23. Januar 1992 weist auch auf die Konsequenzen der Krise für die Region hin, die Resolution 767 vom 24. Juli 1992 beschränkt sich auf die Situation in dem Land.

Faktoren zählen, hatte der Sicherheitsrat nach einem hochrangigen Treffen am 31. Januar 1992 in einer Stellungnahme des Präsidenten zum Ausdruck gebracht.[222]

Der Sicherheitsrat stellte nicht nur die Verbindung zwischen Menschenrechten und internationaler Sicherheit her, sondern trug auch der Tatsache Rechnung, dass gewaltsame Konflikte ihrerseits mit massiven Menschenrechtsverletzungen einhergehen. Im Jahr 1999 verabschiedete er mit den Resolutionen 1261 zur Lage von Kindern in bewaffneten Konflikten und 1265 zum Schutz der Zivilbevölkerung in bewaffneten Konflikten die ersten thematischen Resolutionen mit Menschenrechtsbezug (Weiss et al. 2001: 173). Auch Resolutionen zur Einsetzung von Friedensmissionen, wie der ONUSAL in El Salvador (1991-1995) und der UNAMSIL in Sierra Leone (1999-2005), enthielten nun multidimensionale Mandate, die nicht länger auf die Überwachung von Waffenstillständen beschränkt blieben, sondern neben dem Menschenrechtsschutz z.B. auch Wahlbeobachtung und die Sicherung der humanitären Hilfe vorsahen (Norchi 2004: 100). Darüber hinaus leistete der Sicherheitsrat durch die Einsetzung von Kriegstribunalen (s. S. 230) einen wichtigen Beitrag zum Menschenrechtsschutz und trieb mit ihnen die Entwicklung völkerrechtlicher Standards voran.

Weitere Handlungen: Thematische Resolutionen Friedenserhaltende Operationen Tatsachenermittlungsmissionen Ad-hoc-Tribunale

Der Sicherheitsrat, handlungsunfähig durch die Vetomacht seiner permanenten Mitglieder, geriet während des Ost-West-Konflikts zu Recht in den Verdacht der politischen Instrumentalisierung. Entsprechend ist auch seine Menschenrechtspolitik nicht von Neutralität und Konsistenz geprägt. Zu oft konnte sich das Organ aufgrund der anders gelagerten Interessen seiner (ständigen) Mitglieder nicht auf eine Vorgehensweise einigen oder sich nur zu wenig wirksamen Schritten entscheiden. So blockierten während des Kalten Krieges die USA einige Resolutionen, welche die Regierungen von Südrhodesien (heute Zimbabwe) und Südafrika für ihre rassistische Politik verurteilt hätten; die UdSSR verhinderte – wenig überraschend – alles, was eigene Interventionen, etwa in der Tschechoslowakei und in Ungarn, kritisiert hätte. Obwohl das Gremium in der Resolution 1199 vom 23. September 1998 festgestellt hatte, bei der Situation in Kosovo handele es sich um eine Friedensbedrohung, konnte es aufgrund angedrohter Vetos durch China und Russland nicht auf die ethnischen Säuberungen und Vertreibungen reagieren. Danach wurde über einen längeren Zeitraum ein entschlossenes Handeln im Sudan verhindert, obwohl die Menschenrechtssituation in der Provinz Darfur und die Not der (Binnen-) Flüchtlinge als die weltweit schlimmste humanitäre Krise angesehen wurden (De Waal 2007: 1041ff.). Zwar wurde im Jahr 2011 für die Intervention in Libyen ein Mandat erteilt, aber eine Resolution, die Maßnahmen zur Beendigung oder zumindest Entschärfung der Gewalt in Syrien enthalten würde (etwa eine Flugverbotszone) scheiterte bislang an der Blockadehaltung Russlands und Chinas.

Menschenrechte auch hier politisches Instrument

---

222   Dokument S/23500 vom 31. Januar 1992.

5.3.3 Menschenrechtskommission (1947-2006) und ihre Sonderverfahren

Gründung und
Zusammensetzung

Die Menschenrechtskommission (*Commission on Human Rights*, CHR) war das einzige in der Charta vorgesehene Organ mit der alleinigen Zuständigkeit für Menschenrechte. In Artikel 68 wurde der ECOSOC aufgefordert, Kommissionen zur Förderung der Menschenrechte einzurichten. Dieser Aufforderung wurde alsbald entsprochen, so dass die erste Plenarsitzung der Menschenrechtskommission schon 1947 unter dem Vorsitz Eleanor Roosevelts abgehalten wurde. Zum letzten Mal tagte die CHR am 16. Juni 2006, bevor der Menschenrechtsrat als ihr Nachfolger seine Arbeit aufnahm (s. ab S. 224). Die ursprünglich aus 12 Mitgliedern – weisungsgebundenen Staatenvertretern, nicht Experten – bestehende Kommission war schließlich auf 53 Mitglieder angewachsen; diese wurden nach geographischem Proporz vom ECOSOC mit einfacher Mehrheit auf drei Jahre mit Wiederwahlmöglichkeit gewählt. Bedenkt man, dass die Kommission als Vertreterin der gesamten Staatengemeinschaft fungierte, erscheint das Wahlverfahren, bei dem lediglich 28 Stimmen ausreichen, um stimmberechtigtes Mitglied der Kommission zu werden, durchaus als problematisch (Lauren 2007: 326). An den jährlich sechs Wochen lang in Genf stattfindenden Sitzungen der CHR konnten allerdings auch Nicht-Mitglieder teilnehmen, die, wie NGOs auch, einen Beobachterstatus erhielten. Während einer Sitzungsperiode waren deshalb bis zu 3000 Delegierte anwesend. Die nicht-stimmberechtigten Mitglieder verfügten sowohl über Rederechte als auch über die Möglichkeit, schriftliche Erklärungen abzugeben und konnten sich somit aktiv am Geschehen in der Kommission beteiligen. In den Sitzungsdebatten führte die Kommission eine Bestandsaufnahme der Menschenrechtslage in den einzelnen Ländern durch, die auf Informationen von Regierungen, Sonderberichterstattern und NGOs basierte. Zwar fand diese formell entlang von Tagungsordnungspunkten zu spezifischen Themen statt, nahm aber eher den Charakter einer Generaldebatte an, da die Delegierten zu umfassenden Stellungnahmen neigten (Schaefer 1998: 62).

53 gewählte
Mitglieder, aber
Sitzungen mit 3.000
Delegierten

Mandat:
• Förderung der
Menschenrechte
• Entwicklung von
Standards
• Untersuchung von
Menschenrechtsver-
letzungen

Das Mandat der Kommission enthielt ein breites Befassungsrecht mit menschenrechtlichen Fragen: Die Kommission war erstens das für die Menschenrechtspolitik der Vereinten Nationen richtungsweisende Organ, das allgemeine Empfehlungen zur Förderung der Menschenrechte abgeben konnte. Zwar mag diese Kompetenz recht unbedeutend erscheinen, dieser Eindruck relativiert sich jedoch, wenn man bedenkt, dass die Generalversammlung ebenfalls nur Empfehlungen abgeben darf (Flood 1998: 38f.). Seit ihrer ersten Aufgabe – der Ausarbeitung der Allgemeinen Erklärung der Menschenrechte – hatte die CHR zweitens als politisches Forum gedient, in dem neue Menschenrechtsstandards ausgehandelt und formuliert wurden. Drittens übte die Menschenrechtskommission eine Glashausfunktion (Schaefer 1998: 63) aus, da sie Menschenrechtssituationen und Menschenrechtsverletzungen untersuchte und damit Monitoring-Aufgaben erfüllte und Transparenz herstellte. Unterstützt wurde sie dabei von ihrem wichtigsten Unterorgan – der Unterkommission für Verhinderung von Diskriminierung und Menschenrechtsschutz (*Sub-Commission on the Promotion and Protection of Human Rights*, bis 1999 *Sub-Commission on Prevention of Discrimination and*

Protection of Minorities). Dieses aus 26 gewählten Menschenrechtsexperten bestehende Organ hatte die Aufgabe, Studien zur Lage der Menschenrechte durchzuführen (sogenanntes *„screening"*) und Empfehlungen an die Kommission zu
richten und wurde deshalb auch als Thinktank der CHR angesehen.

In den ersten Jahrzehnten ihres Bestehens hatte sich die Kommission aus- Von der Normsetzung
schließlich auf die Entwicklung von Standards konzentriert, weil die Staaten, trotz zu Sonderverfahren
gegenteiliger Bestrebungen prominenter Kommissionsmitglieder, schnell klar gestellt hatten, dass die Bearbeitung von Petitionen bzw. der Menschenrechtsschutz
im Allgemeinen nicht in ihren Aufgabenbereich fiel (Lauren 2007: 314f.). Freilich verlief auch die Normsetzung – in Form von Menschenrechtskonventionen
und zahlreichen Resolutionen – alles andere als konfliktfrei: „Zunächst mussten
Standards formuliert werden, die universell gelten können – und dies über alle
ideologischen, kulturellen und sozialen Differenzen der Staatenwelt hinweg – und
diese Standards bedurften präziser Definition und Abgrenzung. Sodann musste
die Frage der Verpflichtungsart und -intensität für die Staaten geklärt werden und
schließlich die Frage der Implementierung, der Durchsetzung von eingegangenen
Menschenrechtsverpflichtungen" (Riedel 1998: 26). Nach und nach ging die Kommission in ihren Tätigkeiten über die Standardsetzung hinaus und machte es sich
verstärkt zur Aufgabe, auch die Einhaltung der Menschenrechte zu überwachen.
Ein Grund hierfür waren zahlreiche Petitionen aus Südafrika, die die Kommission
unter Druck setzten, sich mit rassistisch motivierten Menschenrechtsverletzungen zu befassen; zudem wurde offenkundig, dass die Menschenrechtssituation in
einzelnen Ländern dezidiert thematisiert werden musste (UNHCHR 2001: 3f.).
Ende der 1960er Jahre hatte die CHR begonnen, spezifische Menschenrechtsverletzungen zu identifizieren und etwa zur gleichen Zeit nahm auch das System von
Sonderverfahren (*special procedures*) seinen Anfang, welches über einen längeren Zeitraum die Verwirklichung einzelner Menschenrechte sowie die Menschenrechtslage in einzelnen Ländern überprüfen sollte (die erste länderspezifische
Arbeitsgruppe war die Gruppe zu Südafrika, die durch die ECOSOC-Resolution
1235 (XLII) vom 6. Juni 1967 eingesetzt wurde).

Erst 1975 konnte als Reaktion auf den chilenischen Militärputsch eine wei- Experten als Sonder-
tere Arbeitsgruppe eingesetzt werden, die sich mit der Situation in einem Land berichterstatter
befasste. 1979 wurde sie durch einen Sonderberichterstatter und zwei Experten
ersetzt und damit erstmalig ein weiterer Mechanismus des Menschenrechtsschutzes angewandt: Ausgewiesene, unabhängige und unentgeltlich tätige Menschenrechtsexperten werden berufen, um als Sonderberichterstatter konkrete Menschenrechtssituationen zu untersuchen – sie galten deshalb als „Augen und Ohren" der
Kommission (Heinz 2006: 103, Rathgeber 2006: 11). Sie sammeln Informationen,
lenken die Aufmerksamkeit auf Situationen besonderer Dringlichkeit und prangern Menschenrechtsverletzungen öffentlich an; die Ergebnisse ihrer Arbeit halten
sie in (jährlichen) Berichten an die Generalversammlung und die Menschenrechtskommission fest. Die Sonderberichterstatter können Tatsachenermittlungsmissionen durchführen *(fact-finding missions)* und entweder auf Einladung der Regierung oder nach ihrem Mandat Länderbesuche abstatten. Da das länderspezifische
Verfahren ein einzelnes Land in den Fokus der Ermittlungen stellt und darauf

ausgerichtet ist, mittels der Anwesenheit im betroffenen Land und in Gesprächen mit der jeweiligen Regierung und mit Nichtregierungsorganisationen die gesamte Menschenrechtssituation zu durchleuchten, ist dieses Verfahren ein politisiertes Instrument, dem sich die Regierungen gerne zu entziehen versuchen (Schaefer 1998: 72, Flood 1998: 43). Derzeit sind z.B. Berichterstatter für die Elfenbeinküste (seit 2011), Haiti (seit 1995), Iran (seit 2011), Kambodscha (seit 1993), Mali (seit 2013) und Nordkorea (seit 2004) im Einsatz.[223]

Einzelne Länder und
konkrete Menschen-
rechte im Fokus
Nachdem zunächst nur Länderberichterstatter bestimmt wurden, ist die Menschenrechtskommission mit der 1980 einberufenen Arbeitsgruppe zum Verschwindenlassen (*Working Group on Enforced or Involuntary Disappearances*) dazu übergegangen, auch Themenberichterstatter einzusetzen – inzwischen überwiegen sie bei Weitem die Länderberichterstatter (im Juni 2013 betrug die Verteilung 36 zu 13). Sie konzentrieren sich nicht auf einzelne Normbrecher, sondern auf einzelne Menschenrechte, überwachen deren Einhaltung weltweit und versuchen, die Hindernisse ihrer Umsetzung zu identifizieren, um entsprechende Empfehlungen abgeben zu können. Ihr Vorteil gegenüber länderspezifischen Mechanismen ist die große geographische Abdeckung; auch können bestimmte Menschenrechtsverletzungen (etwa Menschenhandel) nur global bzw. grenzüberschreitend bearbeitet werden. Weil sie weniger auf einzelne Menschenrechtsverletzer zielen, die Staaten nicht einzeln und direkt kritisiert werden und daher auch nicht den Druck zur Rechtfertigung verspüren, gelten die themenspezifischen Mechanismen im Vergleich zu Länderberichterstattern als weniger einflussreich – zugleich stößt ihre Einberufung gerade deshalb auf weniger Widerstand (Flood 1998: 126). Zwar können und müssen auch hier Regierungen befragt und zu Stellungnahmen aufgefordert werden, durch den Charakter des formell alle betreffenden Verfahrens fühlen sie sich jedoch nicht herausgegriffen und sind eher bereit zu glauben, dass es nicht um die Diffamierung einzelner, sondern tatsächlich um die Bearbeitung eines Menschenrechtsproblems geht (Flood 1998: 42).[224] Dennoch bietet auch dieses Verfahren die Chance, durch die Wahl des zu untersuchenden Rechts schwerpunktmäßig zu bestimmten Ländern zu arbeiten, weil es länder- bzw. regionalcharakteristische Menschenrechtsverletzungen gibt. So befasste sich die erste thematische Prozedur mit der Problematik des Verschwindenlassens von Personen, die besonders während des Bürgerkrieges in Kolumbien, aber auch in anderen lateinamerikanischen Staaten, erschreckende Ausmaße annahm. Seitdem wurden thematische Berichterstatter und Arbeitsgruppen für eine Vielzahl von Themen eingesetzt, etwa extralegale Hinrichtungen (seit 1982), Folter (seit 1985), Kinderhandel (seit 1990), Binnenvertriebene (*Internally Displaced Persons*, seit 2004) und kulturelle Rechte (seit 2009). Seit Ende der 1990er Jahre werden auch wirtschaftlich-soziale Rechte in diesem Rahmen bearbeitet, so gibt es Sonderberichterstatter und unabhängige Experten für das Recht auf Nahrung (seit 1998), für Strukturanpassungsprogramme (seit 1997) und für Umwelt und Menschenrechte (seit 2012).[225]

---

223 http://www.ohchr.org/EN/HRBodies/SP/Pages/Countries.aspx, 18.06.2013.
224 Im Jahr 2012 wurden im Rahmen beider Verfahren insgesamt 603 Anfragen an Regierungen von 126 Ländern versendet. http://www.ohchr.org/EN/HRBodies/SP/Pages/Introduction.aspx, 18.06.2013.
225 Eine Übersicht aller Sonderberichterstatter findet sich unter http://www.ohchr.org/EN/HRBodies/SP/Pages/Themes.aspx, 18.06.2013.

Auch als das schwächere der beiden Verfahren hat die thematische Berichterstattung eine nicht zu unterschätzende Relevanz: Sie fördert die öffentliche Sensibilität für ein bestimmtes Menschenrecht, leistet Aufklärungs- und Menschenrechtserziehungsarbeit und macht deutlich, wo die menschenrechtlichen Prioritäten der internationalen Gemeinschaft liegen (Flood 1998: 125f.).

Bis 1970 konnte sich die Kommission überhaupt nicht mit zahlreichen Petitionen, die sie erreichten, befassen.[226] Als Reaktion auf die vor allem von NGOs erhobene Forderung und die von der Kommission selbst erkannte Notwendigkeit eines institutionalisierten Umgangs mit Petitionen wurden zu Beginn der siebziger Jahre zwei weitere, nach den entsprechenden Resolutionen benannte, Mechanismen des Menschenrechtsschutzes etabliert, die sogenannte 1235- und 1503-Prozedur. Diese beiden Prozeduren gelten als politische Verfahren (und nicht als juristische, s. u. S. 237), da sie nicht auf verbindlichen internationalen Verträgen fußen, sondern auf nicht-verbindlichen Resolutionen des Wirtschafts- und Sozialrates (Boekle 1998: 3). Indem der ECOSOC diese Prozeduren beschloss und die entsprechenden Kompetenzen der Kommission übertrug, wurde nun ein Mechanismus des Menschenrechtsschutzes geschaffen, mittels dessen die Kommission sich der Untersuchung massiver und systematischer Menschenrechtsverletzungen[227] in konkreten Ländern widmen konnte.[228] Im Rahmen der 1235-Prozedur, die de facto einem Staatenbeschwerdeverfahren gleicht, da sie auf von Staaten eingebrachte Resolutionen reagiert (Boekle 1998: 9), wurde der Dialog mit beschuldigten Regierungen in öffentlichen

Dialog mit Regierungen durch 1235- und 1503-Prozeduren

---

226 Auf Druck der Mitgliedsstaaten hatte die Menschenrechtskommission 1959 in der Resolution 728 F selbst anerkannt, „keine Befugnisse zu besitzen, bei Beschwerden über Menschenrechtsverletzungen irgendwelche Maßnahmen ergreifen zu können" (Riedel 1998: 42).

227 Der Gesamtzusammenhang (*consistent pattern*) von Menschenrechtsverletzungen ist ein wichtiges Kriterium, damit das 1503-Verfahren angewendet werden kann. Dieser liegt „in der Summe von staatlicherseits intendierten und zu verantwortenden Einzelverletzungen über einen gewissen Zeitraum, die systematisch einen nicht unwesentlichen Teil der Bevölkerung betreffen. Die Verletzungen müssen zudem grober Natur sein, also das jeweilige Recht massiv beeinträchtigen. (...) Es werden somit nur Situationen massiver Menschenrechtsverletzungen untersucht, nicht aber die konkrete Verletzung eines einem bestimmten Menschen zustehenden spezifischen Rechtes" (Irmscher 2002: 641). Da das Verfahren für Einzelbeschwerden offen ist, soll die Schwelle des Gesamtzusammenhangs die Anzahl zulässiger Beschwerden verringern und die Staaten damit schützen (Irmscher 2002: 640).

228 Die Verfahren wurden auch nach einer Überprüfung durch das Nachfolgeorgan, den Menschenrechtsrat, beibehalten und laufen wie folgt ab: Nach ihrem Eingang wird jede Beschwerde vom Sekretariat geprüft und entweder als unbegründet und unzulässig abgewiesen oder formell akzeptiert und an die betroffene Regierung zum Kommentieren weitergeleitet. Im zweiten Schritt untersucht die aus fünf Experten bestehende *Working Group on Communications* alle innerhalb eines Jahres zugelassenen Beschwerden und die zugehörigen Regierungskommentare und entscheidet darüber, ob die Beschwerde die nächste Stufe des Prozesses erreicht. Ist dies der Fall, wurde sie an die *Working Group on Situations* übergeben, die darüber befindet, ob das Kriterium des Gesamtzusammenhangs (s. FN 227) erfüllt ist. Nach einer positiven Feststellung wird die Beschwerde mit Empfehlungen der Arbeitsgruppe an den Menschenrechtsrat weitergeleitet, der dann über das weitere Vorgehen entscheidet. Die Menschenrechtskommission hatte mehrere Optionen, um das Verfahren abzuschließen: Sie konnte es (mit oder ohne Handlungsempfehlungen an den Staat) abschließen, zu einem fortan öffentlichen 1235-Verfahren erklären oder einen Länderberichterstatter einsetzen, um die Situation weiter zu beobachten. Anschließend wurden die Namen derjenigen Staaten öffentlich bekanntgegeben, deren Verfahren abgeschlossen waren bzw. die weiterhin im Verfahren blieben. http://www2.ohchr.org/english/bodies/chr/complaints.htm, http://www.ohchr.org/Documents/ Publications/FactSheet7Rev.1en.pdf, 18.06.2013.

Sitzungen geführt. Hingegen handelte es sich bei der 1503-Prozedur um ein vertrauliches Verfahren, bei dem lediglich eine Liste mit den sich im Verfahren befindenden Staaten veröffentlicht wurde – die Prozedur wurde als Reaktion auf Petitionen von Betroffenen ausgelöst und gleicht damit einem Individualbeschwerdeverfahren. Befragt wurden von der Kommission allerdings nur die Regierungsvertreter, die Beschwerdeführer konnten sich nicht äußern und wurden weder über den Verlauf noch über den Ausgang des Verfahrens informiert (der Menschenrechtsrat hat diese Praxis inzwischen geändert, so dass die Beschwerdeführer den Verfahrensverlauf und dessen Ergebnis erfahren). Das Verfahren zielte eher auf längerfristige strukturelle Änderungen denn auf die sofortige Beendigung der aktuellen menschenrechtsverletzenden Situation; an dessen Ende stand deshalb häufiger die Forderung, die Rechtslage zu ändern bzw. umzusetzen. Die Kommission konnte sich auch entscheiden, das Land weiter zu beobachten oder sogar einen Länderberichterstatter einzusetzen. In den letzten zehn Jahren ihres Bestehens gingen durchschnittlich 20.000 Beschwerden jährlich bei der Kommission ein (Rathgeber 2006: 2).[229]

Die Schaffung des Problembewusstseins für Menschenrechtsthemen ist sicherlich einer der hauptsächlichen, wenn auch schwer messbaren, Erfolge der Menschenrechtskommission. Doch stand die Kommission auch permanent in der Kritik: Sie befand sich schließlich auf einer Gratwanderung zwischen Konfrontationsnotwendigkeit und Konsenssuche (Baum 1998: 18). Ihr dadurch, wie auch durch staatliche Widerstände, gering gehaltener Handlungsspielraum führe dazu, dass statt der Menschenrechte die Menschenrechtsverletzer geschützt würden. Die häufigsten Vorwürfe betrafen die Politisierung und Selektivität der Arbeit der CHR, die Staaten aus politischen und nicht aus menschenrechtlichen Motiven an den Pranger stelle, aber auch die uneingeschränkte Möglichkeit für menschenrechtsverletzende Staaten, selbst Mitglied der Kommission zu werden. Auch schmälere die hohe Anzahl der Dokumente deren Bedeutung, weshalb die unzureichende Fokussierung der Kommission kritisiert wurde.

5.3.4 Menschenrechtsrat (seit 2006)

Auf dem 2005er Weltgipfel beschlossen die UN-Mitgliedsstaaten, der Kritik an der mangelnden Effektivität der Menschenrechtskommission zu folgen und setzten den Menschenrechtsrat (*Human Rights Council*, HRC) anstelle der Menschenrechtkommission ein. Die Entscheidung der Staatengemeinschaft basierte auf zwei prominenten Berichten: So hatte zunächst das *High-Level Panel on Threats, Challenges and Change* 2004 die Notwendigkeit herausgestellt, die Kommission zu reformieren. In seinem Bericht „In Larger Freedom" schlug anschließend der

damalige Generalsekretär Kofi Annan vor, die Menschenrechtskommission durch ein kleineres Organ zu ersetzen, dessen Mitglieder mit einer Zweidrittelmehrheit von der Generalversammlung zu wählen seien. Die offizielle Gründung erfolgte am 15. März 2006 durch die UN-Generalversammlung, als sie dem Resolutions-

---

229 Insgesamt hat die Kommission Beschwerden gegen fast 90 Länder überprüft. http://www2.ohchr.org/english/bodies/chr/docs/61chr/presskit_E.pdf, 18.06.2013.

entwurf A/60/L.48 (später Resolution mit der Nummer A/60/251) zustimmte.[230]
Nach der grundsätzlichen Entscheidung galt es nun, in langwierigen Verhandlungen sämtliche Details betreffend den Status des neuen Organs, seine Größe,
Mitgliedschaftskriterien und Arbeitsabläufe auszudiskutieren (Lauren 2007: 332).
Hierfür sah die Gründungsresolution vor, dass sich der Menschenrechtsrat nach
der Aufnahme seiner Arbeit am 19. Juni 2006 im ersten Tätigkeitsjahr mit Institutionenbildung befassen, d.h. bestehende „Mandate, Mechanismen, Funktionen
und Verantwortlichkeiten"[231] überprüfen und Reformbedarfe identifizieren sollte.

Der Menschenrechtsrat sollte als gestärktes Organ an die Stelle der Men- **Menschenrechtsrat**
schenrechtskommission treten. Jedoch war von vorne herein absehbar, dass diese **und Menschen-**
Absicht nicht von allen unterstützt werden würde und dass das Spannungsver- **rechtskommission:**
hältnis zwischen dem Wunsch nach einem effektiven Menschenrechtssystem und **was ist neu?**
dem Bestreben einzelner Staaten, ihre Souveränitätsrechte unangetastet zu wissen, nicht durch die Neugründung aufzulösen sei (Abraham 2007: 3). Das von
der Menschenrechtskommission übernommene Mandat definiert als seine Hauptaufgabe die Förderung und Verbreitung der Menschenrechte und weniger ihren
Schutz (Ramcharan 2007: 450, Heinz 2006: 103). Es gab auch einige Staaten,
die es begrüßt hätten, wenn der Menschenrechtsrat sogar ohne die von der Menschenrechtskommission schließlich übernommenen Schutzmechanismen etabliert
worden wäre. Als Kompromiss wurden jedoch alle bestehenden Mandate, Verantwortlichkeiten und Mechanismen der CHR (wie die Sonderberichterstatter und die
Beschwerdeverfahren) zunächst für ein Jahr und schließlich mit kleineren Änderungen (s.u.) dauerhaft übernommen (Schrijver 2007b: 817).

Das wichtigste Ergebnis des ersten Jahres ist ein neuer Mechanismus, der **Universal Periodic**
Universal Periodic Review (UPR), der bisherige Strukturen ergänzt und den schon **Review**
die beiden oben genannten Berichte vorgeschlagen hatten. Im Rahmen dieser Prozedur wird routinemäßig die Menschenrechtslage aller UN-Mitgliedsstaaten überprüft. Die erste Runde wurde in den Jahren 2008 bis 2011 durchgeführt; insgesamt fanden jährlich drei Sessions mit je 16 Reviews statt – mit 48 Verfahren pro
Jahr waren damit in den vier Jahren alle 192 UN-Mitglieder an der Reihe (ohne
Südsudan, der im Juli 2011 als 193. Staat dazukam).[232] Durch das allumfassende
Verfahren sollte offensichtlich dem Vorwurf der selektiven, gegen einzelne Staaten gerichteten Menschenrechtspolitik der UN begegnet werden. Die Grundlage
des UPR, auf der die Befragungen der behandelten Staaten durch Expertenko-
mitees aufbauen, bilden Staatenberichte, Informationen der Vertragsorgane und
andere Dokumente, die das Hochkommissariat für Menschenrechte (s. ab S. 237)
zusammenstellt sowie Aussagen sogenannter Stakeholder, also der Interessensgruppen und NGOs (Abraham 2007: 5, WFM-IGP 2008). Nach Abschluss der

---

230 170 Staaten stimmten für die Resolution, drei (Belarus, Iran und Venezuela) enthielten sich und
vier (Israel, Marshall-Inseln, Palau und die USA) stimmten dagegen.
231 http://www2.ohchr.org/english/press/hrc/kit/hrcs_fs1.pdf, 18.06.2013, Übersetzung ELR.
232 Die Sitzungszyklen und -zeiten wurden nach der Überprüfung der Arbeitsweisen des
Menschenrechtsrates, die im Jahr 2011 anlässlich seines fünfjährigen Bestehens durchgeführt wurde,
ausgeweitet: Die zweite Überprüfungsrunde wird 4,5 Jahre dauern, wobei pro Jahr 14 Staaten in
jeweils dreieinhalbstündigen Sitzungen behandelt werden (Rathgeber 2011: 219-220).

Befragung gibt das Komitee eine Bewertung ab, die nicht der Zustimmung des jeweiligen Staates obliegt, auf die er aber reagieren soll. Anschließend wird der Dialog im Menschenrechtsrat selbst weitergeführt. Dabei kommt die umstrittene Zusammensetzung des Rates zum Tragen, denn die Regierungen einiger Länder versuchen, kritische Fragen dadurch zu vermeiden, dass möglichst viele ihrer Verbündeten auf der Rednerliste stehen (Rathgeber 2006: 6). Nichtsdestotrotz wird durch das UPR eine umfassende Dokumentation der Menschenrechtslage in den jeweiligen Ländern sichergestellt (Rathgeber 2010: 76-77).

Neben der Errichtung des UPR wurden auch bestehende Sonder- und Beschwerdeverfahren teilweise angepasst: So wurden beispielsweise im 1503-Verfahren (s. S. 224) u.a. nicht nur häufigere Treffen der über die Beschwerde entscheidenden Arbeitsgruppen beschlossen, sondern auch entschieden, dass fortan der Beschwerdeführer/die Beschwerdeführerin darüber informiert wird, ob die Beschwerde zugelassen wurde und mit welchem Ergebnis das Verfahren endete; außerdem wurde die Möglichkeit geschaffen, die Identität des Beschwerdeführers gegenüber dem betroffenen Staat geheim zuhalten.[233] Da es hinsichtlich der Sonderverfahren immer wieder Bestrebungen von Staaten gab, die Rechte der Länder- und Themenberichterstatter zu beschneiden, war es ein Ziel des Institutionenbildungsjahres, diese Rechte zunächst einmal zu bewahren und nicht etwa auszubauen – was nicht gelungen ist, denn die Mandate der Länderberichterstatter wurden auf ein Jahr begrenzt und müssen nun jährlich verlängert werden (Callejon 2008: 325). Weitere Einschränkungen ergaben sich dadurch, dass die Unterkommission durch den 18-köpfigen Bratungsausschuss (*Human Rights Council Advisory Committee*) ersetzt wurde:[234] Konnte die Unterkommission noch initiativ tätig werden und so eigene Schwerpunkte in der Menschenrechtsarbeit setzen, muss der Menschenrechtsrat nun explizit Aufträge erteilen und die Vorschläge der im Beratungsausschuss tätigen Experten genehmigen (Sweeney/Saito 2009: 220).

Zusammensetzung und Tagungsdauer

Mit dem Ziel, die Legitimität und Effektivität des neuen Menschenrechtsrates zu erhöhen, wurden einige weitere Änderungen vorgenommen: Setzte sich die Menschenrechtskommission noch aus 53 Mitgliedern zusammen, ist der Menschenrechtsrat auf 47 Mitglieder geschrumpft (der Beobachterstatus für staatliche Nicht-Mitglieder und andere Institutionen blieb allerdings erhalten).[235] Diese wenn auch geringfügige und deutlich kleiner als geplant ausgefallene Neuerung[236] ist dennoch

---

233 Resolution 5/1. des Menschenrechtsrates vom 18. Juni 2007.
234 http://www.ohchr.org/EN/HRBodies/HRC/AdvisoryCommittee/Pages/AboutAC.aspx, 18.06.2013.
235 Die Mitglieder werden ebenfalls nach geographischem Proporz und für drei Jahre gewählt, dürfen jedoch nur einmal wiedergewählt werden und müssen anschließend pausieren, so dass die Möglichkeit einer informellen permanenten Mitgliedschaft nicht mehr besteht.
236 Das *High-Level Panel* hatte einerseits die Ausweitung der Mitgliedschaft der Menschenrechtskommission auf alle Mitglieder der Vereinten Nationen gefordert, um ein Zeichen für die universelle, für alle Mitgliedsstaaten relevante Geltung der Menschenrechte zu setzen (High-Level Panel 2004: 74). Andererseits enthielt der Bericht den Vorschlag, ein 15-köpfiges Expertengremium einzurichten, das neben beratenden Funktionen auch selbst im Rahmen bestimmter Mandate tätig werden würde. Keiner dieser Vorschläge fand sich im Bericht des Generalsekretärs wieder – dort war lediglich allgemein von der Notwendigkeit die Rede, die Menschenrechtskommission durch ein kleineres, effektiveres Organ zu ersetzen.

eine Besonderheit, denn erstmalig in der Geschichte der Vereinten Nationen ist ein Organ aus Effektivitätserwägungen verkleinert worden (Lauren 2007: 335). Ferner wurde der Stellenwert des HRC im UN-System dadurch gehoben, dass er als ein Unterorgan der Generalversammlung (und nicht des ECOSOC, wie die Menschenrechtskommission) etabliert wurde. Neben dieser symbolischen Aufwertung hat die Entscheidung auch erhebliche Konsequenzen für seine Mitgliedschaft, denn die Wahl der Mitglieder obliegt nun der Generalversammlung. Zwar reicht hier die einfache Mehrheit (der Vorschlag einer Zweidrittelmehrheit konnte sich nicht durchsetzen), um in den Rat gewählt zu werden, die erforderliche Anzahl an Stimmen liegt damit allerdings bei 97 – und damit erheblich höher als die 28 Stimmen, die zuvor im ECOSOC notwendig waren. Möglich ist nun außerdem eine Abwahl amtierender Mitglieder (z.B. in dem Fall, dass sich während ihrer Amtszeit die Menschenrechtslage im Land erheblich verschlechtert), sofern zwei Drittel der Generalversammlung dafür stimmen. Die Forderung, die Wahl an die Erfüllung bestimmter Menschenrechtskriterien zu koppeln, konnte sich nicht durchsetzen. Prinzipiell kann deshalb jedes Land für den Menschenrechtsrat kandidieren. Vor der ersten Wahl hatte allerdings die Hohe Kommissarin für Menschenrechte eine Liste mit Kriterien, die die Mitglieder erfüllen sollten, herausgegeben[237] und die 67 Kandidaten nachdrücklich aufgefordert, hierzu Stellung zu nehmen. Als in der geheimen Wahl dennoch bekannte Menschenrechtsverletzer in den Menschenrechtsrat gewählt wurden, zogen die USA aus Protest ihre Kandidatur zurück (Normand/Zaidi 2008: 2).[238] Es ist auch nicht gelungen, mit dem Menschenrechtsrat ein permanent tagendes Organ zu etablieren – zumindest wurde aber dessen Tagungsdauer von sechs auf Minimum zehn Wochen im Jahr erhöht. Um zeitnah v.a. auf Menschenrechtskrisen reagieren zu können, sind auch Sondersitzungen möglich, die auf Antrag eines Mitglieds mit einer 1/3-Mehrheit einberufen werden können (von den bislang 18 Sondersitzungen galten die beiden letzten der Situation in Syrien, Stand Juni 2013).

Nach nunmehr sieben Jahren ist deutlich geworden, dass auch die Umwandlung der Menschenrechtskommission in ein neues Organ die alten Konfliktlinien nicht beseitigen konnte – bis auf den neuen Überprüfungsmechanismus sind die institutionellen Strukturen und damit ihre alten Probleme weitgehend gleich geblieben oder änderten sich, wie im Falle der abgeschafften Subkommission, zum Negativen. Die Debatten im Menschenrechtrat verlaufen nicht weniger politisiert und einige

Erste Bilanz: einige Verbesserungen und alte Probleme

---

237 In der Liste enthalten sind z.B. die Aufforderungen, offenzulegen, bei welchen Menschenrechtsabkommen der Staat Vertragspartei ist und in welcher Form er mit den Sonderverfahren kooperiert, außerdem sollen die Staaten ihre Bereitschaft bekunden, mit NGOs zusammenzuarbeiten. Hinsichtlich der eigenen Menschenrechtslage sollen die Staaten die aktuelle Situation und ihre Herausforderungen darstellen, einen Ausblick auf die Politik der nächsten Jahre geben sowie sich dazu verpflichten, die höchsten Menschenrechtsstandards einzuhalten. http://www2.ohchr.org/english/bodies/hrcouncil/docs/pledges.pdf, 18.06.2013.
238 Mitgliedschaft des ersten Menschenrechtsrates nach Regionalgruppen: Afrika: Algerien, Dschibuti, Gabun, Ghana, Kamerun, Mali, Marokko, Mauritius, Sambia, Senegal, Südafrika, Tunesien; Lateinamerika: Argentinien, Brasilien, Ecuador, Guatemala, Kuba, Mexiko, Peru, Uruguay; Kanada; Asien: Bahrain, Bangladesch, China, Indien, Indonesien, Japan, Jordanien, Malaysien, Pakistan, Philippinen, Saudi Arabien, Sri Lanka, Südkorea; Europa: Deutschland, Finnland, Frankreich, Niederlande, Schweiz, Vereinigtes Königreich; Osteuropa: Aserbaidschan, Polen, Rumänien, Russland, Tschechische Republik, Ukraine.

menschenrechtsverletzende Staaten haben weiterhin ihren Sitz inne. In der Anfangszeit wurden vor allem die zögerlichen – oder gänzlich ausbleibenden – Reaktionen
des HRC auf Menschenrechtskrisen kritisiert. So wurde eine Sondersitzung zum
Darfur-Konflikt erst Ende Dezember 2006 anberaumt;[239] keinen Platz auf der Tagesordnung fanden die Menschenrechtsverletzungen in Burma und Somalia, während
Israel, in alter Tradition, praktisch sofort nach Arbeitsbeginn des Rates in mehreren Resolutionen gerügt wurde.[240] Nach den wenigen institutionellen Veränderungen infolge der Überprüfung der Arbeitsweisen des Menschenrechtsrates durch die
Generalversammlung im Jahr 2011[241] scheint die Einschätzung, „die Regierungen
[schützten] einmal mehr sich selbst statt die Menschenrechte" durchaus gerechtfertigt (Rathgeber 2011: 220). Allerdings hoben führende Menschenrechts-NGOs
in einem offenen Brief anlässlich dieser Überprüfung hervor, dass sich die Krisen-
reaktionsfähigkeit verbessert habe, wie die schnelle Einberufung von Sondersitzungen zu den Situationen in der Elfenbeinküste, Libyen und Syrien gezeigt habe.
Sie kritisieren jedoch ebenfalls die Zusammensetzung des Rates und fordern, seine
Glaubwürdigkeit dadurch sicherzustellen, dass nur Staaten mit einer vorzeigbaren
Menschenrechtspolitik in den Rat gewählt werden.[242]

5.3.5 Hochkommissariat für Menschenrechte

Menschenrechts-
sekretariat der UN

Das Menschenrechtssystem der Vereinten Nationen verfügt bereits seit 1946 über
ein eigenes Sekretariat, das seit 1998 unter der Bezeichnung Büro des Hochkommissars für Menschenrechte (*Office of the High Commissioner of Human Rights*,
OHCHR; auch Hochkommissariat für Menschenrechte) geführt wird. Nach der
Anfangszeit in New York hat das Büro seinen Sitz seit 1974 im ehemaligen Völker-
bundsitz, dem Wilson Palais in Genf.[243] Das OHCHR ist Teil des UN-Sekretariats.
Zu seinen Aufgaben zählt erstens ein breiter Auftrag zur Förderung der Menschenrechte, zweitens die (administrative) Unterstützung übriger Menschenrechtsorgane sowie drittens die Technische Zusammenarbeit mit den Mitgliedsstaaten, um
ihnen bei der Umsetzung von Menschenrechtsstandards zu assistieren.[244]

Hochkommissar:
nach mehreren Jahr-
zehnten Überzeu-
gungsarbeit etabliert

Erst seit 1994 steht das Amt des Hohen Kommissars/der Hohen Kommissarin für Menschenrechte (*High Commissioner for Human Rights*) an der Spitze des
Sekretariats, obwohl eine solche Position schon seit dem Ende der vierziger Jahre
immer wieder im Gespräch war. Aus Angst vor der Autorität eines einzelnen, mit

---

239   Vgl. den Artikel der Menschenrechtsorganisation Human Rights Watch, http://www.hrw.org/en/
news/2007/12/13/un-unacceptable-compromise-rights-council-darfur, 18.06.2013.
240   Für eine Übersicht weiterer aus Sicht von Human Rights Watch diskussionswürdiger – aber
vom Menschenrechtsrat weitgehend ignorierter – Menschenrechtssituationen siehe: http://www.hrw.
org/legacy/english/docs/2007/03/12/sudan15471.htm, 18.06.2013.
241   Ausführlich siehe Rathgeber 2011.
242   http://www.ishr.ch/general-assembly/1103-letter-from-ngos-to-states-on-outcome-of-human-
rights-council-status-review, 18.06.2013.
243   Angefangen hatte das Sekretariat unter der Bezeichnung Division of Human Rights, bis es 1982
zum Centre for Human Rights aufgewertet wurde; 1993 hatte die Generalversammlung die Errichtung
des Postens des Hochkommissars und damit auch des Hochkommissariats beschlossen.
244   http://www.ohchr.org/EN/AboutUs/Pages/WhatWeDo.aspx, 18.06.2013.

einem starken Menschenrechtsmandat ausgestatteten Individuums wurde das Amt immer wieder abgelehnt. Der Konsens konnte erst auf der Wiener Menschenrechtskonferenz im Jahr 1993 erzielt werden, forciert von der Clinton-Administration und ermöglicht durch das Ende des Kalten Krieges (De Zayas 2000: 339, Flood 1998: 123). Indem die Generalversammlung am 20. Dezember 1993 einstimmig die Resolution A/RES/48/141 annahm, erkannte die internationale Gemeinschaft den neuen Posten an und verlieh ihm die für das schwierige Mandat notwendige Autorität und Legitimation (Kedzia/Jerbi 1998: 88). Dieser Konsens wurde von vielen Seiten als Höhepunkt der Menschenrechtsarbeit der UN beurteilt.

Der/die HochkommissarIn wird vom UN-Generalsekretär mit Zustimmung der Generalversammlung auf vier Jahre mit der Möglichkeit einer zweiten Amtszeit ernannt;[245] das Amt untersteht diesen beiden Organen sowie dem ECOSOC und berichtet an sie, darf aber auch Empfehlungen aussprechen. Das Mandat legte die Generalversammlung wie folgt fest: Als „Sprachrohr" vertritt der Hochkommissar die offizielle Menschenrechtsposition der Vereinten Nationen nach außen und trägt die Hauptverantwortung für ihre Menschenrechtsaktivitäten. Damit hängt auch sein breiter Zuständigkeitsbereich zusammen: Er ist verantwortlich für die Umsetzung des Rechtes auf Entwicklung, beratende Tätigkeiten, technische und finanzielle Unterstützung (wenn diese von Staaten angefordert wird), Konsultationen und Dialoge mit Regierungen und soll die Effektivität und Effizienz der Menschenrechtsarbeit erhöhen (vgl. A/RES/48/141). Außerdem setzt sich der Kommissar für die Ratifikation der Menschenrechtskonventionen ein, treibt aber auch neue Menschenrechtsnormen voran. Um diesem breiten Mandat entsprechen zu können, wurde dem Hochkommissar ein Initiativrecht eingeräumt, das es ihm beispielsweise ermöglicht, Menschenrechtsbüros in den Ländern zu eröffnen oder mit den Regierungen in Dialog zu treten. Damit hängt auch die Funktion des Hochkommissars zusammen, seine Arbeit sowohl mit anderen Menschenrechtsorganen als auch mit den im Menschenrechtsbereich ebenfalls tätigen Sonderorganisationen zu koordinieren.

Mandat und Funktionen

Bei der Umsetzung des Mandats hat in den letzten 15 Jahren der operative Bereich erheblich an Bedeutung gewonnen, was bedeutet, dass die Schwerpunkte vom Setzen der Menschenrechtsstandards hin zu ihrer Umsetzung verlagert wurden. Die Technische Zusammenarbeit durch das Hochkommissariat nimmt viele Formen an: Dazu gehört die Expertenberatung bei der Umsetzung der Pakte, die Menschenrechtserziehung durch Trainings und Workshops, die Unterstützung bei Reformen der Justizverwaltung oder der Verfassungen sowie die Durchführung von Wahlen. Seit Beginn der 1990er Jahre werden auch Menschenrechtsbüros und Menschenrechtsfeldmissionen eingerichtet, um einerseits die Zusammenarbeit zu erleichtern und andererseits den effektiven Menschenrechtsschutz in Kon-

Aktivitäten im Feld: Technische Zusammenarbeit und Menschenrechtsfeldmissionen

---

245 Bisher hat es fünf hochrangige AmtsinhaberInnen gegeben: der hochrangige Diplomat und ehemaliger Außenminister José Ayala Lasso aus Ecuador (1994-1997), die ehemalige irische Präsidentin Mary Robinson (1997-2002), der langgediente UN-Mitarbeiter Sergio Vieira de Mello aus Brasilien (er kam im August 2003 in Irak bei einem Anschlag auf das UN-Hauptquartier ums Leben) und die ehemalige Chefanklägerin der Kriegstribunale für Jugoslawien und Ruanda Louise Arbour (Kanada). Seit dem 1. September 2008 hat die Südafrikanerin Navanethem Pillay, die zuvor als Richterin am Internationalen Strafgerichtshof tätig war, das Amt inne.

fliktregionen zu gewährleisten sowie auf akute Krisen zu reagieren.[246] Als Menschenrechtsfeldmission wird „jede längerfristige internationale Präsenz in einem konkreten Land mit spezifisch menschenrechtlicher Aufgabenstellung und der Möglichkeit regelmäßiger, auf Erfahrung vor Ort basierender Berichterstattung" verstanden (Schaefer 1998a: 199); ihr Mandat kann durch den Sicherheitsrat oder den Menschenrechtsrat (bzw. vorher die Menschenrechtskommission) verliehen und von MitarbeiterInnen des OHCHR ausgeführt werden. Menschenrechtsfeldmissionen stehen insofern für eine kooperative Menschenrechtspolitik als ihr Einsatz der Zustimmung der jeweiligen Regierung bedarf. Sie können integriert in friedenserhaltende Operationen oder davon unabhängig stattfinden und tragen auf vielfache Weise zur Herstellung von Frieden bzw. zur Konfliktverhinderung bei: Sie erfüllen Monitoring-Aufgaben und ermöglichen damit eine schnelle Reaktion auf eventuelle Zuspitzungen; sie stellen aber auch eine vertrauensbildende Maßnahme dar, weil sie Menschenrechtsverletzungen aufarbeiten, aufklären und auf die Strafverfolgung hinarbeiten, womit sie auf Vergangenheitsbewältigung und Versöhnung zwischen den Konfliktparteien zielen – dies war z.B. bei der ersten, nach dem Genozid in Ruanda eingerichteten Mission (Human Rights Field Operation in Rwanda) erklärtes Ziel (Mertus 2005: 19f., Schaefer 1998a: 199ff.).

5.3.6 Internationale Gerichtshöfe

Internationale Rechtssprechung …

Die Herausbildung der internationalen Gerichtsbarkeit und entsprechender Institutionen begann vergleichsweise spät, nämlich erst im 20. Jahrhundert mit der Errichtung des Ständigen Internationalen Gerichtshofes durch den Völkerbund. Nach dem Zweiten Weltkrieg fanden die Nürnberger/Tokioter Kriegsverbrechertribunalen statt, die in mehrfacher Hinsicht revolutionär waren: Die Anklage umfasste zuvor niemals vorgebrachte Punkte, beispielsweise Verbrechen gegen Frieden, Versklavung der Zivilbevölkerung, Misshandlung von Kriegsgefangenen und Verbrechen gegen die Menschlichkeit, welche die Verfolgung aus politischen, ethnischen und religiösen Gründen beinhalteten. Die Verteidigung mit dem Hinweis auf höhere Verantwortlichkeit bzw. Handeln auf Befehl wurde nicht zugelassen (Goldstone 2007: 464). Wie weiter oben erwähnt, existierte die Menschenrechtsidee zu diesem Zeitpunkt bereits seit mehreren Jahrhunderten – dass sich zunehmend auch eine internationale Rechtssprechung herausbildete, hat sicherlich auch dazu beigetragen, dass Menschenrechte sukzessive einen völkergewohnheitsrechtlichen Status

… Menschenrechte als Völkergewohnheitsrecht

erlangten, der „keiner expliziten vertraglichen Sicherstellung bedarf, sondern alle Staaten bindet, also eine Wirkung *erga omnes* besitzt und damit Verpflichtungen gegenüber der Weltgemeinschaft zum Ausdruck bringt" (Schaber 1995: 223).

IGH: kein Menschenrechtsgerichtshof, aber menschenrechtliche Relevanz

Bei der Gründung des Internationalen Gerichtshofes (IGH) im Jahr 1946 ging man nicht soweit, einer internationalen Rechtsinstanz eine menschenrechtliche Zuständigkeit zu übertragen – sein Mandat beschränkt sich auf zwischenstaatliche Angelegenheiten. Dennoch hatten einige seiner Urteile teils erhebliche

---

246 Eine Übersicht der aktuellen Missionen findet sich unter http://www.ohchr.org/EN/Countries/Pages/MapOfficesIndex.aspx, 18.06.2013.

Implikationen für Menschenrechte: Im Gutachten zur Genozidkonvention (1951), stellte der IGH fest, dass es Prinzipien gibt, die für zivilisierte Staaten auch ohne vertragliche Bindung gelten und bekräftigte dies in späteren Urteilen. Deshalb kann man zwischen zwei Verpflichtungsarten unterscheiden, nämlich vertraglichen Verpflichtungen und *Erga-Omnes*-Verpflichtungen (Riedel 1998: 31). Die Rechtsgeltung der Menschenrechtserklärung war Grundlage aller IGH-Entscheidungen, so auch des Namibia-Gutachtens von 1970, in dem eine rassistisch motivierte Freiheitsbegrenzung als Menschenrechtsverletzung und Verstoß gegen die UN-Charta deklariert wurde (Riedel 1998: 31f.).

Die ersten Gerichte, die explizit schwerste Menschenrechtsverletzungen behandelten, wurden erst mehr als vierzig Jahre nach dem Ende der Nürnberger Prozesse eingerichtet: Der Internationale Strafgerichtshof für Ex-Jugoslawien (*International Criminal Tribunal for the former Yugoslavia*, ICTY) mit Sitz in Den Haag, Niederlande, nahm seine Arbeit 1993 auf; der Internationale Strafgerichtshof für Ruanda (*International Criminal Tribunal for Rwanda*, ICTR) wurde 1994 eingesetzt und befindet sich in Arusha, Tansania. Die Errichtungen dieser beiden Tribunale waren die ersten ihrer Art und basierten auf der nach Kapitel VII der UN-Charta gegebenen Kompetenz des Sicherheitsrates, von allen zur Wahrung oder Wiederherstellung des Friedens notwendigen Mitteln Gebrauch zu machen. Die Gerichtshöfe wurden von ihm autorisiert, Verstöße gegen die Genfer Konventionen, Völkermord und Verbrechen gegen die Menschlichkeit zu verhandeln. Das ICTY hat seitdem 136 der insgesamt vorgesehenen 161 Verfahren abgeschlossen, davon 69 mit einem Urteilsspruch;[247] das ICTR hat seine erstinstanzliche Arbeit in allen 93 Anklagefällen im Dezember 2012 beendet, dabei insgesamt 55 Urteile gesprochen und bearbeitet nun die Berufungen.[248] Die beiden Tribunale sind nicht die einzigen geblieben und haben als Anregung gedient, auch nach anderen Konflikten Kriegsverbrecher durch internationale Gerichtshöfe strafrechtlich zu verfolgen – so u.a. in Folge der Konflikte in Osttimor, Kambodscha und Sierra Leone. Als erstes Staatsoberhaupt seit den Nürnberger Prozessen wurde vom Gerichtshof für Sierra Leone im Mai 2012 der ehemalige liberianische Präsident Charles Taylor zu 50 Jahren Haft u.a. wegen Verbrechen gegen die Menschlichkeit und der Rekrutierung von Kindersoldaten verurteilt.

Die Ad-Hoc-Tribunale haben die Notwendigkeit und die Chancen einer internationalen Strafverfolgung aufgezeigt und waren deshalb wichtige Vorläufer des ständigen Internationalen Strafgerichtshofs (*International Criminal Court*, ICC), der, mehr als 50 Jahre nach den ersten Planungen, im Jahr 2002 seine Arbeit aufnahm. Bereits 1947 war die Internationale Rechtskommission (*International Law Commission*) von der Generalversammlung mit der Ausarbeitung eines Statuts für ein internationales Strafverfolgungsorgan beauftragt worden, das sie 1954 fertigstellte. Doch das Thema wurde vertagt und kam erst Mitte der 1990er Jahre wieder auf, als die Kommission nach einer erneuten Bitte der Generalversammlung einen weiteren Entwurf und einen Kodex für internationale

Ad-hoc-Kriminaltribunale ICTY und ICTR: Strafverfolgung wegen Völkermordes, Verbrechen gegen die Menschlichkeit und Verstöße gegen die Genfer Konventionen

Der internationale Strafgerichtshof: endlich ein permanentes Organ

---

247   http://www.icty.org/sections/TheCases/KeyFiguresoftheCases, 18.06.2013.
248   http://www.unictr.org/Portals/0/English/FactSheets/Completion_St/S-2013-310e.pdf, 18.06.2013.

Verbrechen vorlegte. Die beiden Dokumente bildeten die Grundlage des *Statute of Rome*, so benannt nach der im Sommer 1998 in Rom abgehaltenen Konferenz, auf der die internationale Staatengemeinschaft per Mehrheitsbeschluss entschieden hatte, den Internationalen Strafgerichtshof zu gründen.[249] Vorausgegangen war ein langer Überzeugungsprozess, der von einer Gruppe von staatlichen ICC-Unterstützern sowie einem Zusammenschluss von Nichtregierungsorganisationen (*Coalition for an International Criminal Court*) getragen wurde (Deitelhoff 2009). Vier Jahre später trat das Statut nach den erreichten notwendigen 60 Ratifikationen in Kraft und der ICC begann seine Tätigkeit als ein unabhängiges, jedoch an die Vereinten Nationen mit einem Assoziierungsabkommen angebundenes Organ. Bis heute haben 122 Parteien das Statut ratifiziert (Stand Juni 2013).[250] Der Gerichtshof kann auf eigene Initiative Anklage erheben, aber auch der Sicherheitsrat hat die Kompetenz, Fälle an den ICC zu überweisen und ihn um Ermittlung und Verfolgung zu ersuchen (Goldstone 2007: 474). Unter die Rechtsgewalt des ICC fallen vier Tatbestände: Genozid, Verbrechen gegen die Menschlichkeit, Kriegsverbrechen sowie das Verbrechen der Aggression. Da das Gericht jedoch nicht in jedem Fall tätig werden darf, sondern sich ihm die Staaten durch die Ratifikation des Rom-Statuts unterwerfen müssen, ist seine Rechtsgewalt begrenzt: Die „Gerichtsbarkeit kann im konkreten Fall nur ausgeübt werden, wenn der Staat, auf dessen Hoheitsgebiet das Delikt begangen wurde, oder der Staat, dessen Angehöriger der Beschuldigte ist, Vertragspartei des Statuts ist oder die Gerichtsbarkeit ad hoc für den konkreten Fall anerkennt. Damit wurde dem Weltrechtsgrundsatz, also der Möglichkeit einer weltweiten, territorial unbegrenzten Verfolgung der im Statut festgelegten Verbrechen, eine Absage erteilt" (Ambos 1999: 125). Verbrechen, die auf dem Territorium eines Nicht-Vertragsstaates von Angehörigen eines Nicht-Vertragsstaates verübt werden, können durch den ICC nicht verfolgt werden.

Bisherige Tätigkeit: Seit Januar 2009 der erste Angeklagte vor Gericht
ICC zuständig für vier Straftatbestände:
• Genozid
• Verbrechen gegen die Menschlichkeit
• Kriegsverbrechen
• Verbrechen der Aggression

Bis dato wurden 18 Fälle an den ICC überwiesen, die Situationen in acht Staaten betreffen: die Demokratische Republik Kongo (2004), die zentralafrikanische Republik (2005), Uganda (2004), Darfur/Sudan (2005), Kenia (2010), Libyen (2011), Elfenbeinküste (2011) und Mali (2012) (Stand Juni 2013).[251] Am 26. Januar 2009 hat das Gericht die Verhandlung seines ersten Falles aufgenommen und den Beschuldigten, Thomas Lubanga Dyilo, im März 2012 dafür verurteilt, als Führer einer Rebellenarmee im Kongo Kindersoldaten eingesetzt zu haben. Der internationale Menschenrechtsschutz hat durch den Strafgerichtshof eine wichtige Stärkung erfahren – mutmaßliche Täter können nicht nur nachträglich verfolgt und bestraft werden, sondern würden, so die Hoffnung, durch das Ende der Straffreiheit abgeschreckt (Goldstone 2007: 468).

---

249 Von den 160 an der Konferenz teilnehmenden Staaten hatten 120 für das Statut gestimmt, 21 enthielten sich und sieben – neben den USA als prominentestem Gegner auch China, Israel, Jemen, Irak, Katar und Libyen – stimmten dagegen.
250 http://www.icc-cpi.int/en_menus/asp/states%20parties/Pages/the%20states%20parties%20to%20the%20rome%20statute.aspx, 18.06.2013.
251 http://www.icc-cpi.int/en_menus/icc/situations%20and%20cases/Pages/situations%20and%20cases.aspx, 18.06.2013.

5.4 Menschenrechtserklärung und das Vertragsinstrumentarium

Wenngleich man kritisieren kann, dass Menschenrechte in der UN-Charta nur in Ansätzen behandelt wurden, hat das Dokument dennoch auch mit den wenigen Stellen eine Grundlage schaffen können, auf der sich in den folgenden Jahrzehnten ein dichtes Normengeflecht herausgebildet hat. Hierzu zählen neben der Menschenrechtserklärung (beschrieben unter 5.4.1) auch zwei Menschenrechtspakte und neun Konventionen (5.4.2). Sie haben jeweils die Rechte spezieller Gruppen oder einzelne Rechte bzw. Rechtsverletzungen zum Gegenstand und sind mit entsprechenden Ausschüssen ausgestattet, welche die Umsetzung der Vertragsverpflichtungen überprüfen (5.4.3). Im Folgenden werden die einzelnen Rechtsdokumente und dazugehörige Überprüfungsmechanismen dargestellt.

5.4.1 Allgemeine Erklärung der Menschenrechte

Am 10. Dezember 1948 verabschiedete die Generalversammlung die Allgemeine Erklärung der Menschenrechte (*International Bill of Rights*). Nach insgesamt 1400 Runden, in denen über einzelne Wörter und Klauseln abgestimmt wurde (Norchi 2004: 82), wurde die Resolution schließlich von 48 UN-Mitgliedern angenommen, acht enthielten sich.[252] Damit hatte die Menschenrechtskommission ihre erste Aufgabe, die Ausarbeitung der AEMR, erfolgreich beendet.

[Randnotiz: 1948 verabschiedet als Resolution der GA]

In den Text der Deklaration sind zum Teil schon im Vorfeld der UN-Gründungskonferenz Vorschläge von Völkerrechtsinstituten und Menschenrechtsgruppen eingeflossen. Als maßgeblich galten die vom ehemaligen US-Präsidenten Theodore Roosevelt formulierten vier Freiheiten: Rede- und Meinungsfreiheit, Glaubensfreiheit, Freiheit vor Mangel und Not sowie Freiheit vor Furcht (Opitz 2000: 333). Das Dokument[253] besteht aus einer Präambel, die die Achtung der Menschenwürde zur „Grundlage von Freiheit, Gerechtigkeit und Frieden" erklärt und in der die Staaten ihren Glauben an die Menschenrechte sowie ihre Pflicht, Menschenrechte zu schützen und zu achten, bekräftigen; darauf folgen 30 Artikel, die einzelne Rechte enthalten. Verbrieft wird in der Erklärung eine Reihe bürgerlich-politischer Rechte, so die Gleichheit aller Menschen (Art. 1), das „Recht auf Leben, Freiheit und Sicherheit der Person" (Art. 3), das Recht auf Rechtsbeistand (Art. 8) und ein unabhängiges Gerichtsverfahren (Art. 10), die Geltung der Unschuldsvermutung (Art. 11), das Recht auf Freizügigkeit (Art. 13) und auf Staatsangehörigkeit (Art. 15) sowie die Gedanken-, Gewissens-, Meinungs- und Religionsfreiheit (Art. 18 und 19) und das Versammlungsrecht (Artikel 20). Auch einige Verbote für staatliches Handeln werden formuliert: das Verbot von Sklaverei (Art. 4), Folter (Art. 5), willkürlichen Verhaftungen (Art. 9), rückwirkender

[Randnotiz: Inhaltliche Bestimmungen der AEMR: Orientierung am umfassenden Ideal der Freiheit]

---

252 Neben der UdSSR auch die damals kommunistischen Staaten Jugoslawien, Polen, Tschechoslowakei, Ukraine, Weißrussland (sie hätten sich umfassendere soziale Rechte gewünscht), sowie Südafrika und Saudi-Arabien.
253 Die deutschsprachige Version ist hier zu finden: http://www.ohchr.org/EN/UDHR/Pages/Language.aspx?LangID=ger, 18.06.2013.

Bestrafung (Art. 11) und willkürlicher Eingriffe in die Privatsphäre (Art. 12). Die Menschenrechtserklärung enthält ebenfalls soziale, wirtschaftliche und kulturelle Rechte wie das Recht auf soziale Sicherheit (Art. 22), das Recht auf Arbeit und freie Berufswahl (Art. 23), das Recht auf Erholung (Art. 24), das Recht auf Bildung (Art. 26) und auf Teilnahme am kulturellen Leben (Art. 27).

Abstrakte Bestimmungen mit völkergewohnheitsrechtlichem Status

Um die abstrakt gehaltenen Bestimmungen mit Inhalt zu füllen, waren zu diesem Zeitpunkt bereits verbindliche Menschenrechtsverträge geplant. Die AEMR selbst aber ist, wie auch andere GA-Resolutionen, nicht rechtsverbindlich. Der Preis für eine möglichst breite Akzeptanz waren ihre allgemein formulierten Grundsätze und die Entscheidung für eine Erklärung statt für eine Konvention (Riedel 1998: 27). Viele Experten teilen jedoch die Auffassung, dass die Menschenrechtserklärung als eine Interpretation der völkerrechtlich bindenden UN-Charta inzwischen mindestens als Völkergewohnheitsrecht anzusehen ist, was dadurch verstärkt wird, dass viele ihrer Artikel inzwischen in eine Vielzahl von nationalstaatlichen Verfassungen eingegangen sind (Norchi 2004: 84, Weiss et al. 2001: 155).

5.4.2 Menschenrechtspakte und Konventionen

Drei Menschenrechtsgenerationen

Während der Entwurf der Menschenrechtserklärung innerhalb von zwei Jahren fertiggestellt worden war, konnte die Absicht, ein darauf aufbauendes internationales Vertragsinstrumentarium festzulegen, erst 18 Jahre später verwirklicht werden: 1966 wurden mit dem Internationalen Pakt über bürgerliche und politische Rechte (Zivilpakt, *International Covenant on Civil and Political Rights*) und dem Internationalen Pakt über wirtschaftliche, soziale und kulturelle Rechte (Sozialpakt, *International Covenant on Social and Economic Rights*) zwei verschiedene Verträge zur Unterzeichnung ausgelegt. Sie traten 1976, nach zehnjähriger Ratifikationsphase, in Kraft. Diese Pakte verankern und konkretisieren die Menschenrechte der ersten Generation (bürgerlich-politische Rechte, wie z.B. die Rechte auf Freizügigkeit, gleiche Behandlung vor Gericht und Meinungsfreiheit) und der zweiten Generation (sozioökonomische Rechte, wie z.B. die Rechte auf Arbeit, gewerkschaftliche Organisation, Mutterschutz und Bildung) sowie daraus folgende Handlungsverpflichtungen der Staaten. Darüber hinaus existiert noch eine dritte Menschenrechtsgeneration, nämlich die kollektiven Rechte (die jedoch nicht in einem einzigen Pakt, sondern in mehreren Konventionen verbrieft wurden) wie das Recht auf Selbstbestimmung,[254] das Recht auf Fortschritt und Entwicklung,[255] aber auch auf Frieden und eine gesunde Umwelt.

Drei Menschenrechtspakte: Ausdruck des Ost-West- und des Nord-Süd-Konflikts

Dass die Menschenrechtserklärung nicht in einer einzigen Menschenrechtskonvention mündete, liegt an den deutlichen geographischen Konfliktlinien der damaligen Zeit: Der Westen, der Osten und der Süden waren über den Stellenwert bürgerlicher, sozioökonomischer und kollektiver Rechte gespalten. Bürgerliche

---

254 Gewährt durch die Erklärung über die Gewährung der Unabhängigkeit an koloniale Länder und Völker (auch: Erklärung gegen Kolonialismus), verabschiedet als Resolution 1514 (XV) der Generalversammlung am 14. Dezember 1960.
255 Siehe dazu Kapitel Entwicklung, S. 281.

Rechte standen in der westlich-liberalen Menschenrechtstradition und wurden entsprechend auch von den westlichen, marktwirtschaftlich organisierten Demokratien priorisiert; Vertreter der kommunistischen Diktaturen des Ostens sahen die internationale Kodifizierung bürgerlich-politischer Freiheiten naturgemäß als weniger bedeutend im Vergleich zu den wirtschaftlichen Ansprüchen an und betrachteten weniger das Individuum, sondern vielmehr das Kollektiv als Rechtsträger. Dieser Auffassung konnten sich auch die Entwicklungsländer anschließen, schließlich war die Armutsproblematik für sie zentral. Zudem galt (und gilt heute noch) die Forderung nach Verwirklichung individueller politischer Rechte als ein Instrument des reichen Westens, um sie zu maßregeln und ihnen westlich-partikulare Menschenrechtsvorstellungen aufzuzwingen sowie kollektive Ansprüche, wie das Recht auf Entwicklung, zu marginalisieren (Schaefer 1998: 58, Riedel 1998: 27). Diese grundsätzlichen Differenzen schlugen sich schließlich in den beschriebenen drei Generationen von Menschenrechten nieder, waren aber nicht der einzige Grund für die Teilung. Mehrere Dokumente wurden auch aufgrund der substanziellen Unterschiede zwischen den verschiedenen Rechtsansprüchen für notwendig erachtet, die unterschiedlich schnell umgesetzt werden mussten bzw. konnten und unterschiedlicher Mechanismen der Förderung und Durchsetzung bedurften (Weiss et al. 2001: 156). Bürgerlich-politische Rechte sind demnach negative Rechte (s. auch S. 212), die sich leicht in staatliche Verpflichtungen übersetzen lassen. Da man davon ausgeht, dass ihre Einhaltung lediglich vom Willen der Regierungen abhängt und sie entsprechend kurzfristig sichergestellt werden könnten, ist auch ihre Einklagbarkeit gegeben. Mit den sozioökonomischen Rechten verhält es sich anders, da ihre Gewährung in langfristige, interdependente und aufgrund ihrer Komplexität nur bedingt nationalstaatlich steuerbare Prozesse eingebettet ist. Dies erschwert es, sie zu verpflichtenden und einklagbaren Grundsätzen staatlichen Handelns zu erklären. Entsprechend verpflichten sich die Staaten hier lediglich „nach und nach, mit allen geeigneten Maßnahmen (...) die volle Verwirklichung der in diesem Pakt anerkannten Rechte zu erreichen". Bei kollektiven Rechten wird es noch komplexer, denn hier stellt sich grundsätzlich die Frage nach Rechtsträgern und Anspruchsadressaten, scheinen hier doch die Staaten beides zugleich zu werden; ferner seien die Forderungen abstrakt und die Rechtskonsequenzen unklar (Riedel 1999: 27f.).

Die Kontroversen um unterschiedliche Gewichtung und Gültigkeit der Menschenrechtspakte würden im Hinblick auf die Ratifikationen nicht das Bild erwarten lassen, was sich heute bietet, denn immerhin haben der Zivilpakt und der Sozialpakt 167 bzw. 160 Vertragsparteien. Allerdings sind beide Pakte von zahlreichen Staaten nur mit vielen Vorbehalten ratifiziert worden: über 60 Staaten (darunter viele europäische) haben Einschränkungen zur Geltung des Zivilpaktes formuliert, fast 40 zum Sozialpakt.[256]

Stand der
Ratifikationen

---

256 Übersichten über Vertragsparteien und formulierte Vorbehalte können hier abgerufen werden: http://treaties.un.org/Pages/Treaties.aspx?id=4&subid=A&lang=en, 18.06.2013.

Konvention	Aus-schuss	verab-schiedet	in Kraft	Vertrags-parteien	Individual-beschwerde	Staaten-beschwerde
Genozid	-	1948	1951	142		
Rassendis-kriminie-rung	CERD	1965	1969	176	ja	ja
Folter	CAT	1984	1987	153	ja	ja
Verschwin-den-lassen	CED	2006	2010	38	ja	ja
Flüchtlinge	-	1951	1954	145		
Frauen	CE-DAW	1979	1981	187	ja	
Kinder	CRC	1989	1990	193	noch nicht in Kraft	noch nicht in Kraft
Wanderar-beiter	CMW	1990	2003	46	noch nicht in Kraft	ja
Behinderte	CRPD	2006	2008	132	ja	

Abbildung 5.1: Rechtsspezifische und gruppenspezifische Konventionen nach Datum der Verabschiedung[257]

9 Menschenrechts-konventionen

Wichtige Bestandteile des Normengeflechts sind neben der AEMR und den Menschenrechtspakten auch die neun Konventionen, die entweder einzelne Menschenrechtsverletzungen definieren oder besonderen Schutz für von spezifischen Menschenrechtsverletzungen betroffene Gruppen bieten sollen. Zur Gruppe der ersten gehört die Konvention über die Verhütung und Bestrafung des Völkermordes (*Convention on the Prevention and Punishment of the Crime of Genocide,* in Kraft getreten im Jahr 1951), das Internationale Abkommen zur Beseitigung jeder Form von Rassendiskriminierung (*International Convention on the Elimination of All Forms of Racial Discrimination,* 1969), das Übereinkommen gegen Folter und andere grausame, unmenschliche oder erniedrige Behandlung oder Strafe (*Convention against Torture and Other Cruel, Inhuman or Degrading Treatment or Punishment,* 1987) sowie das erst im Dezember 2010 in Kraft getretene Internationale Übereinkommen zum Schutz aller Personen vor dem Verschwindenlassen (*International Convention for the Protection of All Persons from Enforced Disappearance).* Zur zweiten Gruppe gehören die Konvention zum Schutz der Flüchtlinge (*Convention relating to the Status of Refugees,* 1954), der Wanderarbeiter (*International Convention on the Protection of the Rights of All Migrant Workers*

---

257   Stand Juni 2013. Detaillierte Informationen und Vertragstexte finden sich unter: http://treaties. un.org/Pages/Treaties.aspx?id=4&subid=A&lang=en, 18.06.2013.

and Members of Their Families, 2003), das Übereinkommen zur Beseitigung jeder Form von Diskriminierung der Frau (*Convention on the Elimination of All Forms of Discrimination Against Women*, CEDAW, 1981), das Übereinkommen über die Rechte des Kindes (*Convention on the Rights of the Child*, 1990) und die Konvention für Rechte behinderter Menschen (*Convention on the Rights of Persons with Disabilities*), die erst im Mai 2008 in Kraft trat.[258] Die Anzahl der jeweiligen Vertragsparteien variiert stark (Stand Juni 2013): Die wenigsten Mitglieder haben die noch jungen Konventionen über das Verschwindenlassen (38) sowie über Wanderarbeiter (46) (obwohl letztere schon vor fast 20 Jahren verabschiedet wurde); an der Spitze befinden sich die Frauenrechtskonvention mit 187 Parteien und die Kinderrechtkonvention, die mit 193 Vertragsparteien der meistratifizierte völkerrechtliche Vertrag überhaupt ist.[259]

5.4.3 Organe und Mechanismen der Vertragsüberwachung

Wie viele andere völkerrechtliche Verträge auch verfügen die Menschenrechtspakte über bestimmte Implementationsstrukturen. Die hierzu gehörigen Verfahren lassen sich dem Vertragstypus „juristische Verfahren" zurechnen, da sie auf „eigenständigen, völkerrechtlich bindenden Verträgen" beruhen (Boekle 1998: 3).

Der Zivilpakt war von Beginn an mit einem Überprüfungsorgan ausgestattet, nämlich dem Menschenrechtsausschuss (*Committee on Human Rights*), der aus 18 unabhängigen Experten (sie sind keine Staatenvertreter und daher nicht weisungsgebunden) besteht. Der Sozialpakt hingegen sah keinen Implementationsmechanismus vor, bis Mitte der Achtziger oblag die Überprüfung dem ECOSOC, also einem aus Staatenvertretern bestehenden Organ. Allerdings ist 1987 analog zum Menschenrechtsausschuss ebenfalls ein Expertenkomitee eingerichtet worden, das seitdem für die Einhaltung des Vertrages zuständig ist. Sieben der oben aufgeführten Konventionen verfügen über entsprechende Ausschüsse, so dass die Vertragsüberwachung in verschiedenen Bereichen mithilfe ähnlicher Mechanismen abläuft.

Zentrales, inzwischen in allen Organen der Vertragsüberwachung vorhandenes Implementationsinstrument ist das sogenannte Staatenberichtsverfahren, das zuerst für den Ausschuss gegen Rassendiskriminierung (seit 1965) verpflichtend wurde. Die Staaten dokumentieren selbst ihre Fortschritte bei der Umsetzung der eingegangenen Vertragsverpflichtungen und legen diese Berichte (in der Regel alle fünf Jahre) den Ausschüssen zur Prüfung vor. Ist diese abgeschlossen, erhalten die Staaten eine Liste mit Fragen und werden eingeladen, den Bericht vor dem Ausschuss zu erläutern. Dort können sie sich in einem „konstruktiven Dialog" den Fragen der Experten stellen. Sie sind zwar nicht verpflichtet, die Einladung

(Randnotiz: Staatenberichtsverfahren)

---

258   Detaillierte Ausführungen zu den Menschenrechtsverträgen finden sich in Fritzsche 2009.
259   Die einzigen drei Staaten, die diese Konvention noch nicht ratifiziert haben, sind die USA, Somalia und der Südsudan. Der Grund bei den ersten beiden ist das Mindestalter für Soldaten, das die Konvention auf 18 festlegt und das beide Länder auch weiterhin unterschreiten wollen. Der Südsudan ist ein noch sehr junger Staat, der den meisten Verträgen noch nicht beigetreten ist.

anzunehmen, tun es jedoch in der Regel, da der Bericht sonst in ihrer Abwesenheit diskutiert werden würde. Stattdessen wollen sie die Gelegenheit nutzen, die Ansicht des Ausschusses zu kommentieren und sich ggf. zu verteidigen. Diese Anhörungen finden in „gerichtsähnlicher Atmosphäre" statt und die Staaten sind aufgrund der strengen Befragungspraxis der Ausschussmitglieder nach und nach dazu übergegangen, gut vorbereitete und mit hochrangigen Experten besetzte Delegationen dorthin zu schicken (Riedel 1998: 38, 40). Auf die Diskussion folgt eine interne Beratung des Ausschusses, der das Verfahren mit einem öffentlichen Kommentar abschließt.

Individualbeschwerde   Die Vertragsüberwachung durch Staatenberichte gilt als ein recht schwacher, souveränitätsschonender Kontrollmechanismus, da die Ausschüsse auf Basis der von den Mitgliedsstaaten selbst zusammengestellten Informationen agieren und keine eigene Ermittlungs- und erst recht keine Sanktionsbefugnis haben.[260] Stärker, aber in Folge dessen von den Staaten auch weniger akzeptiert, ist das Verfahren der Individualbeschwerde, das bisher bei insgesamt sieben Konventionen vorgesehen ist, jedoch nur bei fünf in Kraft getreten ist.[261] Mit ihrer Zustimmung zur Individualbeschwerde räumen Staaten Einzelpersonen das Recht ein, gegen sie eine Beschwerde vor dem einschlägigen Ausschuss zu führen, sofern die Voraussetzung der Ausschöpfung des nationalen Rechtsweges erfüllt ist. Die schriftlich eingelegte Beschwerde wird, ebenso wie die geforderte Stellungnahme des beschuldigten Staates, vom Ausschuss geprüft. Reagiert der Staat nicht, entscheidet der Ausschuss zugunsten des Beschwerdeführers. Schließlich wird in einer im Stil eines Urteils abgefassten Entscheidung begründet, ob ein Verstoß gegen die Konvention vorliegt oder nicht. Im Falle einer erfolgreichen Beschwerde erhält der Staat Empfehlungen zur Wiedergutmachung (z.B. Haftentlassung, Aufhebung des Urteils), wird jedoch nicht dazu verpflichtet, da auch die Ausschüsse keine rechtsverbindlichen Entscheidungen fällen können (Klein 2000: 345f.). Gleichwohl sind die betroffenen Staaten in der Regel durchaus bestrebt, den Beschlüssen Folge zu leisten. Dies liegt zum einen an der Existenz einer Follow-up-Prozedur, die es den Ausschüssen erlaubt, mit dem Staat in Kontakt zu bleiben und von ihm Informationen über die Umsetzung einzufordern. Zum anderen liegt es daran, dass die Staaten daran interessiert sind, den verhandelten Fall als Ausnahme darzustellen (Riedel 1998: 36). Neben der Individualbeschwerde gibt es in den beiden Menschenrechtspakten sowie in fünf Konventionen (bzw. ihren Zusatzprotokollen)[262] offiziell auch die Möglichkeit für Staaten, sich über andere Staaten wegen began-

---

260   Zur wichtigen Rolle der NGOs in dieser Prozedur siehe S. 246.
261   Anti-Rassismuskonvention, Frauenrechtskonvention, Anti-Folter-Konvention, Konvention über die Rechte des Kindes, Konvention über Wanderarbeiter, Konvention gegen das Verschwindenlassen und Konvention über die Rechte von Behinderten. Im Fall der Anti-Rassismuskonvention, der Anti-Folter-Konvention und der Konvention über Wanderarbeiter enthält bereits der Vertragstext die Möglichkeit zur Individualbeschwerde, bei den übrigen drei ist sie allerdings nur gegeben, wenn die Vertragsstaaten auch das entsprechende Fakultativprotokoll ratifiziert haben. Für eine Übersicht siehe: http://www.ohchr.org/EN/HRBodies/TBPetitions/Pages/HRTBPetitions.aspx, 18.06.2013.
262   Konvention gegen Rassendiskriminierung, Anti-Folter-Konvention, Konvention über die Rechte von Wanderarbeitern, Konvention über die Rechte des Kindes, Konvention gegen das Verschwindenlassen.

gener Menschenrechtsverletzungen zu beschweren – hiervon hat jedoch bisher
kein Staat Gebrauch gemacht.[263]

Während das in den letzten Jahrzehnten geschaffene und in Vertragsform
gegossene Normensystem immer wieder gelobt wird, weil es nur noch wenige
nicht verrechtlichte Menschenrechtsverletzungen gibt (etwa die Rechte von Indigenen oder Binnenvertriebenen, die nach wie vor nicht durch globale Konventionen geschützt sind),[264] werden für das Implementationssystem immer wieder
Probleme konstatiert. Mit Ausnahme der Menschenrechtserklärung ist das UN-
Menschenrechtssystem ein Vertragssystem, was zur Folge hat, dass die menschenrechtlichen Bestimmungen auch nur für Vertragsparteien gelten und die zuständigen Organe auch nur auf deren Verstöße reagieren können. Die Ausschüsse leiden
an Personalmangel, um die Staatenberichte zeitnah prüfen zu können, so dass sich
zum Teil Bearbeitungsrückstände von mehreren Jahren gebildet haben. Kommen
die Berichte dann einmal auf die Tagungsordnung, sind sie längst überholt. Doch
Verspätungen gibt es auch auf der Seite der berichtspflichtigen Staaten, die ihre
Dokumente teilweise mit jahrelanger Verzögerung einreichen und diese, trotz detaillierter Anforderungen an die Form der Berichte, sehr knapp und oberflächlich
halten. Zu erklären ist dies sicherlich auch durch die Gesamtzahl der einzureichen-
den Berichte, die sich für diejenigen Staaten, die alle Konventionen ratifiziert haben auf im Schnitt zwei pro Jahr beläuft und den Staaten damit einen erheblichen
Ressourcenaufwand abverlangt (OHCHR-Factsheet 30: 32f.). Problematischer als
verzögerte Überprüfungen sind jedoch die Mandate der Komitees, die keine In-
itiativ- bzw. Ermittlungskompetenzen enthalten und keine Sanktionen vorsehen,
weder bei Verletzungen der Berichtspflicht noch als Reaktion auf festgestellte
Menschenrechtsverletzungen. Es bleibt, bis auf wenige Ausnahmen,[265] bei schar-
fen Tönen, aber auch diese können durchaus eine Wirkung entfalten.

*Defizite des Imple-
mentationssystems:*
* *Begrenzung auf
Vertragsparteien*
* *Enge Mandate*
* *Keine Sanktionen*

5.5 Global Governance in der Menschenrechtspolitik

Das Kapitel hat bisher gezeigt, dass sich unter dem Dach der Vereinten Nationen ein ausdifferenziertes Institutionen- und Vertragssystem zur Förderung der
Menschenrechte herausgebildet hat, dessen größte Schwäche der Schutz von Menschenrechten ist. Defizite bestehen sowohl bei der Vertragsüberwachung als auch
bei der Durchsetzung von Menschenrechten, wenn diese von Staaten missachtet
werden. Im folgenden Teil (5.5.1) wird zunächst dargestellt, wie sich zivilgesellschaftliche Akteure für Menschenrechte engagieren, wie ihre Tätigkeiten in das
UN-Menschenrechtsregime integriert werden und inwiefern sie die Defizite dieses
Regimes kompensieren können. Anschließend befassen wir uns mit der zweiten
Gruppe nichtstaatlicher Akteure, den Wirtschaftsakteuren, und zeichnen dabei die

---

263 http://www.ohchr.org/EN/HRBodies/TBPetitions/Pages/HRTBPetitions.aspx, 18.06.2013.
264 Die Kampala Konvention zum Schutz und zur Unterstützung Binnenvertriebener, die im
Dezember 2012 von der Afrikanischen Union angenommen wurde, gilt nur für deren Mitgliedsstaaten.
265 Bisher wurden ökonomische Sanktionen und Waffenembargos mit spezifisch menschenrechtlichen
Zielen lediglich gegen Südafrika, Südrhodesien und Haiti eingesetzt (Flood 1998: 130).

Bemühungen der Vereinten Nationen nach, eine Menschenrechtsverantwortung für Unternehmen zu etablieren. In Abschnitt 5.5.2 werden die Steuerungsformen des Menschenrechtssystems analysiert und schließlich in Abschnitt 5.5.3 aufgezeigt, wie Menschenrechte durch Tätigkeiten auf verschiedenen Ebenen gefördert und geschützt werden sollen.

5.5.1 Akteurspluralität im internationalen Menschenrechtsregime

Rolle der NGOs

NGOs und Menschenrechte: von der Anti-Sklaverei-Bewegung bis zum Friedensnobelpreis

Menschenrechte sind ein ureigener Wirkungsbereich von NGOs und zivilgesellschaftliche Aktivitäten sind mit der Institutionalisierung und Internationalisierung von Menschenrechten traditionell eng verwoben: Als erste organisierte Gruppen zählen abolitionistische Vereinigungen wie die britische *Anti-Slavery Society for Human Rights* (gegründet 1839)[266] und mit einer breiteren menschenrechtlichen Zielsetzung gegründete Gruppen, etwa die Internationale Liga für Menschenrechte (1914) (Karnst/Mingst 2004: 419). In der Zwischenkriegszeit des 20. Jahrhunderts arbeiteten Menschenrechtsgruppen, aber auch individuelle Menschenrechtsaktivisten (z.B. der Schriftsteller H. G. Wells und der russische Jurist Andre Mandelstam) mit Nachdruck daraufhin, Grundlagen für die Verankerung universeller internationaler Menschenrechte zu schaffen, indem sie Diskussionszusammenhänge herstellten und Entwürfe möglicher Menschenrechtsdokumente verfassten (Normand/Zaidi 2008: 78). Etwa seit den 1970er Jahren hat die transnationale Menschenrechtsbewegung einen wahren Boom erlebt: Große Menschenrechts-NGOs wie Human Rights Watch (gegründet 1978 als Helsinki Watch)[267] und Human Rights First wurden gegründet; die vermutlich bekannteste NGO überhaupt – Amnesty International (AI) – wurde für ihr Engagement im Jahr 1977 mit dem Friedensnobelpreis ausgezeichnet. Die von AI damals durchgeführte Anti-Folter-Kampagne gilt als einer der größten Erfolge zivilgesellschaftlicher Menschenrechtsarbeit – auch weil sie 1984 in der Unterzeichnung der Anti-Folter-Konvention mündete (Liese 1998: 39, Martens 2004, K.: 1061, Deile 1998: 105).

Strategien und Tätigkeiten: • Auf Öffentlichkeit zielend: Ermittlung, Aufklärung, Proteste • Im Hintergrund: Dialog, Unterstützung, Training

Öffentlichkeitswirksame Kampagnen von AI und anderen Organisationen, die sich außer Folter u.a. auch gegen Kinderarbeit, Apartheid, Sklaverei und Gewalt gegen Frauen richteten, stehen beispielhaft für den nicht zu überschätzenden Beitrag der Zivilgesellschaft, Menschenrechtsproblematiken die adäquate Aufmerksamkeit zu verschaffen: „Above all, human rights NGOs bring out the facts" (Steiner/Alston 2000: 939). Damit ist mehr gemeint, als die global angelegte Mobilisierung und Aufklärung. Zuvor müssen Missstände aufgedeckt, Verantwortliche identifiziert und Informationen gesammelt, ausgewertet und verbreitet werden. Nach wie vor essenzieller Bestandteil der Arbeit von Menschenrechts-NGOs

266 Die Organisation gibt es bis heute als Anti-Slavery International.
267 Die Organisation wurde mit dem Ziel gegründet, die Einhaltung der Schlussakte von Helsinki, welche die Beziehungen zwischen den beiden Blöcken verbessern sollte, zu überwachen und die Bürgerrechtsbewegung in Osteuropa zu unterstützen.

ist konfrontativ ausgelegte Öffentlichkeitsarbeit mittels *„shaming and blaming"* sowie Brief- und Petitionsaktionen und Protestdemonstrationen. Zunehmend wird auch ein Strategiewechsel hin zu eher kooperativen Vorgehensweisen konstatiert, die auf direkte und diskrete Überzeugungsarbeit bei Politikverantwortlichen, konkrete Politikempfehlungen und die Bereitstellung von technischer Unterstützung zielen (Mertus 2005: 5, Deile 1998: 111). Die Vielfalt und Effektivität des NGO-Engagements haben zu der Einschätzung geführt, dass sie einen „unverzichtbare[n] Faktor der nationalen und internationalen Menschenrechtspolitik" darstellen (Baum 1998: 20), ohne den der derzeitige Stand globaler Menschenrechtspolitik nicht zu erreichen gewesen wäre (Steiner/Alston 2000: 939).

Der Menschenrechtsbereich ist innerhalb der Vereinten Nationen sicherlich derjenige mit der höchsten Offenheit gegenüber zivilgesellschaftlichen Akteuren – sie üben hier, mehr oder weniger institutionalisiert, zentrale Funktionen aus. Schon während der Grundsteinlegung für das internationale Menschenrechtssystem bei den Verhandlungen der UN-Charta und der Menschenrechtserklärung haben Menschenrechtsgruppen ihre Bemühungen auf die UN konzentriert und sich in ihren Tätigkeiten gar nicht so sehr von den heutigen Organisationen unterschieden: Der Konferenz in San Francisco war eine in Zeitungen platzierte Öffentlichkeitskampagne vorausgegangen, die für einen Menschenrechtskatalog und ein Menschenrechtsorgan warb (Normand/Zaidi 2008: 128). So wird es als ein Verdienst nichtstaatlicher Organisationen – insbesondere von 42 US-amerikanischen NGOs – gewertet, dass Menschenrechte in der Charta, gegen ursprüngliche Absichten mächtiger Staaten, erwähnt wurden, sich die Vereinten Nationen zu ihrem Schutz verpflichteten und die Errichtung der Menschenrechtskommission geplant wurde. In den Formulierungsprozess der AEMR waren immerhin 15 Nichtregierungsorganisationen eingebunden (Liese 1998: 36, Deile 1998: 104, Opitz 2000: 332).

Die Verregelung von Menschenrechtsverletzungen zu initiieren und auf den Text von Menschenrechtsdokumenten Einfluss zu nehmen, gehört auch heute noch zu den wichtigsten Aufgabenfeldern der NGOs. So haben sie z.B. bei der Formulierung der Kinderrechtskonvention eine entscheidende Rolle gespielt – ihre Expertise in den jeweiligen Problemfeldern kommt ihnen dabei zugute. Sie sind/ waren außerdem an der Schaffung weiterer Menschenrechtsinstitutionen beteiligt und haben nicht nur auf die Errichtung der Kriminaltribunale hingewirkt (Liese 1998: 36), sondern auch zahlreiche Arbeitsgruppen durchgesetzt, deren Ergebnisse schließlich in Konventionen umgesetzt wurden. Dazu gehört etwa die 1980 von der Menschenrechtskommission einberufene Arbeitsgruppe zum Verschwindenlassen von Personen, die, wenn auch erst mehr als 20 Jahre später, ihre Arbeit mit der Konvention gegen das Verschwindenlassen abschließen konnte. NGO-ExpertInnen werden auch selbst zu Mitgliedern solcher Arbeitsgruppen ernannt[268] und nutzen diese zugleich als Kontaktpunkte und Adressaten ihrer Lobbying-Aktivitäten. Letztere fanden verstärkt auf der Wiener Menschenrechtskonferenz im Jahr 1993 und während des Vorbereitungsprozesses statt – etwa 3.000 Delegierte von

Marginalien:

Menschenrechtstätigkeiten von NGOs in der UN:
• Mitarbeit an Vertragsentwürfen und in Arbeitsgruppen
• Vertragsüberwachung
• Arbeit im Feld

Lobbying auf Weltkonferenzen

---

268   Z.B. umfasste die Arbeitsgruppe zu den Rechten von Menschen mit Behinderung die Vertreter zivilgesellschaftlicher Vereinigungen wie Landmine Survivors, World Blind Union und World Network of Users and Survivors of Psychiatry.

über 800 NGOs nahmen an der Konferenz teil und haben eine derart große Rolle gespielt, dass der Eindruck entstanden ist, NGOs hätten „virtually adopted the conference and made it their own" (Dias 2001: 30). Wichtig war hier besonders das parallel abgehaltene NGO-Forum, das die Entwicklungen auf der Konferenz kritisch begleitete und durch eigene Arbeitsgruppen – etwa zu Kinderrechten oder zu Rechten anderer „besonders verletzlicher" Personen – inhaltlichen Input lieferte; im abschließenden Plenum stellten NGOs ihre Arbeitsergebnisse vor, die sich im Abschlussdokument, der Wiener Menschenrechtserklärung,[269] niederschlugen (Dias 2001: 32). Während die Vereinten Nationen bislang keine dazugehörige Follow-up-Konferenz veranstalteten, haben Nichtregierungsorganisationen auch den Nachfolgeprozess im Blick behalten und 1998 in Ottawa im „Internationalen NGO-Forum Wien plus 5" die Umsetzung der 1993 formulierten Zielsetzungen und beschlossenen Maßnahmen überprüft (Hamm 1999). Dass die Vereinten Nationen zu dieser Konferenz eigene hochrangige RepräsentantInnen – die damalige Hochkommissarin für Menschenrechte Mary Robinson, MitarbeiterInnen der Menschenrechtskommission und des UNDP sowie einige Sonderbeauftragte – gesandt hatten, unterstrich die Anerkennung des zivilgesellschaftlichen Engagements und des von Nichtregierungsorganisationen geleisteten Beitrags.

Monitoring, Menschen-rechtsbildung und Betreuung der Opfer von Menschen-rechtsverletzungen

Unerlässlich sind NGOs auch für den gesamten Monitoring-Bereich im UN-Menschenrechtssystem, wobei sie sich besonders durch ihre Regionalexpertise, aber auch durch den direkten Kontakt zu den von Menschenrechtsverletzungen Betroffenen auszeichnen (Karns/Mingst 2004: 437).[270] Die Vereinten Nationen nutzen die Kapazitäten der NGOs, Menschenrechtsarbeit vor Ort zu leisten und bemühen sich, diese zunehmend lokal in den Bereich der Technischen Zusammenarbeit einzubeziehen: Unter ihrer Koordination treiben NGOs den Ausbau nationaler Menschenrechtsinstitutionen voran und gestalten Friedensprozesse mit, z.B. durch den Aufbau von Wahrheits- und Versöhnungskommissionen wie in Sierra Leone (O'Flaherty 2004: 41). Sie führen Menschenrechtstrainings für Angehörige der Regierung, des Polizei- und des Justizpersonals durch und konzentrieren sich damit auf diejenigen, die bei ihrer täglichen Arbeit Menschenrechte zu respektieren haben (O'Flaherty 2004: 43). Aber auch die Bevölkerungen der Länder oder von Diskriminierung betroffene Gruppen bilden eine Zielgruppe der Arbeit von NGOs, die durch Menschenrechtserziehung auf verschiedenen Ebenen zum *empowerment* beitragen wollen: Zum einen ist bei Individuen häufig eine Bewusstseinsbildung notwendig, um sich überhaupt als RechtsträgerIn zu begreifen und das erlebte Unrecht als Rechtsverletzung zu erkennen; zum anderen brauchen z.B. Minderheiten Schulungen in Recht und Verhandlungsführung, um ihre Rechtsansprüche auf internationaler Ebene geltend machen zu können (Karns/Mingst 2004: 441). Nichtregierungsorganisationen engagieren sich außerdem für direkten Opferschutz, indem sie psychologische Betreuung leisten, Rehabilitationszentren einrichten oder Unterkünfte bereitstellen (Liese 1998: 41).

---

269   http://www.unhchr.ch/huridocda/huridoca.nsf/(symbol)/a.conf.157.23.en, 18.06.2013.
270   Für die detaillierte Beschreibung ihrer Funktionen s.u.

Ihre Aufgaben nehmen NGOs inzwischen auch im Rahmen verschieden starker und formalisierter institutioneller Anbindungen an Menschenrechtsorgane der Vereinten Nationen wahr. Für letztere sind sie vor allem aufgrund ihres „faktische[n] Informationsmonopol[s]" (Schmitz 2001: 8) zu einer Ressource geworden, die viele Aspekte der UN-Menschenrechtsarbeit wenn nicht gänzlich ermöglicht, so doch zumindest erheblich erleichtert. Während die Mitgliedsstaaten die Ermittlungskompetenzen und -kapazitäten der UN-Organe bewusst begrenzen, und die Frage, wessen Menschenrechtsverletzungen überhaupt thematisiert werden, von politischen Motiven entschieden wird, können unabhängig wirkende NGOs diese Defizite kompensieren (Deile 1998: 109, Steiner/Alston 2000: 940). Schätzungen zufolge erhalten die UN 80-90% der Informationen über Menschenrechtsverletzungen von NGOs (Karns/Mingst 2004: 437). Der Informationsfluss ist jedoch keine Einbahnstraße – so spielen auch die Vereinten Nationen namhaften NGOs bewusst solche Informationen zu, die sie nicht selbst vorbringen können und deren Diskussion in einem zwischenstaatlichen Forum kaum durchsetzbar ist (Martens 2004, K.: 1055).

Die Einsicht, dass NGOs im Menschenrechtsbereich über einzigartige Informationsvorsprünge verfügen, hat dazu geführt, dass sich in den 1990er Jahren selbst der für NGO-Anliegen lange resistente Sicherheitsrat bewegte und sukzessive die Kooperation mit ihnen installierte. Die humanitären Organisationen Oxfam, CARE und Ärzte ohne Grenzen sowie die Menschenrechtsorganisation Amnesty International waren die ersten Nichtregierungsorganisationen, die nach der Arria-Formula (s. S. 75) vor den Sicherheitsrat treten konnten; seit 2000 haben die Treffen zugenommen, bedingt durch den diesbezüglichen Sinneswandel bei den ständigen Mitgliedern Großbritannien und Russland (Paul 2004). Mit dieser neuen Offenheit reagierte der Sicherheitsrat offenbar erstens auf die Zunahme seiner Feldoperationen, zweitens hatte die verstärkte Beschäftigung mit Menschenrechten als einem eher neuen thematischen Feld den Bedarf an Sachkenntnis erhöht (Mertus 2005: 135f.).

Ebenso konnten NGOs über ihre Mitwirkung in der Menschenrechtskommission indirekten Einfluss auf den Sicherheitsrat ausüben: Ihre energische Mitarbeit in der Arbeitsgruppe zu Kindern in bewaffneten Konflikten war insofern von Erfolg gekrönt als der Sicherheitsrat als Reaktion auf die Ergebnisse der Arbeitsgruppe im Jahr 1999 eine Reihe von Resolutionen zu diesem Thema annahm (Mertus 2005: 135ff.). Abgesehen von diesem Beispiel galt die Menschenrechtskommission während ihres Bestehens als Bindeglied zwischen den Vereinten Nationen und NGOs (Schaefer 1998: 57). Mehr als andere Organe war sie bemüht, ihre Verhandlungen für NGOs zu öffnen und deren Kommentare zu berücksichtigen, so dass NGOs über Zeit auch von den Mitgliedern der Kommission als geschätzte Partner und vertrauenswürdige Vertreter der Zivilgesellschaft und der Opfer von Menschenrechtsverletzungen akzeptiert wurden (Lauren 2007: 324). Mehrere Hunderte von NGOs, die einen Konsultativstatus im ECOSOC innehaben, nahmen regelmäßig an den Sitzungen der CHR teil. Sie hatten zwar keine Stimmrechte, konnten aber als Beobachter Informationen verteilen, an formellen und informellen Konsultationen teilnehmen und schriftliche wie mündliche Stel-

NGOs im Vorteil durch:
• Unabhängigkeit
• Informationen

Sicherheitsrat: Arria-Formula

AI erste NGO vor dem SC

Menschenrechtskommission:
• Beobachterstatus mit Rederechten
• Einbindung in thematische Arbeitsgruppen
• Beschwerdeführerinnen

lungnahmen abgeben – ihre Redezeit entsprach beinahe derjenigen der Mitgliedsstaaten (Baum 1998: 20, Schaefer 1998: 57ff.).

Auch bei den Beschwerdeprozeduren erfüllen NGOs eine wichtige Funktion. Von ihnen werden die meisten Beschwerden eingereicht; sofern diese unter der
öffentlichen 1235-Prozedur abgehandelt werden, können NGOs den Befragungs-
prozess mit verfolgen (Norchi 2004: 92, 94). NGOs tragen zudem zu anderen Sonderverfahren des Rates (bzw. früher der Kommission) – den Themen- und Länderberichterstattern – bei. Durch die langfristige bzw. ständige Präsenz vor Ort haben
vor allem nationale Menschenrechtsorganisationen häufig einen Einblick in die
jeweilige Menschenrechtslage, der bei kurzen Länderbesuchen nicht zu gewinnen
ist. Die Berichterstatter sind deshalb daran interessiert, sie zum Informationsaustausch und -abgleich zu treffen. Lokale und nationale NGOs werden jedoch nicht
nur an ihrem Sitz kontaktiert, sondern auch nach Genf eingeladen, um dem Rat vor
den Sitzungen zu bestimmten Ländern oder Themen Bericht zu erstatten. Von diesem Informationsfluss profitieren der Menschenrechtsrat und auch NGOs selbst:
Zum einen, weil ihr Einsatz für Menschenrechte auf internationale Resonanz stößt
und zum anderen, weil ursprünglich die Menschenrechtskommission und nun der
Menschenrechtsrat zur Kontaktstelle wurden, wo sich NGOs von verschiedenen
Ebenen und aus verschiedenen Ländern koordinieren und ihre Expertise bündeln
können (Mertus 2005: 62, 67).

Menschenrechtsrat   Ob diese weit gehenden Partizipationsmöglichkeiten auch für den Nachfolger der Menschenrechtskommission, den Menschenrechtsrat, beibehalten werden
können, wurde zunächst mit Sorge betrachtet. Allerdings zeigte das erste Jahr
seines Bestehens, dass sich die Befürchtungen, NGOs hätten unter Umständen
weniger Rechte und Gelegenheiten, sich einzubringen, nicht bewahrheitet hatten:
Das Niveau der Beteiligung wurde aufrechterhalten, wenn nicht gar verbessert
(Human Rights Monitor 2007: 54). Schon die GA-Resolution zur Gründung des
Menschenrechtsrates erkannte den besonderen Stellenwert von Nichtregierungsorganisationen für die Arbeit des zentralen Menschenrechtsorgans an und wies dezidiert darauf hin, dass es gelte, die vorher durch die Menschenrechtskommission
entwickelten und etablierten Partizipationsmöglichkeiten zu bewahren. Im Jahr
der Institutionenbildung entschied der erste Präsident des Menschenrechtsrates,
der Mexikaner Luis Alfonso de Alba, alle Konsultationen für alle Beteiligten, und
damit auch für Nichtregierungsorganisationen zu öffnen (Rathgeber 2006: 4). Die
Arbeitsgruppen, die mit der Praxis der NGO-Teilnahme an interaktiven Dialogen
im Rahmen der Spezialprozeduren befasst waren, beschlossen, dass NGOs sich
fortan direkt nach den Staaten (und nicht wie vorher erst am Ende eines Tagesord-
nungspunktes) äußern dürften (Abraham 2007: 14). Kritisch gesehen wurde aber,
dass diese Veränderung eine Verkürzung ihrer Redezeit mit sich brachte. Negative Auswirkungen für NGOs wurden auch von der flexibleren Tagesordnung des
Rates erwartet, die es dem Organ erleichtern sollte, zeitnah auf aktuelle Entwicklungen zu reagieren. Die verminderte Vorhersehbarkeit schmälerte vor allem die
Mitwirkungsmöglichkeiten kleinerer NGOs, da diese nicht die Kapazitäten haben,
ständig am Verhandlungsort präsent zu sein und so schlecht einschätzen können,
ob und wann die für sie relevanten Punkte zur Sprache kommen (Abraham 2007:

12f.). Am interaktiven Dialog im Rahmen des UPR nehmen NGOs zwar teil, jedoch ohne Rederecht – dieses steht ihnen erst wieder zu, wenn entsprechende Staatenberichte im Rat angenommen werden.[271] Insgesamt kann man jedoch sagen, dass der Menschenrechtsrat die Tradition der Menschenrechtskommission fortsetzt, NGOs als wichtige Partner in der Menschenrechtsarbeit durch formelle Mitwirkungsmöglichkeiten anzuerkennen.

Anders als es die Menschenrechtskommission war, sind die Vertragsüberwachungsorgane im Umgang mit NGOs nicht an Bestimmungen des ECOSOC gebunden, was sich in weniger formalisierten Kooperationsformen äußert: In den Geschäftsordnungsregeln der Ausschüsse für den Wirtschafts- und Sozialpakt, die Frauenrechte und Folter ist die Rolle von NGOs zwar nur vage definiert, weil diese zu den Sitzungen eingeladen werden können, den übermittelten Informationen jedoch kein offizieller Status zugewiesen wird; andere Geschäftsordnungen erwähnen NGOs überhaupt nicht (Rodley 2003: 890). Dies bedeutet allerdings nicht, dass auf die Informationen von NGOs kein Wert gelegt wird – im Gegenteil, denn inzwischen sorgt das UN-Sekretariat selbst dafür, dass Informationen von NGOs die Komitees erreichen. Dies ist eine Verbesserung im Vergleich zu den Anfangsjahren, als die Ausschüsse noch keine formalisierten Prozeduren der Informationsbeschaffung und -verbreitung hatten und deshalb persönlich an Komiteemitglieder herantreten mussten, in der Hoffnung, Abnehmer für ihre Materialien zu finden (Rodley 2003: 891). So fanden NGO-Informationen durchaus Eingang in Debatten, wenngleich die Experten auf ihre Quellen keinen Bezug mehr nahmen (Martens, K. 2004: 1055).

Vertragsorgane: Informelle Bindungen

Zwar haben NGOs kein generelles Präsenzrecht bei Sitzungen der Ausschüsse und das Rederecht steht ihnen nur im Wirtschafts- und Sozialausschuss an einem dafür bestimmten Tag zu, allerdings nehmen sie auf verschiedenen Wegen Einfluss auf die inhaltliche Arbeit der Komitees: So haben sie die Möglichkeit, Tagesordnungspunkte vorzuschlagen, auf Einladung an thematischen Diskussionen, die der Weiterentwicklung der Normen dienen, teilzunehmen und alternative Entwürfe zu Menschenrechtsdokumenten einzureichen (Mertus 2005: 93, Steiner/Alston 2000: 980). Vor allem bei sogenannten „General Comments", also den Kommentaren zur Auslegung der Konventionen, werden NGOs um Mitarbeit ersucht. Wenn die Komitees Arbeitsgruppen einsetzen, um die Menschenrechtssituation bestimmter Gruppen zu untersuchen (z.B. indigener Bevölkerungen), wird NGOs nicht nur die Gelegenheit gegeben, Entwürfe der Abschlussberichte zu kommentieren und Ergänzungen vorzuschlagen, sondern NGO-ExpertInnen werden selbst nicht selten zu offiziellen Mitgliedern der Arbeitsgruppen bestimmt (Mertus 2005: 96f.).

Keine Präsenz- und Rederechte, dennoch vielfacher Input

Neben der Mitwirkung an der Normsetzung besteht der wichtigste Beitrag der NGOs darin, die Vereinten Nationen bei der Überprüfung der Einhaltung der Menschenrechtsverträge zu unterstützen. Von den Sitzungen, in denen die Ausschussmitglieder die Staaten zu den von ihnen vorgelegten Berichten befragen, sind NGOs zwar ausgeschlossen, allerdings fließen ihre Ansichten in die Doku-

Überprüfungsprozeduren: Schattenberichte der NGOs

---

271 http://www.upr-info.org/-NGOs-.html, 18.06.2013.

mente ein, auf deren Grundlage die Dialoge geführt werden und sie können Ausschussmitgliedern im Vorfeld der Befragung bestimmte Fragen nahelegen (Riedel 1998: 39, 46). Da die Staatenberichte in der Regel zu positiv oder zu unbestimmt ausfallen, sind sogenannte Schattenberichte der NGOs ein wichtiges Korrektiv (Karns/Mingst 2004: 439). Sie sind mithin das einzige Instrument der Ausschüsse, um die Umsetzung der Normen durch die Staaten zu überprüfen und den Druck auf sie zu erhöhen (Mertus 2005: 84). Was in anderen Überprüfungsausschüssen ohne formelle Regelungen stattfindet, ist allein bei der Kinderrechtskonvention durch die Geschäftsordnungsregeln festgelegt: Sie sehen vor, dass NGOs auf Einladung zu öffentlichen und privaten Treffen kommen können sowie Berichte und andere Informationen einreichen sollten, damit die Informationen über die Lage in einem bestimmten Land und sein Verhalten gegenüber der Konvention möglichst vollständig sind (Breen 2003: 457f.).

Legitimation der NGOs und Kritik

Worauf stützt sich das Vertrauen der Vereinten Nationen in die Arbeit der NGOs? Ihre Legitimation begründet sich hauptsächlich durch das hehre Ziel, Menschenrechte zu schützen, Opfer von Menschenrechtsverletzungen zu unterstützen und sich dafür einzusetzen, Menschenrechtsverletzer zu verfolgen und zu bestrafen. Aber auch ihr Wissensvorsprung, der u.a. durch den direkten Kontakt mit Betroffenen und durch die Anwesenheit in den Ländern, wo Menschenrechtsverletzungen stattfinden, entsteht, rechtfertigt ihre Position im Menschenrechtssystem der UN. Allerdings wird kritisch angemerkt, dass NGOs eben nicht die universellen und globalen Menschenrechte vertreten, sondern sich auf aktuelle Situationen (Baum 1998: 20) und (häufig) – als westliche Organisationen – auf aus westlicher Sicht relevantere politische Rechte um den Preis der Vernachlässigung sozioökonomischer Rechte konzentrieren (Weiss et al. 2001: 182). NGOs sind nicht per se davor gefeit, Menschenrechte für politische Zwecke zu instrumentalisieren: „Die Grenze zwischen berechtigter, informierter Kritik und politisch-motivierter Opposition gegenüber der Regierung des Berichtsstaates ist jedenfalls fließend, zumal wenn es sich um nationale NGOs handelt" (Riedel 1998: 47). NGO-Informationen gewinnen an Glaubwürdigkeit und Einfluss, wenn sie zusammengefasst und koordiniert vorgetragen werden, womit auch die ihnen zur Verfügung gestellte, meist knappe Redezeit sowie die öffentliche Aufmerksamkeit besser genutzt werden können.

Rolle der Unternehmen[272]

Unternehmen und Menschenrechte: von der Komplizenschaft bei Menschenrechtsverletzungen bis zu Menschenrechtsförderern?

Während bei der bisherigen Diskussion vor allem der mögliche und tatsächlich geleistete *positive Beitrag* zum Menschenrechts*schutz* im Mittelpunkt stand, der von nichtstaatlichen Akteuren in Form von NGOs erbracht wird, nimmt der folgende Abschnitt eine andere Perspektive ein: Mit den Unternehmen wird hier ein Akteur behandelt, der, wie Staaten auch, in der Position ist, Menschenrechte einzuhalten und damit auch die Verantwortung für Menschenrechtsverletzungen tragen kann – damit steht die Frage im Vordergrund, wie Aktivitäten von Un-

---

272 Wenn im Folgenden von Unternehmen die Rede ist, so wird dieser Begriff, sofern nicht anders expliziert, als Oberbegriff für transnationale wie für nationale Unternehmen verwendet.

ternehmen menschenrechtlichen Standards unterworfen werden können. Dieser Perspektivenwechsel ist historisch bedingt: Erst seit dem Ende der 1990er Jahre werden Unternehmen als Akteure wahrgenommen, deren Aktivitäten für die Menschenrechte förderlich sein könnten – ging es zuvor um Unternehmen und Menschenrechte, so war damit in der Regel die Verwicklung in bzw. die Verübung von Menschenrechts*verletzungen* durch Unternehmen gemeint. Für diesen Vorwurf, der fast so alt wie die Unternehmensgeschichte selbst ist, lassen sich einige – im öffentlichen Bewusstsein ohnehin präsente – Beispiele anführen, sei es die Beteiligung an der Versklavung und Kolonisierung, die Beschäftigung von Zwangsarbeitern im Zweiten Weltkrieg, aber auch die in den letzten Jahrzehnten immer wieder aufflammenden Skandale über Umweltzerstörung, Ausbeutung natürlicher Ressourcen und katastrophale Arbeitsbedingungen (detaillierter vgl. Sullivan 2003: 13, Beisinghoff 2009: 31).

Ist die Menschenrechtsförderung das konstitutive Ziel der in diesem Bereich agierenden NGOs, so kann über Unternehmen gesagt werden, dass Menschenrechte nur ein Nebenprodukt ihrer Tätigkeit darstellen, deren Ziel das Geschäft selbst ist. Bei der Ausübung ihrer Geschäftstätigkeit können Unternehmen auf dreifache Weise für Menschenrechtsverletzungen Verantwortung tragen: 1) In ihrem *direkten* Einflussbereich, also gegenüber ihren Beschäftigen; 2) in ihrem *engeren* Einflussbereich, indem sie etwa mit Zuliefererbetrieben zusammenarbeiten, die für menschenrechtsverletzende Praktiken bekannt sind und 3) *indirekt*, indem sie Geschäftstätigkeiten in Ländern aufnehmen bzw. fortsetzen, in denen Menschenrechte massiv missachtet werden (van der Putten/Crijns/Hummels 2003: 82, Sullivan 2003: 16). Während es im dritten Fall häufig um die Missachtung bürgerlich-politischer Rechte – etwa des Folterverbots oder des Rechts auf einen fairen Prozess – geht, liegen im direkten oder engeren Einflussbereich von Unternehmen hauptsächlich sozioökonomische Rechte, z.B. das Recht auf angemessene Entlohnung, die Verbote von Kinder- und Zwangsarbeit, die Sicherheit des Arbeitsplatzes oder das Streikrecht.

Direkte und indirekte Verantwortung für Menschenrechtsverletzungen

Trotz ihrer offensichtlichen Relevanz für die Menschenrechte wurden Unternehmen im UN-Menschenrechtsregime lange Zeit nicht als relevante Akteure betrachtet – der Fokus lag auf den menschenrechtlichen Pflichten der nationalstaatlichen Regierungen (Forsythe 2000: 191). Die Gründe dafür liegen sowohl im Menschenrechtskonzept als auch im völkerrechtlichen (Nicht-)Status von Unternehmen. So sollen Menschenrechte, wie bereits ausgeführt, ihrer ursprünglichen Idee nach das Verhalten von Staaten bzw. staatlichen Institutionen gegenüber den Bürgern regeln. Ihre Einhaltung und ihr Schutz wird also als Teil der Staatenverantwortung begriffen, die drei Verpflichtungsebenen umfasst: Sie dürfen Menschenrechte selbst nicht verletzen, sie müssen Maßnahmen ergreifen, um Menschenrechte zu gewährleisten und sie müssen dafür sorgen, dass Individuen vor Verletzungen durch Dritte – etwa Unternehmen – geschützt sind (Hamm 2001: 56). Im Rahmen dieser dritten Verpflichtung sind Unternehmen also Objekte staatlicher Regelungsverantwortung; ihre eigene Rechenschaftspflicht für die Einhaltung von Menschenrechten ergibt sich dabei nur auf nationalstaatlicher Ebene gegenüber der gesetzgebenden Regierung – und damit nicht auf internationaler

Keine Völkerrechtssubjekte – keine Unternehmen in der UN-Menschenrechtsdebatte ...

Ebene, d.h. auch nicht im Völkerrecht. Da letzteres nach wie vor am Bild des souveränen Nationalstaates orientiert ist und eine Integration transnational operierender nichtstaatlicher Akteure eine völkerrechtliche Schwierigkeit darstellt, ergibt sich für grenzüberschreitende Unternehmensaktivitäten eine Regelungslücke: „Grundsätzlich sind private Akteure daher nicht Subjekte einer völkerrechtlichen Norm selbst, sondern des nationalen Umsetzungsakts" (Hörtreiter 2007: 22). Damit ist nach dem derzeitigen Völkerrecht nur eine indirekte Verantwortung der Unternehmen für Menschenrechte gegeben; ein Rechtsinstrument, das Unternehmen als Subjekte des Völkerrechts begreift, existiert bislang nicht. Dies bedeutet freilich nicht, dass in Unternehmen beschäftigte Individuen nicht für Menschenrechtsverletzungen zur Verantwortung gezogen werden können – bei den Nürnberger Prozessen war genau dies der Fall, als mehrere Großindustrielle sich für ihre Verbrechen in der Nazi-Zeit verantworten mussten. Solch eine Verantwortung *natürlicher* Personen für Menschenrechtsverbrechen ist im Völkerstrafrecht seit den 1990ern deutlich gestärkt worden, für *juristische* Personen – und damit Unternehmen als Ganzes – ist dies allerdings bislang nicht der Fall (Beisinghoff 2009: 41, ausführlich zu diesem Abschnitt Hörtreiter 2007: 58-78).

... keine Menschenrechte in UN-Unternehmensdebatten

Doch nicht nur wurden Unternehmen nicht in Betracht gezogen, wenn es um Menschenrechte ging – umgekehrt wurden Menschenrechte ebenso außen vor gelassen, wenn es im UN-Kontext um Unternehmen ging. Denn als relevante globale Akteure waren Unternehmen durchaus präsent: So wurde in den 1970er Jahren vor allem in der UN-Handels- und Entwicklungskonferenz UNCTAD im Rahmen der Debatte um eine neue Weltwirtschaftsordnung Kritik an transnationalen Konzernen, die in Entwicklungsländern operierten, laut. Hierbei ging es jedoch primär um ökonomische Aspekte und nicht um Menschenrechte (vgl. hierzu ausführlich das Kapitel zur Entwicklungspolitik), was sich auch in den Entwürfen von Verhaltenskodizes für Unternehmen widerspiegelte, die ohne Menschenrechtsbezüge verfasst waren (Jerbi 2009: 302).[273] Nachdem sich in den Achtzigern die konfrontative Haltung gegenüber transnationalen Konzernen infolge der Schuldenkrise[274] änderte und sie vielmehr als die neuen Heilsbringer propagiert wurden, deren Direktinvestitionen es anzuziehen galt, gaben die Vereinten Nationen mit der Schließung des *Centre for Transnational Corporations* (CTC) vorerst auch die Idee eines regulierenden Code of Conduct auf, mit dessen Ausarbeitung und Durchsetzung das CTC etwa 20 Jahre erfolglos beschäftigt war.[275]

Ende der 1990er Jahre: Selbst- und Fremdwahrnehmung als mit Menschenrechten befasste Akteure

Damit waren die Versuche, ein verbindliches Vertragsinstrumentarium zur Regelung des Unternehmensverhaltens aufzusetzen, jedoch nur vorläufig beendet. Zunächst hat die Menschenrechtsbewegung, in deren Fokus jahrzehntelang Regierungen standen, ihr Augenmerk nun verstärkt auf Unternehmen gerichtet: Zwar gründete Amnesty International schon 1991 eine Arbeitsgruppe zu Unternehmen und Menschenrechten, doch erst seit einige namhafte Bekleidungs- und Sport-

---

273 Beispiele für solche Verhaltenskodizes sind OECD-Leitsätze für multinationale Unternehmen von 1976 sowie die Dreigliedrige Grundsatzerklärung über multinationale Unternehmen und Sozialpolitik der ILO von 1977.
274 Ausführlicher siehe S. 280 des Studienbriefes.
275 Ausführlicher siehe S. 300 des Studienbriefes.

xxxad Kein
xxad

xxad

xxad

artikelhersteller einige Jahre später wegen unmenschlicher Arbeitsbedingungen und des Einsatzes von Kinderarbeit weltweit in die Schlagzeilen gerieten, war der öffentliche Druck groß genug, um internationale Regelwerke zur Einhaltung von Menschenrechtsstandards für Unternehmen zu fordern (Chandler 2003: 23, Forsythe 2000: 191). Die Unternehmen reagierten, indem sie ihr wachsendes Menschenrechtsbewusstsein in Form von zahlreichen Selbstregulierungsinitiativen und Verhaltenskodizes demonstrierten (Jerbi 2009: 299f.).[276] Diese freiwilligen Ansätze und das neue Schlagwort „Corporate Social Responsibility" zielten nicht zuletzt darauf ab, verbindlichen Regelungen vorzubeugen.

Nachdem es in vorherigen UN-Debatten um Unternehmensregulierung nur am Rande um Menschenrechte ging, kam in den neunziger Jahren das Thema Menschenrechte und Unternehmen nun explizit auf die Tagesordnung. Zunächst wurde die Unterkommission für Verhinderung von Diskriminierung und Menschenrechtsschutz Mitte der 1990er Jahre in bemerkenswerter Weise initiativ tätig, indem sie drei Berichte zu diesem Thema verfasste.[277] 1998 forderte ihr Sonderberichterstatter, der senegalesische Menschenrechtsexperte El Hadji Guisse, Unternehmen müssten für Menschenrechtsverletzungen strafrechtlich verfolgt werden. 1999 setzte die Unterkommission eine fünfköpfige Expertengruppe ein und erteilte ihr den Auftrag, die Menschenrechtsproblematik im Zusammenhang mit Unternehmenstätigkeiten zu untersuchen und Empfehlungen zur besseren Sicherstellung des Menschenrechtsschutzes in, mit und durch Unternehmen abzugeben.

> Die Vereinten Nationen nehmen sich des Themas an: Unterkommission der MRK wird aktiv und gründet entsprechende Arbeitsgruppe

Das Mandat der Gruppe umfasste zunächst drei Jahre und wurde 2001 um weitere drei Jahre verlängert. Die Arbeitsgruppe hatte sich das Ziel gesetzt, ein verbindliches Regelwerk mit für Unternehmen geltenden Menschenrechtsstandards aufzusetzen. Im August 1999 nahm sie ihre Arbeit auf und begann mit der Ausarbeitung der „Normen für die Verantwortlichkeiten transnationaler Unternehmen und anderer Wirtschaftsunternehmen im Hinblick auf die Menschenrechte" (*Norms on the Responsibilities of Transnational Corporations and Other Business Enterprises with regard to Human Rights*, im Folgenden UN-Normen). Das Entwurfsverfahren war von Anfang an als Multi-Stakeholder-Prozess konzipiert und konsequent unter Beteiligung unterschiedlicher nichtstaatlicher Akteursgruppen durchgeführt worden: An den folgenden Sitzungen und Beratungen nahmen Vertreter aus der Wissenschaft, von Nichtregierungsorganisationen, Gewerkschaften und Wirtschaftsverbänden teil. Die erarbeiteten Entwürfe wurden in mehreren öffentlichen Anhörungen in den Jahren 2001 bis 2003 diskutiert; außerdem wurden sie, mit der Aufforderung zur Kommentierung, im Internet veröffentlicht,

> Entwicklung der „UN-Normen" im Multi-Stakeholder-Verfahren

---

276 Vereinzelt hat es solche privaten Initiativen auch schon zuvor gegeben: 1977 wurden die sogenannten „*Sullivan Principles*" angenommen, die das Verhalten von US-Unternehmen in Südafrika unter dem Apartheid-Regime unter dem Gesichtspunkt der Nicht-Diskriminierung regulieren sollten; der MacBride-Code von 1984 verfolgte die gleiche Zielsetzung für US-Unternehmen in Nordirland; die Slepak- und Miller-Codes (1988 und 1991) hatten Unternehmenstätigkeiten in der UdSSR und in China im Blick und konzentrierten sich vor allem auf Zwangsarbeit und militärisch relevante Industrieprojekte (ausführlich Compa/Darricarrère 1996).

277 Die Reports tragen folgende Dokumentennummern: E/CN.4/Sub.2/1995/11 (24. Juli 1995), E/CN.4/Sub.2/1996/12 (2. Juli 1996), E/CN.4/Sub.2/1998/6 (10. Juni 1996). Download über die Dokumentensuche: http://ap.ohchr.org/documents/mainec.aspx, 18.06.2013.

den interessierten Parteien zugesandt und infolge der Rückmeldungen überarbeitet (Weissbrodt 2005: 67, Hörtreiter 2007: 156).

Inhalt der
23 UN-Normen
Schließlich leitete die Expertengruppe ihr Arbeitsergebnis an die Unterkommission weiter, die den Entwurf einstimmig begrüßte.[278] Dabei handelt es sich um ein aus 23 Normen bestehendes, an transnationale Konzerne wie auch an andere Unternehmen adressiertes, Dokument, das materielle Rechtsgrundsätze zu Unternehmensverantwortung, Umsetzungsbestimmungen und Begriffserläuterungen enthält und seiner Sprache nach auf Verbindlichkeit zielt (Hörtreiter 2007: 168). Die Präambel nimmt Bezug auf eine Vielzahl völkerrechtlicher Abkommen – beispielsweise die Menschenrechtserklärung und die Menschenrechtspakte, die Genozidkonvention, das Statut des internationalen Gerichtshofes, die Anti-Folter-Konvention und die europäische Menschenrechtscharta – , verweist aber auch auf freiwillige Verhaltenskodizes (wie z.B. auf den Internationalen Kodex zur Vermarktung von Muttermilchersatzprodukten von 1981). Hierdurch wird verdeutlicht, dass mit den UN-Normen keine neuen Standards geschaffen, sondern bestehende Normen für Unternehmen als Normadressaten spezifiziert werden sollten. Die folgenden Artikel enthalten neben der grundsätzlichen Verpflichtung zur Beachtung und zum Schutz national wie international verankerter Menschenrechte auch konkrete Bestimmungen, wie das Diskriminierungsverbot, das Verbot, sich an Folter, Verbrechen gegen die Menschlichkeit oder Zwangsarbeit zu beteiligen oder daraus Profit zu schlagen, das Gebot, sich an arbeitsrechtliche Bestimmungen zu halten und etwa die Vereinigungsfreiheit zu gewährleisten. Ferner sind auch Verpflichtungen zum Schutz der Verbraucher und der Umwelt enthalten sowie die Aufforderung, allgemein einen positiven Beitrag zum Menschenrechtsschutz zu leisten. Die Unternehmen sollten die Normen in die eigene Unternehmenspolitik und in Geschäftsverträge mit ihren Partnern integrieren und dafür sorgen, dass im Fall von Verstößen angemessene Entschädigungen geleistet werden. Die Implementation der Normen sollte durch regelmäßige Berichte dokumentiert werden. Den Vereinten Nationen selbst und Nichtregierungsorganisationen wurde eine Rolle im Monitoring und bei der Herstellung von Transparenz zugewiesen, während die Staaten gesetzliche Regelungen schaffen sollen, welche die Implementation durch Unternehmen sicherstellen würden. Es wurde ausdrücklich darauf hingewiesen, dass keine der Bestimmungen dieses Vertragswerkes die menschenrechtlichen Pflichten der Staaten einschränkt oder sie von der Einhaltung entlastet.

Zurückhaltende Reaktion der Menschenrechtskommission
und weiteres Schicksal der Normen
Trotz des inklusiven und transparenten Ausarbeitungsprozesses reagierte die Menschenrechtskommission distanziert bis kritisch, als die Unterkommission diesen Vertragsentwurf an sie weiterleitete. Sie stellte zunächst klar, dass die Unterkommission auf Eigeninitiative, ohne von ihr beauftragt worden zu sein, tätig wurde; die UN-Normen selbst hätten lediglich Entwurfscharakter und keinen rechtlichen Status (Weissbrodt 2005: 68). Zwar beließ die Kommission das Thema zunächst auf der Agenda, entzog sich jedoch einer definitiven Entscheidung, indem sie die UN-Normen an das Menschenrechtshochkommissariat zwecks weiterer Konsultationen

---

278 Das Dokument kann hier eingesehen werden: http://www.unhchr.ch/huridocda/huridoca.nsf/ (Symbol)/E.CN.4.Sub.2.2003.12.Rev.2.En, 18.06.2013.

übergab. Diese fanden im Jahr 2004 und erneut unter breiter Beteiligung statt:[279] 33 Unternehmen und 4 Arbeitgeberverbände wurden um Stellungnahmen gebeten – geantwortet haben zwar nicht alle angefragten, aber dafür wurden auch eigeninitiativ Stellungnahmen abgegeben, so dass insgesamt die Auffassungen von 20 Unternehmen und 8 Arbeitgeberverbänden vorlagen. Neben der Arbeitnehmervereinigung „World Confederation of Labour" reichten auch 26 Staaten, 6 internationale Organisationen, 2 Menschenrechtsvertragsorgane sowie 27 NGOs und 16 weitere Stakeholder Stellungnahmen zu den Normen ein (s. Abbildung 5.2). Diese Kommentare wurden im Abschlussbericht des OHCHR verarbeitet, der im Februar 2005 veröffentlicht wurde: Darin werden vorhandene Instrumente bewertet und offene Punkte – beispielsweise die grundlegende Frage, ob und in welchem Maße eine Verantwortung der Unternehmen zur Förderung der Menschenrechte abgeleitet werden kann – aufgezeigt. In den abschließenden Empfehlungen wird der Status der UN-Normen allerdings relativiert, indem sie als eine Initiative unter vielen eingeordnet werden, die zudem auch weiterhin Dialog- und Konsultationsbedarf aufweise. Geschuldet ist dieses angesichts der zurückliegenden mehrjährigen Arbeit magere Ergebnis dem konstanten Lobbying des Wirtschaftssektors, wie es vor allem von der Internationalen Handelskammer (*International Chamber of Commerce*) und dem Internationalen Arbeitgeberverband (*International Organization of Employers*) betrieben wurde. Wenn auch auf Seiten der Wirtschaft eine gewisse Akzeptanz vorhanden war, dass die für sie geltenden Menschenrechtsstandards gestärkt werden mussten, so ging diese bei Weitem nicht so weit, sich auf verbindliche Compliance- und Monitoring-Verfahren einzulassen, wie sie im Entwurf der UN-Normen geplant waren (Utting/Zammit 2009: 48, Weissbrodt 2005: 70). Als einen ihrer Hauptkritikpunkte hebt der Bericht hervor, es sei nicht gelungen, zu demonstrieren, dass ein Wandel von freiwilligen Selbstverpflichtungsmechanismen zu einem verbindlichen Instrument notwendig sei (UNHCHR 2005: 9).

Unternehmen (20)
BASF, British Petroleum, Business Leaders' Initiative on Human Rights (ABB Ltd, Barclays plc, Hewlett-Packard Company, National Grid Transco plc, Novartis Foundation for Sustainable Development, Novo Nordisk A/S, MTV Networks Europe, Statoil and the Body Shop International plc), Gap, Newmont, Nexen, Pfizer, Rio Tinto, Sasol, Shell, Sonofon, Storebrand, Telefonica

Arbeitgeberverbände (8)
Bundesverband der Deutschen Industrie, Business and Industry Advisory Committee to the OECD, Confederation of British Industry, Confederation of Danish Industry, International Chamber of Commerce, International Organization of Employers, Netherland's Industry, United States Council for International Business.

---

279   Folgende Angaben nach dem „Report of the Office of the High Commissioner for Human Rights on the responsibilities of transnational corporations and related business enterprises" vom 15. Februar 2005, S. 22-25, verfügbar hier: http://www2.ohchr.org/english/bodies/chr/sessions/61/lisdocs.htm, 18.06.2013.

| **Staaten (26)** |
| Australien, Belgien, Dänemark, Deutschland, Finnland, Griechenland, Großbritannien, Kanada, Kroatien, Kuba, Litauen, Luxemburg, Mauritius, Niederlande, Norwegen, Österreich, Philippinen, Polen, Portugal, Schweden, Schweiz, Syrien, Tschechische Republik, Ungarn, USA, |
| **Internationale Organisationen (6)** |
| Global Compact Office, International Labour Office, International Monetary Fund, Organization for Economic Cooperation and Development, United Nations Environment Programme, United Nations Research Institute for Social Development. |
| **Menschenrechtsvertragsorgane (2)** |
| The Committee on the Rights of the Child, The Committee on the Protection of the Rights of All Migrant Workers and Members of their Families. |
| **Nichtregierungsorganisationen (27)** |
| Action Aid, Amnesty International, Australian Human Rights Centre, Berne Declaration, Business and Human Rights Resource Centre, CAFOD, Castan Centre, CEDHA, Christian Aid, Dutch Round Table on Business and Human Rights, ESCR-net (joint submission), Europe Third World Centre (joint submission), FIDH, Geneva Social Observatory, German Clean Clothes Campaign, Greenpeace, Human Rights First, Human Rights Watch, Humani-stish Overleg Mensenrechten, Infact, Interfaith Center on Corporate Responsibility, Interna-tional Baby Food Action Network, International Commission of Jurists, International Peace Academy/FAFO, Misereor (joint submission), Mineral Policy Institute (joint submission), Oxfam. |
| **Andere Stakeholder (16)** |
| Business for Social Responsibility, Caux Round Table, Sir Geoffrey Chandler, Columbia University Law School Human Rights Clinic, Danish Institute for Human Rights, Ms. Surya Deva, Ethical Funds, François-Xavier Bagnoud Center for Health and Human Rights (Harvard School of Public Health), Mr. Francis House, International Business Leaders' Forum, Mr. Menno Kamminga, King Zollinger, Lawhouse, Mr. John O'Reilly, SustainAbility, TwentyFifty. |

Abbildung 5.2: Eingereichte Stellungnahmen zu den UN-Normen[280]

2005: Kofi Annan ernennt John G. Ruggie zum Sonderbeauftragten für Unternehmen und Menschenrechte

Bereits der Abschlussbericht ließ erahnen, dass der Prozess zur Festschreibung verbindlicher Menschenrechtsstandards für Unternehmen nicht zu dem Ende kommen wird, den sich seine Initiatoren gewünscht hatten. Ihr endgültiges Ende wurde in den folgenden Jahren durch den Sonderbeauftragten für die Frage der Menschenrechte und transnationaler Unternehmen sowie anderer Wirtschaftsunternehmen (*UN Special Representative on the Issue of Human Rights, Transnational Corporations and Other Business Enterprises*) besiegelt. Im Juli 2005 war der damalige Generalsekretär Kofi Annan dem Beschluss der Menschenrechtskommission, dieses Amt einzurichten (Resolution 2005/69), gefolgt und hatte John G. Ruggie – einen der „Hauptarchitekten des Global Compacts"[281] – zum Sonderbeauftragten ernannt. Dessen Mandat umfasste fünf Bereiche: 1) Menschenrechtliche Standards zur Verantwortung und Rechenschaftspflicht von Unternehmen zu identifizieren; 2) die mögli-

---

280   Quelle: Eigene Darstellung nach UNHCHR 2005: 22-25.
281   Pressemitteilung der Vereinten Nationen SG/A/934 vom 28. Juli 2005, http://www.un.org/News/Press/docs/2005/sga934.doc.htm, 18.06.2013.

che Rolle von Staaten bzw. von internationaler Zusammenarbeit in der effektiven Regulierung auszuloten; 3) die Bedeutung strittiger Konzepte (Komplizenschaft, Einflusssphäre) zu klären; 4) eine Methode zur Erfassung der menschenrechtlichen Wirkung von Unternehmensaktivitäten zu entwickeln und 5) „*Best-Practice*"-Erfahrungen zusammenzustellen.[282] Nach Ablauf der zunächst dreijährigen Amtszeit verlängerte sie der Menschenrechtsrat um weitere drei Jahre bis 2011. Vertreter der Zivilgesellschaft hatten die Ernennung Ruggies aufgrund seiner engen Verbindung zum Global Compact von vorne herein kritisch kommentiert; ihre Befürchtungen, mit dieser Personalentscheidung sei einer politischen Ausrichtung Ausdruck verliehen worden, die eine internationale Regulierung von Wirtschaftunternehmen ablehnt und stattdessen auf Freiwilligkeit und Unverbindlichkeit setzt, wurden mit den drei inzwischen veröffentlichten Reports des Sonderbeauftragten bestätigt: So legt Ruggie darin Wert auf die Feststellung, die Normen hätten keinen völkerrechtlichen Status und die dort anvisierten menschenrechtlichen Verpflichtungen der Unternehmen könnten nicht völkerrechtlich begründet werden; die Debatte über die Normen behindere ihn bei der Ausübung seines Mandats und verhindere einen Konsens.[283] Der zum Ende seiner ersten Amtszeit im April 2008 vorgelegte Bericht mit dem Titel „Protect, Respect and Remedy: a Framework for Business and Human Rights"[284] sah, wie der Titel verrät, drei Säulen vor: die Schutzverpflichtung der Staaten, die Wahrungsverpflichtung der Unternehmen und den Rechtsschutz für die Opfer. Er nahm insgesamt nur an wenigen Stellen auf die UN-Normen Bezug, und dies auch nur, um sie erneut für die Gleichsetzung von Staats- und von Unternehmensverpflichtungen und für die ausgelöste Debatte zu kritisieren. Er enthielt keine konkreten Umsetzungsvorschläge, sondern fasste lediglich die Diskussionen um mögliche Verantwortlichkeiten von Unternehmen für Menschenrechtsverletzungen zusammen. Als Beispiel für geeignete Überwachungsprozeduren führte er den Global Compact mit seiner unüberprüften Berichtspflicht an – Freiwilligkeit wurde eindeutig vor Verbindlichkeit der Vorzug gegeben. Die einzige substanzielle Neuerung war der Vorschlag, die Position einer Ombudsperson und damit einen Beschwerdemechanismus für Opfer von von Unternehmen verübten Menschenrechtsverletzungen einzurichten. Dieser Aspekt stieß auf Kritik der Wirtschaftsvertreter, während Ruggies sonstige Ausführungen dort eher mit Zustimmung aufgenommen wurden (Martens 2008: 12). Im März 2011 legte Ruggie seinen Abschlussbericht[285] vor, der weiterhin die drei Säulen ins Zentrum stellt. Er spricht nunmehr von „*Guiding Principles*", die keineswegs neue rechtliche Verpflichtungen schaffen und erwähnt die Normen nur als eine frühe Initiative, auch der Vorschlag der Ombudsperson ist entfallen. Die Unternehmen werden darin aufgefordert, sich zu einer Firmenpolitik zu bekennen, die Menschenrechte respektiert; die menschenrechtlichen Auswirkungen ihrer Tätigkeit zu erheben; und in den Fällen, in denen sie zu Menschenrechtsverletzungen beigetragen haben, für angemessene Entschädigung zu sorgen.

---

282   http://www.business-humanrights.org/Updates/Archive/SpecialRepresentativeMandate, 18.06.2013.
283   http://www1.umn.edu/humanrts/business/RuggieReport2006.html, 18.06.2013.
284   http://www.reports-and-materials.org/Ruggie-report-7-Apr-2008.pdf, 18.06.2013.
285   http://www.ohchr.org/documents/issues/business/A.HRC.17.31.pdf, 18.06.2013.

Von NGOs wurde der vom Menschenrechtsrat begrüßte Bericht als eine ver-
passte Chance kritisiert, Menschenrechte effektiv zu schützen, weil er lediglich
den Status Quo bestätige, aber keine neuen Mechanismen schaffe (HRW 2011).
Mit der klaren Positionierung des UN-Sonderbeauftragten gegen die Normen be-
graben die Vereinten Nationen einmal mehr die Möglichkeit, mittels eines verbindlichen internationalen Instruments eine klare und überprüfbare Verantwortung
der Unternehmen für das Umfeld, in dem sie operieren, und für ihre eigene Menschenrechtspolitik festzuschreiben. Die Präferenzen der Unternehmen für vage
Selbstverpflichtungen offenbaren eine deutliche Weigerung, sich uneingeschränkt
Menschenrechtsstandards zu unterwerfen. Auf Seiten der Vereinten Nationen hat
das Bestreben, partnerschaftliche, nicht-konfrontative Beziehungen mit dem Wirtschaftssektor aufrechtzuerhalten gegenüber dem Wunsch nach einem besseren
Menschenrechtsschutz, der sich auch auf nichtstaatliche Akteure erstreckt, Vorrang erhalten. Zumindest bleibt das Thema Unternehmen und Menschenrechte
weiterhin auf der Agenda des Menschenrechtsrates, der im Jahr 2012 eine Kommentierung von Ruggies Prinzipien herausgab,[286] auch befasst sich eine im Juli
2011 eingerichtete Arbeitsgruppe[287] weiterhin mit dem Thema.

5.5.2 Steuerungsformen

Wie in diesem Kapitel deutlich wurde, finden wir im internationalen Menschen-
rechtsregime sowohl Elemente einer hierarchischen als auch einer horizontalen
Steuerung. Letztere findet vor allem in den Hauptorganen der UN, der Generalversammlung und dem Sicherheitsrat, sowie im Menschenrechtsrat statt – hier
verständigen sich souveräne Staaten miteinander über den Normierungsbedarf im
Bereich der Menschenrechte, verhandeln miteinander Lösungen oder einigen sich
auf Durchsetzungsmaßnahmen. Zugleich haben sich über die Zeit immer mehr hierarchische Elemente im Regime herausgebildet: So kann man bei den Beschwerde-
und Überwachungsmechanismen, so defizitär sie auch sind, nicht nur horizontale
(das 1235- bzw. das 1503-Verfahren, bei denen sich Staatenvertreter vor Staatenvertretern äußern, die der entsprechenden Arbeitsgruppe der Menschenrechtskommission angehören), sondern auch hierarchische Strukturen erkennen – schließlich wird
die Einhaltung der Menschenrechtsverträge durch unabhängige Expertenausschüsse
geprüft, vor denen sich die Staaten verantworten müssen. Auch die Einführung des
Universal Periodic Review im Menschenrechtsrat geht in eine ähnliche Richtung,
indem mit diesem Mechanismus eine Rechenschaftspflicht der Staaten gegenüber
Expertenausschüssen der Vereinten Nationen geschaffen wurde. Im Unterschied zu
den Vertragsorganen, vor denen sich nur die Vertragsparteien verantworten müssen,
wird im UPR die Menschenrechtslage eines jeden Staates behandelt und damit die

---

286   http://www.ohchr.org/Documents/Issues/Business/RtRInterpretativeGuide.pdf, 18.06.2013.
287   „Working Group on the issue of human rights and transnational corporations and other business
enterprises",
http://www.ohchr.org/EN/Issues/Business/Pages/WGHRandtransnationalcorporationsandotherbusiness.
aspx, 18.06.2013.

universelle Geltung der Menschenrechte, aber auch die Erga-Omnes-Verpflichtung der Staaten bekräftigt. Mit der Entwicklung der internationalen Strafgerichtsbarkeit, die im ICC gipfelte, sind weitere Instanzen geschaffen worden, die dieser Auffassung Ausdruck verleihen. Nichtstaatliche zivilgesellschaftliche Akteure wirken sowohl an horizontalen Prozessen der Normgenese als auch – durch ihren Beitrag zum Monitoring – an hierarchischen Prozessen der Vertragsüberwachung eher als steuernde Akteure, d.h. Steuerungssubjekte, mit. Wirtschaftsakteure finden sich da in einer anderen Position: Wie bisherige Ausführungen zeigen, wurden sie immer wieder als zu steuernde Akteure, d.h. Steuerungsobjekte angesehen, konnten sich derartigen, hierarchisch konzipierten Steuerungsbemühungen jedoch mit Erfolg entziehen, bis sich schließlich in den Vereinten Nationen die Vorstellung durchgesetzt hat, mit den Unternehmen zu steuern. Durch ihre Einbeziehung in die Regelsetzungsprozesse, wie sie bei der Entwicklung der UN-Normen stattgefunden hat, werden also auch Unternehmen zu Steuerungssubjekten.

5.5.3 Mehrebenenpolitik

Die Verzahnung der internationalen mit der nationalen und lokalen Ebene liegt schon im Gegenstand selbst – den Menschenrechten – begründet, die international verankert, national garantiert und nicht nur, aber auch von Individuen respektiert werden müssen. Die Menschenrechtsarbeit der Vereinten Nationen nimmt alle Ebenen in den Blick: Es werden internationale Übereinkommen geschlossen und Mechanismen zu ihrer Überprüfung im Rahmen der UN selbst etabliert; zugleich werden Tatsachen vor Ort ermittelt und konkrete Menschenrechtsprojekte im Feld durchgeführt. Zu diesem umfassenden Ansatz gehört auch, dass verschiedene Akteure Zielgruppen der UN-Bemühungen sind: RegierungsvertreterInnen, die zum Beitritt zu und zur Einhaltung von Menschenrechtsverträgen bewogen werden sollen; staatliche Bedienstete, v.a. in den Bereichen des Polizei- und Justizwesens, die in Trainings die Bedeutung des Menschenrechtsschutzes erfahren sollen, aber auch Individuen, denen ein Bewusstsein für ihre Rechte vermittelt werden soll.

(Randnotiz: UN-Menschenrechtsarbeit findet international, regional, national und lokal statt)

Die UN kooperieren auch mit Institutionen, die verschiedenen Ebenen zuzuordnen sind. So werden nicht nur internationale, sondern auch sogenannte Grassroots-NGOs in die Menschenrechtsarbeit einbezogen. In den Staaten, in denen die (zivilgesellschaftliche) Organisation des Menschenrechtsschutzes schwach ausgeprägt ist, fördert neuerdings insbesondere das Hochkommissariat für Menschenrechte den Aufbau nationaler Menschenrechtsorganisationen (*National Human Rights Institutions*, NHRI), wie etwa Ombudspersonen oder Menschenrechtskommissionen (Mertus 2005: 27f.).[288]

(Randnotiz: Förderung von nationalen Menschenrechtsinstitutionen)

Verschiedene internationale und regionale Organisationen ergänzen das Menschenrechtssystem der UN. Mit fast allen von ihnen haben die Vereinten Nationen Kooperationsabkommen geschlossen. Auf regionaler Ebene sind dies z.B. der Europäische Gerichtshof für Menschenrechte, die Menschenrechtskommission

(Randnotiz: Kooperation mit anderen Organisationen)

---

288 Sie müssen allerdings nicht notwendigerweise gänzlich nichtstaatlich sein, sondern können auch hybride Formen annehmen.

der Organisation für Amerikanische Staaten, die Afrikanische Kommission für die Rechte von Menschen und Völkern und die NEPAD (*New Partnership or Africa's Development*), die Peer-Review-Verfahren durchführt (Ramcharan 2007: 455). Im arabischen und asiatischen Raum sind die Menschenrechtsforen bislang weniger institutionalisiert, allerdings sieht die Arabische Menschenrechtscharta,[289] die 2008 in Kraft getreten ist, ein Berichtssystem ähnlich dem der UN-Organe vor; die Mitglieder der ASEAN nahmen im November 2007 die ASEAN-Charta an, welche im Artikel 14 beschloss, ein eigenes Menschenrechtsorgan zu etablieren – die ASEAN *Intergovernmental Commission on Human Rights* (AICHR) wurde im Oktober 2009 eingesetzt. Die regionalen Menschenrechtspakte[290] beinhalten zahlreiche Bestimmungen der internationalen Menschenrechtsverträge; mit den jeweiligen Gerichtshöfen stehen ihnen bessere Sanktionsinstrumentarien zur Verfügung, da der Europäische Gerichtshof für Menschenrechte, der Interamerikanische Gerichtshof für Menschenrechte und der seit 2006 aktive Afrikanische Gerichtshof für Menschenrechte für ihre Mitgliedsstaaten rechtsverbindliche Urteile erlassen können.

5.6 Fazit

Was wurde bisher erreicht?
• normativer Referenzrahmen
• schwache Schutzmechanismen

Gegen den Widerstand der Großmächte konnten Menschenrechte einst in die UN-Charta eingebracht werden. Zwar haben die Staaten damit die Förderung der Menschenrechte in die Zuständigkeit der Vereinten Nationen gelegt, der Schutz von Menschenrechten war jedoch aus Sicht der an den Charta-Verhandlungen beteiligten Staaten kein Ziel, das die Weltorganisation verfolgen sollte. In den letzten Jahrzehnten ist es den Vereinten Nationen gelungen, diese Kompetenzbeschränkung durch sukzessiven Ausbau von Schutzmechanismen in Teilen zu überwinden, doch den größeren Beitrag hat die Organisation mit der Etablierung eines normativen Referenzrahmens für Menschenrechte erbracht. Dabei spielten die Generalversammlung und die Menschenrechtskommission eine herausragende Rolle: erstere, indem sie durch ihre Resolutionen nicht nur ein Problembewusstsein geschaffen, sondern auch Verrechtlichungsprozesse angestoßen hat und letztere durch ihre richtungsweisende Funktion sowie die Aushandlung und Ausformulierung konkreter Menschenrechtsstandards. Auch der Sicherheitsrat, laut Charta ohne direkte menschenrechtliche Befugnisse, hat nach jahrzehntelanger Zurückhaltung zu einer Aufwertung der Menschenrechte beigetragen, indem er massive Menschenrechtsverletzungen als Friedensbedrohung definiert und als Reaktion darauf Zwangsmaßnahmen verhängt hat. Die in den letzten 60 Jahren organisch gewachsene normative Struktur baut auf dem Fundament der Allgemeinen Erklärung der Menschenrechte auf und ist mit den

---

289   Das Dokument kann hier eingesehen werden: http://www1.umn.edu/humanrts/instree/loas2005. html, 18.06.2013.

290   Europäische Konvention zum Schutz der Menschenrechte und Grundfreiheiten (1949 vom Europäischen Rat verabschiedet, 1953 in Kraft getreten), Afrikanische Charta der Menschenrechte und der Rechte der Völker (1982 von der Organisation für Afrikanische Einheit verabschiedet, 1986 in Kraft getreten) und die Amerikanische Menschenrechtskonvention (1969 verabschiedet durch die Organisation Amerikanischer Staaten, 1978 in Kraft getreten).

beiden Menschenrechtspakten und neun Menschenrechtskonventionen so gut ausgebildet, dass es bis auf wenige Ausnahmen kaum noch Menschenrechte gibt, die
nicht in verbindlichen Verträgen kodifiziert sind. Die Implementationsstrukturen der
Verträge, die ihre Effektivität sicherstellen sollen, gelten durchgehend als schwach,
jedoch als unterschiedlich schwach – der übliche Überwachungsmechanismus ist
das Staatenberichtsverfahren mit anschließender Prüfung durch den jeweiligen Ausschuss, allerdings verfügen derzeit zwei Konventionen[291] nicht einmal über diesen.
Mehr als zwei Drittel der Konventionen lassen die Individualbeschwerde entweder
direkt oder über ein Fakultativprotokoll zu, fünf sehen auch eine Staatenbeschwerde
vor. Sicherlich begründen die Vertragsüberprüfungsverfahren samt ihren Follow-
up-Mechanismen, wie auch die Sonderverfahren des Menschenrechtsrates eine Rechenschaftspflicht der Staaten und schaffen Erwartungs- und Rechtfertigungsdruck;
die Prüfung der Effektivität der Verträge wird allerdings erheblich durch fehlende
Ermittlungs- und Sanktionskompetenzen der UN-Organe erschwert.

Diese Kompetenzbeschränkungen, denen sich die UN-Organe gegenüber sehen, sind unbestritten ein Grund für die besonders enge Zusammenarbeit mit Nichtregierungsorganisationen. Über die vielen Anknüpfungspunkte, die ihnen das Menschenrechtssystem der Vereinten Nationen bietet, können NGOs einige der Defizite
kompensieren und zudem fundierte Menschenrechtsexpertise bereitstellen. Letztere
ist Ergebnis jahrhundertelangen zivilgesellschaftlichen Engagements für Menschenrechte, zu dem auch heute die Ausübung grundlegender Funktionen – vom Sammeln
von Informationen über Petitionsaktionen für Opfer bis hin zu Überzeugungsarbeit
bei Regierungen – gehört. Die Vereinten Nationen erkennen diese besondere Rolle
durch die Einbindung der NGO-Arbeit in die eigene Menschenrechtsarbeit an. Der
Grad der Formalität dieser Einbindung unterscheidet sich zwischen der Normsetzung und der Normimplementation. So verfügen Nichtregierungsorganisationen im
Menschenrechtsrat bzw. zuvor in der Menschenrechtskommission über umfassende
formelle Teilnahmerechte, d.h. einen Beobachterstatus, der sie zu formellen und informellen Verhandlungen zulässt sowie Rederechte; ferner ist beim Aufsetzen von
Konventionen der Rat von NGOs gefragt.

Anders verhält es sich im Monitoring-Bereich, in dem die NGOs zwar einen nicht minder wichtigen Beitrag leisten, dies jedoch auf weitgehend informellen Wegen. Weil sie nicht an den Sitzungen der Ausschüsse teilnehmen können,
agieren Nichtregierungsorganisationen hier eher im Hintergrund und arbeiten dem
Überprüfungssystem vor allem mit Informationen zu.

Wie im Kapitel diskutiert, spielt die zweite Gruppe nichtstaatlicher Akteure,
die Unternehmen, eine schwierige Doppelrolle als Objekt und neuerdings auch
Subjekt von Regulierung. Der (schließlich ergebnislose) Prozess zur Etablierung
der UN-Normen zeichnete sich durch ein Multi-Stakeholder-Design aus – dieses inklusiv angelegte Verfahren sollte wohl die Chance erhöhen, ein Instrument
zu entwickeln, welches auf Akzeptanz der von ihm Betroffenen stößt. Deutlich
geworden sind allerdings auch die Risiken der Prozesse, an denen unterschied-
lichste Akteure beteiligt werden, nämlich zum einen die Konfliktlinie zwischen

Global Governance
im Menschenrechts-
bereich
• Offenheit gegenüber
NGOs
• Abhängigkeit von
NGO-Arbeit
• Hierarchische Steu-
erungselemente durch
Expertenausschüsse
• Problembearbeitung
auf mehreren Ebenen

---

291 Die Genozid- und die Flüchtlingskonvention.

den beiden nichtstaatlichen Sektoren mit ihren teils diametral unterschiedlichen
Interessen und Einschätzungen; zum anderen aber auch die Gefahr, immer neue
Konsultationsrunden zu instrumentalisieren, um die Normierung zu verzögern
und schließlich gänzlich im Sande verlaufen zu lassen.

Zusammenfassend beobachten wir im Menschenrechtsbereich also erneut
einen Steuerungsmix aus erstens horizontaler Normsetzung, bei der allerdings angesichts des Inputs von Expertenkommissionen und -ausschüssen wie auch von
NGOs keinesfalls mehr von einem rein intergouvernementalen Prozess gesprochen
werden kann und zweitens einer hierarchisch angelegten, wenn auch schwachen
Überwachung der Umsetzung. Die Bearbeitung der Menschenrechtsproblematik
erfolgt ganzheitlich und auf mehreren Ebenen: Durch Kooperation mit regionalen
Organisationen, die teils verbindlichere Rechts- und stärker ausgeprägte Überwa-
chungsinstrumente etabliert haben; im operativen Bereich durch Technische Zusammenarbeit mit den Regierungen wie auch durch Menschenrechtserziehung auf
der individuellen Ebene – sowohl bei den Rechtsträgern als auch bei denjenigen,
die aufgrund ihrer Position Menschenrechtsverletzungen verüben könnten.

6 Entwicklungspolitik

Die Grundzüge multilateraler Entwicklungspolitik begannen sich in den 1920er Jahren herauszubilden und schlugen sich in der Arbeit des Völkerbundes nieder. Zuvor mussten jedoch imperialistische Entwicklungsvorstellungen, die im 19. und zu Beginn des 20. Jahrhunderts die Kolonialpolitik europäischer Staaten dominiert hatten, überwunden werden. In der Vorstellung europäischer Kolonialmächte fand Entwicklung von außen statt: Gesellschaften „wurden entwickelt", indem die Kolonialherren ihre Ressourcen ausbeuteten und ihnen die „Zivilisation" brachten. In der Satzung des Völkerbundes fand dieser Gedanke insofern Niederschlag, als dort die Vormundschaft durch „fortschrittliche Nationen" zur besten Methode, um Entwicklung zu erreichen, erklärt wurde.[292] Allerdings eröffnen diese Bestimmungen auch die Perspektive, nach dem Erreichen einer bestimmten Entwicklungsstufe unabhängig zu werden. Damit und mit der Festlegung des Selbstbestimmungsrechts erkannte der Völkerbund wenigstens die potenzielle Gleichheit aller Völker an (Ziai 2004: 102f.). Die Organisation betonte ferner die Einheit von wirtschaftlicher und sozialer Entwicklung und widmete sich einer Reihe sozialer und humanitärer Aktivitäten, wie der Bekämpfung von Krankheiten, der Abschaffung der Sklaverei und der Herstellung menschenwürdiger Arbeitsbedingungen. Sie legte damit Grundlagen für die Entwicklungspolitik der Vereinten Nationen, die von Beginn an neben Sicherheit und Menschenrechten den dritten großen Tätigkeitsbereich der UN ausmachte (Fomerand 2004: 164). Die Organisation ist heute mit ihren zahlreichen Spezialorganen und Sonderorganisationen ein zentraler entwicklungspolitischer Akteur, in dessen Rahmen Entwicklungsnormen entwickelt, diskutiert und ausgehandelt werden, der aber auch in der Durchführung konkreter Entwicklungsprojekte und damit in der Normenumsetzung engagiert ist. Im folgenden Kapitel wird zunächst ein Überblick über die entwicklungspolitischen Ziele und Aufgaben der UN (Kap. 6.1) und die Wahrnehmung dieser Aufgaben durch die wichtigsten Institutionen (Kap. 6.2) gegeben. Es folgt ein historischer Rückblick auf die verschiedenen Phasen der Entwicklungspolitik in den Vereinten Nationen vor dem Hintergrund des Nord-Süd-Konflikts (Kap. 6.3). Im nächsten Schritt analysieren wir die Einbeziehung verschiedener Akteure in die Politikformulierung und -umsetzung und konzentrieren uns hierbei insbesondere auf die Weltkonferenzen der 1990er Jahre sowie aktuellere Gipfel (Kap. 6.4). Im Fazit (Kap. 6.5) fassen wir die Ergebnisse zusammen.

Überblick über das Kapitel

6.1 Ziele und Aufgaben

Zwar räumt die UN-Charta Frieden und Sicherheit eine deutliche Priorität ein, doch sie sieht auch Entwicklungszusammenarbeit (EZ) als einen Tätigkeitsbereich der

Entwicklung als förderungswürdiges Ziel

---

292 Die Satzung kann online hier eingesehen werden: http://query.nytimes.com/gst/abstract.html ?res=9E03E5DE1331E433A25756C1A9649C946896D6CF, 19.06.2013.

UN vor – obwohl Entwicklung als Begriff nur einmal in Artikel 55 (a) vorkommt. Auf die Thematik der Entwicklungszusammenarbeit wird jedoch an zahlreichen Stellen Bezug genommen: Artikel 1 (3) benennt „internationale Zusammenarbeit (...), um internationale Probleme wirtschaftlicher, kultureller und humanitärer Art zu lösen" als Ziel der Organisation. Die Kapitel IX (Artikel 55-60) und X (Artikel 61-72) widmen sich dieser Zusammenarbeit und legen hier u.a. fest, dass die UN „die Verbesserung des Lebensstandards, die Vollbeschäftigung und die Voraussetzungen für wirtschaftlichen und sozialen Fortschritt und Aufstieg fördern" sowie die Aktivitäten der auf diesen Gebieten tätigen internationalen Organisationen koordinieren und wenn notwendig, die Errichtung weiterer Organisationen initiieren sollen. Dasjenige Hauptorgan, das die primäre Zuständigkeit für diese Aufgaben trägt, ist der Wirtschafts- und Sozialrat (*Economic and Social Council*, ECOSOC).

Breites Aufgaben-
spektrum:
• Entwicklungsleitbilder
• Technische
Zusammenarbeit
• Entwicklungsprojekte
• Entwicklungs-
forschung

Wenn die UN auch nicht die einzige internationale Entwicklungsinstitution sind, so sind sie sicherlich diejenige mit dem vielfältigsten und am meisten umfassenden Aufgabenbereich. Die Charta ist wenig spezifisch, was die Ausgestaltung des Entwicklungsauftrages betrifft, wodurch der Organisation viel Raum für verschiedene der Entwicklung dienende Aktivitäten gelassen wurde. Letztere finden in mehreren Bereichen statt:

1. Entwicklungspolitische Leitbilder und Normen werden in den Diskussions- und Verhandlungsorganen entworfen bzw. gesetzt und weiterentwickelt. Die UN ermöglichen also internationale Konsensfindung darüber, was Entwicklung ist und was sie be- bzw. verhindert, welche Entwicklungsstrategien erfolgversprechend sind und wer welchen Beitrag dazu leisten soll.

2. Technische Zusammenarbeit (TZ) ist ein weiterer Tätigkeitsbereich der UN. Entwicklungsländer sollen durch Beratung, Bereitstellung von Expertise (in Form von Personal oder Know-how) und Ausstattung sowie Trainingsmaßnahmen unterstützt werden.

3. Operative Entwicklungsprojekte – z.B. Alphabetisierungsprogramme, Maßnahmen zur Frauenförderung, AIDS-Prävention oder Sicherstellung der Wasserversorgung – werden von den UN-Organen entsprechend ihren Arbeitsschwerpunkten geplant und durchgeführt. Sie nehmen hierbei auch vielfältige humanitäre Aufgaben wahr, etwa Flüchtlingsschutz oder Nothilfe im Fall von Naturkatastrophen oder Kriegen.[293] Spezial- und Sonderorganisationen engagieren sich zudem in der Bereitstellung „softer Infrastruktur", d.h. in der Entwicklung technischer Standards, der Förderung von Telekommunikation und Transport oder der Sicherung geistiger Eigentumsrechte.[294]

---

293 Relevante Organe sind z.B. die Organisation der Vereinten Nationen für Bildung, Wissenschaft und Kultur (*United Nations Educational, Scientific and Cultural Organization*, UNESCO), das UN Flüchtlingshilfswerk (*United Nations High Commissioner for Refugees*, UNHCR) und die Weltgesundheitsorganisation (*World Health Organization*, WHO).

294 Die zuständigen Sonderorganisationen sind z.B. die Internationale Fernmeldeunion (*International Telecommunication Union*, ITU), die Internationale Zivilluftfahrtorganisation (*International Civil Aviation Organization*, ICAO) und die Weltorganisation für geistiges Eigentum (*World Intellectual Property Rights Organization*, WIPO).

4. Neben ihren praktischen Aufgaben sind die UN auch in der policy-orientier-
    ten Forschung aktiv, wozu die Sammlung, Auswertung und Dokumentation
    (in Form von Berichten oder statistischen Datensammlungen) entwicklungs-
    relevanter Informationen, aber auch die Identifikation bearbeitungsbedürfti-
    ger Probleme und die Überprüfung der erzielten Fortschritte gehört (Fues/
    Klingebiel 2007: 224, Fomerand 2004: 166, 176).

Im Zuge der Neuordnung der Weltwirtschaft nach dem Zweiten Weltkrieg haben
die Staaten Entwicklung als Ziel internationaler Kooperation anerkannt. Nicht
minder wichtig war jedoch aufgrund der Erfahrungen mit der Weltwirtschaftskrise
in den dreißiger Jahren auch die Absicht, mittels der Schaffung internationaler
Wirtschafts- und Entwicklungsinstitutionen eine stabile Wirtschaftsordnung zu
etablieren, die einerseits das Fundament für die Ausbreitung eines liberal-kapi-
talistischen Wirtschaftssystems legen, andererseits aber auch die Risiken eben
dieses Systems abfedern würde (Weiss et al. 1997: 205). Mit diesen zwei Zielen
– Entwicklung und weltweite Verbreitung der Marktwirtschaft – hingen jedoch
unterschiedliche Vorstellungen darüber zusammen, welche institutionelle Arbeitsteilung notwendig und wünschenswert ist, um sie zu erreichen. So bestand und
besteht zwischen dem Norden und Süden nach wie vor Dissens darüber, wie weit
die (Entscheidungs-)Befugnisse und das Aufgabenspektrum der UN reichen sollen. Wie am in der Charta festgehaltenen Koordinierungsauftrag deutlich wird,
sollten die Vereinten Nationen nicht zum einzigen entwicklungspolitischen Organ
werden. Vielmehr waren sich die Gründer darüber im Klaren, dass nicht nur die
multilaterale (also durch Institutionen) und bilaterale (d.h. von Staat zu Staat geleistete) Entwicklungszusammenarbeit nebeneinander existieren würden, sondern
auch die multilaterale EZ zur Aufgabe mehrerer internationaler Organisationen
würde: Zu den „Pfeilern der multilateralen Entwicklungspolitik" zählen neben den
UN auch die Bretton-Woods-Institutionen (BWI)[295] Weltbankgruppe und Internationaler Währungsfonds (*International Monetary Fund*, IMF), mehrere regionale
Entwicklungsbanken,[296] aber auch die Europäische Union (Fues/Klingebiel 2007:
219). Da Entwicklungspolitik nicht unabhängig von der Wirtschaftspolitik stattfinden kann, sind ferner Wirtschaftsorganisationen wie die OECD (*Organization
for Economic Cooperation and Development*) und die Welthandelsorganisation

*Entwicklung und
wirtschaftliche Sta-
bilität als Hauptziele
der Weltwirtschafts-
ordnung*

---

295 Die Bretton-Woods-Institutionen wurden nach dem Konferenzort Bretton Woods (USA)
benannt, wo 1944 ein System zur Regulierung der Geldtauschbeziehungen zwischen den Staaten ins
Leben gerufen wurde. Seine wichtigsten Bestandteile waren feste Wechselkurse, die Goldbindung des
Dollars, die Möglichkeit zur Devisenkontrolle sowie die Gründung des Internationalen Währungsfonds
und der Weltbank. Der IWF sollte für die Finanzpolitik zuständig sein, die Weltbank den Wiederaufbau
Europas finanzieren. Zur Regulierung der Handelsbeziehungen war eine dritte Organisation, die
Internationale Handelsorganisation vorgesehen, die jedoch nicht zustande kam. Nur ein Kapitel ihres
Gründungsdokuments – das Allgemeine Zoll- und Handelsabkommen (*General Agreement on Tariffs
and Trade*, GATT) – trat 1947 in Kraft. Eine Unterscheidung zwischen dem Bretton-Woods-System
und den Bretton-Woods-Institutionen ist sinnvoll: Wenn vom System die Rede ist, so ist damit das
Finanzsystem, also der Goldstandard und feste Wechselkurse gemeint – dieses System wurde 1973
aufgegeben, nachdem die USA die Konvertibilität des Dollars in Gold nicht mehr sichern konnten. Die
Bretton-Woods-Institutionen existierten jedoch weiter.
296 Z.B. *African Development Bank, Asian Development Bank, European Bank for Reconstruction
and Development, Inter-American Development Bank* und *Islamic Development Bank.*

(*World Trade Organization*, WTO) sowie wirtschaftliche Zusammenschlüsse wie die G8 (Gruppe der acht stärksten Wirtschaftsmächte)[297] von entwicklungspolitischer Bedeutung. Während Länder des Nordens die Rolle der UN am liebsten auf die „weichen" Felder der operativen EZ, also z.B. Bildung, Gesundheit und Ernährung begrenzen würden und die Regelung der „harten" ökonomischen Angelegenheiten (wie Handels- und Währungspolitik) den Bretton-Woods-Institutionen oder gar den Märkten allein überlassen würden, wünschen sich die Entwicklungsländer (EL) gerade in den letztgenannten Bereichen größere Kompetenzen für die UN. Sie sollen nicht nur auf der lokalen Ebene aktiv sein, sondern auch strukturelle Entwicklungsprobleme angehen: „For the South, development cannot be left to the vagaries of international financial, monetary, and commercial markets" (Fomerand 2004: 168). Aus Sicht der Entwicklungsländer sind die UN die Verkörperung eines Zusammenschlusses zwischen souveränen und gleichen Staaten, weshalb es angemessen ist, der Weltorganisation die Weisungsbefugnis in Wirtschafts- und Entwicklungsangelegenheiten sowie eine Überwachungsbefugnis über die BWI zu übertragen (Fomerand/Dijkzeul 2007: 564).

Diese verschiedenen Auffassungen über die angemessenen institutionellen Kompetenzen liegen in unterschiedlichen Organisationsprinzipien und in den Machtverhältnissen in den Institutionen begründet. So basieren die Vereinten Nationen und ihre Organe auf der Idee der Gleichheit aller Mitglieder und dementsprechend auch auf dem Prinzip „one state, one vote". Da letzteres eine Stimmenmehrheit der Entwicklungsländer bedeutet und sie damit auf UN-Beschlüsse Einfluss nehmen können,[298] sind sie entsprechend an weitreichenden Entscheidungskompetenzen für die UN interessiert. Dagegen herrscht in den Entscheidungsgremien der Bretton-Woods-Institutionen das Prinzip „one dollar, one vote", also ein nach der Höhe der Kapitalanteile der einzelnen Länder gewichtetes Stimmrecht, das dazu führt, dass Industrieländer die Politik dieser Organisationen bestimmen (Eggerstedt/Kulessa 1998: 251f.). Die unterschiedlichen Nord-Süd-Machtverhältnisse schlagen sich auch in den inhaltlichen Ausrichtungen der Institutionenkomplexe nieder, was ein weiterer Grund ist, weshalb die eine Staatengruppe die Gestaltung der Entwicklungspolitik durch die UN und die andere eher durch die BWI vorzieht. Vereinfachend können zwei Entwicklungsparadigmen[299] den Institutionen zugeschrieben werden (Thérien 1999). Der Ausgangspunkt der Arbeit der Vereinten Nationen ist der politisch und moralisch inakzeptable Widerspruch zwischen wachsendem Wohlstand für die einen und wachsender Armut für die anderen (Thérien 1999: 733). Die UN betonen externe Armutsursachen und

(Randnotiz:) Zwei Systeme, zwei Entwicklungsparadigmen: UN und BWI

---

297 Deutschland, Frankreich, Großbritannien, Italien, Japan, Kanada, Russland, USA.

298 Wer „die Entwicklungsländer" sind, lässt sich aufgrund der Heterogenität dieser Gruppe heute nicht mehr so genau bestimmen. Nimmt man den Human Development Index des UNDP zum Ausgangspunkt, gehörten 2013 47 Staaten zu den hochentwickelten Ländern, 48 zu den entwickelten, 48 zu den mittelstark entwickelten und 48 zu den niedrig entwickelten. Siehe http://hdr.undp.org/en/media/HDR2013_EN_Summary.pdf, 18.06.2013.

299 Diese zu Analysezwecken vorgenommene Zuschreibung ist insofern vereinfachend als das UN-System fragmentiert ist, aus unterschiedlichen Organen besteht und verschiedene politische Phasen durchlaufen hat. Auch die BWI haben in unterschiedlichen Phasen unterschiedliche Schwerpunkte gesetzt.

strukturelle, also weltwirtschaftliche Bedingungen für Entwicklung und weisen auf die asymmetrische Abhängigkeit der Entwicklungsländer vom Weltmarkt hin, die sie besonders anfällig für dessen Instabilitäten mache: „The UN saw itself as the champion of social justice and distributive policies and viewed the global economic system as more of an impediment than a solution to these ends" (Ruggie 2003: 303). Der Marktskepsis und Reformbedürftigkeit der Weltwirtschaftsordnung aus Sicht der Vereinten Nationen stehen der Glaube an die Kräfte des Marktes, der Enthusiasmus für (neo-)liberale Ideen von offenen Märkten, Freihandel und Privatisierung gegenüber, die in den Bretton-Woods-Institutionen dominieren (Payne 2005: 132). Ursachen von Unterentwicklung und Armut sind demnach nicht auf der internationalen Ebene, sondern in den betroffenen Ländern selbst zu suchen: Politische Instabilität, falsche ökonomische Entscheidungen und fehlgeleitete Politiken würden die nationalen Märkte an ihrer freien Entfaltung und der notwendigen Anpassung an den Weltmarkt hindern, was wirtschaftlichen und sozialen Fortschritt unmöglich macht – für Entwicklung ist also nicht eine Reform der Weltwirtschaftsstrukturen notwendig, sondern länderspezifische Maßnahmen (Thérien 1999: 725).

Auch wenn seit den 1990er Jahren eine Annäherung der beiden Leitbilder stattgefunden hat (siehe S. 285), hat der Dualismus zwischen der Entwicklungspolitik der UN und den Tätigkeiten der Bretton-Woods-Institutionen die Arbeit der Vereinten Nationen in vielfacher Hinsicht geprägt. Wie die UN in Anbetracht dieses Spannungsverhältnisses ihren vielfältigen Aufgaben nachkommen, und wie sich dieses auf die Gründung und Arbeit verschiedener UN-Organe ausgewirkt hat, stellen wir im kommenden Abschnitt dar.

6.2 Institutionen

Der Aufbau des UN-Entwicklungssystems begann de facto bereits vor der Gründung der Organisation, als die Internationale Arbeitsorganisation (*International Labour Organization*, ILO) im Jahr 1919 ihre Arbeit aufnahm (sie trat 1946 als erste Sonderorganisation den UN bei). Die Ausgestaltung von Arbeitsbedingungen sowie die Formulierung und Einhaltung von Arbeitsstandards bilden seit jeher Tätigkeitsschwerpunkte der ILO – sie sind für den sozialen Fortschritt unerlässlich und sollen ebenso ökonomische Entwicklung stimulieren (Großmann 2002: 9). In der zweiten Hälfte des 20. Jahrhunderts hat im Bereich der Entwicklungsarbeit ein starkes institutionelles Wachstum stattgefunden, so dass wir heute eine Vielzahl verschiedener Organe vorfinden, die sich in irgendeiner Form mit der Entwicklungsproblematik auseinandersetzen. Die Herausbildung des institutionellen Gefüges folgte nicht einem konkreten Plan, sondern hat sich vielmehr pragmatisch, d.h. als Reaktion auf offenkundig werdende Notwendigkeiten vollzogen, in der Hoffnung, mittels neuer Organe zur Lösung alter und neuer Probleme beitragen zu können (Gareis/Varwick 2006: 223). Entsprechend verästelt ist die entwicklungspolitische Struktur der UN, die neben Hauptorganen aus zahlreichen Nebenorga-

Komplexe institutionelle Struktur der UN-Entwicklungszusammenarbeit nen, Programmen, Kommissionen und Sonderorganisationen besteht; sie verfügen über unterschiedliche Autonomiegrade und zum Teil über eigene Satzungen, Budgets und weitere Unterorgane. Einerseits ermöglichen Spezialisierung und Unabhängigkeit, sektorspezifische Expertise zu konzentrieren und Probleme flexibel und aus verschiedenen Perspektiven zu bearbeiten. Andererseits resultieren daraus auch Koordinationsschwierigkeiten, sich überschneidende Kompetenzen und Dopplungen, weshalb der Organisation wiederholt Unkontrollierbarkeit, Ineffizienz und Ineffektivität vorgeworfen wurde (Fomerand/ Dijkzeul 2007: 563f., Jeong 1998: 223). Um der Kritik zu begegnen, wurde im Jahr 1997 die Entwicklungsgruppe der Vereinten Nationen (*United Nations Development Group*, UNDG) gegründet. Darin haben sich die im Entwicklungsbereich tätigen UN-Organe unter Vorsitz des UN-Entwicklungsprogramms UNDP zusammengeschlossen, um ihre Politik zu koordinieren, aufeinander abzustimmen und durch die Bestimmung strategischer Prioritäten zu vereinheitlichen. Aktuell gehören ihr 32 in der operativen EZ tätige Organe als Mitglieder und weitere fünf als Beobachter an.[300] Wie im Jahr 2006 vom *High-level panel on UN System-wide Coherence in areas of Development, Humanitarian Assistance, Environment* im Abschlussbericht "Delivering as One"[301] empfohlen, startete 2007 die gleichnamige Initiative mit dem Ziel, die Aktivitäten aller UN-Organe auf Länderebene zu bündeln. Dabei wurde in zunächst acht Pilotländern[302] die Präsenz der UN-Organe in jeweils einer Leitungsperson, einem Programm, einem Budget und wo möglich, auch in einem Büro, zusammengefasst.[303] Während die Pilotländer sehr positive Rückmeldungen zum Programm gaben (DaO Stories 2010), ergab die im Herbst 2011 durchgeführte Evaluierung allenfalls moderate Fortschritte, wenn es darum geht, Kapazitäten für strategisches Vorgehen bereitzustellen und den internen Wettbewerb um Ressourcen zu mindern; die nicht minder wichtigen Probleme – Fragmentierung und Dopplung – seien dadurch jedoch nicht gelöst worden (EMG 2011: 15, s. auch Weinlich 2011).

Arbeitsteilung zwischen den Organen: • Nicht-operativ: koordinieren, debattieren, verhandeln, analysieren • Operativ: planen, finanzieren, aufbauen, trainieren

Aus der Vielschichtigkeit des Politikfeldes Entwicklung ergibt sich, dass so gut wie alle Organe der UN mit einzelnen Aspekten der Entwicklungsproblematik befasst sind. Die dadurch notwendige Aufgabe der Koordination soll der Wirtschafts- und Sozialrat erfüllen, während die Generalversammlung und ihre Ausschüsse mit der Politikformulierung und Konsensfindung befasst sind. Das Verhandlungsmandat ist der UN-Konferenz für Handel und Entwicklung (*United Nations Conference on Trade and Development*, UNCTAD) übertragen, die jedoch vor allem seit der Gründung der Welthandelsorganisation im Jahr 1995 viel stärker Dokumentations-, Forschungs- und Analyseaufgaben wahrnimmt. Daneben gibt es eine Reihe von Forschungs- und Ausbildungseinrichtungen, wie z.B. das Ausbildungs- und Forschungsinstitut der UN (*United Nations Institute for Training and Research*, UNITAR) und das Forschungsinstitut für soziale Entwicklung (*United Nations Research Institute for Social Development*, UNRISD). Diese

---

300   Die Auflistung findet sich hier: http://www.undg.org/index.cfm?P=13, 19.06.2013.
301   http://www.un.org/events/panel/resources/pdfs/HLP-SWC-FinalReport.pdf, 19.06.2013.
302   Albanien, Kapverden, Mosambik, Pakistan, Ruanda, Tansania, Uruguay, Vietnam.
303   http://www.undg.org/?P=7, 19.06.2013.

Organe sind nicht operativ, sondern normsetzend, analytisch und beratend tätig. Das Schlüsselorgan in der operativen Entwicklungszusammenarbeit ist das Entwicklungsprogramm der UN (*United Nations Development Programme*, UNDP), das die Zuständigkeit für konkrete Entwicklungsprojekte trägt. Seine Arbeit wird ergänzt durch Institutionen und Programme, die ihren Schwerpunkt auf entwicklungsrelevante Problemfelder oder auf die Unterstützung besonders betroffener Zielgruppen legen. Folgende gehören dazu:

- die Weltgesundheitsorganisation (*World Health Organization*, WHO, Hauptsitz Genf) führt in Entwicklungsländern diverse Gesundheitsprogramme durch, u.a. zur Vorbeugung und Behandlung von Malaria und AIDS sowie zur Verbesserung reproduktiver Gesundheit;
- die Ernährungs- und Landwirtschaftsorganisation der Vereinten Nationen (*Food and Agriculture Organization of the United Nations*, FAO) mit Sitz in Rom kooperiert mit dem Welternährungsprogramm (*World Food Programme*, WFP) und verfolgt das Ziel, die Ernährungslage in Entwicklungsländern zu verbessern und den Hunger zu bekämpfen. Hierzu sammelt und verbreitet sie Informationen zur Agrar- und Forstwirtschaft sowie Fischerei und führt Projekte, z.B. zur Schädlingsbekämpfung oder Ressourcennutzung, durch;
- die in Wien ansässige Organisation der Vereinten Nationen für Industrielle Entwicklung (*United Nations Industrial Development Organization*, UNIDO) bietet den Regierungen Dienstleistungen u.a. im Bereich der Unternehmensförderung, der Entwicklung des Privatsektors und des Technologietransfers, an;
- Bildungs- und Kulturarbeit wird von der UNESCO, der Organisation der Vereinten Nationen für Bildung, Wissenschaft und Kultur (*United Nations Educational, Scientific and Cultural Organization*) mit Hauptsitz in Paris geleistet. In Entwicklungsländern bedeutet dies vor allem die Konzentration auf Grundbildung, sprich Alphabetisierung, aber beispielsweise auch AIDS-Aufklärungsprojekte;
- die neue Organisation *UN Women* soll der besonderen Betroffenheit von Frauen von einigen Entwicklungsproblemen entgegensteuern. Sie ist im Jahr 2010 von der Generalversammlung durch die Zusammenlegung des Entwicklungsfonds der Vereinten Nationen für die Frau (*UN Development Fund for Women*, UNIFEM), des Internationalen Forschungs- und Ausbildungsinstituts zur Förderung der Frau (*International Research and Training Institute for the Advancement of Women*, INSTRAW), der Abteilung für die Frauenförderung (*Division for the Advancement of Women*, DAW) und des Büros der Sonderberaterin für Geschlechterfragen (*Office of the Special Adviser on Gender Issues*, OSAGI) gegründet worden. UN Women hat ihren Hauptsitz in New York und die Aufgabe, auf die – sozioökonomische und politische – Geschlechtergleichheit hinzuwirken, indem sie andere UN-Organe bei der Formulierung entsprechender Strategien und die Regierungen bei deren Umsetzung unterstützt.
- das UN-Kinderhilfswerk UNICEF (*United Nations Children's Fund*) mit Hauptsitz in New York setzt sich zum Ziel, die Kindersterblichkeit zu ver-

ringern, fördert kindliche Entwicklung und Bildung und widmet sich insbesondere dem Flüchtlingsschutz und der Problematik der Kindersoldaten. Wir werden uns im Folgenden neben dem ECOSOC (6.2.1) und der Generalversammlung (6.2.2) darauf beschränken, diejenigen Organe darzustellen, die mit einem klaren entwicklungspolitischen Auftrag ins Leben gerufen worden sind – die UNCTAD (6.2.3) und das UNDP (6.2.4).[304]

6.2.1 Der Wirtschafts- und Sozialrat der Vereinten Nationen

Ein der Generalversammlung unterstelltes Hauptorgan

Obwohl wenig bekannt und ohne ein zuständiges Hauptorgan durchgeführt, waren soziale und wirtschaftliche Tätigkeiten des Völkerbundes so erfolgreich, dass einige Staaten 1939 einen Ausschuss unter australischer Führung (*Bruce Committee*) damit beauftragten, Ideen zum weiteren Ausbau dieses Aufgabengebietes zu erarbeiten. Der Ausschuss legte einen Bericht vor, der für eine Ausweitung der sozialen und wirtschaftlichen Tätigkeiten des Völkerbundes plädierte; seine Empfehlungen blieben aber vorerst unberücksichtigt. Die wichtigste davon – die Errichtung eines Organs für Wirtschafts- und Sozialfragen – schlug sich allerdings in der Satzung der Vereinten Nationen nieder, worin der ECOSOC nach Kapitel X zum für Entwicklungsangelegenheiten fachlich zuständigen Hauptorgan bestimmt wurde. Die ursprünglich auf 18 Staaten festgesetzte Mitgliederzahl wurde im Jahr 1965 auf 27 erhöht und 1971 verdoppelt. Von den seitdem 54 Mitgliedern werden bis heute jährlich 18 auf drei Jahre von der Generalversammlung gewählt.[305] Artikel 60 legt fest, dass der ECOSOC unter Autorität der Generalversammlung arbeitet; die von ihm ausgearbeiteten Abkommen über bestimmte Sachbereiche oder Kooperationsverträge mit anderen Organisationen bedürfen ihrer Genehmigung. Der ECOSOC kann gegenüber der Generalversammlung lediglich Empfehlungen zu Angelegenheiten „der Wirtschaft, des Sozialwesens, der Kultur, der Erziehung, der Gesundheit" (Art. 62 (1)) aussprechen und nimmt von ihr ebenfalls Empfehlungen entgegen.

Hauptaufgaben: Politikentwicklung, Koordination und Institutionengründung

Aus den Artikeln 62 bis 72 der UN-Charta, die die Zuständigkeiten des ECOSOC sowie Verfahrensfragen regeln, lassen sich drei Hauptaufgaben für den Rat ableiten: Er soll erstens politische Leitlinien für den ökonomischen und sozialen Bereich vorgeben sowie Lösungen zu dringenden Problemen unterbreiten, indem er Studien und Konferenzen durchführt, Berichte abfasst und Konventionen ausarbeitet. Während der jährlich vier- bis fünfwöchigen Sitzungszeit (im Wechsel zwischen Genf und New York) dient er den Staaten als Diskussionsforum, in dem sie über eine große Bandbreite von Entwicklungsthemen beraten und entsprechen-

---

304 Wir verzichten auf eine gesonderte Beschreibung des Internationalen Währungsfonds und der Weltbank, da beide zwar als UN-Sonderorganisationen über Kooperationsabkommen zum UN-System gezählt werden, aber keine UN-Institutionen im engeren Sinne sind; sie werden dann behandelt, wenn sie für die Entwicklungspolitik der UN von Bedeutung sind. Gute Überblicksdarstellungen der BWI finden sich in Freistein/Leininger 2012.
305 Dies geschieht nach einem für die Entwicklungsländer günstigen Regionalproporz: 14 Sitze werden von afrikanischen, 11 von asiatischen, 10 von lateinamerikanischen, 13 von westeuropäischen und anderen sowie 6 von osteuropäischen Staaten besetzt.

de Resolutionen verabschieden, so z.B. zur Armuts- und Hungerbekämpfung, humanitären Hilfe oder auch Kriminalitätsbekämpfung. Zweitens ist der ECOSOC als zentrale Koordinierungsinstanz im Wirtschafts- und Sozialbereich vorgesehen, d.h. dass er befugt ist, mit einschlägigen Sonderorganisationen Abkommen zu schließen, die deren Verhältnis zu den UN regeln. Die Organisationen berichten dem ECOSOC über die Umsetzung seiner Empfehlungen; ihre Vertreter sind als Beobachter zu ECOSOC-Verhandlungen zuzulassen.[306] Außerdem verleiht ihm Artikel 71 die Befugnis, mit in seinem Tätigkeitsbereich aktiven NGOs Konsultationsabkommen zu schließen – inzwischen sind mehr als 3.700 NGOs durch solch einen Konsultativstatus akkreditiert (Stand Juni 2013).[307] Er hat nach Artikel 68 drittens das Recht (und den Auftrag), Kommissionen einzusetzen, die ihn bei der Wahrnehmung seiner Aufgaben unterstützen. Von dieser Möglichkeit hat der Rat umfassend Gebrauch gemacht und zahlreiche Ausschüsse eingesetzt, so dass ihm derzeit neun funktionale (zu Sachbereichen wie Frauenrechte, Nachhaltige Entwicklung und Drogenproblematik tätige) und fünf regionale Wirtschaftskommissionen, drei ständige Ausschüsse und einige auf Ad-hoc-Basis eingesetzte Arbeits- und Expertengruppen, mit ihren jeweiligen Untergremien, Bericht erstatten.[308]

Kommissionen des ECOSOC

Kritik an der Arbeit des ECOSOC und Reformvorschläge gibt es fast solange, wie es das Organ selbst gibt. So wird ihm vorgeworfen, durch ein Dickicht an Unterorganen ein komplexes, unüberschaubares – und damit ineffizientes – System geschaffen zu haben. Der häufigste Kritikpunkt bezieht sich jedoch auf die Unfähigkeit des Wirtschafts- und Sozialrates, die Koordinierungsaufgabe angemessen zu erfüllen. Dies ist jedoch mitnichten dem ECOSOC allein anzulasten, sondern liegt auch an der Weigerung der zu koordinierenden Organisationen, die Autorität des ECOSOC zu akzeptieren und an deren Bestreben, ihre durch eigene Budgets, Führungsorgane und Sekretariate gegebene Autonomie zu wahren (Fomerand 2004: 167). So kann der ECOSOC zwar Empfehlungen abgeben und Berichte verlangen, er verfügt jedoch nicht über einen Mechanismus, um seine Forderungen durchzusetzen (Fomerand/Dijkzeul 2007: 568). Aus diesem Grund und da ein Teil seiner Kompetenzen inzwischen auf andere UN-Organe übergegangen ist, erschöpfen sich „seine Aktivitäten weithin in einer Unmenge von Berichten und Diskussionen" (Kulessa 1998: 39, Gareis/Varwick 2006: 47). Obwohl in den 1990ern sogar eine Auflösung des ECOSOC zur Debatte stand, entschieden sich die Mitgliedsstaaten auf dem Reformgipfel von 2005 dafür, den Rat aufzuwerten: Seine jährlichen Sitzungsperioden sollten fortan auch ein High-Level-Segment enthalten, d.h. dass einige Tagungsteile auf der Ebene der Minister (und nicht der Botschafter) abzuhalten sind. Ferner wurde dem ECOSOC das *Monitoring* der Umsetzung der Millenniumsentwicklungsziele übertragen – des zentralen entwicklungspolitischen Projekts des neuen

Schwaches Koordinierungsorgan

---

306 Organisationen mit solchen Vereinbarungen, die an den ECOSOC berichten, sind z.B. die oben bereits erwähnten UN-Sonderorganisationen ILO, WHO, FAO, UNIDO und UNESCO, aber auch weitere Organe wie der Weltpostverein (*Universal Postal Union*, UPU) oder die internationale Fernmeldeunion ITU.
307 http://csonet.org/?menu=100, 19.6.2013.
308 Eine Auflistung aller Unterorgane findet sich unter http://www.un.org/en/ecosoc/about/subsidiary.shtml, 18.06.2013.

Jahrtausends (siehe auch S. 285). Außerdem war bereits seit dem Jahr 2003 die Kooperation des ECOSOC mit den Bretton-Woods-Institutionen durch regelmäßige Treffen intensiviert worden, was ebenfalls die Rolle des ECOSOC als hochrangiges entwicklungspolitisches Organ stärkte (siehe auch S. 307).

6.2.2 Die Generalversammlung

Die Unzufriedenheit mit dem Wirtschafts- und Sozialrat hat dazu geführt, dass immer mehr entwicklungspolitische Themen, die ursprünglich für dessen Zuständigkeitsbereich vorgesehen waren, in die Generalversammlung verlagert wurden. Das Mandat der Generalversammlung für Entwicklungsangelegenheiten ergibt sich aus dem Artikel 13 (1), welcher sie dazu befugt, Untersuchungen zu veranlassen und Empfehlungen abzugeben, um die Zusammenarbeit im Wirtschafts- und Sozialbereich zu fördern. Zwei ihrer Ausschüsse – der Zweite Ausschuss für Wirtschaftsfragen und der Dritte Ausschuss für soziale, humanitäre und kulturelle Fragen – haben einen dezidiert entwicklungspolitischen Schwerpunkt. Außerdem legen insgesamt 14 Programme und Fonds mit unterschiedlichen entwicklungspolitischen Schwerpunktsetzungen, darunter z.B. der Bevölkerungsfonds (*United Nations Population Fund*, UNFPA) und das Welternährungsprogramm (*World Food Programme*, WFP), der GA ihre Berichte vor.

Entwicklungspolitik als Thema in der GA und 0,7% des BSP als Ziel der EZ Die Generalversammlung ist das oberste UN-Gremium, in dem die Mitgliedsstaaten entwicklungspolitische Problemstellungen diskutieren und die Leitlinien der internationalen Entwicklungspolitik in Resolutionen gießen. Die erste diesbezügliche Resolution wurde 1948 unter dem Titel „*Economic Development of Underdeveloped Countries*" (198/III) verabschiedet. Sie stellte fest, dass ein geringer Lebensstandard die Stabilität der betroffenen Länder und den Aufbau friedlicher Beziehungen gefährde. Seitdem hat es Hunderte von Erklärungen zu diversen entwicklungsrelevanten Sachverhalten gegeben, beispielsweise zur Migrationsproblematik, der Ausgestaltung internationaler Handelsbeziehungen oder zu Frauen und Entwicklung. Auch die Finanzierung von Entwicklung war Gegenstand der Diskussionen: Das in der internationalen EZ nach wie vor maßgebliche 0,7%-Ziel ist ein Produkt der Generalversammlung. Es wurde im Jahr 1970 mit der Resolution 2626 (XXV) als Teil der Strategie für die Zweite Entwicklungsdekade erstmals verabschiedet und verlangt von den Industrieländern, 0,7% ihrer Bruttosozialprodukte für öffentliche Entwicklungszusammenarbeit (*Official Development Aid*, ODA) aufzuwenden.[309] Das Ziel wird zwar in so gut wie jedem Entwicklungsdokument zitiert und hat sich als „Indikator der Hilfsbereitschaft der reichen Länder" etabliert (Martens 2001: 10). Da es aber auch heute, mehr als 40 Jahre nach seiner Festlegung,

---

[309] Finanzielle ODA ist indes nicht unumstritten: Zum einen könnten nicht zweckgebundene Finanztransfers aus dem Norden an südliche Eliten Korruption fördern und es sei zudem fraglich, wie viel überhaupt bei den Bevölkerungen ankommt (Grund 2006: 37). Zum anderen entbehrt es einer sachlichen Rechtfertigung, warum man sich ausgerechnet auf den 0,7%-Wert geeinigt hat (Martens 2001: 10).

von kaum einem Land erreicht wird,[310] kann es „als Symbol für das Missverhältnis zwischen Anspruch, blumigen Erklärungen und der Wirklichkeit" gelten (Gareis/ Varwick 2006: 230).

Um bestimmten Themen besonderes Gewicht zu verleihen und sie intensiv diskutieren zu können, werden sogenannte Sondergeneralversammlungen einberufen. Dies sind außerhalb der regulären Sitzungszeit stattfindende Gipfel mit einem Themenschwerpunkt, die zudem in der Regel auf Ebene der Staats- und Regierungschefs und -chefinnen (und nicht wie üblich, auf Botschafterebene) abgehalten werden; knapp die Hälfte von bisher insgesamt 28 stand im Zusammenhang mit Entwicklung[311] und war Themen wie „Rohstoffe und Entwicklung" (1974), „Neue Weltwirtschaftsordnung" (1980) oder „Bevölkerung und Entwicklung" (1999) gewidmet. Auf den Sondergeneralversammlungen setzten sich Entwicklungsländer für ihre Forderungen nach einer Neuen Weltwirtschaftsordnung (siehe auch S. 279) ein. Nach dem „verlorenen Entwicklungsjahrzehnt" der achtziger Jahre wurde 1990 eine Sondergeneralversammlung einberufen, um die Lage der Weltwirtschaft und der internationalen Wirtschaftskooperation zu diskutieren. In der ersten Hälfte der 1990er Jahre fanden keine Sondergeneralversammlungen statt – stattdessen wurden auf Weltkonferenzen Themen wie Nachhaltige Entwicklung (Rio de Janeiro, 1992) und soziale Entwicklung (Kopenhagen, 1995) mit einer breiten Beteiligung zivilgesellschaftlicher Akteure (die nach der Geschäftsordnung der Generalversammlung nicht möglich ist) und unter öffentlicher Aufmerksamkeit debattiert (siehe auch S. 99).

Symbolische Politik: Sondergeneral- versammlungen …

Symbolische Bedeutung hatten auch weitere Leistungen der Generalversammlung: Inspiriert von einer Ansprache des damaligen US-Präsidenten John F. Kennedy, wurde 1961 mit der Resolution 1710 (XVI) die erste UN-Entwicklungsdekade mit dem Titel „*A Programme for International Economic Co-operation*" ausgerufen; für die zweite und dritte Entwicklungsdekade wurden umfassende Entwicklungsstrategien verabschiedet, die Jahre 1997-2006 wurden zur „*UN Decade for Eradication of Poverty*" deklariert (Resolution A/RES/ 51/178) und im Jahr 2003 die Alphabetisierungsdekade eingeläutet. Auch einzelne Tage und Jahre wurden bestimmten Anliegen gewidmet – etwa der Weltwassertag (seit 1992 der 22. März) oder das Jahr der Mikrokredite (2005). Das Ziel solcher Widmungen liegt darin, das öffentliche Bewusstsein für als dringend erachtete Probleme zu schärfen und weitere internationale, regionale, nationale und lokale Initiativen zu stimulieren, die sich der Problembearbeitung und -lösung widmen. Wenn es auch schwierig ist, konkrete Ergebnisse dieser Aktionen zu erfassen, so lässt sich dennoch feststellen, dass sie der Bewusstseins- und Normbildung dienen. Schließlich regen sie zum einen Diskussionen an und treiben so die Politikentwicklung voran. Zum anderen schaffen sie durch die Vorgabe von Zeitrahmen, Aktionsplänen und Konferenzen zur Bestandsaufnahme Anhaltspunkte, um die Politikumsetzung zu überprüfen (Fomerand 2004: 175).

… und Entwicklungs- dekaden

---

310   Im Jahr 2012 haben nur fünf Länder – Dänemark, Luxemburg, die Niederlande, Norwegen und Schweden das Ziel erreicht oder überschritten, die durchschnittliche Leistung lag bei 0,29%. Siehe http://www.oecd.org/dac/stats/oda2012-interactive.htm, 19.06.2013.

311   Eine Übersicht findet sich unter http://www.un.org/en/ga/sessions/special.shtml, 19.06.2013.

Nord-Süd-
Polarisierung

Seit den 1960ern haben Entwicklungsländer in der Generalversammlung die deutliche Stimmenmehrheit, die sie auch nutzen, um ihren Forderungen auf UN-Ebene Gewicht zu verleihen. Dies erklärt, warum die Generalversammlung Entwicklungsangelegenheiten viel Beachtung schenkt und auf der deklaratorischen Ebene eher mit Interessen der Entwicklungs- als der Industrieländer konform geht. Die Stimmenmehrheit hat sich allerdings nicht in Verhandlungsmacht übersetzt, weshalb zwar eine Menge Erklärungen mit Forderungskatalogen an Industrieländer verabschiedet wurden, letztere sich aber nicht an sie gebunden fühlten und andere Organe (Bretton-Woods-Institutionen) zur Verfolgung ihrer Interessen vorzogen. Dies heißt nicht, dass der über Jahrzehnte in der Generalversammlung hitzig geführte Dialog wirkungslos war – denn trotz mangelnder Umsetzung konnte sich diskursiv das bereits auf S. 262 erwähnte alternative Entwicklungsparadigma herausbilden.

6.2.3 Die UNCTAD

Interessensvertretung
für die Entwicklungs-
länder
• Verhandeln
• Analyse
• Technische
Zusammenarbeit

Während die Generalversammlung stärker damit befasst war, entwicklungspolitische Themen zu erörtern und weniger damit, konkrete Abkommen auszuhandeln, wurde der Konferenz für Handel und Entwicklung ein Verhandlungsmandat verliehen. Sie wurde 1964 nach einem Beschluss des ECOSOC als Unterorgan der GA gegründet und hat ihren Sitz in Genf. Die in ihrem Namen enthaltene Implikation – nämlich, dass es einen Zusammenhang zwischen Entwicklung und Welthandel gibt – war maßgeblich für die Arbeit der UNCTAD in ihren ersten Jahrzehnten. Sie wurde mit einer mehrfachen Zielsetzung gegründet: Erstens sollte ein Forum geschaffen werden, in dem entwicklungs- und handelspolitische Fragestellungen umfassend behandelt werden konnten. Zweitens sollten die Entwicklungsländer, die sich im allgemeinen Zoll- und Handelsabkommen GATT[312] unterrepräsentiert fühlten, ihre Interessen in der UNCTAD besser vertreten können. Dies, so die Hoffnung, würde sie drittens stärker in die Weltwirtschaft integrieren. Zur Wahrnehmung ihres Mandats sollte die UNCTAD in drei Bereichen tätig werden: Analyse der Bedingungen und Strategien von Entwicklung, technische Zusam-

---

312   Aus dem GATT, das 1948 in Kraft trat, ist 1994 die Welthandelsorganisation (*World Trade Organization*, WTO) hervorgegangen. Nach Ende des Kalten Krieges war zunächst geplant, ein multilaterales liberalisiertes Handelssystem in Form einer Internationalen Handelsorganisation als drittem Bestandteil des Bretton-Woods-Systems zu verwirklichen. Nachdem jedoch absehbar war, dass ihre bereits ausgearbeitete Satzung, die *Havanna Charta*, von einigen Mitgliedstaaten nicht ratifiziert werden würde, einigten sich die Staaten auf das GATT als vorläufigen Ersatz. Aus den negativen Erfahrungen in der Weltwirtschaftskrise der dreißiger Jahre, die durch protektionistische Zollerhöhungen der Staaten weiter eskaliert war, resultierte als Hauptziel des Zollabkommens eine freie und stabile Welthandelsordnung, die durch institutionelle Mechanismen rücksichtlose Interessensverfolgung abmildern und zwischenstaatliche Kooperation fördern sollte. Oberstes Prinzip des GATT war die Handelsliberalisierung, d.h. der Abbau von Zöllen und nicht-tarifären Handelsbeschränkungen (z.B. Subventionen); ferner galt das Prinzip der Gegenseitigkeit, d.h. dass die Staaten sich gegenseitig Zollvergünstigungen einräumen sollten und das Prinzip der Nicht-Diskriminierung, bzw. Meistbegünstigung, d.h., dass die Staaten Handelsvergünstigungen nicht nur einem Land, sondern auch den anderen GATT-Mitgliedern einräumen müssen (Wagner 2003: 75ff.).

menarbeit und Unterstützung für die Entwicklungsländer sowie Aushandlung von Handelsabkommen. Die Verhandlungen sollten bei den im Vier-Jahres-Rhythmus stattfindenden Konferenzen (bislang 13)[313] stattfinden. Seit die Welthandelsorganisation im Jahr 1995 ihre Arbeit aufnahm, ist das Verhandlungsmandat der UNCTAD allerdings obsolet geworden. Dadurch hat sie auch einen Teil ihres politischen Charakters verloren und stattdessen ihre analytischen Kompetenzen und ihrer Kapazitäten in der technischen Zusammenarbeit ausgebaut (Payne 2005: 129, Raghavan 2002). Heute gibt die UNCTAD drei Ziele ihrer Arbeit an: Konsensbildung zwischen den Regierungen, die Analyse von Entwicklungsprozessen und Problemen sowie technische Zusammenarbeit, um die Integration der Entwicklungsländer in die Weltwirtschaft voranzutreiben (UNCTAD 2010: 10).

Die Gründung der UNCTAD geht stark auf die Vorarbeit der ECLAC (*Economic Commission for Latin America and the Caribbean*) zurück; auch sonst wies das Organ eine starke lateinamerikanische Prägung auf: Der erste Generalsekretär war der argentinische Ökonom und Dependenztheoretiker Raúl Prebisch, der mit der These der sich verschlechternden *terms of trade* auf die strukturelle Asymmetrie des Welthandelssystems zuungunsten der Entwicklungsländer hinwies.[314] Aus der Nähe zur Dependenztheorie ergab sich die befürwortende Position der UNCTAD für interventionistische Wirtschaftspolitiken: Da der Markt durch Machtdisparitäten zwischen den Ländern so strukturiert sei, dass er extreme Ungleichheit erzeuge, müssten institutionelle Mechanismen etabliert werden, die ein Gleichgewicht herstellen können (Jeong 1998: 229).

(Randnotiz: Dependenztheoretische Ausrichtung der UNCTAD)

Nach einer Blütezeit der UNCTAD in den 60er und 70er Jahren, als die Entwicklungsländer durch ihr selbstbewusstes Auftreten und eine Zuspitzung des Konflikts genug Druck aufbauen konnten, um zumindest einige ihrer Forderungen durchzusetzen,[315] haben Industrieländer die Schuldenkrise der Entwicklungsländer zu Beginn der achtziger Jahre genutzt, um die Debatte um eine marktregulierende Neuordnung der Weltwirtschaft zu beenden – die UNCTAD verlor infolgedessen an Bedeutung (Melchers 2007: 57). In den letzten 15 Jahren hat sich die Rolle der UNCTAD durch mehrere Entwicklungen verändert: Durch die Gründung der WTO

(Randnotiz: Einschränkung der Kompetenzen: Konsensbildung statt Verhandlungen …)

---

313 Eine Auflistung findet sich unter http://unctad.org/en/Pages/Meetings/UNCTAD-Conferences. aspx, 19.06.2013.

314 Die Dependenztheorie steht in der marxistisch-leninistischen Tradition und hat sich in den 1960er Jahren in Lateinamerika herausgebildet. Demnach wird Unterentwicklung nicht intern (etwa durch Abwesenheit moderner Strukturen), sondern extern, d.h. durch asymmetrische Weltmarktbedingungen, verursacht. Grundlage dieser Asymmetrie ist die selektive Integration der Entwicklungsländer in den Weltmarkt, die vorrangig über Exporte von Primärgütern (wie Kakao, Bananen oder anderer Rohstoffe) stattfindet. Da die Entwicklungsländer in der Regel nur sehr wenige Güter auf dem Weltmarkt anbieten, sind sie für Preisschwankungen sehr anfällig. Während die Preise für diese niedrig verarbeiteten Produkte immer weiter sinken (u.a. aufgrund des Überangebots), steigen die Preise für Industriegüter, die nicht in den Entwicklungsländern selbst hergestellt werden, sondern importiert werden müssen. Die Austauschverhältnisse (*terms of trade*) verschlechtern sich zu Lasten der Entwicklungsländer, weil letztere für ihre exportierten Primärgüter immer weniger verarbeitete Produkte importieren können (Müller 1993: 65, Khor 2002: 53ff., O'Brien/Williams, 2007: 309).

315 Z.B. die Errichtung des sogenannten Allgemeinen Präferenzsystems (*General System of Preferences*, 1968), in dem die Industrieländer Entwicklungsländern verbesserten Zugang zu ihren Märkten garantieren sowie einige Abkommen zur Stabilisierung von Rohstoffpreisen.

Mitte der Neunziger sank auch das Interesse der Entwicklungsländer an der Konferenz – weil sie die Welthandelsorganisation als das geeignetere Verhandlungsforum ansahen oder aber der UNCTAD vorwarfen, durch ihre Zusammenarbeit mit der WTO konformistisch zu agieren, also wirtschaftsfreundliche und neoliberale Standpunkte einzunehmen (Melchers 2007: 60, Payne 2005: 129). Westliche Länder hatten ohnehin seit jeher versucht, die UNCTAD wegen ihrer als radikal geltenden entwicklungspolitischen Ausrichtung zu umgehen. Zwischen der WTO und der UNCTAD besteht heute weniger ein Konkurrenzverhältnis als vielmehr eine Arbeitsteilung: Während echte Verhandlungen in die WTO verlegt wurden, fungiert die Handels- und Entwicklungskonferenz seitdem stärker als Forum, in dem nach einem Konsens gesucht wird. Diese Funktion ist nicht zu unterschätzen, denn nach dem Scheitern der WTO-Ministerkonferenz in Seattle 1999 (und in Cancún, 2003)[316] war es die UNCTAD, die die Weiterführung des Dialogs überhaupt ermöglichte und die Vertrauensbasis zwischen den Ländern des Südens und des Nordens wiederherstellte (Stoldt 2000: 106).

... Verlagerung des Analysefokus

Auch in ihrem zweiten Tätigkeitsbereich – der Analyse weltwirtschaftlicher Trends und ihrer Auswirkungen auf Entwicklung – bekam die UNCTAD zunehmend Konkurrenz, nämlich durch die Weltbank und das UNDP, die mit jeweils eigenen Entwicklungsberichten (*World Development Report* bzw. *Human Development Report*) Alternativen zum jährlichen *Trade and Development Report* (TDR) der UNCTAD bereitstellten. Zum Vorwurf, die UNCTAD vertrete neoliberale Ansichten, hat sicherlich auch die Verlagerung des Fokus ihrer Reports von weltwirtschaftlichen Rahmenbedingungen auf die Bedingungen für Entwicklung in den Ländern selbst beigetragen, wobei eine Kritik des Weltwirtschaftssystems nach wie vor in Berichten der UNCTAD zu finden ist (Melchers 2007: 58).[317]

Unterschätztes Organ, da nach wie vor sehr aktiv:
• Technische Zusammenarbeit
• Training für Entwicklungsländer
• Kooperation mit WTO

Wenn sich auch die politische Bedeutung der UNCTAD verändert hat, so ist dennoch festzustellen, dass es eine Diskrepanz zwischen ihrer „wahrgenommenen Überflüssigkeit" (Melchers 2007: 56) und ihren realen Tätigkeiten und Erfolgen gibt. So war die UNCTAD im Jahr 2010 mit mehr als 240 Projekten in mehr als 70 Ländern nach wie vor sehr aktiv in der technischen Zusammenarbeit (UNCTAD 2010: 70). Diese umfasst etwa die Bereitstellung von Technologien zur Zollerhebung und logistischen Planung. Die UNCTAD nimmt auch eine wichtige Beratungsfunktion in der Handelsdiplomatie wahr: Beispielsweise führt sie Trainings-

316 Ein Grund hierfür war vor allem die für Entwicklungsländer nicht akzeptable protektionistische Position Europas und der Vereinigten Staaten, die sich weigern, ihre massiven Subventionen für Agrarprodukte zu reduzieren. Mit der künstlichen Verbilligung ihrer landwirtschaftlichen Erzeugnisse untergraben die Industrieländer die Konkurrenzfähigkeit der Entwicklungsländer gerade in einem Bereich, in dem sie mithalten können und zudem mit einer Maßnahme, die völlig dem marktliberalen Geist des freien Wettbewerbs zuwiderläuft. Im Gegenzug forderten Industrieländer immer weitere Liberalisierungen der Märkte für Südprodukte und bestanden zudem auf der Einführung verbindlicher Arbeits- und Umweltstandards, von denen Entwicklungsländer eine weitere Verschlechterung ihrer Wettbewerbsposition fürchteten (Khor 2002: 69ff.).
317 Z.B. im TDR 2005, der die internationale Gemeinschaft dazu aufruft, Maßnahmen zur Stabilisierung der Rohstoffpreise zu ergreifen; sowie im TDR 2003, der herausstellt, dass die Privatisierungspolitik Wachstum und technologische Entwicklung verhindert hat oder von negativen Auswirkungen der „*big-bang liberalization*" spricht und eine generelle Skepsis gegenüber neoliberalen Reformen äußert. Reports verfügbar unter http://unctad.org/en/Pages/Publications/TradeandDevelopmentReport. aspx, 19.06.2013.

maßnahmen für Unterhändler der Entwicklungsländer durch und unterstützt die Entwicklungsländer dabei, Positionen für WTO-Verhandlungen zu formulieren. Ferner erarbeitet sie mit ihnen konkrete Maßnahmen zur Förderung ausländischer Direktinvestitionen (*Foreign Direct Investments*, FDI) und führt Programme zur Handelsförderung durch. Dazu zählt die Verbesserung infrastruktureller Rahmenbedingungen (z.B. funktionierende Zollkontrollen) oder auch Kurse in Unternehmensführung- und -gründung. Während die UNCTAD mit Regierungen arbeitet, konzentriert sich das ebenfalls 1964 gegründete und inzwischen gemeinsam mit der WTO betriebene Internationale Handelszentrum (*International Trade Center*, ITC) auf Unternehmen in Entwicklungsländern, die es dabei unterstützt, ihre Exportfähigkeiten auszubauen und internationale Handelsregeln zu interpretieren und anzuwenden. Abgesehen von diesen vielfältigen Aktivitäten sollte auch eine Reihe von im Rahmen der UNCTAD erzielten Erfolgen nicht vergessen werden: Dazu zählt das Allgemeine Präferenzsystem (*Global System of Trade Preferences*, 1968), das günstige Bedingungen für Exporte aus Entwicklungsländern enthält, die Förderung des Süd-Süd-Handels durch das *Global System of Trade Preferences among Developing Countries* (1989) oder die Erarbeitung von Standards für Seetransporte (UNDPI 2004: 155).

6.2.4 Das UNDP

Das Entwicklungsprogramm der Vereinten Nationen ist das zentrale UN-Organ im Bereich der operativen Entwicklungszusammenarbeit. Einer seiner Vorgänger ist das Erweiterte Programm für Technische Hilfe (*Expanded Programme of Technical Assistance for Economic Development of Underdeveloped Countries*, EPTA) – EPTA wurde 1949 vom ECOSOC in der Hoffnung eingerichtet, dass die Entwicklungsländer durch den Transfer von Wissen und Technologie innerhalb einer Dekade (!) ökonomische Unabhängigkeit würden erreichen können (Jeong 1998: 224). Nachdem sich diese Hoffnung als illusorisch herausgestellt hatte und deutlich wurde, dass technische Zusammenarbeit alleine nicht ausreicht, sondern auch Investitionen in Bildung, Gesundheit, Landwirtschaft und Industrie erfolgen müssen, nahm 1959 der Sonderfonds der Vereinten Nationen (*United Nations Special Fund*, UNSF) seine Arbeit auf. Seine Hauptaufgabe war das sogenannte „preinvestment", d.h. er sollte den Entwicklungsländern Kapital für infrastrukturellen Aufbau bereitstellen und dadurch Investitionen stimulieren.[318] 1965 wurden EPTA und der UNSF zum UNDP zusammengelegt, was zu mehr Effizienz und einer ver-

Gründungsgeschichte

---

318 Der UNSF war selbst ein Kompromissorgan: Bereits 1950 war von der Generalversammlung die Errichtung des SUNFED (*Special United Nations Fund for Economic Development*) beschlossen worden, um ein Organ zu haben, das Entwicklungsländern niedrig verzinste Kredite zur Verfügung stellte. Mit der Begründung, dass die Zuständigkeit für die Kreditvergabe bereits bei der Weltbank lag (und bei dieser westlich dominierten Institution bleiben sollte), weigerten sich die USA (mit Zustimmung anderer Geberländer), Ressourcen für SUNFED bereitzustellen und verhinderten so, dass der Fonds tätig wurde. Als einige Jahre später offensichtlich wurde, dass das Finanzierungsproblem ungelöst blieb, stimmten sie allerdings dem GA-Beschluss zur Errichtung des UNSF zu (Weiss et al. 1997: 207).

besserten Koordination der EZ führen sollte. Das UNDP koordiniert inzwischen weitere Fonds, die unter seiner Aufsicht stehen, so den Kapitalentwicklungsfonds der UN (*United Nations Capital Development Fund*, UNCDF), der Mikrokredite zur Verfügung stellt, sowie das Freiwilligenprogramm der Vereinten Nationen (*UN Volunteers*).

Aufgaben: Projekte koordinieren, planen, finanzieren und durchführen

Neben der Koordinierungsaufgabe ist Armutsbekämpfung (z.B. durch Gewährung von zinslosen Zuschüssen, sogenannter *Grants* für entsprechende Maßnahmen) oberstes Ziel der Arbeit des Entwicklungsprogramms und das UNDP ist diejenige UN-Institution, die der Armutsbekämpfung die höchste Priorität einräumt (Thérien 1999: 733). Das Entwicklungsprogramm plant, finanziert und führt Entwicklungsprojekte in vier Programmbereichen durch: Armutsreduzierung und *Millennium Development Goals*, MDGs (31% des Jahresbudgets 2012), Demokratische Regierungsführung (24%), Krisenprävention und Wiederaufbau (24%), Umwelt und Nachhaltige Entwicklung (14%) (UNDP 2012: 5). Konkrete Projekte waren im Jahr 2012 z.B. die landwirtschaftliche Förderung in Äthiopien, der Ausbau des Gesundheitssystems in Moldawien und die Wiedereingliederung von Binnenvertriebenen in Kolumbien. Das UNDP ist außerdem bei der Räumung von Landminen und in der Opferhilfe engagiert. Die bekannte entwicklungspolitische Publikation des UNDP, der seit 1990 jährlich herausgegebene *Human Development Report*, enthält zum einen ein globales Ranking der menschlichen Entwicklung, gemessen mit dem *Human Development Index* (HDI)[319], zum anderen setzt er auch jährliche Themenschwerpunkte, etwa der Aufstieg des Südens (2013), globale Ungleichheit (2005), Globalisierung (1999) oder Gender und Entwicklung (1995). Die im Jahr 2010 erschienene Jubiläumsausgabe trug den Titel „Der wahre Wohlstand der Nationen: Wege zur menschlichen Entwicklung". Sie bilanzierte das in den letzten 40 Jahren Erreichte – einen Anstieg der Lebenserwartung um zehn Jahre, der Alphabetisierung um 40%, der Einschulungsraten um 26% und des Pro-Kopf-Einkommens um das Doppelte – und untermauerte empirisch, dass zwischen Wachstum und menschlicher Entwicklung nur ein geringer Zusammenhang besteht (Klasen 2011: 69) – eine angesichts der herrschenden Wachstumsgläubigkeit durchaus brisante Aussage.

UNDP-Prinzipien: Neutralität, Souveränität und *ownership*

Nach seiner Gründung gewann die durch das UNDP geleistete multilaterale EZ rasch an Bedeutung gegenüber bilateralen Leistungen – da die Finanzierung des Organs durch freiwillige, nicht zweckgebundene Kernbeiträge, die auf jährlichen Beitragskonferenzen festgelegt werden, erfolgt(e), konnte das UNDP für sich politische Unabhängigkeit und Neutralität beanspruchen. Die Wahrung der Souveränität der Programmländer ist auch heute ein wichtiges Arbeitsprinzip des UNDP – Hilfe wird nur auf Bitte der Länder geleistet und orientiert sich

---

319 Der HDI setzt sich jeweils zu einem Drittel aus drei Dimensionen – Gesundheit, Bildung und Lebensstandard – zusammen, die anhand der Indikatoren Lebenserwartung, durchschnittliche und erwartete Schulbesuchsdauer sowie Pro-Kopf-Einkommen erhoben werden und aggregiert den Entwicklungsstand eines Landes ausdrücken sollen. Die Maßzahlen liegen zwischen 0 und 1, und die Länder werden danach in Gruppen mit sehr hoher, hoher, mittlerer und niedriger menschlicher Entwicklung unterteilt. Weitere Informationen auf der Website des UNDP: http://hdr.undp.org/en/ statistics/hdi/ , 19.06.2013.

zudem an den Entwicklungszielen des unterstützten Landes (Kaul 2000b: 108f.).
Die Finanzierung einzelner Entwicklungsprojekte wird, anders als von Bretton-
Woods-Institutionen, fast auflagenfrei gewährt; Mittel werden auch für Vorhaben, die nach wirtschaftlichen Kriterien keine Geber finden würden, vergeben
(Gareis/Varwick 2006: 233). Die Regierungen der Empfängerländer schätzen
außerdem auch die vergleichsweise großen politischen Mitbestimmungsmöglichkeiten und betrachten das UNDP als vertrauenswürdigen Partner (Fues/Klin-
gebiel 2007: 224, Payne 2005: 130). Seit den 1990ern wendet das UNDP bei
seinen Projekten das Prinzip der *National Execution* bzw. *National Ownership*
an und überträgt die Verantwortung für die Durchführung der Projekte den betreffenden Ländern selbst, in der Hoffnung, dadurch eine stärkere Identifikation
der Länder mit der Arbeit des UNDP und damit bessere Projektergebnisse zu
erreichen (Klingebiel 1999: 8f.).

Das Entwicklungsprogramm hat zwar seinen Hauptsitz in New York, ist
aber mit 177 Zielländern (UNDP 2012: 2) auch stark an der Basis aktiv. Jedes
Zielland des UNDP hat einen vom Generalsekretär bestimmten Repräsentanten,
den sogenannten *Resident Coordinator*, der zum einen das Länderteam führt,
zum anderen aber auch alle operationalen Aktivitäten der UN-Organe auf Länderebene koordiniert; in Notsituationen sind die *Resident Coordinators* zugleich
Koordinatoren humanitärer Aktivitäten. Außer der Koordinationsfunktion sind
sie auch dafür zuständig, langfristige Entwicklungsstrategien und länderspezifische Entwicklungstrends und hiermit verbundene Bedürfnisse zu identifizieren.
Letzteres geschieht in Zusammenarbeit mit lokalen Partnern und anderen UN-
Akteuren in Form von sogenannten *Common Country Assessments* (CCA), die
u.a. demographische, soziale, ökonomische und politische Faktoren auswerten
und auf dieser Basis entwicklungsstrategische Empfehlungen abgeben (Fomerand 2004: 180). Die zentralisierte Gesamtfeststellung der Länderbedürfnisse
wird als ein Fortschritt gegenüber dem bis Ende der neunziger Jahre angewand-
ten System angesehen, in dem die Organe bereichsspezifische Berichte erstellt
hatten (Ruggie 2003: 307).

*Organisationsstruk-
turen*

Trotz seiner beträchtlichen Bandbreite an Entwicklungsaktivitäten ist auch
die Arbeit des UNDP immer wieder in die Kritik geraten – vor allem seitens
der Geberländer, die ihm zu wenig ausgeprägte Rechenschaftsstrukturen, Ineffizienz und Ineffektivität vorhalten (Fues/Klingebiel 2007: 223). An der unzu-
reichenden Aufgabenerfüllung ist jedoch v.a. die immer noch geringe Mittel-
ausstattung schuld (Klingebiel 1999: 7). Ende der 1990er Jahre reduzierte der
damalige Chef-Administrator Mark Malloch Brown (Großbritannien, ehemals
Weltbank-Manager) mit dem Verweis auf Haushaltsknappheit und Budgetkür-
zungen das Personal; das Aufgabenspektrum des UNDP sollte sich auf Beratung
und *capacity-building* beschränken. Aus der Finanzierung konkreter Entwicklungsprojekte sollte sich das UNDP seiner Ansicht nach besser zurückziehen
und diese anderen, reicheren und erfahreneren Institutionen überlassen (Bennis
2001: 133). Damit sollte gerade ein Gebiet, das von Entwicklungsländern wegen
der fehlenden Konditionierung am UNDP besonders geschätzt und eine der wenigen Alternativen zu den Bretton-Woods-Institutionen darstellte, wegfallen und

*Kritik,
Schwierigkeiten und
Reformversuche:
Budgetknappheit ...*

die Stellung der von den Entwicklungsländern mit Skepsis betrachteten BWI gestärkt werden. Dennoch hatte sich der Haushalt des UNDP im Vergleich zum Jahr 2001 (2,58 Mrd. US$) bis zum Jahr 2010 durch langsame Steigerungen mehr als verdoppelt – auf 5,95 Mrd. US$[320] (Jahresfinanzbericht des UNDP vom 11.8.2011, DP/2011/33). Die finanzielle Verbesserung wird als positive Reaktion auf die Reformbemühungen – Transparenz über die Verwendung der Mittel sowie regelmäßige interne und externe Evaluierungen – gewertet.[321] Allerdings hat sich seit den 1970er Jahren die Präferenz der Geberstaaten herausgebildet, verstärkt länder- und zweckgebundene Transfers zu vergeben, statt die Gelder zur freien Verfügung des UNDP zu stellen; auch neigen Sonderorganisationen dazu, das UNDP zu umgehen und sich direkt an die Geber zu wenden, wodurch sie eine Konkurrenzsituation innerhalb des UN-Systems schaffen (Rohner 2007: 45f.). Aus diesen Gründen wird das UNDP viel mehr „gemäß der Logik bilateraler Zusammenarbeit als Durchführungsagentur genutzt (...), [was] im Spannungsverhältnis zum multilateralen Prinzip der VN-Entwicklungszusammenarbeit [steht], nach dem Entwicklungs- und Industrieländer gemeinsam über die Politikziele bestimmen" (Leininger/Weinlich 2012: 237).

... und mangelnde Akzeptanz als Autorität

Auch das System der Länderkoordinatoren funktioniert nicht uneingeschränkt – Schwierigkeiten ergeben sich aus der Doppelfunktion der *Resident Coordinators* als Repräsentanten der UN und des UNDP sowie den Eigeninteressen anderer UN-Organe. Letztere bestehen auf ihrer Autonomie und weigern sich deshalb nicht selten, die Autorität der Koordinatoren anzuerkennen (Fomerand/Dijkzeul 2007: 577).

Deshalb und aufgrund der finanziellen Schwierigkeiten hat es vor allem mit dem Amtsantritt Kofi Annans 1997 einige Reformversuche des Organs gegeben: Außer dem bereits erwähnten Personalabbau und der Aufgabenbegrenzung wurden mit dem Ziel, den Wettbewerb und Kompetenzüberschneidungen innerhalb des Systems zu reduzieren, regelmäßige Treffen der Leitungsgremien der relevanten UN-Organe (UNDP, UNFPA, UNICEF und WFP) eingeführt. Dem UNDP wurde die Leitung der UN-Gruppe für Entwicklung übertragen. Der „Delivering as One"-Bericht des High-Level-Panels empfahl nachdrücklich, das UNDP müsse seine Führungsrolle stärken und sich aus der sektorspezifischen operativen Arbeit zurückziehen. Stattdessen sollte das Organ sich darauf konzentrieren, länderspezifische Programme zu entwickeln und die Politik der UN-Organe in den einzelnen Ländern aufeinander abzustimmen (HLP 2006: 14).

---

320 Zum Vergleich: mit umgerechnet rund 27 Mrd. US$ ($\approx$ 22 Mrd. EUR) war der Haushalt Berlins im gleichen Zeitraum mehr als viereinhalb Mal so groß.

321 Unter den Stichworten „Transparency and Accountability" stellt das UNDP auf seiner Webseite umfangreiche Informationen zur Mittelverwendung zur Verfügung: http://www.undp.org/content/undp/en/home/operations/transparency/overview.html, 19.06.2013.

6.3 Phasen der UN-Entwicklungspolitik

In den mehr als sechs Jahrzehnten, die die Entwicklungsarbeit der Vereinten Nationen inzwischen umfasst, nahmen der Verlauf des Nord-Süd-Konflikts sowie unterschiedliche bzw. sich verändernde wirtschaftspolitische Auffassungen Einfluss auf die entwicklungspolitischen Strategien. Das zwischen den UN und den Bretton-Woods-Institutionen stattfindende Tauziehen um die paradigmatische Ausrichtung spiegelte sich in einem mittlerweile mehrmals vollzogenen Wechsel zwischen eher strukturorientierten und eher akteurszentrierten Ansätzen wider. Während erstere die Ursachen von Unterentwicklung im Weltwirtschaftssystem verorten und entsprechend auch auf dieser Ebene Problemlösungen sehen, nahmen letztere (unter verschiedenen Gesichtspunkten und Schlagworten) die Situation in den Entwicklungsländern selbst in den Blickpunkt. Anhand der Struktur- bzw. Akteursorientierung sowie anhand der dem Staat bzw. Markt zugedachten Rolle lassen sich fünf Phasen der Entwicklungspolitik der Vereinten Nationen identifizieren, die wir im Folgenden unter Berücksichtigung des historischen Kontextes darstellen werden: in der ersten Phase (bis in die 1960er Jahre hinein) herrschte die Vorstellung von Modernisierung vor (6.3.1), darauf folgte in den 1970ern die Zeit der Forderungen nach einer Neuen Weltwirtschaftsordnung (6.3.2), die in den Achtzigern durch die Schuldenkrise beendet und durch den Washington Consensus abgelöst wurde (6.3.3). Die 1990er Jahre werden als die Zeit des Post-Washington-Consensus bezeichnet, wobei hierfür weniger ein konsensuales Entwicklungsparadigma als vielmehr mehrere neue Entwicklungsansätze charakteristisch sind (6.3.4). Seit dem UN-Millenniumsgipfel ist das in den Millenniumsentwicklungszielen (*Millennium Development Goals*, MDGs) zum Ausdruck gebrachte Ziel der Armutsbekämpfung maßgebend (6.3.5).

Phasen:
* Modernisierung
* Neue Weltwirtschaftsordnung
* Washington Consensus
* Nachhaltige Entwicklung
* MDGs

6.3.1 Modernisierung und Entkolonialisierung

Seit der Gründung der UN bestand weltweiter Konsens über die Notwendigkeit von Entwicklung. Dieser Konsens implizierte eine bestimmte Vorstellung von Entwicklung, die auch von der Modernisierungstheorie vertreten wurde: Grundlegend für diese zu Beginn der 1950er Jahre vom US-amerikanischen Ökonom Walt W. Rostow (1919-2003) entwickelte Theorie ist die evolutionäre Auffassung von gesellschaftlicher Entwicklung, die sich auf mehreren Stufen abspielt und auf ein festgelegtes Ziel (Zeitalter des Massenkonsums) zusteuert.[322] Demnach befinden sich Entwicklungsländer auf einer früheren Entwicklungsstufe als Industrieländer, die

Technische Zusammenarbeit und Finanzierung als Säulen der Entwicklungspolitik

---

322 Die vorherigen Stadien umfassen: 1) die traditionelle Gesellschaft mit geringer Industrialisierung und Technologisierung und entsprechend niedrigen Produktionskapazitäten, 2) Voraussetzungen für den wirtschaftlichen Aufstieg mit einer beginnenden Industrialisierung der Landwirtschaft und der Herausbildung moderner Märkte und modernen Unternehmertums, 3) die Phase des wirtschaftlichen Aufschwungs, in der stetes Wachstum herrscht, Überschüsse erwirtschaftet und Investitionen und Ersparnisse möglich werden, 4) die Phase des langanhaltenden (reifen) Wachstums, in der sich die Technologisierung auf alle Wirtschaftsbereiche erstreckt und das Land sich in die Weltwirtschaft integriert und schließlich 5) die Phase des Massenkonsums, an dem alle Gesellschaftsschichten beteiligt werden und der über den Verbrauch lebensnotwendiger Güter hinausgeht (Rostow 1960).

sie aber, wenn sie den gleichen Entwicklungsweg gehen, ebenfalls erreichen können
– die Strategie der Nachahmung des zum Vorbild erklärten westlich-kapitalistischen
Entwicklungsweges war auch dominant in der Politik der UN. Da Wachstum als
Voraussetzung von Entwicklung und ausbleibendes bzw. zu geringes Wachstum
als intern verursacht angesehen wurde, war primäres Ziel der Entwicklungszusammenarbeit, Wachstumsbedingungen in den Entwicklungsländern durch zwei Säulen – technische Zusammenarbeit und finanzielle Unterstützung – zu schaffen. Die
Vereinten Nationen setzten daher zunächst auf *capacity-building*, d.h. dass mit Unterstützung westlicher Berater etwa die Entscheidungsträger ausgebildet und effiziente Verwaltungsstrukturen aufgebaut werden sollten. Diese Form der TZ zielte darauf ab, in den Ländern solche Fähigkeiten auszubauen, die ihnen fortan selbständige
Entwicklung ermöglichen würden. Daneben finanzierte die Weltbank und seit Ende
der fünfziger Jahre auch der (schlecht ausgestattete) UN Sonderfonds UNSF Sach-
güter und Investitionen, um nachholende Industrialisierung zu fördern. Hinter dieser
Strategie stand die modernisierungstheoretische Annahme von der Existenz einer
wachstumshemmenden Finanzierungslücke, die durch Kapitaltransfers zu beheben
sei (Fues/Klingebiel 2007: 222f., Kaul 2000a: 101). Die Hoffnung war hierbei, dass
sich die Verschuldung zum Zwecke der Industrialisierung und der Erschließung von
Rohstoffen durch Erlöse aus Rohstoffexporten bzw. dem Verkauf neuer Industriegüter gegenfinanzieren ließe (O'Brian/Williams 2007: 223).

Stärkung der
Entwicklungsländer
in den UN
• NAM
• G-77
• OPEC

Auch die 1960er Jahre standen noch unter Einfluss des Modernisierungsge-
dankens: Das Ziel der 1961 ausgerufenen Entwicklungsdekade war es, Unterstützung für Entwicklungsländer zu mobilisieren, um den Übergang in das Stadium
anhaltenden Wachstums zu schaffen, wie es vom Rostowschen Entwicklungsmodell
postuliert wurde. Zugleich hat sich durch die Entkolonialisierungswelle die Gruppe
der Entwicklungsländer in den UN stark vergrößert (von ursprünglich über 30 auf
fast 70 Anfang der 60er Jahre und knapp 100 im Jahr 1970). Mit der neuen Stimmenmehrheit konnten sie eine andere entwicklungspolitische Ausrichtung der UN-
Einrichtungen erreichen sowie institutionelles Wachstum in Form von neuen EZ-
Organen oder Hilfsprogrammen in Gang setzen (Fues/Klingebiel 2007: 220). Das
neue Selbstbewusstsein der Entwicklungsländer zeigte sich auch in der Gründung
gleich mehrerer Interessensgruppen: 1961 wurde in Belgrad die Blockfreienbewe-
gung (*Non-Aligned Movement*, NAM) ausgerufen, womit die Entwicklungsländer
zum einen ihre Weigerung demonstrierten, sich im Ost-West-Konflikt von einem
der beiden Blöcke vereinnahmen zu lassen und zum anderen der Dritten Welt fes-
tere politische Konturen verliehen (Brock 1993: 447, Brock 2004: 619). Drei Jahre
später formierte sich zusammen mit der UNCTAD auch die Gruppe der 77 (G-77)
als Gegenblock zu den Industrieländern, um die Zusammenarbeit der EL auf internationaler Ebene zu fördern und gemeinsame entwicklungspolitische Anliegen zu
demonstrieren (Weiss et al. 1997: 215). Ihre Mitgliedschaft war schon damals etwas
breiter als die der NAM, der ca. 50 Staaten angehörten; heute sind 132 Länder Mitglieder der G-77 und 114 Länder Mitglieder der NAM.[323] Während diese Gruppen

---

323 Angaben nach den Websites der beiden Organisationen: http://www.g77.org/doc/members.html,
     http://www.nam.gov.za/background/members.htm, 20.06.2013.

vor allem politische Zusammenschlüsse waren, die Entwicklungsländer auf internationaler Ebene sichtbarer machen sollten, gilt die 1960 gegründete Organisation erdölexportierender Länder, OPEC (*Organization of Petrol Exporting Countries*), der heute zwölf afrikanische, arabische, asiatische und lateinamerikanische Länder angehören,[324] als ein wirtschaftlich starker Zusammenschluss – die OPEC hatte die Hoffnung geweckt, Vereinigungen der Exporteure anderer Rohstoffe könnten ähnlich verhandlungsmächtig werden (Brock 1993: 448).

6.3.2 Neue Weltwirtschaftsordnung und Grundbedürfnisstrategie

Zu Beginn der 1970er Jahre beförderten ungünstige weltwirtschaftliche Entwicklungen eine Verschärfung des Nord-Süd-Konflikts. Zu diesen zählte der Zusammenbruch des Bretton-Woods-Systems fester Wechselkurse im Jahr 1971, als die USA bekannt gaben, die Gold-Dollar-Konvertibilität nicht länger garantieren zu können. Im Jahr 1973 stellte dann die Ölpreiserhöhung der OPEC (Erster Ölpreisschock) die Solidarität zwischen den Ländern des Südens auf die Probe und führte endgültig eine Krise der Weltwirtschaft herbei. Auf wirtschaftlich immer noch schwache Entwicklungsländer hatte die Krise stärkere Auswirkungen als auf Länder des Westens. Nach geringen Erfolgen der ersten Entwicklungsdekade nahmen Entwicklungsländer die Krise zum Anlass, sich den von Industrieländern favorisierten Liberalisierungsmaßnahmen im Finanz- und Handelsbereich zu widersetzen und eine stärkere Regulierung der Weltwirtschaft zu fordern. Die von ihnen angestoßene Diskussion in den Vereinten Nationen (insbesondere in der UNCTAD) nahm die strukturelle Benachteiligung der Entwicklungsländer im globalen Wirtschaftssystem zum Ausgangspunkt und lief fortan unter dem Schlagwort Neue Weltwirtschaftsordnung (*New International Economic Order*, NIEO), das erstmalig in einer Erklärung der Generalversammlung 1974 festgehalten wurde.[325] Umstrukturierungen des bestehenden Systems sollten vor allem im Bereich des Handels erfolgen: erstens mit einem integrierten Rohstoffprogramm bzw. speziellen Abkommen, die Rohstofferlöse stabilisieren würden – schließlich boten Entwicklungsländer vor allem Rohstoffe (wie die Agrarerzeugnisse Bananen oder Kakao) auf dem Weltmarkt an. Da sie sich in der Regel auf nur wenige Produkte spezialisiert hatten, waren sie durch Preisschwankungen leicht verwundbar. Zweitens sahen sich die Entwicklungsländer im Allgemeinen Zoll- und Handelsabkommen durch die Prinzipien der Meistbegünstigung und der Reziprozität diskriminiert und verlangten, davon ausgenommen zu werden (Weiss et al. 1997: 212).[326] Weitere Forderungen umfassten stärkere Kontrollmöglichkeiten über ausländische Direktinvestitionen, die Erhöhung der Technologietransfers, Schuldenerlass und mehr Stimmgewicht in internationalen Organisationen (Mingst/Karns 1995: 121). Mit der Charta der wirtschaftlichen Rechte und Pflichten der Staaten

Ölpreisschock und NIEO

---

324 http://www.opec.org/opec_web/en/about_us/25.htm, 20.06.2013.
325 Die Resolutionen 3201 (S-VI) und 3202 (S-VI) vom 1. Mai 1974 beinhalteten eine Erklärung und ein Aktionsprogramm zur Errichtung der NIEO.
326 Siehe FN 312, S. 270.

(*Charter of Economic Rights and Duties of States*), die die Entwicklungsländer 1974 gegen die Stimmen des Westens in der Generalversammlung mit der Resolution 3281 (XXIX) angenommen hatten, wurde das zweite „*fundamentally illiberal normative statement*[s]" abgegeben (Fomerand 2004: 169). Die Charta betonte die Souveränität der Staaten über ökonomische Entscheidungen, schrieb u.a. ihr Recht zur kompensationslosen Verstaatlichung fest, forderte eine Regulierung von transnationalen Unternehmen und sah Vereinigungen von Rohstoffproduzenten zur Preisregulierung vor. Trotz einiger Zugeständnisse – z.B. die Aussetzung der GATT-Reziprozitätsregel für Entwicklungsländer – haben sich die Industrieländer grundlegenden Reformen verweigert und versucht, die Handlungsmacht der UN umso stärker zu begrenzen, je stärker die Entwicklungsländer versuchten, sie in eine globale Entwicklungsorganisation zu verwandeln (Fomerand 2004: 170).

Grundbedürfnis-
strategie der
Weltbank: „Armuts-
bekämpfung durch
einen institutionell
eingebetteten
Kapitalismus" (Ziai
2004: 281)

Hierzu passt auch der Versuch der Stärkung der Entwicklungskompetenzen der BWI als Ergänzung zu ihren Finanzierungsaufgaben. So richtete die Weltbank 1974 ein Entwicklungskomitee ein und begann 1978, jährlich den Weltentwicklungsbericht zu publizieren. Als Alternative zur NIEO entwickelte die Weltbank unter dem Präsidenten Robert McNamara die Grundbedürfnisstrategie, die zwar eine Modifikation der Wachstumsorientierung darstellte, jedoch nicht auf strukturelle Reformen auf internationaler Ebene, sondern auf die Beseitigung der schlimmsten Mangelerscheinungen in den Bereichen Ernährung, Kleidung und Unterkunft, also extremer Armut, abzielte. Armut wurde hierbei als Folge fehlender bzw. zu geringer marktwirtschaftlicher Freiheit konzipiert; die Armutsursachen wurden in hochkonzentrierten (Land-)Besitzverhältnissen und in falschen Politiken der betroffenen Länder gesehen, die ihre Bevölkerungen von der Teilnahme am Markt ausschlossen und dadurch Armut erzeugten (Ziai 2004: 279). Folgerichtig sollten auch die Probleme auf nationaler Ebene bearbeitet werden und die Länder hierfür die von der Weltbank vorgeschriebenen Maßnahmen – z.B. durch öffentliche Investitionen die Produktivkräfte der ländlichen Bevölkerung zu stärken, die Nachfrage nach Agrarprodukten zu erhöhen und arbeitsintensive Industrien auszubauen – durchführen (Streeten/Burki 1978: 412).

6.3.3 Schuldenkrise und Washington Consensus

Dynamik der
Schuldenkrise:
schuldenfinanzierte
Industrialisierung und
Ölpreiserhöhungen

In den 1980er Jahren erhielt die Politik der Konditionalisierung weiter Auftrieb und wurde mit dem Stichwort „Washington Consensus" zum zentralen Merkmal dieser Dekade. Begünstigt hat diesen Trend die Schuldenkrise der Entwicklungsländer, die 1982 ihren Lauf nahm, als Mexiko als erstes Land seine Zahlungsunfähigkeit erklärte. Innerhalb kurzer Zeit folgen ihm weitere Länder Lateinamerikas wie Brasilien und Argentinien.

Wodurch war diese Krise verursacht? Wie bereits erwähnt, wurde die Aufnahme von Schulden, um Investitionen in den Bau von Industrieanlagen tätigen zu können, in den 1960er und 1970er Jahren als Entwicklungsstrategie propagiert. Die Kredite sollten aus Industrialisierungsgewinnen zurückgezahlt werden und boten zudem gegenüber ausländischen Direktinvestitionen den Vorzug, sich nicht in Abhängigkeit von transnationalen Unternehmen zu begeben. Die Nachfrage nach Krediten war also gegeben. Auf der Angebotsseite hatte die Ölpreiserhöhung ebenfalls Veränderungen bewirkt: Die Ölproduzenten legten ihre Gewinne bei europäischen und US-amerikanischen Banken an, die wiederum nach Kunden suchten, um ihnen das Bargeld in Form von günstigen, d.h. niedrig verzinsten, Krediten anzubieten. Entwicklungsländer griffen nicht nur wegen des Kapitalbedarfs für die Industrialisierung zu, sondern auch, um sich das teurere Öl weiterhin leisten zu können. Als jedoch der Ölpreis Ende der Siebziger erneut stark erhöht wurde (zweiter Ölpreisschock), reagierte die US-Notenbank mit einer Anhebung des Leitzinses. Dies hatte für die Entwicklungsländer zwei desaströse Konsequenzen: Zum einen verteuerten sich ihre zu variablen Zinssätzen aufgenommenen Kredite drastisch (die Zinssätze stiegen zum Teil von 2% auf 18%), die Last für die Rückzahlung der Schulden wuchs also enorm. Zum anderen verringerten sich zugleich die Exporteinnahmen der Entwicklungsländer, weil aufgrund der durch die Ölpreis- und Leitzinserhöhung ausgelösten weltweiten Rezession die Nachfrage nach ihren Produkten abnahm (O'Brien/Williams 2007: 223f.).

Exkurs: Schuldenkrise

Die wirtschaftliche Schwächung der Entwicklungsländer spiegelte sich in einer Schwächung ihrer Verhandlungsposition in den UN-Organen wider. Nicht nur traten politische Differenzen zwischen den Entwicklungsländern stärker zum Vorschein, auch setzte sich die Einsicht durch, dass die konfrontative Haltung der vergangenen Jahrzehnte kaum Verbesserungen gebracht hatte und die Weltwirtschaftskrise nicht hatte abwenden können. 1986 setzten die Entwicklungsländer zwar in der Generalversammlung eine Resolution durch, die das *Recht auf Entwicklung* (A/RES/41/128) verankerte[327] – insgesamt schwand jedoch das Vertrauen, ihre in den UN-Foren geäußerten und in UN-Dokumenten festgehaltenen Positionen könnten etwas bewirken, wie es folgendes Zitat eines lateinamerikanischen Botschafters auf den Punkt bringt: „What's the use of talking about charters, rights and duties when people are literally dying in large numbers?" (zitiert nach Weiss et al. 1997: 217).

Schwache Verhandlungsposition, Aufgabe der NIEO

Es mutet absurd an, dass gerade in einer durch externe wirtschaftliche Effekte und Marktmechanismen verursachten Krise die Forderung nach einer neuen Weltwirtschaftsordnung resigniert aufgegeben wurde und sich die Akzeptanz der Marktkräfte durchzusetzen begann bzw. von den Bretton-Woods-Institutionen durchgesetzt wurde. Letztere boten den Entwicklungsländern ihre

Washington Consensus:
- Liberalisierung
- Exportorientierung
- Privatisierung
- Deregulierung
- Beschränkung der Staatsausgaben

---

327 Die USA stimmten als einziger Staat dagegen; Deutschland gehörte zu den acht westlichen Staaten, die sich enthielten. Zur Geschichte des Rechts auf Entwicklung siehe Metz 1998.

Unterstützung in Form des Washington Consensus an.[328] Im Gegenzug für finanzielle Leistungen, die der IWF für den Schuldendienst bereitstellte, wurden die Entwicklungsländer verpflichtet, sogenannte Strukturanpassungsprogramme (*Structural Adjustment Programs*, SAP) durchzuführen, die von der Weltbank mit Strukturanpassungskrediten finanziert wurden. Zentrale Bestandteile dieser Politik waren: 1) eine kontraktive Finanzpolitik, also Sparauflagen für die Staaten, die ihre Budgets verringern mussten, 2) Privatisierung staatlicher Betriebe – in dem Glauben, staatliche Eigentümer wirtschafteten im Vergleich zu privaten ineffizient, weil sie nicht an die Gesetze des Marktes gebunden seien, 3) Liberalisierung ihrer Volkswirtschaften, d.h. eine stärkere Öffnung für Produkte von außen, 4) Exportorientierung, also eine Neuausrichtung der Eigenproduktion auf Weltmarktbedürfnisse sowie 5) eine Deregulierung, d.h. die Reduzierung der staatlichen Regelungsbefugnisse, weil diese die Marktkräfte behinderten (Kaul 2000a: 102).

„SAP mit menschlichem Antlitz": Kritik des Washington Consensus

Die Strukturanpassungsprogramme haben nicht nur nicht verhindern können, dass die achtziger Jahre zu einer verlorenen Entwicklungsdekade wurden, wie die Resolution der Sondergeneralversammlung 1990 feststellte (Resolution S-18/3); sie haben vielmehr die Lage verschärft, zu einer Ausbreitung der Armut beigetragen (Siebold 1995: 25) und die Kluft zwischen Nord und Süd vergrößert.[329] Der 1987 erschienene Bericht des UN-Kinderhilfswerks UNICEF „*Adjustment with a human face*" griff die Kritik an den Strukturanpassungsprogrammen auf und betonte ihre Blindheit für soziale Effekte. Die dramatischen Folgen für die Bevölkerung sollten zur Kenntnis genommen und durch Maßnahmen zur Armutsbekämpfung zumindest abgefedert werden. Der UNICEF-Bericht wird als Wendepunkt gesehen, der die Weltbank dazu bewogen hat, ihren Fokus wieder stärker auf Armutsreduzierung zu verlagern; auch der IWF erkannte an, dass Strukturanpassung die Einkommensungleichheit verschärfen kann (Thérien 1999: 729f.). Die sozialen Begleiterscheinungen ihrer Politiken und die Kritik seitens der UN haben bei den BWI jedoch kein generelles Umdenken in Form einer Abkehr von den Prinzipien des Washington Consensus bewirkt, sondern bestenfalls die Bereitschaft zu kompensierenden Maßnahmen erhöht, „auch wenn nicht alle Verlierer dieses Entwicklungsprozesses angemessen berücksichtigt oder entschädigt werden können" (Ziai 2004: 278).

---

328 Der Terminus „Washington Consensus" täuscht darüber hinweg, dass es sich mitnichten um eine konsensual und unter einer breiten Beteiligung ausgehandelte Übereinkunft handelte. Lediglich drei in Washington ansässige Parteien – die Weltbank, der Weltwährungsfonds und die US-Regierung – haben sich auf die zukünftige Ausrichtung der Entwicklungspolitik der Bretton-Woods-Institutionen geeinigt und sie den Betroffenen, die für sich keine Alternative sahen, auferlegt. Obwohl zweifellos die Weltmarktausrichtung bisheriger Entwicklungsstrategien und die Struktur des Weltwirtschaftssystems die Krise mit verschuldet hatten, suggerierten SAP, die Probleme seien intern durch reformbedürftige Strukturen in den Entwicklungsländern entstanden. Reformbedürftigkeit bedeutete in diesem Zusammenhang in erster Linie einen zu starken Staat und fehlende Liberalisierung, weshalb die Programme des IWF und der Weltbank die Anpassung an die als gut deklarierte neoliberale Politik forderten.

329 Zu den negativen Auswirkungen des Washington Consensus siehe Altvater/Mahnkopf 1996: 302, Lachenmann 1995: 297, Wichterich 1995: 132.

6.3.4 Post-Washington-Consensus?

Die kritische Auseinandersetzung mit den Folgen der Strukturanpassungspolitik wurde in den 1990ern fortgesetzt und bot zugleich den Hintergrund für die Entstehung neuer Leitbilder, die der Entwicklung als komplexer Herausforderung gerecht werden sollten. Insgesamt hat im „Zeitalter der Menschenrechte", auf das zumindest die erste Hälfte der neunziger Jahre und die großen UN-Konferenzen Hoffnung gaben, parallel zu neoliberalen Tendenzen bzw. aus der Ablehnung dieses Paradigmas heraus ein Umdenken hin zu einer individuenzentrierten Entwicklung stattgefunden (Payne 2005: 79). So gab das UNDP 1990 erstmals den Bericht über menschliche Entwicklung (*Human Development Report*, HDR) heraus, der als Gegenstück zum BWI-Diskurs konzipiert war. Darin wurde betont, dass die Politikempfehlungen der Weltbank und des IWF kein Selbstzweck und auch nicht per se gut seien, sondern in erster Linie menschlicher Entwicklung dienen sollten – es gelte, ein neues Gleichgewicht zwischen ökonomischer und sozialer Entwicklung zu finden, wobei letztere maßgebend sein müsse. Wachstum sei nur dann wünschenswert, wenn es sich in eine Verbesserung menschlicher Lebensumstände übersetze; indes sei Entwicklung auch ohne hohes Wachstum möglich (HDR 1990: 42, Kaul 2000a: 104). Das Primat der Entwicklung von Individuen und der Begrenztheit staatlicher Souveränität wurde schließlich wiederum vom UNDP im *Human Development Report* 1994 mit dem Konzept der menschlichen Sicherheit (*human security*) zum Ausdruck gebracht, dem ein sehr breites, verschiedene Aspekte von Entwicklung umfassendes Sicherheitsverständnis zugrunde liegt. Sicherheit ist demnach mehr als die territoriale Sicherheit von Staaten und menschliche Sicherheit mehr als physische Integrität. Vielmehr beinhaltet menschliche Sicherheit auch eine ökonomische Dimension, die über das pure Überleben hinausgeht – etwa Einkommens- und Arbeitsplatzsicherheit – sowie eine sichere Umwelt, Sicherheit vor Kriminalität und Wahrung der Menschenrechte (HDR 1994: 22ff., Hampson/Penny 2007: 539).[330]

Neue Entwicklungsleitbilder: Menschenorientierte Entwicklung ...

Zum zweiten neuen Entwicklungsparadigma wurde Nachhaltigkeit: Es wurde anerkannt, dass die Grundbedürfnisse der heutigen Generation ohne Zerstörung der Lebensgrundlagen zukünftiger Generationen befriedigt werden müssen.[331] Das Prinzip der nachhaltigen Entwicklung (*sustainable development*) wurde 1987 im Bericht der Weltkommission für Umwelt und Entwicklung (auch Brundtland-Kommission, benannt nach der Vorsitzenden Gro Harlem Brundtland) vorgestellt und 1992 in Rio de Janeiro auf der UN Konferenz für Umwelt und Entwicklung (*UN Conference for Environment and Development*, UNCED) aufgegriffen. In der Abschlusserklärung der UNCED (*Rio Declaration*) wurde außerdem die gemeinsame, aber differenzierte Verantwortung (*common, but differen-*

... und nachhaltige Entwicklung

---

330 Das *human-security*-Konzept wird allerdings von verschiedenen Seiten kritisiert, so wird zum einen die Nützlichkeit eines derart breiten Sicherheitskonzeptes bestritten, das „grundlegende und völlig verschiedene Aspekte menschlichen Lebens wie Arbeitslosigkeit, Umweltverschmutzung, Armut oder Verletzung von Menschenrechten in einen Sicherheitszusammenhang" stellt (Smidoda 2003). Zum anderen wird der Einwand erhoben, mit diesem Konzept geselle man sich „begrifflich [zu] den falschen Weggefährten der traditionellen Sicherheitsverteidiger" (von Braunmühl 2003: 9).
331 Vgl. Resolution der Generalversammlung A/RES/42/187 vom 11. Dezember 1987 zum Bericht der Brundtland-Kommission.

tiated responsibilities) des Nordens und des Südens für den Schutz der Umwelt verankert; die Industrieländer erkannten auch das zuvor abgelehnte Recht auf Entwicklung an (siehe auch S.281). Hier wurde auch die Gründung der Kommission für Nachhaltige Entwicklung (*Commission on Sustainable Development*, CSD) beschlossen, die seitdem als Fachorgan des ECOSOC dafür zuständig ist, nachhaltige Entwicklung als Querschnittsthema zwischen Umwelt und Entwicklung zu behandeln. Auf der UNCED wie auch in der CSD trat bzw. tritt das Nord-Süd-Spannungsverhältnis zu Tage: Während die Industrieländer die Verpflichtungen der Entwicklungsländer zum Ergreifen umweltpolitischer Schritte hochhielten, verwiesen die Entwicklungsländer auf den Beitrag des Nordens zur Entstehung der ökologischen Krise.[332] Sie äußerten zudem die Befürchtung, Umweltauflagen würden ihre Entwicklung hemmen und forderten zusätzliche Ressourcen, um diesen nachkommen zu können (Stephan 2001: 138f., Brühl 2003: 86f.).

Weltkonferenzen der 1990er

Der Rio-Konferenz folgten drei weitere Großkonferenzen, die beispielhaft für eine Veränderung der entwicklungspolitischen Debatte hin zu einem breiteren und holistischen Entwicklungsverständnis stehen: die Menschenrechtskonferenz in Wien 1993, die Konferenz für Bevölkerung und Entwicklung in Kairo 1994 und die Konferenz für Frauen und Entwicklung in Peking 1995. Außerdem fand auch eine Reihe kleinerer Konferenzen statt – z.B. die Konferenz über kleine Inselstaaten 1994 in Bridgetown (Barbados) und der Welternährungsgipfel 1996 in Rom. Zwar gab es auch schon vor 1990 einige Weltkonferenzen (wie die Umweltkonferenz 1972, die Bevölkerungskonferenz 1974, die Konferenz zur Gesundheitsversorgung 1978 oder die Frauenkonferenzen),[333] jedoch hatten die Gipfel der 1990er Jahre aus mehreren Gründen eine andere Qualität. Besonders ist zum einen, dass eine Konferenz*serie* stattgefunden hat, in deren Rahmen versucht wurde, eine ganzheitliche Problemsicht zu entwickeln und Querverbindungen zwischen den einzelnen Themenbereichen zu schlagen. Dies kann nicht nur in den Abschlusserklärungen, die aufeinander Bezug nehmen, gesehen werden, sondern auch schon in den Konferenztiteln wie „Umwelt und Entwicklung" oder „Bevölkerung und Entwicklung", die einen Versuch darstellten, das Interesse des Nordens an bestimmten Themenbereichen mit den Interessen des Südens, die Entwicklungsproblematik weiterhin auf internationaler Ebene zu thematisieren, zu verknüpfen (Fues/Hamm 2001: 53). Zum anderen zeichneten die insgesamt hohen Teilnehmerzahlen und die breite Beteiligung nichtstaatlicher Akteure die Konferenzen aus (siehe dazu ausführlich den Abschnitt Global Governance in der Entwicklungspolitik, S. 290).

Wandel der UN zu einer Hilfsorganisation

Mit der Veränderung der Diskussion in den UN wird auch ein Wandel ihrer Rolle in Zusammenhang gebracht: So wie weltwirtschaftliche (aber auch sicherheitspolitische) Themen auch auf den Weltkonferenzen ausgespart wurden (Deutsche Stiftung für internationale Entwicklung 1996: 14, Fues/Hamm 2001: 52, 57),

---

332 Dieser Beitrag erschöpft sich nicht in den Schäden, die durch die Industrialisierung entstanden sind, sondern wird durch den westlichen Lebensstil mit seiner Wachstums- und Konsumorientierung weiter befördert. Außerdem machen sich die Industrieländer die geringeren Umweltstandards im Süden sehr gerne zunutze, indem westliche Unternehmen ihre Produktion dorthin verlagern oder die Konsumenten im Norden Produkte nachfragen, deren Herstellung zur Umweltzerstörung beiträgt (Brock 1993: 455).
333 Für eine vollständige Auflistung siehe Fomerand 2004: 171f.

wurden auch die UN-Organe in den 1990er Jahren immer bedeutungsloser, wenn es um ökonomische Sachverhalte und die Organisation multilateraler Entwicklungszusammenarbeit ging (Jeong 1998: 230). Die Vereinten Nationen wandelten sich immer mehr zu einer Hilfsorganisation, die sich um Schadensbegrenzung vor Ort kümmert, also humanitäre Unterstützung bei Hungersnöten, Flüchtlingsströmen und Umweltkatastrophen leistet. Die Politisierung der UN wurde zu einer Erinnerung (Fomerand 2004: 170), die geschwächten Entwicklungsländer – „gezwungen, von Konfrontation auf Kooperation umzuschalten" (Messner/Nuscheler 1996: 162) – hatten ihre bisherige Strategie aufgegeben, die UN als ein Forum zu nutzen, in dem normative Prinzipien der Weltordnung debattiert wurden, sondern begannen dort eher routinemäßig und weitaus weniger hitzig ihre üblichen Forderungen vorzubringen (Weiss et al. 1997: 218f.).

Dass die Positionen der Entwicklungsländer – und mit ihnen der Vereinten Nationen – weniger radikal wurden, hat eine Annäherung an die BWI von Seiten der UN ermöglicht.[334] Diese wiederum bewegten sich ebenfalls, indem sie stärker als bisher mögliche Folgen von Wachstumsstrategien in ihrer Politik berücksichtigten (etwa für die Umwelt, wie im Weltentwicklungsbericht 1992 geschehen) und versuchten, die sozialen Kosten der SAP zu reduzieren – durch die Errichtung sogenannter Sozialfonds, Maßnahmen zur Einkommenssicherung oder Arbeitsbeschaffungsprogramme (Siebold 1995: 26f., Kaul 2000a: 105). Als Symbol dieser Annäherung kann das Schlagwort „*good governance*" (gute Regierungsführung) gelten: Erstmalig 1989 in einem Bericht der Weltbank gebraucht, ist *good governance* als Bedingung, die die Entwicklungsländer zu erfüllen haben, seit den 1990ern in einer Vielzahl von entwicklungspolitischen Dokumenten der UN zu finden. Das Konzept guter Regierungsführung umfasst die Kernelemente Rechtsstaatlichkeit, Rechenschaftspflichtigkeit, Transparenz und Korruptionsbekämpfung, verantwortliche Mittelverwendung und effiziente öffentliche Verwaltungsstrukturen (UN Millennium Project 2005: 110f., Weltbank 1993). Unschwer zu erkennen ist in diesem Konzept die Wiederkehr modernisierungstheoretischer Annahmen und die Fortsetzung der Ideen des Washington Consensus, die beide interne Entwicklungshemmnisse ins Zentrum stellen: Wenn der Markt nicht funktioniert (wie er es bei richtiger Ausführung der Strukturanpassungsprogramme sollte), dann liegt es an fehlenden *innerstaatlichen* institutionellen Bedingungen, womit die Verantwortung für eine gelingende Entwicklung wiederum vor allem den Entwicklungsländern selbst zugewiesen wird.

Good governance als Annäherung zwischen UN und BWI:
• *Rechtsstaatlichkeit*
• *accountability*
• *Transparenz*
• *Korruptionsbekämpfung*

6.3.5 Millennium Development Goals und Entwicklungsfinanzierung

Das neue Jahrtausend wurde mit einer wirkungsmächtigen entwicklungspolitischen Zielsetzung eingeläutet: den Millenniumsentwicklungszielen (*Millennium Develop-*

---

334 Beispielhaft sei die Sondergeneralversammlung von 1990 mit dem Titel „*International Economic Cooperation*" genannt, in der nicht mehr die NIEO, sondern Bedingungen für den freien Markt, das Scheitern der Regierungen bei der Umsetzung internationaler Vorgaben und Misswirtschaft in Entwicklungsländern die Debatte dominierten (Jeong 1998: 228).

ment Goals, MDGs), die aus der Millenniumserklärung der Generalversammlung (Resolution A/RES/55/2) abgeleitet wurden. Die Ziele haben ihre Wurzeln in den Beschlüssen der Weltkonferenzen der 1990er Jahre, welche als Grundlage für den Bericht „A Better World for All" dienten – eine gemeinsame Publikation der OECD, des Welternährungsfonds, der Weltbank und des UN-Sekretariats, die „weitgehend unverändert" in die Millenniumserklärung einfloss (Martens 2013: 9). Die acht Ziele, die bis 2015 zu erreichen sind, betreffen die Bereiche Armutsbekämpfung, Bildung und Gesundheit. Zunächst enthielten sie 18 Unterziele sowie 48 Indikatoren,[335] die ermöglichen sollen, Fortschritte bei der Umsetzung der MDGs zu überprüfen; 2007 wurde das Überprüfungsraster überarbeitet und u.a. um vier weitere Unterziele ergänzt.[336] Die Staaten verpflichteten sich auch, ihre Fortschritte bei der Zielsetzung zu dokumentieren und ergriffene Maßnahmen offenzulegen.

Millenniumsentwicklungsziele der Vereinten Nationen

Bis 2015 gilt es:

- den Anteil der Weltbevölkerung, der unter extremer Armut und Hunger leidet, zu halbieren,

- allen Kindern eine Grundschulausbildung zu ermöglichen,

- die Gleichstellung der Geschlechter und die politische, wirtschaftliche und soziale Beteiligung von Frauen zu fördern, besonders im Bereich der Ausbildung,

- die Kindersterblichkeit zu verringern,

- die Gesundheit der Mütter zu verbessern,

- HIV/AIDS, Malaria und andere übertragbare Krankheiten zu bekämpfen,

- den Schutz der Umwelt zu verbessern und den Anteil der Menschen ohne nachhaltigen Zugang zu sauberem Trinkwasser zu halbieren,

- eine weltweite Entwicklungspartnerschaft aufzubauen.

Abbildung 6.1: Entwicklungsziele der Vereinten Nationen[337]

MDG+5 und MDG+10: Bekräftigung der alten, aber keine neuen Beschlüsse; gemischte Umsetzungsbilanz

Die erste Überprüfung hatten die Staats- und Regierungschefs während der 60. Generalversammlung („MDG+5") im Jahr 2005 vorgenommen. Viele der Trends, die sich zum damaligen Zeitpunkt abgezeichnet hatten, bestätigten sich auch beim „MDG Summit" (MDG+10) im September 2010 und bei nachfolgenden Monitorings. Waren bereits 2005 insbesondere beim Ziel 1, der Reduzierung absoluter Armut, Fortschritte zu verzeichnen, so ist inzwischen absehbar, dass das Ziel trotz der globalen Wirtschafts- und Finanzkrise übererfüllt wird: Die globale Ar-

---

335   Einzusehen unter http://www.unmillenniumproject.org/goals/gti.htm, 20.06.2013.

336   Hinzugekommen sind Ziele in den Bereichen Müttergesundheit, übertragbare Krankheiten und Umwelt/Nachhaltigkeit. Die Neue Liste einzusehen unter http://mdgs.un.org/unsd/mdg/Host. aspx?Content=indicators/officiallist.htm, 20.06.2013.

337   Deutsche Fassung: http://www.bmz.de/de/service/glossar/M/millenniumsentwicklungsziele.html, 20.06.2013.

mutsrate soll im Jahr 2015 auf unter 15% (statt auf die angestrebten 23%) fallen (MDG Report 2011: 4).[338] Auch das Ziel, den Anteil der Menschen ohne Zugang zu sauberem Trinkwasser zu halbieren, wird vermutlich übererfüllt, wenngleich erwartet wird, dass nach wie vor 10% aller Menschen weltweit auf sauberes Wasser verzichten müssen (MDG Report 2011: 53). Wie sich schon 2005 angekündigt hat, bleibt es trotz dieser Erfolgsmeldungen bei der Befürchtung, dass die subsaharische Region keines der acht Ziele wird erreichen können –lediglich bei zwei Unterzielen (der Einschulungsrate von Mädchen und dem Stopp der Verbreitung von HIV/AIDS) ist die Prognose günstig, aufgrund von Erfolgen einzelner Länder in der Bildungs- und Gesundheitspolitik (MDG Chart 2011, Africa Research Bulletin 2007: 17215ff.). Nordafrikanische Länder schneiden in fast allen Bereichen weiterhin ungleich besser ab, etwa bei der Armutsreduzierung, der Grundschulausbildung oder beim Umweltschutz – die letzten beiden Ziele werden sicher erreicht (MDG Chart 2011). Für andere Regionen fällt die Bilanz ebenfalls gemischt aus: Für Lateinamerika sind die Vorhersagen insgesamt recht positiv; in Asien bestehen weiterhin große Unterschiede zwischen erfolgreichen südostasiatischen Ländern und westasiatischen Staaten, die mit steigender Armut zu kämpfen haben, wo sich jedoch bei der Bildungsbeteiligung von Mädchen seit 2005 Fortschritte abzeichnen (UN Millennium Project 2005: 15; MDG Chart 2011). Fortschritte bei der Gleichstellung der Geschlechter sind mit den MDG-Indikatoren schwer messbar,[339] bis auf die Einschulung (durchgehend in allen Regionen) und hohe Erwerbsbeteiligung von Frauen (gelegentlich) werden die Ziele nicht erreicht (Martens 2007: 27, MDG Chart 2011). Dieses Ziel ist damit dasjenige, das am schlechtesten erfüllt wird. Ebenso wird Ziel 8 verfehlt, das die Verpflichtungen der Geberländer beinhaltet, obwohl gerade dessen Erfüllung für alle anderen Ziele von großer Bedeutung ist (Loewe/Weinlich 2011: 29).

Den MDGs wird ein hohes Potential zur Mobilisierung des globalen Entwicklungssystems bescheinigt, weil sie konkret formuliert, zeitlich gebunden und mittels der Indikatoren messbar sind – was wiederum auch die Rechenschaftspflicht der Regierungen erhöht (Fomerand/Dijkzeul 2007: 574, Martens 2013: 11). Sie stehen für die „Wiederentdeckung der Armut im entwicklungspolitischen Diskurs" (Martens 2006a: 35) und haben sich als Referenzrahmen der Armutsbekämpfung etabliert, der von Regierungen wie von anderen Organisationen anerkannt wird und auf den alle nachfolgenden Entwicklungserklärungen Bezug nehmen. Den Zielen wurde eine hohe politische und mediale Aufmerksamkeit zuteil, die auch die Mobilisierung der notwendigen Ressourcen erleichtert. Auch für die Vereinten Nationen selbst sind die MDGs insofern von Bedeutung, als die Organisation sich mit ihnen als entwicklungspolitisches Forum, in dem Kon-

Beurteilung der MDGs: Wichtiger Referenzpunkt, doch bei Weitem nicht unproblematisch

---

338 Thomas Pogge kritisiert allerdings, dass die Formulierung des ersten Zieles bei genauem Hinsehen weniger verspricht als es scheint: War noch 1996 auf dem Welternährungsgipfel die Halbierung der Armen in *absoluten Zahlen* als Ziel angegeben worden, soll nach MDG 1 nur noch der *Anteil* der Armen halbiert werden – rechnet man das Wachstum der Bevölkerung mit ein, bedeutet dies eine Abschwächung der früheren Verpflichtung. Ausführlich zu diesem und zu weiteren Kritikpunkten siehe Pogge 2004 und Martens 2013: 14-15.
339 Die Einschulungs- und Alphabetisierungsraten von Mädchen, der Anteil der Frauen an allen Beschäftigten, Anteil der Frauen in Parlamenten.

sensbildung möglich ist, zeigt (Fues/Klingebiel 2007: 229). Dieser Konsens ist jedoch nicht mehr als der kleinste gemeinsame entwicklungspolitische Nenner, der eine Reihe von Nachteilen mit sich bringt: So wird an den MDGs kritisiert, sie seien zu selektiv und ließen wichtige Bereiche (etwa Menschenrechte oder weiterführende Bildung) aus (Martens 2013: 13). Ferner stünden sie für ein reduktionistisches Konzept von Entwicklung als Armutsbekämpfung, und wiederum für ein sehr enges Verständnis von Armut als Einkommensarmut und extreme Armut, deren Bekämpfung nicht mehr als die Beseitigung der schlimmsten Mangelerscheinungen bedeutet (Martens 2006a: 43, Ziai 2004: 276).[340] Des Weiteren nehmen die MDGs erneut (fast) allein Entwicklungsländer in die Pflicht, während die Verantwortung der Industrieländer gegenüber dem Süden nicht thematisiert wird und das achte Ziel der Entwicklungspartnerschaft wenig konkret bleibt (Martens 2006a: 47). Nicht thematisiert werden Armutsursachen und makroökonomische Strukturen, so dass die MDG lediglich die Symptome zu bekämpfen versprechen (Wichterich 2006: 126f.). Während die meisten Probleme, die die MDGs fokussieren, auch nach 2015 bestehen bleiben, ist die Perspektive für das internationale Entwicklungsprojekt nach diesem Datum noch unklar: So ist denkbar, dass die Ziele und Unterziele in modifizierter Form und mit konkreten Umsetzungsstrategien weiterhin gelten werden; weitere Ziele hinzukommen oder sich ein anderes – etwa menschenrechtliches – Entwicklungsparadigma durchsetzt (Loewe/Weinlich 2011: 31).[341]

Entwicklungs-
finanzierung:
Konferenz von
Monterrey

Neben Armutsbekämpfung ist Finanzierung von Entwicklung (*financing for development*) das zweite große Thema. Nachdem neue Modelle zur Entwicklungsfinanzierung Ende der 1990er Eingang in die UN-Diskussion gefunden hatten, wurde im März 2002 zum ersten Mal in der Geschichte der UN eigens für diese Thematik eine große internationale Konferenz in Monterrey (Mexiko) ausgerichtet – nach einer langen Vorlaufzeit, denn der damalige Generalsekretär Javier Perez de Cuellar hatte schon 1991 einen entsprechenden Vorschlag unterbreitet. Der Monterrey-Gipfel verfolgte das Ziel, Lösungen für die chronische Finanzkrise der Entwicklungsländer zu identifizieren und hatte hierfür ein breites Themenspektrum, von der Rolle öffentlicher und privater Kapitalflüsse über Schuldenerlass bis zu Reformen der Finanzinstitutionen angesetzt. Die UN wagten sich damit auf ein ‚hartes' ökonomisches Feld, das ehemals den Bretton-Woods-Institutionen vorbehalten war. Entwicklungsländer werteten diese Tatsache als Erfolg an sich und sahen darin eine Stärkung der UN nach Jahren der primären Zuständigkeit für ‚weiche' Themen (Martens 2000: 99, Martens 2002: 116). Im Abschlussdokument, dem sogenannten Monterrey Consensus, verpflichteten sich die Entwicklungsländer (wiederholt) zu *good governance* und die Industrieländer (wiederholt) zu einer Erhöhung der ODA

---

340 Um zu verdeutlichen, dass die MDGs nicht die einzigen Entwicklungsziele sind, sondern nur einen Teil dessen wiederspiegeln, was (mehrfach) international deklariert wurde, wird in UN-Dokumenten üblicherweise die Bezeichnung „international vereinbarte Entwicklungsziele, einschließlich der MDGs" verwendet (Martens 2013: 10).
341 Für die Perspektiven der Entwicklungsdiskussion nach 2015 siehe Martens 2013.

auf 0,7% des BSP, allerdings ohne konkrete zeitliche Vorgaben.[342] Außerdem sollten Entwicklungsländer ein verbessertes Investitionsklima schaffen, um ausländische Direktinvestitionen anzuziehen, während investierende Unternehmen aufgefordert wurden, bei ihren Aktivitäten in Entwicklungsländern Umwelt- und Sozialstandards einzuhalten. Am Widerstand der Industrieländer, allen voran der USA, scheiterten jedoch obligatorische Standards für Unternehmen, das UNDP-Konzept der globalen öffentlichen Güter (Kaul 1999), zu denen auch finanzielle Stabilität gehört, und substanzielle Reformen des Finanzsystems, etwa die Einführung einer Steuer auf Kapitaltransaktionen (sogenannte Tobin-Steuer). Die Follow-Up-Konferenz in Doha im Dezember 2008 geriet aufgrund der globalen Wirtschafts- und Finanzkrise in den Hintergrund – da Lösungen hierfür in anderen Gremien gesucht wurden, waren viele Staatschefs aus den Industrieländern nicht anwesend; auch substanzielle Beschlüsse zur Entwicklungsfinanzierung jenseits der Bekräftigung der bereits im Monterrey-Dokument festgehaltenen waren nicht möglich (Martens 2009: 31-32; Schröder/Stetten 2010: 107-108). Zumindest wurde – gegen den Widerstand der USA – entschieden, die Wirtschaftskrise, insbesondere ihre Auswirkungen auf Entwicklung, auch im UN-Rahmen zu thematisieren. So fand im Juni 2009 die dreitägige Konferenz mit dem Titel „Conference on the World Financial and Economic Crisis and Its Impact on Development" statt, deren Abschlussdokument die besonderen Gefahren der Krise für Entwicklungsländer und die MDGs herausstellte und betonte, dass internationale Kooperation notwendig ist, um die Krise zu bekämpfen. Ohne konkrete Maßnahmen vorschreiben zu können, ruft das Dokument dazu auf, für mehr Transparenz und Regulierung auf den Finanzmärkten zu sorgen, das Weltfinanzsystem – darunter auch die Zusammensetzung der BWI – zu reformieren, und die Rolle der Vereinten Nationen bei der Abfederung der Krisenfolgen zu stärken.[343] Was das Unterbreiten von Lösungsvorschlägen für die Krise angeht, war die Rolle der UN marginal; obwohl der zweite Ausschuss der Generalversammlung für Wirtschafts- und Finanzfragen zuständig ist, war dessen Stimme in der Krise „kaum zu vernehmen" (Haßenpflug 2010: 205). Das Thema Entwicklungsfinanzierung bleibt auch nach diesen mageren Ergebnissen auf der Tagesordnung der Vereinten Nationen, so beraten sich die Entwicklungs-, Finanz- und Wirtschaftsminister der Industrie- und Entwicklungsländer seit 2003 im sogenannten „High-level Dialogue on Financing for Development"(siehe auch S. 308) über die Umsetzung der Monterrey- und Doha-Beschlüsse und diskutieren dabei auch Reformperspektiven für das Weltfinanzsystem sowie die Krisenfolgen.[344]

---

342   Das Abschlussdokument findet sich hier: http://www.un.org/esa/ffd/monterrey/MonterreyConsensus. pdf, 20.06.2013.
343   http://www.un.org/ga/search/view_doc.asp?symbol=A/RES/63/303&Lang=E, 20.06.2013.
344   http://www.un.org/esa/ffd/hld/HLD2011/index.htm, 20.06.2013.

6.4 Global Governance in der Entwicklungspolitik

Wie in diesem Kapitel deutlich wurde, haben die Vereinten Nationen Schwierigkeiten, eine dominante Rolle in der Global Governance der Entwicklungszusammenarbeit zu übernehmen – weil die Mitgliedsstaaten ihnen diese Rolle nicht einräumen wollen, die Bretton-Woods-Organisationen nicht bereit sind, sich den UN
als koordinierender Instanz zu unterstellen oder auch Organisationen innerhalb
der UN darauf bedacht sind, möglichst autonom zu bleiben und ihre Kompetenzen
zu behalten. Wie wir jedoch zugleich an der Vielzahl und Vielfalt ihrer Tätigkeiten gesehen haben, sind sie dennoch unbestritten einer der zentralen Akteure der
multilateralen EZ. Deren wichtiges Charakteristikum ist eben nicht die Existenz
eines einzigen Zentrums, sondern die Koexistenz mehrerer Akteure, die zum Teil
arbeitsteilig organisiert sind, zum Teil aber auch Überlappungen ihrer Tätigkeitsfelder aufweisen und in Konkurrenz zueinander agieren. Als genereller Trend der
globalen Organisation von Entwicklungspolitik wird seit Beginn der 1990er Jahre
ihre abnehmende Staatszentrierung und die stärkere Einbeziehung privater Akteure gesehen – neue Kooperationsformen zur Lösung entwicklungspolitischer
Probleme befinden sich jedoch noch im Experimentierstadium (Messner 2001:
23). Im Folgenden werden wir uns zuerst diesen Wandel unter dem Aspekt der Akteurspluralität (6.4.1) anschauen und dabei den Stellenwert zweier Arten privater
Akteure – Nichtregierungsorganisationen (NGOs) und Unternehmen – für die internationale Entwicklungszusammenarbeit sowie den Umgang der UN mit ihnen
untersuchen. Der darauf folgende Abschnitt handelt von in der Entwicklungspolitik vorliegenden Steuerungsformen (6.4.2), darunter die neuen Versuche einer
verbesserten Koordination zwischen den UN und den BWI. Schließlich schauen
wir uns das Zusammenspiel der Ebenen der Problemverursachung, Problemlösung und Lösungsumsetzung (6.4.3) an.

6.4.1 Akteurspluralität in der multilateralen Entwicklungszusammenarbeit

Möglichkeiten, private Akteure stärker in das UN-System einzubinden, werden
seit Beginn der 1990er Jahre diskutiert, wobei zunächst NGOs im Mittelpunkt
standen und erst seit den späten Neunzigern auch neue Formen der Einbindung von
Unternehmen gesucht und ausprobiert werden. In der 1992 auf dem Erdgipfel in
Rio verabschiedeten Agenda 21 und in der Millenniumserklärung wurden der private Sektor, Nichtregierungsorganisationen und die Zivilgesellschaften als Partner
der Vereinten Nationen bei der Armutsbekämpfung und in der Entwicklungsarbeit
bezeichnet; ihnen sollen größere Mitwirkungsmöglichkeiten eingeräumt werden,
um die Ziele der Vereinten Nationen zu erreichen.[345] Die Beteiligung gewinnori-
entierter Unternehmen an der Politikgestaltung wird jedoch mehrheitlich weitaus
kritischer gesehen als die zivilgesellschaftlicher Non-Profit-Organisationen, denen eher humanitäre Motive unterstellt werden. Neue Kooperationsformen mit

---

345   Agenda 21: http://www.un.org/depts/german/conf/agenda21/agenda_21.pdf, Millenniumserklärung:
      http://www.un.org/millennium/declaration/ares552e.htm, 20.06.2013.

NGOs und der Wirtschaft im UN-Rahmen und die damit verbundenen Vorteile und Probleme stellen wir im Folgenden dar.

Zusammenarbeit mit Nichtregierungsorganisationen

Seit die Entwicklungsproblematik Gegenstand der internationalen Diskussion geworden ist, engagieren sich auch NGOs auf verschiedene Weisen in Entwicklungsländern. Besonders bekannt dürfte die Arbeit karitativer Hilfswerke und sozialer Dienste, die zum Teil schon vor Ende des Zweiten Weltkriegs Nothilfe leisteten und heute weltweit aktiv sind,[346] oder auch politischer Stiftungen sein. Sie decken ein breites Spektrum an entwicklungsrelevanten Tätigkeiten ab, darunter Lieferungen von Hilfsgütern (wie Nahrung, Medikamente und Kleidung), Bildungsangebote oder etwa Arbeit mit Straßenkindern. Noch zu Beginn der 1990er Jahre wurde festgestellt, dass sie, anders als internationale oder staatliche Organisationen, weniger am Aufbau von Infrastruktur oder der Durchführung von Großprojekten beteiligt sind, sondern stärker an der Basis, „am Menschen" arbeiten und „Kleinräumigkeit, soziale Überschaubarkeit, lebensweltnahe Problemlagen (...) ihre programmatischen Fixpunkte" sind (Glagow 1993: 304). Zunehmend wird jedoch die Tendenz zur Privatisierung internationaler Politik gesehen, was bedeutet, dass Staaten ihre Aufgaben in der humanitären Hilfe und immer stärker auch in der Entwicklungszusammenarbeit an nichtstaatliche Akteure übertragen (Fues/Hamm 2001: 54f.). Dies ist ein Aspekt der veränderten Rolle der NGOs: Sie engagieren sich nicht nur stärker in der Nothilfe als zuvor, sondern leisten vermehrt auch klassische Entwicklungszusammenarbeit und füllen damit das durch den Rückzug der Staaten entstandene Vakuum, indem sie grundlegende soziale Dienste im Gesundheits- und Bildungsbereich oder in der Landwirtschaftsförderung und Wasserversorgung erbringen (Ludermann 2001: 174f.).

Seit den 1980er Jahren bemühen sich auch die UN, lokale NGOs in verschiedenen Phasen der Projektentwicklung heranzuziehen – als Experten oder diejenigen, die die Projekte schließlich durchführen. Die UN-Entwicklungsorgane verfügen dabei schon seit längerem über gute Beziehungen zu NGOs, mit denen sie gemeinsame Projekte in ihren Schwerpunkten durchführen: So erklärte z.B. die Internationale Arbeitsorganisation bereits bei ihrer Gründung im Rahmen ihrer dreigliedrigen Struktur neben Staaten und Arbeitgeberorganisationen auch Arbeitnehmerorganisationen (sprich Gewerkschaften) zu gleichberechtigten Verhandlungsteilnehmern. Seit 1956 sind für ihre Arbeit relevante NGOs auf einer sogenannten *Special List* akkreditiert;[347] heute organisiert die ILO in vielen Entwicklungsländern gemeinsam mit ihnen Projekte, um z.B. gegen Kinderarbeit vorzugehen.[348] Auch die FAO hat im Rahmen der Hungerbekämpfung mit NGOs kooperiert und zivilgesellschaftliche Organisationen in ihre 1960 gestartete *„Global*

Mehrfacher Wandel: Entwicklungs-zusammenarbeit zusätzlich zur humanitären Hilfe ...

... institutionalisierte Kooperation mit UN-Organen

---

346 Außer dem Internationalen Komitee vom Roten Kreuz (1863, Genf) z.B. auch die Caritas (1897), das Diakonische Werk der evangelischen Kirche in Deutschland (1848), Oxfam (1942, Großbritannien) oder CARE (1945, USA).

347 http://www.ilo.org/pardev/civil-society/ngos/ilo-special-list-of-ngos/lang--en/index.htm, 20.06.2013.

348 http://www.ilo.org/public/english/bureau/pardev/civil/index.htm, 20.06.2013.

Freedom from Hunger Campaign" eingebunden; bei aktuelleren Kooperationen mit vor allem lokalen Partnern wie Farmer- und Fischervereinigungen finden sich z.B. Projekte zur Vermittlung neuer Landwirtschaftstechniken oder zur Förderung pestizidfreier Schädlingsbekämpfung. Auf internationaler Ebene haben die FAO und NGOs in der Normsetzung ebenfalls zusammengearbeitet und so erreicht, dass die Staaten im Jahr 2004 Richtlinien zur Umsetzung des Rechts auf Nahrung verabschiedeten.[349] Auch das UNDP kooperiert mit zahlreichen zivilgesellschaftlichen Organisationen, z.B. Frauenrechtsorganisationen und Indigenenvereinigungen. Seit 2000 wird diese Zusammenarbeit durch ein eigens hierfür errichtetes Organ koordiniert: Das *Civil Society Organizations Advisory Committee to UNDP*, dem Vertreter zivilgesellschaftlicher Organisationen (fast ausschließlich aus Entwicklungsländern) angehören,[350] berät die Leitungsgremien des UNDP über die Politikausrichtung und identifiziert gemeinsame Entwicklungsstrategien und -aktivitäten für das UNDP und die Zivilgesellschaft.

... und stärkere Einbeziehung in die Normgenese statt rein operativer Betätigung

Außer den geschilderten institutionellen Verbindungen zu Organen der UN, haben sich NGOs in den 1990ern auch stärker als je zuvor in zwischenstaatliche Verhandlungen einbringen können. Diese Einbindung in globale Normsetzungsprozesse wurde in den 1990ern vor allem im Rahmen der Weltkonferenzen vollzogen. Während NGOs lange Zeit fast ausschließlich im operativen Bereich tätig wurden und als Auftragnehmer der Staaten oder internationalen Organisationen das umsetzten, was vorher exklusiv auf internationaler Ebene beschlossen wurde, wurden ihnen nach Ende des Kalten Krieges zunehmend Möglichkeiten zur Teilnahme an der Formulierung von entwicklungspolitischen Zielen und Konzepten eingeräumt. Dass ihre Rolle auf diese Weise aufgewertet wurde, kann man auf mehrere Faktoren zurückführen: Erstens wurde NGOs im Zuge der Demokratisierung im Süden und im Osten allgemein eine höhere Anerkennung als Repräsentanten zivilgesellschaftlicher Gruppen zuteil; dies wurde auch durch ihre geschickte Nutzung der Massenmedien gefördert. Zweitens ist es ihnen gelungen, sich durch ihre Sachkompetenz und langjährige Erfahrung in entwicklungsrelevanten Bereichen auszuzeichnen, was NGO-VertreterInnen zu begehrten ExpertInnen werden ließ, die v.a. gern durch westliche Regierungen herangezogen wurden. Drittens eröffneten sich nicht zuletzt durch Strukturanpassungsprogramme neue Handlungsräume für NGOs, denn aufgrund der verordneten Haushaltskürzungen in den Entwicklungsländern wurden staatliche Tätigkeiten in bestimmten Bereichen erheblich heruntergefahren, so dass NGOs das auffingen, was die Staaten nicht mehr leisten konnten, sollten oder wollten (Messner/Nuscheler 1996: 163, Fues/Hamm 2001: 54, Ludermann 2001: 186).

NGOs auf Weltkonferenzen: „ein Stück Global Governance" (Messner/Nuscheler 1996: 163)

NGOs sind also zu sichtbaren und gefragten Akteuren der Weltpolitik geworden, was sich konkret anhand der Teilnahmezahlen und Teilnahmerechte an den Weltkonferenzen und im Nachfolgeprozess gezeigt hat. Nachdem 1972 zum Umweltgipfel in Stockholm etwa 250 NGOs zugelassen worden waren, nahmen zwanzig Jahre später mit 1.400 Organisationen (insgesamt 2.400 Delegierte) ca.

---

349   http://www.fao.org/tc/ngo/history_en.asp, http://www.fao.org/tc/NGO/rtf_en.asp, 20.06.2013.
350   http://www.undp.org/content/undp/en/home/ourwork/partners/civil_society_organizations/ advisorycommittee/, 20.06.2013.

fünfmal so viele NGOs an der UN Konferenz für Umwelt und Entwicklung in Rio de Janeiro teil, über 17.000 tagten im parallelen NGO-Forum,[351] so dass der Erdgipfel mit insgesamt 20.000 Teilnehmern heute noch zu den größten internationalen Konferenzen zählt. Allen NGOs, die ihre Teilnahme beantragt hatten, wurde diese auch gewährt, weil das Sekretariat angesichts der Fülle der Anträge keine umfassenden Prüfungen durchführen konnte (Brühl 2003: 98f.). Die Zahlen blieben in der Größenordnung: Auf der Internationalen Konferenz für Bevölkerung und Entwicklung in Kairo 1994 waren von den insgesamt 11.000 Delegierten ca. 4.000 Vertreter von NGOs (Woiwod 1996: 198), für den Weltgipfel für Soziale Entwicklung (Kopenhagen 1995) waren 2.600 NGO- und 3.800 Staatenvertreter akkreditiert (Klingebiel 1996a: 209), an der Konferenz für Frauen und Entwicklung in Peking nahmen im Jahr 1995 2.100 akkreditierte NGOs teil, zum Parallelforum reisten 30.000 zivilgesellschaftliche Delegierte an.[352] Beim Rio+10-Gipfel in Johannesburg im Jahr 2002 waren erneut 20.000 Delegierte anwesend, der Rio+20-Gipfel, der 2012 wieder in Rio de Janeiro stattfand, wurde mit insgesamt über 45.000 Delegierten und fast 10.000 registrierten NGOs zum größten Gipfel der UN-Geschichte.[353] Davon abgesehen, nahm jedoch bei anderen Gipfeln, die bereits im neuen Jahrtausend stattfanden, die NGO-Präsenz wie auch die Konferenzbeteiligung insgesamt wieder etwas ab: Zur Konferenz für Entwicklungsfinanzierung nach Monterrey reisten ca. 800 Teilnehmer; unter ihnen Delegierte von 75 NGOs; (auf dem Folgegipfel in Doha waren es allerdings schon um die 150 NGOs).[354] Dem Thema „Schließung der digitalen Kluft zwischen Nord und Süd" widmete sich der erste Weltgipfel über Informationsgesellschaft (*World Summit on Information Society*, WSIS), der in Genf im Jahr 2003 mit über 11.000 Delegierten veranstaltet wurde, darunter waren rund 3.000 VertreterInnen von ca. 500 NGOs. Der zweite WSIS-Gipfel in Tunis war wieder erheblich größer, hier verdoppelte sich fast die Gesamtteilnehmerzahl auf 20.000, die Zivilgesellschaft war mit über 6.000 Delegierten von 600 Organisationen vertreten.[355]

Dass die Konferenzen als große Stunde der Entstehung einer globalen Zivilgesellschaft (Messner 2001: 17) gelten, liegt jedoch bei weitem nicht nur am quantitativen Aspekt, sondern ebenfalls an neuen Beteiligungsmodi für NGOs an internationalen Verhandlungen, die es ihnen ermöglichten, sich intensiver in die Normsetzung einzubringen. Eine entscheidende Voraussetzung hierfür war der Beschluss, die Gipfel nicht als Sondergeneralversammlungen abzuhalten, weil letzteres staatliche Exklusivität ohne direkten Zugang gesellschaftlicher Akteure zu den Verhandlungen bedeutet hätte (Deutsche Stiftung für Internationale Entwicklung 1996: 26). Zwar verfügen NGOs nach wie vor nirgendwo über ein Stimmrecht und es hat sich auch formell durch die Konferenzen nichts an ihrem

Etablierung der NGOs in den 1990ern: offene Akkreditierung, Einschluss in nationale Delegationen, Zugang zu PrepComs und Rederechte

---

351 Daten nach http://www.un.org/geninfo/bp/enviro.html, 20.06.2013.
352 Daten nach http://www.un.org/geninfo/bp/women.html, 20.06.2013.
353 http://www.uncsd2012.org/content/documents/784rio20%20in%20numbers_final2.pdf, 20.06.2013.
354 Daten nach: http://daccess-dds-ny.un.org/doc/UNDOC/GEN/N08/668/47/PDF/N0866847.pdf?OpenElement, 20.06.2013.
355 Daten nach http://www.itu.int/wsis/geneva/newsroom/index.html und http://www.itu.int/wsis/tunis/newsroom/index.html, 20.06.2013. Zur Rolle der NGOs beim WSIS siehe Dany 2013.

Status geändert, de facto konnten sie jedoch auf verschiedene Weise auf den Verhandlungsprozess einwirken:

- *Beobachterstatus*: Grundlegend ist der Beobachterstatus, den auch NGOs ohne Konsultativstatus beim ECOSOC durch offene Akkreditierungsverfahren erlangen konnten und der mittlerweile zum bereichsunabhängigen Standard für internationale Verhandlungen geworden ist. Dieser gewährte ihnen den Zugang zu Konferenzgebäuden[356] und Plenarsitzungen – wenn auch „an Katzentischen der Konferenzräume" (Messner/Nuscheler 1996: 163) – schloss sie jedoch von informellen, in Arbeitsgruppen stattfindenden Verhandlungen, in denen es vor allem zum Ende der Konferenzen hin um die Vereinbarung konkreter Maßnahmen ging, in der Regel aus.[357] Die Einbeziehung der NGOs kann man deshalb als gebrochenen Trend bezeichnen (Brühl 2006: 172).

- *Vorbereitungsprozesse*: Die Zulassung von NGOs zu Vorbereitungsausschüssen (*Preparatory Committees*, PrepComs), die im Vorfeld der Konferenzen mehrmals zusammentreffen, kann ebenfalls als selbstverständlich gelten: Dort können NGOs zum einen *agenda-setting* betreiben, also versuchen, ihre Themen auf die Konferenztagesordnung zu setzen, indem sie Staatenvertreter direkt ansprechen, schriftliche Stellungnahmen verteilen oder – nach Genehmigung der Ausschussvorsitzenden – auch mündliche Stellungnahmen abgeben. Zum anderen dienten die PrepComs zunehmend auch dazu, Entwürfe der Abschlussdokumente zu erarbeiten. Hierbei konnten sich die NGOs besonders beim Städtegipfel Habitat II in Istanbul 1996 einbringen, weil sie im Redaktionsausschuss mitarbeiten und somit großen Einfluss auf den Text der später zu verabschiedenden Dokumente nehmen konnten (Siebold 1996: 228).[358] Bei den PrepComs anderer Konferenzen wurden die Rechte der NGOs allerdings beschnitten, je weiter der Vorbereitungsprozess fortschritt: Während der ersten Sitzungen der Frauenkonferenz in Peking, als vorwiegend prozedurale Fragen geklärt wurden, durften NGOs als Beobachter präsent sein sowie schriftliche und mündliche Stellungnahmen abgeben. Als jedoch die Tagesordnung formuliert werden sollte, wurden NGOs vollständig aus dem sogenannten *drafting committee* ausgeschlossen, so dass die tatsächlichen Positionen der Staaten im Verborgenen bleiben konn-

---

356 Dies konnte die Konferenzorganisatoren angesichts der Menge der anwesenden NGOs vor praktische Probleme stellen, so war etwa in Johannesburg absehbar, dass nicht alle 20.000 TeilnehmerInnen ins Kongresszentrum passen würden, woraufhin für NGOs 1.200 Eintrittskarten nach dem Prinzip „first come, first serve" ausgegeben werden sollten. Als sich allerdings herausstellte, dass gar nicht so viele ins Tagungsgebäude wollten, wurde es doch für alle geöffnet (Maier 2002: 181).
357 Eine Ausnahme stellen bisher die WSIS-Gipfel in Tunis und Genf dar, auf denen NGOs sich auch an Arbeitsgruppen und informellen Treffen beteiligten und die tatsächlichen Verhandlungen zwischen den Regierungen mitverfolgen konnten. http://www.itu.int/wsis/basic/multistakeholder.html, 20.06.2013.
358 Auf dem Habitat II-Gipfel selbst ging der partnerschaftliche Ansatz so weit, dass es einen gesonderten Ausschuss für die Kommunikation zwischen NGOs, Kommunen und Regierungen gab – diese Möglichkeit zur Mitwirkung an Verhandlungen charakterisierte Habitat II als „Konferenz neuen Stils" und wurde als Symbol der veränderten Wahrnehmung von NGOs gewertet, in der sie von Bittstellern und später legitimen Lobbyisten zu gefragten Experten wurden (Siebold 1996: 231f.).

ten (Clark et al. 1998: 17f.). Weitere Möglichkeiten der Einbeziehung von NGO-Positionen in die Vorbereitung von Konferenzen sind z.B. schriftliche Konsultationen. So konsultierte das Sekretariat der Konferenz für Entwicklungsfinanzierung, um die relevanten Themen zu identifizieren, NGOs (und andere nichtstaatliche Akteure) mithilfe von Fragebögen, in denen sie Themen vorschlagen, aber auch zu ihnen Position beziehen konnten (Martens 2000: 100).

- *Rederechte*: Was in der Generalversammlung nach wie vor kaum denkbar ist, wurde schon 1992 in Rio praktiziert: NGOs wurde die Möglichkeit eingeräumt, während der Plenarsitzungen Stellungnahmen vorzutragen – allerdings nicht individuell, sondern als Vertreter thematischer Gruppen. Hierzu wurden NGOs ihrer inhaltlichen Ausrichtung entsprechend in verschiedene Sektoren aufgeteilt (*„major groups approach"*) und aufgefordert, Vertreter zu wählen, die im Plenum die NGO-Position darstellen sollten. Dieses recht weitgehende Recht zu Gruppenstellungnahmen wurde auch für andere Weltkonferenzen beibehalten. Allerdings kritisierten NGOs an der Regelung, dass ihre Rolle so auf die Verbreitung der Informationen reduziert werde (Brühl 2003: 60f., 98f.); außerdem werde damit eine Interessenshomogenität von NGOs postuliert, die nicht notwendigerweise gegeben ist. Von dieser Praxis wurde auf den WSIS-Gipfeln abgesehen: NGOs waren berechtigt, Einzelstellungnahmen in den Plenarsitzungen abzugeben.[359] Wenn allerdings die Anzahl der potenziellen Redner zu hoch war, wurden sie gebeten, sich selbst in Gruppen zu organisieren und Vertreter auszuwählen – anders als bei vorherigen Konferenzen, in denen die Gruppeneinteilung durch die Sekretariate vorgenommen worden war.

- *Hearings*: Nachdem NGOs auf den Weltkonferenzen bereits die Möglichkeit gehabt hatten, Gruppenstellungnahmen in Plenumssitzungen abzugeben, hat ihnen die Generalversammlung für den Millenniumsgipfel dieses Recht nicht eingeräumt, jedoch den Vorsitzenden des im Vorfeld abgehaltenen NGO-Gipfels („Millennium Forum") dazu eingeladen, im Plenum zu sprechen. Zuvor erfolgten fünf zweitägige regionale Anhörungen (sogenannte *hearings*), auf denen sich Repräsentanten der Zivilgesellschaft an die Mitgliedsstaaten wenden konnten; ihre Ergebnisse wurden an den Generalsekretär übermittelt und in dessen Vorbereitungsbericht für den Gipfel festgehalten. Das Instrument der *hearings* scheint sich seitdem zu etablieren, so wurden vor der Monterrey-Konferenz neben zwei solcher Veranstaltungen in New York auch eine Reihe dezentraler *hearings* von der UNCTAD und regionalen Wirtschaftskommissionen durchgeführt (Martens 2000: 101). Beim Millennium+5-Gipfel haben erstmals zweitägige Anhörungen von NGOs durch die Generalversammlung stattgefunden, in der auch zu ent-

Hearings und Stakeholderismus als neuere Teilhabemechanismen

---

359 Formelle und informelle Geschäftsordnungsregeln für die Weltgipfel über Informationsgesellschaft finden sich hier: http://www.itu.int/wsis/basic/multistakeholder.html, 20.06.2013. Als informelle Regel hatte sich herausgebildet, dass Beobachtern 45 Minuten Redezeit pro Tag bzw. pro sechs Stunden zur Verfügung standen. Da neben NGOs auch internationale Organisationen und Wirtschaftsvertreter mit Beobachterstatus präsent waren, standen somit jeder dieser Gruppen 15 Minuten zu.

wicklungspolitischen Themen (individuelle) Statements vorgetragen wurden.[360] Obwohl die *hearings* dem interaktiven Austausch mit den Mitgliedsstaaten dienen sollten, äußerten sich diese kaum. Positiv hervorzuheben ist die ungewöhnlich starke Präsenz von 178 Süd-NGOs, die damit mehr als die Hälfte der insgesamt 304 anwesenden Organisationen stellten.[361] Wenngleich die Anhörungen für die Prozeduren der Generalversammlung einen Fortschritt darstellen, bleiben die Mitwirkungsrechte der NGOs in der GA jedoch weit hinter denen der Weltkonferenzen zurück, weshalb *hearings* auch als Trostpflaster eingeschätzt werden (Leininger 2005: 20).

• *Stakeholder-Ansätze*: Als vergleichsweise neues Konzept gelten sogenannte Stakeholder-Ansätze, also der Versuch, möglichst viele an der Problembearbeitung interessierte gesellschaftliche Gruppen mit einzubeziehen (Hummel 2004: 34). Als erstes UN-Organ begann die UNCTAD mit der Organisation von Stakeholder-Kongressen, an denen zivilgesellschaftliche Akteure (und der private Sektor) teilnehmen und Entwicklungs- wie Menschenrechtsthemen diskutieren können (Melchers 2007: 58). In Monterrey wurde dieser Ansatz insofern angewandt, als die Diskussionen, anders als bei bisherigen Konferenzen, nicht nur wie üblich durch formelle und informelle Sitzungen strukturiert wurden, sondern durch insgesamt zwölf vierteilige *Round Tables*, an denen Vertreter von Regierungen, NGOs, Unternehmen und internationalen Institutionen beteiligt waren, ergänzt wurden. Durch die Aufhebung der üblichen Rede- und Verhandlungsprozeduren nahm auch die Staatszentrierung ab, weil so nicht mehr ihre Redebeiträge im Mittelpunkt standen (Martens 2002: 116). Allerdings sei erwähnt, dass Regierungen bei den Runden Tischen mehr als doppelt so viele Delegierte wie die anderen Gruppen zusammenhatten: 48 Regierungsvertretern saßen je sieben NGO- und Unternehmens-Repräsentanten und acht Institutionenvertreter gegenüber.[362] Bei den WSIS-Gipfeln wurde ein enges und gleichberechtigtes Zusammenwirken der Stakeholder Staaten, Zivilgesellschaft und Wirtschaft durch fehlende Vorab-Bestimmungen ermöglicht (Kleinwächter 2006: 49): Neben den bereits beschriebenen erweiterten Partizipations- und Rederechten wurden auch hier mehrere *Round Tables* und Panels als Teil des informellen Konferenzprozesses abgehalten; NGOs und andere nichtstaatliche Akteure durften für die Diskussionsrunden TeilnehmerInnen vorschlagen, die schließlich vom Generalsekretär der Konferenz ausgesucht wurden.

Einflussnahme außerhalb der Konferenzräume: Parallelforen, transnationale Vernetzung und alternative Erklärungen
Außer den akkreditierten NGOs, die direkt in den Konferenzgebäuden – sei es als BeobachterInnen, Informationsstellen oder *Round-Table*-GesprächspartnerInnen – mitwirken können, dürfen auch Aktivitäten nicht außer Acht gelassen werden, die außerhalb offizieller Tagungsräume, aber dennoch im weiteren Konferenzrahmen als NGO-Foren parallel stattfanden. Nicht nur nahmen an diesen Parallelveranstaltungen mehr NGO-Delegierte als am offiziellen Prozess teil (von den 8.000

---

360 Die Regelungen und Themen können hier eingesehen werden: http://www.un.org/ga/civilsocietyhearings/infonote.pdf, 20.06.2013.
361 Eine genaue Übersicht mit regionalen Zuordnungen findet sich in Leininger 2005: 21f.
362 http://www.un.org/esa/ffd/ffdconf/, 20.06.2013.

NGOs in Johannesburg verfügten weniger als 1.000 über den Beobachterstatus), die Anzahl der „nicht-offiziellen" TeilnehmerInnen war teilweise ähnlich hoch wie die der offiziellen insgesamt, so z.B. in Peking 1995, wo sich 27.000 Menschen am Parallelforum zur Weltfrauenkonferenz beteiligten (Klingebiel 1996b: 215). Die UN-Weltkonferenzen haben also den Anlass gegeben und den Rahmen geschaffen, in dem sich globale zivilgesellschaftliche Koalitionen bilden und NGO-Netzwerke zwischen westlichen und südlichen Organisationen, zwischen international und lokal agierenden Gruppen, aber auch zwischen auf verschiedene Themenbereiche spezialisierten NGOs entstehen konnten, die fortan gemeinsam, sektor- und ebenenübergreifend ihre Anliegen in der internationalen Umwelt- und Entwicklungspolitik verfolgen konnten (Deutsche Stiftung für Internationale Entwicklung 1996: 15, Kaul 2000a: 103, Schmitz/Stephan 1996: 184). Das Ziel der Parallelforen war es, abseits von zwischenstaatlichen Verhandlungen auf Themen aufmerksam zu machen, die bei ersteren nur ungenügend berücksichtigt bzw. gänzlich ausgespart wurden – z.B. Reformen des Welthandelssystems und alternative Wachstumsmodelle. Als Ergänzung zu offiziellen Abschlussdokumenten wurden auf diesen Foren ebenfalls Erklärungen verabschiedet, unter anderem die Alternative Erklärung von Kopenhagen, die, im Kontrast zur marktfreundlichen Ausrichtung des offiziellen Abschlussdokuments, im sich durchsetzenden Modell freier Märkte einen Grund für wachsende Disparitäten sah (Klingebiel 1996a: 210).

Während auf den UN-Weltkonferenzen NGOs noch als kritische Partner der Regierungen angesehen werden konnten, radikalisierte sich in der zweiten Hälfte der 1990er Jahre die globalisierungskritische Bewegung. Am besten bekannt ist sicherlich die 1998 in Frankreich gegründete Organisation *attac*. NGOs nahmen hier eine oppositionelle Rolle ein und die Veranstaltungen, die parallel zu Treffen der G-8, des Weltwirtschaftsforums und der WTO-Verhandlungen – wie das Weltsozialforum oder die Konferenz „Public Eye on Davos" – organisiert wurden, verdienen eher die Bezeichnung „Gegengipfel". Begleitet von Massenprotesten scheiterte nicht nur der Versuch der OECD, 1998 ein multilaterales Investitionsabkommen mit weitreichenden Handlungsfreiheiten für Unternehmen zu verabschieden (Bhagwati 2001: 15, Hummel 2004: 29). Auf der WTO-Ministertagung in Seattle 1999 widersetzten sich die Entwicklungsländer, empört über ihre Marginalisierung im Verhandlungsprozess, einer Einigung über weitere Handelsliberalisierungen, da die Industrieländer nicht bereit waren, ihre marktverzerrenden Agrarsubventionen zu reduzieren (Kwa 2003: 18f.). Die Gewalt der Polizei gegenüber globalisierungskritischen Demonstranten war nur der Auftakt einer Reihe gewaltsamer Auseinandersetzungen, die in den folgenden Jahren weltwirtschaftliche Gipfel umrahmten. Die radikale Kritik der Bewegung richtet sich zum einen auf die neoliberalen Inhalte, die sich in der internationalen Politik immer stärker durchsetzen. Zum anderen werden hierdurch auch die institutionalisierten Entscheidungsprozeduren durch Experten („elite expertise") und Diplomaten („bureaucratic deliberation") als illegitim abgelehnt (Nanz/Steffek 2004: 332).	Exkurs: Globalisierungskritische Bewegung

Bilanz und Kritik des
NGO-Engagements:
• Dominanz des
Westens
• Interessens-
heterogenität
• Konkurrenz

NGOs und Interessen
der Entwicklungs-
länder

Wie deutlich wurde, setzte in den 1990er Jahren eine „NGO-Euphorie" (Hummel
2001: 54) ein, die Anlass zur Hoffnung gab, internationale Konferenzen würden
von Konferenzen der Probleme zu Konferenzen der Lösungen werden (Deutsche
Stiftung für internationale Entwicklung 1996: 19). Ihre Natur hatte sich insgesamt von eher funktionalen Veranstaltungen, an denen Diplomaten und Experten
zu Zwecken wie Informationsaustausch, Tatsachenermittlung und Verhandlungen
zusammenkamen, zu publikumsorientierten und -wirksamen sowie medial beachteten Großereignissen globaler Normsetzung gewandelt (Fomerand 2004: 171).
Dass die euphorische Stimmung seitdem stark nachgelassen hat, liegt einerseits
daran, dass sich die an die Konferenzen geknüpften Erwartungen langfristig nur
begrenzt erfüllt haben. Andererseits sind NGOs als Akteure internationaler Konferenzen heute soweit als selbstverständlich akzeptiert, dass die Tatsache ihrer Teilnahme allein nicht mehr ausreicht, um Begeisterung auszulösen. Schließlich hat
die Stärkung der NGOs auch Probleme offenbart bzw. entstehen lassen: Gerade
für den Bereich der Entwicklungspolitik ist von Bedeutung, dass NGOs zwar die
Forderung der Entwicklungsländer nach einer gerechteren Weltwirtschaftsordnung mittragen, jedoch in vielen Bereichen Standpunkte vertreten, die von Entwicklungsländern als ihren Interessen zuwiderlaufend wahrgenommen werden.
Besonders relevant sind befürchtete Zielkonflikte zwischen Ökonomie auf der einen und Ökologie sowie Arbeitsstandards auf der anderen Seite. Durch ihren Einsatz für Umwelt- und Menschenrechtsanliegen könnten NGOs zu Verbündeten der
Regierungen der Industrieländer, die ebenfalls auf die Einhaltung von Standards
in diesen Bereichen bestehen, werden. Diese Forderungen werten Entwicklungsländer jedoch als protektionistisches Verhalten, denn solche Auflagen würden als
Handelsbarrieren instrumentalisiert, um ihnen den Marktzugang zu verwehren
(Kahler 2003: 153, Singh/Zammit 2000). Gerade schwache Entwicklungsländer,
die ihre Souveränität ohnehin durch die Konditionalität westlicher Geberregie-
rungen bzw. -organisationen unterhöhlt sehen, können den wachsenden Einfluss
von NGOs als einen weiteren Angriff auf ihre Autonomie empfinden (Messner
2001: 28).[363] Zudem haben einige nicht-demokratische Regierungen (erfolglos)
versucht, die Beteiligung von NGOs auf internationaler Ebene zu unterbinden, da
sie die davon ausgehende Signalwirkung auf nationale gesellschaftliche Gruppen
fürchteten (Fues/Hamm 2001: 54). Wiederum andere haben kurzerhand Parteior-
ganisationen zu NGOs deklariert und in NGO-Foren „eingeschleust", was dort
die Befürchtung weckte, Staaten würden in ihre bisher recht unabhängige Debatte
eingreifen (Clark et al. 1998: 23).

Interessenskonflikte
innerhalb der NGO-
Community

Eine Nord-Süd-Spannung gibt es indes auch zwischen den NGOs: Während mehrheitlich westliche Organisationen für die Konferenzen akkreditiert
waren und dort Lobbying betreiben konnten, haben sich auf den Parallelforen
eher NGOs aus dem Süden getroffen, deren wichtigste Strategie nicht Lobbying

---

363 Diese Befürchtung der EL, NGOs verstärkten die Verhandlungsmacht des Nordens, erscheint
nicht so weit hergeholt, schließlich finanzieren sich NGOs auch aus staatlichen Zuschüssen und einige
Autoren sind der Ansicht, dass westliche Regierungen sie gezielt benutzen, um mittelbar Einfluss
auf die EL auszuüben; die gesamte NGO-Szene wird als westlich geprägt und gesteuert angesehen
(Glagow 1993: 305, Ludermann 2001: 180).

sondern Networking war. Diese Arbeitsteilung wird im NGO-Newsletter des Rio-Gipfels pointiert wie folgt beschrieben: „*the Africans were watching, the Asians listening, the Latin Americans talking while the North Americans and Europeans were doing business*" (zitiert nach Clark et al. 1998: 12). Auf staatlicher Ebene ist der Westen in den UN quantitativ unterlegen, die Zivilgesellschaft hingegen wird hier vor allem durch westliche, zum Teil traditionsreiche und mächtige NGOs vertreten – Nichtregierungsorganisationen aus dem Süden und Osten sind aus finanziellen Gründen, aber auch, weil dort bisher andere Formen zivilgesellschaftlicher Organisation vorherrschen, nach wie vor stark in der Unterzahl, wobei sich dies sukzessive angleicht.[364] Hinsichtlich der thematischen Anliegen werden von Nord- und Süd-NGOs nicht selten unterschiedliche Prioritäten gesetzt, die aufgrund der divergierenden NGO-Präsenz in offiziellen und parallelen Verhandlungsforen entsprechend auch unterschiedliche Chancen haben, sich durchzusetzen. Für Süd-NGOs haben Themen wie Grundbedürfnisbefriedigung und Armutsbekämpfung Vorrang, während Organisationen aus dem Norden zielgruppenfokussierte, leicht medial vermittelbare Kampagnen durchführen oder aber sich auf die Problematik des Marktzuganges konzentrieren; beides mag punktuell Abhilfe schaffen, ändert aber kaum etwas an den strukturellen Problemen (Freyhold 1998: 19f., Bendana 2006: 6ff.). Auf operativer Ebene konkurrieren NGOs miteinander um Finanzierungsressourcen, die von Länderregierungen, internationalen Organisationen oder auch privaten Spendern vergeben werden – gerade in Bereichen der humanitären Hilfe und der EZ befinden sie sich in einem höchst umworbenen Markt mit einer Vielzahl von Akteuren und stehen damit in stetem Wettbewerb um Aufträge bzw. Auftragsverlängerungen. Da NGOs hier der Marktlogik unterliegen und in einem planungsunsicheren Umfeld agieren, ist anzunehmen, dass sich Eigeninteressen stark auf die Arbeitsorganisation auswirken und etwa Kooperationen mit anderen NGOs weniger attraktiv erscheinen, obwohl sie in der Sache sinnvoll wären (Cooley 2003: 674f.). Des Weiteren wird befürchtet, die Arbeit von NGOs werde von höchster politischer Ebene durch Mittelausschreibungen für Entwicklungsprojekte insofern dirigiert, als sie, um in den Genuss der Finanzierung zu kommen, ihre Tätigkeiten auf eben diejenigen Regionen und Sektoren ausrichten, die von internationalen Organisationen und Staaten als interessant angesehen werden – kleinere Projekte in politisch weniger bedeutenden Regionen werden dadurch auch für NGOs weniger attraktiv (Ludermann 2001: 188). Die Abhängigkeit von Regierungsgeldern oder Geldern internationaler Organisationen könne schließlich auch die kritische Haltung von NGOs beeinträchtigen (Ludermann 2001: 189).

---

364   Im Jahr 1996 waren 79% der 1.041 NGOs mit ECOSOC-Konsultativstatus europäischen oder nordamerikanischen Ursprungs; wenn auch ihr Anteil immer weiter zugunsten afrikanischer und asiatischer Organisationen sinkt (im Jahr 2007 betrug er 66% von 3.050 Organisationen, im Jahr 2013 56% von 3.742), so bleibt er weiterhin unverhältnismäßig hoch. http://esango.un.org/civilsociety/displayConsultativeStatusSearch.do?method=search&sessionCheck=false , 20.06.2013.

Zusammenarbeit mit dem Wirtschaftssektor

Neue Partizipations-
rechte, alte
Beziehung …

Neben Nichtregierungsorganisationen entstehen seit Beginn des neuen Jahrtausends auch für weitere nichtstaatliche Akteure, nämlich einzelne Unternehmen, zunehmend Möglichkeiten der formellen Teilhabe am UN-System. Dies bedeutet keineswegs, dass wirtschaftliche Akteure und Vereinte Nationen in den vorausgegangenen Jahrzehnten nicht miteinander in Interaktion getreten wären: Viele Wirtschaftsverbände, darunter die Internationale Handelskammer (*International Chamber of Commerce*) und die Internationale Arbeitgebervereinigung (*International Organization of Employers*) erhielten schon sehr früh einen Konsultativstatus als Nichtregierungsorganisationen.

… von beidseitiger
Skepsis geprägt

Bezeichnender als dies war jedoch lange Zeit die konflikthafte und teils offen feindselige Beziehung zwischen den UN und dem privaten Sektor, die sich erst in den vergangenen zehn Jahren zu wandeln begann. Dass Unternehmen im Zusammenhang mit Entwicklung ein zentraler Akteur sind, ist offensichtlich: Sie investieren in Entwicklungsländern oder ziehen ihr Kapital wieder ab; schaffen Arbeitsplätze und bestimmen die Arbeitsbedingungen; fördern Rohstoffe, produzieren und entsorgen Müll, was sich auf die Umwelt auswirkt; kurzum, sie leisten einen erheblichen Beitrag zur wirtschaftlichen Lage eines Landes und können auf unterschiedliche Weise politischen Einfluss ausüben. In

Kritik an den TNCs

den 1970er Jahren gerieten im Zusammenhang mit der NIEO auch die Aktivitäten transnationaler Konzerne (*transnational corporations*, TNCs) vermehrt in die Kritik der Entwicklungsländer. Regierungen aus dem Süden warfen den dort agierenden TNCs vor, demokratische Reformen zu blockieren, indem sie totalitäre Regime, die für ihre Gewinne förderlich waren, stützten (Hummel 2004: 26). Kritisiert wurde außerdem die Ausbeutung der Arbeitskraft der heimischen Bevölkerung, ohne sie an Gewinnen zu beteiligen, sowie der Raubbau an den natürlichen Ressourcen, deren Erträge zum Reichtum der Unternehmen, nicht aber zum Wohlstand der jeweiligen Länder beitrugen – dem sollte mit Nationalisierungsbefugnissen entgegengewirkt werden (Shafer 1983). Entsprechend strebten Entwicklungsländer an, die Unternehmenstätigkeiten stärker zu regulieren und stellten zum einen in der bereits auf S. 280 erwähnten Charta über ökonomische Rechte und Pflichten der Staaten ihr Recht auf Kontrolle natürlicher Ressourcen heraus, das auch mittels Verstaatlichung durchgesetzt werden dürfe. Zum anderen regte die G-77 die Gründung einer *Commission on Transnational Corporations* (später *Centre on Transnational Corporations*, CTC) an, die 1974 in New York ihre Arbeit aufnahm. Zu deren Aufgaben gehörte die Analyse der Tätigkeiten transnationaler Konzerne in Entwicklungsländern, die Sicherung des positiven Beitrags von TNCs zur Entwicklung und die Stärkung der Verhandlungskapazitäten der EL.[365] Einen besonderen Arbeitsschwerpunkt stellte die Regulierung der Konzerne mittels internationaler Abkommen dar –

---

365   http://unctc.unctad.org/aspx/UNCTCOrigins.aspx, 20.06.2013.

bereits 1974 hatte die Kommission mit der Ausarbeitung eines Verhaltenskodex für Unternehmen (*Code of Conduct*) begonnen.[366]

Unternehmen befürchteten die regulierenden Bestrebungen seitens der UN würden für sie Nachteile infolge begrenzter Mobilität von Handels- und Kapitalströmen bringen. Deshalb startete die Wirtschaftslobby – in Kooperation mit konservativen US-Think-Tanks und der US-Regierung – eine breit angelegte Anti-UN-Kampagne (Paul 2001b: 104ff.). Die Angriffe auf die Vereinten Nationen betrafen nicht nur ihre wirtschafts- und entwicklungspolitische Ausrichtung, die als unternehmensfeindlich und sozialistisch kritisiert wurden, sondern diskreditierten die Organisation als Ganzes und insbesondere deren entwicklungspolitischen Einrichtungen, indem diese immer wieder als ineffektiv und ineffizient dargestellt wurden (Bennis 2001: 132). Letzteres führte auch immer wieder die US-Regierung als Grund an, um ihre Mitgliedsbeiträge zurückzuhalten, was die Vereinten Nationen in eine schwere Finanzkrise trieb (siehe auch Kapitel 2.3.3). | *Kritik an den UN*

Zu Beginn der Neunziger deutete sich ein Wandel in der Einstellung der UN gegenüber dem privaten Sektor an: In der Schlusserklärung der Rio-Konferenz wurde der positive Beitrag von Unternehmen für Entwicklung hervorgehoben (Martens, J. 2004: 151). Als Vorbereitung auf Rio hatte das CTC Empfehlungen zum Thema „Unternehmen und Nachhaltige Entwicklung" ausgearbeitet, die ein Überprüfungssystem für die Umsetzung der Beschlüsse durch Unternehmen vorsahen. Diese Empfehlungen konnten aber schließlich nicht vorgelegt werden, da das CTC noch vor der Konferenz vom Generalsekretär Boutros-Ghali abgewickelt wurde. Mit der Schließung dieses Analyseorgans ging Boutros-Ghali auf eine seit langem bestehende Forderung der USA ein – damit zeigte er auch, dass die UN die Hoffnung aufgegeben hatten, verbindliche Verhaltensregeln für die Unternehmen durchzusetzen und läutete das Ende der konfrontativen Haltung der UN gegenüber dem Wirtschaftssektor ein (Hummel 2004: 28, Martens 2004, J.: 151). | *Beginnende Annäherung: Schließung des CTC unter Boutros-Ghali …*

Während die Vereinten Nationen in der Amtszeit Boutros-Ghalis durch die Weltkonferenzen, die kritischen Entwicklungsberichte des UNDP und des UNICEF neoliberalen Tendenzen ablehnend bis skeptisch gegenüber standen, bewegten sie sich unter Kofi Annan deutlich auf den Wirtschaftssektor zu und versuchten, WirtschaftsvertreterInnen von gemeinsamen Interessen zu überzeugen. Der initiierte Dialog sollte stärkeres Verständnis für die Interessen und Handlungsmotivationen der anderen Seite bringen und helfen anzuerkennen, dass beide Seiten aufeinander angewiesen sind. Das im UN-Diskurs entworfene Bild über die Wirtschaftstätigkeit der TNCs in Entwicklungsländern hatte sich verändert: Wurden unternehmerisches Handeln, Auslandsinvestitionen und Gewinnstreben zuvor kritisch beäugt, so fanden sie nun als entwicklungsfördernder Motor zur Schaffung von Arbeitsplätzen und Wachstum Erwähnung; „pre-investment" wurde erneut zum Ziel der UN-Entwicklungszusammenarbeit (Kell 1999: 163f.). | *… positives Unternehmensbild …*

---

366 Der Entwurf wurde 1982 dem ECOSOC vorgelegt und enthielt Punkte wie Verhinderung von Steuerhinterziehung oder Verbote von Preisabsprachen und Kartellen zur Wettbewerbssicherung; er konnte aber aufgrund der Ablehnung durch die Industrieländer nie verabschiedet werden (Cohn 2000: 300).

Annan versprach sich von seinem unternehmensfreundlichen Kurs ein Ende der US-Opposition gegen die UN und eine erneute Aufwertung der Organisation im Wirtschaftsbereich (Zammit 2004: 52ff.). Davon abgesehen hoffte er, der globalisierungskritischen Bewegung, die er als destabilisierenden Risikofaktor empfand, den Wind aus den Segeln zu nehmen, wenn es ihm gelänge, die Wirtschaft zur Kooperation und zumindest zu Selbstverpflichtungen zu bewegen, um negative Effekte neoliberaler Globalisierung zu reduzieren (Klee/Klee 2002: 43, Hummel 2004: 30). Zu Beginn seiner Amtszeit traf sich der Generalsekretär deshalb mit VertreterInnen der Internationalen Handelskammer, um danach in einer gemeinsamen Erklärung neue Perspektiven für die Kooperation zu betonen und reiste zum Weltwirtschaftsforum, in dessen Folge im UN-Sekretariat das Kommunikationssystem WELCOM installiert wurde – es ermöglichte Annan den direkten Austausch mit Wirtschaftsführern (Paul 2001b: 114f.).

Aus Annans Besuch des Weltwirtschaftsforums in Davos im Jahr 1999 ging schließlich der Global Compact hervor – ein auf Freiwilligkeit basierendes Abkommen zwischen den Unternehmen, einigen wenigen NGOs[367] und den Vereinten Nationen, in dem erstere ihre Bereitschaft erklären, sich an neun fundamentale UN-Prinzipien im Bereich der Menschenrechte, der Kernarbeitsnormen und des Umweltschutzes zu halten; inzwischen ist als zehnte Norm die Korruptionsbekämpfung hinzugekommen.[368] Die Vereinten Nationen bieten im Gegenzug an, ihre Kritik an der neoliberalen Handelsordnung einzustellen und sich verstärkt dafür einzusetzen, ein markt- und unternehmensfreundliches Umfeld zu schaffen sowie für die notwendige Infrastruktur in den Ländern zu sorgen; die beteiligten Unternehmen dürfen außerdem das bis dato geschützte UN-Logo verwenden (Zumach 2002: 3).[369] Der Global Compact, dem sich etwa 7.000 Unternehmen, (aber auch Städte und einige Bildungseinrichtungen) angeschlossen haben,[370] sieht dezidiert keine Überprüfungsmechanismen oder Leistungsmaßstäbe vor – erwartet werden lediglich von den Unternehmen selbst verfasste Berichte über ihre Fortschritte. Das fehlende Monitoring liegt in der Konzeption des Global Compact als Lernplattform und Aktionsnetzwerk begründet (so der UN-Koordinator des Paktes Georg Kell, 2005: 72), in dessen Rahmen sich Unternehmen über die Auslegung der Prinzipien verständigen und ihre Erfahrungen mit der Umsetzung des Paktes in konkrete Unternehmenspraktiken überführen können, so dass sich *„best practices"* identifizieren lassen (Ruggie 2003: 301; Gerald Ruggie war langjähriger Berater Kofi Annans).

---

367   Ihre Funktion im Global Compact ist immer noch nicht genauer bestimmt.
368   http://www.unglobalcompact.org/AboutTheGC/TheTenPrinciples/index.html, 20.06.2013.
369   Das Emblem darf allerdings nicht zu bloßen Werbezwecken benutzt werden, sondern nur in solchen Fällen, in denen eine Verbindung zu den Zielen und Aktivitäten der Vereinten Nationen besteht (Klee/Klee 2002: 41).
370   Insgesamt hat der GC 10.000 Teilnehmer, http://www.unglobalcompact.org/ParticipantsAnd Stakeholders/index.html, 20.06.2013. Angesichts von insgesamt etwa 70.000 weltweit operierenden Unternehmen und ihren 690.000 Tochterunternehmen ist die Zahl nicht sonderlich hoch (vgl. auch Hörtreiter 2007: 147). Auch ist die Mitgliedschaft des Global Compact geographisch nicht ausgewogen: 50% der Mitglieder gehören Europa an, 40% Lateinamerika und Asien, und nur wenige Nordamerika und Afrika (Rieth 2010: 11-12).

Aus der Kritik am Prinzip der freiwilligen Partnerschaft legten NGOs mit dem Citizen Compact einen Gegenentwurf vor, dessen Forderungen sie 2002 auf ihrem Gegengipfel zum Weltwirtschaftsforum bekräftigten: Sie befürchteten, dass eine Vereinbarung ohne Bindewirkung und konkrete Umsetzungsverpflichtungen ein zu schwaches Instrument sei, um die Unternehmen dazu zu bewegen, ihr Verhalten zu ändern. Stattdessen müsse eine verbindliche Konvention mit *Monitoring-* und *Compliance*-Mechanismen verabschiedet werden, die sowohl die Überwachung der Normeinhaltung als auch ihre Durchsetzung mittels Sanktionen ermöglicht (Zumach 2002: 1). Es ist überflüssig zu erwähnen, dass dieser Vorschlag derzeit völlig außer Sichtweite ist. Die Umsetzung des Global Compact ist schon bei der Berichterstattung mehr als schleppend: Weil sie seit mehreren Jahren keinen Fortschrittsbericht eingereicht haben, wurde seit 2005 über 4.000 Unternehmen die Mitgliedschaft wieder entzogen.[371] Darüber, inwiefern der Pakt tatsächliche Verhaltensänderungen bei den Unternehmen bewirkt hat, gibt es unterschiedliche Einschätzungen, die – wenig überraschend – von der Position des urteilenden Akteurs abhängen: Laut einer Studie der Unternehmensberatung McKinsey gaben zwei Drittel der befragen Unternehmen an, ihr Verhalten entsprechend den Normen anzupassen (Brühl 2006: 181). In der seit 2008 unter den Mitgliedern durchgeführten Umfrage zur Umsetzung des Global Compact (Global Compact Implementation Survey) geben die meisten Mitglieder zwar an, der Pakt habe einen Einfluss auf ihre Politik – die Rücklaufquote der Umfrage betrug im Jahr 2010 jedoch nur etwas mehr 20%.[372] Auch sind die meisten im Bereich der Arbeits- und Umweltstandards aktiv und kaum jemand im Bereich des Menschenrechtsschutzes oder der Korruptionsbekämpfung; Bereiche, die eine strategische Neuausrichtung des Unternehmens erfordern würden, werden ausgespart (Rieth 2010: 13). NGOs schätzen die auf Selbstauskünften basierenden Angaben ohnehin als wenig glaubwürdig ein und fordern unabhängige Evaluationen; auch die Tatsache, dass sich unter den Mitgliedern des Global Compact prominente Normbrecher – wie die mehrmals in die öffentliche Diskussion geratenen TNCs Bayer, Gap, Nestlé und Shell befinden, gibt Anlass zu Zweifeln an der Glaubwürdigkeit des Projekts.

Zivilgesellschaftliche Kritik am Global Compact und seine Umsetzung

Der Global Compact zählt sicherlich zu den bekanntesten Kooperationsprojekten zwischen den Vereinten Nationen und der Privatwirtschaft. Daneben gibt es inzwischen eine Reihe weiterer Partnerschaften, deren Ziel nicht die Bindung der Unternehmen an konkrete Normen ist, sondern die mit dem Ziel der Durchführung konkreter Projekte eingegangen wurden. Bei seinem Amtsantritt forderte Annan andere UN-Einrichtungen auf, sich gegenüber der Wirtschaft zu öffnen. Kurz darauf kündigten Organisationen wie der UNHCR, die UNESCO, das UNDP und die WHO entsprechende Initiativen an, so dass wir mittlerweile einen wahren Partnerschaftsboom erleben. Privatwirtschaftliche Akteure treten in diesen Zusammenschlüssen vor allem als Financiers von Maßnahmen im Ge-

Politikumsetzung: Partnerschaften zwischen UN-Institutionen und Privatwirtschaft

---

371 Die Liste der ausgeschlossenen Unternehmen: http://unglobalcompact.org/COP/analyzing_progress/expelled_participants.html, 20.06.2013.

372 http://www.unglobalcompact.org/docs/news_events/8.1/Annual_Review_2010_Key_Findings.pdf, 20.06.2013.

sundheits-, Bildungs- oder Telekommunikationssektor auf: Genannt seien Impf-
initiativen wie die *Global Alliance for Vaccines and Immunization* (GAVI), deren
wichtigster Geldgeber die Stiftung der Microsoft-Eigentümer Bill und Melinda
Gates ist; Computerausstattungen an Schulen, die von Coca-Cola bezahlt werden,
oder gemeinsame IT-Projekte zur Industrialisierungsförderung von UNIDO und
Microsoft (Martens, J. 2004: 153, Zammit 2004: 57ff.).

Politikformulierung: Unternehmen als Konferenzteilnehmer

Eine entscheidende Neuerung gibt es für Unternehmen auch hinsichtlich ihrer
formalen Partizipationsmöglichkeiten an UN-Konferenzen: So wurde ihnen im Jahr
2002 auf der Konferenz für Entwicklungsfinanzierung erstmals der Beobachterstatus verliehen. Diese Praxis wurde auf den Rio-Gipfeln und auf den Informationsgipfeln in Tunis und Genf ebenfalls angewandt. Unternehmensvertreter haben dadurch
den gleichen Status wie NGO-Delegationen erreicht und konnten, wie letztere auch,
an *Round Tables* teilnehmen oder in Plenarsitzungen Ansprachen halten. Diese Erweiterung der Partizipationsrechte wird als ein Grund für die Zunahme sogenannter
Type-II-Outcomes gesehen, also von Konferenzergebnissen außerhalb der üblichen
Deklarationen, zu denen gemeinsame Politikinitiativen öffentlicher, zivilgesellschaftlicher und wirtschaftlicher Akteure, auch als „Multistakeholder-Initiativen"
bekannt, zählen. In Johannesburg z.B. gab es sechs gesonderte *partnership events* zu
den Themen Wasser und Abwassersysteme, Energie, Gesundheit, Landwirtschaft,
Biodiversität und sektorübergreifende Fragen. Die Zahl der Partnerschaften war
mit fast 350[373] noch höher als in Monterrey, es wurden unterschiedliche Projekte
angekündigt, beispielsweise die Partnerschaft zum Ausbau solarbetriebener Heiz-
anlagen, die Partnerschaft für saubere Innenluft oder Partnerschaften zur Förderung
von nachhaltigem Tourismus. Auch die WSIS-Gipfel, an denen jeweils über 200
Unternehmen präsent waren, beförderten die Entstehung von Politiknetzwerken mit
dem Ziel, die digitale Kluft („digital gap") zu schließen. Allein zwischen den beiden
Gipfeln wurden bereits 2.500 entsprechende Projekte umgesetzt,[374] seitdem werden
Partnerschaftsinitiativen und ihre Umsetzung im sogenannten „Golden Book" dokumentiert. Viele Projekte zielen darauf ab, öffentliche Bildungs-, Verwaltungs- und
Gesundheitseinrichtungen in Entwicklungsländern mit Informationstechnologien zu
versorgen oder in bislang nicht angeschlossenen Gegenden Telefon- und Internetlei-
tungen zu verlegen. So hatte beispielsweise Nokia angekündigt, ein Mobilfunknetz
und „bezahlbare Telefondienste" für Dörfer in Ruanda und Uganda bereitzustellen;
das Unternehmen Intel hat nicht nur verkündet, hunderttausende von Computern an
Schulen in Entwicklungsländern zu spenden, sondern führt auch Ausbildungspro-
gramme zum Einsatz von Technologien im Unterricht für Lehrer aus Entwicklungsländern durch; Microsoft fördert in Zusammenarbeit mit NGOs Programme zum
Einsatz von Technologien im Gesundheitswesen.[375]

Multi-Stakeholder-Ansätze und PPPs

---

373 Mehr zu den Partnerschaften der Rio-Konferenzen: http://sustainabledevelopment.un.org/
partnerships.html, 20.06.2013.

374 Zahl nach der Pressemitteilung zum Abschluss des zweiten Gipfels, http://www.itu.int/wsis/
newsroom/press_releases/wsis/2005/18nov.html, 20.06.2013.

375 Das Golden Book kann hier heruntergeladen werden: http://www.itu.int/wsis/goldenbook/
Publication/GB-final.pdf, die Projektdatenbank ist hier zu finden: http://www.itu.int/wsis/stocktaking/
scripts/search.asp, 20.06.2013.

Die NGO-Euphorie wurde im neuen Jahrtausend also durch eine – umstrittene – Hinwendung zu Unternehmen abgelöst. Sie stellen als neue Kraft im UN-System ein Gegengewicht zu NGOs dar (Zumach 2002: 4), deren Ziele den Zielen der Zivilgesellschaft in vielen Bereichen (etwa dem Streben nach einer verbindlichen Unternehmensregulierung) entgegenlaufen. Zwar verfügen Unternehmen nicht wie NGOs über die „Macht der Moral", dafür jedoch über die Macht des Kapitals. Letzteres wird in den UN dringend benötigt und tatsächlich scheint auf den ersten Blick wenig dagegen zu sprechen, dass Unternehmen Gesundheitsprojekte und Umweltprogramme finanzieren, deren Durchführung ohne ihren Beitrag nicht möglich wäre. Für den Einzelfall wird auch konstatiert, dass „Initiativen der Privatwirtschaft (...) tatsächlich positive und vorbildhafte Beiträge zur Global Governance und zur Stärkung der UNO leisten können" (Hummel 2004: 23). Allerdings gilt es, langfristige Folgen dieser finanziellen Zuwendungen zu berücksichtigen: So wird etwa befürchtet, durch die auf diesem Weg erreichte kurzfristige Entschärfung der Finanzkrise würden Staaten aus ihrer Pflicht entlassen, für eine ausreichende und regelmäßige Finanzierung der UN zu sorgen (Bennis 2001: 136). Wenn das reguläre Entwicklungsbudget der Vereinten Nationen schrumpft und immer mehr Projekte aus Ad-hoc-Partnerschaften und Spendengeldern statt aus einer soliden Grundausstattung finanziert werden, befördert es Unsicherheit, weil langfristige Planungen durch eine eher kurzfristige Zusagekultur erschwert werden. Außerdem ist zu befürchten, dass sich Unternehmen, die an einem Imagegewinn durch ihre Wohltätigkeit interessiert sind, bei der Wahl der Projekte eher daran orientieren, wie medien- und öffentlichkeitswirksam diese sind statt den tatsächlichen Bedarf zur Entscheidungsgrundlage zu machen (Bennis 2001: 137).[376]

Zu bedenken sind darüber hinaus auch die verschleiernden und verzerrenden Effekte der Begriffswahl und -verwendung. Dies betrifft erstens die Ausdehnung des Begriffs „Zivilgesellschaft" auf die Wirtschaft (Paul 2001b: 115): Letztere profitiert damit nicht nur unverdienterweise von der positiven Konnotation zivilgesellschaftlicher Aktivitäten; auch Interessensgegensätze und unterschiedliche Beweggründe von NGOs und Unternehmen werden dadurch verdeckt. Zweitens gilt dies für die Bezeichnung „Partnerschaften", die an sich schon positiv konnotiert ist sowie die Gleichheit und Interessensharmonie der beteiligten Partner nahelegt (Zammit 2004: 44). Dies sei weder im Bezug auf die UN noch auf die betroffenen Entwicklungsländer notwendigerweise der Fall: So distanzierte sich die ehemalige UNICEF-Direktorin Carol Bellamy nachdrücklich von der Vorstellung, die UN und der Wirtschaftssektor könnten die gleichen Ziele verfolgen (Bellamy 1999). Zu deutlich sei die Gewinnorientierung der Unternehmen und damit das Bestreben, in den UN möglichst viel Einfluss zu gewinnen, um jegliche Initiativen, die sich als geschäftsschädigend auswirken könnten, unterlaufen zu können – indem die UN mit dem „politischen und intellektuellen Strom" schwimmen, förderten sie die Interessen der Unternehmen, zu denen auch gehört, verbindliche

Bilanz und Kritik
• Gegengewicht zu NGOs
• Blue- und Greenwashing
• Entwicklung im Dienste der Wirtschaft?

Gemeinsame Interessen von UN und Unternehmen?
• Absatzförderung
• Imagepflege
• Imageschäden

---

376 Die Ähnlichkeit dieser Bedenken zu der auf S. 299 dargelegten Skepsis gegenüber NGO-Tätigkeiten ist unschwer zu erkennen – auch dort wird befürchtet, dass einige Projekte, obwohl in der Sache dringend, dennoch weniger attraktiv erscheinen oder Staaten einen immer größeren Teil ihrer sozialen (hier finanziellen) Verpflichtungen auf andere Akteure verlagern (siehe auch S. 292).

Regelungsmechanismen einzudämmen (Zammit 2003: 2). Nicht zu unterschätzen sei auch die Möglichkeit, durch Kooperationen mit den Vereinten Nationen neue Absatzmärkte für eigene Produkte zu erschließen, indem etwa UN-Einsatzkräfte damit ausgestattet werden oder solchen Themen besondere Aufmerksamkeit geschenkt wird, die ganz im Interesse der Industrie liegen – wie im Fall der „digitalen Kluft", die für lukrative Aufträge an die IT-Branche sorgt (Paul 2001b: 119f., Zumach 2002: 4). Nicht zuletzt polieren die Unternehmen ihr Image auf, indem sie das für anerkannte Werte stehende UN-Logo nutzen („blue-washing") oder sich als Umweltfreunde präsentieren („green-washing") (Global Policy Forum 2001a, Bruno 2002, Mimkes 2002). Während Unternehmen vom guten Ruf der UN profitieren, gerät im Gegenzug die Organisation durch den schlechten Ruf einiger ihrer neuen Partner in Verruf. Die UN setzen außerdem „durch eine allzu große Nähe zu Interessensvertretern der Wirtschaft gegenüber der Öffentlichkeit auch ihr höchstes Gut aufs Spiel, nämlich ihre Reputation und moralische Autorität" (Martens, J. 2004: 155). Schwer wiegt auch, dass Entwicklung als eines der wichtigsten Ziele der UN ihren Charakter als Selbstzweck verliere und immer mehr zu einem Mittel werde, um Unternehmensaktivitäten zu fördern. Der Glaubwürdigkeitsverlust werde durch den Widerspruch begünstigt, dass Unternehmen sich an Seite der UN als Wohltäter präsentieren, die Entwicklung vorantreiben wollen – auf der anderen Seite jedoch für Wirtschaftsstrukturen stehen, die für gegenwärtige Entwicklungsdisparitäten verantwortlich sind und keine Hemmungen haben, diese Disparitäten im eigenen Interesse (z.B. durch Produktionsverlagerungen in Niedriglohnländer) zu nutzen (Zammit 2004: 62ff.). Schließlich ist es unter Legitimitätsgesichtspunkten höchst heikel, dass Wirtschaftsakteure ohne jegliche demokratische Legitimation an der Genese globaler Normen, die weitaus mehr Adressaten und Betroffene haben als nur sie selbst, mitwirken.

6.4.2 Steuerungsformen

Vielfältige Mitbestimmung ohne Stimmrechte

Wie wir gesehen haben, hat es in den Steuerungsmechanismen der Vereinten Nationen im Entwicklungsbereich große Veränderungen gegeben: Nichtregierungsorganisationen haben von der operativen, lokalen Ebene den Aufstieg in die konzeptionelle, globale geschafft. Daneben haben sich Unternehmen erfolgreich ihrer Rolle als globale Steuerungs*objekte* widersetzt. Heute sind sie allenfalls zugleich Objekte und Subjekte der Regulierung im Rahmen freiwilliger Verpflichtungen, wenn nicht nur Subjekte aufgrund der vielfältigen Mitbestimmungsmöglichkeiten, die ihnen durch den Partnerschaftsansatz eingeräumt werden. Vielfach bilden sich als Produkt großer internationaler Konferenzen Politiknetzwerke heraus, in denen möglichst viele Interessensgruppen nach Problemlösungen suchen und sie umsetzen – sicherlich ein Paradebeispiel horizontaler Steuerung. Im Zuge der Zulassung nichtstaatlicher Akteure zu internationalen Verhandlungen sind aber auch auf den Konferenzen selbst Formen horizontaler Kommunikation entstanden, so etwa in Konferenzausschüssen, die eigens als Schnittstelle zwischen der Gemeinschaft nichtstaatlicher und staatlicher Akteure eingerichtet wurden oder an den

Round Tables, an denen nicht mehr ausschließlich intergouvernemental verhandelt wird, sondern staatliche und nichtstaatliche Akteure gleichberechtigt partizipieren dürfen. Zwar bleiben Stimmrechte den Staaten vorbehalten – ob eine Deklaration oder ein Aktionsplan verabschiedet wird, bestimmen also immer noch sie –, jedoch verfügen NGOs und Unternehmen auch ohne Stimmrecht über vielfältige Mitbestimmungsmöglichkeiten: Sie werden gezielt als Berater in den Entscheidungsprozess einbezogen, bringen sich selbst durch Lobbying und Informationsveranstaltungen ein oder beeinflussen durch weltweite Kampagnen – wie die Anti-Hunger-Kampagne – die öffentliche Meinung.

Die neuen Problemregelungsmechanismen bergen jedoch auch die Gefahr, unterschiedliche Machtressourcen der Akteure zu verschleiern. Diese kommen auch in formell nicht-hierarchischen Verhandlungssituationen zum Tragen und beeinflussen erheblich, wessen Interessen durchgesetzt werden können: So haben es Staaten als sinnvoll erkannt, die Expertise von Nichtregierungsorganisationen zu nutzen und ihren Positionen Gehör zu schenken – die Umsetzung konkreter Entwicklungsvorhaben kann jedoch auch die Beteiligung finanzstarker Akteure voraussetzen, deren Bedingungen im Widerspruch zu zivilgesellschaftlichen Ansichten stehen können. Die Vereinten Nationen sehen sich ebenfalls mit Dilemmata konfrontiert: Freiwillige Selbstverpflichtungen und damit der Verzicht auf eine hierarchische Normsetzung und -durchsetzung bergen gegenüber einer gar nicht vorhandenen Steuerung zumindest die Chance, durch einen konstanten Dialog sukzessive weitere Zugeständnisse zu erreichen und so bestimmte Normen voranzubringen. Zugleich muss man anerkennen, dass solche Vereinbarungen – unabhängig von ihrer Umsetzung – den Druck reduzieren, verbindliche Regelungen zu schaffen, wodurch die Organisation Einflusspotentiale vergibt. Bei der Vergabe der Nutzungsrechte für das UN-Logo geht es ebenfalls um einen Trade-Off zwischen Glaubwürdigkeit auf der einen und der Finanzierung von UN-Projekten auf der anderen Seite.

Machtasymmetrien und Interessenskonflikte

Koordination mit Bretton-Woods-Institutionen

Der Vorwurf, es werde zu wenig gesteuert und koordiniert, hat die Entstehung des entwicklungspolitischen Systems der UN stets begleitet und ist nicht nur von Mitgliedsstaaten, sondern auch in einigen UN-Berichten erhoben worden. Hierbei geht es neben komplexen internen Strukturen aus Haupt-, Neben- und Unterorganen, Fonds und Programmen von Anfang an auch um die Zusammenarbeit mit den Bretton-Woods-Institutionen und anderen Wirtschaftsorganisationen. Bei seinem Amtsantritt im Jahr 1997 hat Generalsekretär Kofi Annan interne Reformen und verbesserte Kooperationsmechanismen zur Priorität erklärt, und vorgeschlagen, eine Expertenkommission einzusetzen, die die bestehenden Assoziierungsabkommen zwischen den UN und den Sonderorganisationen überprüfen würde. Die Idee wurde allerdings von den Mitgliedsstaaten nicht mitgetragen, obwohl sie selbst diejenigen sind, die mangelnde Kohärenz immer wieder als Kritikpunkt äußern (Ruggie 2003: 302). Gleichwohl berief Kofi Annan – wenn auch erst im Jahr 2006 – das *Secretary-General's High-level Panel on UN System-wide Coherence*

Verstärkung unter Annan

in the Areas of Development, Humanitarian Assistance and the Environment ein, dessen Mitglieder ehemalige Präsidenten und Botschafter aus Entwicklungs- und Industrieländern waren. Unter anderem empfahl das Panel, die Abstimmungsmechanismen und Kooperationsvereinbarungen zwischen dem UN-Sekretariat, dem Weltbankpräsidenten und dem Exekutivdirektor des IWF weiter zu verbessern. Zu diesem Zeitpunkt hatte sich allerdings bereits einiges auf diesem Gebiet getan: Nachdem die UN-Organe und die Bretton-Woods-Institutionen lange Zeit zu paralleler Arbeit mit wenig institutionalisierter Kommunikation neigten, fand im Jahr 1998 erstmalig ein spezielles Treffen des ECOSOC mit Vertretern der Bretton-Woods-Institutionen statt (inzwischen sind auch Vertreter der Leitungsgremien der WTO und der UNCTAD hinzugekommen). Vor dem Hintergrund der Asienkrise wurde hier zunächst die Funktionsfähigkeit internationaler Finanzmärkte und die Implikationen der Krise für Entwicklungsländer diskutiert; auch Themen wie Armutsbekämpfung und Mobilisierung von finanziellen Ressourcen waren Gegenstand dieser Gespräche. Der Dialog wurde im Folgeprozess der Monterrey-Konferenz weiter intensiviert. Fragen der Entwicklungsfinanzierung kommen nun systematisch auf verschiedenen Ebenen zur Sprache: So wird seit 2003 ein zweijährliches Gipfeltreffen des zweiten Ausschusses der Generalversammlung veranstaltet (*High-Level-Dialogue on Financing for Development*), an dem außer hochrangigen Regierungsvertretern auch Vertreter der Bretton-Woods-Institutionen, des UNDP, der UNCTAD sowie Nichtregierungsorganisationen und Unternehmen teilnehmen. Nach einer eintägigen Plenarsitzung wird die Diskussion an *Round Tables* weitergeführt. Seit 2003 folgt den jährlichen Frühlingstreffen der Finanzinstitutionen ein High-Level-Treffen des ECOSOC zur Umsetzung des Monterrey Consensus – neben den BWI und der WTO nimmt seit 2005 auch die UNCTAD daran teil. Außerdem werden weitere Akteure, wie die OECD, Entwicklungs- und Finanzminister, Zentralbanken sowie NGO- und Wirtschaftsvertreter eingeladen (Fomerand/Dijkzeul 2007: 571-575). Um die Koordinierungsfunktion der Vereinten Nationen im Geflecht internationaler Weltwirtschaftorganisationen zu stärken, ist seit 2009 die Errichtung eines Weltwirtschaftsrates (*Global Economic Coordination Council*) unter ihrem Dach im Gespräch. Ein solches Gremium sollte als Korrektiv zur G-20 fungieren und wurde von einer Kommission gefordert, die Joseph Stiglitz im Rahmen der Vorbereitung zu den Doha-Verhandlungen leitete – bisher scheint es sich dabei aber bestenfalls um ein „fernes Ziel" zu handeln (Schröder/Stetten 2010: 109).

6.4.3 Mehrebenenpolitik

Entwicklung als Mehrebenen-Politikfeld

Entwicklung in einer globalisierten Welt kann nur im Zusammenspiel mehrerer Ebenen begriffen werden: Internationale Handels- und Produktionsstrukturen, nationale Wirtschaftspolitiken und lokale Wirtschaftsaktivitäten stellen wichtige Kontextbedingungen von Entwicklung dar – ob und in welchem Ausmaß Entwicklung möglich ist, hängt von den Entwicklungen auf diesen verschiedenen Ebenen ab. Auch Entwicklungsdisparitäten können auf verschiedenen Ebenen festgestellt werden; mitnichten bestehen sie nur zwischen Nord und Süd, vielmehr können sie innerhalb einzelner Regionen und Staaten, zwischen Stadt- und Landgebieten wie auch zwischen einzelnen Stadtvierteln in aller Schärfe hervortreten. Beim Aufbau entwicklungspolitischer Strukturen waren die Staaten bestrebt, der Komplexität dieser Herausforderung gerecht zu werden, denn sowohl die auf Stabilität abzielende weltwirtschaftliche Restrukturierung nach dem Zweiten Weltkrieg als auch Entwicklungsarbeit in den Ländern selbst, sollten Entwicklung möglich machen. Die Darstellung des Verhältnisses zwischen den Vereinten Nationen und den Bretton-Woods-Institutionen (siehe insbesondere S. 261ff.) hat dabei gezeigt, dass zwischen Nord und Süd durchaus unterschiedliche Vorstellungen darüber herrschten, ob und wie die Zuständigkeit für verschiedene Ebenen zwischen internationalen Institutionen aufzuteilen sei.

In unterschiedlichen Phasen der Entwicklungspolitik der Vereinten Nationen kam zum einen dieser Dissens immer wieder zum Ausdruck, etwa in den 1970ern, als Entwicklungsländer mit der Gründung der UNCTAD und der v.a. dort geführten NIEO-Debatte versucht haben, weltwirtschaftspolitische Entscheidungen in den Vereinten Nationen zu treffen (statt sie wie bisher den BWI zu überlassen, in denen sie aufgrund der kapitalabhängigen Stimmengewichtung schwach repräsentiert waren). Zum anderen hat die Organisation ihre Bemühungen zu unterschiedlichen Zeitpunkten auf unterschiedliche Ebenen konzentriert, je nach dem dominierenden wirtschaftspolitischen Paradigma und damit einhergehend nach der vorherrschenden Überzeugung, welche Ebene die maßgebliche ist, um Entwicklung zu befördern. Man kann allerdings feststellen, dass sich trotz gegenteiliger Bestrebungen der Entwicklungsländer eine entlang den Ebenen verlaufende Arbeitsteilung zwischen den BWI und den UN herausgebildet hat und dass es nicht gelungen ist, strukturelle Fragen in die Entscheidungskompetenz der UN zu legen – so liegen deren Arbeitsschwerpunkte eher auf regionalen, nationalen und lokalen Entwicklungsstrategien, also unterhalb der internationalen Ebene. Wie das vorangegangene Kapitel zu Steuerungsformen allerdings gezeigt hat, haben die Vereinten Nationen mit dem Amtsantritt Annans auf eine andere Weise versucht, die Ebenen miteinander zu verzahnen, nämlich indem sie die Koordination mit den BWI maßgeblich stärkten.

Auch auf regionaler Ebene sind die Vereinten Nationen daran interessiert, ihre Arbeit mit anderen Organisationen zu verzahnen, beispielsweise indem sie von regionalen Organisationen durchgeführte Projekte finanzieren. Die regionalen Wirtschaftskommissionen des ECOSOC befassen sich nicht nur mit regionalen Entwicklungen, sondern organisieren auch regionale Anhörungen, wie es etwa bei den Vorbereitungen des Monterrey-Gipfels der Fall war. Aus der Überzeugung heraus, auf diese Weise von Wissensressourcen zu profitieren und eine höhere Identifikation mit den Projekten zu erreichen, erfolgte in den letzten zwei Jahrzehnten neben der Stärkung regionaler auch eine Stärkung nationaler und lokaler Ansätze. Zu sehen ist diese zum einen daran, dass den Staaten selbst ermöglicht wird, UN-Projekte eigenverantwortlich durchzuführen; zum anderen aber auch an der verstärkten Einbeziehung lokaler NGOs in die operative Arbeit der UN sowie durch Kooperationsprojekte mit den lokalen Akteuren (etwa Bauernverbänden).

Kompetenzgerangel mit den BWI um die Ebenenzuständigkeit …

… und Verzahnung durch verstärkte Koordination

Regionale, nationale und lokale Ansätze

6.5   Fazit

Was wurde erreicht?
• Entwicklung
als Ziel etabliert
• Uneinheitliches Bild
• Arbeitsteilung
zwischen
BWI und UN
• Organisch
gewachsenes System

Das Ziel, wirtschaftliche und soziale Entwicklung überall in der Welt voranzu-treiben, hatte sich bereits der Völkerbund gesetzt – auch von den Vereinten Na-tionen wurde es von Beginn an mit der Einrichtung eines für Entwicklung zu-ständigen Hauptorgans, des Wirtschafts- und Sozialrats, prominent ausgerufen. Seit sechs Jahrzehnten ist Entwicklung ein anerkanntes und von den Vereinten Nationen auf verschiedene Weisen verfolgtes Ziel der multilateralen Kooperation. Entwicklungsfortschritte sind allerdings nicht einfach zu messen, meistens nicht eindeutig ursächlich einem Akteur oder einer Strategie zurechenbar und zudem nach Regionen, Ländern und Gebieten sehr heterogen. Obwohl wir also heute ein uneinheitliches Bild vorfinden, das eine Bewertung *der* multilateralen Entwick-lungspolitik erschwert, lässt sich zunächst verallgemeinernd feststellen, dass die Kluft der Lebensbedingungen zwischen dem Norden und dem Süden nach wie vor ein Strukturelement der internationalen Politik bleibt. Als Indikatoren dafür, dass es Entwicklung gegeben hat, werden etwa die Zunahme der Lebenserwartung, die Abnahme der Säuglingssterblichkeit sowie ein vergrößerter Anteil der Entwick-lungsländer an der globalen Weltwirtschaftsleistung genannt – doch dies soll nicht darüber hinwegtäuschen, dass das Wohlstandsgefälle gewachsen ist und es nach wie vor massive Armut und Verelendung gibt. Es ist also auch mittels der bi- und multilateralen Entwicklungszusammenarbeit nicht gelungen, Unterentwicklung zu beseitigen, sie konnte jedoch – in einigen Bereichen stärker, in anderen schwä-cher – gelindert werden. Die Vereinten Nationen haben bei diesen Bemühungen von Beginn an eine zentrale Rolle gespielt und ihren Beitrag durch Tätigkeiten in vier Bereichen geleistet: Entwurf und Konzeption von Entwicklungsleitbil-dern und -strategien, Technische Zusammenarbeit, Entwicklungsprojekte an der Basis sowie auf Handlungsempfehlungen abzielende Forschung. Innerhalb des Systems der Vereinten Nationen hat sich eine Vielfalt von mit Entwicklung be-fassten Organen, Programmen und Sonderorganisationen herausgebildet. Dieses institutionelle Wachstum ist einerseits positiv, da es den Entwicklungsbereich stärkt und als Ausdruck von Prioritäten gewertet werden kann; andererseits gehen damit auch Kompetenz- und Koordinationsschwierigkeiten einher, so dass immer wieder die Forderung nach kohärenteren Strukturen laut wurde. In dieser Vielfalt an Institutionen zählen der ECOSOC und die Generalversammlung zu den wich-tigsten Koordinations- und Diskussionsforen, denn hier wurden politische Leitbil-der und Ziele formuliert. Nicht minder wichtig war zumindest in den Siebzigern auch die UNCTAD: hier wurde die Entwicklungsthematik mit wirtschaftlichen Fragen verknüpft und der Nord-Süd-Konflikt in der grundsätzlichen Debatte um die Neue Weltwirtschaftsordnung ausgetragen. Auf der operativen Ebene ist das UNDP die zentrale Institution, die zum einen mit der Durchführung konkreter Entwicklungsprojekte befasst ist, zum anderen aber mit dem jährlichen Human Development Report eine entwicklungspolitische Publikation mit Signalwirkung herausgibt. Eingebettet – und in ihrer Wirkung eingeschränkt – war die Arbeit der Vereinten Nationen in und durch die Spannungen um die künstliche Aufteilung von Wirtschafts- und Entwicklungsfragen, wie sie zwischen den UN und den Bretton-Woods-Institutionen bestehen. Nachdem die Verhandlungsmacht der Entwicklungsländer, die auch Wirtschaftsfragen in den Vereinten Nationen diskutiert sehen wollten, durch die Schuldenkrise extrem geschwächt worden war, haben die Vereinten Nationen wirtschaftliche Kompetenzen schließlich dem IWF, der Weltbank und der WTO überlassen und sich auf humanitäre Hilfe und Armutsbekämpfung fokussiert. Der Stellenwert letzterer ist mit den Millenniumsentwicklungszielen, die nun als wichtiger Bezugspunkt für Entwicklungsfortschritte dienen, bekräftigt.

Als wichtiges Charakteristikum der internationalen Entwicklungspolitik kann die Koexistenz mehrerer zwischenstaatlicher wie nichtstaatlicher Akteure gelten. Unbestritten sind die Vereinten Nationen dabei zentral und sie haben ihre Rolle als Knotenpunkt durch mehr oder weniger institutionalisierte Kontakte zu anderen Akteuren und durch Verzahnungs- und Abstimmungsversuche immer wieder zu stärken versucht. Mit nichtstaatlichen Akteuren – Nichtregierungsorganisationen wie dem Wirtschaftssektor – kooperieren die Vereinten Nationen sowohl bei der Normsetzung als auch im operativen Bereich. Letzterer hat beiden Akteursgruppen als Einfallstor in das UN-System gedient, wenn auch zu unterschiedlichen Zeitpunkten. So waren Nichtregierungsorganisationen von Beginn in der internationalen Entwicklungszusammenarbeit an der Basis aktiv, wo sie vorrangig karitative und humanitäre Projekte durchführten. Entsprechend früh, nämlich seit den 1950er Jahren, gab es auch institutionalisierte Kooperationsformen mit den Vereinten Nationen, die Listen mit potenziellen Projektpartnern führen; inzwischen gibt es hierfür mit dem *Civil Society Organizations Advisory Committee to UNDP* ein eigenes Koordinationsorgan. Nach einer zuvor konflikthaften Beziehung zu den UN galten Unternehmen seit den 1990er Jahren ebenfalls als vielversprechende Partner, nicht zuletzt dank ihrer Finanzkraft, die es ermöglicht, kostspielige Projekte im Gesundheits-, Bildungs- oder Kommunikationssektor durchzuführen – der PPP-Ansatz hat inzwischen zu Hunderten, wenn nicht Tausenden von Partnerschaften geführt. Wenn auch der Partnerschaftsansatz mit dem Unternehmenssektor ein Ergebnis der Weltkonferenzen der 1990er Jahre ist, so wurden dort zunächst nur für NGOs neue Formen der Einbeziehung in die Konzept- und Zielformulierung installiert: Bemerkenswert war einerseits die sehr hohe Präsenz von Nichtregierungsorganisationen, die sich im Tausender-Bereich bewegten, aber auch die ihnen zugestandenen Teilnahmerechte. Akkreditierte NGOs erhielten für die Vorbereitungskomitees und für die Konferenzen selbst einen Beobachterstatus (der sie allerdings von Abschlussverhandlungen ausschloss) sowie das Recht, Gruppen- und Einzelstellungnahmen in Plenarsitzungen, wie auch bei Sonderanhörungen für NGOs abzugeben. Seit der Monterrey-Konferenz im Jahr 2002 wurde auch der Status der Unternehmen entsprechend aufgewertet und auch dieser erstmals zur Teilnahme an zwischenstaatlichen Verhandlungen zugelassen; Multi-Stakeholder-Ansätze gewannen an Popularität. Diese Erweiterungen der Partizipationsmöglichkeiten haben auch eine Reihe von Problemen geschaffen: Nichtregierungsorganisationen ernten Kritik für ihre Herkunft aus dem Norden und die Stärkung einer westlichen Sichtweise bei den Verhandlungen; die

Global Governance in der Entwicklungspolitik
• institutionalisierte Kooperation im operativen Bereich
• zunehmende Einbeziehung in die Politikgestaltung
• Angleichung der Rechte von Unternehmen und NGOs

Einbeziehung von Unternehmen wirft neben Legitimitätsbedenken auch Fragen nach der Vereinbarkeit ihrer Interessen mit den Zielen der Vereinten Nationen und der Nichtregierungsorganisationen auf. Als Steuerungsmodus lässt sich auch für diesen Bereich horizontale intergouvernementale Steuerung unter vielfältiger Einbeziehung nichtstaatlicher Akteure konstatieren; im operativen Bereich werden die gesetzten Normen durch Projektinitiativen umgesetzt. Wie bereits mehrfach angesprochen, hat es im Entwicklungsbereich zwei grundsätzliche Auffassungen darüber gegeben, auf welcher Ebene Veränderungen notwendig sind, um Entwicklung möglich zu machen. Den Vereinten Nationen ist es nicht möglich gewesen, sich umfassend, d.h. auch unter Einbeziehung der Ebene der Weltwirtschaft mit der Entwicklungsproblematik auseinanderzusetzen, da die (Industrie-)Staaten hier eine Arbeitsteilung zwischen der UN und den Bretton-Woods-Institutionen durchgesetzt haben. Diese Arbeitsteilung ist inzwischen auch in den UN akzeptiert worden. Die stärkere Verzahnung der Entwicklungsstrategien und der Weltwirtschaftspolitik soll nun durch intensive Koordination mit den BWI gewährleistet werden, um die Steuerung stärker zu koordinieren und durch strategische Abstimmung effektiver und effizienter zu machen.

7   Umwelt

Der Klimawandel und der Verlust der biologischen Vielfalt sind Themen, die Überblick über das Kapitel seit den 1990er Jahren intensiv diskutiert werden. Auch der Zugang zu sauberem Trinkwasser, die zunehmende Wüsten- und Steppenbildung sowie der Umgang mit langlebigen organischen Schadstoffen wie DDT, um nur einige weitere umweltpolitische Probleme zu nennen, werden kontrovers debattiert. All diese Themen standen bei der Gründung der Vereinten Nationen noch nicht auf der weltpolitischen Agenda. Aufgrund der Initiative einiger westlicher Staaten, die ab Ende der 1960er auf die Verschmutzung und die Zerstörung der Umwelt hingewiesen haben, wurde das Thema Umweltschutz von den Vereinten Nationen aufgegriffen. Die UN haben durch das Abhalten von Weltkonferenzen und das Initiieren von Vertragsverhandlungen, wie zum Beispiel im Klimabereich, dazu beigetragen, dass internationale Normen und Regeln des Umweltschutzes bzw. der Nachhaltigkeit vereinbart wurden. Hierbei arbeiten sie eng mit nichtstaatlichen Akteuren zusammen. NGOs und zunehmend auch wirtschaftliche Akteure verfügen über umfassende Partizipationsmöglichkeiten bei Weltkonferenzen und Vertragsstaatenkonferenzen von internationalen Umweltübereinkommen. Sie können Einfluss auf die Normsetzung nehmen, sind teils auch aktiv in die Normumsetzung eingebunden. In keinem anderen Politikfeld gibt es zudem eine so große Anzahl an privat-öffentlichen Partnerschaften (*public-private partnerships*, PPP).

Im folgenden Kapitel stellen wir diese Entwicklung dar. Wir zeichnen einleitend nach, wie die Vereinten Nationen die internationale Umweltpolitik als Aufgabe zunächst „entdeckt" und nachfolgend verankert haben (7.1). Da nichtstaatliche Akteure von Beginn an eng mit der UN interagiert haben, skizzieren wir deren Rolle im Gegensatz zu den anderen Kapiteln auch schon in diesen Abschnitten. Charakteristisch für die UN-Umweltpolitik ist ein sektoraler Ansatz. Es sind also für die einzelnen Bereiche wie Luft- und Wasserverschmutzung spezifische Ziele vereinbart und erst nachfolgend das umfassende Leitbild der Nachhaltigen Entwicklung formuliert worden (7.2). Um die Ziele umzusetzen haben die UN auch einige neue Institutionen gegründet, die wir nachfolgend darstellen (7.3). Ähnlich wie im Menschenrechtsbereich sind die zentralen Normen und Regeln in internationalen Verträgen verankert, deren wichtigste wir skizzieren und dabei deren Verankerung im UN-System beleuchten (7.4). Schließlich diskutieren wir die verschiedenen Governance-Formen und konzentrieren uns dabei insbesondere auf die institutionelle Einbindung von Nichtregierungsorganisationen in die Arbeit der umweltpolitischen Institutionen (7.5). Im Fazit (7.6) bilanzieren wir die Erfolge und Defizite der Umweltpolitik der Vereinten Nationen.

7.1 Die Entwicklung des Politikfelds Umwelt

Wahrnehmung von
grenzüberschrei-
tender Umwelt-
verschmutzung:

Erfahrungen
• Umweltbewegung

Von der Konfliktlinie
Umwelt vs.
Entwicklung ...

Spätestens mit der industriellen Revolution ist deutlich geworden, dass die Verschmutzung von Luft und Wasser Phänomene sind, die die Gesundheit der Menschen massiv beeinträchtigen. Dass es Umweltverschmutzung gab und gibt, ist also seit langem bekannt. Allerdings wurde die Verschmutzung dabei zunächst als ein lokales Problem angesehen: Ein Fluss war nach der Einleitung von Abwasser einer Fabrik verdreckt, die Luftqualität in der Nähe von Kohlekraftwerken eingeschränkt. Erst als die Luft- und Wasserverschmutzung Anfang der 1960er Jahre in den Industrieländern immer offensichtlicher wurde, verankerten einzelne Staaten erste nationale Maßnahmen zum Schutz der Umwelt (Gosovic 1992: 4).

Die grenzüberschreitende, internationale Dimension der Umweltverschmutzung und damit einhergehend die Notwendigkeit von international koordiniertem Handeln ist ein wenig später, Mitte bis Ende der 1960er Jahre, in das Bewusstsein der PolitikerInnen getreten. Hierzu trugen zwei parallele Entwicklungen bei. Erstens machten insbesondere die skandinavischen Staaten die Erfahrung, dass ihre Umwelt verschmutzt wurde, obwohl sich in direkter Nähe keine industriellen Anlagen befanden. Dies betraf vor allem Seen, deren Wasser aufgrund der Luftverschmutzung einen sehr hohen Säuregrad aufwies und „umkippte" oder auch durch den „Sauren Regen" hervorgerufene Schädigungen der Wälder (Waldsterben). Zweitens hatte ein in den USA geführter gesellschaftlicher Diskurs, mit dem die Gründung der ersten Umweltbewegung einherging, einen großen Einfluss auf die Herausbildung der internationalen Umweltpolitik. Ausgangspunkt war hier das 1962 veröffentlichte Buch „Der stumme Frühling" der Amerikanerin Rachel L. Carson (Carson 1962). Die Biologin beschreibt in dem fiktiven Roman, wie in einer amerikanischen Stadt ein Frühling ohne Stimmen einzieht, da die Vögel infolge des menschlichen Fehlverhaltens ausgestorben sind (u.a. aufgrund der Anwendung des Pflanzenschutzmittels DDT in der Landwirtschaft, die dazu führt, dass Insekten sterben und die Vögel somit keine Nahrungsgrundlage mehr haben). Beide Entwicklungen führten dazu, dass die skandinavischen Staaten und die USA sich für eine nationale wie internationale Umweltpolitik engagierten. Diese Vorreiter-Staaten schlugen Ende der 1960er Jahre vor, dass die Vereinten Nationen eine Weltkonferenz für Umweltpolitik einberufen sollten (Caldwell 1990: 49; für den Stockholmer Gipfel siehe 7.3).

Die Vorreiter-Staaten konnten andere UN-Mitglieder von ihrem Anliegen überzeugen: Die Generalversammlung lud für das Jahr 1972 zur Weltkonferenz nach Stockholm ein. Im Vorbereitungsprozess trat allerdings eine Konfliktlinie hervor, die die folgenden Dekaden der internationalen Umweltpolitik prägen sollte: Die Industrie- und Entwicklungsländer schätzten den Stellenwert von Umweltschutz sehr unterschiedlich ein. Während die industrialisierten Staaten dafür eintraten, die gleichen Umweltschutzmaßnahmen für alle Staaten zu verankern, lehnten die Entwicklungsländer dies mit dem Argument ab, dass zunächst ihr zentrales Problem, die Armut, gelöst werden müsse. Die beiden Staatengruppen hatten hierbei auch jeweils unterschiedliche Umweltprobleme vor Augen. Während die Industrieländer aufgrund der Industrialisierung Erfahrungen mit dem Brennen von

Flüssen (was wegen des hohen Verschmutzungsgrads auftrat), dem Sterben von Bäumen und giftigen (chemischen) Abfällen, die Tiere und Pflanzen schädigen, gemacht hatten, war es ein Anliegen der Entwicklungsländer, die Auswirkungen von Armut auf die Umwelt, wie ungenügenden Zugang zu sauberem Trinkwasser, zu Nahrung, Energie und Unterkünften, zu untersuchen und politisch zu bearbeiten (Ivanova 2007a: 337).

Ansatzweise konnte diese Kontroverse mit der Verankerung des Leitbilds der Nachhaltigen Entwicklung (*sustainable development*) gelöst werden (siehe 7.2, vgl. auch Kapitel 6). Demnach stellen die soziale, ökologische und ökonomische Entwicklung drei gleichwertige Bestandteile eines Prozesses dar. Das neue Paradigma war 1992 bei der zweiten Umwelt-Weltkonferenz der Vereinten Nationen verankert worden. Dies bedeutet jedoch nicht, dass der Konflikt zwischen Nord und Süd beigelegt ist. Häufig haben die beiden Staatengruppen weiterhin kontroverse Positionen vertreten, wobei in den letzten beiden Dekaden eine Ausdifferenzierung der beiden Gruppen zu beobachten ist. So vertreten bspw. die USA und die europäischen Staaten in der Klimapolitik unterschiedliche Interessen oder die von dem Treibhauseffekt besonders betroffenen kleinen Inselstaaten verfolgen eine radikalere Politik als die erdölexportierenden Staaten.

... zur Nachhaltigen Entwicklung

Während in den 1990er Jahren die internationale Umweltpolitik – vermittelt über das Leitbild der nachhaltigen Entwicklung – hoch auf der politischen Agenda stand, hat sie in den letzten Jahren an Bedeutung verloren. Die Fort- oder auch Rückschritte in den einzelnen Sektoren der Umweltpolitik wie dem Wasser-, Luft- oder Biodiversitätsschutz werden wenig beobachtet und es werden daraus auch keine zwingenden Rückschlüsse gezogen; das Spannungsverhältnis von ökonomischem Wachstum und ökologischer Entwicklung wird kaum diskutiert. Eine Ausnahme stellt die internationale Klimapolitik dar, die von der Öffentlichkeit achtsam verfolgt wird. Ein Teil der Aufmerksamkeit ist darauf zurückzuführen, dass Klimapolitik zunehmend als ein sicherheitspolitisches Problem konstruiert wird. Demnach kann der Treibhauseffekt zu Verteilungskonflikten in und zwischen den Staaten beitragen: Aufgrund des Treibhauseffekts wird es regional zu Wasser- und Nahrungsmittelengpässen sowie zu Migration kommen und sich somit zusätzliches Konfliktpotenzial aufbauen (Rechkemmer 2006: 151, WGBU 2008). Es findet somit in diesem Bereich eine partielle „Versicherheitlichung" der internationalen Umweltpolitik statt (Garcia 2010, WBGU 2007).

Marginalisierung von umweltpolitischen Fragen

7.2 Ziele und Aufgaben

In der Charta der Vereinten Nationen finden sich keine Hinweise auf umweltpolitische Ziele, da zum Zeitpunkt der Gründung der UN das Problemfeld als solches noch nicht wahrgenommen war. Erst seit den 1970er Jahren hat die Mehrzahl der Staaten die Bedeutung der Umweltpolitik erkannt und den Vereinten Nationen bei der Problembearbeitung eine wichtige Rolle zugewiesen. Die Staatengemeinschaft hat auf einen sektoralen Ansatz gesetzt: jedes Umweltproblem wird für sich

Aushandlung multilateraler Umweltabkommen (MEA) im Rahmen der UN

verregelt. Der Schutz von gefährdeten frei lebenden Tieren und Pflanzen wurde durch das Washingtoner Artenschutzübereinkommen geregelt; um das Ozonloch zu minimieren wurde das Wiener Übereinkommen zum Schutz der Ozonschicht vereinbart; der Landdegradation und Wüstenbildung soll durch das Übereinkommen zur Bekämpfung der Wüstenbildung Einhalt geboten werden. Diese Liste ließe sich lange fortsetzen, da es ca. 500 sektorale Abkommen gibt. Diese werden als multilaterale Umweltabkommen (*multilateral environmental agreements*, MEA) bezeichnet. Die meisten MEA sind im Rahmen der Vereinten Nationen ausgehandelt worden. Zumeist hat die Generalversammlung ein Verhandlungsgremium, das einen Vertragsentwurf ausgehandelt hat. Dieser Entwurf ist dann zur Unterzeichnung hinterlegt worden, nach einer jeweils festgelegten Zahl an Ratifikationen durch die Staaten ist das MEA schließlich in Kraft getreten. Die meisten multilateralen Umweltabkommen sehen vor, dass ein Sekretariat die weitere Arbeit koordiniert. Diese Sekretariate agieren unter dem Dach der Vereinten Nationen, sind allerdings an den verschiedenen Standorten angesiedelt. Das Sekretariat der Biodiversitätskonvention befindet sich bspw. in Montreal, das der Klimakonvention in Bonn und das der Baseler Konvention, die den grenzüberschreitenden Transfer gefährlicher Abfälle regeln soll, in Genf. Die MitarbeiterInnen der Sekretariate sind von den Vereinten Nationen angestellt und bezahlt. Sie bereiten die Vertragsstaatenkonferenzen (*Conference of the Parties*, COP) vor, die meist in regelmäßigem Abstand abgehalten werden. Dort treten alle Mitgliedstaaten des jeweiligen MEA zusammen, um darüber zu entscheiden, ob Anpassungen des Regelwerks nötig sind.

Nachhaltige Entwicklung als Leitbild

Jenseits des Vorantreibens der sektoralen Umweltpolitik ist die Entwicklung des Leitbilds der Nachhaltigen Entwicklung der wichtigste Beitrag, den die Vereinten Nationen im Umweltbereich geleistet haben. Ursprünglich stammt der Begriff Nachhaltigkeit aus der deutschen Forstwirtschaft, wo er bereits im 18. Jahrhundert verwandt wurde. Nachhaltige Forstwirtschaft zeichnete sich dadurch aus, dass immer nur so viel Holz geschlagen werden durfte, wie durch Wiederaufforstung nachwachsen konnte. So sollte der Waldbestand als natürliche Ressource der Forstwirtschaft auf Dauer gesichert werden. Im politischen Kontext wurde der Begriff der Nachhaltigen Entwicklung erstmals 1968 bei der Biosphärenkonferenz in Paris und kurz darauf bei der Washingtoner Konferenz über ökologische Aspekte internationaler Entwicklung gebraucht (Schmitz 1996: 105). Nachdem er in den folgenden Jahren keine prominente Rolle spielte, wurde das Konzept gut 15 Jahre später von der sogenannten Brundtland-Kommission aufgegriffen.

Brundtland-Kommission

Diese Sachverständigenkommission für Umwelt und Entwicklung war 1983 von den Vereinten Nationen ins Leben gerufen worden, um einerseits die bisherigen Aktivitäten der Weltorganisation in der Umweltpolitik zu analysieren und andererseits zu skizzieren, wie eine tragfähige, umweltschonende Entwicklung bis zum Jahr 2000 aussehen könnte (*World Commission on Environment and Development*, A/RES/38/161 vom 19. Dezember 1983).Vier Jahre nach ihrer Einsetzung veröffentlichte die 19 Persönlichkeiten aus unterschiedlichen Staaten umfassende

Kommission ihren Abschlussbericht.[377] Der nach der Vorsitzenden der Kommission, der ehemaligen norwegischen Umweltministerin und Ministerpräsidentin Gro Harlem Brundtland benannte Bericht tritt für ein anderes Wirtschaften, die Nachhaltige oder dauerhafte Entwicklung, ein:

> *„Dauerhafte Entwicklung ist Entwicklung, die die Bedürfnisse der Gegenwart befriedigt, ohne zu riskieren, daß künftige Generationen ihre eigenen Bedürfnisse nicht befriedigen können"* (Hauff 1987: 46).

Die Generalversammlung nahm den Bericht entgegen und forderte nachfolgend sowohl die Mitgliedstaaten, wie auch die Institutionen innerhalb der UN-Familie auf, Nachhaltige Entwicklung zu implementieren (A/RES/42/187 vom 11. Dezember 1987). Eine weitere Verbreitung und einen höheren Verpflichtungscharakter der Nachhaltigen Entwicklung wurde mit dem Erdgipfel in Rio 1992 erreicht (siehe 7.3).

Das Leitbild der Nachhaltigen Entwicklung ist bis heute gültig und daher auch in die Millenniumsentwicklungsziele (MDGs; siehe Kapitel 6 zu Entwicklung) aufgenommen worden. Wie bei den anderen MDGs auch, legt das siebte MDG „Nachhaltige Entwicklung" bestimmte Teilziele fest, deren Erreichen mittels Indikatoren gemessen werden soll. Als Teilziele sind benannt: (1) Die Grundsätze der Nachhaltigen Entwicklung sind in der Politik und den Programmen der einzelnen Staaten zu verankern und die Vernichtung von Umweltressourcen einzudämmen; (2) der Verlust der biologischen Vielfalt ist zu verringern, bis 2010 eine signifikante Drosselung der Verlustrate erreicht ist; (3) bis 2015 ist die Zahl der Menschen ohne dauerhaft gesicherten Zugang zu hygienisch einwandfreiem Trinkwasser zu halbieren; (4) Bis 2020 ist eine deutliche Verbesserung der Lebensbedingungen der mind. 100 Millionen SlumbewohnerInnen zu erreichen. Wie bei den MDGs insgesamt, so ist auch bei dem siebten Ziel die Erfolgsbilanz bestenfalls gemischt. Der UN-Generalsekretär führte in seinem Bericht aus,[378] dass zwar heute mehr Menschen Zugang zu sauberem Trinkwasser haben, aber insgesamt zu wenige Anstrengungen unternommen würden, um die Lebenssituation der in Slums lebenden Menschen zu verbessern. Auch sei es nicht gelungen, den Verlust der biologischen Vielfalt einzudämmen oder die Treibhausgasemissionen zu reduzieren. Derzeit wird in der UN diskutiert, ob bzw. inwieweit die MDGs nach ihrem offiziellen Auslaufen 2015 durch Nachhaltigkeitsziele (*Sustainable Development Goals*, SDGs) ersetzt werden. Der Weltgipfel hat dies in seinem Abschlussdokument festgelegt und ein neues Gremium zur Formulierung der Ziele eingesetzt (siehe S. 328).

Nachhaltige Entwicklung als Teil der MDGs

---

377 Siehe A/42/427 vom 4. August 1987, auf Deutsch ist der Bericht von Volker Hauff (1987) herausgegeben worden.
378 Siehe A/64/665 vom 12. Februar 2010, Para. 33-35.

*7.3   Institutionen der Vereinten Nationen zum Umweltschutz und zur
        Nachhaltigen Entwicklung*

Umweltpolitik wird als eine Querschnittsaufgabe bezeichnet, da entsprechende Maßnahmen bspw. auch in der Wirtschafts-, Entwicklungs- oder Sicherheitspolitik relevant sind. Bei den UN führen daher auch verschiedene Institutionen umweltpolitische Projekte durch. So fand die erste Konferenz zu umweltpolitischen Fragen statt, bevor das Politikfeld als solches überhaupt identifiziert war: 1949 organisierte der Wirtschafts- und Sozialrat (ECOSOC) eine Expertenkonferenz zur Ressourcennutzung (*UN Scientific Conference on the Conservation and Utilization of Resources*), bei der sich die Teilnehmenden über Schutztechniken austauschten (Schrijver 2007a: 594). Rund zwanzig Jahre später hielt die UNESCO eine Konferenz zur Ressourcennutzung der Biosphäre ab (*UNESCO Conference of Experts on a Scientific Basis for Rational Use and Conservation of the Resources of the Biosphere*), die erstmals die Beziehungen zwischen Mensch und Natur in den Blick nahm (Chasek 2001: 16). Bedeutende Konferenzen und Projekte führten bspw. auch die Weltorganisation für Meteorologie (*World Meteorological Organization*, WMO), das UN-Entwicklungs- (UNDP) oder das Ernährungsprogramm (WFP) durch.

Die Tatsache, dass sehr viele UN-Institutionen auch einen Umweltbezug haben, kann einerseits positiv gesehen werden, da hier das *mainstreaming* eines Themas, also die Einbeziehung in alle Diskussionen und Institutionen, offensichtlich gut funktioniert hat. Ausdruck dieses *mainstreaming* ist auch, dass die zentralen inhaltlichen Normen auf Weltkonferenzen verabschiedet wurden, die von der Generalversammlung einberufen wurden (siehe 7.3.1). Diese spielt somit in der Normgenese eine wichtige Rolle. Andererseits muss attestiert werden, dass es eine Reihe von rechtlichen Überlappungen und Lücken gibt und es den Vereinten Nationen bis heute nicht gelungen ist, auf umfassende Umweltprobleme angemessen zu reagieren (Ivanova/Esty 2008: 70). Daher ist immer wieder der Ruf laut geworden, Umweltpolitik stärker institutionell zu verankern und bspw. das bestehende Umweltprogramm zu einer größeren Institution auszubauen (siehe 7.3.2).

7.3.1 Generalversammlung: Anstoß zur Normgenese über Weltkonferenzen

Funktion von Weltkonferenzen: Genese und Implementation von Normen

Die Generalversammlung (*General Assembly*, GA) hat einen bedeutenden Beitrag zur Verankerung von Umweltpolitik in den UN geleistet, indem sie mehrfach Weltkonferenzen initiiert hat. Bei diesen wurden neue internationale Normen verabschiedet (Stockholm 1972, Rio 1992) bzw. die Umsetzung der vereinbarten Normen evaluiert und neue Wege zu deren Implementation gesucht (Johannesburg 2002, Rio 2012).

Stockholm 1972: Konfliktiver Vorbereitungsprozess

Die erste Weltkonferenz fand vom 5.-16. Juni 1972 in Stockholm statt (*United Nations Conference on the Human Environment*). Einige Vorreiterstaaten, insbesondere die skandinavischen Staaten und die USA, hatten sich Ende der 1960er Jahre innerhalb der UN für eine Weltkonferenz zu Umweltfragen ausgesprochen.

Der ECOSOC wies daraufhin auf die Notwendigkeit hin, auf nationaler und internationaler Ebene Umweltschutzmaßnahmen zu entwickeln und forderte die Generalversammlung auf, eine Konferenz zu Problemen der menschlichen Umwelt zu veranstalten (Res. 1346 (XLV) vom 30. Juli 1968). Die GA griff diese Resolution auf und beschloss, eine solche Weltkonferenz 1972 abzuhalten (Res. 2398 (XXIII) vom 3. Dezember 1968). Sie setzte eine Vorbereitungsgruppe ein, die in Zusammenarbeit mit dem ECOSOC und unter Einbeziehung eines ebenfalls angeforderten Berichts des Generalsekretärs (E/4667 vom 26. Mai 1969) die zu diskutierenden Themen identifizieren und einen Vorschlag für eine Tagesordnung vorlegen sollte. Das Ziel des Umweltgipfels sollte sein, Staaten und internationale Organisationen zu ermutigen, umweltpolitische Ziele und Richtlinien zu verankern. Die Generalversammlung akzeptierte kurz darauf die Einladung Schwedens, den Gipfel in Stockholm abzuhalten (Res. 2581 (XIV) vom 15. Dezember 1969). Im weiteren Vorbereitungsprozess spielten neben den 27 Staaten, die dem Vorbereitungsausschuss angehörten, insbesondere die Diplomaten der schwedischen Mission in New York und der designierte Generalsekretär der Konferenz, Maurice Strong, eine wichtige Rolle.[379]

Im Vorbereitungsprozess traten deutliche Interessenkonflikte zu Tage. Einige Industrieländer befürchteten, dass die Weltkonferenz die bestehende UN-Bürokratie weiter aufblähen würde. Diese Bedenken versuchte der schwedische Botschafter in einer Rede vor der Generalversammlung zu zerstreuen, in der er versicherte, dass aus der Konferenz keine neue Institution hervorgehen würden (Ivanova 2007b: 30). Bedeutender waren aber die Vorbehalte der Entwicklungsländer gegen den geplanten Umweltgipfel. Sie prangerten erstens an, dass zunächst die Entwicklungsdisparitäten verringert werden müssten, bevor Umweltschutzmaßnahmen ergriffen werden könnten und betonten zweitens, dass die Industrieländer selbst die Verantwortung für die Umweltzerstörung übernehmen müssten, da sie die Hauptverursacher seien. Sie verankerten ihre Position in einer Resolution der Generalversammlung, die festhält, dass Umweltschutz immer im Kontext von ökonomischer und sozialer Entwicklung gesehen werden muss (Res. 2657 (XXV) vom 7. Dezember 1970). Die Überwindung des Konflikts zwischen Industrie- und Entwicklungsländern gelang erst im Nachgang zu einem Expertentreffen, das im Juni 1971 im schweizerischen Founex stattfand. Die 27 Mitglieder des Expertenpanels zu Entwicklung und Umwelt arbeiteten heraus, dass Umweltschutz keine Hürde wirtschaftlicher Entwicklung darstellt, sondern ein Teil des Entwicklungsprozesses sein könnte bzw. sein sollte (Ivanova 2007a). Somit schienen die beiden Prioritäten nicht mehr konträr, sondern kompatibel zu sein. Im weiteren Vorbereitungsprozess zum Stockholmer Gipfel brachten sich nachfolgend eine wachsende Zahl von Staaten aktiv ein. Alleine 86 Staaten legten nationale Berichte vor, in denen sie den Stand der Umweltsituation skizzierten (Andresen 2007b: 321).

Umwelt vs. Entwicklung

---

379 Maurice Strong war bis dato nicht als Umweltschützer, sondern vielmehr als ein kanadischer Industrieller aufgetreten, der ein großes Interesse an internationalen Angelegenheiten bekundet hatte (Ivanova 2007a).

Eingeschränkte
Teilnehmerzahl in
Stockholm

Die inhaltliche Verknüpfung von Umwelt- und Entwicklungsfragen ermöglichte es den Entwicklungsländern, an der Konferenz teilzunehmen. Sie machten in Stockholm nochmals auf die Dringlichkeit der Entwicklungsproblematik aufmerksam. Die damalige indische Premierministerin Indira Gandhi stellte in ihrer Rede fest: „Poverty is the worst form of pollution" (zitiert nach Maier 2007: 189). Brasilien verurteilte im Namen der Blockfreien Bewegung die umweltpolitischen Forderungen der Industrieländer als neokolonialistisch und unzumutbar (von Weizsäcker 1994: 17). Es fehlte jedoch eine andere Staatengruppe: Die osteuropäischen Staaten blieben dem Umweltgipfel aus Solidarität mit der DDR fern. Da die DDR zu diesem Zeitpunkt weder ein UN-Mitglied war, noch einer der UN-Sonderorganisationen angehörte, durfte sie nicht am Gipfel teilnehmen. Die BRD nahm dagegen teil, da sie Mitglied der WHO und UNESCO war (wenngleich kein UN-Mitglied). Die DDR und die osteuropäischen Staaten verurteilten diese prozedurale Hürde und blieben aus Protest dem Tagungsort fern. Freilich ließen sie sich täglich vom sowjetischen Botschafter über die erzielten Fortschritte informieren (Ivanova 2007a). Letztlich nahmen 113 Staaten und mehrere hundert NGOs an dem Stockholmer Gipfel teil (Brühl 2003: 85).

Stockholmer
Erklärung und
Aktionsplan
als Startschuss
für nationale
Umweltpolitik

Trotz des Interessenkonflikts einigten sich die Staaten auf mehrere Schlussdokumente, darunter die 26 Prinzipien umfassende Stockholmer Erklärung, in der die grundlegenden Prinzipien von zukünftigem Umweltschutz festgehalten wurden und den 109 Punkte umfassenden Aktionsplan. Letzterer diente nachfolgend vielen Staaten als Grundlage für die Ausarbeitung einer eigenen, nationalen Umweltgesetzgebung. Weiterhin wurde ein Fonds eingerichtet, aus dem Umweltschutzmaßnahmen in Entwicklungsländern finanziert werden sollten. Die Einrichtung dieses Fonds geht u.a. auf die USA zurück, die hiermit internationale Anstrengungen zum Umweltschutz unterstützen wollten.[380] Schließlich wurde in Stockholm vorgeschlagen, ein Gremium zu gründen, das die internationale umweltpolitische Kooperation vorantreiben und den Stand der Umwelt untersuchen sollte. Dieser Empfehlung kam die Generalversammlung kurz darauf nach und setzte das UN-Umweltprogramm ein (*United Nations Environment Programme*, UNEP, Res. 2997 (XXVII) vom 15. Dezember 1972).

Rio 1992:
Geburtsstunde
des Leitbilds der
Nachhaltigen
Entwicklung

Zwanzig Jahre nach dem ersten fand der zweite Umweltgipfel der Vereinten Nationen statt. Die *UN Conference on Environment and Development* (UNCED) tagte vom 3.-14. Juni 1992 in Rio de Janeiro (Brasilien). Sie trug – so zumindest die optimistische Sichtweise – dazu bei, dass der Konflikt zwischen Umwelt und Entwicklung durch die Verankerung des Leitbilds der Nachhaltigen Entwicklung überwunden werden konnte. Wirtschaftliche und soziale Entwicklung sollten Hand in Hand mit ökologischer Entwicklung, d.h. auch Umweltschutz gehen. Dieser Einigung ging ein langer Vorbereitungsprozess voraus. Schon im Dezember 1989 setzte die UN Generalversammlung ein entsprechendes Vorbereitungsgremium ein (Res. 44/228 vom 22. Dezember 1989). Zu der bis dato größten UN-Weltkonferenz reisten 172 Staatendelegationen, darunter 108 Staats- und Regierungschefs

---

380   Der damalige Präsident Richard Nixon hatte angekündigt, dass die USA 40% des 100 Mio. US$ umfassenden *Environment Fund* einbezahlen würden (Ivanova/Esty 2008: 57).

und 1.400 NGOs. An einem parallel abgehaltenen NGO-Forum nahmen weitere 17.000 Personen teil.

Am Ende des zweiwöchigen Verhandlungsprozesses verabschiedeten die Delegierten die Agenda 21, einen fast 300 Seiten starken Bericht, der in 40 Kapiteln aufschlüsselt, wie Nachhaltige Entwicklung global, national und lokal umgesetzt werden kann. Die empfohlenen Strategien sind umfassend und vielfältig (Porter/ Brown/Chasek 2000: 26f). So ist die Armutsreduzierung genauso angesprochen wie der Umgang mit der Bevölkerungsdynamik, die Notwendigkeit neuer Produktions- und Konsumweisen oder auch der Naturschutz. Die Tatsache, dass die verschiedenen politischen Handlungsebenen explizit angesprochen werden, ist als innovativ anzusehen. Weiterhin ist neu, dass eine UN-Konferenz nichtstaatlichen Akteuren, sogenannten *major groups*, eine wichtige Rolle zuweist. Die Agenda 21 formuliert, dass „die echte Beteiligung aller gesellschaftlichen Gruppen" ausschlaggebend für die Umsetzung der Agenda 21 ist (Kap. 23.1, Agenda 21). Internationale Organisationen und Staaten sollen daher eng mit formellen und informellen nichtstaatlichen Organisationen (Kap. 27, Agenda 21) sowie kommunalen Initiativen (Kap. 28, Agenda 21) zusammenarbeiten. Weiterhin soll die „Wirtschaft einschließlich der transnationalen Unternehmen" an der „Durchführung und Bewertung im Zusammenhang mit der Agenda 21 voll beteiligt sein" (Kap. 30.1., Agenda 21). Die Agenda 21 ist ein völkerrechtlich unverbindliches Dokument, das seine Wirkung über die normative Handlungsanleitung gewinnen sollte.

In Rio verabschiedeten die Staaten noch zwei weitere völkerrechtlich unverbindliche Dokumente: Die Rio-Erklärung, welche die Verantwortung und die Verpflichtungen der Staaten im Bereich der Nachhaltigkeit generell benennt und die Wald-Erklärung, die Prinzipien der nachhaltigen Waldnutzung festhält. Darüber hinaus wurden zwei völkerrechtlich verbindliche Verträge in Rio unterzeichnet: Die Klimarahmenkonvention (*United Nations Framework Convention on Climate Change*, UNFCCC), die die Stabilisierung der Treibhausgaskonzentration in der Atmosphäre auf einem ungefährlichen Niveau vorsieht, und die Biodiversitätskonvention (*Convention on Biological Diversity*, CBD). Diese verpflichtet die Staaten, die biologische Vielfalt zu erhalten, nachhaltig zu nutzen und die sich aus der Nutzung ergebenden Gewinne gerecht und ausgewogen zu verteilen. Die beiden internationalen Verträge sind nach der Ratifikation durch eine Mindestanzahl von Staaten am 21. März 1994 (Klima) bzw. 29. Dezember 1993 (Biodiversität) in Kraft getreten (siehe 7.4).

Die inhaltlichen Ergebnisse des Erdgipfels werden unterschiedlich bewertet (Brühl 2003: 88). Einige ziehen ein positives Fazit der Konferenz, da es gelungen sei, Nachhaltige Entwicklung als neues Paradigma zu etablieren und sich darüber hinaus auf neue internationale Normen, wie die gemeinsame, aber differenzierte Verantwortung von Nord und Süd zu einigen (Stephan 2001: 128). Andere betonen dagegen, dass die Regierungen es versäumt hätten, der globalen Umweltzerstörung, der rücksichtslosen Ressourcenverschwendung und den sozialen Disparitäten eine angemessene Strategie entgegenzusetzen (Martens 1992: 149). Die Ergebnisse der UNCED seien teils hinter den ursprünglichen Zielen zurückgeblieben (Finger 1993: 37ff.): Statt der geplanten, umfassenden Erd-Charta sei nur die

Agenda 21:
Aktionsplan zur
Umsetzung der
Nachhaltigen
Entwicklung

Weitere Ergebnisse
von Rio: Klima- und
Biodiversitäts-
konvention

Kontroverse
Einschätzungen über
die Ergebnisse des
Erdgipfels

knappe Rio-Deklaration verabschiedet worden; an Stelle der Walderklärung hätte eigentlich eine völkerrechtlich verbindliche Konvention erarbeitet werden sollen. In allen Dokumenten fehlten konkrete und verbindliche Zeitpläne. Weiterhin seien die Beschlüsse zur Finanzierung der Nachhaltigen Entwicklung unzureichend, da zu erwartenden Kosten in Höhe von 70 Mrd. US$ nur Zusagen von Seiten der Industrieländer in Höhe von 2 Mrd. US$ gegenüberstünden.

Rekordbeteiligung von NGOs am offiziellen Verhandlungsprozess ...

Einigkeit besteht dagegen in der Einschätzung, dass die UNCED der Ausgangspunkt der Entwicklung neuer Governance-Modelle in den Vereinten Nationen war. Erstens hatten nie zuvor so viele zivilgesellschaftliche Akteure an einer UN-Konferenz teilgenommen. Dies hatte mehrere Ursachen. Die Zahl der NGOs war insgesamt nach dem Ende des Kalten Krieges stark angestiegen, zudem setzte sich die Auffassung durch, dass globale Probleme nur mittels neuer, innovativer Politik zu lösen seien und hierbei die Zivilgesellschaft eine wichtige Rolle spiele (Gordenker/Weiss 1995: 364). Darüber hinaus legte der designierte Präsident des Erdgipfels, Maurice Strong, eine Resolution der Generalversammlung, die die Partizipationsmöglichkeiten beim Erdgipfel regelte, sehr weit aus (Willetts 1996b: 73). Die Resolution sah eigentlich nur vor, dass Nicht-Mitgliedstaaten der UN, nationale Befreiungsbewegungen und zwischenstaatliche Organisationen als Beobachter in den Verhandlungsprozess des Erdgipfels eingebunden werden können (Res. 44/228 vom 22. Dezember 1989). Maurice Strong nutzte diese Resolution, um auch den NGOs weitgehende Partizipationsmöglichkeiten zuzubilligen. Teilnahmerechte erhielten nachfolgend nicht nur NGOs, die beim ECOSOC akkreditiert waren, sondern auch neue, interessierte NGOs. Diese mussten lediglich beim Sekretariat des Erdgipfels ein Schreiben hinterlegen, in dem sie ihr Interesse am und ihre Kompetenz zum Thema darlegten. Die Richtigkeit der Angaben wurde ebenso wenig überprüft, wie die Finanzierung der Organisationen. Im Vergleich zu dem üblichen Akkreditierungsverfahren des ECOSOC lag hier also ein stark vereinfachtes Verfahren vor. Das Aussetzen der Überprüfung war einerseits auf die Überforderung des Sekretariats zurückzuführen, das mit einer so großen Nachfrage und so vielen Anmeldungen der NGOs nicht gerechnet hatte (Doherty 1994: 205), andererseits aber auch Folge der politischen Leitlinie des Erdgipfel-Präsidenten. Die NGO-freundliche Politik des Sekretariats führte dazu, dass erstmals eine große Zahl von nationalen NGOs, darunter auch sogenannte NGI (*Non-Governmental Individuals*) an dem Weltgipfel teilnahmen. Die NGOs konnten beim Erdgipfel zu bestimmten Zeitpunkten der Verhandlungen (*slots*) Gruppenstellungnahmen abgeben und so zivilgesellschaftliche Positionen in die Verhandlungsdiplomatie einspeisen.[381] Die NGOs wurden hierzu in zwölf Sektoren unterteilt. Während einige Sektoren (insbesondere Wirtschaft, Wissenschaft, Frauen und Indigene) sich

---

381   Zu Beginn des UNCED-Vorbereitungsprozesses waren sogar individuelle NGO-Stellungnahmen möglich. Die Entscheidung, in Rio nur Gruppenstellungnahmen zuzulassen, wurde daher von vielen Umwelt-NGOs scharf kritisiert, während die Unternehmens-NGOs (*business NGOs* oder *grey NGOs*) die neue Möglichkeit einfach nutzten (Finger 1994: 201). Die Staaten hatten im Vorfeld über die Partizipationsmöglichkeiten von NGOs debattiert: Während sich die europäischen Staaten und viele andere Industrieländer für weit reichende Möglichkeiten der Teilnahme aussprachen, sprachen sich einige Entwicklungsländer, darunter Tunesien und Mauretanien, für eine restriktive Politik aus (Brühl 2003: 97).

leicht auf eine gemeinsame Position einigen konnten, gestaltete sich der Abstimmungsprozess bei anderen Gruppen schwieriger. Die Umwelt- und Entwicklungs-NGOs kritisierten daher die Partizipationsmöglichkeiten und argumentierten, dass die NGOs dazu degradiert würden, Informationen zu verbreiten, statt als wichtige Teilnehmer des Entscheidungsprozesses wahrgenommen zu werden (Finger 1994: 201). Jenseits des offiziellen UN-Gipfels versammelten sich darüber hinaus rund 30.000 NGO-VertreterInnen und Interessierte beim *Global Forum*. Hier arbeiteten sie in zahlreichen Arbeitsgruppen intensiv zu den Themen Umwelt und Entwicklung. Im Vergleich zu dem offiziellen Gipfel wurden hier radikalere Positionen formuliert und Kritik am westlichen Entwicklungsverständnis formuliert.

Durch ihre Teilnahme und die Redebeiträge konnten die NGOs einige Formulierungen der Konventionen bzw. Erklärungen beeinflussen. Hierbei ist allerdings zu berücksichtigen, dass von NGOs vorgeschlagene Formulierungen häufig in einen anderen Zusammenhang gesetzt wurden, so dass die ursprüngliche Zielsetzung der NGOs verloren ging (Arts 1998). Trotzdem schätzten die NGOs selbst ein, dass ihre Sichtweisen und Ziele zumindest gelegentlich Eingang in die offiziellen Dokumente erhalten hatten (Doherty 1994). Hierbei waren themenspezifische Unterschiede zu erkennen: So konnten die NGOs, die sich für frauenpolitische Themen einsetzten, generell mehr Einfluss ausüben als andere Gruppen. Generell kann aber die Tatsache, dass die *major groups* als zentrale Akteure einer Umsetzung der Nachhaltigen Entwicklung in der Agenda 21 erwähnt wurden, als ein Ergebnis der umfassenden Teilnahmemöglichkeiten gelten (Bäckstrand 2006: 470).

... und am parallelen zivilgesellschaftlichen Gipfel

Zehn Jahre nach dem Erdgipfel veranstalteten die UN den Weltgipfel für Nachhaltige Entwicklung (*World Summit on Sustainable Development*, WSSD). Zu dieser Weltkonferenz, die vom 26. August bis 4. September 2002 im südafrikanischen Johannesburg abgehalten wurde, hatte wiederum die Generalversammlung eingeladen (A/RES/55/199 vom 5. Februar 2001). VertreterInnen aus allen Staaten (191 Delegationen) reisten ebenso nach Johannesburg wie rund 8.000 Repräsentanten der *major groups*. Das gemeinsame Ziel war es zu überprüfen, wie die einzelnen Staaten die in Rio eingegangenen Verpflichtungen umgesetzt hatten. Soweit vorhanden sollten nationale Nachhaltigkeitsstrategien vorgestellt und diskutiert werden. Im Zentrum standen die Themen Wasser, Energie, Gesundheit, Landwirtschaft und Biodiversität (kurz WEHAB, für *water, energy, health, agriculture and biodiversity*). Der UN-Generalsekretär bereitete für den Weltgipfel einen Bericht über den Stand der internationalen Umwelt- und Entwicklungspolitik vor, in dem er eine kritische Bilanz zog: Die Fortschritte seien langsamer und die Erfolge geringer ausgefallen als in Rio erwartet. Parallel zum offiziellen, intergouvernementalen Prozess kamen mehr als 25.000 Menschen beim Globalen Forum zusammen, um dort Positionen der Zivilgesellschaft zu diskutieren. Da in ersten Planungen von bis zu 60.000 Personen ausgegangen worden war, stellte die geringere Beteiligung eine Enttäuschung dar (Volger 2008: 397).

Johannesburg 2002: Analyse der Umsetzung von Nachhaltiger Entwicklung beim Rio+10 Gipfel

Am Ende der zweiwöchigen Verhandlungen wurden nur eine kurze politische Erklärung sowie ein über 50-seitiger Umsetzungsplan verabschiedet. Letzterer führte über 30 Ziele auf, die es zu erreichen galt, wie etwa die Verlustrate der biologischen Vielfalt bis 2010 zu halbieren. Die Ziele waren jedoch nicht neu. Meistens handelte es sich nur um Wiederholungen der MDGs. Außerdem waren ambitionierte Ziele, die im Vorfeld von Johannesburg geäußert wurden, angesichts von fehlenden neuen finanziellen Mitteln verwässert worden. Daher enttäuschte der *Johannesburg Plan of Implementation* „weitgehend angesichts vager Zeit- und Zielvorgaben und fehlender Sanktionsmechanismen" (Rechkemmer 2006: 149). Es fehlte an Konzepten, wie die Fülle an „guten Vorsätzen institutionell und organisatorisch umgesetzt werden könnte" (Rechkemmer 2004: 11). Positiv ist allenfalls hervorzuheben, dass eine vor dem Gipfel befürchtete Unterordnung der Umweltabkommen unter die WTO abgewendet werden konnte, die Prinzipien der Unternehmensverantwortung verabschiedet wurden und es konkrete Beschlüsse zur Verbesserung der Wasserversorgung gab (ebd.; Simonis 2009: 623). Kurzum: Der Trend des zunehmenden Enthusiasmus und der steigenden Ambitionen in der UN-Umweltpolitik, der in Stockholm begonnen hatte und über Brundtland und Rio fortgesetzt wurde, kam in Johannesburg zu seinem Ende (Andresen 2007b: 323).

Runde Tische und Dialogrunden als neue Verhandlungsforen

Geht man davon aus, dass es einen Zusammenhang zwischen institutionellen Innovationen und Ergebnissen gibt, so ist der beim Johannesburger Weltgipfel zu beobachtende Stillstand erstaunlich. Schließlich wurden hier neue Verhandlungsforen und -formen erprobt. Erstens verfügten die mehr als 8.000 offiziell akkreditierten NGOs (darunter mehr als 700 Organisationen, die erstmals an einer UN Konferenz teilnahmen) über umfassende Partizipationsmöglichkeiten. Sie konnten nicht nur wie schon in Rio eigene Gruppenstellungnahmen abgeben, sondern auch selbst mit an den Verhandlungstischen sitzen: In Dialogrunden (*multistakeholder dialogues*), bei Runden Tischen (*high-level roundtables*) oder auch thematischen Plenarsitzungen hatten die gesellschaftlichen Akteure die Möglichkeit, ihre Positionen ausführlich und offen darzulegen (United Nations 2002: Annex III). Die neuen Verhandlungsformen dienten in erster Linie dazu, dass die verschiedenen Akteure ihre spezifischen Sichtweisen darstellen konnten. Es gab keinen Druck, einen gemeinsamen Konsens zu finden. Die verschiedenen gesellschaftlichen Gruppen hatten in den neuen Verhandlungsforen zwar die Möglichkeit ihrer Stimme Gehör zu verschaffen, nicht aber in den traditionellen intergouvernementalen Foren mitzuentscheiden (Bäckstrand 2006: 484). Somit stand also eindeutig der Prozess im Vordergrund, nicht das Ergebnis des Prozesses.

Öffentlich-private Partnerschaften als neue Regulierungsform

Diese inklusiven Verhandlungsformen führten dazu, dass privat-öffentliche Vereinbarungen, sogenannte *Type-II-Partnerschaften*, erstmals als Ergebnis einer UN-Konferenz festgehalten wurden. Partnerschaften sind freiwillig institutionalisierte kooperative Beziehungen zwischen öffentlichen (Regierungen, intergouvernmentalen Organisationen) und privaten Akteuren (Unternehmen, zivilgesellschaftliche Gruppen) jenseits des Staates, die eine Regulierung zum Ziel haben (Bäckstrand 2008: 77). Sie variieren hinsichtlich des Grades der Formalisierung und Institutionalisierung, der Zahl der teilnehmenden Akteure, der Reichweite der Aktivitäten sowie dem Zweck bzw. dem Ziel der Kooperation (Brühl/Liese 2004: 166). Den Namen „Type II" tragen die in Johannesburg vereinbarten Partnerschaften, um sie von den primären Konferenzergebnissen, den oben genannten intergouvernementalen Erklärungen, zu unterscheiden („Type I", Hale/Mauzerall 2004: 221). Sie sollen dazu beitragen, die Agenda 21 sowie den Johannesburger Aktionsplan umzusetzen (Biermann et al 2007: 1).

Die rund 350 *Type-II-Partnerschaften* tragen in sehr unterschiedlicher Art und Weise zur Nachhaltigen Entwicklung bei. Während einige durch Öffentlichkeitsarbeit zu einer weiteren Verbreitung von regenerativen Energien beitragen wollen, setzen andere auf konkrete Projekte, wie z.B. den Bau von Solaranlagen in einem kenianischen Dorf. Die Zahl der Partnerschaften ist dabei nicht so hoch, wie in Johannesburg erhofft. Ausgehend von den mehr als 200 anwesenden Regierungen und intergouvernementalen Organisationen, den VertreterInnen von Hunderten NGOs, Unternehmen und Interessengruppen hatte man von Beginn an eine höhere Zahl und eine dynamischere Entwicklung erwartet. Stattdessen stagniert die Zahl der *Type-II-Partnerschaften* seit einigen Jahren: War in den ersten drei Jahren noch ein Zuwachs zu beobachten (von 255 Partnerschaften im Frühjahr 2003 bis auf 291 im Frühjahr 2004), ist der Zuwachs in den letzten drei Jahren minimal (von 331 Partnerschaften im Sommer 2007 auf 348 Partnerschaften im März 2010).

Die Partnerschaften wurden in Johannesburg ins Leben gerufen, um das Leitbild der Nachhaltigen Entwicklung besser umsetzen zu können. Man ging davon aus, dass durch die Einbindung der zivilgesellschaftlichen und marktwirtschaftlichen Gruppen neue Ressourcen freigesetzt würden, und zwar sowohl im monetären Bereich wie auch in Bezug auf notwendige Expertise. Die privaten Akteure wurden als Bindeglied zwischen globalen Vereinbarungen und lokalem Handeln konzeptualisiert (Hale/Mauzerall 2004: 221). Sie sollten nun eine offizielle Rolle bekommen – und noch mehr Verantwortung übernehmen (Rechkemmer 2006: 155).

Empirische Studien haben jedoch gezeigt, dass die innovativen Governance-Formen nicht die in sie gesetzten Erwartungen erfüllen. Dies fängt bei der Zusammensetzung der Partner an. Bei nur 6% der Partnerschaften arbeiten alle relevanten *stakeholder* (d.h. Industrie- und Entwicklungsländer, intergouvernementale Organisationen und *major groups*) zusammen. Die Initiative zur Gründung von *Type-II-Partnerschaften* ging zudem nur in wenigen Fällen von privaten Akteuren im Süden aus. Jeweils rund ein Drittel der Partnerschaften wurden von internationalen Organisationen (26%), von westlichen NGOs (35%) und von Regierungen der OECD-Welt (33%) initiiert. Daher kann davon ausgegangen werden, dass die Interessen des Nordens in den Partnerschaften (über-)deutlich zum Ausdruck kommen. Der private Sektor führt nur 2% der Partnerschaften an und ist nur in 20% aller Vereinbarungen involviert (siehe Abbildung 7.1, Bäckstrand 2006: 489). Im Vergleich dazu sind IGOs, Regierungen und NGOs in 80% der Partnerschaften vertreten (Hale/Mauzerall 2004: 230). Eine Ungleichverteilung zeigt sich auch zwischen den beteiligten Staaten: Bei denjenigen Partnerschaften, die von Regierungen geleitet werden, werden 70% von sechs Ländern angeführt: Australien, Frankreich, Indonesien, USA, Italien und Japan (Hale/Mauzerall 2004: 231).

Einschätzung der Partnerschaften: Hohe Erwartungen nicht erfüllt

Ungleiche Beteiligung von Partnern

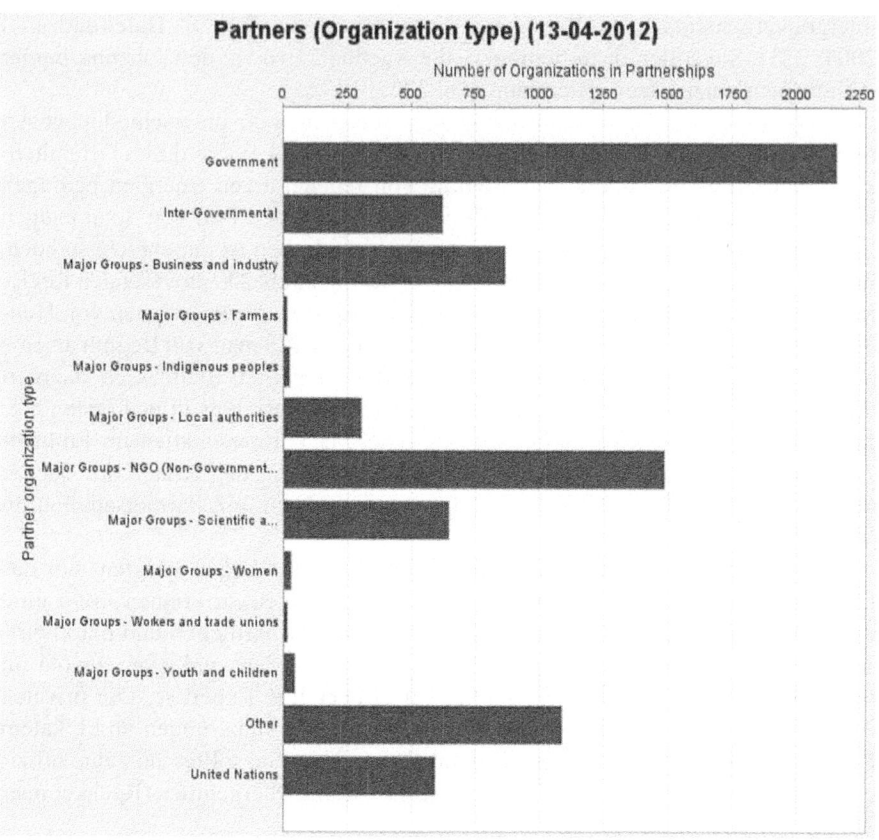

Abbildung 7.1: Anzahl der Partner in Partnerschaften[382]

Keine bedeutenden
neuen Finanzquellen
und eingeschränkte
Transparenz

Die Hoffnung, dass durch die *Type-II-Partnerschaften* neue, private Finanzquellen erschlossen werden könnten, erfüllt sich nicht im erwarteten Maße. Der private Sektor steuert nur 1% der finanziellen Mittel, die durch Partnerschaften zur Verfügung gestellt werden, bei (Clémençon 2006: 54; Clémençon 2008). Inwieweit die Partnerschaften darüber hinaus neue Mittel für die Nachhaltige Entwicklung generieren, ist umstritten. Einerseits gibt es offizielle UN-Angaben, denen zu Folge die Partnerschaften 250 Millionen US$ (2002) bzw. kurz darauf 1,02 Milliarden US$ (2004) für Nachhaltigkeitsprojekte zur Verfügung stellen. Andererseits ist unklar, ob dies zusätzliche Gelder sind oder nicht vielmehr anderweitig veranschlagte Mittel hier neu aufgeführt werden. Letzteres scheint insbesondere für die staatlichen Akteure, die den Großteil der Geldmittel beisteuern (83,2%), der Fall zu sein (Hale/Mauzerall 2004: 235). Dass sich die Frage nach dem Mittelzuwachs nicht eindeutig beantworten lässt, hängt auch mit der mangelnden Transparenz der Partnerschaften zusammen. Nur 27% der *Type-II-Partnerschaften* erfüllen die Mindestkriterien an Transparenz (Darstellung der Partnerschaft im Internet, Be-

---

382   Quelle: http://web.archive.org/web/20120415014600/http://webapps01.un.org/dsd/partnerships/
public/partnerships/stats/partners_org_types.jpg, 24.06.2013.

richt über ergriffene Maßnahmen und Erfolgsmessung mittels eines Monitoring-Mechanismus) (Hale/Mauzerall 2004: 227). Diese empirischen Studien zeigen also, dass die *Type-II-Partnerschaften* die an sie gestellten Erwartungen nur unzureichend erfüllen.

Zwanzig Jahre nach dem Startschuss für die globale Nachhaltigkeitspolitik durch die UNCED 1992 fand wiederum im brasilianischen Rio de Janeiro der jüngste Nachfolge-Gipfel statt. Die Generalversammlung hatte im Dezember 2009 zu der UN Konferenz für Nachhaltige Entwicklung eingeladen und dabei drei Ziele formuliert (A/RES/64/236 vom 24. Dezember 2009): Das politische Engagement für Nachhaltige Entwicklung sollte erneuert, Fortschritt und Defizite bei der Umsetzung der Nachhaltigen Entwicklung sollten bewertet werden und neuen Herausforderungen sollte man sich stellen. Diese Ziele wurden im Vorbereitungsprozess konkretisiert, so dass der inhaltliche Fokus auf zwei Themen lag, die im bisherigen Diskurs keine oder nur eine untergeordnete Rolle gespielt haben: *Green Economy* und der institutionelle Rahmen für Nachhaltige Entwicklung. Während einige die Konzentration auf zwei Themen begrüßten, kritisierten andere die Verengung auf die ökologische Komponente und äußerten die Befürchtung vor einem „grünen Protektionismus" (Martens 2012a: 8).

[Randnotiz: Rio+20: UN-Konferenz für Nachhaltige Entwicklung]

Zur Vorbereitung des Gipfels setzte der Generalsekretär im August 2010 ein Beratungsgremium ein (*High Level Panel on Global Sustainability*). Unter Leitung der finnischen Präsidentin Tanja Halonen und des südafrikanischen Präsidenten Jacob Zuma arbeiteten die 22 Mitglieder einen Bericht mit 56 Empfehlungen aus. Sie schlugen vor, wie (1) Menschen gestärkt werden können, um nachhaltige Entscheidungen treffen zu können, wie (2) eine nachhaltige Wirtschaft funktionieren könnte und wie (3) die institutionelle Steuerung gestärkt werden könnte (A/66/700 vom 1. Februar 2012). Aufbauend auf dem Bericht legte der Generalsekretär seine Empfehlungen für den Rio+20 Gipfel vor, in dem die beiden genannten Themen als zentral benannt wurden (A/Conf.216/PC/7 vom 22. Dezember 2010). Wenngleich die Kommission sich aus MinisterInnen sowie Präsidenten zusammensetzte, konnte die Zivilgesellschaft zumindest einen geringen Einfluss auf die Arbeit ausüben. 38 NGOs nahmen zu zentralen Fragen Stellung und legten ihre Antworten gemeinsam vor (UN-NGLS 2011).

[Randnotiz: Vorbereitungsprozess zu Rio+20 Durch ein Expertengremium …]

Der offizielle Vorbereitungsprozess für den Rio+20 Gipfel gestaltete sich äußert schwierig. Im Januar 2012 legte die UN einen ersten Entwurf eines zu verabschiedenden Dokuments, den „*Zero draft*", vor. Die Staaten ergänzten diesen Entwurf um ihre Alternativvorschläge. Aufgrund der Positionsdifferenzen wuchs der ursprünglich 19 Seiten umfassende Entwurf auf 278 Seiten an (Beisheim/Dröge 2012: 14). Da es bei der nachfolgenden Sitzung nicht gelang, die Menge der Alternativen in einem nennenswerten Maße zu reduzieren, musste eine zusätzliche Vorbereitungssitzung für die Rio+20 einberufen werden. Doch auch diese brachte keinen Durchbruch.[383] Daher lag im Gegensatz zu anderen UN-Konferenzen vor Beginn der offiziellen Verhandlungen noch kein Entwurf einer Abschlusserklärung

[Randnotiz: … und die Staaten]

---

[383] Im Vorfeld war es nur gelungen, eine gemeinsame Position zu 21 der über 400 Punkte zu erzielen; der Seitenumfang betrug noch 171 von zwischenzeitlich 278 Seiten.

vor. Etwa die Hälfte des Textes war immer noch umstritten und daher viele Formulieren „geklammert"[384] (Beisheim et al. 2012: 1). Am Ende des offiziellen Vorbereitungsprozesses nahm Brasilien als Gastgeber der Konferenz die Verhandlungen
in die Hand und erarbeitete ein Kompromisspapier. Hierzu schwächte Brasilien in
informellen Verhandlungen die strittigen Stellen ab bzw. strich sie völlig, so dass
nur ein vages Kompromisspapier übrig blieb. Das wenig transparente Vorgehen
des Gastgebers irritierte Staaten und Beobachter.

Die „most
participatory" UN-
Konferenz: Magere
Ergebnisse von
Rio+20

An dem UN-Gipfel, der vom 13.-22. Juni 2012 in Rio de Janeiro stattfand,
nahmen 191 Staaten teil, darunter 79 Staats- und Regierungschefs. Mit insgesamt
rund 45.000 offiziellen Teilnehmern und Teilnehmerinnen war es die größte und
die „most participatory" Konferenz aller Zeiten (UNEP 2013: 1). Unter den Teilnehmenden waren rund 10.000 VertreterInnen von NGOs und *major groups*.[385] Die
Konferenz nahm den Bericht „Die Zukunft, die wir wollen" einstimmig an. Die
283 Paragraphen umfassende, 53-seitige Abschlusserklärung bekräftigt erstens
das Prinzip der gemeinsamen, aber unterschiedlichen Verantwortlichkeiten. Dies
ist zwanzig Jahre nach der Etablierung des Prinzips nennenswert, weil es Bestrebungen von den USA und der EU gab, es angesichts veränderter weltpolitischer
Kräftelagen aufzukündigen (Martens 2012b). In Bezug auf die *Green Economy*
hält die Abschlusserklärung fest, dass sie mittels verschiedener Ansätze, Visionen,
Modell oder Werkzeuge etabliert werden kann. Das von der EU vorgeschlagene
Modell, das genaue Ziele und Indikatoren für den Umbau zu einer *Green Economy* vorsah, konnte sich somit nicht durchsetzen (Dodds/Nayar 2012: 4). Den
Kritikern gelang es auf der anderen Seite auch nicht, den Verweis auf die *Green
Economy* zu streichen. Offensichtlich „neutralisierten sich Gegner und Befürwor-
ter des Konzepts weitestgehend gegenseitig" (Martens 2012b). Ähnlich verhielt
es sich beim Themenbereich der institutionellen Reform. Im Vorfeld wurden zwei
konkrete Vorschläge zur neuen governance-Struktur in der internationalen Nachhaltigkeitspolitik diskutiert, nämlich einerseits ein beim ECOSOC angesiedelter
Nachhaltigkeitsrat und andererseits ein bei der Generalversammlung zu veran-
kerndes *High Level Political Forum*. Die Delegierten einigten sich in Rio zwar
auf die letztgenannte institutionelle Struktur, beschlossen aber deren politisches
Mandat und Modalitäten der Arbeitsweisen erst im Folgeprozess in der Generalversammlung festlegen zu wollen. Weiterhin soll UNEP reformiert werden: Im
Verwaltungsrat sollen zukünftig alle UN-Mitgliedsstaaten vertreten sein und das
Budget soll durch zusätzliche reguläre Haushaltsmittel und freiwillige Beitragszahlungen erhöht werden. Ebenfalls in nachfolgende Verhandlungen wurde das
Thema Nachhaltigkeitsziele (*Sustainable Development Goals*, SDGs) vertagt. Die
Idee, dass die MDGs nach ihrem Auslaufen durch SDGs ersetzt werden könnten,
war im Juli 2011 von Kolumbien und Guatemala in die UN-Debatte eingebracht
worden (Dodds/Nayar 2012: 3). Der Rio+20 Gipfel beschloss eine Arbeitsgruppe
einzusetzen, die bis zur 68. Generalversammlung hierzu einen Vorschlag erarbei-

---

384 In den Verhandlungsdokumenten werden jeweils konkurrierende Vorschläge in Klammern
gesetzt, so dass die Staaten sich für die ein oder andere Version entscheiden können.
385 Siehe   http://www.uncsd2012.org/content/documents/784rio20%20in%20numbers_final2.pdf,
24.06.2013.

ten soll (*High Level Panel of Eminent People*). Schließlich wurde noch beschlossen, eine Arbeitsgruppe zu etablieren, die bis Ende 2014 Vorschläge zur zukünftigen Finanzierung der Nachhaltigen Entwicklung vorlegen soll (*Expert Committee on a Sustainable Development Financing Strategy*). Sie wird 30 Mitglieder haben. Da jedoch bis zu drei Staaten sich einen Sitz teilen können, hat eine größere Anzahl von Staaten die Möglichkeit, ihre Positionen einzubringen.

Weiterhin wurden im Rahmen der Rio+20 Konferenz eine große Anzahl von privat-öffentlichen Initiativen vereinbart. Unter dem Motto „*Sustainable Development in Action*" sind derzeit 737 Projekte aufgelistet, die zur Implementierung Nachhaltiger Entwicklung beitragen sollen. Ähnlich wie im Rahmen des Johannesburger Gipfels sind die Initiativen von der Thematik und der Reichweite her sehr unterschiedlich. Einige dieser Initiativen wurden bei den zehn *Sustainable Development Stakeholder Dialogues* vereinbart, zu denen die brasilianische Regierung gemeinsam mit der UN eingeladen hatte. Wenngleich auch in Johannesburg schon ähnliche Dialoge stattgefunden haben, stellten die brasilianischen eine institutionelle Innovation dar: Die diskutierten Themen wurden in konkrete Forderungen überführt. Alle Interessierten konnten sodann online darüber abstimmen, welche dieser Forderungen besonders wichtig waren. Die am häufigsten genannten drei Forderungen wurden in den offiziellen UN-Verhandlungen aufgegriffen und diskutiert. Während einige Beobachtende das Format als eine innovative Brücke zwischen Zivilgesellschaft und Staaten absahen, kritisierten andere den Prozess, weil die Forderungen sich weder in den Ergebnissen von Rio+20 niederschlugen, noch die Zivilgesellschaft in die Entwicklung des Formats einbezogen war (Dodds/Nayar 2012: 15).

Schließlich hielt die Zivilgesellschaft, wie zwanzig Jahre zuvor auch, einen eigenen Gipfel ab, den *Peoples Summit*. Hier diskutierten die Vertreter der sehr heterogenen Zivilgesellschaft, darunter Gewerkschaften aus dem Norden, lokale und nationale NGOs wie auch Indigene aus dem Süden, die Notwendigkeit einer anderen Nachhaltigkeitspolitik. In kleinen Gruppen, fünf größeren, thematischen Plenarforen und drei Plenarsitzungen einigten sie sich auf eine Deklaration, in der sie das patriarchale, rassistische und homophobe kapitalistische System als eigentliche Ursache der Krise ausmachen und dessen Überwindung fordern. Dies soll mit Hilfe eines gegenhegemonialen und transformativen Projektes geschehen, das auf der Geschichte, den Praktiken, dem Wissen und den Produktionssystemen der Menschen aufbaut.[386] Sie organisierten zudem eine Demonstration mit rund 20.000 Teilnehmenden, die eine andere Politik forderten. Während also die staatlichen Verhandlungen nur magere Ergebnisse produzierte und einige Entscheidungen in die Zukunft vertagten, kritisierten die zivilgesellschaftlichen Akteure nicht nur die aktuelle Nachhaltigkeitspolitik, sondern das gesamte Welt(wirtschafts)system.

Mit Blick auf die Generalversammlung (als UN-Hauptorgan) ist zusammenfassend festzuhalten, dass ihre wichtigste Funktion bisher darin bestanden

Zusammenarbeit mit privaten Akteuren: Stakeholder Dialogues und Gegengipfel

---

386   Siehe die Abschlusserklärung des Peoples Summit, http://cupuladospovos.org.br/wp-content/ uploads/2012/07/FinalDeclaration-ENG.pdf, 24.06.2013.

hat, dass sie zu den Weltkonferenzen eingeladen hat. Die Weltkonferenzen waren zentral für die Normbildung in dem Politikfeld Umwelt, denn die politischen Erklärungen und Aktionspläne der vier Weltkonferenzen haben den Grundstein für weitere normative Ausdifferenzierungen gelegt, die zum Teil in völkerrechtliche Verträge mündeten (siehe 7.3.1). Als erfolgreich gilt dabei vor allem der Erdgipfel in Rio 1992, da mit den drei politischen Erklärungen, der Unterzeichnung von zwei völkerrechtlich verbindlichen Konventionen und der Einsetzung einer neuen Institution, der *Commission on Sustainable Development*, besonders viele Fortschritte zu verzeichnen waren (Andresen 2007b: 320). Die beiden nachfolgenden Konferenzen konnten dagegen deutlich weniger follow-up erzeugen.

7.3.2 Das Umweltprogramm der Vereinten Nationen

In Nachfolge des Stockholmer Gipfels 1972 wurde das Umweltprogramm der Vereinten Nationen (*United Nations Environment Programme, UNEP*) gegründet (GA Resolution 2997 (XXII) vom 15. Dezember 1972). Damit erhielten umweltpolitische Fragen erstmals einen eigenen institutionellen Ort innerhalb der Weltorganisation. Zuvor wurden sie in einigen Sonderorganisationen behandelt, wie die Luftverschmutzung bei der Weltorganisation für Meteorologie (WMO), die Qualität des Trinkwassers bei der Welternährungsorganisation (FAO) oder die radioaktive Verschmutzung der Umwelt im Rahmen der Internationale Atomenergieorganisation (IAEA). UNEP sollte diese institutionelle Fragmentierung überwinden und Synergien in der Problembearbeitung bewirken (Ivanova 2007a).

Aufgaben des UNEP:
• Informationen zusammen stellen
• Politikempfehlungen abgeben
• Capacity building

Das Umweltprogramm hat drei Aufgaben. Erstens soll UNEP Wissen über die Qualität der Umwelt zusammentragen und hierzu Informationen mit Regierungen und internationalen Organisationen austauschen. Es soll diese Daten evaluieren und zukünftige Entwicklungen vorhersagen. UNEP hat hierzu u.a. die Publikation *Global Environmental Outlook* (GEO) entwickelt. Der GEO-5 führt so beispielsweise auf über 500 Seiten zentrale Daten zum Stand der Umweltverschmutzung und Analysen zum Zusammenhang von Umwelt und Entwicklung zusammen (UNEP 2012a). Zweitens hat UNEP die Aufgabe, zum Management der Umweltqualität beizutragen. Hierzu gehört das Festlegen von Zielen und Standards sowie von Politikempfehlungen auf Grundlage eines konsultativen und multilateralen Prozesses. Drittens soll UNEP unterstützend dabei tätig sein, Strukturen aufzubauen (*capacity building*) (Ivanova 2007b: 33). Eine darüber hinausgehende Aufgabe, wie etwa das Vorantreiben oder die konkrete Implementierung von umweltpolitischen Verträgen, gehört nicht in das Aufgabenspektrum des UNEP. Das Umweltprogramm ist also nicht operativ tätig, sondern füllt nur eine normative und katalytische Funktion aus.

Finanzierung von UNEP v.a. durch freiwillige Beiträge

UNEP ist als UN-Programm dem Wirtschafts- und Sozialrat zugeordnet. Es verfügt über keinen eigenen Haushalt, sondern erhält seine Mittel aus dem regulären UN-Haushalt sowie aus freiwilligen Beiträgen der Mitgliedstaaten (Brühl/ Simonis 1999: 279). UNEP standen im Jahr 2012 rund 113 Millionen US$ zur

Verfügung, wovon alleine knapp 20 Millionen aus freiwilligen Zahlungen der Niederlande und Deutschlands stammen (UNEP 2012b: 113ff.).

Entscheidungen über die Programmplanung des UNEP trifft bislang ein 58-köpfiger Verwaltungsrat. Seine Mitglieder werden von der Generalversammlung gemäß einem regionalen Schlüssel gewählt, wodurch die Entwicklungsländer über eine Stimmmehrheit im Verwaltungsrat verfügen. In Rio+20 wurde eine universelle Mitgliedschaft im Verwaltungsrat beschlossen, um das Gremium aufzuwerten. Die Beschlüsse des Verwaltungsrats führt das UNEP-Sekretariat aus. Es wird von dem Exekutivdirektor geleitet, der auf Vorschlag des Generalsekretärs von der Generalversammlung gewählt wird. Seit 2006 hat Achim Steiner den Posten als UNEP Exekutivdirektor inne. Er löste den früheren deutschen Umweltminister Klaus Töpfer ab (1998-2006). UNEP hat seinen Sitz in Nairobi (Kenia) und war damals die erste UN-Institution mit Sitz in einem Entwicklungsland.

Entscheidungen durch den Verwaltungsrat – Umsetzung durch das Sekretariat

Die Arbeit von UNEP wird unterschiedlich beurteilt. Einerseits hat das Umweltprogramm einen wichtigen Beitrag zur Entwicklung des Umweltrechts auf nationaler wie internationaler Ebene geleistet. Mit dem Montevideo-Programm bildet UNEP in den Entwicklungsländern umweltpolitische Kapazitäten aus, so dass diese Staaten eine bessere Umweltgesetzgebung entwickeln können. Auf internationaler Ebene hat UNEP maßgeblich zum Zustandekommen einiger multilateraler Umweltabkommen beigetragen, indem es als Advokat aufgetreten ist und zum Agenda-setting wichtige Beiträge geleistet hat (Bauer 2005: 121f.). Weiterhin hat UNEP eine wichtige Brückenfunktion zwischen Nord und Süd inne (ebd.).

Gemischte Erfolgsbilanz von UNEP: Einerseits Initiator …

Andererseits wird das Mandat von UNEP, in dem operative Aktionen nicht vorgesehen sind, als zu schwach kritisiert. Während eine solche Kritik aus heutiger Sicht durchaus nachvollziehbar ist, darf nicht vergessen werden, dass das Mandat zu einer Zeit erteilt wurde, als die Mehrzahl der Staaten noch keine Umweltministerien bzw. keine Umweltgesetzgebung hatten. Insofern war das 1972 verabschiedete Mandat damals fast schon visionär, es ist allerdings knapp vierzig Jahre später von der realen Entwicklung eingeholt worden. Eine stärkere Initiativ-Funktion wäre wünschenswert. Zudem ist das enge Mandat eine Reaktion auf die Forderungen der Entwicklungsländer, die bei der UNEP-Gründung befürchteten, dass die Industrieländer ihnen „unter Verweis auf Umweltschutzgründe ein Entwicklungsmodell vorschreiben" könnten (Beisheim/Simon 2010: 2).

Andererseits Kritik:
• Zu enges Mandat

Zu bemängeln ist weiterhin die Ausstattung des Umweltprogramms. Von Anbeginn an ist UNEP von freiwilligen Beitragszahlungen abhängig gewesen, was das Programm geschwächt, langfristige Planungen erschwert und von den staatlichen Präferenzen abhängig gemacht hat. Dies zeige sich auch im UNEP-Sekretariat, das personell nicht ausreichend ausgestattet ist, um die komplexen und gewachsenen Aufgaben zu bewältigen. Zudem ist die Organisationsstruktur innerhalb des Sekretariats unklar, die Entscheidungsverfahren erscheinen intransparent und die Einstellungsverfahren ineffektiv (Downie/Levy 2000: 357ff.).

• Zu geringe Ausstattung

Schließlich wird die institutionelle Zersplitterung von umweltpolitischen Verantwortlichkeiten im UN-System kritisiert. Statt alle Umweltfragen in Nairobi zu verhandeln, haben die MEAs eigene Sekretariate gegründet, die die Umsetzung der jeweiligen Konventionen überprüfen bzw. vorantreiben sollen, so dass

• Zu große institutionelle Zersplitterung

es jeweils ein eigenes Klima-, Ozon-, Biodiversitäts- oder Wüstensekretariat etc. gibt. Als weitere Institution ist nach dem Erdgipfel in Rio außerdem die Kommission für Nachhaltige Entwicklung gegründet worden (siehe Abschnitt 7.3.3). Die Organisationsvielfalt erfordert eine verstärkte Koordination. Allerdings wird UNEP „seinem Koordinationsmandat seit jeher nur in Ansätzen gerecht" (Bauer 2005: 123). Viele umweltpolitische Fragen werden daher in New York statt in Nairobi verhandelt, was auch mit den rein praktischen Nachteilen des Standorts (lange Reisezeiten zu den anderen UN-Sitzen und Zeitunterschiede) zusammenhängt (Downie/Levy 2000: 361). Hierbei darf nicht vergessen werden, dass UNEP zumindest in Teilen Opfer des eigenen Erfolgs ist. Da das Programm die Aushandlung von Verträgen mitangestoßen hat, hat sich die umweltpolitische Agenda verändert, was den Handlungsspielraum von UNEP verkleinert hat (ebd.: 357f.).

Reformvorschläge des UNEP-Verwaltungsrats: von inkrementellen Reformen zur Strukturveränderung?

Aufgrund der gemischten Bilanz gibt es viele und teils auch widersprüchliche Überlegungen darüber, wie UNEP bzw. auch das gesamte umweltpolitische Institutionengefüge der Vereinten Nationen zu reformieren ist. Der UNEP-Verwaltungsrat diskutiert seit Ende der 1990er Jahre mögliche institutionelle Reformen. Zunächst bestand das Ziel darin, UNEP als Institution zu stärken, wozu u.a. ein jährliches Treffen der UmweltministerInnen vorgeschlagen wurde. Durch hochrangigere Delegierte sollte die Institution bzw. die Umweltpolitik als solche aufgewertet werden. Die Generalversammlung griff den UNEP-Vorschlag auf (A/RES/53/242 vom 10. August 1999), seit Mai 2000 finden regelmäßig gemeinsame Treffen von MinisterInnen und Verwaltungsrat statt (*Global Council/ Global Ministerial Environmental Forum*, GC/GMEF). Das ministerielle Forum (GMEF) soll politische Entscheidungen in der globalen Umweltpolitik vorbereiten und treffen, sowie als Koordinator der verschiedenen multilateralen Umweltabkommen agieren (Rechkemmer 2006: 163). Es hat Maßnahmen diskutiert, um die institutionellen Defizite im Bereich der umweltpolitischen Steuerung (*International Environmental Governance*, IEG) zu überwinden. Weiterhin hat es eine neue Arbeitsgruppe, die „Konsultativ Gruppe", eingesetzt, die Reformvorschläge erarbeiten soll.[387] Diese schlägt vor, dass neben kleineren Reformen, wie etwa eine verstärkte Zusammenarbeit mit anderen UN-Institutionen im Bereich der Nachhaltigen Entwicklung, des *capacity-buildings* oder eine Aufwertung des GMEF als ständiges Gremium, auch über grundlegende Strukturen nachgedacht werden müsse. An die Stelle von UNEP könne auch eine neue Dachorganisation für Nachhaltige Entwicklung oder eine Sonderorganisation für Umweltfragen (*World Environment Organization*, WEO) treten.[388] Somit wird erstmals innerhalb von UNEP über umfassende institutionelle Reformen diskutiert (s.u.).

Die Ergebnisse dieses umfassenden Reformprozesses sollen nach dem Willen der „Konsultativ Gruppe" dann in der Generalversammlung diskutiert werden. Während die grundlegende Entscheidung über die zukünftige Struktur der Umwelt- bzw. Nachhaltigkeitspolitik noch aussteht, haben die kleineren Reformen schon erste Früchte getragen. UNEP ist erkennbar gestärkt und seine Handlungs-

---

387   „The Consultative of Ministers or High-level Representatives" wurde mit Resolution UNEP/GC.25/4 vom 20. Februar 2009 eingesetzt.
388   Siehe UNEP/GCSS.XI/4 Annex I, Para. 13 vom 2. Dezember 2009.

fähigkeit unterstrichen worden (Bauer 2005: 125). So hat z.B. die Veröffentlichung der *„voluntary indicative scale"*, die angibt wie hoch die Mitgliedsbeiträge zu UNEP wären, wenn statt der freiwilligen Zahlungen ein quotierter Beitrag erfolgen würde, zu einer absoluten Erhöhung des Budgets geführt. Es leisten deutlich mehr Staaten als früher einen Beitrag zum freiwilligen Budget, nämlich 128 Staaten (2007), im Vergleich zu 70 Staaten in den 1990er Jahren (ebd.).

Seit Jahren wird darüber hinaus sowohl in der Politik wie auch der Wissenschaft die Gründung einer Weltumweltorganisation propagiert.[389] Vorreiter in der Diskussion waren Frankreich und Deutschland, die sich schon seit Ende der 1990er Jahre für eine neue Organisation einsetzen. Der damalige Bundeskanzler Helmut Kohl sprach sich 1997 für eine globale Dachorganisation für Umweltfragen aus, der französische Präsident Jacques Chirac „gesellte sich 1998 zu den Befürwortern einer Weltumweltorganisation" (Biermann/Simonis 2000: 164). Letzterer schlug in der 59. Generalversammlung vor, das UNEP in eine Sonderorganisation umzuwandeln (Rechkemmer 2004: 21), was zwar eine Debatte initiierte, aber nicht in konkrete Schritte mündete. Auch beim Reformgipfel 2005 kam es nicht zu Fortschritten in Bezug auf die institutionelle Struktur. So erwähnt das *Outcome Document* nur die Notwendigkeit, dass die Staatengemeinschaft die Möglichkeit eines kohärenteren und stärker integrierten institutionellen Rahmens prüfen solle (A/60/L.1, Ziff. 169). Wenngleich diese Formulierung recht weich und unpräzise erscheint, so stellt sie ein erstes offizielles Bekenntnis der Staatengemeinschaft zu einer Reform der umweltpolitischen Steuerung dar (Rechkemmer 2006: 166). Eine Gruppe von 46 Staaten unterstrich diese Position bei der Pariser Konferenz zu *Global Ecological Governance* im Februar 2007 (Andresen 2007a: 465). Anlässlich der Klimaverhandlungen in Dänemark (2009) erklärten die Bundeskanzlerin und der französische Präsident in einem gemeinsamen, öffentlichen Brief an den UN-Generalsekretär die Zustimmung zu den Reformideen.[390] Beim Rio+20 Gipfel setzte sich der Vorschlag einer WEO, wie oben gezeigt, nicht durch. UNEP geht aber dennoch gestärkt aus diesem Prozess heraus.

Vorschlag von Wissenschaft und Politik: Gründung einer Weltumweltorganisation

Die Idee einer WEO ist aus verschiedenen Perspektiven kritisiert worden. So mahnen einige an, dass eine große neue Sonderorganisation sich stark mit den eigenen strukturellen Fragen beschäftigen und damit wertvolle Ressourcen von den

Kritik an dem Modell der Weltumweltorganisation

---

389 Im deutschsprachigen Raum treten vor allem die beiden Politikwissenschaftler Frank Biermann und Ernst Udo Simonis für die Gründung einer Weltumweltorganisation (*World Environment Organization*, WEO) ein (z.B. Biermann/Simonis 1998, 2000, Biermann 2007, Simonis 2009). Sie argumentieren, dass die WEO erstens das fragmentierte umweltpolitische System besser koordinieren und zweitens zu einer weiteren Verrechtlichung im Bereich der internationalen Umweltpolitik beitragen könne. Die WEO könne Prozesse der Bildung neuer internationaler Regime besser unterstützen, ausgehandelte internationale Verträge zur Unterzeichnung auslegen und ein umfassendes Monitoring- und Überwachungssystem entwickeln und auf die verschiedenen Regelwerke anwenden. Drittens könne die WEO zur Verbesserung des Finanz- und Technologietransfers beitragen. Während derzeit viele Entscheidungen ad-hoc getroffen würden und somit eine einheitliche Richtung fehle, könne die WEO darauf achten, dass der Transfer den Kriterien von Transparenz, Effizienz und gleichberechtigter Partnerschaft genüge. Der Wissenschaftliche Beirat der Bundesregierung Globale Umweltveränderungen (WGBU) hat sich dieser Position angeschlossen (WGBU 2001).
390 Brief von Angela Merkel und Nicolas Sarkozy an den UN Generalsekretär vom 21. September 2009 (Bundesregierung 2009).

konkreten umweltpolitischen Maßnahmen abziehen würde. Überdies könnten regionale Umweltprobleme nicht adäquat durch eine globale Organisation bearbeitet werden (Rechkemmer 2006: 161). Andere Kritiker verweisen darauf, dass es wichtiger und einfacher wäre, die einzelnen internationalen Regime entsprechend zu reformieren. Die Passgenauigkeit der internationalen Regime müsse überprüft werden, um festzustellen, ob denn die Regimeregeln auch zu dem zu verregelnden Problem passen. Eventuell müssten die Normen und Regeln den sich verändernden Umweltbelastungen und den hieraus resultierenden Erfordernissen angepasst werden (Young 2008: 20ff.).

7.3.3 Kommission für Nachhaltige Entwicklung

Kommission für Nachhaltige Entwicklung als Ergebnis von Rio

Wie das UN-Umweltprogramm, so geht auch die Gründung der UN-Kommission für Nachhaltige Entwicklung (*United Nations Commission on Sustainable Development*, CSD) auf einen Beschluss eines Weltgipfels zurück: Nachdem in Rio 1992 Nachhaltige Entwicklung als neues Paradigma etabliert worden war, sollte eine Institution die Wirksamkeit des Folgeprozesses gewährleisten. Daher setzte die Generalversammlung im Dezember 1992 die CSD ein und folgte damit einer Empfehlung der Agenda 21.[391] Die CSD ist dem Wirtschafts- und Sozialrat untergeordnet und hat 53 nach einem regionalen Schlüssel gewählte Mitglieder. Sie soll die Umsetzung der Agenda 21 auf lokaler, nationaler und internationaler Ebene überwachen, politische Optionen und Richtlinien für den Nachfolgeprozess erarbeiten und zum Dialog zwischen Regierungen und der Zivilgesellschaft bzw. Wirtschaft beitragen. Die CSD tritt einmal pro Jahr für zwei (bis drei Wochen) zusammen und erarbeitet Resolutionen, die völkerrechtlich nicht verbindlich sind.

Große Ziele – kleine Wirkung

Von der Zielsetzung her sollte die CSD eine der zentralen Institutionen der globalen Umwelt- bzw. Nachhaltigkeitspolitik sein, in der die Querschnittspolitik gebündelt diskutiert und vorangetrieben wird. In der Realität spielt die CSD jedoch keine zentrale Rolle. Beobachter haben daher festgestellt, dass sie sich „vielleicht als Forum für Diskurs, aber kaum für Dezision entwickeln" konnte (Biermann/Simonis 2000: 170). Aus Sicht einiger ist die CSD daher nur ein „talk shop" (Kaasa 2007: 107). Das fehlende Ansehen drückt sich auch darin aus, dass nur selten hochrangige MinisterInnen an CSD-Sitzungen teilnehmen (Kaasa 2007: 120).

Beitrag der CSD:
• Zum Monitoring

Misst man die CSD an ihrem Mandat, kommt man zu einem gemischten Ergebnis. So hat die CSD zwar einerseits ihre Funktion des Monitorings der Nachhaltigkeitsumsetzung wahrgenommen und die staatlichen Berichte zur Implementation der Agenda 21 entgegengenommen.[392] Andererseits spielten die nationalen Berichte in der Arbeit der CSD keine große Rolle, was auch an der mangelnden Vergleichbarkeit der Berichte lag: Aufgrund fehlender Vorgaben seitens der CSD

---

391 In Kapitel 38, Abs. 11 hat die Agenda 21 die Gründung dieser Institution vorgeschlagen (A/RES/47/191 vom 22. Dezember 1992).
392 Die Zahl der Berichte ist recht hoch: In dem Zeitraum 1993 bis 1997 gaben 80 von 114 Staaten ihre Berichte ab, zwischen 1998 und 2002 waren es 105 von 149 Staaten.

unterscheiden sich sie sich in Bezug auf Präzision, Umfang und Schwerpunkt der Darstellung. Unklar ist zudem, wie belastbar die Berichte sind, da es sich um von den Regierungen zusammengestellte Daten handelt, die nicht von neutraler Seite geprüft werden (Kaasa 2007: 113).

Im Bereich der Politikempfehlungen zeigt sich ein gemischtes Bild. Einerseits hat die CSD wichtige Impulse zur Bearbeitung von neuen Problemen gegeben. Sie hat dazu beigetragen, dass die Verhandlungen zum Waldschutz nach Rio weiter gingen und hierzu die entsprechenden Verhandlungsforen eingesetzt (zunächst das *Intergovernmental Panel on Forests*, anschließend das Nachfolgeorgan, das *UN Forum on Forests*), das Thema Schutz der Meere auf die Agenda gesetzt und die Debatte über Trinkwasser vorangetrieben (Kaasa 2007: 114f.). Sie hat darüber hinaus den Johannesburger Gipfel 2002 vorbereitet. Andererseits sind ihre Empfehlungen rechtlich nicht verbindlich, so dass die CSD nur darauf hoffen kann, dass eine Staatengruppe ihre Anregungen aufgreift.

• Zu den Politikempfehlungen

Positiv fällt die Bilanz der CSD in ihrem dritten Aufgabenbereich, der Förderung von Dialog und Partnerschaften zwischen verschiedenen Akteuren zur Umsetzung von Nachhaltiger Entwicklung, aus. Erstens ist die Zahl der sogenannten *major groups*[393], die sich an den CSD-Verhandlungen beteiligen möchten, gestiegen. Waren 1993 nur 300 *major groups* bei der CSD akkreditiert, hatte sich die Zahl bis zum Jahr 2000 knapp verdreifacht, so dass 900 Organisationen gelistet waren (Bäckstrand 2006: 470). Die VertreterInnen der verschiedenen Gruppen können ihre Standpunkte nicht nur in formalen Verhandlungen äußern, sondern auch in *Multi-Stakeholder-Dialogen*, an denen neben den *major groups* auch die Staaten teilnehmen, einbringen. Diese Dialogforen sind seit 1998 fester Bestandteil der CSD-Verhandlungen. Die Ergebnisse der Beratungen sind unverbindlich, häufig ist das Interesse der staatlichen VertreterInnen auch nicht allzu hoch (Kaasa 2007: 116). Da nicht alle akkreditierten NGOs an den Dialogforen teilnehmen können, identifiziert das CSD-Sekretariat jeweils die „*focal organizations*", die sich dadurch auszeichnen, eine Führungsrolle in einem bestimmten Themengebiet inne zu haben. Diese Organisationen sollen dann sicherstellen, dass sie die zivilgesellschaftlichen bzw. privatwirtschaftlichen Interessen angemessen organisieren (Bäckstrand 2006: 486). Aufgrund der innovativen Dialogrunden und der weitgehenden Partizipationsmöglichkeiten auch in den formalen Verhandlungen gilt die CSD als Pionier einer offenen internationalen Institution (Kaasa 2007: 121).

• Zur Förderung von Dialog

Die Ursache der gemischten Bilanz der CSD kann darin gesehen werden, dass es von einigen wichtigen Staaten wie den USA und Großbritannien von Beginn an Vorbehalte gegen die Gründung der Institution gab (Chasek 2000: 380). Zweitens variierten die Erwartungen an die neue Institution sehr. Die Länder des globalen Südens gingen davon aus, dass die CSD den in der Agenda 21 festgeschriebenen Finanz- und Technologietransfer in Gang setzen und überwachen sollte. Außerdem schrieben sie der CSD die Aufgabe zu, die Industrieländer zu nachhaltigeren Produktionsweisen zu verpflichten. Die industrialisierten Staaten

Unterschiedliche Zielsetzungen und mangelnde Ausstattung hindern die CSD-Arbeit

---

393 Die CSD unterscheidet neun *major groups*: Wirtschaft und Industrie, Kinder und Jugendliche, Bauern, indigene Völker, lokale Autoritäten, NGOs, wissenschaftliche und technologische Gruppen, Frauen sowie Arbeiter und Gewerkschaften.

hatten sich die CSD eher als *think-tank* vorgestellt, die Möglichkeiten einer Nachhaltigen Entwicklung entwerfen und implementieren sollte. Diese unterschiedlichen Sichtweisen mussten erst gegenübergestellt und ein gemeinsames Arbeitsverständnis entwickelt werden (Andresen 2007a: 462). Schließlich leidet auch die CSD unter den finanziellen Zwängen. Statt ein der Querschnittsfunktion angemessen großes und professionelles Sekretariat einrichten zu können, muss die CSD mit einer chronisch unterfinanzierten Bürokratie arbeiten, die bspw. nur wenige Experten zu Vorbereitungstreffen einladen kann (Kaasa 2007: 120). Die Kritik an der institutionellen Form und der bisherigen Arbeit hat dazu geführt, dass beim Rio+20 Gipfel mit dem *High Level Political Forum* eine neue Institution initiiert wurde, die die CSD perspektivisch ablösen wird.

7.3.4 Globale Umweltfazilität

GEF Gründung als Einlösung langjähriger Forderungen

Die Globale Umweltfazilität (*Global Environmental Facility*, GEF) ist gegründet worden, um die zusätzlichen Kosten, die den Entwicklungsländern und Transformationsstaaten durch Umweltschutzprojekte entstehen, zu übernehmen. Zunächst als Pilotprojekt im Jahr 1991 eingerichtet, finanziert die GEF seit 1994 Projekte zum Schutz des Klimas, der Ozonschicht, der Biodiversität und der internationalen Gewässer, sowie seit wenigen Jahren zusätzlich Vorhaben im Rahmen der Stockholmer Konvention zum Schutz vor persistenten organischen Chemikalien und der Wüstenkonvention (Clémençon 2006: 51). Mit der Einrichtung der GEF wurde eine langjährige Forderung nach einer zusätzlichen Finanzierungsquelle zum Umweltschutz eingelöst, die von wissenschaftlichen Gremien, einigen Staaten und nicht zuletzt den UN selbst geäußert wurde: Die Brundtland-Kommission hatte in ihrem Bericht angeregt, einen Umweltschutzfonds einzurichten (Hauff 1987); das einflussreiche amerikanische World Ressource Institute hatte fast zeitgleich die Schaffung der *International Environmental Facility* vorgeschlagen; und das UN-Entwicklungsprogramm (UNDP) und die Weltbank hatten ebenfalls Ende der 1980er Jahre über geeignete Formen der Finanzierung von Umweltschutz diskutiert (Sand 1996: 480; Young 2002: 50ff.). Als der französische Premierminister Michel Rocard 1989 bei der Jahrestagung von Weltbank und IWF vorschlug, einen freiwilligen Fonds zur Finanzierung von Umweltschutzprojekten einzurichten und ankündigte, 900 Millionen französische Francs einzuzahlen, war die Idee zur neuen Institution geboren. Deutschland unterstützte den französischen Vorschlag bei der Jahrestagung der Bretton Woods-Institutionen.

Institutionelle Neuerung: drei Institutionen stützen GEF

Da der französische Entwurf keine genauen Angaben zur institutionellen Ausgestaltung des Finanzierungsmechanismus enthielt, entwarf die Weltbank in Zusammenarbeit mit einigen Staaten im Verlauf des folgenden Jahres die Struktur einer zu gründenden Institution.[394] Hierbei war sie von dem Ziel geleitet,

---

[394] An der ersten Verhandlung nahmen 17 Industrieländer teil. Im Sommer 1990 wurden neun Entwicklungsländer (darunter Simbabwe, Indien und Indonesien) eingeladen, an der GEF-Etablierung mitzuarbeiten. Bei ihrer Gründung schlossen sich 28 Staaten der GEF an, davon zwölf Entwicklungsländer (Young 2002: 55).

keine neue eigenständige internationale Organisation zu gründen, um die durch
Bürokratie aufkommenden Kosten zu minimieren. Stattdessen sollten bestehende Kapazitäten genutzt werden. Man einigte sich daher schnell darauf, dass die
Weltbank, das Entwicklungs- und das Umweltprogramm der Vereinten Nationen
(UNDP und UNEP) zu diesem Zweck zusammenarbeiten sollten, wobei jede der
drei Organisationen ihre spezifischen Vorteile einbringen bzw. ausspielen sollte.
Konkret bedeutete dies, dass UNDP Erfahrungen bei der Implementation von Projekten der technischen Zusammenarbeit einbringen, UNEP wissenschaftliche und
technische Expertise zur Verfügung stellen und die Weltbank die Verwaltung der
Mittel übernehmen sollte. Die GEF-Gründung erfolgte daraufhin in zwei Schritten. Zunächst einigten sich 73 Staaten im März 1991 darauf, die GEF ins Leben rufen zu wollen. Daraufhin verabschiedeten die drei tragenden Institutionen
entsprechende Resolutionen bzw. Beschlüsse in ihren Gremien und setzten die
GEF ein (Boisson de Chazmournes 2005: 201), die im Dezember 1991 ihre Arbeit aufnahm. Für eine Pilotphase von drei Jahren mit einem Finanzvolumen von
rund einer Milliarde US$ ausgestattet, sollte sie innovative Projekte zum globalen
Umweltschutz finanzieren.[395]

Schon kurz nach der Gründung der GEF diskutierten die Staaten über die
Zukunft der neu gegründeten Institution, deren Pilotphase nur drei Jahre dauern
sollte. Vor dem Hintergrund des damals bevorstehenden Erdgipfels 1992 standen
drei Fragen im Raum: Wer sollte Mitglied in der GEF werden können? Wie sollten Entscheidungen in der GEF getroffen werden? Und wer sollte für die Arbeit
der GEF verantwortlich sein bzw. wer sollte die Treffen der GEF-Organe kontrollieren? Hinter jeder dieser Fragen verbarg sich Kritik an der Arbeitsweise in
der Pilotphase (Brühl 2004: 6). Die Voraussetzungen für die Mitgliedschaft waren
insofern umstritten, als in der Pilotphase nur solche Staaten Mitglied in der GEF
werden konnten, die mindestens eine Million US$ in den Fonds einzahlten. Etli-
che Entwicklungsländer mussten daher auf eine Mitgliedschaft verzichteten. Sie
konnten zwar als Nicht-Mitglieder finanzielle Unterstützung beantragen, Einfluss
auf die politische Ausrichtung der GEF bzw. die strategischen Entscheidungen
über die Mittelvergabe konnten sie jedoch nicht nehmen. Sehr umstritten war die
Frage, wie der künftige Entscheidungsprozess innerhalb der GEF zu gestalten sei.
In der Pilotphase hatte vor allem die Weltbank über die Verteilung der Gelder
entschieden.[396] Die Entwicklungsländer konnten und können aufgrund der einzah-
lungsbasierten Stimmverteilung („1 Dollar – 1 vote") in der Weltbank keinen bzw.
nur einen sehr geringen Einfluss auf die Mittelverteilung nehmen. Sie warfen der

Reformphase:
Diskussion über
Mitgliedschaft,
Entscheidungs-
strukturen und
Kontrolle

---

395 Die dreißig in der Pilotphase teilnehmenden Staaten zahlten 860 Millionen US$ in den *Global
Environment Trust Fund* ein. Australien und die USA stellten ihre Mittel nicht direkt dem Fonds zur
Verfügung, sondern richteten ein System der Co-Finanzierung ein (Australien) bzw. sicherten zu, einen
entsprechenden Betrag innerhalb ihres Entwicklungshilfefonds zur Finanzierung von GEF-Projekten
freizustellen (Streck o. J.: 10).

396 Über die Genehmigung von kleineren Projekte (weniger als fünf Millionen US$) entschieden die
Weltbank-Manager alleine; bei größeren Projekten wurde die Entscheidung von den Mitgliedstaaten
der GEF bei ihren zwei Mal im Jahr stattfindenden Sitzungen getroffen. Die Genehmigung von
Projektanträgen zum Schutz der Umwelt, die Teil eines größeren Gesamtprojektes waren, oblag dem
Exekutivdirektorium der Weltbank (Wood 1993: 223).

GEF daher vor, undemokratisch zu sein und die Entscheidungen über ihre Köpfe hinweg zu treffen. Weiterhin wurde diskutiert, welche Gremien Entscheidungen auf Grundlage welcher Abstimmungsverfahren treffen sollten. Schließlich gab es unterschiedliche Ansichten zur Frage, wie eigenständig die GEF arbeiten dürfe bzw. wie eine sinnvolle interne Kontrolle aussehen könnte. Im Mittelpunkt der Debatte standen die Fragen nach der Unabhängigkeit des GEF- Sekretariates von der Weltbank und den Kompetenzen des bzw. der Vorsitzenden des Sekretariates. Wiederum waren es vor allem die Entwicklungsländer, die mit der vorherigen Struktur, einer in der Weltbank integrierten Verwaltung, nicht zufrieden waren, da sie befürchteten, dass die Unabhängigkeit der GEF so nicht gewahrt werden könne.

Gremien der GEF: Mitgliederversammlung, Rat und Sekretariat

In dem GEF-Reformprozess kam man in vielen Punkten den Entwicklungsländern entgegen. Da es keine Mindesteinlagen mehr gibt, können nun alle Staaten GEF-Mitglieder werden. Entscheidungen werden transparent und im Konsens in der Mitgliederversammlung *(Participants Assembly)* getroffen, zu der die Mitgliedstaaten sowie die drei Institutionen Weltbank, UNDP und UNEP alle drei Jahre zusammen treten. Die Mitgliederversammlung überwacht die GEF und unterbreitet Verbesserungsvorschläge. Entscheidungen über Finanzfragen trifft der GEF-Rat *(Governing Council)*, der zwei Mal pro Jahr zusammentritt. Er ist verantwortlich für die Entwicklung, Annahme und Evaluation der GEF-Programme und Schwerpunkte. Der Rat besteht aus 32 Mitgliedern, von denen 16 aus den Entwicklungs-, 14 aus den Industrie- und zwei aus den Transformationsstaaten kommen. Entscheidungen werden möglichst im Konsens getroffen. Ist eine Abstimmung notwendig, gilt das Prinzip der doppelten Mehrheit: Es müssen mindestens 60 % der Stimmen und 60 % der Beitragszahler für eine Entscheidung stimmen, damit diese angenommen wird. Die GEF ist die erste Institution gewesen, die dieses Prinzip der doppelten Mehrheit verankert hat, welches verhindert, dass eine große Staatengruppe eine andere überstimmt. Industrie- und Entwicklungsländer müssen sich weitgehend einig sein, damit die zweimal benötigten Mehrheiten zu Stande kommen. Die Verankerung des Prinzips der doppelten Mehrheit resultiert im Wesentlichen daraus, dass zwei sehr unterschiedliche Typen von internationalen Organisationen sich in der GEF wiederfinden mussten: Einerseits das System der Vereinten Nationen mit dem Prinzip, dass jeder Staat über eine Stimme verfügt („1 state – 1 vote") und andererseits das System der Bretton Woods Institutionen (Weltbank und Internationaler Währungsfonds), bei denen die Höhe der Einzahlungen die Anzahl der Stimmen bestimmt („1 Dollar – 1 vote"). Die Entscheidungen des Rates wie auch der Mitgliederversammlung werden vom Sekretariat vorbereitet. Das Sekretariat der GEF ist zwar räumlich bei der Weltbank angesiedelt, arbeitet aber unabhängig von der Bretton Woods Organisation.

Entscheidungsverfahren im GEF-Rat: Doppelte Mehrheiten

Finanzielle Mittel: Nominal steigend – real sinkend

Die GEF speist sich aus freiwilligen Zahlungen der Staaten. Alle vier Jahre finden Auffüllrunden statt, in denen die Staaten ihre Einlagen bekannt geben. Während nominal das Budget von 2 Milliarden US$ in der ersten Runde auf 3 Mrd. US$ in der vierten Auffüllrunde stieg, ist *real* ein Rückgang der zur Verfügung stehenden Mittel zu beobachten. Dies liegt erstens daran, dass die Summe an *neuen* Finanzmitteln über die Jahre hinweg konstant geblieben ist. Inflationsbereinigt ist das GEF-Budget seit 1994 damit sogar gesunken (siehe Abbildung 7.2, Clémençon 2006: 61f). Eine Verbesserung brachte die fünfte Auffüllrunde, da hier das Budget auf 4,34 Milliarden US$ anstieg.

Pledges to the GEF Trust Fund

	Nominal Replenishment in Billion US$	Nominal New Money in Billion US$	**Inflation Adjusted New Money in Billion 1994 US$**
GEF1 1994 (1994-1997)	2.0	2.0	**2.0**
GEF2 1998 (1998-2002)	2.8	2.0	**1.8**
GEF3 2001 (2002-2006)	3.0	2.3	**1.9**
GEF4 2006 (2007-2010)	3.1	2.3	**1.7**

Abbildung 7.2: Budget der GEF[397]

Diesen zur Verfügung stehenden Mitteln steht ein beträchtlich höherer Finanzbedarf gegenüber. Beim Erdgipfel wurde geschätzt, dass für die Umsetzung der Nachhaltigen Entwicklung eine Finanzierung in Höhe von allein 70 Mrd. US$ nötig wäre. Die GEF selbst merkt auch kritisch an, dass sie seit der zweiten Auffüllrunde (1998) unterfinanziert ist. Obwohl eine steigende Zahl an Umweltabkommen die GEF als Finanzierungsinstrument einsetzen, erhöhen die Staaten ihre Zahlungen nicht (GEF 2010: 10f.).

Um Umweltschutzmaßnahmen finanzieren zu lassen, die einen globalen Bezug haben bzw. die der Umsetzung einer der genannten internationalen Konventionen dient, können Staaten bei der GEF Anträge einreichen. Das Antragsverfahren ist recht komplex und dauert teils sehr lange – bis zu zwei Jahre muss ein Antragssteller auf den Entscheid warten (Brühl 2004: 16). Bislang flossen 90% der GEF-Mittel in die Bereiche Klimaschutz, Biodiversität und Wasserschutz, die restlichen 10% verteilten sich auf die Ozonpolitik, die Wüstenkonvention und die persistenten organischen Stoffe (Clémençon 2006: 54). Besonders viele Mittel wurden in der Klima- und in der Biodiversitätspolitik ausgegeben: diese machen je rund ein Drittel der Ausgaben aus (GEF 2010).

Die GEF-Mittel sind als eine Art Anschubfinanzierung gedacht. Sie sollen zur Ko-Finanzierung durch andere Geldgeber führen, die dann weitere Mittel zur Verfügung stellen. Die GEF gibt an, dass der Anteil dieser Mittel bis zu drei Mal höher ist als der GEF-Anteil (ebd.). Diese Zahl ist allerdings umstritten, da es sich auch um eine Umetikettierung von bereits zugesagten Mitteln handeln kann, die sowieso ausgeschüttet worden wären (Clémençon 2006: 54).

Ungleiche Finanzierung der verschiedenen Bereiche

---

397   Quelle: Clémençon 2006: 5.

7.4 Das Vertragsinstrumentarium

Sektorale
Umweltabkommen

Wie wir einleitend festgestellt haben, verfolgt die UN in der Umweltpolitik einen sektoralen Ansatz. Spezifische Umweltprobleme wie der Klimawandel, die Luft- oder Wasserverschmutzung oder der Verlust der biologischen Vielfalt werden also jeweils einzeln in einem multilateralen Umweltabkommen (MEA) bearbeitet. Heute gibt es rund 500 MEAs, die meisten davon regeln ein regionales Umwelt- problem (323 MEAs) (Ivanova/Esty 2008: 70). Besonders viele MEAS wurden in den 1990er Jahren verabschiedet (siehe Abbildung 7.3). Diese neueren MEAs eint, dass sie eine eigene Dynamik in Gang setzen wollen. Fast jedes MEA sieht regelmäßige Vertragsstaatenkonferenzen vor, bei denen die Vertragsparteien über Fortschritte und Hindernisse bei der Umsetzung der vereinbarten Maßnahmen dis- kutieren. Aufgrund dieser Dynamik können die spezifischen Regelungen an neue Befunde zum Zustand der Umwelt angepasst oder auch neue Handlungsmöglich- keiten aufgrund technologischen Fortschritts identifiziert werden. Die älteren Ab- kommen waren dagegen statisch angelegt.

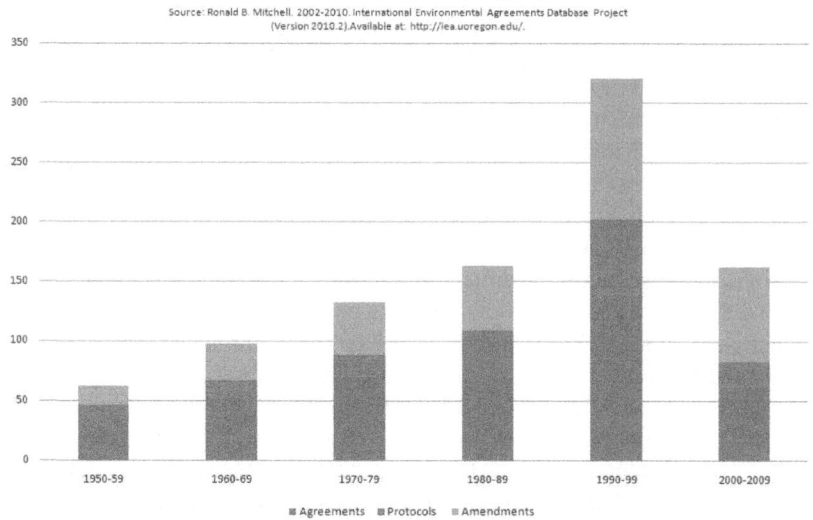

Abbildung 7.3: Anzahl der neuen MEAs[398]

MEAs und
internationale
Umweltregime

Aufgrund des dynamischen Charakters stellen die meisten MEAs den Nukleus von internationalen Regimen dar. Internationale Regime als eine spezifische Klas- se von internationalen Institutionen zeichnen sich durch gemeinsame Prinzipien, Normen, Regeln und Verfahren aus, die das Verhalten der Vertragsparteien in ei- nem spezifischen Bereich bestimmen. Die Regeln haben dabei einen präskripti-

---

398   Quelle: http://iea.uoregon.edu/images/Multilaterals.jpg, 15.06.2013.

ven Status, das bedeutet, dass die Regimemitglieder „ihr eigenes Verhalten an den Regeln ausrichten und das Verhalten anderer dementsprechend bewerten" (Breitmeier 1996: 19). Die MEAs legen häufig die Prinzipien, Normen und Regeln fest, teils schreiben sie auch schon die Prozeduren der Regime vor. Viele MEAs setzen sich hierbei aus einem Rahmenübereinkommen zusammen, das in den Prinzipien und Normen ein gemeinsames Problemverständnis herstellt. Die Regeln, die das Verhalten der Vertragspartei genau reglementieren, werden hingegen in den später zu verabschiedenden Protokollen zur Rahmenkonvention verankert. Die Protokolle haben den Vorteil, dass sie relativ schnell erarbeitet werden können. Durch diese Kombination aus festen Prinzipien und Normen einerseits, und anpassbaren Regeln andererseits, können MEAs und darüber vermittelt die internationalen Regime zugleich dauerhaft und dynamisch arbeiten. Eine Analyse von 23 zentralen, internationalen Umweltregimen hat gezeigt, dass deren Regelungsdichte und -schärfe zugenommen hat (Breitmeier 2009: 160). Der überwiegende Anteil der internationalen Umweltregime, nämlich 16 von 23, trägt dazu bei, dass sich der Zustand der Umwelt leicht oder gar deutlich verbessert hat (letzteres traf auf sechs Umweltregime zu). Allerdings führten fünf Umweltregime zu keiner Veränderung der Umweltqualität, in zwei Fällen, dem Verlust der Biodiversität und dem Klimawandel, verschlechterte sich der Zustand der Umwelt trotz der eingerichteten Regime sogar (Breitmeier 2009: 154). Diese Studie zeigt weiterhin, dass Staaten sich insbesondere dann an die Regeln halten, wenn die MEAs einen Sanktionierungsmechanismus verankert haben (*Compliance*-Mechanismus, Breitmeier 2009: 163). Weiterhin wirken sich die Mechanismen zur Streitbeilegung positiv auf die Regeleinhaltung aus.

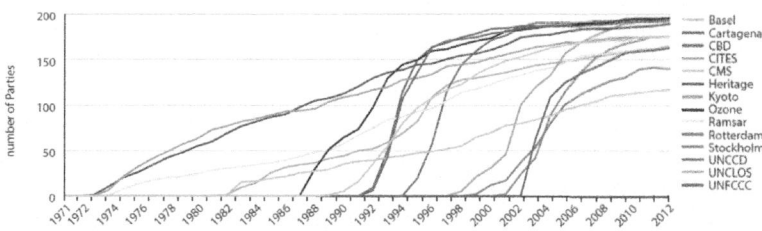

Figure 20: Number of Parties to Multilateral Environmental Agreements (MEAs), 1971-2012. Many MEAs and Conventions are reaching the maximum number of countries as signatories (Parties). Taking all 14 MEAs depicted here together, the number of Parties reached 90 per cent in 2012. Establishing and signing such agreements is a first important step, but does not mean the environmental problems addressed will be solved right away. *Source: UNEP EDE, compiled from various MEA secretariats* (**Table 1**).

Abbildung 7.4: Anzahl der Mitglieder in MEAs 1971-2012[399]

Im Folgenden skizzieren wir die drei bekanntesten internationalen Umweltregime: Das Ozon-, das Biodiversitäts- und das Klimaregime und beleuchten hierbei immer die Entstehungsbedingungen und die Arbeit im UN-Kontext, sowie die Rolle von nichtstaatlichen Akteuren.

---

399   Quelle: UNEP 2013:62.

7.4.1 Das Ozonregime

Institutionelles
Design:
Rahmenkonvention
und Protokolle
Ozonregime
als Erfolgsfall:
Protokolle
spezifizieren die
Rahmenkonvention

Das erste globale Umweltregime, das eine Kombination aus Rahmenübereinkommen und Protokollen verankerte, war das Regime zum Schutz der Ozonschicht.
Es soll eine Ausbreitung des Ozonlochs, das in den frühen 1980er Jahren entdeckt
wurde, verhindern. Das Ozonregime regelt daher die Produktion und den Verbrauch von ozonschädlichen Stoffen, insbesondere von FCKW (Fluorchlorkohlenwasserstoffe) und deren Ersatzstoffe, die u.a. als Treibmittel in Spraydosen und
als Kühlmittel verwendet wurden. Der Verhandlungsprozess des Ozonregimes hat
1981 begonnen und dauert bis heute an. Initiiert wurde er von UNEP: Im Mai 1981
setzte der UNEP-Verwaltungsrat ein Verhandlungsgremium ein, das einen entsprechenden Vertrag erarbeiten sollte (*Ad Hoc Working Group on Legal and Technical
Expert*, Governing Council Decision 9/19 vom 26. Mai 1989). FCKW wurden
damals in den Industrieländern (IL) hergestellt und in der ganzen Welt gebraucht.
Die IL vertraten unterschiedliche Auffassungen darüber, wie eine Regulierung
aussehen sollte: Einige Staaten wollten den Verbrauch von FCKW reduzieren, die
anderen die Produktionskapazitäten regulieren. Zur ersten Gruppe gehörten die
USA, Kanada, Neuseeland und die skandinavischen Staaten. Als „Toronto Gruppe" traten sie dafür ein, dass bestimmte FCKW gar nicht mehr oder zumindest nur
eingeschränkt genutzt werden dürften. Zur zweiten Gruppe gehörten die EU-Staa-
ten, die dafür plädierten, die Produktions*kapazitäten* für FCKW-11 und FCKW-12
einzufrieren. Aufgrund der unüberbrückbaren Gegensätze einigten sich die Staaten im März 1985 zunächst nur auf eine Rahmenkonvention. Sie hält als Prinzip
fest, dass die Vertragsparteien die menschliche Gesundheit und die Umwelt durch
geeignete Maßnahmen schützen sollen; als Norm formuliert sie, dass die Staaten
Vorsorgemaßnahmen zum Schutz der Ozonschicht ergreifen sollen. Auf konkrete
handlungsanleitende Regeln einigten sich die Staaten erst zwei Jahre später mit
dem Montrealer Protokoll. Hierin verabredeten die Vertragsparteien, Produktion *und* Verbrauch von die Ozonschicht zerstörenden Stoffen zu reduzieren, den
Handel von ozonschädlichen Substanzen mit Nichtvertragsparteien einzuschränken und in Hinblick auf die jeweils aktuellen wissenschaftlichen, ökologischen,
technischen und wirtschaftlichen Kenntnisse die getroffenen Maßnahmen immer
wieder neu zu bewerten und gegebenenfalls anzupassen. Die besondere Situation der Entwicklungsländer wurde ausdrücklich anerkannt. So verpflichteten sich
in einem ersten Schritt nur die Industrieländer, die gebräuchlichsten FCKW bis
1998 um 50% zu reduzieren und die Produktion und den Verbrauch von Halonen
einzufrieren. Bei den folgenden Vertragsstaatenkonferenzen wurden diese Regeln
auf weitere Stoffe ausgeweitet (insbesondere teilhalogenierte FCKW, Halone und
FCKW-Ersatzstoffe) und der Zeitplan (bis wann Produktion und Verbrauch eines
Stoffes zu reduzieren bzw. vollständig zu verbieten sind) immer weiter verschärft.
In diesem Prozess übernahmen auch die Entwicklungsländer Reduktionsverpflichtungen. Durch die zusätzlichen Vereinbarungen von London (1990), Kopenhagen
(1992) und Wien (1995) nahmen die Verregelungsdichte und -tiefe kontinuierlich
zu. So konnte der globale FCKW-Verbrauch bis 1996 um 85% (gegenüber 1987)
vermindert werden, in den Industriestaaten ist er inzwischen bei Null angekom-

men. Die Entwicklungs- und Schwellenländer befinden sich auf einem ähnlichen Weg. Zwar wird die Regeneration der stratosphärischen Ozonschicht wegen der Langlebigkeit der aufgestiegenen Spurengase noch Jahrzehnte andauern, aber der Nachschub an ozonschädigenden Substanzen ist weitgehend gestoppt (Brühl 2012). Da es durch die Rahmenkonvention und die verschiedenen Protokolle gelang, die Ozonschicht zu schützen, gilt das Umweltregime nicht nur als Erfolgsfall, sondern das Ozonloch ist zugleich das „am intensivsten behandelte, politisch ausformulierte globale Umweltproblem" (Simonis 2006: 231).

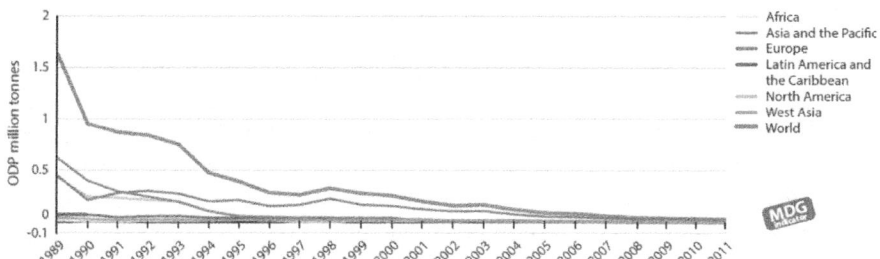

Figure 6: Consumption of ozone-depleting substances expressed as million tonnes of ozone depletion potential (ODP), 1989-2011. Challenges remain, but the consumption of ozone-depleting substances has declined tremendously through implementation of the Montreal Protocol to the Vienna Convention for the Protection of the Ozone Layer. *Source: UNEP EDE, compiled from UNEP (2012c)*

Abbildung 7.5: Konsum ozonschädlicher Substanzen[400]

Am Beispiel des Ozonregimes wird ein Vorteil des sektoralen Ansatzes der MEAs deutlich: Für ein spezifisches Umweltproblem erarbeiten die Staaten in zum Teil langwierigen Verhandlungsprozessen Prinzipien, Normen und Regeln und einigen sich auf einen Nachfolgeprozess, in dessen Rahmen sie weitere Spezifizierungen vornehmen können. Die Vereinten Nationen unterstützen diese sektoralen Verreglungsprozesse dadurch, dass sie Informationen zur Verfügung stellen, die sie auf den unterschiedlichen Ebenen gesammelt haben, wodurch sich das „kognitive setting" verbessert. Sie stellen weiterhin ein Forum zur Verfügung, innerhalb dessen Interessen artikuliert und Gruppen sich konstituieren können. Schließlich unterstützen sie die Regimebildung häufig dadurch, dass sie eine Infrastruktur wie bspw. ein Sekretariat, das auch Formulierungsvorschläge für eine vertragliche Vereinbarung erarbeiten kann, bereitstellen (Breitmeier 1997: 93). Der Nachteil des sektoralen Ansatzes liegt erstens darin, dass Wechselwirkungen zwischen zwei Umweltregimen auftreten können. So hatte das Ozonregime nicht-intendierte Folgen für das Klimaregime. Die FCKW-Ersatzstoffe, die an die Stelle derjenigen Stoffe treten sollen, welche die Ozonschicht zerstören, wirken sich äußerst negativ auf den Treibhauseffekt aus. Durch die Regulierung in der Ozonpolitik hat sich somit der Zustand der Umwelt im Bereich des Klimas verschlechtert. Zweitens ist der sektorale Ansatz auch nicht geeignet, um ein umfassendes Paradigma, wie die Nachhaltige Entwicklung, angemessen zu implementieren (Sanwal 2007: 2).

Vor- und Nachteile des sektoralen Ansatzes

---

400   Quelle: UNEP 2013: 56.

7.4.2 Das Klimaregime

Das derzeit bekannteste internationale Umweltregime ist das zum Klimaschutz. Zu Beginn der 1980er Jahre mehrten sich die Stimmen, die vor einem anthropogen bedingten Treibhauseffekt warnten.[401] Der erste Impuls zur internationalen Verregelung kam nicht aus den Vereinten Nationen, sondern ging von Kanada aus. Die kanadische Regierung lud im Juni 1988 zu einer internationalen Klimakonferenz nach Toronto ein (*World Conference on Changing Atmosphere*). VertreterInnen aus der Wissenschaft und von 48 Regierungen forderten in ihrer Deklaration, dass die weltweiten CO_2-Emisssionen bis 2050 zu halbieren seien (Oberthür 1993: 25). Wenngleich das *Toronto-Ziel* völkerrechtlich unverbindlich blieb, diente es als ein wichtiges politisches Signal. Die Vereinten Nationen griffen es auf und engagierten sich bei der Suche nach einer gemeinsamen Problemwahrnehmung. Die relevanten Entscheidungsorgane der Weltmeterologie Organisation (WMO) und des Umweltprogramms der Vereinten Nationen (UNEP) setzten daher auf Betreiben der jeweiligen Bürokratien 1989 das Zwischenstaatliche Panel über den Klimawandel (*Intergovernmental Panel on Climate Change*, IPCC) ein. Das IPCC, häufig auch als Weltklimarat bezeichnet, hat die Aufgabe, die wissenschaftlichen, technischen und sozio-ökonomischen Informationen über den Klimawandel mittels eines offenen, umfassenden und transparenten Verfahrens zusammenzustellen. Es soll so zu einem besseren Verständnis des anthropogen verursachten Klimawandels, seiner Folgen und möglichen Anpassungsmaßnahmen beitragen.[402] Damit das IPCC diese Aufgabe erfüllen kann, wurde ihm ein kleines Sekretariat zur Verfügung gestellt, in das WMO und UNEP je eine Mitarbeiterin bzw. einen Mitarbeiter entsenden; beide Institutionen finanzieren auch in einem geringen Umfang die Arbeit des IPCC. Das IPCC veröffentlich alle fünf bis sechs Jahre *Assessment Reports* (AR), in denen die wichtigsten Trends der Klimaforschung zusammengetragen werden. Der vierte Assessment Report des IPCC erschien 2007, der fünfte ist derzeit in Arbeit.

Der IPCC konnte in den mehr als zwanzig Jahren seines Bestehens nachweisen, dass ein anthropogen induzierter Treibhauseffekt mit sehr hoher Wahrscheinlichkeit besteht und dieser gravierende Folgen für die Umwelt haben wird. Für diese Leistung wurde das IPCC 2007 mit dem Friedensnobelpreis ausgezeichnet. Aufgrund von fehlerhaften Informationen im letzten Bericht (2007) geriet das IPCC jedoch sehr in Misskredit.[403] Der UN-Generalsekretär und der Vorsitzende des Weltklimarates beauftragten daraufhin im März 2010 den *InterAcademy Council*, einem Zusammenschluss von 15 nationalen Wissenschaftsakademien, die Arbeit des IPCC unabhängig zu evaluieren und Vorschläge zu dessen Arbeits-

---

401 Damals war jedoch umstritten, ob Kohlendioxid- (CO_2) Emissionen sich überhaupt in der Atmosphäre sammeln können und falls das der Fall sein sollte, welche Auswirkungen dies auf die Menschheit hätte.

402 Die Prinzipien des IPCC, die dieses auf seiner vierten Sitzung 1998 erarbeitet hat, finden sich unter http://www.ipcc.ch/pdf/ipcc-principles/ipcc-principles.pdf, 02.06.2013.

403 Das IPCC hatte falsche Daten in Bezug auf das Abschmelzen von Gletschern im Himalaya veröffentlicht und sich nach der Kritik für die fehlerhafte Darstellung entschuldigt; siehe http://www.ipcc.ch/pdf/presentations/himalaya-statement-20january2010.pdf, 02.06.2013.

weise zu unterbreiten. Trotz der zuletzt massiven Kritik ist es dem IPCC gelungen dazu beizutragen, dass die klimapolitische Diskussion sich „eher um das *Wann* und das *Wie* als um das *Ob*" des Treibhauseffekts dreht" (Lederer 2010: 24).

Der IPCC legte im Oktober 1990 seinen ersten Bericht vor, woraufhin die Generalversammlung postwendend ein Verhandlungsgremium einsetzte, das einen internationalen Vertrag ausarbeiten sollte (*Intergovernmental Negotiation Committee*, INC, A/RES/45/212 vom 21. Dezember 1990). In den fünf Verhandlungsrunden des INC traten massive Konflikte auf, die sich insbesondere um die Frage drehten, welche Staaten(gruppen) welche Reduktionsverpflichtungen übernehmen sollten. Vereinfacht ausgedrückt betonten die Entwicklungsländer, dass die Industrieländer den Treibhauseffekt verursacht hätten und daher entsprechende Maßnahmen ergreifen müssten (Kasa et al. 2008: 116). Die Industrieländer forderten ihrerseits, dass auch die Entwicklungsländer einen Beitrag zum Klimaschutz leisten müssten, auch weil hier ein enormes Einsparpotential bestünde. Die beiden Staatengruppen sind in mehrere kleinere Gruppen zerfallen. Bei den Industrieländern ist die EU dafür eingetreten, dass die Treibhausgase stabilisiert und langfristig reduziert werden müssten, während die USA, Japan, Kanada und Russland sich geweigert haben, verbindliche Verpflichtungen zu akzeptieren. Die heterogene Gruppe der Entwicklungsländer ist u.a. in die von dem Treibhauseffekt am stärksten bedrohten kleinen Inselstaaten (*Alliance of Small Islands States*, AOSIS), die Staaten, die einen ökonomischen Nutzen aus der Förderung von fossilen Brennstoffen haben (wie Saudi-Arabien und andere Erdöl-exportierende Staaten) und die Schwellenländer, die eine aktive Klimapolitik als Gefahr für ihre wirtschaftliche Entwicklung ansahen (China, Indien und Brasilien) aufgespalten. Aufgrund der Konfliktlinien konnten sich die Staaten nicht im vorgesehenen Zeitplan auf einen Vertragsentwurf einigen.

Beim Erdgipfel in Rio lag die mühsam ausgehandelte Klimarahmenkonvention (*United Nations Framework Convention on Climate Change*, UNFCCC) zur Unterzeichnung aus. Sie trat am 21. März 1994 in Kraft, 90 Tage nach der Hinterlegung der 50. Ratifikationsurkunde. Heute sind 193 Staaten und die EU Mitglied der Rahmenkonvention. Sie sieht eine „Stabilisierung der Treibhausgaskonzentration in der Atmosphäre auf einem Niveau [vor] …, auf dem eine gefährliche anthropogene Störung des Klimasystems verhindert wird" (UNFCCC, Art. 2). Die Industrie- und Entwicklungsländer haben dabei gemeinsame, aber differenzierte Verpflichtungen. Das bedeutet, dass die im Annex I aufgeführten Industrieländer sich dazu bereit erklären, ihre Treibhausgasemissionen auf das Niveau von 1990 zurückzuführen (Art. 4, Abs. 2b), während die Entwicklungsländer vorerst keine Maßnahmen ergreifen müssen. Ihnen sollen allerdings finanzielle Mittel für den Klimaschutz zur Verfügung gestellt werden. Zum obersten Verhandlungsgremium wurde die Konferenz der Vertragsparteien (*Conference of the Parties*, COP) bestimmt. Sie soll das Rahmenübereinkommen weiterentwickeln und die Umsetzung der Klimakonvention überwachen.

Die erste Vertragsstaatenkonferenz des Klimarahmenübereinkommens fand 1995 in Berlin statt. Entgegen der ursprünglichen Planung konnten sich die Delegierten nicht auf konkrete Reduktionsziele und -zeiten verständigen. Das „Berliner

Konfliktive Verhandlungen zwischen Nord und Süd

Klimarahmenkonvention: Festschreibung der Norm des Klimaschutzes

Zäher Nachfolgeprozess

Mandat", das Abschlussdokument der ersten Vertragsstaatenkonferenz, schrieb daher lediglich fest, dass bis zur dritten Vertragsstaatenkonferenz ein Protokoll zu erarbeiten sei.

Einigung auf das
Kyoto-Protokoll:
Reduzierung der
Emissionen um 5%

Auch im weiteren Verhandlungsverlauf blieb strittig, welche Verpflichtungen die Industrieländer übernehmen sollten und ob auch für die Entwicklungsländer eine Reduzierung der Emissionen zu vereinbaren sei. Zudem wurde kontrovers diskutiert, ob und in welchem Umfang Kohlendioxid-Senken (wie Wälder oder Meere) auf die Reduktionsverpflichtungen anzurechnen seien, ob eine Umsetzung von Verpflichtungen auch durch flexible Mechanismen (siehe dazu weiter unten) möglich sei und welche Treibhausgase überhaupt vermindert werden sollten. Diese Konflikte bestimmten die dritte Vertragsstaatenkonferenz in Kyoto 1997. Erst nach einer nächtlichen Verhandlungssitzung, bei der zuvor die Konferenzuhr offiziell angehalten wurde, damit man innerhalb des vereinbarten Verhandlungs-zeitraums blieb, gelang eine Einigung. Das Kyoto-Protokoll sieht vor, dass die Industrieländer ihre Emissionen von sechs Treibhausgasen[404] bis zum Zeithorizont 2008-2012 gemeinsam um mindestens 5% absenken. Die Industrieländer verpflichten sich jeweils zu spezifischen Reduktionszielen gegenüber dem Basisjahr 1990. Die EU sagte per Unterschrift zu, ihre Emissionen um 8% zu reduzieren, die USA um 7%, Japan um 6%. Australien, Island und Norwegen handelten sogar eine Erhöhung ihrer Emissionen (um 8%, 10% bzw. um 1%) aus.

Flexible
Mechanismen statt
fixer Vorgaben

Um diese Reduktionsziele zu erreichen, können die Vertragsstaaten flexible Mechanismen anwenden. Dazu zählen:

- der Emissionshandel: Staaten, die ihre Reduktionsziele nicht erreichen, können von anderen Staaten, die unterhalb ihrer zulässigen Emissionen bleiben, Emissionsrechte kaufen;
- die „Gemeinsame Umsetzung" (*Joint Implementation*): Industrieländer können in anderen Industrieländern Projekte zur Emissionsreduzierung durchführen und diese auf ihre Reduktionsziele anrechnen;
- der „*Clean Development Mechanism*": Klimapolitische Maßnahmen, die Industriestaaten in Entwicklungsländer implementieren, werden den Industrieländern als Emissionsreduzierungen gutgeschrieben;

Diese Form von flexibler Regulierung stellt ein Novum innerhalb des UN-Rahmens dar, da bis dato jeder Staat gleichsam zur Umsetzung von bestimmten Regeln verpflichtet war. Neu ist auch, dass eine Gruppe von Vertragsstaaten ihre Verpflichtungen auch gemeinsam erfüllen kann, was insbesondere für die EU wichtig ist (*Bubble*-Konzept).

Verzögertes
Inkrafttreten des
Kyoto-Protokolls
aufgrund doppelter
Mehrheit

Das Kyoto-Protokoll trat erst im Februar 2005 in Kraft, also acht Jahre nach der Unterzeichnung des Protokolls. Die lange Verzögerung kam zu Stande, weil zwei verschiedene Bedingungen erfüllt sein mussten: Mindestens 55 Staaten mussten das Protokoll ratifizieren, die insgesamt mindestens 55% der Treibhausgasemissionen ausstoßen. So sollte verhindert werden, dass wahlweise die Industrieländer als Hauptemittenten oder die Entwicklungsländer als zahlenmäßig größ-

---

404 Kohlendioxid, Methan, Lachgas, Fluorchlorkohlenwasserstoffe, perfluorierte Kohlenwasserstoffe und Schwefelhexafluorid.

te Gruppe einseitig das Kyoto-Protokoll in Kraft treten lassen konnten. Es sollte vielmehr ein globaler Konsens erreicht werden, weshalb das System der doppelten Mehrheit etabliert wurde. Da die USA als damals größter Emittent sich weigerten, das Protokoll zu ratifizieren, sah es zunächst so aus, als sei die Schwelle zu hoch gelegt. Zwar war die Zahl der 55 Staaten recht schnell erreicht, jedoch waren diese Staaten für einen deutlich geringen Anteil an Emissionen verantwortlich. Erst als Russland das Protokoll ratifizierte, war der Anteil an Treibhausgasemissionen ausreichend groß. Es handelt sich seither um einen völkerrechtlich verbindlichen Vertrag. Heute hat das Kyoto-Protokoll 192 Mitglieder (191 Staaten und die EU), die für 63,7% der Emissionen verantwortlich sind).

Das Kyoto-Protokoll ist bislang die einzige verbindliche Konkretisierung der Klimarahmenkonvention (UNFCCC). Die jährlich stattfindenden Vertragsstaatenkonferenzen (COPs) haben allerdings eine Reihe Entscheidungen über die Einbeziehung von CO_2-Senken getroffen sowie Überlegungen zu einem Sanktionsregime und nicht zuletzt zum Kyoto-Nachfolgeprozess angestoßen. So erstellte die COP im Dezember 2007 auf Bali einen Fahrplan, an dessen Ende die Verabschiedung eines Kyoto-Nachfolgers bei der Kopenhagener Konferenz stehen sollte (Lederer 2010: 25). Die COPs werden dabei mit Tagungen der Mitglieder des Kyoto-Protokolls (*Parties to the Kyoto Protocol*, CMP) verbunden, da auch dessen institutionelle Entwicklung beraten wird. Im Dezember 2009 tagten in Kopenhagen daher die 15. COP und die fünfte CMP. Es gelang den Staaten aber nicht, sich zu einigen, was wiederum an den widersprüchlichen Interessen über die Frage, welche Reduktionsverpflichtung die Länder des globalen Südens übernehmen sollten, lag. Die Staaten einigten sich nur darauf, den sogenannten Kopenhagen-Akkord zur Kenntnis zu nehmen. Dies ist ein Dokument, das zwar in Kopenhagen, nicht aber als Teil der offiziellen UN-Verhandlungen erarbeitet wurde. Er sieht vor, dass der durchschnittliche Temperaturanstieg auf 2 Grad Celsius begrenzt werden soll. Die Staaten definieren selbst, wie weit sie ihre Emissionen bis zum Jahr 2020 reduzieren möchten und hinterlegen diese Zielmarke beim Klimasekretariat.[405] Das Dokument sieht weiterhin vor, dass die Industrieländer bis zum Jahr 2012 insgesamt 30 Milliarden US\$ für Klimaschutzprojekte zur Verfügung stellen und dass ein *Copenhagen Green Climate Fund* eingerichtet wird. Damit reagierte man auf die Kritik der Länder des globalen Südens, die mangelnden Zugang und fehlende Mitspracherechte bei der GEF bemängelt hatten (Kowalzig 2010: 2).

Der Kopenhagen-Akkord wurde in einer „Nacht- und Nebelaktion" (Lederer 2010: 26) ausgehandelt. Der amerikanische Präsident Obama reiste selbst nach Kopenhagen und nahm „uneingeladen und unerwartet" an einem Treffen der BASIC-Staaten teil (Brasilien, Südafrika, Indien und China) (ebd.). Die nun auf fünf Staaten erweiterte Gruppe handelte eine erste Version des Akkords aus und stimmte diese nachfolgend mit weiteren 25 Staaten, darunter die EU und Deutschland, ab. Andere Staaten und auch NGOs waren von den Verhandlungen ausgeschlossen. Der Versuch der kleinen Staatengruppe, den so ausgehandelten Kopenhagen-

Kyoto-Nachfolgeprozess: Scheitern in Kopenhagen 2009 – Einigung nur auf den Kopenhagen Akkord

Aushandlung des Kopenhagen Akkords außerhalb des UN-Rahmens

---

405 Mehr als 120 Staaten, die mehr als vier Fünftel der globalen Treibhausgasemissionen verursachen, haben sich nachfolgend mit der Vereinbarung assoziiert, die Mehrheit hat freiwillige Klimaschutzmaßnahmen angekündigt (WGBU 2010: 5).

Akkord als offizielles Ergebnis des Klimaprozesses zu präsentieren, scheiterte am Widerstand einiger der ausgeschlossenen Staaten. Venezuela, Bolivien, Kuba und Nicaragua, die an vielen Stellen in der UN kritisch auftreten, lehnten zusammen mit Costa Rica und Tuvalu den Akkord als Konferenzergebnis ab, da der Prozess intransparent und das Verfahren undemokratisch gewesen sei. Die Formulierung, dass der Akkord „zur Kenntnis genommen" wurde, stellt somit einen Kompromiss dar. Durch ihn wird sichergestellt, dass der Klima-Diskurs innerhalb der Vereinten Nationen und nicht etwa in der G20 stattfindet (Kowalzig 2010: 3). Dass ein am Rande einer UN-Konferenz ausgehandeltes Dokument offiziell zur Kenntnis genommen wird, stellt ein Novum dar und zeigt zugleich, wie sich die multilaterale Zusammenarbeit verändert.

Kopenhagen Akkord: innovativer Weg oder Luftnummer?

Während einige den Kopenhagen-Akkord als einen Fortschritt ansehen, da vom rigiden Steuerungsmodell des Kyoto-Protokolls Abstand genommen wurde, kritisieren ihn andere mit dem Hinweis, dass bei so viel Unverbindlichkeit und dem Fehlen von Fristen nicht damit zu rechnen sei, dass die anvisierte 2 Grad-Planke eingehalten werden könne. Die ersten Auswertungen scheinen diesen kritischen Stimmen Recht zu geben. Die Staaten haben sich erstens sehr unterschiedliche Reduktionspläne auferlegt. Die EU kündigte Einsparungen in Höhe von 20 - 30 % an, Kanada dagegen nur 3%, China im Vergleich 40% – allerdings nicht in absoluten Mengen, sondern als Emissionsanteil auf das Bruttosozialprodukt bezogen. Zweitens scheinen selbst die Staaten, die hohe Reduktionsziele angeben, nicht zu umfassenden Einsparungen bereit zu sein. Europa fiele bei einer 20%-Reduktion hinter seine bislang schon getätigten Anstrengungen zurück; das amerikanische 17% Reduktionsziel relativiert sich bei der Betrachtung des Basisjahres, das beim Akkord 2005 sein soll und beim Protokoll 1990 war; demnach betrüge die reale Reduktion nur 3%. Modellrechnungen zeigen, dass mit diesen Maßnahmen das 2 Grad-Ziel nicht erreicht werden kann (Rogelj/Meinshausen 2010: 1128). Als unzureichend erscheint der Akkord auch, weil er davon ausgeht, dass es nur um eine Anpassung an den Klimawandel geht und das Vorgehen erst 2015 wieder überprüft werden soll (Kowalzig 2010: 3).

Cancun 2010: Bekräftigung von Klimapolitik in *der UN*

Mit dem Scheitern des Kopenhagener Gipfels ging die Hoffnung einher, dass bei der nachfolgenden COP 16/CMP 6 im mexikanischen Cancun im November/ Dezember 2010 ein Kyoto-Nachfolger verabschiedet werden könnte. Allerdings zeigten sich im Vorbereitungsprozess wiederum die festgefahrenen, unterschiedlichen Interessen. Man einigte sich nur darauf, dass die internationale Klimapolitik weiterhin im Rahmen der UN stattfinden soll. Auch die darauf folgende Vertragsstaatenkonferenz im südafrikanischen Durban brachte keinen Durchbruch. Man einige sich nur darauf, dass man so schnell wie möglich, spätestens aber bis 2015 zu einem universellen und rechtsverbindlichen Übereinkommen kommen wollte.

Durban 2011: Zeitrahmen für Verhandlungen

Doha 2012: Kyoto II und ein neuer Anlauf 2015

Bei der Konferenz in Doha im Dezember 2012 (der COP18/CMP 8) wurde dann endlich eine Verlängerung des Kyoto-Protokolls bis zum Zeitrahmen 2020 vereinbart. Insgesamt 37 Industrieländer verpflichten sich dabei, ihre Treibhausgasemissionen zu reduzieren, wozu wie beim ersten Kyoto-Protokoll Reduzierungsziele festgehalten werden. Neben den 27 EU-Mitgliedern sind also nur zehn weitere Staaten bereit gewesen, Verpflichtungen einzugehen. Außerdem wurde festgelegt, dass man beim Klimagipfel 2015 in Paris ein neues globales Abkommen beschließen wolle.

Nichtstaatliche Akteure waren von Beginn an in die Klimaverhandlungen eingebunden. Das INC legte schon bei seinem ersten Treffen fest, dass interessierte NGOs den Verhandlungsprozess zur Rahmenkonvention beobachten können. Diese Möglichkeit nahmen auch jeweils 50-75 NGOs wahr. An den Vertragsstaatenkonferenzen nach Rio haben sich jeweils über 200 NGOs offiziell beteiligt (Brühl 2003: 111f.). Die Gruppe der NGOs ist sehr heterogen und hat sich über Zeit verändert. Waren anfangs vor allem „grüne Umwelt-NGO" aktiv, so haben sich zunehmend auch von Unternehmen gegründete Verbände in der internationalen Klimapolitik engagiert. Innerhalb der Gruppe der „grauen NGOs" hat es in den vergangenen Jahren eine Meinungsverschiebung gegeben. Während anfangs fast ausschließlich die Öl- und Kohlelobby, organisiert über den Dachverband *Global Climate Coalition*, auftrat und gegen jegliche Form von verbindlicher Klimapolitik agitierte, gibt es heute auch Verbände, deren Positionen denen der grünen Umwelt-NGOs ähneln. So tritt etwa der *Business Council for Sustainable Development (BCSE)* für eine starke Regulierung ein (Vormedal 2008: 39ff.).

„Grüne" und „graue" NGOs bei den Klimaverhandlungen

Eine Besonderheit der Klimapolitik ist, dass neben den beiden NGO-Gruppierungen auch noch eine dritte Gruppe von nichtstaatlichen Akteuren aktiv ist: die lokalen Gruppen und Vertretungen von Gemeinden (*local governments and municipal authorities*). Die lokalen Akteure besitzen dieselben Partizipationsmöglichkeiten wie die beiden anderen Gruppen. Das bedeutet, dass sich eine einzelne NGO beim Klimasekretariat melden und offiziell Zugang zu den Verhandlungen beantragen kann. Sie muss hierzu ihre Zielsetzung, ihre Organisationsstruktur und Finanzierung offenlegen. Das Sekretariat entscheidet dann über die Akkreditierung der NGO zu den Verhandlungen. Einmal zugelassen, haben die NGOs die Möglichkeit als Vertreter der jeweiligen Gruppe eine mündliche Stellungnahme abzugeben– allerdings nur zu zuvor festgesetzten Zeitpunkten in den formellen Verhandlungen. In den letzten Jahren hat sich herauskristallisiert, dass dies häufig am Ende der formellen Beratungen der Fall ist. Allgemein ist in der Klimapolitik der Trend zu beobachten, dass Verhandlungen zunehmend zu „informellen Beratungen" erklärt werden, zu welchen die NGOs im Gegensatz zu den formellen Prozessen keinen Zutritt erhalten. Verhandlungen scheinen insbesondere dann den informellen Status zu erhalten, je kontroverser die Diskussion und je enger der Zeitplan ist.

Partizipationsmöglichkeiten in formellen Sitzungen – Ausschluss bei den informellen Verhandlungen

7.4.3 Das Biodiversitätsregime

Beim Erdgipfel 1992 in Rio unterzeichneten die Staaten neben der Klimarahmenkonvention auch die Konvention über biologische Vielfalt (*Convention on Biological Diversity*, CBD). Während die CBD im Norden eher unbekannt ist, wird sie von vielen Akteuren des globalen Südens als ähnlich relevant wie die Klimarahmenkonvention angesehen. Dies liegt u.a. daran, dass einige Entwicklungsländer den Verlust der biologischen Vielfalt bewusst erfahren müssen und hoffen, durch die CBD eine direkte Unterstützung zu erhalten bzw. sogar einen Profit schlagen zu können.

1960er und
1970er Jahre: erste
Regelungen zum
Naturschutz ...

Ausgehend von der Beobachtung, dass die biologische Vielfalt, also die Vielfalt an Genen, an Arten und Ökosystemen unwiederbringlich verloren geht, gab es schon in den 1960er Jahren vereinzelt nationale Anstrengungen zum Naturschutz. Das erste internationale Schutzabkommen (Washingtoner Abkommen, *Convention on International Trade in Endangered Species of Wild Fauna and Flora*, CITES) verabschiedete die Staatengemeinschaft 1973. Dieses schränkt den Handel mit vom Aussterben bedrohten Arten ein. Verschiedene Abkommen zum Schutz spezifischer Habitate, wie die Ramsar-Konvention (1975, Übereinkommen über Feuchtgebiete, insbesondere als Lebensraum für Wasser- und Wattvögel) oder regionale Übereinkommen zum Schutz der biologischen Vielfalt, wie die Berner Konvention (1979, Übereinkommen über die Erhaltung der europäischen wildlebenden Pflanzen und Tiere und ihrer natürlichen Lebensräume), ergänzten CITES. Ein globales Schutzregime fehlte jedoch noch.

... und zum
Umgang mit
pflanzengenetischen
Ressourcen

Parallel dazu gab es Bemühungen, Konflikte über den Umgang mit pflanzengenetischen Ressourcen, die hauptsächlich in der UN-Organisation für Ernährung und Landwirtschaft (*Food and Agriculture Organization of the United Nations*, FAO) ausgetragen wurden, zu regeln. Auslöser dieser Konflikte war die Grüne Revolution der 1960er und 1970er Jahre, in deren Rahmen transnationale Konzerne gemeinsam mit internationalen Agrarforschungsinstituten eine weltweite Modernisierung der Landwirtschaft betrieben, um Ertragssteigerungen im Agrarbereich zu erzielen. Frei verfügbare Pflanzen wurden mit anderen Arten gekreuzt und so neue Sorten gezüchtet. Diese neuen Hochleistungssorten wurden in großem Stil angepflanzt und maschinell geerntet. Sowohl die Ursprungssorten als auch die neuen Züchtungen wurden in Gen- und Samenbanken der Industrieländer aufbewahrt und nur gegen Zahlung von Gebühren herausgegeben. Die Entwicklungsländer als ursprüngliche Eigner der genetischen Ressourcen forderten einen freien Zugang zu den pflanzengenetischen Ressourcen. Gegen den Willen der Industrieländer verabschiedete die 22. FAO-Konferenz das *International Undertaking on Plant Genetic Resources,* das festschreibt, dass pflanzengenetische Ressourcen ein Erbe der Menschheit darstellen und daher uneingeschränkt zugänglich zu machen sind. Die Frage, wem die Pflanzen und Tiere gehören, die auf einem bestimmten Gebiet beheimatet sind, war damit jedoch nicht umfassend geklärt.

Umfassende Aufgabe:
der CBD: Schutz und
nachhaltige Nutzung
der Biodiversität und
gerechte Teilung der
Gewinne

Das Übereinkommen über biologische Vielfalt versucht diese beiden Konfliktgegenstände – die Frage eines angemessenen Naturschutzes sowie die Regelung des Zugangs zu biologischen Ressourcen – zu regeln. Die CBD verfolgt daher drei Ziele. (1) Die biologische Vielfalt soll erhalten werden, (2) ihre Bestandteile sollen nachhaltig genutzt werden und (3) die sich aus der Nutzung ergebenden Gewinne sollen ausgewogen und gerecht geteilt werden. Hierzu sind drei Prinzipien handlungsleitend: der angemessene Zugang zu den genetischen Ressourcen, die adäquate Weitergabe der einschlägigen Technologien und die angemessene Finanzierung (Art. 1). Die Staaten verpflichten sich unter anderem, in nationalen Strategien ihre Maßnahmen zur Einhaltung der Ziele der CBD zu formulieren, wozu neben klassischen Naturschutzmaßnahmen auch soziale und politische Anreizmaßnahmen zählen. Die Industrieländer sichern zu, die den Entwicklungsländern so entstehenden Mehrkosten zu tragen. Im Gegenzug ermöglichen die Entwicklungsländer den Zugang zu den biologischen Ressourcen.

Die Industrie- und Entwicklungsländer traten zu Beginn der 1990er Jahre
als zwei relativ geschlossene Gruppen auf, was an der unterschiedlichen Ressourcenverteilung liegt. Die biologische Vielfalt und die Technologien, die zur industriellen Nutzung der Biodiversität nötig sind, sind jeweils ungleich verteilt. Die
biologische Vielfalt nimmt in der Natur generell von den Polen zu den Tropen
hin zu (WGBU 2000: 40).[406] Dort fehlt aber der Zugang zu den modernen Technologien, mittels derer die biologische Vielfalt genutzt werden kann. Über diese
Möglichkeiten verfügen nur die Industrieländer und einige Schwellenländer wie
Brasilien, Indien oder Mexiko. Die Industrieländer sind daran interessiert, die biologische Vielfalt sammeln und nutzen zu können, um hieraus neue Produkte (wie
Medikamente und Hochertragssorten) herzustellen. Die Entwicklungsländer hingegen sind bestrebt, aus ihren „natürlichen Ressourcen" Gewinn zu schlagen und
hierzu wahlweise von einem Technologietransfer zu profitieren oder angemessene
Ausgleichszahlungen zu erhalten (vgl. Brühl 2003: 234).

Ungleiche Verteilung der Ressourcen führt zu Konflikten

Seit den 1980er Jahren gab es daher Bestrebungen, eine internationale Konvention zu erarbeiten. So betonte sowohl die von der Generalversammlung verabschiedete *World Charter for Nature* (1982) wie auch der Brundtland-Bericht
(1987) die Notwendigkeit des Schutzes der biologischen Vielfalt. Der Anstoß zur
Aushandlung einer Konvention und damit eine Konkretisierung der allgemeinen
Normen kam dann aber von außerhalb des UN-Systems: Die Naturschutzorganisation IUCN (*International Union for Nature and the Conservation of Natural
Resources*)[407] erarbeitete 1987 einen Entwurf eines internationalen Abkommens.
Dieser wurde bei der zweiten Sitzung einer vom UNEP-Exekutivrat eingesetzten Arbeitsgruppe (*Ad-Hoc Working Group of Experts on Biological Diversity*)
von den USA direkt in die Verhandlungen eingebracht.[408] Im Juni 1990 empfahl
diese Arbeitsgruppe die Ausarbeitung eines internationalen Abkommens zur Biodiversität. Der UNEP-Verwaltungsrat setzte daraufhin eine neue Arbeitsgruppe,
die *Ad-Hoc Working Group of Legal and Technical Experts* ein, die einen Konventionsentwurf erarbeiten sollte (Governing Council Decision 15/34 vom 25. Mai
1989). Nach insgesamt sieben Verhandlungsrunden, innerhalb derer auch eine

Auf dem Weg zur CBD: Anstöße durch IUCN, Verhandlung unter UNEP-Mandat

---

406 Vermutlich tragen hohe Temperaturen, die hohe Feuchtigkeit sowie das relativ stabile Klima
zu dieser Verteilung der wildgenetischen Vielfalt bei. Besonders reichhaltig ist die Vielfalt in zwölf
Megadiversity-Ländern, welche die höchste Anzahl an Wirbeltieren, Schmetterlingen und höheren
Pflanzen beherbergen. Die sechs „reichsten" Staaten sind Kongo (Demokratische Republik),
Madagaskar, Brasilien, Kolumbien, Mexiko und Indonesien. In den Entwicklungsländern liegt
zudem die genetische Wiege unserer modernen Landwirtschaft. Die meisten unserer heute in den
Industrieländern zur Nahrungsmittelproduktion genutzten Arten stammen aus den sogenannten
Vavilovschen Zentren (Flitner 1995: 199f), die wiederum vor allem in den Entwicklungsländern liegen.
407 Der IUCN zählt formal als NGO, wenngleich neben zahlreichen nationalen NGOs auch viele
Staaten und auch einzelne Ministerien Mitglied sind. Es handelt sich um eine Hybrid-NGO, bei der die
NGOs große Teile der inhaltlichen Arbeit übernehmen, während viele Staaten ihre Mitgliedschaft de
facto ruhen lassen (Willetts 1996a: 7).
408 Die Arbeitsgruppe wurde im Juni 1987 vom Verwaltungsrat eingesetzt (Governing Council
Decision 14/26 vom 17. Juni 1987) und tagte erstmals vom 16.-18. November 1987 in Genf. An dieser
Sitzung nahmen aber nur 25 Staaten und zwei NGOs (IUCN und WWF International) teil.

Umbenennung der Arbeitsgruppe in *International Negotiation Committee* (INC) vorgenommen wurde, wurde am 22. Mai 1991 der Konventionsentwurf vorgelegt. Die CBD wurde in Rio von 157 Staaten unterzeichnet. Sie trat am 28. Dezember 1993 in Kraft und gilt heute in 193 Staaten.

Vom Naturschutz zum Umgang mit Biodiversität: Veränderung der Schwerpunkte in den Verhandlungen

Im Laufe der vom UNEP initiierten Verhandlungen entwickelte sich die Konvention von einem Naturschutzabkommen, wie es die USA oder auch der IUCN bevorzugt hatten, zu einem umfassenden Übereinkommen, das sowohl Handelsaspekte als auch entwicklungspolitische Fragen beinhaltet (Brühl 2003: 243). Die Verhandlungen drehten sich vor allem um drei Konfliktgegenstände: Erstens war umstritten, ob die Biodiversität ein gemeinsames Erbe der Menschheit darstellt oder ob es sich um eine Ressource handelt, über die die Staaten, auf deren Boden sie lokalisiert wird, jeweils souverän entscheiden können. Weiterhin vertraten die Delegierten unterschiedliche Positionen zur Frage, ob die Konvention nur die sogenannte wildgenetische Vielfalt regeln oder auch die domestizierten Tiere und Pflanzen einbeziehen sollte. Schließlich waren die Errichtung und das Finanzierungsvolumen eines Fonds umstritten.

Streitpunkt biologische Sicherheit

Ein Streitpunkt, über den sich die Staaten in den Verhandlungen bis Rio nicht einigen konnten, war ob bzw. wie der Umgang mit gentechnisch veränderten Organismen zu verregeln ist. Die CBD hat damit ähnlich wie die UNFCCC einen zentralen Konfliktpunkt aus der Rahmenvereinbarung ausgeklammert, um die notwendigen Normen und Regeln in einem Protokoll festzulegen.[409] Bei ihrer ersten COP setzte die CBD Ende 1994 daher eine Arbeitsgruppe ein, die das Thema „biologische Sicherheit" (*biosafety*) bearbeiten sollte. Schnell wurde deutlich, dass die Industrie- und Entwicklungsländer auch hier konträre Interessen vertraten. Erstere setzten sich für ein Protokoll ein, das den sicheren Transfer, Umgang und Gebrauch von lebenden gentechnisch veränderten Organismen regeln sollte. Den Entwicklungsländern war dieser Zugriff jedoch zu eng. Sie sprachen sich für ein umfassendes Protokoll aus, das alle mit dem Thema biologische Sicherheit zusammenhängenden Fragen, wie Lastenausgleich, zusätzlicher Finanztransfer usw. regeln sollte. Auch wollten sie sich das Recht vorbehalten, über den Import von gentechnisch veränderten Organismen selbst zu entscheiden. Die Verhandlungen standen mehrfach kurz vor dem Aus, da die Staaten sehr unterschiedliche Vorstellungen darüber hatten, was (Regelungsumfang) wie (mittels welcher Maßnahmen) in dem Protokoll geregelt werden sollte. Die Gruppe der Industrieländer zerfiel in zwei Gruppen: die Miami-Gruppe[410], der u.a. die USA angehörte, und die EU. Die EU trat dafür ein, dass das Vorsorgeprinzip handlungsleitend im Umgang mit gentechnisch veränderten Organismen werden solle. Der Import von modifizierten Organismen sollte nach „vorheriger Zustimmung in Kenntnis der Sachlage" (*Advanced Informed Agreement*, AIA) erfolgen. Die Entwicklungsländer unterstützten diese Position. Die Miami-Gruppe argumentierte, dass der Import gentechnisch veränderter Organismen nur auf Grundlage einer wissenschaftlichen Risikoabschätzung eingeschränkt werden dürfe.

---

409 Die CBD legt fest, dass die Vertragsparteien die Notwendigkeit prüfen, ob ein Protokoll zum Umgang mit gentechnisch veränderten Organismen nötig ist (Art. 19 CBD).

410 Zur Miami-Gruppe gehörten Argentinien, Australien, Kanada, Chile und Uruguay, also Staaten, die als Exporteuer von gentechnisch veränderten Organismen zählen.

Das Cartagena-Protokoll über biologische Sicherheit wurde am 24. Mai 2000 bei der fünften Vertragsstaatenkonferenz der CBD unterzeichnet und ist im September 2003 in Kraft getreten, nachdem fünfzig Staaten es ratifiziert hatten (heute haben 166 Staaten das Protokoll ratifiziert, Stand Juni 2013[411]). Es setzt international verbindliche Sicherheitsstandards für den grenzüberschreitenden Verkehr von gentechnisch veränderten Organismen. Die Staaten sollen sich dem Vorsorgegrundsatz (AIA, s.o.) gemäß verhalten. Konkret bedeutet dies, dass ein Staat, aus dem ein gentechnisch veränderter Organismus exportiert werden soll, den importierenden Staat umfassend über den geplanten Transfer und die potenziellen Folgen einer Freisetzung des modifizierten Organismus informiert. Negative Folgen von Freisetzungen sind insbesondere in den Staaten zu befürchten, die über eine hohe Dichte an biologischer Vielfalt verfügen und in denen ggf. auch eine Wildform des gentechnisch veränderten Organismus vorkommt, da hier spontane Kreuzungen und eine unkontrollierte Verbreitung droht. Hat ein importierender Staat aufgrund einer Risikoanalyse die Befürchtung, dass negative Folgen drohen, kann er den Import ablehnen. Der importierende Staat übermittelt seine Entscheidung an das *Biosafety Clearing-House* (BCH), eine zentrale, multilaterale Informationssammelstelle. Das BCH berät ausgehend von diesen Informationen die Vertragsparteien bei ihren Entscheidungen über Zulassung bzw. Ablehnung eines Imports von gentechnisch veränderten Organismen. Während hier sehr klare Regelungen verankert wurden, ist das Verhältnis von WTO und Cartagena-Protokoll nicht ganz eindeutig geregelt. In der Präambel des Protokolls ist nur erwähnt, dass sich die handels- und umweltpolitischen Übereinkommen generell bei der Verankerung der Nachhaltigen Entwicklung unterstützen sollen.

Bei der zehnten Konferenz im japanischen Nagoya nahmen die Vertragsstaaten ein Protokoll an, das den Zugang zu genetischen Ressourcen und einen gerechten Vorteilsausgleich regelt (*Access and Nebenfit-Sharing-Protokoll*, Nagoya Protokoll). Das Protokoll soll der Biopiraterie Einhalt gebieten, so dass genetische Ressourcen aus dem Süden nicht einfach entnommen und für Züchtungen oder Medikamentenherstellung im Norden genutzt werden können. Stattdessen ist die lokale Bevölkerung an so erzielten Gewinnen zu beteiligen.

An den Biodiversitätsverhandlungen nahmen von Beginn an NGO-VertreterInnen teil.[412] Während zu den ersten Treffen zur Aushandlung der Konvention nur einzelne NGOs reisten, stieg das Interesse Anfang der 1990er Jahre an (Brühl 2003: 115ff.). Nun wohnten durchschnittlich rund 70-100 NGOs den Verhandlungen bei. Dass die USA in Rio sich öffentlichkeitswirksam gegen die CBD

Seitenleiste rechts:

Cartagena-Protokoll über biologische Sicherheit

Nagoya-Protokoll zum Vorteilsausgleich

Umfassende Partizipationsmöglichkeiten für NGOs in formellen Verhandlungen …

---

411 Siehe http://www.cbd.int/information/parties.shtml#tab=1, 24.06.2013.
412 Wenn hier von NGOs die Rede ist, so ist das ein Überbegriff für eine Vielzahl von sehr unterschiedlichen Organisationen (Brand 2000: 205 ff.). An den Biodiversitätsverhandlungen nahmen so Saatgut-NGOs, die seit den 1970er Jahren im Rahmen der Debatte um pflanzengenetische Ressourcen aktiv aufgetreten sind, ebenso an den Verhandlungen teil wie Naturschutz-NGOs, indigene NGOs und Entwicklungs-NGOs. Weiterhin haben sich zunehmend Unternehmens-NGOs (*industrial NGOs*), in der Regel internationale Unternehmerverbände, und privatwirtschaftliche Consultings, die bei der Implementation der Vereinbarungen auf Aufträge hoffen, engagiert. Ähnlich wie in den Klimaverhandlungen hat die Heterogenität der NGOs tendenziell zugenommen, wobei insbesondere die INGOs einen wichtigen Anteil in den Debatten haben.

ausgesprochen und die Konvention auch nicht unterzeichnet hatten, steigerte das Interesse der NGOs. Insbesondere aus dem globalen Süden stammende NGOs nahmen die CBD zunehmend als umfassende umwelt- und entwicklungspolitische Konvention und nicht als enges Naturschutzabkommen wahr (Arts 1998: 163f.). Bei den Verhandlungen haben die NGOs weitgehende Partizipationsrechte, die in den Geschäftsregeln, die die Vertragsparteien der CBD sich bei ihrer ersten COP gegeben haben, festgehalten sind. Demnach kann jede NGO, die im Bereich der CBD kompetent ist und das CBD-Sekretariat hierüber informiert hat, an den Verhandlungen teilnehmen, so lange nicht ein Drittel der Vertragsparteien hiergegen Einwand erhebt (Brühl 2003: 120). Diese Teilnahmerechte besitzen die NGOs nicht nur bei den Plenarveranstaltungen, wie es im Klimaregime der Fall ist, sondern auch in den untergeordneten Arbeitsgruppen. Die NGOs können in den formellen Verhandlungen zu jedem Zeitpunkt das Wort ergreifen und individuelle Stellungnahmen abgeben. Die meisten NGOs verzichten jedoch auf ein eigenes Statement. Sie schließen sich stattdessen freiwillig zu Gruppen zusammen, um so größeres Gehör zu finden. So meldet sich beispielsweise zu Beginn der regulären COP-Sitzungen zumeist eine NGO im Namen des *Global Biodiversity Forum* zu Wort, um die Ergebnisse des mehrtägigen NGO-Koordinationstreffens weiter zu geben. Häufig bereiten auch die Indigenen-NGOs oder die Frauen-NGOs eigene Gruppenstellungnahmen vor.

... starke Einschränkungen in informellen Beratungen

Wie in den Klimaverhandlungen wechseln sich auch in den Beratungen des Biodiversitätsregimes formelle und informelle Verhandlungen ab. Hierbei ist bei beiden Verhandlungen ein ähnlicher, oben bereits identifizierter Trend zu beobachten: je kontroverser die Verhandlungen werden, desto mehr informelle Sitzungen gibt es. In informellen Beratungen verfügen die NGOs nur über sehr eingeschränkte Teilnahmerechte oder sie dürfen erst gar nicht den Verhandlungsraum betreten. Vereinfacht ausgedrückt gibt es ein Kontinuum verschiedener informeller Beratungen. Während bei den „formal-informal meetings", z.B. von der Verhandlungsleitung eingesetzte und nach regionalen Kriterien besetzte Unterarbeitsgruppen, NGOs im Verhandlungsraum anwesend sein dürfen und so zumindest dem argumentativen Schlagabtausch beiwohnen können, und ihn später für Lobbyingversuche nutzen können, werden sie in „informal-informal meetings" gänzlich ausgeschlossen. Zu diesen völlig informellen Treffen lädt zumeist die Sitzungsleitung diejenigen Staatengruppen ein, die für die Erarbeitung eines Beschlusses wichtig sind. Die zum Teil als „friends of the chair" bezeichneten Gruppen handeln den konkreten Vertragstext aus – ohne dass die Argumentationsprozesse an die Öffentlichkeit gelangen.

7.5 Global Governance in der internationalen Umweltpolitik

Die UN arbeitet in der internationalen Umweltpolitik zunehmend mit nichtstaatlichen Akteuren zusammen. Die Zahl der privaten Akteure, die Einfluss auf die internationale Normbildung nehmen wollen, hat in den letzten vierzig Jahren stark zugenommen; die UN tritt dabei als Partner von staatlichen *und* privaten Akteuren bei der Normumsetzung auf und sie interagiert zunehmend nicht nur mit der nationalen, sondern auch der lokalen Ebene. Es ist also ein deutlicher „shift in governance" zu erkennen (Bäckstrand 2006: 467): Statt klassischer top-down Steuerungsansätze gibt es zunehmend informelle bottom-up Ansätze. *Multistakeholder*-Dialoge und Partnerschaftsansätze gelten als zentrale Innovationen (Bäckstrand 2006: 468). Daher wird spätestens seit dem Weltgipfel 1992 in Rio vom „participatory turn" gesprochen (Bäckstrand 2006: 470), der dazu beiträgt, dass ein „Neuer Transnationalismus" entsteht (Dingwerth 2007). Im folgenden Abschnitt werden wir diese Entwicklung in den Dimensionen Akteurspluralität, Steuerungsformen und Mehrebenenpolitik auf.

Global Governance in der Umweltpolitik:
• *Umfassende Öffnung für nichtstaatliche Akteure*
• *Partnerschaften als neue Regulierungsformen*

7.5.1 Akteurspluralität

Nichtstaatliche Akteure haben von Beginn an eine wichtige Rolle in der internationalen Umweltpolitik gespielt. Zivilgesellschaftliche Organisationen haben bereits in den 1960er Jahren in den Vorreiterstaaten, insbesondere den USA, dazu beigetragen, dass einige Staats- und Regierungschefs proaktiv im Rahmen der Vereinten Nationen für die gemeinsame Bearbeitung von Umweltproblemen eintraten. Jenseits des Lobbyings auf nationaler Ebene haben nichtstaatliche Akteure vermittelt über Nichtregierungsorganisationen die internationale Normbildung beeinflusst. An allen umweltpolitischen Weltkonferenzen, die als Kristallationspunkte der Normgenese anzusehen sind, haben sehr viele NGOs teilgenommen: Nach Stockholm reisten 1972 rund 250 NGOs, in Rio 1992 nahmen rund 1.400 NGOs teil, in Johannesburg 2002 waren rund 8.000 Repräsentanten der *major groups* anwesend, in Rio+20 hatten sich 844 NGOs offiziell bei der Konferenz akkreditiert. Bei diesen Zahlen handelt es sich jeweils um die der offiziell akkreditierten Organisationen, also von den NGOs, die erfolgreich das Anmeldeverfahren beim jeweiligen Weltkonferenz-Sekretariat durchlaufen und einen offiziellen Status als Beobachter der formellen Verhandlungen erhalten haben. Darüber hinaus hat sich eine Vielzahl von NGOs auch an den parallel zu den Weltgipfeln abgehaltenen zivilgesellschaftlichen (Gegen-)Gipfeln beteiligt. In Rio kamen 30.000 Menschen zusammen, nach Johannesburg reisten mehr als 25.000 Personen. Bei diesen Veranstaltungen wurden radikalere Positionen formuliert, als es innerhalb der Konferenzdiplomatie der Fall war.

Quantitative Dimension: Immer mehr NGOs nehmen teil

Gegengipfel stellen wie auch Kampagnen oder Öffentlichkeitsarbeit eine Form der indirekten Einflussnahme von NGOs dar. NGOs setzen hierbei auf die Überzeugungskraft ihrer Positionen und hoffen darauf, dass andere Akteure diese übernehmen und vorantreiben. Die Teilnahme von NGOs an den internationalen

Indirekte und direkte Einflussnahme von NGOs

Verhandlungsprozessen selbst stellt dagegen einen Versuch der direkten Einflussnahme dar. Die Organisationen streben an, durch die Kraft des besseren Arguments Verhandlungsergebnisse in ihrem Sinne zu beeinflussen. Die beiden Formen der Einflussnahme, die direkte und die indirekte, bedingen sich wechselseitig
und sind in ihrer Kombination wichtig für das Einspeisen politischer Positionen.
Vermutlich würde den NGO-VertreterInnen in den Verhandlungen weniger zu-
gehört, wenn sie nicht den „Druck der Straße" symbolisierten bzw. als Teil der
internationalen Zivilgesellschaft wahrgenommen würden. Zugleich wären die Gegengipfel und Kampagnen weniger wichtig, wenn die dort formulierten radikalen
bzw. auch utopischen Vorschläge nicht durch andere NGOs in abgemilderter Form
in die internationalen Verhandlungsforen eingespeist würden (Brühl 2003: 133).

Qualitative
Dimension: NGOs
verfügen über
umfassendere
Teilnahmerechte

Die NGOs, die mit an den Verhandlungstischen sitzen und versuchen, direkt Einfluss auf die inhaltlichen Debatten zu nehmen, verfügen heute in der Tendenz über umfassendere Partizipationsmöglichkeiten als es früher der Fall war.
In Stockholm wurde noch die ECOSOC-Regelung umgesetzt, nach der nur Organisationen, die den *General Consultative Status* oder den *Special Consultative
Status* innehatten, sich zu Wort melden durften (siehe S. 77). Diese Hierarchie
zwischen den NGOs ist nachfolgend aufgehoben worden. Seit Rio 1992 haben die
NGOs unabhängig von ihrem formalen Status in den formellen Verhandlungen
Reden halten dürfen, wenn auch aufgrund ihrer großen Zahl zumeist nur in Form
von vorbereiteten Gruppenstellungnahmen. In den informellen Verhandlungen hat
jeweils der oder die Vorsitzende festgelegt, ob die NGOs überhaupt und falls ja
in welcher Form teilnehmen konnten (mündliche bzw. schriftliche Stellungnahmen bzw. reine Teilnahme ohne Interaktionsmöglichkeit). Seit Johannesburg haben die Partizipationsmöglichkeiten sogar noch weiter zugenommen, weil NGOs
an Runden Tischen oder Dialogrunden auf gleicher Augenhöhe mit staatlichen
VertreterInnen über umweltpolitische Belange sprechen konnten. Freilich werden
bei diesen Prozessen keine substanziellen Entscheidungen getroffen, sondern nur
verschiedene Positionen ausgetauscht, wie auch der Gipfel in Rio 2012 zeigte.

Modell der
situationsspezifischen
Ressourcennachfrage

Der Blick auf die vier Weltkonferenzen suggeriert leicht einen linearen
Trend, der sich ggf. weiter fortsetzen könnte. Dass dies aber nicht der Fall ist,
hat die Analyse der Biodiversitäts- und Klimaverhandlungen gezeigt. Hier wurde
deutlich, dass NGOs immer nur dann zu internationalen Verhandlungen zugelassen werden, wenn sie von den Staaten benötigte Ressourcen einbringen (Wissen,
Macht und Werte) (Brühl 2003). Staaten öffnen demnach die intergouvernementalen Aushandlungsprozesse, weil sie sich von der Partizipation der NGOs gewisse
Vorteile erhoffen, die die zu erwartenden Kosten einer Öffnung (wie längere Verhandlungen, höhere Kosten für Infrastruktur etc.) überwiegen. Die Staaten gehen
davon aus, dass NGOs bestimmte Ressourcen zur Verfügung stellen können, die
mit den Kategorien Wissen, Macht und Werte zusammengefasst werden können.

- Wissen: NGOs können erstens technische Expertise (naturwissenschaftli-
  che Kenntnisse über Problemursachen und mögliche Lösungswege), lokales
  oder indigenes Wissen (spezifische Kenntnisse, über die originär nur lokale
  Gemeinschaften oder Indigene einer bestimmten Region verfügen) und so-

ziales bzw. politisches Wissen (Kenntnis über politische Strukturen und den angemessenen Umgang in denselben) zur Verfügung stellen;

- Macht: NGOs können sowohl Verhaltensänderungen als auch Veränderungen in den Verhandlungsabläufen erzielen, indem sie etwa zu Koalitionsbildungsprozessen beitragen;
- Werte: NGOs wird zugeschrieben, als „Weltgewissen" zu agieren und somit eine moralische oder normative Autorität zu verkörpern. Weiterhin können NGOs die Transparenz der Verhandlungsprozesse erhöhen, indem sie über die Debatten berichten. Schließlich können sie zur Erhöhung der Legitimität in ihrer Input- und Output-Dimension beitragen.

Natürlich kann nicht eine singuläre NGO alle drei Ressourcen zur Verfügung stellen. Vielmehr ist davon auszugehen, dass die heterogene NGO-*community* in ihrer Gesamtheit über diese Ressourcen verfügt. Die Nachfrage der Staaten nach diesen Ressourcen ist von den spezifischen Verhandlungssituationen abhängig. Sehen sich die Staaten mit einem neuen (Umwelt-)Problem konfrontiert, so ist ihre Kenntnis über die Problemursachen und potenzielle Lösungswege recht gering. Sie sind daher in der Verhandlungssituation „Suche nach Problemlösung" vor allem daran interessiert, von den NGOs wissenschaftliche Expertise zu erhalten. Weiterhin ist auch die Nachfrage nach den Ressourcen Macht und Werte hoch, da hier häufig Weichenstellungen für spätere verbindliche Vereinbarungen vorgenommen werden, in denen das Durchsetzen der eigenen Position ebenso wichtig ist wie die Legitimation der Beratungen. Debattieren die Staaten dagegen in der Verhandlungssituation „Öffentlicher Meinungsaustausch" über zu ergreifende Maßnahmen, so ist die Nachfrage nach Wissen und Werten noch hoch, dagegen die nach Macht etwas geringer, da keine verbindlichen Entscheidungen getroffen werden. Am geringsten ist die Ressourcennachfrage dagegen in der Verhandlungssituation „Festlegung der zu ergreifenden Maßnahmen". Hier fragen die Staaten einzig die Ressource Macht stark nach, während Werte und vor allem auch Wissen nicht mehr relevant sind. Gemäß der situationsspezifischen Nachfrage nach Ressourcen haben NGOs in Verhandlungssituationen des Typs „Suche nach Problemlösung" tendenziell umfassendere Teilnahmerechte als beim öffentlichen Meinungsaustausch und der Festlegung der zu ergreifenden Maßnahmen. Weiterhin gilt, dass die NGOs über eingeschränktere Teilnahmerechte verfügen, wenn die Verhandlungen kontrovers ablaufen. Dass die NGOs im Klimabereich tendenziell über eingeschränktere Partizipationsmöglichkeiten verfügen als im Biodiversitätsregime, liegt sowohl an dem höheren Konfrontationsgrad in den Klimaverhandlungen, wie auch an der Kenntnis der Staaten über die Sachgebiete. Während im Klimaregime mit dem Weltklimarat IPCC ein internationales Expertengremium besteht, das auch den Staaten, die keine eigenständige Klimaforschung betreiben können, wertvolle Informationen zur Verfügung stellt, fehlt ein solches Gremium in der Biodiversitätspolitik. Hier haben die Staaten erst nach und nach die Tragweite des Verlusts der biologischen Vielfalt und die Regelungsnotwendigkeit erkannt – die fehlende Expertise wurde auch von NGOs zur Verfügung gestellt.

Je geringer die Ressourcennachfrage, etwa weil es „nur noch" um die Festlegung von Reduktionszahlen geht, und je konfliktiver die Verhandlungssituation ist, desto eingeschränkter werden die Partizipationsmöglichkeiten der NGOs sein. Daher ist längerfristig nicht automatisch mit einer weiteren Steigerung der Partizipationsmöglichkeiten zu rechnen. Im Gegenteil könnten diese zukünftig eingeschränkt werden, wenn nämlich diejenigen Verhandlungssituationen, in denen die Ressourcennachfrage vergleichsweise hoch ist („Suche nach Problemlösung" und „Öffentlicher Meinungsaustausch"), seltener auftreten als bislang. In der Situation „Festlegung der Maßnahmen" ist dagegen die Ressourcennachfrage recht gering, daher werden NGOs keine umfassenden Teilnahmerechte erhalten. Weiterhin könnten NGOs auch deshalb weniger Zugang zu Verhandlungen erhalten, weil zunehmend neue Institutionen eingesetzt werden, die die Expertise in einem bestimmten Sachbereich sammeln und in kondensierter Form in die Verhandlungen einspeisen sollen. Der Weltklimarat IPCC ist hierfür nur ein Beispiel.

„Grüne" und „graue" NGOs

Weiterhin tritt deutlich zu Tage, dass nicht nur die Zahl der NGOs selbst gestiegen ist, sondern auch die Gruppe immer heterogener zusammengesetzt ist. Waren anfangs vor allem aus den Industrieländern stammende Naturschutz-NGOs in der internationalen Umweltpolitik aktiv, so treten heute auch Unternehmensverbände auf, reisen darüber hinaus VertreterInnen von Kommunen und indigenen Völkern zu den Konferenzorten. Auch die klassische NGO-*community* ist heute heterogener als früher. Nach wie vor stammt ein Großteil der NGOs aus dem Norden, da sie eher über die Ressourcen verfügen, an der internationalen Konferenzdiplomatie teilzunehmen. Süd-NGOs erhalten nur in einem sehr begrenzten Umfang Reisemittel von einzelnen Staaten oder NGO-Verbänden. Dabei ist es sehr wichtig, dass die Süd-NGOs selbst vor Ort sind, vertreten sie doch häufig andere Interessen als die der nördlichen Gegenspieler. So machte das indische *Center for Science and Environment* (CSE) in Rio 1992 den Konsum und die „Luxus-Emissionen" des Westens für die Umweltkrise verantwortlich (Heins 2001: 167), während andere NGOs eine weltweite Verantwortung betonten.

Einflussnahme von NGOs auf UN-Dokumente

Die Einbeziehung von NGOs in internationale Verhandlungen ist nicht folgenlos geblieben. Studien zeigen, dass NGOs bspw. in der beim Rio-Gipfel 1992 verabschiedeten Agenda 21 einige Formulierungen einspeisen konnten (Finger 1994: 208). Dass in der Klimarahmenkonvention überhaupt die Absichtserklärung enthalten ist, die Treibhausgasemissionen auf das Niveau von 1990 zurückführen zu wollen, ist ebenfalls auf das Wirken von NGOs zurückzuführen (Arts 1998: 111). Mit der zunehmenden Heterogenität der vertretenen Interessen wird es jedoch zunehmend schwieriger nachzuvollziehen, wie groß der Einfluss von grauen und grünen NGOs jeweils war.

Überwachung der Abkommen durch NGOs

In der Umweltpolitik sind häufig nationale Strategien zu entwickeln, Gesetze zu verabschieden oder Berichte an die UN zu formulieren, die Aussagen über die ergriffenen Schritte enthalten. In diesem Prozess treten NGOs erstens als technische Berater von Staaten auf und leisten daher einen sehr wichtigen Beitrag zum *capacity-building*. Zweitens prangern sie Defizite im Umsetzungsprozess öffentlichkeitswirksam an und tragen dadurch im besten Fall zu einer Verhaltensänderung bei. Beispielsweise profitiert der *Compliance*-Mechanismus des Washingtoner Artenschutzübereinkommens (CITES) davon, dass zivilgesellschaftliche ExpertInnen, die im TRAFFIC-Netzwerk zusammengeschlossen sind, ihre Expertise zur Verfügung stellen (Breitmeier 2009: 163).

Da die Vereinten Nationen zunehmend mit einer Vielzahl von nichtstaatlichen Akteuren zusammenarbeiten und diese heute auch über umfassendere Partizipations- und Einflussmöglichkeiten verfügen, stellt sich zunehmend die Frage nach der Rechenschaftspflicht (accountability) der neuen *Governance*-Formen. Die zentralen Fragen sind hierbei: "Accountable for what? Accountable to whom? How? When?" (Newell 2008: 126)

7.5.2 Steuerungsformen: Von der hierarchischen Steuerung zu privaten Netzwerken

Während die Vereinten Nationen in den Anfängen ihrer Umweltpolitik auf klassische hierarchische Steuerungsmechanismen setzte, ist vor allem seit den 1990er Jahren deutlich zu erkennen, dass die UN sich vermehrt an horizontalen Mechanismen beteiligt bzw. diese initiiert. Bei dieser „Transformation der globalen Umweltpolitik" (Chan/Pattberg 2008: 103) gewinnen transnationale Formen des Regierens an Gewicht, da zunehmend nichtstaatliche Akteure aus verschiedenen Staaten darauf drängen, in freiwilligen Initiativen und anderen koordinierten Programmen einen Beitrag zur Umweltpolitik zu leisten.

Es gibt verschiedene Versuche, die Bandbreite an verschiedenen Steuerungsformen zu systematisieren. Karin Bäckstrund (2008) schlägt in Anlehnung an bestehende Arbeiten zu Partnerschaften (Börzel/Risse 2005: 200) vor, ausgehend von dem Autonomiegrad der privaten Akteure in Bezug auf die öffentlichen Akteure acht verschiedene Formen des Regierens zu unterscheiden. Ihre mit Blick auf die Klimapolitik entwickelten Kategorien nutzen wir nachfolgend, um die Bandbreite der verschiedenen Steuerungsformen zu skizzieren, die von rein privaten bis zu ausschließlich öffentlichen *Governance*-Architekturen reichen.

Breites Spektrum an Steuerungsformen

Demnach gibt es erstens Unternehmen und auch zivilgesellschaftliche Akteure, die ohne Beteiligung öffentlicher Akteure Standards für ihr eigenes Verhalten formulieren (Selbstregulierung). Sie handeln autonom und stellen somit unabhängig von den intergouvernementalen Institutionen ihre Regeln auf. Da diese Steuerungsform keinen Bezug zu den Vereinten Nationen hat, stellen wir sie hier nicht weiter vor. In den folgenden sieben Steuerungsformen nimmt der Autonomiegrad der privaten Akteure sukzessive ab.

• Private Selbstregulierung

Die zweite Form, die private Selbstregulierung im Schatten der Hierarchie („regulated self-regulation"), tritt dagegen im Bereich der von den Vereinten Nationen initiierten internationalen Klimapolitik auf, konkret beim *Clean Development Mechanismus* oder der *Joint Implementation* des Klimaregimes. Wie im Abschnitt zum Klimaregime geschildert, ist im Kyoto-Protokoll festgehalten, dass die Industrieländer ihre Emissionsreduktionen nicht ausschließlich im eigenen Staat erzielen müssen. Sie können entsprechende Projekte auch in anderen Ländern starten. Erzielte Reduktionen in anderen Staaten werden den initiierenden Industrieländern entsprechend angerechnet. Das Kyoto-Protokoll gibt somit einen Rahmen vor, innerhalb dessen die privaten Akteure selbst Projekte durchführen

• Private Selbstregulierung im Schatten der Hierarchie

können. Ein Zusammenschluss von NGOs hat im Jahr 2003 den *Gold Standard* vorgelegt, ein freiwilliges Zertifizierungsinstrument, das zum Kyoto-Protokoll beitragen will. Unternehmen können sich an das Gold Standard Sekretariat wenden, Teil des Netzwerkes werden und nachfolgend ihre Emissionsreduktion hierüber abrechnen (Bäckstrand 2008: 85).

• Delegation an private Akteure

Eine etwas aktivere Rolle spielen die UN, wenn sie drittens bestimmte Aufgaben an private Akteure delegiert. Eine Form dieses „outsourcing" stellen die beim Johannesburger Gipfel eingeführten *Type-II-Partnerschaften* dar, die dazu beitragen sollen, Nachhaltige Entwicklung in vielfältigen Projekten zu implementieren. Diese Partnerschaften sind von der UN auch in der Hoffnung eingesetzt worden, dass durch die zivilgesellschaftlichen und marktwirtschaftlichen Akteure neue Ressourcen freigesetzt würden. Diese Erwartungen erfüllten sich nicht, da in den meisten Partnerschaften gar nicht alle Sektoren mitarbeiten und nur in einem sehr begrenzten Maße neue, private Finanzquellen erschlossen wurden.

• Private Regulierung wird von IO übernommen

Eine aktive Rolle spielen die UN, wenn sie private Regulierung übernehmen. Die Waldpolitik ist hierfür ein Beispiel. Obwohl schon seit den 1980er Jahren bekannt ist, dass insbesondere der tropische Regenwald in rasanter Form verloren geht, Schätzungen gehen davon aus, dass seit den 1960er Jahren rund 20% des Tropenholzes abgeholzt wurde, konnte sich die Staatengemeinschaft nicht auf verbindliche Schritte einigen (Dingwerth 2007: 145). Verschiedene Initiativen im UN-Rahmen blieben wirkungslos, ein „non-Regime" bildete sich heraus (Pattberg 2007: 102). Da viele Umwelt-NGOs gegen die Abholzung von Regenwäldern protestierten und die Holzkonzerne finanzielle Einbußen in Folge von Boykottaufrufen befürchteten, ließen sich letztere 1993 auf eine private Regulierung, den *Forest Stewardship Council* (FSC) ein. Die Idee ist hierbei, dass die privaten Akteure nach zuvor gemeinsam festgelegten Regeln der nachhaltigen Forstwirtschaft wirtschaften, dies unabhängig überwacht wird und das so geschlagene Holz mit einem Siegel versehen zum Verkauf angeboten wird (Pattberg 2007: 120). Das Zertifizierungssystem des FSC hat dazu beigetragen, dass sich Holzwirtschaftspraktiken geändert haben; freilich werden die Kosten der Zertifizierung an den Endverbraucher weitergegeben (Chan/Pattberg 2008: 119). Die Idee der Zertifizierung griff die Weltbank 1998 in der *Forest Alliance* auf. In Zusammenarbeit mit der Umwelt-NGO WWF beschloss die UN-Sonderorganisation, rund 200 Millionen Hektar Waldnutzung unabhängig zertifizieren zu lassen (Dingwerth 2007: 155). Die beiden Organisationen lassen sich hierbei von den Regeln des FSC leiten. Die ursprünglich private Regulierung wird nun auch von einer internationalen Organisation mitgetragen.

• Ko-Regulierung von öffentlichen und privaten Akteuren

Eine eingeschränktere Rolle haben die privaten Akteure bei einer Ko-Regulierung inne, wenn also private und intergouvernementale Akteure gemeinsam internationale Normen aushandeln und umsetzen. Ein Beispiel hierfür ist die 1997 ins Leben gerufene Weltstaudammkommission (*World Commission on Dams*, WCD). Die Weltbank hatte gemeinsam mit der *World Conservation Union* (die auch unter dem Namen IUCN bekannte Organisation hat NGOs wie auch Staaten als Mitglieder) die Kommission initiiert, die Richtlinien für die Planung, Beurteilung, Bau, Überwachung, Operation und Stilllegung großer Staudämme erarbeiten sollte (Dingwerth 2004: 83f.). Die WCD-Gründung stellt hierbei auch eine Reaktion auf die teils massive zivilgesellschaftliche Kritik am Bau großer Staudämme dar, die seit Mitte der 1970er Jahre immer lauter wurde (Dingwerth 2007: 53). In der Kommission selbst arbeiteten zwölf Personen zusammen, die im November 2000 ihren Bericht vorlegten. Hierin zogen sie eine negative Bilanz des Baus und Unterhalts bisheriger Großstaudämme. Diese hätten häufig nicht gehalten, was sie versprochen hätten, im Gegenteil seien die Kosten höher ausgefallen als berechnet. So seien etwa 40 bis 80 Millionen Menschen umgesiedelt worden (ebd.: 58). Die WCD hat Richtlinien für den Bau weiterer Staudämme vorgelegt, nach denen insbesondere von Staudammbauten Betroffene mehr Gehör bekommen müssen. Künftige Großstaudämme müssen fünf Kernwerten genügen, die in sieben strategische Prioritäten und 33 *Policy*-Prinzipen überführt wurden. Wenngleich die WCD-Richtlinien nicht völkerrechtlich verbindlich sind, so stellen sie dennoch einen Regulationsversuch dar, der auf die Initiative einer NGO und der UN-Sonderorganisation Weltbank zurückzuführen ist.

Private Akteure haben in vielen Bereichen nicht diese gleichberechtigte Rolle inne. Wie gezeigt bestimmen häufig die internationalen Institutionen, in welchem Umfang nichtstaatliche Akteure an den Verhandlungen teilnehmen können. Die Teilnahmerechte unterscheiden sich je nach Verhandlungssetting und Verhandlungssituation. Konsultationen und Kooptationen gibt es jedoch nicht nur bei internationalen Verhandlungen, sondern auch bei der Implementation von Projekten. Karin Bäckstrand (2008: 86) führt aus, dass in der von den USA angeführten *Asia-Pacific Partnership on Clean Development and Climate Change* (APP) und auch dem *Carbon Sequestration Leadership Forum (CSLF)* jeweils Unternehmen miteinbezogen wurden, die zu den Projekten beitragen sollen.

• Konsultationen und Kooptation von privaten Akteuren

Der Übergang von dieser Form der Regulierung zum klassischen Lobbying ist fließend. Schon seit jeher bemühen sich nichtstaatliche Akteure, ihre Interessen in internationale Aushandlungsprozesse einfließen zu lassen. Für die frühe Klimapolitik sind hier exemplarisch der NGO-Dachverband *Climate Action Network* (CAN) und der ehemalige Verband der Kohle- und Ölunternehmen *Global Climate Coaliton* zu nennen, die teils konträre Perspektiven in die UN-Klimaverhandlungen einfließen lassen wollten. Wie erläutert, verfügen sie heute über umfassendere Teilnahmerechte, die es ihnen ermöglichen neben dem Lobbying von außen auch mit an den Runden Tischen zu sitzen.

• Lobbying

Schließlich gibt es nach wie vor rein öffentliche *Governance*-Formen. Hier stellen multilaterale Umweltabkommen (MEAs) die zentrale Institution dar, mittels derer internationalen Normen und Regeln festgelegt und nachfolgend implementiert werden. Dies sind rein öffentliche Abkommen, die von den Staaten unterzeichnet und nachfolgend ratifiziert werden.

• Öffentliche Regulierung

Im Allgemeinen ist der Trend zu erkennen, dass die UN als intergouvernementale Organisation nicht nur, wie oben beschrieben, nichtstaatliche Akteure an den Aushandlungsprozessen der internationalen Normen und Regeln partizipieren lässt, sondern dass sie sich darüber hinaus auch aktiv an verschiedenen öffentlich-privaten Regelungsversuchen beteiligt. Im Vergleich zu den anderen Politikfeldern ist die Transformation der *Governance*-Prozesse im umweltpolitischen Bereich weit vorangeschritten.

7.5.3 Mehrebenenpolitik

Mit den veränderten *Governance*-Formen geht einher, dass die verschiedenen politischen Ebenen zunehmend miteinander interagieren und so internationale Umweltpolitik heute auch Mehrebenenpolitik ist. Mit zwei Beispielen wollen wir diese Überlegung illustrieren: dem Nachhaltigkeitsparadigma und der Klimapolitik.

Lokale Akteure auf
internationaler Bühne

Nachhaltige Entwicklung ist, wie ausgeführt, als Paradigma durch die Brundtland-Kommission formuliert und beim Weltgipfel in Rio 1992 als solches festgeschrieben worden. Im Sinne eines klassischen Verständnisses von politischen Prozessen wäre nun zu erwarten gewesen, dass die Staaten das Paradigma auf nationaler Ebene umsetzen und ggf. nach einigen Jahren über ihre (Miss-)Erfolge berichten. Der reale Prozess zeigt jedoch, dass zur Umsetzung der Nachhaltigen Entwicklung Akteure auf allen politischen Ebenen mitarbeiten und eine Vernetzung auch explizit erwünscht ist. So legt die beim Weltgipfel beschlossene Agenda 21 fest, dass gesellschaftlichen und wirtschaftlichen Akteuren eine große Bedeutung bei der Umsetzung des Leitbildes zukommt. Diese *major groups* agieren zwar zum Teil auf transnationaler Ebene, die meisten sind jedoch auf der lokalen Ebene angesiedelt. Somit soll die Implementation eines globalen Paradigmas durch die Interaktion mit Staaten, aber auch lokalen Gruppen erfolgen – ein Novum in der Geschichte der Vereinten Nationen. VertreterInnen der *major groups* nahmen nachfolgend an den Sitzungen der Kommission für Nachhaltige Entwicklung (CSD) teil, bereiteten die erste Auswertungskonferenz, die Sondergeneralversammlung 1997 in New York, mit vor und engagierten sich weiterhin im Vor- und Nachbereitungsprozess des Johannesburger Gipfels 2002. Es wird hiermit deutlich, dass sich die ehemals lokalen Akteure in der internationalen Umweltpolitik engagieren, und zwar nicht im klassischen Sinne, über den Staat vermittelt, sondern mittels einer direkten politischen Teilnahme an den internationalen Verhandlungsprozessen.

Wechselwirkungen
zwischen den Ebenen

Die Interaktion von lokaler, nationaler und internationaler Ebene ist auch in der Klimapolitik zu beobachten. Im Gegensatz zur Nachhaltigkeitspolitik tritt hier das Phänomen auf, dass es neben der Teilnahme von lokalen bzw. transnationalen Interessengruppen an den UN-Verhandlungsprozessen auch noch eigenständige Initiativen auf kommunaler Ebene gab. Das Klima-Regime, insbesondere das Kyoto-Protokoll, dient lokalen Akteuren als normativer Referenzrahmen, damit sie klimapolitische Schritte auf lokaler Ebene ergreifen können. Beispielsweise gibt es einen Zusammenschluss von BürgermeisterInnen von Städten und Gemeinden, die einen Beitrag zur Klimapolitik leisten wollen. Sie haben sich im Rahmen der gemeinsamen Organisation ICLEI[413] auf das „Cities of Climate Protection" (CCP) Programm geeinigt. Dieses sieht drei Ziele vor: Die Menge der Treibhausgasemissionen ist zu vermindern sowie die Luft- und die Lebensqualität in den Städten zu erhöhen. Ausgehend vom Kyoto-Protokoll haben die BügermeisterInnen jeweils für ihre Städte Klimaschutzziele festgelegt (Biermann/Pattberg 2008: 282). Die

---

413 ICLEI ist die Abkürzung für *International Council for Local Environmental Initiatives*. Der Dachverband wurde 1990 gegründet. An der Gründungsveranstaltung nahmen mehr als 200 lokale Akteure aus 43 Staaten teil.

teilnehmenden Städte – im Jahr 2008 waren es knapp 700 – sind für ca. 15% der weltweiten THG verantwortlich (Pattberg/Stripple 2008: 379). Interessant ist, dass ein Großteil der teilnehmenden Städte aus den USA (159) und Australien (196) stammt. Eine Begründung für das Engagement dieser Städte könnte sein, dass sie angesichts eines fehlenden nationalen Reduktionsrahmen durch die angestrebte Emissionsreduktion, aufzeigen wollen, dass Klimapolitik möglich und eine einheitliche, nationale Regelung nötig ist. In diesem Fall wirkt also eine internationale Norm als Referenzrahmen für lokales Handeln, das aber zugleich den Zweck hat, Einfluss auf die nationale Klimapolitik zu nehmen.

7.6   Fazit

Die Vereinten Nationen spielen in der internationalen Umweltpolitik eine sehr wichtige Rolle. Sie haben dazu beigetragen, dass sich ein Geflecht an internationalen Normen entwickeln konnte, das Verhaltensvorschriften formuliert. Hierbei dominiert ein sektoraler Ansatz, das heißt, dass jeweils für ein Problem bzw. einen Sektor spezifische Normen und Regeln vereinbart wurden. Daher ist die Zahl der multilateralen Abkommen im Umweltbereich auch in den letzten Jahren auf über 500 gestiegen. Weiterhin haben die Vereinten Nationen eine zentrale Rolle bei der Formulierung und Implementierung des Leitbilds der Nachhaltigen Entwicklung gespielt. Ursprünglich von einer Expertenkommission vorgeschlagen, ist das Leitbild durch die Rio-Konferenz 1992 international etabliert worden und soll, wie der Johannesburger Gipfel 2002 betonte, umgesetzt werden. Mit dem Beitrag zur Normgenese und zur Implementation der Normen haben die Vereinten Nationen das gesamte Politikfeld nachhaltig geprägt.

Normgenese von den UN induziert

8   Fazit

Die Zielsetzung dieses Studienbriefes war es, zu prüfen, inwiefern die von der Global-Governance-Literatur attestierten Änderungen des Regierens auch in der praktischen Politik der Vereinten Nationen zum Tragen kommen. Nach einem Einstieg über theoretische Einschätzungen zur Rolle internationaler Organisationen in der Weltpolitik haben wir einen Überblick über die Geschichte der Vereinten Nationen sowie über ihre Ziele, Arbeitsweisen und Herausforderungen in fünf Politikfeldern – Sicherheit und Frieden, Rüstungskontrolle, Menschenrechte, Entwicklungs- und Umweltpolitik – gegeben. Die Leistungen der Vereinten Nationen in einzelnen Sachbereichen sind in den Kapitelfazits bereits zusammengefasst worden. In dieser Abschlussbetrachtung wollen wir uns daher auf den Aspekt der Global Governance konzentrieren und dabei vergleichend unsere Ergebnisse aus den jeweiligen Unterkapiteln auswerten.

Drei Beobachtungen und die Annahme, dass die beobachteten Tendenzen zukünftig verstärkt werden, begründen die Absicht des Studienbriefes, die Vereinten Nationen aus der Perspektive von Global Governance zu betrachten: 1) dass nichtstaatliche Akteure in den internationalen Beziehungen eine wichtige Rolle spielen, 2) dass sich die Steuerungsmodi verändern und 3) dass die Politik immer stärker ebenenübergreifend stattfindet. In diesem Studienbrief haben wir die verschiedenen Formen der Einbeziehung privater Akteure sowie der Kooperation mit regionalen Akteuren systematisch erhoben. Es ist dabei deutlich geworden, dass alle drei Trends in allen Politikfeldern eine Rolle spielen, sich jedoch die Menge und Intensität der Interaktionen je nach Politikfeld und je nach Phase des Politikzyklus unterscheiden. Allgemein kann man festhalten, dass die Global-Governance-Trends umso präsenter sind, je weicher das Politikfeld ist und je früher die Phase des Politikzyklus. Das bedeutet erstens, dass neue Governance-Formen zwar auch in harten Politikfeldern – im Friedens- und Sicherheitsbereich und in der Rüstungskontrolle – zunehmend vorhanden sind, nichtstaatliche Akteure aber hier keine so große Rolle wie in den „Low-Politics"-Bereichen der Entwicklungs-, Menschenrechts- oder Umweltpolitik spielen. Zweitens bedeutet das, dass neue Governance-Formen vor allem in der Phase der Normsetzung vorliegen, bereits weniger stark in der Phase der Umsetzung und Überwachung und gar nicht in der Phase der Durchsetzung.

Nachfolgend vergleichen wir politikfeldübergreifend die Verankerung von neuen Formen des Regierens in den verschiedenen Sachbereichen entlang der verschiedenen Phasen des Politikzyklus, d.h. der Entstehung, Umsetzung, Überwachung und Durchsetzung von Normen, wobei der Schwerpunkt auf der Einbeziehung von nichtstaatlichen Akteuren liegt. Hierzu gehen wir wie folgt vor: Bei der Phase der Normsetzung (8.1) konzentrieren wir uns zum einen auf die Einbeziehung von zivilgesellschaftlichen Akteuren in das Konferenzgeschehen, zum anderen auf institutionalisierte Kooperationsformen mit UN-Organen. Anschließend betrachten wir das gewandelte Verhältnis zwischen Wirtschaftsakteuren und den Vereinten Nationen, das sich ebenfalls in steigenden Partizipationsmöglichkeiten an UN-Prozessen äußert. Der zweite Teil (8.2) nimmt die Phase der Normimplementation in den Blick: Während der Beitrag der NGOs die Politikumsetzung in konkreten Projekten, aber auch (mal mehr, mal weniger institutionalisiert) die Monitoring-Mechanismen der UN stützt, sind Wirtschaftsakteure durch PPPs in den operativen Bereich eingebunden. Als dritte Akteursgruppe kommen regionale Organisationen hinzu, die insbesondere im Bereich der Friedenssicherung verstärkt Aufgaben übernehmen. Im dritten Teil (8.3) schauen wir die Durchsetzungsmechanismen an und stellen dabei fest, dass dieser Bereich so schwach ausgebaut ist, dass es nicht weiter verwunderlich ist, dass private Akteure hier keine Rolle spielen. Nachdem wir die Rolle von nichtstaatlichen Akteuren beleuchtet haben, problematisieren wir im nächsten Schritt einige Aspekte der beobachteten Trends (8.4). Im abschließenden Teil (8.5) fassen wir knapp die bisherigen Ergebnisse zusammen und stellen einige weiterführende Überlegungen zum Zusammenhang der identifizierten Elemente von Global Governance untereinander an.

8.1 Normsetzung

Arbeit der Vereinten Nationen findet mit nichtstaatlichen Akteuren statt

Wie der Studienbrief gezeigt hat, gehören die Diskussion, Aushandlung und Formulierung internationaler Normen zu den Hauptaufgaben der Vereinten Nationen. Sie werden in einer Reihe von Foren wahrgenommen: in den Hauptorganen Generalversammlung und Wirtschafts- und Sozialrat, im Menschenrechtsrat, in zahlreichen Kommissionen, auf Konferenzen oder bei Vertragsverhandlungen. Am Ende dieser deliberativen Prozesse werden Verhaltensstandards und Lösungsvorschläge für globale Probleme in Resolutionen, Abschlussdokumenten, Aktionsprogrammen und Berichten festgehalten. In die Prozesse der Normsetzung sind neben den Staaten auch andere Akteure involviert und dies nicht nur im direkten Setting der Vereinten Nationen, sondern auch in begleitenden Aktivitäten wie Demonstrationen und Öffentlichkeitskampagnen. Den direkten Zugang zum UN-System ermöglicht nichtstaatlichen Akteuren in erster Linie die Teilnahme an internationalen Konferenzen, wie in Abschnitt 8.1.1 gezeigt wird. Die Einbindung durch formelle Kooperation mit UN-Institutionen oder durch Verbindungsbüros ist bislang zwar wenig verbreitet, aber ebenfalls vorhanden und wird in Abschnitt 8.1.2 dargestellt. In Abschnitt 8.1.3 fassen wir die unterschiedlichen Versuche der Vereinten Nationen zusammen, die Aktivitäten des Wirtschaftssektors zu regulieren. Insgesamt ist diese Phase der Normevolution über alle Politikfelder hinweg diejenige mit der stärksten Offenheit gegenüber nichtstaatlichen Akteuren.

8.1.1 NGOs auf UN-Konferenzen

NGOs von Anfang an dabei

Verglichen mit dem Alter der Vereinten Nationen ist das zivilgesellschaftliche Engagement für die Genese globaler Normen in zentralen Politikbereichen ein altes Phänomen. Vorläufer moderner Nichtregierungsorganisationen wurden im 18. und 19. Jahrhundert gegründet. Sie setzten sich für die Abschaffung der Sklaverei ein,

warnten vor Gefahren des Wettrüstens und bemühten sich, humanitäre Kriegsfüh-
rungsstandards durchzusetzen; auch erste Menschenrechts- und Arbeitsrechtsor-
ganisationen wurden zu dieser Zeit gegründet. Schon bei der Gründungskonferenz
der Vereinten Nationen waren Nichtregierungsorganisationen als Beobachter zu-
gegen und brachten die Möglichkeit, als zivilgesellschaftliche Organisation einen
Konsultativstatus bei den Vereinten Nationen zu beantragen, in die UN-Charta
ein – bereits 1946 begann der Wirtschafts- und Sozialrat damit, diesen Status zu
verleihen.

Ungeachtet dieser frühen Anerkennung wurden umfassendere Teilnahme-   Hohe
möglichkeiten für nichtstaatliche Akteure erst in den späten sechziger bzw. frü-   Teilnahmezahlen an
hen siebziger Jahren auf den UN-Weltkonferenzen für Menschenrechte und für   Konferenzen
Umwelt geschaffen: Auf der Menschenrechtskonferenz in Teheran im Jahr 1968
waren 50 NGOs präsent, vier Jahre später waren es bereits 250 NGOs, die für
die Konferenz über die Umwelt des Menschen in Stockholm akkreditiert waren;
außerdem tagten mehrere hundert NGOs im sogenannten Parallelforum. Nach
diesen ersten Momenten der Einbeziehung von NGOs brachte erst die Serie der
Weltkonferenzen in den 1990ern einen wahren NGO-Boom. Zusätzlich zu den
Tausenden von NGO-Repräsentanten, die an offiziellen Verhandlungen teilnahmen, fanden auch wieder parallele NGO-Gipfel mit Zehntausenden Teilnehmern
statt. Mit Ausnahme der beiden Nachfolgegipfel der 1992er Rio-Konferenz in Johannesburg (2002) und in Rio de Janeiro (2012), die als die größten Konferenzen
in der UN-Geschichte zählen, sanken die Teilnahmezahlen im neuen Jahrtausend
insgesamt wieder etwas, betrugen aber bei den beiden Weltgipfeln über die Informationsgesellschaft in Genf und Tunis (2003 und 2005) immer noch mehrere tausend. Bei den Veranstaltungen, die nicht das Format einer Weltkonferenz haben,
liegen die Zahlen im Hunderterbereich oder darunter. So nehmen an den Vertragsstaatenkonferenzen der beiden aus der Rio-Konferenz hervorgegangenen Um-
weltkonventionen durchschnittlich rund 100 (Biodiversitätskonvention) bzw. 200
(Klimarahmenkonvention) NGOs teil. Die Zahlen im harten Politikbereich der
Rüstungskontrolle sind damit durchaus vergleichbar. Auch dort sind zivilgesellschaftliche Organisationen seit den 1990ern verstärkt präsent – mit Teilnahmezahlen, die, je nach Veranstaltungstypus, in dreistelliger (Überprüfungskonferenzen
des Atomwaffensperrvertrages) oder in zweistelliger (Vertragsstaatenkonferenzen
der Chemiewaffenkonvention) Höhe liegen.

Doch nicht nur der quantitative Aspekt weist auf eine veränderte zivilgesell-   Teilnahmerechte:
schaftliche Rolle hin. Auch qualitativ hat sich einiges verändert, wenn man die   • Präsenzrecht
Formen der Beteiligung betrachtet, die NGOs eine größere Einflussnahme auf die   • Rederecht
Normsetzung ermöglichen. Dass ihnen bei internationalen Großkonferenzen der   • Informationsrecht
Beobachterstatus zugestanden wird, ist inzwischen zu einem sektorübergreifenden
und selbstverständlichen Anspruch geworden. Die mit dem Beobachterstatus verbundenen Rechte variieren allerdings durchaus – es sind die Staaten, die von Fall
zu Fall darüber entscheiden können, welche Partizipationsformen sie zulassen.
Das Präsenzrecht ist inzwischen zwar üblich, bezieht sich in der Regel jedoch
nur auf die Teilnahme an Plenardebatten und beinhaltet nicht die Zulassung zu
informellen Verhandlungen in Arbeitsgruppen. Genau dorthin werden allerdings

die Verhandlungen verlagert, wenn es besonders kontrovers wird; ebenso werden dort die Inhalte der Abschlussdokumente, z.B. die geplanten Maßnahmen, fixiert. Doch auch von dieser Regel sind inzwischen Ausnahmen gemacht worden, so konnten NGOs beispielsweise auf den Informationsgipfeln auch die informellen zwischenstaatlichen Verhandlungen verfolgen; die Geschäftsordnungsreglen der Vertragsstaatenkonferenzen zur Biodiversitätskonvention lassen sie auch zu untergeordneten Arbeitsgruppen zu, sie schließen nichtstaatliche Teilnehmer jedoch wieder aus, wenn es an die Festschreibung der Vertragsinhalte geht.

Im Vorfeld der Großkonferenzen engagieren sich NGOs in der Regel in den vorbereitenden Ausschüssen, welche nicht minder wichtig sind, da dort die Tagesordnung der kommenden Gipfel festgelegt wird. Durch schriftliche und mündliche Stellungnahmen und Positionspapiere, die sie im Vorfeld – nicht selten auf Aufforderung der Konferenzsekretariate – einreichen, sowie direkte Kontakte mit Delegierten können NGOs in dieser Phase dafür Sorge tragen, dass die von ihnen für wichtig erachteten Punkte einen Platz auf der Agenda finden und ihre Position zu diesen Punkten bekannt wird. Für diesen Zweck wichtig sind auch sogenannte Hearings, die sich in den letzten 15 Jahren als Form des Austauschs mit der Zivilgesellschaft in verschiedenen Politikfeldern etablieren: Teils mehrtägige (regionale) Anhörungen fanden vor dem Millenniumsgipfel, aber auch vor der Kleinwaffenkonferenz, den NPT-Überprüfungskonferenzen und der Konferenz für Entwicklungsfinanzierung statt; selbst die Generalversammlung als das größte intergouvernementale Gremium hat vor dem 2005er Gipfel zwei Tage lang NGOs angehört. Die Rederechte, die nichtstaatlichen Delegierten auf den Konferenzen selbst zugebilligt werden, variieren in beträchtlichem Maße: Im gesamten Rüstungskontrollbereich gibt es in der Regel keine formellen Rederechte während der Plenarsitzungen. Allerdings werden inzwischen in einigen Konferenzen Sitzungsunterbrechungen und Sondersitzungen anberaumt, in denen sich NGOs vor den Staatenvertretern äußern dürfen. In anderen Politikbereichen war man in dieser Hinsicht schon früher soweit: So durften NGO-VertreterInnen zum ersten Mal auf der Rio-Konferenz und auf folgenden Weltkonferenzen Gruppenstellungnahmen in Plenarsitzungen abgeben. Bei den Verhandlungen der Klimarahmenkonvention wird diese Möglichkeit ebenfalls eingeräumt, allerdings zu festgesetzten Zeitpunkten – in der Regel am Ende des Verhandlungsprozesses. Auf den Informationsgipfeln wurde das Rederecht weiter ausgebaut und individuelle Stellungnahmen zugelassen. Diese sind bei den Vertragsstaatenkonferenzen zur Biodiversitätskonvention jederzeit möglich, was eine Besonderheit darstellt. Zusätzlich zu den Stellungnahmen nutzen NGOs während der Konferenzen auch andere Mittel der Informationsverbreitung, um auf die Meinungsbildung Einfluss zu nehmen, z.B. halten sie Workshops und Seminare ab und legen Informationsmaterial aus – von den Organisatoren werden hierfür Räumlichkeiten in den Konferenzgebäuden bereitgestellt.

8.1.2 NGOs in UN-Institutionen

An größeren Gipfeln teilzunehmen, ist für NGOs die wichtigste und heute auch eine selbstverständliche Möglichkeit, substanziellen Einfluss auf die Entwicklung von Normen zu nehmen. Aber auch ihre Verbindungen zu UN-Organen sind in den letzten Jahrzehnten ausgebaut und institutionalisiert worden. Diese sind in „*High-Politics*"-Feldern wie Sicherheit und Rüstungskontrolle nach wie vor begrenzt, in „*Low-Politics*"-Feldern wie Entwicklung, Menschenrechte und Umwelt gibt es allerdings durchaus enge Kooperationen auf formeller Basis: Um eine möglichst breite Beteiligung an ihren Entscheidungsprozessen herzustellen, verfolgt die Kommission für Nachhaltige Entwicklung den sogenannten Major-Groups-Ansatz – dabei lässt sie nichtstaatliche Beobachter zu ihren regulären Sitzungen zu und unterstützt die Teilnahme von NGOs aus Entwicklungsländern finanziell. Die UN-Menschenrechtsinstitutionen sind diejenigen mit der größten Offenheit gegenüber nichtstaatlichen Akteuren, nicht zuletzt, weil sie auf ihre Zuarbeit angewiesen sind: Auf den regulären Sitzungen des Menschenrechtsrates und seiner Vorgängerin, der Menschenrechtskommission, sind Hunderte von NGOs als Beobachter präsent. Hier dürfen sie auch mündliche Stellungnahmen abgeben und sich an Diskussionen beteiligen. Die Vertragsorgane lassen es zu, dass NGOs Tagesordnungspunkte vorschlagen, laden sie zu thematischen Diskussionen über die Fortentwicklung der vertraglich festgehaltenen Normen ein und bitten sie, alternative Entwürfe einzureichen sowie die Berichte der themen- oder länderspezifischen Arbeitsgruppen zu kommentieren. In einigen Komitees sind einzelne Tage nur für Stellungnahmen von NGOs vorgesehen. In der Abrüstungskonferenz sind die NGOs zwar ebenfalls zu Plenarsitzungen zugelassen, dürfen diesen jedoch nur von einem Balkon aus folgen und sich nicht auf der gleichen Ebene wie die Delegierten aufhalten. Stellungnahmen konnten bislang nur schriftlich übermittelt werden und dies auch nur, wenn die Staaten sie explizit anforderten. Zwar wurde, aufgrund der substanziellen Blockade der Abrüstungskonferenz noch keine verbindliche Entscheidung über mehr Partizipationsmöglichkeiten für zivilgesellschaftliche Akteure getroffen, jedoch zeigte sich auch dieses Gremium bereit, sich für zivilgesellschaftliche Akteure zu öffnen. Ob aber die einst geäußerte Absicht, informelle Plenarsitzungen abzuhalten, um zivilgesellschaftliche Akteure anzuhören sowie diese ihre Statements selbst, statt wie bisher vom Sitzungsvorsitzenden verlesen zu lassen, umgesetzt wird, wird sich erst zeigen, wenn das Organ wieder arbeitsfähig wird.

Die beiden wichtigsten intergouvernementalen UN-Organe – die Generalversammlung und der Sicherheitsrat – bleiben für zivilgesellschaftliche Akteure auch weiterhin weitgehend verschlossen. Es gibt hier nur sehr zaghafte und selektive Öffnungstendenzen. Sie zeigen sich in der Generalversammlung durch das Instrument der (mehrtägigen) NGO-Hearings, welches allerdings nicht standardisiert, sondern nur im Vorfeld besonderer Veranstaltungen wie des Millenniumsgipfels, eingesetzt wird. Im Sicherheitsrat, der für zivilgesellschaftliche Akteure traditionell nicht zugänglich war und nach wie vor den höchsten Grad an Staatszentriertheit aufweist, zeigen sich die Öffnungstendenzen Ende der 1990er Jahre

Formelle und informelle Kooperationsformen

Langsame Öffnung der Generalversammlung und des Sicherheitsrats

durch die Anwendung der Arria-Formula. Danach werden NGO-VertreterInnen in den Sicherheitsrat eingeladen, um dort mit seinen Mitgliedern zu diskutieren. Außerhalb des Sicherheitsrates gibt es außerdem seit 1997 regelmäßige Treffen mit seinen einzelnen Delegationen, die von der *„NGO Working Group on the Security Council"* organisiert werden. Die Gründe für die Öffnung dieses „High-Politics"-Organs liegen in seiner veränderten Tagesordnung, auf der ein gewandelter Sicherheitsbegriff zum Ausdruck kommt. Da nicht mehr nur staatliche Sicherheit, sondern auch die Sicherheit von Individuen und damit die Auswirkungen von Konflikten auf ZivilistInnen sowie die Verbindung zwischen Menschenrechten und Konflikten in den Blick des Sicherheitsrates gerückt ist, ist auch sein Expertisebedarf in diesen Bereichen gestiegen – diesen deckt er, wie andere UN-Institutionen auch, durch die Einbeziehung nichtstaatlicher Akteure in seine Arbeit ab.

8.1.3 Der Wirtschaftssektor und Vereinte Nationen

Aufnahme des Dialogs und Ausbau der Kooperation

Nach dem für die 1990er Jahre charakteristischen NGO-Boom sind im neuen Jahrtausend auch für die zweite Gruppe nichtstaatlicher Akteure, die Wirtschaftsvertreter, formelle wie informelle Partizipationsmöglichkeiten am UN-System ausgebaut worden. Wie an einigen Stellen ausgeführt, verband die Vereinten Nationen und den Wirtschaftssektor in den Jahrzehnten zuvor eine konflikthafte Beziehung, die von Regulierungsversuchen und Kritik am Verhalten von transnationalen Unternehmen in Entwicklungsländern geprägt war. Unter dem Generalsekretär Boutros-Ghali begannen die beiden Akteure, sich einander anzunähern. Dieser Prozess wurde unter Kofi Annan fortgesetzt und intensiviert: In der Absicht, fortan kooperative statt konfrontative Beziehungen zu etablieren, bewegte sich der Generalsekretär deutlich auf den privaten Sektor zu. Das bekannteste Ergebnis seiner Bemühungen ist der Global Compact – eine Vereinbarung von menschen-, arbeits- und umweltrechtlichen Standards, zu denen sich Unternehmen freiwillig verpflichten.

Gleichstellung mit NGOs

Neben diesem konkreten Ergebnis erscheint die atmosphärische Veränderung, die zwischen den Vereinten Nationen und dem Wirtschaftssektor stattgefunden hat, fast noch wichtiger: Die veränderte Wahrnehmung von Wirtschaftsakteuren als denjenigen, die nicht nur Schaden anrichten, sondern auch positive Beiträge leisten können, wirkte sich auch auf die Rollen aus, die ihnen in Prozessen der Normsetzung zugestanden wurden. Auf mehreren großen UN-Entwicklungsgipfeln sowie bei den Vertragsstaatenkonferenzen zur Biodiversitätskonvention wurden inzwischen auch UnternehmensvertreterInnen als Beobachter akkreditiert und ihre Teilnahmerechte den Rechten von Nichtregierungsorganisationen gleichgestellt. Dies bedeutete, dass sie sich in Plenarsitzungen äußern, bei Verhandlungen mitdiskutieren sowie bei den *Round Tables* ihre Positionen vertreten durften. Im Bereich der Menschenrechte wurden Unternehmen genauso wie andere nichtstaatliche Akteure in das Verfahren zur Entwicklung menschenrechtlicher Verhaltensstandards für Unternehmen, der sogenannten UN-Normen, miteinbezogen: Sie waren eingeladen, die Vertragsentwürfe bei diversen Anhörungen zu diskutieren und konnten schriftliche Kommentare zu den überarbeiteten Versionen einreichen.

Dennoch stieß das auf Verbindlichkeit und Compliance-Mechanismen zielende Dokument auf Widerstand aus der Wirtschaft und konnte sich nicht durchsetzen.

8.2 Normumsetzung

In der Phase der Normumsetzung kooperieren die Vereinten Nationen mit den nichtstaatlichen Akteuren vor allem in zwei Governance-Bereichen: bei der Überwachung der Umsetzung eingegangener internationaler Verpflichtungen sowie in der operativen Projektarbeit. Letztere findet vorwiegend in den Bereichen Umwelt, Entwicklung und Menschenrechte statt. Hier fungieren Nichtregierungsorganisationen und Unternehmen durch die Praxis des *subcontracting* oder in Form von PPPs als sogenannte Implementationspartner. Das Aufgabenspektrum der NGOs reicht hier von Menschenrechtserziehung, Opferhilfe, Flüchtlingsbetreuung bis zur Technischen Zusammenarbeit, während Unternehmen vor allem Projekte im Gesundheits-, Telekommunikations- und Umweltbereich finanzieren. Auch in der humanitären Rüstungskontrolle gibt es die Zusammenarbeit zwischen NGOs und den UN, da erstere z.B. in landminenverseuchten Gebieten Risikoschulungen für die Bevölkerung durchführen. Im Sicherheitsbereich lässt sich bislang keine Kooperation mit privaten Akteuren im Rahmen von Friedensmissionen erkennen. Das militärische und zivile Personal wird nach wie vor von Staaten entsandt.

[Randnotiz: Implementationspartner: Projektdurchführung]

Im Bereich des Monitoring beschränkt sich die Einbindung von Unternehmen auf das Self-Monitoring, etwa beim Global Compact. NGOs hingegen spielen eine große Rolle, deren Formalisierungsgrade jedoch variieren. Auch ohne formal in die Vertragsüberwachung eingebunden zu sein, können sie die öffentliche Aufmerksamkeit auf Umsetzungsdefizite (und -fortschritte) lenken. Monitoring-Netzwerke, wie beispielsweise TRAFFIC, das die Einhaltung des Artenschutzabkommens CITES überwacht, leisten nicht nur Öffentlichkeitsarbeit, sondern treten auch als Experten in Arbeitsgruppen der Biodiversitätskonvention auf. Die Überwachung der Menschenrechtsverträge sowie die Durchführung von Beschwerdeprozeduren ist Aufgabe entsprechender UN-Ausschüsse, doch ohne die Informationen von NGOs könnte dieser Bereich aufgrund der beschränkten Kompetenzen der Vereinten Nationen kaum funktionieren. Im Menschenrechtsrat bzw. zuvor in der Menschenrechtskommission sind NGOs beim Einreichen von Beschwerden aktiv und bringen sich auch in die dadurch ausgelösten Beschwerdeprozeduren 1235 bzw. 1503 ein, vor allem als Informationsagenten. Ebenso stehen die Länder- und Themenberichterstatter mit NGOs in Kontakt und verlassen sich auf deren Informationen. Mit Ausnahme des Kinderrechtssausschusses wird Nichtregierungsorganisationen in den Geschäftsordnungen der Vertragsorgane kein formeller Status zuerkannt und sie dürfen auch nicht an den Dialogverfahren mit den Staaten teilnehmen. Allerdings fungiert das UN-Sekretariat als Kontaktstelle, die dafür sorgt, dass NGO-Informationen zu den Ausschüssen durchdringen und in den Dossiers, die die Grundlage der Verfahren bilden, verarbeitet werden. NGOs sind auch aufgefordert, eigene Berichte zur Menschenrechtslage in

[Randnotiz: Monitoring durch und mit NGOs]

den untersuchten Staaten vorzulegen, die in den Überprüfungsverfahren ebenfalls berücksichtigt werden. Die größte Monitoring-Besonderheit besteht interessanterweise im Sicherheitsbereich, nämlich bei der Landminenkonvention. Der Depositar der Konvention ist der UN-Generalsekretär, ihre Umsetzung wird allerdings nicht von einem UN-Organ überwacht, sondern von einer Genfer NGO. Letzterer wurden auch Sekretariatsfunktionen wie Budgetierung, Konferenzorganisation und Informationsverbreitung übertragen.

8.3 Normdurchsetzung

Schwach ausgeprägte Strukturen ... Die Durchsetzung von Normen ist diejenige Phase im Politikzyklus, in der die Vereinten Nationen in allen Politikbereichen die geringsten Handlungsspielräume haben, so dass das häufigste – und in der Regel auch das einzige – Instrument die (öffentliche) Kritik ist. Lediglich im Bereich von Frieden und Sicherheit haben die Vereinten Nationen die Macht, internationale Normen durchzusetzen, wenn der Sicherheitsrat von seiner Kompetenz, politische, ökonomische und militärische Zwangsmaßnahmen zu beschließen, Gebrauch macht. Tatsächlich hat das seit dem Ende des Ost-West-Konflikts nun nicht mehr dauerblockierte Organ auf Friedensbrüche bzw. Friedensgefährdungen zunehmend mit Sanktionen und der Entsendung von UN-Missionen reagieren können. Wie die Debatte um die Schutzverantwortung zeigt, hat sich sukzessive dessen Bereitschaft erhöht, auch massive Menschenrechtsverletzungen zu behandeln. Als zweite Durchsetzungssäule neben der Sanktionsmacht des Sicherheitsrates bildet sich seit Anfang der 1990er Jahre die internationale Strafgerichtsbarkeit heraus, die mit den Ad-hoc-Tribunalen begann und mit der Arbeitsaufnahme des Internationalen Strafgerichtshofs im Jahr 2002 permanent institutionalisiert wurde: Massive Verstöße gegen zentrale Menschenrechtsnormen unterliegen damit der internationalen Strafverfolgung und werden auf internationaler Ebene justiziabel.

... ohne private Akteure Angesichts der insgesamt schwachen Ausprägung von Normdurchsetzungsmechanismen ist es nicht weiter verwunderlich, dass private Akteure hier keine Rolle spielen. Als ein Element von Global Governance kann allerdings die seit den 1990er häufiger gewordene Zusammenarbeit des Sicherheitsrats mit Regionalorganisationen (z.B. der ECOWAS, der AU oder NATO) gelten, die Missionen oder Teile der Mandate übernehmen.

8.4 Kritische Aspekte der Governance mit nichtstaatlichen Akteuren

Die Vereinten Nationen arbeiten heute tendenziell enger mit nichtstaatlichen Akteuren zusammen, als es früher der Fall war. Wie ist dieser je nach Politikfeld und Stufe des Politikzyklus variierende Trend der engeren Zusammenarbeit zu beurteilen? In der Forschung gibt es zwei verschiedene Positionen. Während die eine Seite attestiert, dass durch die Einbeziehung von nichtstaatlichen Akteuren Demokratie- und Legitimationsdefizite des internationalen Regierens reduziert würden, hält die andere dagegen, dass die nichtstaatlichen Akteure keine klaren *constituencies* haben, weshalb sie de facto niemandem gegenüber rechenschaftspflichtig sind und auch sonst keine andere Form der Legitimität besitzen. Eine zunehmende Interaktion der Vereinten Nationen mit den nichtstaatlichen Akteuren ist aus dieser Perspektive keine zu begrüßende Entwicklung.

Die empirische Analyse verdeutlicht, dass der Prozess der Inklusion von nichtstaatlichen Akteuren in die Vereinten Nationen in der Tat nicht unproblematisch ist. Zentral ist hierbei die Frage, welche Interessen die nichtstaatlichen Akteure verfolgen. Die häufig implizit gemachte Annahme, dass Nichtregierungsorganisationen gemeinwohlorientierte Interessen verfolgen, übersieht die in der NGO-Landschaft vorherrschende Heterogenität von Organisationen und Interessen. Diese treten z.B. im Bereich der Regulierung des internationalen Waffenhandels auf, wo humanitäre NGOs für strengere Regulierungen des Besitzes und des Transfers von Klein- und Großwaffen eintreten, aber Rüstungsproduzenten, Sportschützenverbände und andere Organisationen alles daran setzen, Einschränkungen zu vermeiden. Die gleiche Konfliktlinie findet sich in den Bereichen Menschenrechte und Umwelt – auch hier tritt die eine Seite für starke und verbindliche Normen auf, während die andere versucht, Regulierung zu vermeiden. *(Heterogene Interessengruppen)*

Die zunehmende Interaktion von den Vereinten Nationen mit NGOs kann zur Verschiebung von Mehrheitsverhältnissen in Diskursen führen. Obwohl die Länder des globalen Südens in intergouvernementalen Arenen wie der Generalversammlung über die Mehrheit der Stimmen verfügen, können sie sich mit ihren Interessen nicht durchsetzen. Dies liegt auch daran, dass es in manchen Bereichen Interessenüberschneidungen zwischen NGOs und den Industrieländern gibt. In der Entwicklungspolitik treten z.B. etliche NGOs für die Einhaltung von Arbeitsrechten und Umweltstandards ein und damit vielen Ländern des globalen Südens entgegen, die diese Form der Regulierung als protektionistische Maßnahmen, die nur dem Norden nutzen, ablehnen. Zur Verschiebung von Kräfteverhältnissen kommt es auch, weil rund zwei Drittel aller bei den Vereinten Nationen akkreditierten NGOs aus Industrieländern kommen. Und auch wenn NGOs aus dem globalen Süden stammen, ist noch lange nicht sichergestellt, dass diese Organisationen auch im Interesse der Bevölkerungen handeln. Im Gegenteil: Häufig vertreten Süd-NGOs als Teil der elitären Kreise der Hauptstädte partikulare Interessen. *(Verschiebung von Nord-Süd-Kräfteverhältnissen)*

NGOs galten dennoch lange Zeit als Korrektive einer (zwischen-)staatlichen Politik, was vor allem darin begründet lag, dass sie sehr klare, teils radikale Ziele formuliert haben. Im Laufe der beschriebenen Professionalisierungsprozesse scheinen sich zumindest einige auch inhaltlich neuzuorientieren, was sich in schwächeren Forderungen und institutionalisierter Kommunikation – unter Verzicht auf publikumswirksame Aktionen – äußert. Der Trend, dass NGOs statt Gruppenstellungnahmen auch individuelle Redebeiträge halten dürfen, ist durchaus nicht nur positiv zu bewerten, weil er zur Fragmentierung der NGO-Gemeinschaft führen kann. *(Professionalisierung und Entradikalisierung der NGOs)*

Die Möglichkeit, an den Verhandlungen der Vereinten Nationen zu partizipieren und ihre Standpunkte einzubringen, erscheint NGOs häufig reizvoll. Sie *(Rederechte – zu welcher Zeit?)*

hoffen mit der Kraft des besseren Arguments Regierungsdelegationen von ihren Positionen zu überzeugen. Diese Hoffnung ist sicherlich nicht unberechtigt und wird durch einige empirische Beispiele belegt. Unsere Analyse der Partizipationsmöglichkeiten in den fünf verschiedenen Politikfeldern hat allerdings auch gezeigt, dass die NGOs häufig erst am Ende der Beratungen sprechen dürfen, was bedeuten kann, dass sie zwar das letzte – jedoch nicht das entscheidende – Wort am Ende eines langen Verhandlungstags bzw. Verhandlungsprozesses haben. Die Chancen, dass in diesem Stadium im Plenum noch viele und vor allem auffassungswillige ZuhörerInnen sitzen, ist eher gering. Auch die Sonderanhörungen können ambivalent beurteilt werden: Einerseits zeugen sie sicherlich davon, dass ein gewisser Legitimitätsdruck besteht, sich mit NGO-Positionen auseinanderzusetzen. Andererseits kann man diese Sitzungen als Versuch betrachten, NGOs mit wenigstens etwas Aufmerksamkeit zu bedenken und dadurch ruhigzustellen; die geballte Ladung von NGO-Statements abseits einer echten Debatte, in der Entscheidungen gefällt werden, hat vermutlich eine geringere Ausstrahlungskraft als Statements, die sich in den Diskussionsverlauf fügen.

Konkurrenz zwischen den NGOs auf operativer Ebene

Probleme bestehen auch in der Politikumsetzung, die zunehmend durch Ausschreibungen und Einzelprojekte erfolgt (Stichwort „Projektitis"). Besonders im Feld der humanitären Hilfe, aber auch im gesamten Entwicklungsbereich, konkurrieren Nichtregierungsorganisationen miteinander um die finanziellen Ressourcen, die von Regierungen und internationalen Organisationen bereitgestellt werden. In einem umkämpften, von Kurzfristigkeit und Unsicherheit geprägten Markt liegt die Annahme nahe, dass eigentlich zweckmäßige Kooperationen weniger attraktiv

Finanzielle Anreize und Zwänge

werden. Weitere kritische Aspekte betreffen die Qualität und die Qualitätssicherung der geleisteten Beiträge sowie die Frage, wie unabhängig durch nationale oder internationale öffentliche Gelder finanzierte NGOs wirken können. Dass die Orientierung an Ausschreibungen und die Abhängigkeit von externen finanziellen Ressourcen einen Einfluss auf die Wahl der Einsatzorte und die Konstruktion bearbeitungsbedürftiger Probleme haben müssen, ist offensichtlich.

Privater Sektor

Die zunehmenden Einflussmöglichkeiten des privaten Sektors geben noch mehr Anlass zur Besorgnis. Die zur Selbstverständlichkeit werdende Beteiligung wirtschaftlicher Akteure an internationalen politischen Entscheidungsprozessen bringt weitere Interessenskonflikte in eine Organisation hinein, die ohnehin permanent im Spannungsfeld zwischenstaatlicher Konfliktlinien agieren muss. Nicht nur stehen transnationale Konzerne immer wieder in der Kritik, bei ihrer Tätigkeit gegen menschenrechtliche, umwelt- und entwicklungspolitische Ziele zu verstoßen – mit ihrem Eintritt in das UN-System haben sie nun auch die Möglichkeit, langjährige Bemühungen von Nichtregierungsorganisationen und UN-Gremien um eine bessere Verwirklichung dieser Ziele direkt vor Ort zu unterlaufen, wie es im Fall der UN-Normen geschehen ist. Während das Scheitern des Code of Conduct noch darauf zurückgeführt werden konnte, dass kein breiter Dialogprozess stattgefunden hat, zeigt der ebenso erfolglose Prozess um die UN-Normen, dass auch ein transparent und inklusiv geführter Diskussionsprozess mitnichten die Bereitschaft der Unternehmen erhöht, sich bei ihrer Geschäftstätigkeit auf verbindliche Standards einzulassen.

Verstärkt werden die Konfliktlinien und Machtasymmetrien zwischen den privaten Akteuren auch durch die Finanzkraft der Unternehmen. Diese ist für die ständig in Finanznöten steckenden Vereinten Nationen zumindest in kurzfristiger Hinsicht ausgesprochen attraktiv, insbesondere, da dadurch wichtige Projekte verwirklicht werden können. Langfristig besteht jedoch die Gefahr, dass auch die Privatisierung internationaler öffentlicher Leistungen von den Staaten als Anlass gesehen wird, ihre Beiträge zu den Vereinten Nationen zu reduzieren, was die Organisation in noch weitere Abhängigkeit von privaten Kapitalflüssen bringen würde. Dies ist nur ein Aspekt, wie sich die Vereinten Nationen durch den „Partnerschaftsboom" schaden könnten. Hinzu kommt die Gefahr, das eigene Image zu beschädigen und den eigenen Namen von Akteuren zu Imagezwecken instrumentalisieren zu lassen. Nicht zuletzt erscheint es auch unter Legitimitätsgesichtspunkten fragwürdig, dass Akteure ohne jegliche demokratische Basis – die Nichtregierungsorganisationen nach wie vor in weitaus höherem Maße zugestanden wird – an der Aushandlung von Normen mit globalem Wirkungsgrad teilhaben.

8.5 Zusammenfassung und Schlussfolgerungen

Als wichtigsten Befund dieses Buches möchten wir voranstellen, dass Global Governance in die Vereinten Nationen Einzug gehalten hat: Sie findet erstens in ihrer internen Dimension, d.h. innerhalb der Organisation statt, indem nichtstaatliche und andere zwischenstaatliche Akteure zu Prozessen der internationalen Politikgestaltung unter dem Dach der UN zugelassen und eingeladen werden. Zweitens finden wir auch die von uns eingangs als extern definierte Dimension vor, die dadurch entsteht, dass die Vereinten Nationen als ein Akteur unter vielen an der Lösung globaler Probleme mitwirken. Wir haben jedoch auch gezeigt, dass es sich bei diesen Veränderungen weder um kohärente und homogene Prozesse, die Teil eines größeren Plans wären, noch um uneingeschränkt begrüßungswerte Entwicklungen handelt. Was wir vorfinden, sind wiederkehrende Elemente, aber auch gebrochene Trends von Global Governance. Die Unterschiede zwischen den Sachbereichen aber auch den unterschiedlichen Phasen des Politikzyklus lassen sich zugespitzt auf folgende Formel bringen: Je „härter" das Politikfeld, je höher der Grad an der Verbindlichkeit einer Norm und je weiter fortgeschritten der Normenzyklus ist, desto weniger sind die Staaten dazu bereit, andere Akteure in Entscheidungsprozesse einzubeziehen und sich Überwachungsprozeduren oder Mechanismen der Normdurchsetzung zu unterwerfen. Diese Aussage gilt es jedoch gleich mit dem Verweis auf Veränderungen auch in den Bereichen, die bisher von Global Governance weniger durchdrungen waren, einzuschränken. Denn auch dort sind Öffnungstendenzen unübersehbar, etwa beim Sicherheitsrat, der mit NGO-Repräsentanten konferiert oder bei der Abrüstungskonferenz, die glaubwürdig vermittelt, neue Partizipationsmodi für NGOs einrichten zu wollen. Auch prominente, von staatlich-zivilgesellschaftlichen Koalitionen initiierte und zum

Uneinheitlicher Befund

Erfolg geführte Normsetzungsprozesse im Sicherheitsbereich deuten einen Wandel an.

Machthierarchien in der Steuerung

Die gebrochene Tendenz zu mehr Akteurspluralität, die wir als zentrale Veränderung ansehen, wirkt sich auch auf die anderen beiden Dimensionen von Global Governance aus. Bei der Analyse von Steuerungsformen kann man die Adjektive „horizontal" und „hierarchisch" mit unterschiedlichem Inhalt füllen, wodurch sich jeweils andere Aussagen über die Formen der Entscheidungsfindung zwischen „alten" staatlichen und „neuen" nichtstaatlichen Akteuren treffen lassen: Begreifen wir hierarchische Steuerung als eine Steuerung unter Bedingungen der Machthierarchien, so beobachten wir im UN-Kontext, dass sich asymmetrische Machtpotenziale in ungleiche Partizipationsrechte übersetzen, was sich wiederum auch zwangsläufig auf die Ergebnisse von Entscheidungsprozessen auswirken muss. Die bekannteste, vielkritisierte und folgenreiche Machtasymmetrie zwischen den Staaten selbst liegt im Sicherheitsrat durch das Vetorecht vor. Ein weiteres Beispiel für eine solche findet sich (außerhalb des UN-Systems) bei den kapitalabhängig gewichteten Stimmanteilen in den Bretton-Woods-Institutionen. Mit Blick auf das Verhältnis zwischen staatlichen und nichtstaatlichen Akteuren lassen sich in den Interaktionsprozessen in den Vereinten Nationen so verstandene Hierarchien unschwer feststellen: Das Stimmrecht bleibt allein den Staaten vorbehalten und es sind keinerlei Tendenzen zu erkennen, dies aufzuweichen. Bei den Rederechten haben neue Verhandlungsteilnehmer zwar eine gewisse Verringerung der Ungleichheit erzielt, allerdings keine durchgehende und auch da, wo sie Rederechte haben, unterscheiden sich diese nach wie vor von den staatlichen. Hierarchien zwischen staatlichen und nichtstaatlichen Akteuren kann man auch beim Präsenzrecht erkennen, welches zwar erst einmal in den meisten Institutionen und Konferenzen gewährt wird, jedoch nicht für alle Verhandlungsorte und -phasen gilt. Unter Berücksichtigung dieser Aspekte laufen Steuerungsprozesse in den Vereinten Nationen also hierarchisch ab.

Verhältnis von Steuerungssubjekten und -objekten

Die Frage, ob horizontale oder hierarchische Steuerung vorliegt, kann man allerdings auch anhand des Verhältnisses zwischen Steuerungssubjekten und Steuerungsobjekten oder, mit anderen Worten, zwischen Regelungsbefugten und Regelungsadressaten, zu beantworten versuchen. Fallen die Akteure in beide Kategorien zugleich, so liegt eine horizontale Steuerung vor, bei einer Diskrepanz eine hierarchische. In diesem Sinne liegt bei den Normsetzungsprozessen in den Vereinten Nationen eine weitgehend horizontale Steuerung vor, denn Staaten treffen hier Regelungen, die sie selbst betreffen. Nimmt man allerdings die Kategorie der Regelungsbetroffenen, also Bevölkerungen, verschiedene Bevölkerungsgruppen oder auch Unternehmen hinzu, so lässt sich Steuerung als hierarchisch charakterisieren. Wenn wir den zivilgesellschaftlichen Akteuren (trotz der bereits vielfach geäußerten Einschränkungen) zugestehen, ebendiese Regelungsbetroffenen im UN-Rahmen zu repräsentieren, können wir schließen, dass durch die Einbeziehung nichtstaatlicher Akteure eine horizontale Steuerung in Foren der UN überhaupt erst hergestellt wird. Wenn wir die Ebene der Regelungsbetroffenen außen vor lassen, ergibt sich ebenfalls eine interessante Diagnose: Man könnte argumentierten, dass die Erarbeitung von für Staaten geltenden Normen mit zivilgesellschaftlichen Akteuren zusammen eine Form der hierarchischen Steuerung darstellt, denn letztere werden damit regelungsbefugt ohne regelungsadressiert zu sein.

In der externen Governance-Dimension gehen mit der Zusammenarbeit der Vereinten Nationen mit anderen (zwischen-)staatlichen wie nichtstaatlichen Akteuren flachere Steuerungsformen einher. Dies wird in der Friedensarbeit besonders deutlich: Die Interaktion zwischen Regionalorganisationen und den UN zeichnet sich durch enge Absprachen und zum Teil direkte Zusammenarbeit aus. Die Vereinten Nationen haben auf das hierarchische Modell des Delegierens zugunsten der horizontalen, gemeinsamen Steuerung verzichtet. Dies bringt aber Nachteile mit sich, da Kompetenzen immer wieder geklärt und Absprachen kontinuierlich revidiert werden müssen. Ähnlich verhält es sich im Entwicklungs- bzw. im Wirtschaftsbereich: auch da arbeiten die Vereinten Nationen an einer horizontalen, dialogischen Politikkoordination mit den Bretton-Woods-Institutionen.

Horizontale Steuerung in der Governance mit anderen

Die Auffächerung des Spektrums an relevanten Akteuren zieht nicht nur neuere Steuerungsformen nach sich, sondern ist auch Ausdruck und Bedingung von Mehrebenenpolitik. Da (zwischen-)staatliche wie nichtstaatliche Akteure in der Regel zumindest einer Ebene – der inter- bzw. transnationalen, regionalen, nationalen oder lokalen – zugeordnet werden können, bedeutet ihre Teilnahme an Governance-Prozessen in und mit den UN zwangsläufig, dass Politik unter der Einbeziehung mehrerer Ebenen stattfindet. Dies wiederum kann die Relevanz ebendieser Ebenen bei der Politikgestaltung stärken bzw. generell den Blickwinkel für ebenenspezifische Problemlagen öffnen, etwa, indem die Einsicht wächst, bei der Umsetzung von Entwicklungs- und Umweltprojekten oder dem Einsatz von Friedensmissionen lokale Kontexte stärker zu berücksichtigen. Ferner hat die Mitarbeit von nichtstaatlichen Akteuren in bzw. mit den Vereinten Nationen entscheidend dazu beigetragen, dass zunehmend Individuen in den Mittelpunkt des Interesses der Vereinten Nationen rücken. Häufig haben NGOs die Wirkungen von Sicherheits- und Wirtschaftspolitik anhand des Schicksals einzelner Individuen skandalisiert und damit den sowieso eingeschlagenen Weg der Vereinten Nationen, sich mit postwestfälischen Themen auseinander zu setzen, verstärkt. Wir sehen also, dass veränderte prozedurale Normen nicht nur eine Reaktion auf veränderte Kontextbedingungen darstellen, sondern auf ebendiese zurückwirken, indem sie die Genese neuer substanzieller Normen im Rahmen der Vereinten Nationen beeinflussen.

Mehrere Ebenen und neue Perspektiven

Literatur

Aal, Pamela 2000: NGOs, Conflict Management and Peacekeeping, in: Woodhouse, Tom/Ramsbotham, Oliver (Hg.): Peacekeeping and Conflict Resolution, London: Frank Cass, 121-141.

Abbott, Kenneth W./Keohane, Robert O./Moravcsik, Andrew/Slaughter, Anne-Marie/Duncin, Snidal 2000: The Concept of Legalization, in: International Organization, 54: 3, 401-419.

Abraham, Meghna 2007: Building the New Human Rights Council. Outcome and Analysis of the institution-building year, Occasional Paper 33/2007, Genf: Geneva Office der Friedrich-Ebert-Stiftung.

Africa Research Bulletin 2007: Millennium Development Goals. Halfway Point, Africa Research Bulletin August 2007, 17215-17217.

Agenda für den Frieden. Vorbeugende Diplomatie, Friedensschaffung und Friedenssicherung. Bericht des Generalsekretärs gemäß der am 31. Januar 1992 von dem Gipfeltreffen des Sicherheitsrates verabschiedeten Erklärung, A/47/277-S/24111, http://www.un.org/depts/german/friesi/afried/afried-1.htm, 24.06.2013.

AKUF (Arbeitsgemeinschaft Kriegsursachenforschung) 2007: Das Kriegsgeschehen 2006. Daten und Tendenzen der Kriege und bewaffneten Konflikte, Wiesbaden: VS Verlag.

Alger, Chadwick F. 2005: Thinking About the Future of the UN System, in: Diehl, Paul F. (Hg.): The Politics of Global Governance. International Organizations in an Interdependent World, Boulder, Co.: Lynne Rienner, 483-505.

Altvater, Elmar/Mahnkopf, Birgit 1996: Grenzen der Globalisierung. Ökonomie, Ökologie und Politik in der Weltgesellschaft, Münster: Westfälisches Dampfboot.

Ambos, Kai 1999: Der neue Internationale Strafgerichtshof. Funktion und vorläufige Bewertung, in: Von Arnim, Gabriele et al. (Hg.): Jahrbuch Menschenrechte 2000, Frankfurt am Main: Suhrkamp, 122-139.

Anders, Holger 2007: The UN Process on Small Arms. All Is Not Lost, in: Arms Control Today March 2007, http://www.armscontrol.org/act/2007_03/Anders, 24.06.2013.

Andresen, Steinar 2007a: Key Actors in UN Environmental Governance. Influence, Reform and Leadership, in: International Environmental Agreements, 7, 457-468.

Andresen, Steinar 2007b: The Effectiveness of UN Environmental Institutions, in: International Environmental Agreements, 7, 317-336.

Archer, Clive 1992: International Organizations, 2. Aufl., London: Routledge.

Armstrong, David/Lloyd, Lorna/Redmond, John 1996: From Versailles to Maastricht. International Organizations in the Twentieth Century, Boulder, Co.: Lynne Rienner.

von Arnauld, Andreas 2009: Souveränität und responsibility to protect, in: Die Friedens-Warte, 84: 1, 11-52.

Arts, Bas 1998: The Political Influence of Global NGOs. Case Studies on Climate Change and Biodiversity Conventions, Utrecht: International Books.

Atwood, David C. 2002: NGOs and disarmament: views from the coal face, in: Disarmament Forum 2002: 1, 5-14.

Bäckstrand, Karin 2006: Democratizing Global Environmental Governance? Stakeholder Democracy after the World Summit on Sustainable Development, in: European Journal of International Relations, 12: 4, 467-498.

Bäckstrand, Karin 2008: Accountability of Networked Climate Governance. The Rise of Transnational Climate Partnerships, in: Global Environmental Politics, 8: 3, 74-102.

Bailey, Sidney D. 1994: The UN Security Council and Human Rights, London: Macmillan, 125-142.

Barnett, Michael/Kim, Hunjoon/O'Donnell, Madalene/Sitea, Lauro 2007: Peacebuilding: What Is in a Name?, in: Global Governance, 13: 1, 35-58.

Baum, Gerhart 1998: Einführung. Die Menschenrechtspolitik der Vereinten Nationen, in: Baum, Gerhart/Redel, Eibe/Schaefer, Michael (Hg.): Menschenrechtsschutz in der Praxis der Vereinten Nationen, Baden-Baden: Nomos, 13-22.

Bauer, Steffen 2005: Die Reform der Vereinten Nationen und die Umweltpolitik. Das UNEP zwischen Anspruch und Wirklichkeit, in: ders./Klein, Eckardt (Hg.): Chancen für eine Reform der Vereinten Nationen?, 7. Potsdamer UNO-Konferenz, Potsdam: Universitätsverlag, 117-131.

Baylis, John/Smith, Steve 2005: The Globalization of World Politics. An Introduction to International Relations, 3.Aufl., Oxford: Oxford University Press.

Becker, Una 2007: Licht am Ende des Tunnels? Die Sechste Überprüfungskonferenz des Biowaffen-Übereinkommens, HSFK-Report 5/2007, Frankfurt am Main: Hessische Stiftung Friedens- und Konfliktforschung.

Becker, Una/Müller, Harald/Wunderlich, Carmen 2005: Impulse für das Biowaffenregime. Ein provisorischer Compliance-Mechanismus als Schritt aus der Sackgasse, HSFK-Report 7/2005, Frankfurt am Main: Hessische Stiftung Friedens- und Konfliktforschung.

Behrens, Maria 2004: Global Governance, in: Benz, Arthur (Hg.): Governance – eine Einführung, Wiesbaden: VS Verlag, 103-124.

Beisheim, Marianne/Dröge, Susanne 2012: Der Rio+20 Gipfel: Stillstand oder Fortschritte bei der Umsetzung globaler Nachhaltigkeitspolitik?, in: dies. (Hg.): UNCSD Rio 2012. Zwanzig Jahre Nachhaltigkeitspolitik – und jetzt ran an die Umsetzung?, SWP Studie S10/2012, Berlin: Stiftung Wissenschaft und Politik.

Beisheim, Marianne/Lode, Birgit/Simon, Nils 2012: Rio+20-Realpolitik und die Folgen für „Die Zukunft, die wir wollen", SWP-Aktuell 39/2012, Berlin: Stiftung Wissenschaft und Politik.

Beisheim, Marianne/Simon, Nils 2010: Neuer Schwung für die Reform der internationalen Umweltgovernance, SWP Aktuell 37/2010, Berlin: Stiftung Wissenschaft und Politik.

Beisinghoff, Niels 2009: Corporations and Human Rights. An Analysis of ATCA Litigation against Corporations, Frankfurt am Main (u.a.): Peter Lang.

Bellamy, Alex J. 2006: Whither the Responsibility to Protect? Humanitarian Intervention and the 2005 World Summit, in: Ethics and International Affairs, 20: 2, 143-169.

Bellamy, Alex J. 2010: The Responsibility to Protect. Five Years On, in: Ethics and International Affairs, 24: 2, 143-169.

Bellamy, Alex J. 2011. Global Politics and the Responsibility to Protect. From Words to Deeds, London: Routledge.

Bellamy, Alex J./Williams, Paul A. 2011: The New Politics of Protection? Côte d'Ivoire, Libya and the Responsibility to Protect, in: International Affairs, 87: 4, 825-850.

Bellamy, Carol 1999: Public, Private and Civil Society. Statement of UNICEF Executive Director Carol Bellamy to Harvard International Development Conference on 'sharing responsibilities: public, private & civil society', 16. April 1999, http://www.unicef.org/media/media_11989.html, 24.06.2013.

Bendana, Alejandro 2006: NGOs and Social Movements. A North/South Divide? Civil Society and Social Movements Programme Paper 22/2006, Genf: United Nations Research Institute for Social Development.

Benner, Thorsten/Mergenthaler, Stephan/Rotmann, Philipp 2011: The New World of Peace Operations. Learning to Build Peace? Oxford: Oxford University Press.

Benner, Thorsten/Rotmann, Phillipp 2007: Operation Blauhelmreform, in: Vereinte Nationen, 55: 5; 177-182.

Bennis, Phyllis 2001: Mit der Wirtschaft aus der Finanzkrise? Die drohende Vereinnahmung der UNO durch private Geldgeber, in: Brühl, Tanja/Debiel, Thomas/Hamm, Brigitte/Hummel, Hartwig/Martens, Jens (Hg.): 2001: Die Privatisierung der Weltpolitik. Entstaatlichung und Kommerzialisierung im Globalisierungsprozess, Bonn: Dietz, 130-149.

Benz, Arthur 2004: Governance – Modebegriff oder nützliches sozialwissenschaftliches Konzept?, in: ders. (Hg.): Governance – eine Einführung, Wiesbaden: VS Verlag, 11-28.

Bhagwati, Jagdish 2001: After Seattle: free trade and the WTO, in: International Affairs, 77: 1, 15-29.

Bieler, Andreas/Morton, Adam David 2001: The Gordian Knot of Agency-Structure in International Relations. A Neo-Gramscian Perspective, in: European Journal of International Relations, 7: 1, 5-35.

Bieler, Andreas/Morton, Adam David 2006: Neo-Gramscianische Perspektiven, in: Schieder, Siegfried/Spindler, Manuela (Hg.): Theorien der Internationalen Beziehungen, 2. Aufl., Opladen & Farmington Hills: Barbara Budrich, 354-379.

Biermann, Frank/Simonis, Udo E. 1998: Eine Weltumweltorganisation für Umwelt und Entwicklung. Funktionen, Chancen, Probleme, SEF Policy Paper 9/1998, Bonn: Stiftung Entwicklung und Frieden.

Biermann, Frank/Simonis, Udo E. 2000: Institutionelle Reform der Weltumwelt-
    politik. Zur politischen Debatte um die Gründung einer Weltumweltorgani-
    sation, in: Zeitschrift für Internationale Beziehungen, 7: 1, 163-183.
Biermann, Frank 2007: Reforming Global Environmental Governance: From
    UNEP Towards a World Environment Organization, in: Swart, Lydia/Perry,
    Estelle (Hg.): Global Environmental Governance. Perspectives on the Cur-
    rent Debate, New York: Center for UN Reform Education, 103-123.
Biermann, Frank/Pattberg, Philipp/Chan, Sander/Mert, Aysem 2007: Partnerships
    for Sustainable Development. An Appraisal Framework, Global Governance
    Working Paper 31/2007, Amsterdam: The Global Governance Project.
Biermann, Frank/Pattberg, Philipp 2008: Global Environmental Governance: Ta-
    king Stock, Moving Forward, in: Annual Review of Environment and Re-
    sources, 2008, 277-294.
Biersteker, Thomas J. 2007: Prospects for the UN Peacebuilding Commission, in:
    Disarmament Forum 2/2007, 37-44.
Bleckmann, Albert 1991: Kommentar Art. 2, Ziff.1, in: Simma, Bruno (Hg.):
    Charta der Vereinten Nationen: Kommentar, München: Beck, 37-50.
Boekle, Henning 1998: Die Vereinten Nationen und der internationale Schutz der
    Menschenrechte, in: Aus Politik und Zeitgeschichte 46-47/1998, 3-17.
Boisson de Chazournes, Laurence 2005: The Global Environmental Facility
    (GEF). A Unique and Crucial Institution, in: Review of European Communi-
    ty and International Environmental Law, 14: 3, 193-201.
Bondi, Loretta 2002: Disillusioned NGOs Blame the United States for a Weak
    Agreement, in: SAIS Review XXII: 1, 229-233.
Boothby, Derek 2004: Disarmament: Successes and Failures, in: Krasno, Jean E.
    (Hg.): The United Nations. Confronting the Challenges of a Global Society,
    Boulder, Co.: Lynne Rienner, 193-223.
Borrie, John 2006: The Limits of Modest Progress. The Rise, Fall, and Return of
    Efforts to Strengthen the Biological Weapons Convention, in: Arms Control
    Today, 36: 8, 18-22.
Boutros-Ghali, Boutros 2000: Hinter den Kulissen der Weltpolitik. Die UNO –
    wird eine Hoffnung verspielt? Bilanz meiner Amtszeit als Generalsekretär
    der Vereinten Nationen, Hamburg: discorsi.
Brabandt, Heike/Locher, Birgit/Prügl, Elisabeth 2002: Normen, Gender und Poli-
    tikwandel. Internationale Beziehungen aus der Geschlechterperspektive, in:
    Welt-Trends, 36, 11-26.
Brand, Ulrich 2000: Nichtregierungsorganisationen, Staat und ökologische Kri-
    se. Konturen kritischer NRO-Forschung. Das Beispiel biologische Vielfalt,
    Münster: Westfälisches Dampfboot.
Brand, Ulrich 2005: Order and Regulation. Global Governance as a Hegemonic
    Discourse of International Politics?, in: Review of International Political
    Economy, 12: 1, 155-176.
Brand, Ulrich/Brunnengräber, Achim/Schrader, Lutz/Stock, Christian/Wahl, Pe-
    ter: 2000: Global Governance. Alternativen zur neoliberalen Globalisierung,
    Münster: Westfälisches Dampfboot.

Brauch, Hans Günter 1999a: Anhaltende Flaute, in: Vereinte Nationen, 47: 1, 16.

Brauch, Hans Günter 1999b: Waffen keine Mangelware, in: Vereinte Nationen, 47: 1, 19.

Brauch, Hans Günter 1999c: Waffen gegen Lebensmittel, in: Vereinte Nationen, 47: 1, 16-17.

Brauch, Hans Günter 2000: Überschattetes Konferenzgeschehen, in: Vereinte Nationen, 48: 1, 17.

Brauch, Hans Günter 2001: Beharrliches Treten auf der Stelle, in: Vereinte Nationen, 49: 2, 63.

Brauch, Hans Günter 2003: Kein Arbeitsprogramm, in: Vereinte Nationen, 51: 2, 59-60.

Brauch, Hans Günter 2007: UN-Waffenübereinkommen. 3. Überprüfungskonferenz 2006, in: Vereinte Nationen, 55: 2, 71-73.

von Braunmühl, Claudia 2003: Human Security versus Human Development, Vortrag auf der Tagung Human Security = Women's Security? Keine nachhaltige Sicherheit ohne Geschlechterperspektive, Fachtagung des Feministischen Instituts der Heinrich-Böll-Stiftung in Kooperation mit der Friedrich-Ebert-Stiftung und dem Frauensicherheitsrat am 24./25. Oktober 2003, Ort: Abgeordnetenhaus von Berlin.

Breen, Claire 2003: The Role of NGOs in the Formulation of and Compliance with the Optional Protocol to the Convention on the Rights of the Child on Involvement of Children in Armed Conflict, Human Rights Quarterly, 25: 2, 453-481.

Breitmeier, Helmut 1996: Wie entstehen globale Umweltregime? Der konfliktaustrag zum Schutz der Ozonschicht und des globalen Klimas, Opladen: Leske+Budrich.

Breitmeier, Helmut 1997: International Organizations and the Creation of Environmental Regimes, in: Young, Oran R. (Hg.): Global Governance: Drawing Insights from Environmental Experience, Cambridge: MIT Press, 87-114.

Breitmeier, Helmut 2009: Regieren in der globalen Umweltpolitik. Eine gemischte Bilanz zwischen Erfolgs- und Problemfällen, in: Breitmeier, Helmut/Roth, Michèle/Senghaas, Dieter (Hg.): Sektorale Weltordnungspolitik. Effektiv, gerecht und demokratisch? Baden-Baden: Nomos, 150-170.

Bring, Ove 1987: Regulating Conventional Weapons in the Future - Humanitarian Law or Arms Control?, in: Journal of Peace Research, 24: 3, 275-286.

Brock, Lothar 1993: Die Dritte Welt im internationalen System. Bedrohungsvorstellungen und Konfliktpotentiale im Nord-Süd-Verhältnis, in: Nohlen, Dieter/Nuscheler, Franz (Hg.): Handbuch der Dritten Welt, 3. Aufl., Bonn: Dietz, 446-466.

Brock, Lothar 1999: Weltbürger und Vigilanten. Lehren aus dem Kosovo-Krieg. HSFK-Standpunkt 2/1999, Frankfurt am Main: Hessische Stiftung Friedens- und Konfliktforschung.

Brock, Lothar 2004: Nord-Süd-Beziehungen: Handlungsfelder und Kontroversen, in: Knapp, Manfred/Krell, Gert (Hg.): Einführung in die internationale Politik, München: Oldenbourg, 616-650.

Brock, Lothar/Albert, Mathias 1995: Entgrenzung der Staatenwelt. Zur Analyse weltgesellschaftlicher Entwicklungstendenzen, in: Zeitschrift für Internationale Beziehungen, 2/1995, 259-286.

Brock, Lothar/Brühl, Tanja 2006: Nach dem UN-Reformgipfel. Vorschläge zur Stärkung der kollektiven Friedenssicherung, Policy Paper 24, Bonn: Stiftung Entwicklung und Frieden.

Brühl, Tanja 2003: Nichtregierungsorganisationen als Akteure internationaler Umweltverhandlungen, Frankfurt: Campus.

Brühl, Tanja 2004: Funktionsweise und Effektivität der GEF. Gutachten für den Wissenschaftlichen Beirat Globale Umweltveränderung (WGBU), April 2004.

Brühl, Tanja 2006: Public-Private-Partnerships: Ungleiche Partner? Neue Regulierungsformen auf dem Prüfstand, in: Schirm, Stefan A. (Hg.): Globalisierung. Forschungsstand und Perspektiven, Baden-Baden: Nomos, 169-189.

Brühl, Tanja 2012: Internationale Umweltpolitik, in: Staack, Michael (Hg.): Einführung in die internationale Politik. Ein Studienbuch, München: Oldenbourg, 5. überarbeitete Aufl., 722-748.

Brühl, Tanja/Debiel, Tobias/Hamm, Brigitte/Hummel, Hartwig/Martens Jens (Hg.) 2001: Die Privatisierung der Weltpolitik. Entstaatlichung und Kommerzialisierung im Globalisierungskontext, Bonn: Dietz.

Brühl, Tanja/Liese, Andrea 2004: Grenzen der Partnerschaft. Zur Beteiligung privater Akteure an internationaler Steuerung, in: Albert, Mathias/Moltmann, Bernhard/Schoch, Bruno (Hg.): Die Entgrenzung der Politik. Internationale Beziehungen und Friedensforschung, Frankfurt/New York: Campus, 162-190.

Brühl, Tanja/Neyer, Jürgen 2008: Recht der Macht oder Macht des Rechts? Globales Regieren im Ozon-Regime und der WTO, in: Schuppert, Gunnar Folke/ Zürn, Michael (Hg.): Governance in einer sich wandelnden Welt, PVS-Sonderheft 41/2008, Wiesbaden: VS Verlag, 190-212.

Brühl, Tanja/Rittberger, Volker 2001: From International to Global Governance. Actors, Collective Decision-Making, and the United Nations in the World of the Twenty-First Century, in: Rittberger, Volker (Hg.): Global Governance and the United Nations, Tokio (u.a.): United Nations University Press, 1-47.

Brunnee, Jutta/Toope, Stephen J. 2006: Norms, Institutions and UN Reform. The Responsibility to Protect, in: Behind the Headlines, 63: 3, 1-20.

Bruno, Kenny 2002: The UN's Global Compact, Corporate Accountability and the Johannesburg Earth Summit, http://www.corpwatch.org/article. php?id=1348, 24.06.2013.

Bundesregierung 2009: Gemeinsamer Brief von Bundeskanzlerin Merkel und Präsident Sarkozy an den Generalsekretär der Vereinten Nationen, Ban Ki-moon, vom 18. September 2009 http://archiv.bundesregierung.de/Content/ DE/Pressemitteilungen/BPA/2009/09/2009-09-18-brief-merkel-sarkozy. html, 24.06.2013.

Butler, Richard 2003: Improving Nonproliferation Enforcement, in: The Washington Quarterly, 26: 4, 133-14

Butler, Richard 2012: Reform of the United Nations Security Council, in: Penn State Journal of Law & International Affairs, 1: 1; 23-39.

Caldwell, Lynthon Keith 1990: International Environmental Policy. Emergence and Dimensions, Durham: Duke University Press.

Callejon, Claire 2008: Developments at the Human Rights Council in 2007. A Reflection of its Ambivalence, in: Human Rights Law Review, 8: 2, 323-342.

Carson, Rachel L. 1962: Der stumme Frühling, München: Biederstein.

CGG (Commission on Global Governance) 1995: Our Global Neighbourhood, Oxford: Oxford University Press.

Chan, Sander/Pattberg, Philipp 2008: Private Rule-Making and the Politics of Accountability. Analyzing Global Forest Governance, in: Global Environmental Politics, 8: 3, 103-121.

Chandler, Geoffrey 2003: The evolution of the business and human rights debate, in: Sullivan, Rory (Hg.): Business and human rights: dilemmas and solutions, Sheffield: Greenleaf Publishing Limited, 22-32.

Chasek, Pamela S. 2000: The UN Commission on Sustainable Development. The First Five Years, in: dies. (Hg.): The Global Environment in the Twenty-First Century. Prospects for International Cooperation, Tokyo: United Nations University Press, 376-398.

Chasek, Pamela S. 2001: Earth Negotiations. Analyzing Thirty Years of Environmental Diplomacy, Tokyo: The United Nations University Press.

CIC (Center on International Cooperation) 2009: Building on Brahimi. Peacekeeping in an Era of Strategic Uncertainty, New York: New York University.

Clark, Ann Marie/Friedman, Elisabeth J./Hochstetler, Kathryn 1998: The Sovereign Limits of Global Civil Society. A Comparison of NGO Participation in UN World Conferences on the Environment, Human Rights, and Women, in: World Politics, 51: 1, 1-35.

Claude, Inis L. 1964: Swords into Plowshares. The Problems and Progress of International Organizations, 3. Aufl., New York: Random House.

Claude, Inis L. 1996: Peace and Security: Prospective Roles for the Two United Nations, in: Global Governance, 2: 3, 289-298.

Clémençon, Raymond 2006: What Future for the Global Environment Facility? in: The Journal of Environment & Development, 15: 1, 50-74.

Clémençon, Raymond 2008: Funding for Global Environmental Facility Continues to Decline, in: The Journal of Environment & Development, 16: 1, 3-7.

Cluster Munitions Monitor 2012, http://www.the-monitor.org/cmm/2012/pdf/Cluster_Munition_Monitor_2012.pdf, 24.06.2013.

Cockayne, James/Malone, David M. 2005: The Ralph Bunche Centennial. Peace Operations Then and Now, in: Global Governance, 11: 3, 331-350.

Cohn, Theodore H. 2000: Global Political Economy. Theory and Practice, New York: Longman.

Coicaud, Jean-Marc 2007: Beyond the National Interest. The Future of UN Peacekeeping and Multilateralism in an Era of U.S. Primacy, Washington: US Institute of Peace Press.

Compa, Lance A./Darricarrère, Tashia Hinchliffe 1996: Private labor rights enforcement through corporate codes of conduct, in: Compa, Lance A./Diamond, Stephen F. (Hg.): Human rights, labor rights, and international trade, Philadelphia: University of Pennsylvania Press, 181-198.

Cooley, Alexander 2003: Thinking rationally about hierarchy and global governance, in: Review of International Political Economy, 10: 4, 672-684.

Cortright, David/Lopez, George A./Gerber-Stellingwerf, Linda: 2007: Sanctions, in: Weiss, Thomas G./Daws, Sam (Hg.): The Oxford Handbook on the United Nations, Oxford: Oxford University Press, 349-369.

Cox, Robert W. 1981: Social Forces, States and World Orders. Beyond International Relations Theory, in: Millennium: Journal of International Studies, 10: 2, 126-155.

Cox, Robert W. 1983: Gramsci, Hegemony and International Relations. An Essay in Method, in: Millennium: Journal of International Studies, 12: 2, 162-175.

Cox, Robert W. 1987: Production, Power and World Order. Social Forces in the Making of History, New York: Columbia University Press.

Crawford, Anna 2001: Following in the Footsteps of Ottawa. A Compliance Mechanism for the CCW?, in: Humanitäres Völkerrecht, 14: 3, 173-178.

Crawford, James/Grant, Tom 2007: International Court of Justice, in: Weiss, Thomas G./Daws, Sam (Hg.): The Oxford Handbook on the United Nations, Oxford: Oxford University Press, 193-213.

Croft, Stuart 1996: Arms control by International Organization, in: ders.: Strategies of arms control. A History and typology, Manchester: Manchester University Press, 167-200.

Cunliffe, Philip 2009: The Politics of Global Governance in UN Peacekeeping, in: International Peacekeeping, 16: 3, 323-336.

Czempiel, Ernst-Otto 1981: Internationale Politik. Ein Konfliktmodell, Paderborn: Schöningh.

Czempiel, Ernst-Otto 1986: Friedensstrategien. Systemwandel durch Internationale Organisationen, Demokratisierung und Wirtschaft, Paderborn: Schöningh.

Czempiel, Ernst-Otto 1994: Die Reform der UNO. Möglichkeiten und Mißverständnisse, München: Beck.

Czempiel, Ernst-Otto 2006: Die Vereinten Nationen und die amerikanische Weltpolitik seit 1945, in: Rittberger, Volker (Hg.): Weltordnung durch Weltmacht oder Weltorganisation? USA, Deutschland und die Vereinten Nationen 1945-2005, Baden-Baden: Nomos, 25-40.

Daase, Christopher 2003: Der Anfang vom Ende des nuklearen Tabus. Zur Legitimitätskrise der Weltnuklearordnung, in: Zeitschrift für Internationale Beziehungen, 10: 1, 7-41.

Dany, Charlotte 2013: Global Governance and NGO participation. Shaping the Information Society in the United Nations, London/New York: Routledge.

De Zayas, Alfred 2000: Zentrum für Menschenrechte/Hoher Kommissar für Menschenrechte, in: Volger, Helmut (Hg.): Lexikon der Vereinten Nationen, München: Oldenbourg, 337-343.

Debiel, Tobias 1998: Friedenspolitische Perspektiven für die UNO: Handlungsfä-
hige Weltautorität oder Legitimationsbeschaffer à la carte?, in: Die Friedens-
Warte, 73: 4, 443-464.

Debiel, Tobias 2003: UN-Friedensoperationen in Afrika. Weltinnenpolitik und die
Realität von Bürgerkriegen, Bonn: Dietz.

Debiel, Tobias/Goede, Nils/Niemann, Holger/Schütte, Robert 2009: Vom „neuen
Interventionismus" zur R2P. Die Entwicklung der Menschenrechtsschutznorm im Rahmen des Sicherheitsrates der Vereinten Nationen, in: Die Friedens-Warte, 84: 1, 53-88.

Deile, Volkmar 1998: Können Nichtregierungsorganisationen einen Beitrag zum
Menschenrechtsschutz leisten?, in: Baum, Gerhart/Redel, Eibe/Schaefer,
Michael (Hg.): Menschenrechtsschutz in der Praxis der Vereinten Nationen,
Baden-Baden: Nomos, 101-118.

Deitelhoff, Nicole 2006: Überzeugung in der Politik. Grundzüge einer Diskursthe-
orie internationalen Regierens, Frankfurt: Suhrkamp.

Deitelhoff, Nicole 2009: The Discursive Process of Legalization: Charting Islands
of Persuasion in the ICC Case, in: International Organization, 63: 1, 33-65.

Delbrück, Jost 1999: Effektivität des UN-Gewaltverbots. Bedarf es einer Modifikation der Reichweite des Art. 2(4) UN Charta?, in: Die Friedens-Warte,
74/1999, 139-158.

Dembinski, Matthias 2006: Schaffen internationale Organisationen Frieden?
NATO, EU und der griechisch-türkische Konflikt, HSFK-Report 3/2006,
Frankfurt am Main: Hessische Stiftung Friedens- und Konfliktforschung.

Dembinski, Matthias/Förster, Christian 2007: Die EU als Partnerin der Vereinten
Nationen bei der Friedenssicherung. Zwischen universalen Normen und par-
tikularen Interessen, HSFK-Report 7/2007, Frankfurt am Main: Hessische
Stiftung Friedens- und Konfliktforschung.

Deutsche Stiftung für internationale Entwicklung 1996: Entwicklungspolitische
Bewertung der UN-Weltkonferenzen 1990-1996. Ziele, Ergebnisse und Um-
setzungsstrategien im Vergleich, Bericht Internationaler Round Table, 29.
Oktober bis 1. November 1996, Berlin.

Deutscher Bundestag 2002: Schlussbericht der Enquete-Kommission Globalisierung der Weltwirtschaft – Herausforderungen und Antworten, Drucksache
14/9200, Berlin.

DGVN (Deutsche Gesellschaft für die Vereinten Nationen e.V.) 2008: UN-Frie-
densmissionen, UN Basis-Informationen 39/2008, Berlin: Deutsche Gesellschaft für die Vereinten Nationen.

Dhanapala, Jayantha 1999: Statement to Arms Control Today, in: Arms Control
Today, September/Oktober 1999, http://www.armscontrol.org/act/1999_09-
10/dhaso.asp, 24.06.2013.

Dias, Clarence J. 2001: The United Nations World Conference on Human Rights:
Evaluation, monitoring, and review, in: Schechter, Michael G. (Hg.): United
Nations-sponsored world conferences: Focus on impact and follow-up, To-
kio/New York/Paris: United Nations University Press, 29-62.

Dingwerth, Klaus 2004: Effektivität und Legitimität globaler Politiknetzwerke, in: Brühl, Tanja/Hamm, Brigitte/Feldt, Heidi/Martens, Jens (Hg.): Unternehmen in der Weltpolitik. Politiknetzwerke, Unternehmensregeln und die Zukunft des Multilateralismus, Bonn: Dietz, 75-94.

Dingwerth, Klaus 2007: The New Transnationalism. Transnational Governance and Democratic Legitimacy New York: Macmillan.

Dingwerth, Klaus/Pattberg, Philipp 2006: Global Governance as a Perspective on World Politics, in: Global Governance, 12: 2, 185-203.

DaO Stories 2010: Stories from the Delivering as One Pilot Countries, http://www.undg.org/docs/11313/DaO_Stories_Compilation.pdf, 24.06.2013.

Dodds, Felix/Nayar, Anita 2012: Rio+20. A New Beginning, in: UNEP Perspectives, 8/2012, Nairobi: UNEP.

Doherty, Ann M. 1994: The Role of Non-Governmental Organizations in UNCED, in: Spector, Bertram I/Sjöstedt, Gunnar/Zartman, I. William (Hg.): Negotiating International Regimes. Lessons Learned from the United Nations Conference on Environment and Development, London: Graham & Trotman, 199-218.

Downie, David L/Levy, Marc A. 2000: The UN Environment Programme at a Turning Point. Options for Change, in: Chasek, Pamela S. (Hg.): The Global Environment in the Twenty-First Century. Prospects for International Cooperation, Tokyo: United Nations University Press, 355-377.

Doyle, Michael W. 1983: Kant, Liberal Legacies, and Foreign Affairs, in: Philosophy and Public Affairs, 12: 3, 205-235.

Doyle, Michael W. 1997: Ways of War and Peace, New York, W.W. Norton.

Doyle, Michael W. 1999: Conclusion: International Organizations, in: Alagappa, Muthia/Inoguchi, Takashi (Hg.): International Security Management and the United Nations, Tokio: The United Nations University Press, 445-457.

Doyle, Michael W./Sambanis, Nicholas 2007: Peacekeeping Operations, in: Weiss, Thomas G./Daws, Sam (Hg.): The Oxford Handbook on the United Nations, Oxford: Oxford University Press, 323-348.

Durch, William J. 2004: Picking Up the Pieces. The UN's Evolving Postconflict Roles, in: The Washington Quarterly, 26: 4, 195-210.

Efinger, Manfred/Zürn, Michael 1990: Explaining Conflict Management in East-West Relations. A Quantitative Test of Problem-Structural Typologies, in: Rittberger, Volker (Hg.): International Regimes in East-West Politics, London: Pinter, 64-89.

Eggerstedt, Harald/Kulessa, Margareta E. 1998: Weltbank, in: Altmann, Jörn/Kulessa, Margareta E. (Hg.): Internationale Wirtschaftsorganisationen, Stuttgart: Lucius & Lucius, 250-261.

Eisele Manfred 2007: Friedenssicherung, in: Volger, Helmut (Hg.): Grundlagen und Strukturen der Vereinten Nationen, München: Oldenbourg, 131-161.

Eitel, Tono 1999: Bewährungsproben für den Sicherheitsrat der Vereinten Nationen, in: Die Friedens-Warte, 74: 1-2, 126-138.

Enloe, Cynthia 1990: Bananas, Beaches and Bases. Making Feminist Sense of International Relations, Berkely: University of California Press.

Ermacora, Felix 1991: Art. 2, Ziff. 7, in: Simma, Bruno (Hg.): Charta der Vereinten Nationen. Kommentar, München: Beck, 100-114.

EMG (Evaluation Management Group) 2011: Independent Evaluation of Lessons Learned From Delivering as One, Draft Final Report, 10. April 2012, http://www.un.org/en/ga/deliveringasone/pdf/draftreport.pdf, 24.06.2013.

Evans, Gareth/Sahnoun, Mohamed 2002: The Responsibility to Protect, in: Foreign Affairs, 81: 6, 99-110.

Farrell, Theo/Lambert, Hélène 2001: Courting Controversy: international law, national norms and American nuclear use, in: Review of International Studies, 27: 3, 309-326.

Feil, Moira/Fischer, Susanne/Haidvogl, Andreas/Zimmer, Melanie 2008: Bad Guys, Good Guys, or Something in between? Corporate governance contributions in zones of violent conflict, PRIF Report 84, Frankfurt am Main: Peace Research Institute Frankfurt.

Finger, Matthias 1993: Politics of the UNCED Process, in: Sachs, Wolfgang (Hg.): Global Ecology. A New Arena of Political Conflict, London: ZED Books, 36-48.

Finger, Matthias 1994: Environmental NGOs in the UNCED Process, in: Princen, Thomas/Finger, Matthias (Hg.): Environmental NGOs and World Politics. Linking the Local and the Global, London: Routledge, 186-213.

Finnemore, Martha 1996: National Interests in International Society, Ithaca: Cornell University Press.

Finnemore, Martha/Sikkink, Kathryn 1998: International Norm Dynamics and Political Change, in: International Organization, 52: 4, 887-917.

Fisher, Cathleen S. 1999: Reformation and Resistance. Non-governmental Organizations and the Future of Nuclear Weapons, Henry L. Stimson Center, http://www.stimson.org/images/uploads/research-pdfs/ReformationandResistance.pdf, 24.06.2013.

Flitner, Michael 1995: Sammler, Räuber und Gelehrte. Die politischen Interessen an pflanzengenetischen Ressourcen 1895-1995, Frankfurt: Campus.

Flood, Patrick James 1998: The effectiveness of UN human rights institutions. Westport, Conn. (u.a.): Praeger.

Fomerand, Jacques 2004: Agent of Change? The United Nations and Development, in: Krasno, Jean E. (Hg.): The United Nations. Confronting the Challenges of a Global Society, 163-191.

Fomerand, Jacques/Dijkzeul, Dennis 2007: Coordinating Economic and Social Affairs, in: Weiss, Thomas G./Daws, Sam (Hg.): The Oxford Handbook on the United Nations, Oxford: Oxford University Press, 561-581.

Forndran, Erhard 1970: Rüstungskontrolle. Friedenssicherung zwischen Abschreckung und Abrüstung, Düsseldorf: Bertelsmann, 85-155.

Forschungsgruppe Menschenrechte 1998: Internationale Menschenrechtsnormen, transnationale Netzwerke und politischer Wandel in den Ländern des Südens, in: Zeitschrift für Internationale Beziehungen, 5: 1, 5-41.

Forsythe, David P. 2000: Human rights in international relations. Cambridge: Cambridge University Press.

Franke, Volker/Heinze, Marie-Christine 2008: Aus Fehlern lernen? Fazit nach 18 Monaten Peacebuilding Commission der Vereinten Nationen, in: Die Friedens-Warte, 83: 1, 97-115.

Frantz, Christine/Martens, Kerstin 2006: Nichtregierungsorganisationen (NGOs), Wiesbaden: VS Verlag.

Freistein, Katja/Leininger, Julia (Hg.) 2012: Handbuch Internationale Organisationen. Theoretische Grundlagen und Akteure, München: Oldenbourg Verlag.

Freuding, Christian 2005: Entscheidungsfindung im UN-Sicherheitsrat, in: Dicke, Klaus/Fröhlich, Manuel (Hg.): Wege multilateraler Diplomatie. Politik, Handlungsmöglichkeiten und Entscheidungsstrukturen im UN-System, Baden-Baden: Nomos, 64-92.

Freyhold, Michaela V. 1998: Beziehungen zwischen Nicht-Regierungsorga-nisationen des Nordens und des Südens. Erkenntnisse und Annahmen, in: Peripherie: Zeitschrift für Politik und Ökonomie in der Dritten Welt, 18: 71, 6-30.

Fritzsche, K. Peter 2009: Menschenrechte: eine Einführung mit Dokumenten, 2. Aufl., Paderborn (u.a.): Schöningh.

Fröhlich, Manuel 2005: Zwischen Verwaltung und Politik: Die Arbeit des UN-Sekretariats, in: Dicke, Klaus/Fröhlich, Manuel (Hg.): Wege multilateraler Diplomatie. Politik, Handlungsmöglichkeiten und Entscheidungsstrukturen im UN-System, Baden-Baden: Nomos, 41-63.

Fuchs, Doris 2006: Privatwirtschaft und Governance: Transnationale Unternehmen und die Effektivität privaten Regierens, in: Schirm, Stefan A. (Hg.): Globalisierung. Forschungsstand und Perspektiven, Baden-Baden: Nomos, 147-169.

Fues, Thomas/Hamm, Brigitte I. 2001: Die Weltkonferenzen und ihre Folgeprozesse, in: Fues, Thomas/Hamm, Brigitte I. (Hg.): Die Weltkonferenzen der 90er Jahre: Baustellen für Global Governance, Bonn: Dietz, 44-125.

Fues, Thomas/Klingebiel, Stephan 2007: Multilaterale Entwicklungspolitik: die Rolle der Vereinten Nationen, in: Volger, Helmut (Hg.): Grundlagen und Strukturen der Vereinten Nationen, München: Oldenbourg, 219-241.

GA 2005: Report of the Open-ended Working Group to Negotiate an International Instrument to Enable States to Identify and Trace, in a Timely and Reliable Manner, Illicit Small Arms and Light Weapons, http://www.un.org/events/smallarms2006/pdf/A.60.88%20(E).pdf, 24.06.2013.

Galtung, Johan 1971: Gewalt, Frieden und Friedensforschung, in: Senghaas, Dieter (Hg.): Kritische Friedensforschung, Frankfurt: Suhrkamp, 55-104.

Garcia, Denise 2010: Warming to a Redefinition of International Security. The Consolidation of a Norm Concerning Climate Change, in: International Relations, 24: 3, 271-292.

Gareis, Sven Bernhard/Varwick, Johannes 2006: Die Vereinten Nationen: Aufgaben, Instrumente und Reformen, Opladen: Budrich.

Gebauer, Thomas 2005: Rüstungskontrolle und nichtstaatliche Akteure – eine Chance für neue Koalitionen, in: Neuneck, Götz/Mölling, Christian (Hg.): Die Zukunft der Rüstungskontrolle, Baden-Baden: Nomos, 181-190.

Geis, Anna 2001: Diagnose Doppelbefund – Ursache ungeklärt? Die Kontroverse um den demokratischen Frieden, in: Politische Vierteljahresschrift, 42: 2, 282-298.

Geis, Anna/Müller, Harald/Wagner, Wolfgang 2007: Schattenseiten des Demokratischen Friedens. Zur Kritik einer Theorie liberaler Außen- und Sicherheitspolitik, Frankfurt: Campus.

Geis, Anna/Wagner, Wolfgang 2006: Vom >demokratischen Frieden< zur demokratiezentrierten Friedens- und Gewaltforschung, in: Politische Vierteljahresschrift, 47: 2, 276-309.

Geiß, Robin/Kashgar, Maral 2011: UN-Maßnahmen gegen Libyen. Eine völkerrechtliche Betrachtung, in: Vereinte Nationen, 3/11, 99-104.

Germain, Randall/Kenny, Michael 1998: Engaging Gramsci: International Relations and the New Gramscians, in: Review of International Studies, 24: 1, 3-21.

Gill, Stephen (Hg.) 1993: Gramsci, Historical Materialism and International Relations, Cambridge: Cambridge University Press.

Gill, Stephen 1990: American Hegemony and the Trilateral Commission, Cambridge: Cambridge University Press.

Gill, Stephen 2003: Power and Resistance in the New World Order, Houndsmill: Palgrave.

Gilpin, Robert 1981: War and Change in World Politics, Cambridge: Cambridge University Press.

Glagow, Manfred 1993: Die Nicht-Regierungsorganisationen in der internationalen Entwicklungszusammenarbeit, in: Nohlen, Dieter/Nuscheler, Franz (Hg.): Handbuch der Dritten Welt, 3. Aufl., Bonn: Dietz, 304-326.

GEF (Global Environmental Facility Evaluation Office) 2010: Fourth Overall Performance Study of the GEF, Washington: Global Environmental Facility Evaluation Office.

Global Policy Forum 2001a: Global Compact with Corporations: "Civil Society" Responds. NGO Panel on Corporate Accountability, http://www.globalpolicy.org/reform/2001/0308fel.htm, 24.06.2013.

Global Policy Forum 2001b: Interview with Richard Butler, Diplomat in Residence, Council on Foreign Relations, http://www.globalpolicy.org/component/content/article/168/35902.html, 24.06.2013.

Goldring, Natalie J. 2002: Creating a Global Transparency Regime, in: SAIS Review XXII: 1, 207-211.

Goldstone, Richard 2007: International Criminal Court and Ad Hoc Tribunals, in: Weiss, Thomas G./Daws, Sam (Hg.): The Oxford Handbook on the United Nations, Oxford: Oxford University Press, 463-478.

Gordenker, Leon/Weiss, Thomas G. 1995: Pluralising Global Governance; Abalytical Approaches and Dimensions, in: Third World Quarterly, 16: 3, 357-387.

Gosovic, Branislav 1992: The Quest for World Environmental Cooperation. The Case of the UN Global Environmental Monitoring System, London: Routledge.

Grande, Edgar/König, Markus/Pfister, Patrick/Sterzel, Paul 2006: Politische Transnationalisierung. Die Zukunft des Nationalstaates – Transnationale Politikregime im Vergleich, in: Schirm, Stefan A. (Hg.): Globalisierung. Forschungsstand und Perspektiven, Baden-Baden: Nomos, 119-145.

Greene, Owen 2002: The 2001 UN Conference. A Useful Step Forward?, in: SAIS Review, XXII: 1, 195-201.

Grewe, William G. 1991: Entstehung und Wandlungen der Vereinten Nationen, in: Simma, Bruno (Hg.): Charta der Vereinten Nationen, Kommentar, München: C.H. Beck, XXIII-XLIII.

Grieco, Joseph M. 1988: Anarchy and the Limits of Cooperation. A Realist Critique of the Newest Liberal Institutionalism, in: International Organization, 42: 3, 485-508.

Großmann, Harald et al. 2002: Sozialstandards in der Welthandelsordnung, Baden-Baden: Nomos.

Grund, Sabine 2006: Zur Absurdität des 0,7-Prozent-Zieles, in: Vereinte Nationen, 54: 1-2, 37.

Haas, Peter M. (Hg.) 1992: Knowledge, Power, and International Policy Coordination, Columbia: University of South Carolina Press.

Haedrich, Martina 1994: Die UNO auf dem Weg zum Gewaltmonopol, in: Meyer, Berthold/Moltmann, Bernhard (Hg.): Konfliktsteuerung durch Vereinte Nationen und KSZE, Frankfurt: Haag+Herchen Verlag (Arnoldshainer Texte, Bd. 87), 42-56.

Haftendorn, Helga 1997: Sicherheitsinstitutionen in den internationalen Beziehungen. Eine Einführung, in: dies./Otto Keck (Hg.): Kooperation jenseits von Hegemonie und Bedrohung, Baden-Baden: Nomos, 11-34.

Hale, Thomas N./Mauzerall, Denise L. 2004: Thinking Globally and Acting Locally: Can the Johannesburg Partnerships Coordinate Action on Sustainable Development?, in: The Journal of Environment and Development, 13: 3, 220-238.

Hamel-Green, Michael 2002: The UN and Disarmament: a Global and Regional Action Plan, in: Aksu, Esref/Camilleri, Joseph A. (Hg.): Democratizing Global Governance, New York: Palgrave Macmillan, 181-197.

Hamm, Brigitte 1999: Zum Folgeprozess der Wiener Weltmenschenrechtskonferenz. Bericht vom Internationalen NGO-Forum Wien plus 5, in: von Arnim, Gabriele/Deile, Volkmar/Hutter, Franz-Josef (Hg.): Jahrbuch Menschenrechte 2000, Frankfurt am Main: Suhrkamp, 298-310.

Hamm, Brigitte 2001: Zum Einfluss multinationaler Konzerne auf den staatlichen Menschenrechtsschutz in Ländern des Südens, in: von Arnim, Gabriele/Deile, Volkmar/Hutter, Franz-Josef/Kurtenbach, Sabine/Tessmer, Carsten (Hg.): Jahrbuch Menschenrechte 2002, Frankfurt am Main: Suhrkamp, 56-67.

Hamm, Brigitte 2006: Vereinte Nationen und Global Governance, in: Volger, Helmut (Hg.): Grundlagen und Strukturen der Vereinten Nationen, München: Oldenbourg, 293-308.

Hampson, Fen O./Penny, Christopher K. 2007: Human Security, in: Weiss, Thomas G./Daws, Sam (Hg.): The Oxford Handbook on the United Nations, Oxford: Oxford University Press, 539-557.

Harders, Cilja 2002: Geschlechterverhältnisse in Krieg und Frieden – eine Einführung, in: Harders, Cilja/Roß, Bettina (Hg.): Geschlechterverhältnisse in Krieg und Frieden. Perspektiven der feministischen Analyse internationaler Beziehungen, Opladen: Leske+Budrich, 9-30.

Hasenclever, Andreas 2002: The Democratic Peace Meets International Institutions. Überlegungen zur internationalen Organisation des Demokratischen Frieden, in: Zeitschrift für Internationale Beziehungen, 9: 1, 75-111.

Hasenclever, Andreas 2006: Liberale Ansätze, in: Schieder, Siegfried/Spindler, Manuela (Hg.): Theorien der Internationalen Beziehungen, 2. Aufl., Opladen & Farmington Hills: Barbara Budrich, 213-241.

Hasenclever, Andreas/Mayer, Peter/Rittberger, Volker 1997: Theories of international Regimes, Cambridge: Cambridge University Press.

Haßenpflug, Reinhard 2010: Der Zweite Ausschuss der UN-Generalversammlung. Aufgaben, Arbeitsweise und Reformbemühungen, in: Vereinte Nationen, 58: 5, 205-210.

Hauff, Volker (Hg.) 1987: Unsere gemeinsame Zukunft. Der Brundtlandbericht der Weltkommission für Umwelt und Entwicklung, Greven: Eggenkamp Verlag.

Heins, Volker 2001: Der Neue Transnationalismus. Nichtregierungsorganisationen und Firmen im Konflikt um die Rohstoffe der Biotechnologie, Frankfurt: Campus.

Heinz, Wolfgang S. 2006: Der neue UN-Menschenrechtsrat. Hoffnung oder vorprogrammierte Enttäuschung?, in: Internationale Politik, 61: 6, 100-105.

Hellmann, Gunther/Roos, Ulrich 2007: Das deutsche Streben nach einem ständigen Sitz im UN-Sicherheitsrat. Analyse eines Irrwegs und Skizzen eines Auswegs, INEF-Report 92/2007, Duisburg: Institut für Entwicklung und Frieden.

Hertwig, Jana 2012: UN-Waffenübereinkommen, 4. Überprüfungskonferenz 2011, in: Vereinte Nationen, 60: 2, 78-79.

Herz, John 1974: Idealistischer Internationalismus und das Sicherheitsdilemma, in: ders.: Staatenwelt und Weltpolitik, Hamburg: Hofmann & Campe, 39-56.

Hettne, Björn/Söderbaum, Fredrik 2006: The UN and Regional Organizations in Global Security: Competing or Complementary Logics?, in: Global Governance, 12: 3, 227-232.

High-level panel on UN System-wide Coherence in areas of Development, Humanitarian Assistance, Environment 2006. Deliver as One, http://www.un.org/events/panel/resources/pdfs/HLP-SWC-FinalReport.pdf, 24.06.2013.

Höhl, Kathrin/Kelle, Alexander 2003: Die multilaterale Rüstungskontrolle von chemischen Waffen am Scheideweg. Das Chemiewaffen-Übereinkommen und seine erste Überprüfungskonferenz, HSFK-Report 15/2003, Frankfurt am Main: Hessische Stiftung Friedens- und Konfliktforschung.

Hörtreiter, Isabel 2007: Die Vereinten Nationen und Wirtschaftunternehmen – zwischen Kooperation und Kontrolle: Steuerungsformen zur Stärkung menschenrechtlicher Unternehmensverantwortung unter dem Dach der Vereinten Nationen, Frankfurt am Main: Lang.

HRW (Human Rights Watch) 2011: UN Human Rights Council: Weak Stance on Business Standards, http://www.globalpolicy.org/component/content/article/228-topics/50353-un-human-rights-council-weak-stance-on-business-standards.html, 24.06.2013.

Hübner, Emil 2003: Das politische System der USA. Eine Einführung, München: Beck.

Hüfner, Klaus/Martens, Jens 2000: UNO-Reform zwischen Utopie und Realität. Vorschläge zum Wirtschafts- und Sozialbereich der Vereinten Nationen, Frankfurt am Main: Lang.

Hulton, Susan C. 2004: Council Working Methods and Procedures, in: Malone, David M. (Hg.): The UN Security Council: From the Cold War to the 21st Century, Boulder, Co.: Rienner, 237-252.

Human Rights Monitor 2007: New Body, Old Battles: The Human Rights Council in Year Two, in: Human Rights Monitor, 65/2007, 33-55.

Hummel, Hartwig 2001: Die Privatisierung der Weltpolitik. Tendenzen, Spielräume und Alternativen, in: Brühl, Tanja/Debiel, Thomas/Hamm, Brigitte/Hummel, Hartwig/Martens, Jens (Hg.): Die Privatisierung der Weltpolitik. Entstaatlichung und Kommerzialisierung im Globalisierungsprozess, Bonn: Dietz, 22-56.

Hummel, Hartwig 2004: Transnationale Unternehmen und Global Governance zwischen freiwilligen Partnerschaften und rechtsverbindlichen Regeln, in: Brühl, Tanja/Feldt, Heidi/Hamm, Brigitte/Hummel, Hartwig/Martens, Jens (Hg.): Unternehmen in der Weltpolitik. Politiknetzwerke, Unternehmensregeln und die Zukunft des Multilateralismus, Bonn: Dietz, 22-43.

Hunger, Iris 2005: Biologische Waffen: ein Überblick, in: dies.: Biowaffenkontrolle in einer multipolaren Welt. Zur Funktion von Vertrauen in den internationalen Beziehungen, Frankfurt/New York: Campus, 73-109.

ICISS (International Commission on Intervention and State Sovereignty) 2001: The Responsibility to Protect. Report of the International Commission on Intervention and State Sovereignty, Ottawa: International development research centre.

Ikenberry, G. John/Kupchan, Charles A. 1990: Socialization and Hegemonic Power, in: International Organization, 44: 3, 283-331.

Irmscher, Tobias H. 2002: Die Behandlung privater Beschwerden über systematische und grobe Menschenrechtsverletzungen in der UN-Menschenrechtskommission. Das 1503-Verfahren nach seiner Reform. Frankfurt am Main u.a.: Peter Lang Verlag.

Ivanova, Maria 2007a: Designing the United Nations Environment Programme: a story of compromise and confrontation, in: International Environmental Agreements: Politics, Law and Economics, 7: 4, 337-361.

Ivanova, Maria 2007b: Moving Forward by Looking Back: Learning from UNEP's History, in: Swart, Lydia/Perry, Estelle (Hg.): Global Environmental Governance. Perspectives on the Current Debate, New York: Center for UN Reform Education, 26-47.

Ivanova, Maria/Esty, Daniel C. 2008: Reclaiming U.S. Leadership in Global Environmental Governance, in: SAIS Review of International Affairs, XXVIII: 2, 57-75.

Jackson, Robert/Sørensen, Georg 2005: Introduction to International Relations. Theories and Approaches, 2. Aufl., Oxford: Oxford University Press.

Jaenicke, Guenther 1991: zu Art. 7, in: Simma, Bruno (Hg.): Charta der Vereinten Nationen, Kommentar, München: C.H. Beck, 151-163.

Jann, Werner 2006: Governance als Reformstrategie. Vom Wandel und der Bedeutung verwaltungspolitischer Leitbilder, in: Schuppert, Gunnar Folke (Hg.): Governance-Forschung. Vergewisserung über Stand und Entwicklungslinien, 2.Aufl., Baden-Baden: Nomos, 21-43.

Jenkins, Rob 2008: The UN Peacebuilding Commission and the Dissemination of International Norms, Crisis States Working Papers Series 2, New York: City University New York.

Jeong, Ho-Won 1998: The struggle in the UN system for wider participation in forming global economic policies, in: Alger, Chadwick F. (Hg.): The future of the United Nations System. Potential for the twenty-first century, Tokio: United Nations University Press, 221-247.

Jerbi, Scott 2009: Business and Human Rights at the UN: What Might Happen Next, in: Human Rights Quarterly, 31: 2, 299-320.

Johnstone, Ian/Tortolani, Banjamin Cary/Gowan, Richard 2005: The Evolution of UN Peacekeeping: Unfinished Business, in: Die Friedens-Warte, 80: 3-4, 245-261.

Jonah, James O. C. 2007: Secretariat. Independence and Reform, in: Weiss, Thomas G./Daws, Sam (Hg.): The Oxford Handbook on the United Nations, Oxford: Oxford University Press, 160-174.

Joras, Ulrike (with contributions from Rina Alluri and Karsten Palme) 2009: Motivating and Impeding Factors for Corporate Engagement in Peacebuilding, Swiss Peace Working Paper 1/2009, Bern: Swisspeace.

Justen, Detlev 2009: Die Zeichnungskonferenz von Oslo. Eine Analyse der Vertragsstaaten der Convention on Cluster Munitions, Diskussionspapier der Stiftung Wissenschaft und Politik, FG3 DP04/2009, Berlin: Stiftung Wissenschaft und Politik.

Kaasa, Stine Madland 2007: The UN Commission on Sustainable Development: Which Mechanisms Explain Its Accomplishments?, in: Global Environmental Politics, 7: 3, 107-129.

Kahler, Miles 2003: Defining Accountability Up: the Global Economic Multilaterals, in: Government and Opposition, 39: 2, 132-158.

Karns, Margaret P./Mingst, Karen A. 2001: Peacekeeping and the Changing Role of the United Nations. Four Dilemmas, in: Schnabel, Albrecht/Thakur, Ramesh (Hg.): United Nations Peacekeeping Operations. Ad hoc Missions, Permanent Engagement, Tokio (u.a.): United Nations University Press, 215-237.

Karns, Margaret P./Mingst, Karen A. 2004: International Organizations. The Politics and Processes of Global Governance, Boulder, Co.: Lynne Rienner.

Karp, Aaron 2002: Laudable Failure, in: SAIS Review, XXII: 1, 177-193.

Kasa, Sjur/Gullberg, Anne T./Heggelund, Gørild 2008: The Group of 77 in the International Climate Negotiatons. Recent Developments and Future Directions, in: International Environmental Agreements, 8, 113-127.

Kaul, Inge (Hg.) 1999: Global public goods: international cooperation in the 21st century, New York: Oxford University Press.

Kaul, Inge 2000a: Entwicklungstheorien und -strategien des UN-Systems, in: Volger, Helmut (Hg.): Lexikon der Vereinten Nationen, München: Oldenbourg, 98-106.

Kaul, Inge 2000b: Entwicklungszusammenarbeit der UN, in: Volger, Helmut (Hg.): Lexikon der Vereinten Nationen, München: Oldenbourg, 107-112.

Kedzia, Zdzislaw/Jerbi, Scott 1998: The United Nations High Commissioner for Human Rights, in: Baum, Gerhart/Redel, Eibe/Schaefer, Michael (Hg.): Menschenrechtsschutz in der Praxis der Vereinten Nationen, Baden-Baden: Nomos, 85-99.

Kell, Georg 1999: Weltorganisation und Wirtschaftswelt. Globaler Pakt für das nächste Jahrhundert, in: Vereinte Nationen, 47: 5, 163-168.

Kell, Georg 2005: The Global Compact. Selected Experiences and Reflection, in: Journal of Business Ethics, 59: 1, 69-79.

Kelle, Alexander 2004: Assessing the Effectiveness of Security Regimes. The Chemical Weapons Control Regime's First Six Years of Operation, in: International Politics, 41, 221–242.

Keohane, Robert 1984: After Hegemony. Cooperation and Discord on the World Political Economy, Princeton: Princeton University Press.

Keohane, Robert O. (Hg.) 1989: International Institutions and State Power. Essays in International Relations Theory, Boulder, Co.: Westview.

Keohane, Robert O./Nye, Joseph N. 1972: Transnational Relations and World Politics. Cambridge: Harvard University Press.

Keohane, Robert O./Nye, Joseph N. 1977: Power and Interdependence. World Politics in Transition, Boston: Little Brown.

Khagram, Sanjeev 2006: Possible Future Architectures of Global Governance. A Transnational Perspective/Prospective, in: Global Governance, 12: 1, 97-117.

Khor, Martin 2002: Globalisierung gerechter gestalten. Ökonomische Alternativen und politische Optionen. Eine Aufforderung zum Umdenken, Stuttgart: NWWP-Verlag.

Kimball, Daryl G. 2006: Anything but Conventional, in: Arms Control December 2006, http://www.armscontrol.org/act/2006_12/focus.asp, 24.06.2013.

Kindleberger, Charles P. 1973: The World in Depression. 1929-1939, Berkely: The University of California Press.

Kittel, Gabriele 1995: Die amerikanische Außenpolitik in der UNESCO-Krise, in: Rittberger, Volker (Hg.): Anpassung oder Austritt. Industriestaaten in der UNESCO-Forschung, Berlin: edition sigma, 215-256.

Klasen, Stephan 2011: Maßstäbe gesetzt. 20 Jahre Berichte über die menschliche Entwicklung, in: Vereinte Nationen, 59: 2, 67-71.

Klee, Josef/Klee, Uda 2002: Cooperation between United Nations and Private Sector Addressing Issues of Global Concern, in: Seton Hall Journal of Diplomacy and International Relations, Summer/Fall 2002, 39-51.

Klein, Eckart 2000: Menschenrechtsausschuss, in: Volger, Helmut (Hg.): Lexikon der Vereinten Nationen, München: Oldenbourg, 343-347.

Klein, Eckart 2007: Die Vereinten Nationen und die Entwicklung des Völkerrechts, in: Volger, Helmut (Hg.) Grundlagen und Strukturen der Vereinten Nationen, München: Oldenbourg, 21-66.

Kleinwächter, Wolfgang 2006: Globalisierung und Cyberspace. Der Weltgipfel über die Informationsgesellschaft weist den Weg, in: Vereinte Nationen, 54: 1/2, 38-44.

Klingebiel, Ruth 1996a: Der Weltgipfel für Soziale Entwicklung in Kopenhagen 1995. Absichtserklärungen ohne Verbindlichkeit, in: Messner, Dirk/Nuscheler, Franz (Hg.): Weltkonferenzen und Weltberichte. Ein Wegweiser durch die internationale Diskussion, Bonn: Dietz, 206-214.

Klingebiel, Ruth 1996b: Weltfrauenkonferenz in Beijing 1995. Aktion für Gleichberechtigung, Entwicklung und Frieden?, in: Messner, Dirk/Nuscheler, Franz (Hg.): Weltkonferenzen und Weltberichte. Ein Wegweiser durch die internationale Diskussion, Bonn: Dietz, 215-225.

Klingebiel, Stephan 1999: Verlässliche Finanzierung als unverzichtbares Reformelement. Perspektiven für die Entwicklungszusammenarbeit der Vereinten Nationen und das UNDP, in: Vereinte Nationen, 47: 1, 7-11.

Knapp, Manfred 1994: Die Vereinten Nationen und das Problem des friedlichen Wandels, in: Krell, Gert/Müller, Harald (Hg.): Frieden und Konflikt in den internationalen Beziehungen, Frankfurt: Campus, 254-277.

Knight, W. Andy 2004: Improving the Effectiveness of UN Arms Embargoes, in: Price, Richard M./Zacher, Mark W. (Hg.): The United Nations and Global Security, New York, NY: Palgrave Macmillan, 39-55.

Kowalzig, Jan 2010: Vertane Chance oder zarte Keime? Klimapolitik zwischen Kopenhagen und Cancún, in: Informationsbrief Weltwirtschaft & Entwicklung, W&E Hintergrund, März 2010.

Krahmann, Elke 2003: National, Regional or Global Governance. One Phenomenon or Many?, in: Global Governance, 9: 3, 323-346.

Krasner, Stephen D. 1983: International Regimes, Ithaca: Cornell University Press.

Krasno, Jean E. 2004: The End of the Scourge of War. The Story of Peacekeeping, in: dies. (Hg.): The United Nations. Confronting the Challenges of a Global Society, Boulder, Co.: Rienner, 225-268.

Krause, Keith 2004: Facing the Challenge of Small Arms. The UN and Global Security Governance, in: Price, Richard M./Zacher, Mark W. (Hg.): The United
Nations and Global Security, New York, NY: Palgrave Macmillan, 21-37.

Krause, Keith 2007: Disarmament, in: Weiss, Thomas G./Daws, Sam (Hg.): The
Oxford Handbook on the United Nations, Oxford: Oxford University Press,
289-299.

Krause, Keith 2008: Kritische Überlegungen zum Konzept der menschlichen Sicherheit, in: Ulbert, Cornelia/Werthes, Sascha (Hg.): Menschliche Sicherheit. Globale Herausforderungen und regionale Perspektiven, Baden-Baden:
Nomos, 31-50.

Krell, Gert 2004: Weltbilder und Weltordnung. Einführung in die Theorie Internationaler Beziehungen, 3. Aufl., Baden-Baden: Nomos.

Krepon, Michael 2006: The Conference on Disarmament: Means of Rejuvena-
tion, in Arms Control Today December 2006, http://www.armscontrol.org/
act/2006_12/Krepon.asp, 24.06.2013.

Krippendorf, Ekkehart 1973: Kollektive Sicherheit oder internationaler Klas-
sen-kampf, in: Albrecht, Ulrich u.a. (Hg.): Perspektiven der Kooperation
zwischen kapitalistischen und sozialistischen Ländern (Jahrbuch für Frie-
dens- und Konfliktforschung, hg. von Vorstand der Arbeitsgemeinschaft
Friedens- und Konfliktforschung, Band III/1973), Düsseldorf: Bertelsmann
Universitätsverlag, 21-31.

Küchenmeister, Thomas 2010: 2. Überprüfungskonferenz der Ottawa-Konvention, in: Vereinte Nationen, 58: 1, 28-31.

Kulessa, Manfred 1998: ECOSOC, in: Altmann, Jörn/Kulessa, Margareta E. (Hg.):
Internationale Wirtschaftsorganisationen, Stuttgart: Lucius & Lucius, 36-39.

Lachenmann, Gudrun 1995: Strukturanpassung aus Frauensicht: Entwicklungs-
konzepte und Transformationsprozesse, in: Klingebiel, Ruth/Randeria, Sha-
lini (Hg.): Globalisierung aus Frauensicht. Bilanzen und Visionen, Bonn:
Dietz, 294-319.

Landmine Monitor 2012, http://www.the-monitor.org/index.php/publications/
display?url=lm/2012/, 24.06.2013.

Landmine Monitor Report 2007: Executive Summary, http://www.the-monitor.
org/index.php/publications/display?url=lm/2007/, 24.06.2013.

Landmine Monitor Report 2008: Executive Summary, http://www.the-monitor.
org/index.php/publications/display?url=lm/2008, 24.06.2013.

Lang, Winfried/Kumin, Andreas 2001: Disarmament Issues, in: Cede, Franz/
Sucharipa-Behrmann, Lilly (Hg.): The United Nations – Law and Practice,
Den Haag: Kluwer, 127-141.

Larsen, Jeffrey A. 2002: An Introduction to Arms Control, in: Larsen, Jeffrey A.
(Hg.): Cooperative Security in a Changing Environment, Boulder, Co.: Lynne Rienner, 1-15.

Lauren, Paul Gordon 2007: "To Preserve and Build on its Achievements and to
Redress its Shortcomings". The Journey from the Commission on Human
Rights to the Human Rights Council, in: Human Rights Quarterly, 29: 2,
307-345.

Lederer, Markus 2010: Klimapolitik zwischen Kyoto und Cancun, in: Welttrends, 18: 73, 23-32.

Lehmann, Volker/McClellan, Angela 2006: Financing the United Nations, FES Fact Sheet April 2006, New York: Friedrich Ebert Stiftung.

Lehmeier, Stefan 2003: Die Rolle der Vereinten Nationen im Rahmen der konventionellen Rüstungskontrolle und Abrüstung, in: von Schorlemer, Sabine (Hg.): Praxishandbuch UNO. Die Vereinten Nationen im Lichte globaler Herausforderungen, Berlin: Springer, 177-199.

Leibfried, Stephan/Zürn, Michael (Hg.) 2006: Transformations of the State? Cambridge: Cambridge University Press.

Leininger, Julia 2005: Die Reform der Vereinten Nationen – Chancen auf eine Erneuerung zivilgesellschaftlicher Beteiligung? Eine Bestandsaufnahme bestehender Beteiligungsmöglichkeiten für NGOs in den Vereinten Nationen und Perspektiven für die Zukunft, Global Issue Paper 21/2005, Heinrich-Böll-Stiftung http://www.globalternative.org/pics/gip21de.pdf, 24.06.2013.

Leininger, Julia/Weinlich, Silke 2012: UNDP. Entwicklungsprogramm der Vereinten Nationen, in: Freistein, Katja/Leininger, Julia (Hg.): Handbuch Internationale Organisationen. Theoretische Grundlagen und Akteure, München: Oldenburg Verlag, 233-240.

Lele, Ajey 2011: Challenges for the Chemical Weapons Convention, in: Strategic Analysis, 35: 5, 752-756.

Liese, Andrea 1998: Menschenrechtsschutz durch Nichtregierungsorganisationen, in: Aus Politik und Zeitgeschichte, 1998: 46-47, 36-42.

Liese, Andrea 2006: Staaten am Pranger. Zur Wirkung internationaler Regime auf innerstaatliche Menschenrechtspolitik, Wiesbaden: VS Verlag.

Liese, Andrea/Weinlich, Silke 2006: Die Rolle von Verwaltungsstäben internationaler Organisationen. Lücken, Tücken und Konturen eines (neuen) Forschungsfelds, in: Bogumil, Jörg/Jann, Werner/Nullmeier, Frank (Hg.): Politik und Verwaltung, PVS Sonderheft 37, Wiesbaden: VS Verlag, 491-524.

Loewe, Markus/Weinlich, Silke 2011: Millenniums-Entwicklungsziele. Plenartagung auf hoher Ebene der Generalversammlung 2010, in: Vereinte Nationen, 59: 1, 29-31.

Ludermann, Bernd 2001: Privater Arm der Geberstaaten? Widersprüchliche Funktionen von NGOs in der Not- und Entwicklungshilfe, in: Brühl, Tanja/Debiel, Thomas/Hamm, Brigitte/Hummel, Hartwig/Martens, Jens (Hg.): Die Privatisierung der Weltpolitik. Entstaatlichung und Kommerzialisierung im Globalisierungsprozess, Bonn: Dietz, 174-199.

Ludwig, Christian 2005: Die Lehren aus einem blutigen Weltkrieg. Zwischen Vision und Versagen: Der Völkerbund, in: Das Parlament, Ausgabe 18-19/2005.

Lugo, Meri/Horner, Daniel 2009: Obama Shifts U.S. Stance on CTBTO Funding, in: Arms Control Today Juni 2009, http://www.armscontrol.org/act/2009_6/CTBTO, 24.06.2013.

MacFarlane, Neil/Thielking, Carolin J./Weiss Thomas G. 2004: The Responsibility to Protect. Is anyone interested in humanitarian intervention, in: Third World Quarterly, 25: 5, 977-992.

Mack, Andrew/Furlong, Kathryn 2004: When Aspiration Exceeds Capability. The UN and Conflict Prevention, in: Price, Richard M./Zacher, Mark W. (Hg.) The United Nations and Global Security, Houndsmill: Palgrave, 59-72.

MacQueen, Norrie 2006: Peacekeeping and the International System, London: Routledge.

Maier, Jürgen 2002: Weder Durchbruch noch Rückschlag. Eine erste Bilanz des Weltgipfels für nachhaltige Entwicklung in Johannesburg, in: Vereinte Nationen, 50: 5, 177-182.

Maier, Jürgen 2007: Umweltschutz, in: Volger, Helmut (Hg.): Grundlagen und Strukturen der Vereinten Nationen, München: Oldenbourg, 189-217.

Malone, David M. 2004: Introduction, in: ders. (Hg.): The UN Security council. From the Cold War to the 21st Century, Boulder, Co.: Lynne Rienner, 1-16.

Malone, David M. 2007: Security Council, in: Weiss, Thomas G./Daws, Sam (Hg.): The Oxford Handbook on the United Nations, Oxford: Oxford University Press, 117-135.

Mani, Rama 2007: Peaceful Settlement of Disputes and Conflict Prevention, in: Weiss, Thomas G./Daws, Sam (Hg.): The Oxford Handbook on the United Nations, Oxford: Oxford University Press, 300-322.

Marchand, Marianne H. 2000: Gendering Representations of the 'Global'. Reading/Writing Globalization, in: Stubbs, Richard/Underhill, Geoffrey R.D.: Political Economy and the Changing Global Order, Oxford: Oxford University Press, 218-228.

Märker, Alfredo/Wagner, Beate 2005: Vom Völkerbund zu den Vereinten Nationen, in: Aus Politik und Zeitgeschichte 22/2005, 3-10.

Martens, Jens 2000: Globale Entwicklungspartnerschaft: Zielvorgabe für 2001. Der lange Weg zur UN-Konferenz über Entwicklungsfinanzierung, in: Vereinte Nationen, 48: 3, 99-104.

Martens, Jens 2001: Krise und Reform der ODA. Aktuelle Trends in der Debatte über die Zukunft der öffentlichen Entwicklungszusammenarbeit. Weed-Arbeitspapier zur Konferenz „Finanzierung und Entwicklung" der Vereinten Nationen, Bonn: WEED.

Martens, Jens 2002: Konsens vor Monterrey, in: Vereinte Nationen, 50: 3, 116-117.

Martens, Jens 2004: Globale Partnerschaften und Politiknetzwerke. Hoffnungsträger des Multilateralismus oder Einfallstor für „Big Business", in: Vereinte Nationen, 52: 4, 150-155.

Martens, Jens 2005: Die Entwicklungsagenda nach dem Millennium+5 Gipfel. Eine Check-Liste unerledigter Aufgaben, Briefing Paper Dialogue on Globalization, Bonn: Friedrich Ebert Stiftung.

Martens, Jens 2006a: Die Millennium-Entwicklungsziele der UN. Konzeptionelle Defizite und politische Perspektiven, in: Kuhn, Katina/Rieckmann, Marco (Hg.): Wi(e)der die Armut? Positionen zu den Millenniumszielen der Vereinten Nationen, Frankfurt am Main: VAS, 35-59.

Martens, Jens 2006b: Nichtregierungsorganisationen und die Vereinten Nationen. Perspektiven nach dem Weltgipfel 2005, Briefing Paper Dialogue on Globalization, Bonn: Friedrich Ebert Stiftung.

Martens, Jens 2007: Armutszeugnis. Die Millenniumsentwicklungsziele der Vereinten Nationen. Halbzeitbilanz – Defizite – Perspektiven, http://www.globalpolicy.org/images/pdfs/armutszeugnis.pdf, 24.06.2013.

Martens, Jens 2009: Entwicklungsfinanzierung: Doha-Konferenz 2008, in: Vereinte Nationen, 57: 1, 32-33.

Martens, Jens 2012a: Rio + 20. Die UN-Konferenz für nachhaltige Entwicklung 2012. Hintergründe - Konflikte - Perspektiven, Bonn/Osnabrück: Global Policy Forum/terre des hommes.

Martens, Jens 2012b: Nicht optimal, aber kein Grund für Katzenjammer: Das war Rio+20, in: Informationsbrief Weltwirtschaft & Entwicklung, 06-07/2012. 1-2.

Martens, Jens 2013: Globale Nachhaltigkeitsziele für die Post-2015-Entwicklungsagenda, Bonn: Global Policy Forum Europe.

Martens, Kerstin 2004: An Appraisal of Amnesty International's Work at the United Nations. Established Areas of Activities and Shifting Priorities since the 1990s, in: Human Rights Quarterly, 26: 4, 1050-1070.

Mason, Thomas L. 2002: A Free Trade Perspective from the Firearms Community, in: SAIS Review, XXII: 1, 203-206.

Mayntz, Renate 1995: Gesellschaftliche Selbstregelung und politische Steuerung, Frankfurt: Campus.

Mayntz, Renate 2006: Governance Theory als fortentwickelte Steuerungstheorie?, in: Schuppert, Gunnar Folke (Hg.): Governance-Forschung. Vergewisserung über Stand und Entwicklungslinien, 2. Aufl., Baden-Baden: Nomos, 11-20.

MDG Chart 2011: Millennium Development Goals. 2011 Progress Chart, http://www.un.org/millenniumgoals/pdf/(2011E)_MDReport2011_ProgressChart.pdf, 24.06.2013.

MDG Report 2011: The Millennium Development Goals Report 2011, http://www.un.org/millenniumgoals/11_MDG%20Report_EN.pdf, 24.06.2013.

Mearsheimer, John H. 1994/95: The False Promise of International Institutions, in: International Security, 19: 3, 5-49.

Mearsheimer. John 2001: The Tragedy of Great Power Politics, New York: Norton.

Meier, Oliver 2010: Abrüstungskonferenz, in: Vereinte Nationen, 58: 1, 27-28.

Meier , Oliver 2011: Abrüstungskonferenz, in: Vereinte Nationen, 59: 2, 79-80.

Melchers, Konrad 2007: Die UNCTAD wiederbeleben. Neuer Reformbericht empfiehlt Stärkung der Entwicklungsrolle, in: Vereinte Nationen, 55: 2, 56-61.

Merkel, Reinhard 2011: Der illegitime Triumph: Warum die Nato-Intervention in Libyen Grundlagen des Völkerrechts beschädigt, in: Zeit online, http://www.zeit.de/2011/37/Libyen, 24.06.2013.

Mertus, Julie 2005: The United Nations and Human Rights. A guide for a new era, London/New York: Routledge.

Messner, Dirk 2001: Weltkonferenzen und Global Governance. Anmerkungen zum radikalen Wandel vom Nationalstaatensystem zur Global Governance-Epoche, in: Fues, Thomas/Hamm, Brigitte I. (Hg.): Die Weltkonferenzen der 90er Jahre. Baustellen für Global Governance, Bonn: Dietz, 13-43.

Messner, Dirk/Nuscheler, Franz 1996: Die Weltkonferenzen der 90er Jahre. Eine „Gipfelei" ohne Perspektiven?, in: Messner, Dirk/Nuscheler, Franz (Hg.): Weltkonferenzen und Weltberichte. Ein Wegweiser durch die internationale Diskussion, Bonn: Dietz, 160-174.

Messner, Dirk/Nuscheler, Franz 2006: Das Konzept Global Governance. Stand und Perspektiven, in: Stiftung Entwicklung und Frieden (Hg.): Global Governance für Entwicklung und Frieden. Perspektiven nach mehr als einem Jahrzehnt, Bonn: Dietz, 18-79.

Metz, Martina 1998: Recht auf Entwicklung – Menschenrecht oder Hebel zu mehr Entwicklungshilfe?, in: Baum, Gerhart/Riedel, Eibe/Schaefer, Michael (Hg.): Menschenrechtsschutz in der Praxis der Vereinten Nationen, Baden-Baden: Nomos, 179-190.

Meyer, Paul 2006: The Conference on Disarmament. Getting Back to Business, in: Arms Control Today, December 2006, http://www.armscontrol.org/act/2006_12/Meyer, 24.06.2013.

Mimkes, Philipp 2002: Bayer and the UN Global Compact, Global Policy Forum, http://www.globalpolicy.org/reform/2002/bayer.htm, 24.06.2013.

Mingst, Karen A./Karnst, Margaret P. 1995: Economic Development and Environmental Sustainability, in: dies.: The United Nations in the Post-Cold War Era, Boulder, Co.: Westview Press, 107-138.

Mingst, Karen A./Karns, Margaret P. 2007: The United Nations in 21st Century, 3. Aufl., Boulder, Co.: Westview Press.

Moravcsik, Andrew 1992: Liberalism and International Relations Theory, Center for International Affairs Working Paper Series 92-6, Cambridge, Mass.: Harvard University.

Moravcsik, Andrew 1997: Taking Preferences Seriously: A Liberal Theory of International Politics, in: International Organization, 51: 4, 513-553.

Müller, Harald 1993: Die Chance der Kooperation, Darmstadt: Wissenschaftliche Buchgesellschaft.

Müller, Harald 2000: Selbstverpflichtung der Atommächte, in: Vereinte Nationen, 48: 3, 105-106.

Müller, Harald 2002: Antinomien des demokratischen Friedens, in: Politische Vierteljahresschrift, 43: 1, 46-81.

Müller, Harald 2003: Die IAEA unter Beschuss. Lernprozesse einer internationalen Organisation, in: Vereinte Nationen, 51: 2, 1-5.

Müller, Harald 2005a: Ein Scherbenhaufen, in: Vereinte Nationen, 53: 4, 148-151.

Müller, Harald 2005b: Vertrag im Zerfall? Die gescheiterte Überprüfungskonferenz des Nichtverbreitungsvertrags und ihre Folgen, HSFK-Report 4/2005, Frankfurt am Main: Hessische Stiftung Friedens- und Konfliktforschung.

Müller, Harald 2005c: The 2005 NPT Review Conference: Reasons and Conse-quences of Failure and Options for Repair, Weapons of Mass Destruction Commission 31, http://www.blixassociates.com/wp-content/uploads/2011/03/No31.pdf, 24.06.2013.

Müller, Harald 2010a: Der nukleare Nichtverbreitungsvertrag nach der Überprüfung, HSFK-Report 3/2010, Frankfurt am Main: Hessische Stiftung Friedens- und Konfliktforschung.

Müller, Harald 2010b: Justice and Peace: Good Things Do Not Always Go Together, HSFK Working Paper 6/2010, Frankfurt am Main: Hesseische Stiftung für Friedens- und Konfliktforschung.

Müller, Harald 2011: Ein Desaster. Deutschland und der Fall Libyen. Wie sich Deutschland moralisch und außenpolitisch in die Isolation manövrierte, HSFK Standpunkte 2/2011, Frankfurt am Main: Hessische Stiftung Friedens- und Konfliktforschung.

Müller, Harald/Schörnig, Niklas 2006: Rüstungsdynamik und Rüstungskontrolle. Eine exemplarische Einführung in die Internationalen Beziehungen, Baden-Baden: Nomos.

Mürle, Holger 1998: Global Governance. Literaturbericht und Forschungsfragen, INEF Report 31/1998, Duisburg: Institut für Entwicklung und Frieden.

Nanz, Patrizia/Steffek, Jens 2004: Global Governance, Participation and the Public Sphere, in: Government and Opposition , 39: 2, 314-335.

Newell, Peter 2008: Civil Society, Corporate Accountability and the Politics of Climate Change, in: Global Environmental Politics, 8: 3, 122-153.

Newman, Edward 2007: Secretary-General, in: Weiss, Thomas G./Daws, Sam (Hg.): The Oxford Handbook on United Nations, Oxford: Oxford University Press, 175-192.

Norchi, Charles 2004: Human Rights: A Global Common Interest, in: Krasno, Jean E. (Hg.): The United Nations. Confronting the Challenges of a Global Society, Boulder, Co.: Lynne Rienner, 79-114.

Normand, Roger/Zaidi, Sarah 2008: Human Rights at the UN. The Political History of Universal Justice, United Nations Intellectual History Project Series, Bloomington: Indiana University Press.

Northedge, F.S. 1986: The League of Nations. Its Life and Time 1920-1946, Leicester: Leicester University Press.

NYU/IPI (New York University Center on International Cooperation and the International Peace Institute) 2008: Taking Stock, Looking Forward. A Strategic Review of the Peacebuilding Commission. Commissioned by the Permanent Mission of Denmark to the UN, New York: NYU/IPI.

Oberthür, Sebastian 1993: Politik im Treibhaus. Die Entstehung des internationalen Klimaschutzregimes, Berlin: Edition Sigma.

O'Flaherty, Michael 2004: Sierra Leone's Peace Process. The Role of the Human Rights Community, in: Human Rights Quarterly, 26: 1, 29–62.

O'Brien, Robert/Williams, Marc 2007: Global Political Economy. Evolution and Dynamics. Basingstoke/New York: Palgrave Macmillan.

OHCHR 2001: Seventeen Frequently Asked Questions about United Nations Special Rapporteurs, Factsheet 27/2001, http://www.ohchr.org/Documents/Publications/FactSheet27en.pdf, 24.06.2013.

OHCHR 2005: Report of the Office of the High Commissioner for Human Rights on the responsibilities of transnational corporations and related business enterprises, 15. Februar 2005, 22-25, http://daccess-dds-ny.un.org/doc/ UNDOC/GEN/G05/110/27/PDF/G0511027.pdf?OpenElement, 24.06.2013.

OPCW 2008: Report of the OPCW on the Implementation of the Convention on the Prohibition of the Development, Production, Stockpiling and Use of Chemical Weapons and on their Destruction in 2007, 03.12.2008.

OPCW 2012: Canada Provides OPCW its Largest-Ever Donation to Expedite Destruction of Chemical Weapons in Libya, Pressemitteilung der Organization for the Prohibition of Chemical Weapons vom 24 April 2012, http://www. opcw.org/news/article/canada-provides-opcw-its-largest-ever-donation-to-expedite-destruction-of-chemical-weapons-in-libya/, 24.06.2013.

Opitz, Peter J. 2000: Allgemeine Erklärung der Menschenrechte, in: Volger, Helmut (Hg.): Lexikon der Vereinten Nationen, München: Oldenbourg, 331-336.

Opitz, Peter J. 2002: Gründung, Aufbau und grundlegende Veränderungen in den Vereinten Nationen, 1045-2002, in: ders. (Hg.): Die Vereinten Nationen. Geschichte, Struktur, Perspektiven, München: Wilhelm Fink Verlag, 11-39.

Paech, Norman 2003: Die Rolle der UNO und des Sicherheitsrates im Irakkonflikt, in: Aus Politik und Zeitgeschichte, B 24-25, 35-44.

Paepcke, Henrike 2004: Die friedens- und sicherheitspolitische Rolle des UN-Generalsekretärs im Wandel. Das kritische Verhältnis zwischen Boutros Boutros-Ghali und den USA, Baden-Baden: Nomos.

Pallek, Markus 2007: Die Aufgaben der Vereinten Nationen nach der Charta, in: Volger, Helmut (Hg.): Grundlagen und Strukturen der Vereinten Nationen, München: Oldenbourg, 67-98.

Paris, Roland 2007: Post-Conflict Peacebuilding, in: Weiss, Thomas G./Daws, Sam (Hg.): The Oxford Handbook on the United Nations, Oxford: Oxford University Press, 404-426.

Pattberg, Philipp 2007: Private Institutions and Global Governance. The New Politics of Environmental Sustainability, Cheltenham: Edward Elgar Publishing.

Pattberg, Philipp/Stripple, Johannes 2008: Beyond the Public and Private Divide. Remapping Transnational Climate Governance in the 21st Century, in: International Environmental Agreements, 8, 367-288.

Paul, James A. 2001a: A Short History of the NGO Working Group, New York: Global Policy Forum, www.globalpolicy.org/security-council/ngos-and-the-council/ngo-working-group-on-the-security-council/40407.html, 24.06.2013.

Paul, James A. 2001b: Der Weg zum Global Compact. Zur Annäherung von UNO und multinationalen Unternehmen, in: Brühl, Tanja/Debiel, Thomas/Hamm, Brigitte/Hummel, Hartwig/Martens, Jens (Hg.): Die Privatisierung der Weltpolitik. Entstaatlichung und Kommerzialisierung im Globalisierungsprozess, Bonn: Dietz, 104-129.

Paul, James A. 2004: NGOs and the Security Council, New York: Global Policy Forum, www.globalpolicy.org/security-council/ngos-and-the-council/ngo-working-group-on-the-security-council/40406.html, 24.06.2013.

Payne, Anthony 2005: The Global Politics of Unequal Development, Basingstoke (u.a.): Palgrave Macmillan.

Pearson, Graham S. 2006a: The Preparatory Committee for the Sixth BWC Review Conference, in: The CBW Conventions Bulletin, 71, 6-15.

Pelz, Timo/Lehmann, Volker 2007: The Evolution of UN Peacekeeping. Hybrid Mission, Dialogue on Globalization Fact Sheet, New York: Friedrich Ebert Stiftung,

Peterson, M. J. 2007: General Assembly, in: Weiss, Thomas G./Daws, Sam (Hg.): The Oxford Handbook on the United Nations, Oxford: Oxford University Press, 97-116.

Pogge, Thomas 2004: The First United Nations Millennium Development Goal: a cause for celebration?, in: Journal of Human Development, 5: 3, 377-397.

Ponzio, Richard 2007: The United Nations Peacebuilding Commission. Origins and initial practice, in: Disarmament Forum, 2/2007, 5-15.

Porter, Gareth/Welsh Brown, Janet/Chasek, Pamela S. 2000: Global Environmental Politics, Boulder: Westview Press.

Prantl, Jochen 2005: Informal Groups of States and the UN Security Council, in: International Organization, 59: 3, 559-592.

Price, Richard 1995: A Genealogy of the Chemical Weapons Taboo, in: International Organization, 49: 1, 73-103.

Price, Richard 1998: Reversing the Gun Sights. Transnational Civil Society Targets Land Mines, in: International Organization, 52: 3, 613–644.

Price, Richard/Tannenwald Nina 1996: Norms and Deterrence. The Nuclear and Chemical Weapons Taboos, in: Katzenstein, Peter (Hg.): The Culture of National Security. Norms and Identity in World Politics, New York: Columbia University Press, 114-152.

Pugh, Michael 2007: Peace Enforcement, in: Weiss, Thomas G./Daws, Sam (Hg.): The Oxford Handbook on the United Nations, Oxford: Oxford University Press, 370-386.

Raghavan, Chakravarthi 2002: Broad Support for a Revitalized UNCTAD, in: South-North Development Monitor 3457, http://twnside.org.sg/title/broad-ch.htm, 24.06.2013.

Ramcharan, Bertrand G. 2007: Norms and Machinery, in: Weiss, Thomas G./Daws, Sam (Hg.): The Oxford Handbook on the United Nations, Oxford: Oxford University Press, 439-461.

Randelzhofer, Albrecht 1979: Der normative Gehalt des Friedensbegriffs im Völkerrecht der Gegenwart. Möglichkeiten und Grenzen seiner Operationalisierung, in: Delbrück, Jost (Hg.): Völkerrecht und Kriegsverhütung. Zur Entwicklung des Völkerrechts als Recht friedenssichernden Wandels, Berlin: Duncker & Humblot, 13-39.

Rathgeber, Theo 2006: Von der Menschenrechtskommission zum Menschenrechts-
    rat. Akzentverschiebungen im VN-Menschenrechtssystem, http://forum-men-
    schenrechte.de/cms/upload/PDF/Von_der_MRK_zum_MRR.pdf, 24.06.2013.
Rathgeber, Theodor 2010: Menschenrechtsrat: Tagungen 2009, in: Vereinte Nati-
    onen, 58: 2, 75-77.
Rathgeber, Theodor 2011: Verharren auf dem Unfertigen. Die Ergebnisse des ers-
    ten Überprüfungsprozesses des UN-Menschenrechtsrats sind mager, in: Ver-
    einte Nationen, 59: 5, 215-220.
Rechkemmer, Andreas 2004: Globale Umweltpolitik 2005. Perspektiven im Kon-
    text der Reform der Vereinten Nationen, SWP Studie S 45/2004, Berlin: Stif-
    tung Wissenschaft und Politik.
Rechkemmer, Andreas 2006: Die Umweltpolitik der Vereinten Nationen: Auf-
    bruch in eine neue Epoche?, in: von Schorlemer, Sabine (Hg.): Globale Pro-
    bleme und Zukunftsaufgaben der Vereinten Nationen, Zeitschrift für Politik,
    Sonderband 1, 148-167.
Riedel, Eibe 1998: Universeller Menschenrechtsschutz. Vom Anspruch zur Durch-
    setzung, in: Baum, Gerhart/Redel, Eibe/Schaefer, Michael (Hg.): Menschen-
    rechtsschutz in der Praxis der Vereinten Nationen, Baden-Baden: Nomos,
    25-55.
Riedel, Eibe 1999: Der internationale Menschenrechtsschutz. Eine Einführung, in:
    Bundeszentrale für politische Bildung (Hg.): Menschenrechte. Dokumente
    und Deklarationen, Bonn: Bundeszentrale für politische Bildung, 11-36.
Rieth, Lothar 2010: Zehn Jahre Globaler Pakt der Vereinten Nationen. Eine Zwi-
    schenbilanz mit Licht und Schatten, in: Vereinte Nationen, 58: 1, 10-15.
Risse, Thomas 1995: Democratic Peace – Warlike Democracies? A Social Con-
    structivist Interpretation of the Liberal Argument, in: European Journal of
    International Relations, 1: 4, 489-515.
Risse, Thomas 1996: Collective Identity in a Democratic Community. The Case of
    NATO, in: Katzenstein, Peter (Hg.), The Culture of National Security, New
    York: Columbia University Press, 357-399.
Rittberger, Volker 1990: Zwischen Weltregierung und Staatenanarchie. UN und
    internationale Friedenssicherung, in: Doeker, Günther/Volger, Helmut (Hg.):
    Die Wiederentdeckung der Vereinten Nationen. Kooperative Weltpolitik und
    Friedensvölkerrecht, Opladen: Westdeutscher Verlag, 139-154.
Rittberger, Volker/Baumgärtner, Heiko 2005: Die Reform des Weltsicherheitsra-
    tes. Stand und Perspektiven, in: Die Friedens-Warte, 80: 3-4, 307-331.
Rittberger, Volker/Mogler, Martin/Zangl, Bernhard 1997: Vereinte Nationen und
    Weltordnung. Zivilisierung der internationalen Politik? Opladen: Leske +
    Budrich.
Rittberger, Volker/Zangl, Bernhard unter Mitarbeit von Staisch, Matthias 2003:
    Internationale Organisationen: Politik und Geschichte, Opladen: Leske +
    Budrich.
Rittberger, Volker/Zürn, Michael 1990: Towards Regulated Anarchy in East-West
    Relations, in: Rittberger, Volker (Hg.): International Regimes in East-West
    Politics, London: Pinter, 9-63.

Rodley, Sir Nigel 2003: United Nations Human Rights Treaty Bodies and Special Procedures of the Commission on Human Rights. Complementarity or Competition?, in: Human Rights Quarterly, 25: 4, 882–908.

Rogelj, Joeri/Meinshausen, Malte 2010: Copenhagen Accord Pledges are Paltry, in: Nature, 462, 1126-1128.

Rohner, Francois 2007: Systemweite Kohärenz. Aus der Sicht des Nordens, in: Vereinte Nationen, 55: 2, 45-51.

Rosenau, James N. 1997: Along the Domestic-Foreign Frontier. Exploring Governance in a Turbulent World, Cambridge: Cambridge University Press.

Rosenau, James N./Czempiel, Ernst-Otto 1992: Governance Order and Change in World Politics, in: dies. (Hg.): Governance Without Government. Order and Change in World Politics, Cambridge: Cambridge University Press, 1-29.

Rosenthal, Gert 2007: Economic and Social Council, in: Weiss, Thomas G./Daws, Sam (Hg.): The Oxford Handbook on the United Nations, Oxford: Oxford University Press, 136-148.

Rostow, Walt W. 1960: Stadien wirtschaftlichen Wachstums. Eine Alternative zur marxistischen Entwicklungstheorie, Göttingen: Vandenhoeck & Ruprecht.

Rudolf, Peter 1994: Internationale Rüstungsexportkontrollregime. Bestandsaufnahme und Perspektiven, in: Koch, Jutta/Mehl, Regine (Hg.): Politik der Einmischung: Zwischen Konfliktprävention und Krisenintervention, Baden-Baden: Nomos, 115-126.

Ruf, Anja 2000: Kritische Anmerkungen zu Global Governance in: Holland-Cunz, Barbara/Ruppert, Uta (Hg.): Frauenpolitische Chance als Herausforderung, Baden-Baden: Nomos, 169-177.

Ruf, Werner 1994: Die neue Welt-UN-Ordnung. Vom Umgang des Sicherheitsrats mit der Souveränität der „Dritten Welt", Münster: Agenda Verlag.

Ruggie, John G. 2003: The United Nations and Globalization: Patterns and Limits of Institutional Adaptation, in: Global Governance, 9: 3, 301-321.

Rugumamu, Severine M. 2009: Does the UN Peacebuilding Commission Change the Mode of Peacebuilding in Africa?, FES Briefing Papers 8/2009, New York: Friedrich Ebert Stiftung.

Ruppert, Uta 1998: Lokal bewegen – global verhandeln: Internationale Politik und Geschlecht, Frankfurt: Campus.

Ruppert, Uta 2000: Ende der Illusionen oder neues Ideal internationaler Frauenpolitik, in: Holland-Cunz, Barbara/dies. (Hg.): Frauenpolitische Chance als Herausforderung, Baden-Baden: Nomos, 45-66.

Ruppert, Uta 2003: Zwischen analytischen Chancen und politischen Ambivalenzen: Global Governance aus feministischer Sicht, in: Fues, Thomas/Hippler, Jochen (Hg.): Global Politik. Entwicklung und Frieden in der Weltgesellschaft, Bonn: Dietz, 137-154.

Russett, Bruce/Oneal, John R. 2001: Triangulating Peace. Democracy, Interdependence, and International Organization, New York: W.W. Norton.

Ryan, Stephen 2000: United Nations Peacekeeping: A Matter of Principles?, in: Woodhouse, Tom/Ramsbotham, Oliver (Hg.): Peacekeeping and Conflict Resolution, London: Frank Cass, 27-47.

Sand, Peter H. 1996: The Potential Impact of the Global Environment Facility of the World Bank, UNDP and UNEP, in: Wolfrum, Rüdiger (Hg.): Enforcing Environmental Standards. Economic Mechanisms as Viable Means?, Heidelberg: Springer 479-499.

Sanwal, Mukul 2007: Evolution of Global Environmental Governance and the United Nations, in: Global Environmental Politics, 7: 3, 1-12.

Schaber, Thomas 1995: Internationale Verrechtlichung der Menschenrechte. Eine reflexive institutionentheoretische Analyse des Menschenrechtsregimes der Vereinten Nationen, Baden-Baden: Nomos.

Schaefer, Michael 1998a: Brückenbau. Herausforderung an die Menschenrechtskommission, in: Baum, Gerhart/Redel, Eibe/Schaefer, Michael (Hg.): Menschenrechtsschutz in der Praxis der Vereinten Nationen, Baden-Baden: Nomos, 57-84.

Schaefer, Michael 1998b: Menschenrechtsfeldmissionen. Möglichkeiten und Grenzen des Menschenrechtsschutzes in komplexen Krisen, in: Baum, Gerhart/Redel, Eibe/Schaefer, Michael (Hg.): Menschenrechtsschutz in der Praxis der Vereinten Nationen, Baden-Baden: Nomos, 191-209.

Schaller, Christian 2006: Combating the Proliferation of Nuclear Weapons. A Stronger Role for the UN Security Council?, AICGS Issue Brief 6/2006, Washington, D.C.: AICGS.

Schaller, Christian/Schneckener, Ulrich 2009: Das Peacebuilding-System der Vereinten Nationen. Neue Mechanismen – neue Möglichkeiten?, SWP Studie S6/2009, Berlin: Stiftung Wissenschaft und Politik.

Schaper, Annette 1996: Der umfassende Teststoppvertrag. Kurz vor dem Ziel – oder gescheitert?, HSFK-Standpunkte 7/1996, Frankfurt am Main: Hessische Stiftung Friedens- und Konfliktforschung.

Scharpf, Fritz W. 1993: Legitimationsprobleme der Globalisierung. Regieren in Verhandlungssystemen, in: Böhret, Carl/Wewer, Göttrik (Hg.): Regieren im 21. Jahrhundert. Zwischen Globalisierung und Regionalisierung, Opladen: Leske + Budrich.

Scharpf, Fritz W. 1998: Interdependence and Democratic Legitimation, MPIfG Working Paper 98/2, Köln: Max Planck Institut für Gesellschaftsforschung.

Schechter, Michael G. 2001: Possibilities for Preventive Diplomacy, Early Warning and Global Monitoring in the Post-Cold War Era, or: the Limits of Global Structural Change, in: Knight, Andy W. (Hg.): Adapting the United Nations to a Postmodern Era, Basingstoke: Palgrave, 52-64.

Scherrer, Christoph 2001: Double Hegemony? State and Class in American Foreign Economic Policymaking, in: Kubbig, Bernd W. (Hg.): Towards a New American Policymaking, Heidelberg: Winter, 573-591.

Schieder, Siegfried/Spindler, Manuela (Hg.) 2006: Theorien der Internationalen Beziehungen, Opladen & Farmington Hills: Barbara Budrich.

Schirm, Stefan (Hg.) 2006: Globalisierung. Forschungsstand und Perspektiven, Baden-Baden: Nomos.

Schmidl, Erwin 1999: Friedensoperationen nach 1945, in: Jahrbuch für internationale Sicherheitspolitik, Graz/Wien/Köln: Styria, 795-824.

Schmitz, Angela 1996: Sustainable Development: Paradigma oder Leerformel, in: Messner, Dirk/Nuscheler, Franz (Hg.): Weltkonferenzen und Weltberichte. Ein Wegweiser durch die internationale Diskussion, Bonn: Dietz, 103-119.

Schmitz, Angela/Stephan, Petra 1996: Die Weltkonferenz zu Umwelt und Entwicklung in Rio de Janeiro 1992. Ausweg aus dem Interessendschungel, in: Messner, Dirk/Nuscheler, Franz (Hg.): Weltkonferenzen und Weltberichte. Ein Wegweiser durch die internationale Diskussion, Bonn: Dietz, 175-185.

Schmitz, Hans Peter 1995: Entstehung, Verlauf und Konfliktgegenstände der UNESCO-Krise, in: Rittberger, Volker (Hg.): Anpassung oder Austritt. Industriestaaten in der UNESCO-Forschung, Berlin: edition sigma, 23-49.

Schmitz, Hans Peter 2001: Menschenrechtswächter: partielle Midlife-crisis INGOs, Vereinte Nationen und Weltöffentlichkeit, in: Vereinte Nationen, 49: 1, 7-12.

Schnabel, Albrecht/Thakur, Ramesh 2001: From An Agenda to Peace to the Brahimi Report. Towards a new era of UN peace operations?, in: dies. (Hg.): United Nations Peacekeeping Operations. Ad hoc Missions, Permanent Engagement, Tokio (u.a.): United Nations University Press, 238-255.

Schneckener, Ulrich 2005: Post-Westfalia trifft Prä-Westfalia. Die Gleichzeitigkeit dreier Welten, in: Jahn, Egbert/Fischer, Sabine/Sahm, Astrid (Hg.): Die Zukunft des Friedens Band 2. Die Friedens- und Konfliktforschung aus der Perspektive der jüngeren Generationen, Wiesbaden: VS Verlag, 189-212.

von Schorlemer, Sabine 2002: Die Vereinten Nationen und die Entwicklung des Völkerrechts, in: Opitz, Peter J. (Hg.): Die Vereinten Nationen. Geschichte, Struktur, Perspektiven, München: Wilhelm Fink Verlag, 199-222.

Schörnig, Niklas 2006: Neorealismus, in: Schieder, Siegfried/Spindler, Manuela (Hg.): Theorien der Internationalen Beziehungen, 2. Aufl., Opladen & Farmington Hills: Barbara Budrich, 65-92.

Schrijver, Nico 2007a: Natural Resource Management and Sustainable Development, in: Weiss, Thomas G./Daws, Sam (Hg.): The Oxford Handbook on the United Nations, Oxford: Oxford University Press, 592-610.

Schrijver, Nico 2007b: The UN Human Rights Council. A New 'Society of the Committed' or Just Old Wine in New Bottles?, in: Leiden Journal of International Law, 20: 4, 809-823.

Schröder, Frank/Stetten, Jürgen 2010: Mythos Weltwirtschaftsrat. Die Rolle der Vereinten Nationen in Wirtschaftsfragen bleibt unklar, in: Vereinte Nationen, 58: 3, 104-109.

Schuppert, Gunnar Folke 2006: Governance im Spiegel der Wissenschaftsdisziplinen, in: ders. (Hg.): Governance-Forschung. Vergewisserung über Stand und Entwicklungslinien, 2. Aufl., Baden-Baden: Nomos, 371-469.

Seary, Bill 1996: The Early History. From the Congress of Vienna to the San Francisco Conference, in: Willetts, Peter (Hg.): 'The Conscience of the World'. The Influence of Non-Governmental Organizations in the UN System, London: Hurst & Company, 15-30.

Senghaas, Dieter 1994: Wohin driftet die Welt? Über die Zukunft friedlicher Koexistenz, Frankfurt: Suhrkamp.

Serrano, Monica 2011: The Responsibility to Protect. Libya and Côte d'Ivoire, in: Amsterdam Law Forum, 3: 3, 92-101.

SG 1995: Supplement to an Agenda for Peace. Position Paper of the Secretary General on the Occasion of the Fiftieth Anniversary of the United Nations, http://www.un.org/ga/search/view_doc.asp?symbol=A/50/60&Lang=E, 24.06.2013.

Shafer, Michael 1983: Capturing the mineral multinationals: advantage or disadvantage?, in: International Organization, 37: 1, 93-119.

Shepherd, Laura J. 2008: Power and Authority in the Production of United Nations Security Council Resolution 1325, in: International Studies Quarterly, 52: 2, 383-404.

Siebold, Thomas 1995: Die sozialen Dimensionen der Strukturanpassung – eine Zwischenbilanz, INEF-Report 13/1995, Duisburg: Institut für Entwicklung und Frieden.

Siebold, Thomas 1996: Der Städtegipfel Habitat II in Istanbul 1996. Wenig Neues aus Istanbul, in: Messner, Dirk/Nuscheler, Franz (Hg.): Weltkonferenzen und Weltberichte. Ein Wegweiser durch die internationale Diskussion, Bonn: Dietz, 226-233.

Simmons, Beth A./Martin, Lisa L. 2006: International Organizations and Institutions, in: Carlsnaes, Walter/Risse, Thomas/Simmons, Beth A. (Hg.) Handbook of International Relations, London: Sage, 192-211.

Simonis, Udo E. 2006: Reform der Umweltpolitik der Vereinten Nationen, in: Varwick, Johannes/Zimmermann, Andreas (Hg.): Die Reform der Vereinten Nationen. Bilanz und Perspektiven, Berlin: Duncker und Humblot, 229-241.

Simonis, Udo E. 2009: Zukünftige Positionierung der globalen Umweltpolitik. Zur Errichtung einer Weltumweltorganisation, in: Popp, Reinhold/Schüll, Elmar (Hg.): Zukunftsforschung und Zukunftsgestaltung, Berlin/Heidelberg: Springer, 619-626.

Singh, Ajit/Zammit Ann 2000: The Global Labour Standards Controversy. Critical Issues for Developing Countries, Genf: South Centre.

SIPRI (Stockholm International Peace Research Institute) 2007: United Nations Arms Embargoes. Their Impact on Arms Flows and Target Behaviour, SIPRI.

Smidoda, Iris 2003: Kritische Anmerkungen zum Konzept der „Human Security", in: Wissenschaft & Frieden, 3, 65-66.

Smith, Edwin M. 2001: Collective Security; Changing Conceptions and Institutional Adaptation, in: Knight, Andy W. (Hg.): Adapting the United Nations to a Postmodern Era, Basingstoke: Palgrave, 41-51.

Sprintz, Detlev 2003: Internationale Regime und Institutionen, in: Hellmann, Gunther/Wolf, Klaus Dieter/Zürn, Michael (Hg.): Die neuen Internationalen Beziehungen. Forschungsstand und Perspektiven in Deutschland, Baden-Baden: Nomos, 251-274.

Steans, Jill 2003: Engaging From the Margins. Feminist Encounters with the ‚main-stream' of International Relations, in: British Journal of Politics and International Relations, 5: 3, 428-454.

Steiner, Henry J./Alston, Philip 2000: Civil Society. Human Rights NGOs and Other Groups, in: dies. (Hg.): International Human Rights in Context. Law, Politics, Morals, Oxford: Oxford University Press, 938-983.

Stephan, Petra 2001: Die Kommission für Nachhaltige Entwicklung (CSD). „talk-shop" der Vereinten Nationen oder wirksame Institution zur Umsetzung der Agenda 21, in: Fues, Thomas/Hamm, Brigitte I. (Hg.): Die Weltkonferenzen der 90er Jahre. Baustellen für Global Governance, Bonn: Dietz, 126-157.

Stoldt, Marion 2000: Globalisierung und Entwicklung, in: Vereinte Nationen, 48: 3, 106-107.

Streck, Charlotte o.J.: The Network Structure of the Global Environment Facility. Case Study for the UN Vision Project on Global Public Policy Networks.

Streeten, Paul/Burki, Shahid Javed 1978: Basic Needs: Some Issues, in: World Development, 6: 3, 412-421.

Sullivan, Rory (Hg.) 2003: Introduction. Business and human rights. Dilemmas and solutions. Sheffield: Greenleaf Publishing Limited, 13-20.

Sweeney, Gareth/Saito, Yuri 2009: An NGO Assessment of the New Mechanisms of the UN Human Rights Council, in: Human Rights Law Review, 9: 2, 203-223.

Sylvester, Christine 1994: Feminist Theory and International Relations in a Post-modern Era, Cambridge: Cambridge University Press.

Tannenwald, Nina 2004: The UN and Debates over Weapons of Mass Destruction, in: Price, Richard M./Zacher, Mark W. (Hg.): The United Nations and Global Security, New York, NY: Palgrave Macmillan, 3-20.

Tannenwald, Nina 2005: Stigmatizing the Bomb. Origins of the Nuclear Taboo, in: International Security, 29: 4, 5-49.

Thakur, Ramesh 2002: Outlook: Intervention, Sovereignty and the Responsibility to Protect: Experiences for ICISS, in: Security Dialogue, 33: 3, 323-340.

Thakur, Ramesh/Schnabel, Albrecht 2001: Cascading Generations of Peace-keeping. Across the Mogadishu Lint to Kosovo and Timor, in: dies. (Hg.): United Nations Peacekeeping Operations. Ad Hoc Missions, Permanent Engagement, Tokio (u.a.): United Nations University Press, 3-25.

Thérien, Jean-Philippe 1999: Beyond the North-South divide. The two tales of world poverty, in: Third World Quarterly, 20: 4, 723-742.

Thompson, Alexander 2006: Coercion Through IOs. The Security Council and the Logic of Information Transmission, in: International Organization, 60: 1, 1-34.

Tickner, J. Ann 1988: Hans Morgenthaus' Principles of Political realism. A Feminist Reformulation, in: Der Derian, James (Hg.): International Theory. Critical Investigations, Basingstoke: Macmillan, 53-71.

Tickner, J. Ann 1992: Gender in International Relations. Feminist Perspectives on Achieving International Security, New York: Columbia University Press.

Tschirgi, Necla 2010: Escaping Path Dependency. A Proposed Multi-Tired Approach for the UN's Peacebuilding Commission, Working Paper: The Future of the Peacebuilding Architecture Project, Oslo/Ottawa: Norwegian Institute of International Affairs/Center for International Policy Studies, University of Ottawa.

Ulbert, Cornelia/Werthes, Sascha 2006: Menschliche Sicherheit. Der Stein der Weisen für globale und regionale Verantwortung?, in: dies. (Hg.): Menschliche Sicherheit. Globale Herausforderungen und regionale Perspektiven, Baden-Baden: Nomos, 13-30.

UN Millennium Project 2005: Investing in Development. A Practical Plan to Achieve the Millennium Development Goals, http://www.unmillenniumproject.org/reports/index.htm, 24.06.2013.

UNCTAD 2010: Annual Report 2010, http://unctad.org/en/docs/dom2011d1_en.pdf, 24.06.2013.

UNDP (United Nations Development Programme) 1992: Human Development Report 1992. Global Dimension of Human Development, Oxford: Oxford University Press.

UNDP (United Nations Development Programme) 1994: Human Development Report 1994. New Dimensions of Human Security, New York/Oxford: Oxford University Press.

UNDP 2012: Annual Report 2012/2013: Supporting Global Progress, http://www.undp.org/content/dam/undp/library/corporate/UNDP-in-action/2013/English/UNDP_AR2013_english_WEB.pdf, 19.06.2013

UNDPI (United Nations Department of Public Information) 2004: Basic Facts about the United Nations, New York.

UNEP (United Nations Environment Programme) 2012a: Global Environment Outlook – GEO5. Environment for the Future we Want, Nairobi: UNEP.

UNEP (United Nations Environment Programme) 2012b: 2012 Annual Report, Nairobi: UNEP.

UNEP (United Nations Environment Programme) 2013: UNEP Year Book. Emerging Issues in Our Global Environment 201, Nairobi: UNEP.

United Nations 1999: Report of the Independent Inquiry into the Actions of the United Nations During the 1994 Genocide in Rwanda, S/1999/1257 vom 19. Dezember 1999.

United Nations 2002: Report of the World Summit on Sustainable Development, Johannesburg (A/CONF.199/20).

United Nations 2008: United Nations Peacekeeping Operations. Principles and Guidelines, New York: Department of Peacekeeping Operations and Department of Field Support.

UN-NGLS (United Nations Non-Governmental Liason Service) 2011: Summary Report: Civil Society Consultation Conducted by the UN-NGLS for the UN Secretary General's High Level Panel on Global Sustainabity, New York, http://www.un.org/wcm/webdav/site/climatechange/shared/gsp/docs/Summary_Report_-_UN-NGLS_Consultation_for_the_Global_Sustainability_Panel.pdf, 24.06.2013.

UNROCA 2011: Transparency in Armaments. Reporting to the United Nations Register of Conventional Arms, Fact Sheet, http://www.un.org/disarmament/convarms/Register/DOCS/20110201-RegisterFactsheet.pdf, 24.06.2013.

Unser, Günther 2004: Die UNO. Aufgaben, Strukturen, Politik, 7. Aufl., München: Beck.

Utting, Peter/Zammit, Ann 2009: United Nations-Business Partnerships. Good Intentions and Contradictory Agendas, in: Journal of Business Ethics, 90: 1, 39-56.

Van Apeldoorn, Bastiaan 1998: Transnationalization and the Restructuring of Europe's Socioeconomic Order, in: International Journal of Political Economy, 28: 1, 12-53.

Van Apeldoorn, Bastiaan 2002: Transnational Capitalism and the Struggle over European Integration, London: Routledge.

Van der Pjil, Kees 1984: The Making of an Atlantic Ruling Class, London: Verso.

Van der Putten, Frans-Paul/Crijns, Gemma/Hummels, Harry 2003: The ability of corporations to protect human rights in developing countries, in: Sullivan, Rory (Hg.): Business and human rights: dilemmas and solutions, Sheffield: Greenleaf Publishing Limited, 82-91.

Van Rooy, Alison 2004: The Global Legitimacy Game. Civil Society, Globalization, and Protest, Houndsmill: Palgrave Macmillan.

Voeten, Erik 2005: The Political Origins of the UN Security Council's Ability to Legitimize the Use of Force, in: International Organization, 59: 2, 527-557.

Volger, Helmut 1990: Die Wiederentdeckung der Vereinten Nationen, in: Doeker, Günther/Volger, Helmut (Hg.): Die Wiederentdeckung der Vereinten Nationen. Kooperative Weltordnungspolitik und Friedensvölkerrecht, Wiesbaden: Westdeutscher Verlag, 15-28.

Volger, Helmut 2007: Die Reform der Vereinten Nationen, in: ders. (Hg.): Grundlagen und Strukturen der Vereinten Nationen, München: Oldenbourg, 487-571.

Volger, Helmut 2008: Geschichte der Vereinten Nationen, 2. Aufl., München: Oldenbourg.

Volger, Helmut 2010: Mehr Transparenz und mehr Beteiligung. Die informelle Reform der Arbeitsmethoden des UN-Sicherheitsrats, in: Vereinte Nationen, 5/21, 195-203.

Von Wagner, Adolf 2007: Die Rolle der Abrüstung im System der Vereinten Nationen, in: Volger, Helmut (Hg.): Grundlagen und Strukturen der Vereinten Nationen, München: Oldenbourg, 101-130.

Vormedal, Irja 2008: The Influence of Business and Industry NGOs in the Negotiation of the Kyoto Mechanisms. The Case of Carbon Captute and Storage in the CDM, in: Global Environmental Politics, 8: 4, 36-65.

Wagner, Helmut 2003: Realisierte weltwirtschaftliche Regelungsmechanismen, in: ders.: Einführung in die Weltwirtschaftspolitik, 59-134.

Walk, Heike/Brunnengräber, Achim/Altvater, Elmar 1997: Einleitung, in: dies. (Hg.): Vernetzt und verstrickt. Nichtregierungsorganisationen als gesellschaftliche Produktivkräfte, Münster: Westfälisches Dampfboot, 10-25.

Wallensteen, Peter/Johanson, Patrik 2004: Security Council Decisions in Perspective, in: Malone. David M. (Hg.): The UN Security council. From the Cold War to the 21st Century, Boulder, Co.: Lynne Rienner, 17-33.

Wallerstein, Immanuel 1974: The Modern World-System I. Capitalist Agriculture and the Origins of the European World-Economy in the Sixteenth Century, New York: Academic Press.

Wallerstein, Immanuel 2000: The Essential Wallerstein, New York: The New York Press.

Waltz, Kenneth N. 1979: Theory of International Politics, Reading: Addison Wesley.

WBGU 2001 (Wissenschaftlicher Beirat Globale Umweltveränderungen): Welt im Wandel: Neue Strukturen globaler Umweltpolitik, Berlin: Springer.

WBGU 2007 (Wissenschaftlicher Beirat Globale Umweltveränderungen): Welt im Wandel: Sicherheitsrisiko Klimawandel, Berlin: Springer.

WBGU 2010 (Wissenschaftlicher Beirat Globale Umweltveränderungen): Klimapolitik nach Kopenhagen. Auf drei Ebenen zum Erfolg, Politikpapier 6/2010, Berlin: WBGU.

Wegter, Bartjan 2007: Emerging from the Crib. The Difficult First Steps of the Newly Born Peacebuilding Commission, in: International Organizations Law Review, 4, 343-377.

Weinlich, Silke 2008: Zwei Jahre Kommission für Friedenskonsolidierung. Mit kleinen Schritten Richtung Erfolg, in: Vereinte Nationen, 56: 3, 108-116.

Weinlich, Silke 2011: Die Reform der UN-Entwicklungszusammenarbeit. Eine neue multilaterale Reformkoalition ist notwendig, Analysen und Stellungnahmen 6/2011, Bonn: Deutsches Institut für Entwicklungspolitik.

Weiß, Norman 2000: Menschenrechte, in: Volger, Helmut (Hg.): Lexikon der Vereinten Nationen, München: Oldenbourg, 324-331.

Weiß, Norman 2006: Menschenrechtsschutz, in: Volger, Helmut (Hg.) Grundlagen und Strukturen der Vereinten Nationen, München: Oldenbourg, 156-168.

Weiss, Thomas G./Forsythe, David P./Coate, Roger A. 1997: Developmentalism and the United Nations, in: dies.: The United Nations and Changing World Politics, Boulder, Co.: Westview Press, 201-223.

Weiss, Thomas G./Forsythe, David P./Coate, Roger A. 2001: Human Rights and Humanitarian Affairs, in: dies.: The United Nations and Changing World Politics, Boulder, Co.: Westview Press, 141-224.

Weiss, Thomas G. 2004: The Sunset of Humanitarian Intervention? The Responsibility to Protect in a Unipolar Era, in: Security Dialogue, 35: 2, 135-153.

Weiss, Thomas G./Hoffman, Peter J., 2006: A priority Agenda for the Next UN Secretary-General, in: Dialogue on Globalization, Occasional Papers 28/2006, New York: Friedrich Ebert Stiftung.

Weissbrodt, David 2005: Business and human rights, in: University of Cincinnati Law Review, 74, 55-73.

Weizsäcker, Ernst Ulrich von 1994: Erdpolitik. Ökologische Realpolitik an der Schwelle zum Jahrhundert der Umwelt, 4. Aufl., Darmstadt: Wissenschaftliche Buchgesellschaft.

Weller, Christoph 2005: Perspektiven eines reflexiven Konstruktivismus für die Internationalen Beziehungen, in: Ulbert, Cornelia/ders. (Hg.): Konstruktivistische Analysen der internationalen Politik, Wiesbaden: VS Verlag, 35-64.

Wendt, Alexander 1987: The Agent-Structure Problem in International Relations Theory, in: International Organization, 41: 3, 335-370.

Wendt, Alexander 1992: Anarchy is What States Make of it, in: International Organization, 46: 2, 391-425.

Wendt, Alexander 1999: Social Theory of International Politics, Cambridge: Cambridge University Press.

Wezeman, Siemon T. 2003: The Future of the United Nations Register of Conventional Arms, SIPRI Policy Paper 4/2003, http://books.sipri.org/files/PP/SIPRIPP04.pdf, 24.06.2013.

WFM-IGP 2008: Latest Development, Issue # 247 – Inaugural Session of UPR Concludes, Working Procedures Finalized.

Wheeler, Nicholas J. 2005: A Victory for Common Humanity? The responsibility to protect after the 2005 World Summit. Paper to be presented at a conference on „The UN at Sixty: Celebration or Wake?" Faculty of Law, University of Toronto, Canada, 6-7 October 2005.

Whitman, Jim 2002: Global Governance as the Friendly Face of Unaccountable Power, in: Security Dialogue, 33: 1, 45-57.

Whitworth, Sandra 2004: Men, Militarism, and UN Peacekeeping, London: Lynne Rienner.

Wichterich, Christa 1995: Frauen der Welt. Vom Fortschritt der Ungleichheit, Göttingen: Lamuv, 117-142.

Wichterich, Christa 2006: Die Millennium-Entwicklungsziele und Frauenrechte, in: Kuhn, Katina/Rieckmann, Marco (Hg.): Wi(e)der die Armut? Positionen zu den Millenniumszielen der Vereinten Nationen, Frankfurt am Main: VAS, 123-136.

Willetts, Peter 1982: Pressure Groups in Transnational Politics, in: ders. (Hg.): Pressure Groups in the Global System: The Transnational Relations of the Issue-Oriented Non-Governmental Organizations, London: Pinter, 1-27.

Willetts, Peter 1996a: Introduction, in: ders. (Hg.): 'The Conscience of the World'. The Influence of Non-Governmental-Organizations in the UN System, London: Hurst&Company, 1-14.

Willetts, Peter 1996b: From Stockholm to Rio and Beyond: the Impact of the Environmental Movement on the United Nations Consultative Arrangements for NGOs, in : Review of International Studies, 22: 1, 57-80.

Williams, Jody 1999: The International Campaign to Ban Landmines. A Model for Disarmament Initiatives, GPF, http://www.globalpolicy.org/ngos/campaign/landmine/1999/0804nobel.htm, 24.06.2013.

Winkelmann, Ingo 2006: Deutschlands Position bei der Reform des Sicherheits-
    rates, in: Varwick, Johannes/Zimmermann, Andreas (Hg.): Die Reform der
    Vereinten Nationen. Bilanz und Perspektiven, Berlin: Duncker & Humblot,
    67-83.

Wisotzki, Simone 2005: Gender und Frieden. Plädoyer für einen Dialog über Dif-
    ferenzen, in: Jahn, Egbert/Fischer, Sabine/Sahm, Astrid (Hg.): Die Zukunft
    des Friedens Band 2. Die Friedens- und Konfliktforschung aus der Perspek-
    tive der jüngeren Generationen, Wiesbaden: VS Verlag, 111-130.

Wisotzki, Simone 2006a: Kleinwaffen und Landminen: Alte Probleme/neues Be-
    wusstsein?, in: Müller, Harald/Schörnig, Niklas 2006: Rüstungsdynamik und
    Rüstungskontrolle. Eine exemplarische Einführung in die Internationalen
    Beziehungen, Baden-Baden: Nomos, 213-219.

Wisotzki, Simone 2006b: Kleinwaffen in falschen Händen. Rüstungskontrolle
    nach dem Scheitern der Kleinwaffenkonferenz der Vereinten Nationen, HS-
    FK-Standpunkte 3/2006, Frankfurt am Main: Hessische Stiftung Friedens-
    und Konfliktforschung.

Wisotzki, Simone 2008: Humanitäre Rüstungskontrolle im 21. Jahrhundert, in:
    Friedens-Warte, 83: 2-3, 177-198.

WMDC (Weapons of Mass Destruction Commission) 2006: Weapons of Terror.
    Freeing the World of Nuclear, Biological and Chemical Arms, Stockholm.

Woiwod, Christiane 1996: Die Internationale Konferenz über Bevölkerung und
    Entwicklung in Kairo 1994. Vom Nil zu neuen bevölkerungspolitischen
    Ufern, in: Messner, Dirk/Nuscheler, Franz (Hg.): Weltkonferenzen und Welt-
    berichte. Ein Wegweiser durch die internationale Diskussion, Bonn: Dietz,
    195-205.

Wolf, Klaus Dieter 2000: Die neue Staatsräson – zwischenstaatliche Kooperation
    als Demokratieproblem in der Weltgesellschaft. Plädoyer für eine geordnete
    Entstaatlichung des Regierens jenseits des Staates, Baden-Baden: Nomos.

Wolf, Klaus Dieter 2005: Die UNO. Geschichte, Aufgaben, Perspektiven, Mün-
    chen: C.H. Beck Wissen.

Wölte, Sonja 2007: International – national – lokal: Die Bedeutung internationaler
    FrauenMenschenrechtsnormen für Frauenbewegungspolitik in Kenia, Frank-
    furt: Dissertation.

Wood, Alexander 1993: The Global Environment Facility Pilot Phase, in: Interna-
    tionale Environmental Affairs, 5: 3, 219-255.

World Bank 1992: Governance and Development, Washington D.C.

Wulf, Herbert 2001: Kleinwaffen – die Massenvernichtungsmittel unserer Zeit.
    Die Bemühungen der Vereinten Nationen um Abrüstung, in: Vereinte Natio-
    nen, 49: 5, 174-178.

Wunderlich, Carmen 2009: Ein guter Rat tut not. Vorschläge zur Reform des VN-
    Sicherheitsrates, HSFK-Report 1/2009, Frankfurt am Main: Hessische Stif-
    tung Friedens- und Konfliktforschung.

Young, Oran R. 2008: The Architecture of Global Environmental Governance:
    Bringing Science to Bear on Policy, in: Global Environmental Politics, 8: 1,
    14-32.

Young, Zoe 2002: A New Green Order? The World Bank and the Politics of the Global Environment Facility, London: Pluto.

Zammit, Ann 2003: Development at Risk: Rethinking UN-Business Partnerships, Genf: South Centre/UNRISD.

Zammit, Ann 2004: Die Vereinten Nationen und die Wirtschaft. Von der Polarisierung zur Partnerschaft, in: Brühl, Tanja/Feldt, Heidi/Hamm, Brigitte/Hummel, Hartwig/Martens, Jens (Hg.): Unternehmen in der Weltpolitik. Politiknetzwerke, Unternehmensregeln und die Zukunft des Multilateralismus, Bonn: Dietz, 44-72.

Zangl, Bernhard 2006: Regimetheorie, in: Schieder, Siegfried/Spindler, Manuela (Hg.): Theorien der Internationalen Beziehungen, 2. Aufl., Opladen & Farmington Hills: Barbara Budrich, 121-144.

Zangl, Bernhard/Zürn, Michael (Hg.) 2004: Verrechtlichung. Baustein für Global Governance? Bonn: Dietz.

Zangl, Bernhard/Zürn, Michael 2003: Frieden und Krieg. Sicherheit in der nationalen und postnationalen Konstellation, Frankfurt: Suhrkamp.

Zehfuss, Maria 2002: Constructivism in International Relations. The Politics of Reality, Cambridge: Cambridge University Press.

Ziai, Aram 2004: Entwicklung als Ideologie? Das klassische Entwicklungsparadigma und die Post-Development-Kritik. Ein Beitrag zur Analyse des Entwicklungsdiskurses, Hamburg: Deutsches Überseeinstitut.

Zimmermann, Andreas/Elberling, Björn 2004: Grenzen der Legislativbefugnisse des Sicherheitsrats. Resolution 1540 und abstrakte Bedrohungen des Weltfriedens, in: Vereinte Nationen, 52: 3, 71-77.

Zürn, Michael 1992: Interessen und Institutionen in der internationalen Politik. Grundlegung und Anwendung des situationsstrukturellen Ansatzes, Opladen: Leske + Budrich.

Zürn, Michael 1998: Regieren jenseits des Nationalstaates. Globalisierung und Nationalisierung als Chance, Frankfurt am Main: Suhrkamp.

Zürn, Michael 2006a: Global Governance, in: Schuppert, Gunnar Folke (Hg.): Governance-Forschung. Vergewisserung über Stand und Entwicklungslinien, 2. Aufl., Baden-Baden: Nomos, 121-146.

Zürn, Michael 2006b: Global Governance as an Emergent Political Order. The Role of Transnational Non-Governmental Organisations, in: Schuppert, Gunnar Folke (Hg.): Global Governance and the Role of Non-State Actors, Baden-Baden: Nomos, 31-45.

Zumach, Andreas 2002: Der strategische Handel des Generalsekretärs. Ernüchternde Erfahrungen mit dem Globalen Pakt von Davos, in: Vereinte Nationen, 50: 1, 1-5.

The manufacturer's authorised representative in the EU is Springer
Nature Customer Service Centre GmbH, Europaplatz 3, 69115 Heidelberg,
Germany. If you have any concerns regarding our products, please
contact ProductSafety@springernature.com

Printed and bound by CPI Group (UK) Ltd, Croydon, CR0 4YY
27/04/2026
02097647-0003